MARCELA ACUÑA SAN MARTÍN

DERECHO DE RELACIÓN ENTRE LOS HIJOS Y EL PROGENITOR NO CUSTODIO TRAS EL DIVORCIO

MARCELA ACUÑA SAN MARTÍN

DERECHO DE RELACIÓN ENTRE LOS HIJOS Y EL PROGENITOR NO CUSTODIO TRAS EL DIVORCIO

Dykinson, S. L.

Colección "Monografías de Derecho Civil"
Dirección de D. Mariano Yzquierdo Tolsada

Editorial DYKINSON, S.L. Meléndez Valdés, 61 - 28015 Madrid
Teléfono (+34) 91 544 28 46 - (+34) 91 544 28 69
e-mail: info@dykinson.com
http://www.dykinson.es
http://www.dykinson.com

Consejo editorial: véase www.dykinson.com/quienessomos

ISBN: 978-84-9085-272-9
Depósito Legal: M-727-2015

Maquetación:
Balaguer Valdivia, S.L. - german.balaguer@gmail.com

A mi familia por ser mi motivación constante,
y muy especialmente a mi Maestro, profesor Dr. Carlos Martínez de Aguirre.

ÍNDICE

ABREVIATURAS Y SIGLAS

AAP:	Auto de la Audiencia Provincial
AEAF:	Asociación española de abogados de familia
AP:	Audiencia Provincial
Art./art.:	artículo
arts.:	artículos
Cc:	Código civil
CDN:	Convención de los Derechos del Niño
CE:	Constitución española
CEDH:	Convenio Europeo de Protección de los Derechos Humanos y Libertades Fundamentales
CGPJ:	Consejo General del Poder Judicial
CP:	Código Penal
Coord.:	coordinador
Coords.:	coordinadores
Dir.:	director
DGRN:	Dirección General de los Registro y del Notariado
ed.:	editor
INE:	Instituto nacional de estadísticas
Lec:	Ley de enjuiciamiento civil
Lecrim:	Ley de enjuiciamiento criminal
LO:	Ley Orgánica
LOPJ:	Ley Orgánica del Poder judicial
LOPJM:	Ley Orgánica de Protección Jurídica del Menor
p.:	página
PEF:	Puntos de encuentro familiar
pp.:	páginas
ss.:	siguientes
SAP:	Sentencia de la Audiencia Provincial

STC:	Sentencia del Tribunal Constitucional
STS:	Sentencia del Tribunal Supremo
STEDH:	Sentencia del Tribunal Europeo de Derechos Humanos
TC:	Tribunal Constitucional
TEDH:	Tribunal Europeo de Derechos Humanos
TS:	Tribunal Supremo
Vol./vol.:	volumen

PRÓLOGO

1. Las rupturas matrimoniales presentan básicamente tres problemas que el Derecho debe afrontar adecuadamente (o de la forma menos mala, como veremos): organizar la situación de los hijos comunes y de sus relaciones con ambos progenitores, decidir acerca del uso de la que hasta la fecha era la vivienda familiar, y, eventualmente, atribuir a uno de los cónyuges o ex-cónyuges el derecho a obtener del otro alguna cantidad de dinero o bienes como consecuencia de la ruptura. De estos tres, el más importante cualitativamente es el primero, porque es el único que afecta a personas dependientes: los hijos menores de edad, que al final constituyen la razón de ser de todo el Derecho de Familia.

La afirmación de que los hijos menores son los primeros perjudicados por el divorcio de sus padres es un lugar común, solidamente fundado sobre los datos que ofrecen los países en los que el divorcio tiene una larga trayectoria legal. Las cada vez más habituales y enfáticas previsiones legales en cuya virtud el divorcio no afecta a las obligaciones de los padres respecto a sus hijos (véase, por ejemplo, el art. 92.1 de nuestro Código civil), no pasan de ser, en realidad, un intento, tan bienintencionado como, en términos generales, inútil, de decir algo así como que, legalmente, "aquí no ha pasado nada". Con el divorcio algo (¡y mucho!) les ha pasado a los hijos, tanto legalmente como, sobre todo, y si se me permite la expresión, vivencialmente.

Desde el punto de vista vivencial, es claro que para el hijo no es lo mismo relacionarse simultáneamente con ambos progenitores, cuando convive con ellos, que relacionarse alternativamente con su padre y con su madre, y además con intensidad variable, en función del régimen de relación fijado. La experiencia de vida familiar a la que un niño tiene acceso cuando convive con su padre y con su madre no es comparable con la que puede tener cuando se relaciona, primero con uno y luego con otro, pero siempre separadamente (y muchas veces conflictivamente).

Desde el punto de vista legal, es evidente que la cesación de la convivencia de los padres afecta directamente al modo de ejercitar sus responsabilidades parentales, y afecta indirectamente a la consistencia de parte relevante del contenido de dichas responsabilidades: en este sentido, es claro, por ejemplo, que la obligación de tener a los hijos en su compañía (art. 154.III.1º Cc), ya no puede ser cumplida simultáneamente por ambos progenitores: habrá periodos en que estén en compañía del padre, y periodos en que estén en compañía de la madre; o también que la obligación de educarles y procurarles una formación integral, se ve modalizada tras la ruptura por las más limitadas posibilidades de mantener un contacto directo, que propicie el desarrollo de esa labor educativa labor que se ejercerá con diferente intensidad en función de los periodos de convivencia de cada progenitor con sus hijos menores. Una afirmación como la que hace el art. 92.1 citado, en realidad, lo que quiere decir es que no se deja de ser padre o madre como consecuencia del divorcio, y que como tal se mantiene un conjunto de deberes y derechos en relación con los hijos menores reconducibles al contenido de la relación paterno-filial, pero (necesariamente) modalizados en su ejercicio y en su consistencia por la cesación de la convivencia; lo que no puede querer decir esa expresión, ni debemos intentar hacerle decir, es que las cosas siguen como si no hubiera pasado nada en relación con los hijos, porque no es verdad, ni legal ni fácticamente.

Así pues, en esta materia el punto de partida es que el daño para los hijos es, como regla, inevitable, y la función del Derecho positivo es minimizarlo. Esto, por un lado, es poco: lo mejor sería que el daño no se hubiera producido, y a eso también puede contribuir el Derecho mediante el establecimiento de mecanismos preventivos de las rupturas matrimoniales (por ejemplo, ofreciendo sistemas de mediación familiar preventiva, que ayuden a los cónyuges a afrontar sus conflictos y a superar sus problemas), sin limitarse a una visión puramente reactiva que en realidad, consolida definitivamente la ruptura mediante el divorcio. Pero por otro lado, minimizar daños es mucho, porque cualquier perjuicio que se evita a un menor de edad debe ser valorado de forma muy positiva.

Las precedentes afirmaciones justifican la importancia de trabajos como el que estas líneas presentan: en él se aborda, como queda dicho, una de las cuestiones más importantes que suscitan las rupturas matrimoniales en cualquier ordenamiento. Hacerlo, como lo hace la Dra. Acuña, con seriedad, rigor, buen conocimiento del Derecho español (lo que en su caso tiene especial mérito, puesto que ha tenido que hacerse con él, a partir de su inicial formación en Derecho chileno), y mucho sentido común –lo que es especialmente importante para cualquier jurista, y más para el que se dedica al Derecho de Familia–, es hacer una contribución significativa a la mejora de la situación de los hijos tras el divorcio de sus padres.

2. En el libro que sigue a estas páginas el lector podrá encontrar soluciones prácticas a los muy diversos problemas ligados al derecho de relación entre los hijos y el progenitor que no ejerce el cuidado personal: esta sigue siendo la forma más habitual, en la práctica de organizar las relaciones entre el hijo y sus progenitores tras el divorcio, pese a la tendencia expansiva de la llamada custodia compartida (y lo sigue siendo también en aquellos territorios, como el aragonés, en los que esta custodia compartida es legalmente, el régimen preferente). A la vez, tales soluciones están fundadas en una construcción teórica impecable, con trazos originales. En este punto me gustaría subrayar la caracterización de este derecho de relación como una figura jurídica compleja, realizada por la Dra. Acuña San Martin: el resultado de su agudo análisis sirve para poner de relieve que no es un derecho subjetivo solo del hijo, ni tampoco de cada uno de los progenitores, sino que es una relación legal a tres bandas (padre, madre, hijo), en la que todos ocupan simultáneamente posiciones activas y pasivas, siempre bajo el principio general del superior interés del menor. No puedo desarrollar aquí esta idea, para lo que remito al lector a la lectura del libro que ahora introduzco, porque aquí encontrará la clave de algunas de las aparentes paradojas de este peculiar derecho.

La estructura del libro es, por así decir, clásica, y se agradece. Tras enmarcarlo en sus coordenadas generales (la relación de filiación, el conflicto familiar y el divorcio de los padres: capítulo Primero), la autora se detiene en el examen de los elementos objetivos (capítulo Segundo, en el que aprovecha para exponer las características y naturaleza jurídica de este derecho), así como de su ámbito subjetivo (capitulo Tercero, dedicado a estudiar la posición jurídica del hijo, y de cada uno de los progenitores). A continuación, en el capítulo Cuarto, se analiza la determinación y el contenido del régimen de relación, para detenerse en el capítulo Quinto en lo que cabría denominar la perspectiva dinámica: ejercicio, incumplimiento y vicisitudes (modificación y extinción) del derecho de relación. Por último, el capítulo Sexto se dedica a los mecanismos legales de protección del derecho de relación.

Soy consciente de que el párrafo anterior puede parecer innecesario, porque su misma función –presentación abreviada (¡y mucho!) del contenido del libro– puede ser cumplida, con mayor detalle, por la lectura del índice; sin embargo, no he querido dejar de introducirlo para justificar a continuación dos afirmaciones: la primera, que estamos ante una exposición completa del régimen legal del derecho de relación entre los hijos y el progenitor no custodio; y la segunda, que por eso mismo se agradece la sistemática clásica, la cual permite encontrar fácilmente cada pieza del rompecabezas legal, por la sencilla razón de que está en su sitio.

3. He hablado mucho del libro, pero poco de la autora. Permítame el lector introducirla a través de una nueva referencia al libro. Su origen está en la tesis doctoral que la Dra. Acuña San Martín defendió en la Universidad de Zaragoza, bajo mi dirección, obteniendo por unanimidad la máxima calificación posible, incluyendo la mención de *summa cum laude*. Pero este libro no se identifica con esa tesis, que tiene un componente importante de análisis y exposición de la figura equivalente en el Derecho chileno: la tesis explica este libro, que no habría sido posible sin ella, pero no es este libro. El lector está en presencia de una obra de nueva factura, escrita por una jurista chilena que se ha hecho con el sistema español, y centrada en el Derecho español.

Y, ahora sí, de la tesis doctoral, que explica mi relación con la autora, a la Dra. Acuña. Marcela Acuña San Martín apareció por la Universidad de Zaragoza, con una cierta desconfianza hacia el Derecho de Familia –al que hasta esa fecha, todo sea dicho, no había dedicado mucho interés–, para cursar el doctorado, en sus dos periodos docente e investigador, de acuerdo con la regulación vigente en ese momento (pero ya no). Lo hizo con dedicación y provecho, y en esa vela de armas investigadoras que era el trabajo que cerraba el periodo investigador, llevó a cabo una investigación sobre los efectos del divorcio en los Derechos español (que contaba ya entonces con una experiencia aplicativa de años sobre ello) y chileno (con un divorcio recién estrenado), que obtuvo una brillante calificación por el tribunal que la juzgó. En ese trabajo está el origen lejano del libro, publicado en Chile, del que también es autora titulado *Los efectos jurídicos del divorcio* (AbeledoPerrot/ Thomson-Reuters, 2011): lejano, porque este libro va mucho más allá del trabajo citado, que en realidad le sirvió para introducirse en la materia.

Esa investigación inicial sirvió, además, para perfilar el método de trabajo que ha permitido llevar a cabo, a larga distancia, las tareas de elaboración (ella) y dirección (yo) de la tesis doctoral, centrada ahora en uno de esos efectos del divorcio, como ha quedado ya más que suficientemente explicitado: efecto elegido por la autora, que supo ver en él ese filón no agotado de cuestiones tanto conceptuales como prácticas, y la posibilidad de avanzar en su comprensión, cuya existencia la misma tesis se ha encargado de demostrar. Aquí las nuevas tecnologías, y señaladamente el correo electrónico y la comunicación por skype, han sido decisivas. Pero esas tecnologías no escriben una tesis: en este punto la Dra. Acuña San Martín ha aportado lo que siempre es necesario: trabajo duro, rigor intelectual, curiosidad creativa, y un punto de insatisfacción con lo que se está haciendo que es lo que permite no conformarse y llegar más lejos, por lo menos hasta que el director le dice que ya es suficiente.

Como director del trabajo puedo dar fe de que nada aparecía escrito, aún en las primeras versiones, por casualidad: detrás de cada afirmación siempre he encontrado, pensamiento, reflexión, ponderación, en un proceso que iba adquiriendo madurez a medida que el trabajo avanzaba. He repetido muchas veces (y no es pensamiento especialmente original), que el autor hace la tesis, pero la tesis hace al autor: ambos crecen a la vez, y el resultado final en este caso fue una buena tesis escrita por una buena jurista, que lo es mejor tras haberla escrito. Debo también decir que, como siempre ocurre, también esta tesis me ha hecho crecer, y que mi visión del derecho de relación no es la misma ahora que antes: he tenido que pensar mucho (la Dra. Acuña me ha hecho pensar mucho), y he aprendido mucho.

El libro que ahora presento es fruto directo de toda esa maduración investigadora. En él podrá el lector saborear un trabajo bien hecho, escrito con prosa elegante y eficaz, teóricamente bien construido, y además muy útil desde el punto de vista práctico (y aquí no está de más recordar que no hay nada más práctico que una buena teoría). Quien busque en este libro saber más sobre el derecho de relación entre el progenitor no custodio y sus hijos, quedará ampliamente satisfecho, y quien busque respuestas concretas a los muchos problemas que la aplicación de este derecho plantea en la práctica, no quedará defraudado. Ambos resultados son consecuencia de un trabajo bien hecho, que enriquece el Derecho español como ha enriquecido ya el Derecho chileno, pero también y sobre todo, que enriquece la comprensión jurídica del derecho de relación entre el progenitor no custodio y sus hijos, tras el divorcio.

Carlos Martínez de Aguirre
Catedrático de Derecho civil

INTRODUCCIÓN

Como consecuencia de la relación paterno-filial nacen entre padres e hijos una serie de derechos, deberes y funciones que los vinculan. Entre ellos se encuentra el derecho recíproco a relacionarse, comunicarse y convivir. Cuando padres e hijos viven juntos este derecho se ejercita ordinariamente como desenvolvimiento de la vida en común de toda la familia, y consecuencia normal de tal ejercicio es el desarrollo de una relación afectiva entre ellos, la participación de cada uno en la vida del otro, la asunción de la crianza y cuidado de los hijos por ambos padres: en otras palabras, la formación de una comunidad de vida e intereses entre padres e hijos.

La ruptura matrimonial tiene como una de sus consecuencias fácticas la imposibilidad de que ambos progenitores convivan al mismo tiempo con los hijos, aún en el caso de la llamada custodia compartida; sin perjuicio de lo cual, se mantienen las responsabilidades y deberes parentales (art. 92 Cc) y se mantienen ciertas relaciones familiares: las relaciones entre los padres y los hijos.

En el plano personal de la relación paterno-filial el divorcio acarrea como resultado necesario la distribución de los tiempos de comunicación y convivencia con los hijos y de las responsabilidades de cuidado de los mismos. Esta distribución puede ser simétrica en una custodia compartida o asimétrica en una custodia individual. Esta última sigue siendo la hipótesis más habitual, frente a la cual es legalmente preceptivo el establecimiento de un régimen de relación a favor del progenitor no custodio *–titular formal* del derecho–, con independencia que de mantenga o no la patria potestad. Lo propio ocurre con la separación y la nulidad del matrimonio.

Este derecho de relación de ejercicio no continuo, convencionalmente conocido como derecho de visita, es, a su vez, una manifestación del interés superior del menor, que consiste en seguir relacionándose con ambos progenitores de modo regular: el menor es también titular del derecho, tal es su más destacada entidad y valor. En esta conjunción, tanto la perspectiva del padre como la del hijo encuentran su fundamento en la propia relación de filiación que les une, con independencia de la situación convivencial de los progenitores.

En esta obra se analiza el derecho de relación entre los hijos y el progenitor no custodio tras el divorcio, por consiguiente los presupuestos de la configuración del objeto de estudio son tres: la ruptura por sentencia de divorcio de una situación previa de convivencia, que tiene un nivel específico de institucionalización, el matrimonio; la existencia de hijos menores comunes de los cónyuges que se divorcian; y, la distribución asimétrica entre los padres de los tiempos de cuidado de los menores, con atribución de la guarda y custodia individual a uno de los progenitores. Esta opción metodológica se justifica pues se trata en el medio español, de la modalidad más habitual de distribución del cuidado de los hijos[1].

El análisis se hace a partir de las normas y principios actuales que el legislador civil español establece para regular este derecho, si bien ello no excluye que se hagan referencias puntuales y esporádicas a regulaciones que han precedido a la actual o a otros ámbitos regulatorios, en cuanto resulten de interés para materias específicas, como ocurre por ejemplo en el Capítulo Sexto relativo a la protección del derecho. El examen de las diversas fuentes normativas a partir de las cuales se erige el derecho de relación entre los hijos y el progenitor no custodio; su interpretación reciente por los tribunales, fundamentalmente por la jurisprudencia del Tribunal Constitucional, Tribunal Supremo español y sentencias de Audiencia, así como la doctrina de los autores, han nutrido el desarrollo de este tema, con énfasis en la identificación y explicación de los principales problemas jurídicos que ha revelado su experiencia aplicativa, y en la revisión crítica de las soluciones jurisprudenciales y doctrinales.

El estudio abarca las cinco dimensiones fundamentales del específico derecho de relación estudiado: la dimensión objetiva comprensiva de los elementos esenciales que configuran al derecho; la dimensión subjetiva referida a los sujetos vinculados y sus interrelaciones; la dimensión orgánica representada por las peculiaridades de los regímenes de relación; la dimensión funcional que caracteriza el ejercicio del régimen y sus variaciones; y finalmente la dimensión de protección, relativa preeminentemente al ámbito de defensa civil interno del derecho de relación. Se trata por tanto de un análisis global.

Delimitado el tema objeto de este trabajo, queda adelantar que el mismo se estructura en torno a seis Capítulos, organizados en atención a las diversas

---

1 Así resulta de la información contenida en la Estadística de nulidades, separaciones y divorcios, publicada por el INE en septiembre de 2013, donde aparece que en el 14,6% del total de procesos con hijos menores la custodia fue compartida. Información consultada el 6 de octubre de 2013 en: http://www.ine.es/.

dimensiones del derecho de relación entre padres e hijos. El primer Capítulo se aboca al contexto normativo en que se institucionaliza el derecho: por un lado la propia relación de filiación y por otro, las crisis matrimoniales que terminan por divorcio. Esto otorga un punto de partida al análisis al situar el asunto, brevemente, en una regulación mas amplia permitiendo comprender también el fundamento constitucional y la base normativa de toda relación personal entre padres e hijos.

Los Capítulos Segundo y Tercero se destinan al análisis del ámbito o dimensión objetiva y subjetiva del derecho, respectivamente. Son los Capítulos medulares para comprender –por medio del examen de sus diversos elementos y caracteres estructurantes– en qué consiste este particular derecho, a quiénes relaciona y cómo se producen las diversas vinculaciones.

El Capítulo Cuarto se circunscribe al estudio del régimen de relación tanto en sus formas y reglas de determinación, como en su contenido y modalidades. Particular relevancia para la actividad práctica reviste el examen de los principales factores o circunstancias influyentes en la determinación judicial lo que da cuenta de una labor que no resulta fácil.

El Capítulo Quinto aborda la dimensión funcional del derecho mediante el análisis del ejercicio del régimen de relación, las formas de incumplimiento o de cumplimiento imperfecto y las consecuencias que éstos pueden generar. En un estadio posterior, el estudio se aboca a las figuras que concretan las diversas variaciones que puede sufrir el régimen (modificación, limitación, suspensión y la revisión de la problemática vinculada a una eventual supresión del derecho), para finalizar con la exposición de las diversas causas que pueden dar lugar a su extinción, principalmente a consecuencia de su carácter temporal.

Por último, el cuadro expositivo se cierra con la revisión de la dimensión de protección, mediante la exposición del heterogéneo sistema de defensa del derecho y el análisis más detenido de los distintos medios de protección civil.

Ya para terminar esta introducción, resta decir que, si bien resulta indudable que el derecho de relación entre los hijos y el progenitor no custodio no es un tema nuevo en el Derecho de familia, si lo es, la recepción legal del divorcio y el alto índice de divorcios que año a año se declaran[2]. Este dato exige, cuando

[2] Al respecto se pueden ver los informes de evolución de la familia en Europa del Instituto de Política Familiar, disponibles en www.ipfe.org. La situación actualizada específica de España se puede revisar en los informes del Servicio de Estadística Judicial del Consejo General del Poder Judicial. Conforme a la última información publicada por este Servicio el 28 de marzo de 2014, se ingresaron durante el año 2013 un total de 117.935 causas de divorcio (consensuados y no consensuados) en los Juzgados de Violencia contra la Mujer, de Instrucción y de Primera Instancia y de Instrucción. El año 2012 se habían tramitado mas de 100.000 divorcios (consultado en www.poderjudicial.es).

hay hijos menores, el empleo constante de las normas que regulan las relaciones paterno-filiales en los procesos matrimoniales. A consecuencia de ello se ha producido una abundante experiencia aplicativa en España de mas de 30 años, ha habido una enorme profundización doctrinal y existe hoy material jurisprudencial relevante que ha transformado las tradicionales perspectivas. El estudio que se presenta se edifica sobre los que le preceden, sistematizándolos y sometiéndolos a las revisiones que demanda el transcurso del tiempo. En este contexto, con especial satisfacción ofrezco esta obra, bajo el convencimiento de que si bien se trata de una pequeña parcela, casi imperceptible en el amplio campo del Derecho de familia, su adecuada comprensión se halla revestida de una extraordinaria importancia para el desarrollo integral de los hijos menores de un matrimonio que termina por divorcio.

Marcela Acuña San Martín

CAPÍTULO PRIMERO. INSTITUCIONALIZACIÓN NORMATIVA DEL DERECHO DE RELACIÓN ENTRE LOS HIJOS Y EL PROGENITOR NO CUSTODIO TRAS EL DIVORCIO

I. LA RELACIÓN DE FILIACIÓN Y SUS EFECTOS GENERALES

Inicialmente *la filiación es un hecho biológico y consiste en que una persona ha sido engendrada o procreada por otra*[3], es, por tanto, una relación de descendencia directa e inmediata entre dos personas. Se trata, en primer término, de un vínculo o de una unión o conexión natural entre un padre o una madre con sus hijos, de la cual derivan una serie de efectos de carácter afectivo, morales y jurídicos[4]. Sin embargo, como apunta MARTÍNEZ DE AGUIRRE, esta dimensión biológica de la filiación derivada de la generación o procreación, es más radical pero, *menos evidente, lo que hace que habitualmente pase a primer plano la dimensión jurídica*, por lo que se termina entendiendo la filiación como un vínculo jurídico[5].

---

[3] DIEZ-PICAZO, LUIS - GULLÓN, ANTONIO, *Sistema de Derecho Civil, derecho de familia,* vol. IV, tomo I, 11ª edición, Técnos, Madrid 2012, p. 233; parecidamente MARTÍNEZ DE AGUIRRE, CARLOS, *Curso de Derecho Civil (IV), Derecho de Familia,* 3ª edición, Colex, Madrid 2011, p. 293. Conforme a ello se afirma que la filiación existe siempre, en todos los individuos; siempre se es hijo de un padre y una madre, como ley biológica inexorable: FUEYO LANERI, FERNANDO, *Derecho Civil. Derecho de Familia,* tomo 6, vol. III, Universo, Santiago 1959, p. 303.

[4] Las modernas técnicas de reproducción asistida, conjuntamente con la adopción, ponen en cuestión la relación de filiación fundada en el vínculo de sangre entre padres e hijos normalmente denominada filiación por naturaleza, desplazando las posturas que entienden a la filiación como una relación biológica entre procreantes y procreados: LACRUZ BERDEJO, JOSÉ LUIS - RAMS, JOAQUÍN, *Elementos de Derecho Civil. Familia*, vol. IV, 3ª edición, Dykinson, Madrid 2008, p. 299- 300. Subsisten, sin embargo, estas posturas en autores como CASTÁN PÉREZ-GÓMEZ, JOSÉ, "La patria potestad", en DELGADO DE MIGUEL, JUAN FRANCISCO (coord.), *Instituciones de Derecho Privado. Familia,* tomo IV, vol. 1, Civitas, Madrid 2001, p. 680.

[5] MARTÍNEZ DE AGUIRRE, CARLOS, *Curso de...*, p. 293. Alguna doctrina, aún reconociendo que es también un hecho natural, alude a la filiación en primer término como una categoría jurídica de carácter sustantivo: TORRELLES TORREA, ESTHER, "La filiación", en MALUQUER DE MOTES, CARLOS (coord.), *Derecho de Familia. Análisis desde el Derecho Catalán,* 2ª edición, Bosch, Barcelona 2005, p. 278.

En principio, la filiación en tanto vínculo jurídico, es la expresión para el Derecho de la relación biológica derivada del hecho de la procreación[6]. Sin embargo, son variadas las situaciones en que existiendo jurídicamente filiación, no está presente la correspondencia absoluta entre ambas relaciones[7]; de ahí que hoy pueda afirmarse que una cosa es ser padre y otra es ser progenitor[8].

Establecida jurídicamente la filiación respecto de determinada persona la ley regula lo que se denomina relación paterno-filial[9] o simplemente relación de filiación, que ha sido entendida como *la existente entre generantes y generados, padres e hijos, con el conjunto de derechos, deberes y funciones que los vinculan*[10]. Si bien esta relación se extiende durante toda la vida de sus protagonistas, los principales efectos regulados lo son para la etapa en que los hijos no han llegado a la mayoría de edad, de donde resulta la preocupación jurídica por la parte más vulnerable de la relación, esto es, los menores. La emancipación de los hijos no extingue la relación paterno-filial, puesto que los padres pueden seguir obligados a satisfacer ciertos deberes para con los hijos mayores de edad (como lo relativo a los alimentos, según sus caracteres[11]) y éstos a su vez permanecen obligados al debido respeto de sus progenitores siempre (art. 155 Cc). Además, una serie de consecuencias propias de la relación de filiación se extienden por toda la vida de los involucrados como son los derechos sucesorios y una cadena de incompatibilidades e inhabilidades reguladas en leyes especiales, que exceden el ámbito del Derecho de Familia[12]. A partir de ahí, la doctrina ha concluido que la patria potestad no agota el contenido de las posi-

---

[6] Rivero Hernández, Francisco, en Rams Albesa, Joaquín (coord.), *Comentarios al Código Civil,* tomo II, vol. 2, Bosch, Barcelona 2000, p. 1077. El autor comenta que justamente la valoración y relación entre el elemento natural y biológico de la filiación y el elemento jurídico (comprensivo de los derechos, deberes, funciones que vinculan a los protagonistas y los roles que la sociedad y el Derecho les asignan) dan lugar a distinguir las dos concepciones y sistemas de filiación: el realista presidido por el denominado principio de veracidad y el formalista basado en la seguridad jurídica y paz social. En semejante sentido Lacruz Berdejo, José Luis - Rams, Joaquín, *Elementos de....*, p. 299 - 300.

[7] Diversas manifestaciones de esta falta de correspondencia en: Martínez de Aguirre, Carlos, *Curso de...*, p. 294.

[8] Diez-Picazo, Luis - Gullón, Antonio, *Sistema...*, p. 235.

[9] Sánchez Román aludía a la *sociedad paterno-filial* para referirse al vínculo jurídico que la filiación produce: Sánchez Román, Felipe, *Estudios de Derecho Civil. Derecho de Familia,* vol. 2, Anelecta, Madrid reimpresión 2008 del texto de 1912, p. 952.

[10] Lacruz Berdejo, José Luis - Rams, Joaquín, *Elementos de...*, p. 299. La filiación confiere, además, al hijo un *status familiae* de manera que queda unido por parentesco a los parientes de sus padres, con las consecuencias jurídicas pertinentes: Rivero Hernández, Francisco, en Rams Albesa, Joaquín (coord.), *Comentarios al Código Civil,* tomo II, vol. 1, Bosch, Barcelona 2000, p, 1083.

[11] Art. 93.2 y art. 110 Cc.

[12] Con justicia ha sido catalogada la relación paterno-filial como una de las más ricas de todo el Derecho privado, con consecuencias que afectan y se proyectan en diversas áreas jurídicas: Lacruz Berdejo, José Luis - Rams, Joaquín, *Elementos de...*, p. 310.

bles relaciones paterno-filiales[13], siendo aquello cierto tanto desde un punto de vista temporal, como apreciado el contenido mismo de aquellas relaciones. La patria potestad depende de la relación de filiación y no ésta de aquella.

De la relación jurídica paterno-filial en minoría de edad de los hijos derivan una serie de aspectos concretos, que encuentran en ella su fundamento[14]. Algunos aspectos son de carácter económico, como el derecho de alimentos; otros pertenecen a la esfera personal. Los padres deben velar por los hijos, tenerlos en su compañía, alimentarlos, educarlos y procurarles una formación integral, representarlos y administrar sus bienes, y aunque no ejerzan la patria potestad tienen el derecho de relacionarse con sus hijos menores[15]; los hijos, por su parte, deben obedecer a sus padres, respetarles siempre y contribuir equitativamente, según sus posibilidades al levantamiento de la familia mientras convivan con ella (arts. 154, 155 y 160 Cc). Mirados desde la óptica de los hijos se trata de una serie de derechos que tienden a su formación integral, ceden en su beneficio y procuran su mayor realización espiritual y material posible[16].

Desde la óptica de los padres, ya no se trata de derechos irrestrictos, establecidos en su solo beneficio, se trata más bien de *derecho-deberes* que el legislador asigna a los progenitores en interés prioritario de los hijos menores. Su carácter instrumental es manifiesto: los poderes derivados de las relaciones jurídicas-familiares se atribuyen al titular para que mediante su ejercicio puedan

---

[13] Díez-Picazo, Luis - Gullón, Antonio, *Sistema de...*, p. 270. El autor reconoce, sin embargo, que la mayor parte del contenido de la relación paterno-filial, en cuanto relación jurídica, se encuentra embebido en el régimen jurídico de la patria potestad. En el mismo sentido, se muestra a la patria potestad incorporada a la relación paterno-filial y como un aspecto predominante del contenido de ella: Sánchez Román, Felipe, *Estudios de...*, p. 1112.

[14] Por haber tenido un hijo o por haberlo adoptado los padres adquieren un entramado de obligaciones y de responsabilidades con independencia de las vicisitudes por las que pueda pasar su relación personal como también del tipo de filiación de que se trate: Castán Pérez-Gómez, José, "La patria...", p. 621.

[15] El conjunto de normas que protege estos y otros derechos de los menores constituye el *estatuto jurídico del menor*, que, según concluye Rivero Hernández, considerando el interés social subyacente y la *ratio legis* de esas normas y de los preceptos constitucionales en que se basan, forman una normativa de orden público, de *ius cogens*: Rivero Hernández, Francisco, "Efectos de la crisis matrimonial respecto de los hijos. Estudio judicial (juzgados de Catalunya)", *Revista Jurídica de Catalunya*, Nº 3, Cataluña 2003, p. 11.

[16] Esta mirada de la relación paterno-filial y de la propia patria potestad, es fruto tanto de una evolución en su comprensión, que abandona los aspectos autoritarios y se enfoca en las personas involucradas, como de una nueva concepción de la familia, hasta el punto de proponerse hoy la sustitución de la expresión tradicional "*patria potestad*" por responsabilidad parental, dando cuenta con ello del acento en el régimen de igualdad entre los progenitores y en el beneficio siempre del interés superior del menor: Delgado Martín, Joaquín, "La patria potestad compartida en los procesos matrimoniales", en *Novedades Legislativas en materia matrimonial*, Consejo General del Poder Judicial (CGPJ), Nº 130, Madrid 2008, p. 164 y ss. Esta parece ser la mirada del actual Anteproyecto de ley sobre el ejercicio de la corresponsabilidad parental en caso de nulidad, separación y divorcio aprobado por el Consejo de Ministros el 19 de julio de 2013.

ser cumplidos los fines previstos por el Ordenamiento Jurídico[17]. Se ha dicho que el legislador configura una serie de situaciones de poder otorgadas a los padres para el cumplimiento de deberes siempre en beneficio ajeno: el del hijo[18].

A partir de ahí, es fácil concluir que el poder no es más que la otra cara inseparable, de un deber. Sin embargo, es necesario tener presente que hay unos intereses y fines legítimos, resguardados también por el legislador, que son propios de los adultos y que tienden al desarrollo de un aspecto de su personalidad: el ejercicio de aquellos deberes también es un derecho para los padres que les permite cumplir finalidades propias, desarrollar y gozar plenamente de su paternidad y de su maternidad como aspectos humanos que tienden a su propio bienestar, conjuntamente con la formación integral y plena de sus hijos[19].

Dentro de este contexto general, la patria potestad es un efecto legal y propio de la relación paterno-filial[20]. Se configura como una función tuitiva general[21], comprensiva tanto de la esfera patrimonial, como de la esfera personal del menor; se la concibe como un sistema de protección, cuidado, asistencia física, moral y educación y un medio de suplir la incapacidad del hijo no emancipado[22] y de los mayores de edad incapacitados; se habla también de una función social al servicio del hijo y de ejercicio obligatorio para quien la ostenta[23]. Por lo mismo, no se habla de un derecho subjetivo del patriarca

[17] DIEZ-PICAZO, LUIS- GULLÓN, ANTONIO, *Sistema de...*, p. 35. No se trata de derechos subjetivos de los padres, pues su contenido está conformado por facultades que la ley les reconoce para que pueden cumplir sus deberes dirigidos al cuidado personal del hijo y a la defensa de sus intereses: PUIG BRUTAU, JOSÉ, *Compendio de Derecho Civil. Derecho de Familia. Derecho de Sucesiones,* vol. IV, Bosch, Barcelona 1991, p. 169.

[18] LACRUZ BERDEJO, JOSÉ LUIS - RAMS, JOAQUÍN, *Elementos de...*, p. 397; BARRAL VIÑALS, INMACULADA, "La potestad del padre y de la madre", en MALUQUER DE MOTES, CARLOS (coord.), *Derecho de Familia. Análisis desde el Derecho Catalán,* 2ª edición, Bosch, Barcelona 2005, p. 342.

[19] Es necesario advertir que recientemente se ha llegado a sostener que se ha producido una pérdida casi total del originario carácter bilateral de la relación paterno-filial hasta convertirse en la actualidad en una relación unilateral, en cuanto generadora exclusivamente de deberes y cargas para los padres: MENÉNDEZ MATO, JUAN, "La progresiva desnaturalización de las relaciones paterno-filiales", *Revista Crítica de Derecho Inmobiliario,* Nº 734, Madrid 2012, p. 3346.

[20] DIEZ-PICAZO, LUIS - GULLÓN, ANTONIO, *Sistema de...*, p. 270.

[21] *La patria potestad de la prole actúa como derecho inherente de la paternidad y maternidad y en nuestro ámbito tiene indudable carácter de función tutelar que la configura como institución en favor de los hijos*: TS, sentencia 720/2002 de 9 de julio (RJ\2002\5905). Se conceptualiza como la relación que media entre los padres y su hijo durante un periodo temporal en que, por la peculiar situación de dependencia y vulnerabilidad de éste, los padres deberán ocuparse de las principales parcelas personales y patrimoniales del hijo: MENÉNDEZ MATO, JUAN, en DOMÍNGUEZ LUELMO, ANDRÉS (coord.), *Comentarios al Código Civil,* Lex Nova, Valladolid 2010, p. 272.

[22] O`CALLAGHAN MUÑOZ, XAVIER, *Compendio de Derecho Civil. Tomo IV, Derecho de Familia,* 6ª edición, Edersa, Madrid 2006, p. 271; PÉREZ ÁLVAREZ, MIGUEL ÁNGEL, en MARTÍNEZ DE AGUIRRE, CARLOS (coord.), *Curso de Derecho Civil (IV), Derecho de Familia,* 3ª edición, Colex, Madrid 2011, p. 346.

[23] MENÉNDEZ MATO, JUAN, en DOMÍNGUEZ LUELMO, ANDRÉS (coord.), *Comentarios...*, p. 272. De la naturaleza funcional de la patria potestad se hace derivar por ejemplo la circunstancia de ser

familiar o de ambos progenitores, sino de una potestad en sentido técnico, la que, en el ámbito personal, somete a los progenitores a deberes mas gravosos que los correspondientes a los hijos[24].

Sustentado en el amplio despliegue de instrumentos internacionales de protección de menores se ha destacado, en paralelo a los derechos de los hijos, la idea de funciones de los padres[25]. El propio art. 18 de la Convención sobre los Derechos del Niño se refiere a la asistencia a los padres para el *desempeño de sus funciones en lo que respecta a la crianza del niño*[26]. Sin embargo, esta idea de mera función, es decir, de tarea que les corresponde realizar a los padres, en mi concepto, no deja ver la complejidad y riqueza del contenido de la relación paterno-filial que se estructura sobre un consorcio de derechos y deberes –si se quiere *derecho-función*–, el cual tampoco es un listado recíproco, donde a cada derecho que pueda reclamar un padre le corresponde un deber u obligación correlativa; por el contrario, se observan instituciones tutelares de naturaleza personal que son para los padres, a la vez y al mismo tiempo, derechos y deberes: así ocurre con la patria potestad, la guarda y custodia y especialmente, con el derecho a relacionarse. Con propiedad se habla de la *interpenetración de derechos y obligaciones*, característica del Derecho de familia que da cuenta de la fusión del derecho y el deber[27], como categoría especial y distintiva respecto del Derecho patrimonial[28].

---

indisponible la titularidad, no así su ejercicio: Roca Trías, Encarna, en Amoros Guardiola, Manuel (coord.), *Comentarios a las reformas del Derecho de Familia,* vol. I, Tecnos, Madrid 1984, p. 552.

La idea de "*función social*" de la patria potestad no es compartida por toda la doctrina: Lasarte Álvarez estima que se trata de una configuración exagerada y confusa por imprecisa: Lasarte Álvarez, Carlos, *Principios de Derecho Civil. Derecho de Familia.*, tomo VI, 7ª edición, Marcial Pons, Madrid 2008, p. 332.

24 Lasarte Álvarez, Carlos, *Principios ...*, p. 332 y 335.

25 Incluso se asimilan los conceptos de *derecho-deber, derecho-función* o simplemente *función*, como un derivado del concepto *potestad*: Rivero Hernández, Francisco, *El derecho de visita*, Bosch, Barcelona 1997, p. 389.

26 Artículo 18 CDN: *1. Los estados Partes pondrán el máximo empeño en garantizar el reconocimiento del principio en que ambos padres tienen obligaciones comunes en lo que respecta a la crianza y el desarrollo del niño. Incumbirá a los padres o, en su caso, a los representantes legales, la responsabilidad primordial de la crianza y el desarrollo del niño. Su preocupación fundamental será el interés superior del niño. 2. A los efectos de garantizar y promover los derechos enunciados en la presente Convención, los Estados Partes prestarán la asistencia apropiada a los padres y a los representantes legales para el desempeño de sus funciones en lo que respecta a la crianza del niño y velarán por la creación de instituciones, instalaciones y servicios para el cuidado de los niños. 3. Los Estados Partes adoptarán todas las medidas apropiadas para que los niños cuyos padres trabajan tengan derecho a beneficiarse de los servicios e instalaciones de guarda de niños para los que reúnan las condiciones requeridas.*

27 Lacruz Berdejo, José Luis - Rams, Joaquín, *Elementos de ...*, p. 5; Martínez de Aguirre, Carlos, *Curso de ...*, p. 28; Diez-Picazo, Luis - Gullón, Antonio, *Sistema de ...*, p. 43.

28 En un sentido semejante se ha postulado que *el ejercicio del derecho sólo puede hacerse conforme al deber que le es correlativo y en el marco de sus finalidades éticas*: Lacruz Berdejo,

II. ÁMBITO PERSONAL DE LA RELACIÓN PATERNO-FILIAL Y PATRIA POTESTAD

Aun cuando la patria potestad no siempre forma parte del contenido de la relación de filiación, pues ésta tiene una configuración propia[29], no resulta menor su influencia en los aspectos personales de la relación entre padres e hijos, especialmente en el derecho a relacionarse, pues justamente es éste uno de sus deberes o facultades, como se verá.

En orden a la adecuada claridad conceptual conviene brevemente recordar que la titularidad de la patria potestad es otorgada por el legislador a ambos padres (art. 154.1 Cc) y por regla general su ejercicio corresponde conjuntamente a los dos como una función dual (art. 156.1 Cc)[30]. A pesar de la titularidad conjunta existen supuestos de ejercicio individual tanto en sede general, como en sede de nulidad, separación y divorcio (art. 156 párrafos 4° y 5° Cc y art. 92 Cc)[31]. El ejercicio de la patria potestad está sometido a la intervención y vigilancia judicial[32].

Dentro del amplio contenido personal que el art. 154 Cc. consagra como deberes y facultades que la patria potestad otorga a los padres respecto de los hijos, se encuentra el *tenerlos en su compañía*, justificado como un medio de cumplir adecuadamente sus demás deberes[33]. Tenerlos en su compañía implica mantener a los hijos junto a ellos, simultáneamente conviviendo, acompañando y compartiendo la cotidianeidad, participando de sus vidas[34]. Mientras para algunos autores esta facultad encierra necesariamente comunidad de vivienda,

---

José Luis - Rams, Joaquín, *Elementos de...*, p. 5. El esquema propio de la teoría general de las obligaciones y contratos no es reproducible en las relaciones intersubjetivas propias del Derecho de familia, pues en éstas los derechos no son otorgados en miras del interés individual del titular, como una posición de poder frente a otro: Rodríguez Lainz, José Luis, "Incumplimiento del régimen de visitas por el progenitor no custodio y artículo 618.2 del Código Penal", *Revista de derecho de familia*, nº 51, Valladolid 2011, p. 52.

[29] Sánchez Román, Felipe, *Estudios de...*, p. 1112 a 1114.

[30] El ejercicio conjunto puede desarrollarse mediante la actuación de ambos padres o de uno con el consentimiento expreso o tácito del otro, siendo además válidos los actos ejecutados por uno solo de ellos en ciertas circunstancias (art. 156.1 Cc).

[31] Doctrina autorizada pone de manifiesto la oscuridad que presentan algunos párrafos del art. 156, como por ejemplo el párrafo 5° que por su tenor pareciera referirse a la atribución de la titularidad de la patria potestad, cuando en realidad norma la atribución de su ejercicio: Diez-Picazo, Luis - Gullón, Antonio, *Sistema de...*, p. 270. Sobre el particular no me voy a extender por exceder la delimitación de esta obra.

[32] Pérez Álvarez, Miguel Ángel en Martínez de Aguirre, Carlos (coord.), *Curso de...*, p. 347.

[33] O'Callaghan Muñoz, Xavier, *Compendio...*, p. 279; Castán Pérez-Gómez, José, "La patria...", p. 693.

[34] Para los hijos implicaría el deber de permanecer con sus padres: Puig Brutau, José, *Compendio...*, p. 178.

salvo casos específicos[35], para otros no siempre exige unidad de domicilio, entendiéndose la compañía como una comunidad afectiva e intelectual que va más allá de la inmediación física[36]. Contemplada como facultad, es de carácter irrenunciable e imprescriptible[37] y se vincula a la guarda y custodia[38], sin embargo, a partir de la circunstancia de no requerir siempre inmediación física, se produce una diferencia entre un simple derecho de relación y la guarda y custodia (que claramente también es derecho de relación, pero más completo), pues ésta última sí exige la convivencia con el menor[39].

Como toda facultad/deber de la patria potestad, *tenerlos en su compañía* corresponde, en normalidad, a ambos padres y debe ser ejercido siempre en beneficio de los hijos, de acuerdo con su personalidad y con respeto a su integridad física y psicológica; su incumplimiento voluntario e imputable puede acarrear la privación de la patria potestad (art. 170 Cc) además de poder constituir el delito de abandono de familia[40].

Tener a los hijos en su compañía es ciertamente la base fáctica que facilita el ejercicio de un *derecho-deber* más amplio de relación entre padres e hijos, aun cuando el derecho de relación con los hijos no se agota en la compañía propia de la patria potestad, ni en sentido jurídico, ni en sentido real: pues aunque los progenitores no ejerzan la patria potestad, tienen el derecho de relacionarse con

[35] Clemente Meoro, Mario, en Montes, Vicente - Roca, Encarna (coords.), *Derecho de Familia*, 2ª edición, Tirant Lo Blanch, Valencia 1995, p. 467. En su opinión, esta exigencia es justamente la razón por la cual el domicilio de los hijos constituidos en patria potestad es el de sus padres. También Diez-Picazo, Luis - Gullón, Antonio, *Sistema de*..., p. 276 e Ysàs Solanes, María, "La patria potestad", en Gete-Alonso y Calera, Mª del Carmen *et alii, Derecho de Familia,* 2ª edición, Cálamo, Barcelona 2005, p. 74, para quien esta facultad tiene dos facetas: la obligación y el derecho de los padres de tener a los hijos en su compañía, y el deber/derecho de los hijos de estar con los padres. Para Martín-Ballestero la relación interpersonal continua en qué consiste, presupone la comunidad de vivienda: Martín-Ballestero Hernández, Luis, *Apuntes y anotaciones para un curso de Derecho Civil (familia y sucesiones)*, Librería General SA, Zaragoza 2001, p. 223.

[36] Rubio San Román, José Ignacio en Rams Albesa, Joaquín (coord.), *Comentarios al Código Civil,* tomo II, vol. 2, Bosch, Barcelona 2000, p. 1481; Vázquez-Pastor Jiménez, Lucía en Díez-Picazo Giménez, Gema (coord.), *Derecho de Familia*, Thomson Reuter/Civitas, Cizur Menor 2012, p. 1839; Carrancho Herrero, Mª Teresa (coord.), *Instituciones protectoras del menor. Especial referencia a la normativa de Castilla y León*, Universidad de Burgos 1999, p. 52. La autora desarrolla este deber como presupuesto de otras obligaciones. También Lacruz Berdejo, José Luis - Rams, Joaquín, *Elementos de*..., p. 398.

[37] Prats Albentosa, Lorenzo, en Montes, Vicente - Roca, Encarna (coord.), *Derecho de Familia*, 2ª edición, Tirant Lo Blanch, Valencia 1995, p. 468.

[38] Menéndez Mato, Juan, en Domínguez Luelmo, Andrés (coord.), *Comentarios*..., p. 273.

[39] Ragel Sánchez, Luis, "La guarda y custodia de los hijos", *Derecho Privado y Constitución*, Nº 15, Madrid 2001, p. 289.

[40] Trinchant Blasco, Carlos (coord.), *Memento práctico civil 2009. Familia y sucesiones,* Editorial Francis Lefebvre, Madrid 2009, pp. 207-210. A la primera de tales posibles consecuencias me refiero en el Capítulo Quinto de este trabajo; la segunda no será abordada por exceder la delimitación y objetivos de esta investigación.

sus hijos menores (art. 160 Cc)[41] y, aunque no los tengan materialmente en su compañía, tienen el derecho y el deber de mantener el trato con ellos. Enfatizando su directa derivación de la filiación, se considera este derecho de relación como el más importante que asiste al progenitor que carece del ejercicio de la patria potestad[42]. El deber de velar por los hijos (art 110 Cc.) y el derecho de relacionarse con ellos (art 160 Cc), aunque integran la patria potestad (art. 154 Cc), derivan directamente de la relación paterno-filial en sí, del llamado *status familiae*[43], por tanto, subsisten con independencia del ejercicio y de la titularidad de la patria potestad[44]. Muy particularmente, el derecho de relación que compete a los progenitores es independiente tanto de la atribución del ejercicio de la patria potestad, como de su titularidad[45].

De lo dicho, es posible concluir que el derecho de los padres a relacionarse con los hijos, es decir, mantener trato y contacto con ellos, forma parte del

---

[41] La norma en este caso, pone el acento en el carácter de derecho que tiene para los progenitores relacionarse con sus hijos; un derecho del que no quedan privados por la privación de la patria potestad. Sobre el alcance de la privación del ejercicio de la patria potestad para uno de los progenitores, algunos autores con una mirada pesimista han indicado que dejaría una potestad vacía de funciones (ZARRALUQUI SÁNCHEZ-EZNARRIAGA, LUIS (dir.), *La conflictividad en los procesos familiares: vías jurídicas para su reducción*, Dykinson, Madrid 2004, p. 45); en contraposición con quienes advierten que se pueden presentar casos en que aún sin compartir el día a día y la vida cotidiana, el no guardador puede estar en situación próxima a la igualdad con el progenitor que tiene la guarda y el ejercicio de la patria potestad (CASTÁN PÉREZ-GÓMEZ, JOSÉ, "La patria...", p. 640). En la materia, influyen, entre otros factores, evidentemente, la edad y la progresiva adquisición de capacidad por parte del hijo.

[42] CASTÁN PÉREZ-GÓMEZ, JOSÉ, "La patria...", p. 682. Lo anterior, resulta tanto por su propia entidad y contenido, como porque cuando hay separación legal o de hecho entre los progenitores este derecho es el mejor complemento del deber de vela: ambos están interrelacionados y se complementan recíprocamente; tienen fundamento muy próximo y paralela funcionalidad: RIVERO HERNÁNDEZ, FRANCISCO, en RAMS ALBESA, JOAQUÍN (coord.), *Comentarios...*, p. 1096.

[43] DE LOS MOZOS, JOSÉ LUIS y HERRERO GARCÍA, Mª JOSÉ, en LACRUZ BERDEJO, JOSÉ LUIS (coord.), *Matrimonio y divorcio. Comentarios al Título IV del Libro Primero del Código Civil*, 2ª edición, Civitas, Madrid 1994, p. 1276. Si bien los autores emplean la expresión *status familiae*, se suele hablar más precisamente de *status filii* para referirse a la relación padre-hijo que es precisamente aquella de que tratan los autores.

[44] DE LA CÁMARA, MANUEL, *El Sistema legal del matrimonio en el Código Civil*, Civitas, Madrid 2002, p. 269; DIEZ-PICAZO, LUIS - GULLÓN, ANTONIO, *Sistema de...*, p. 270.

[45] MARTÍNEZ DE AGUIRRE, CARLOS, *Curso de...*, p. 180. Se debe reconocer, sin embargo, que los términos empleados por el art. 160 Cc pueden incentivar una interpretación errada, pues conforme a su tenor, los padres que no ejercen la patria potestad mantienen derecho de relación, de donde podría entenderse que es necesario, a este último derecho, la titularidad de la patria potestad. Así el derecho de relación no sería esencial a la filiación sino a la titularidad de la patria potestad, aun cuando no a su ejercicio. Comenta esta cuestión Castillo Martínez, quien, revisando diversos fallos de audiencias provinciales, y muy especialmente una sentencia del Tribunal Supremo de 1991, concluye que el derecho del art. 160 Cc. no está condicionado a la titularidad de la patria potestad: CASTILLO MARTÍNEZ, CAROLINA, *La privación de la patria potestad (criterios legales, doctrinales y jurisprudenciales)*, Editorial Práctica del Derecho, Valencia 2000, p. 146 y ss. Breve alusión también de GARCÍA PASTOR, MILAGROS en PASQUAU LIAÑO, MIGUEL (dir.), *Jurisprudencia civil comentada,* tomo I, 2ª edición, Comares, Granada 2009, p. 644.

contenido de toda relación paterno-filial y encuentra *su fundamento profundo en la propia relación de filiación que los une*[46]. En el contenido más básico, esencial y natural de la relación paterno-filial se encuentra el deber de los padres de cuidar, criar y atender a sus hijos y el derecho de éstos a ser cuidados y atendidos por sus padres[47], siendo también básico, esencial y natural en dicho contexto, que ambos se relacionen y comuniquen.

El derecho de relación entre padres e hijos es primero un componente de la relación de filiación y luego de la patria potestad; por ello los padres privados de ésta última conservan el derecho, sin perjuicio, de que las mismas razones que pueden aconsejar la privación de la patria potestad puedan aconsejar también la suspensión de aquella comunicación[48], como se reafirmará más adelante.

III. FUNDAMENTO CONSTITUCIONAL Y BASE NORMATIVA DE LA RELACIÓN PERSONAL ENTRE PADRES E HIJOS

Dentro de los principios rectores de la política social y económica, la Constitución española consagra en el art. 39, por un lado, la protección integral de los hijos y, por otro, el deber de los padres de prestar asistencia de todo orden a los hijos habidos dentro o fuera del matrimonio, durante su minoría de edad[49]. Además, se establece expresamente que los niños gozaran de la protección prevista

---

[46] Rivero Hernández, Francisco, "Límites de la libertad religiosa y las relaciones personales de un padre con sus hijos (comentario de la STC 141/2000, de 29 de mayo)", *Derecho Privado y Constitución*, Nº14, Madrid 2000, p. 291.

[47] Art. 18.1 CDN: *Los Estados Partes pondrán el máximo empeño en garantizar el reconocimiento del principio de que ambos padres tienen obligaciones comunes en lo que respecta a la crianza y el desarrollo del niño. Incumbirá a los padres, o en su caso, a los representantes legales la responsabilidad primordial de la crianza y el desarrollo del niño. Su preocupación fundamental será el interés superior del niño.*

En este mismo orden de cosas, el Tribunal Constitucional hizo suya la siguiente consideración de la Audiencia Provincial de Valencia: *el hecho de ser progenitores no puede tomarse nunca como un derecho propio, sino como una continua liberalidad respecto de los hijos, a los que se debe un cuidado y una entrega como mínimo adecuada*: STC 4/2001, de 15 de enero de 2001, en recurso de amparo núm. 3966/97 que termina siendo desestimado.

[48] Martínez De Aguirre, Carlos, "El derecho de visita en la reciente praxis judicial", *Aranzadi Civil,* nº 1, Madrid 1994, p. 151. A favor de la subsistencia del derecho a comunicarse con sus hijos respecto del progenitor privado o excluido de la titularidad de la patria potestad se puede ver: Castillo Martínez, Carolina, "Efectos de la privación de la patria potestad. Especial consideración del derecho del progenitor excluido o privado de la patria potestad a comunicarse con el menor, siempre en interés de éste", consultado en www.laleydigital.es, el 29 de noviembre de 2012.

[49] Artículo 39 Constitución Española:

1. Los poderes públicos aseguran la protección social, económica y jurídica de la familia.

2. Los poderes públicos aseguran, asimismo, la protección integral de los hijos, iguales éstos ante la ley con independencia de su filiación, y de las madres, cualquiera que sea su estado civil. La ley posibilitará la investigación de la paternidad.

en los acuerdos internacionales que velan por sus derechos. Este conjunto de indicaciones constituyen el fundamento constitucional de la relación paterno-filial y de la filiación misma[50]. En consecuencia, los aspectos materiales y muy especialmente espirituales de aquella relación tendientes a contribuir al mejor desarrollo de la personalidad de los hijos se fundamentan en aquél mandato constitucional[51]. En esta línea, se destacan dos elementos del precepto: por un lado, el talante de *función* que tienen la paternidad y la maternidad y, por otro, la imposición de una rigurosa responsabilidad a los padres para dar asistencia de *todo orden* a sus hijos, lo que, sin perjuicio de la precisión legal, implica desde ya que el deber de los progenitores no se limita al mantenimiento y educación de los hijos, sino que les es exigible también una *contribución de afecto y de experiencia en el proceso de formación de la personalidad del menor*[52].

Cuando el Constituyente pone el acento en los deberes o funciones de los padres respecto de los hijos menores subyace la idea de una serie de derechos de éstos que en general integrarían el caudal de Derechos Humanos, con la especialidad que ofrece la minoría de edad de sus titulares. En este contexto, se sugiere que el derecho del niño a relacionarse con sus padres se integraría en la llamada *segunda generación* de Derechos Humanos, fundado en el valor igualdad[53].

---

3. Los padres deben prestar asistencia de todo orden a los hijos habidos dentro o fuera del matrimonio, durante su minoría de edad y en los demás casos en que legalmente proceda.

4. Los niños gozarán de la protección prevista en los acuerdos internacionales que velan por sus derechos.

Se advierte que este art. 39 CE dice relación con el prevalente amparo del sujeto infantil en todos los aspectos que puedan afectar, no solo a sus necesidades materiales, sino en general, a su formación y desarrollo físico, intelectual y moral; principio que se irradia en múltiples preceptos legales que lo desarrollan, como son los que fijan las medidas en caso de crisis matrimonial: CASO SEÑAL, MERCEDES, "Disyuntiva ante la modificación de circunstancias: proceso incidental o vía de ejecución", en AEAF, *Disyuntivas en los pleitos matrimoniales de separación y divorcio*, Dykinson, Madrid 2000, p. 93.

[50] MARTÍNEZ DE AGUIRRE, CARLOS, *Curso de...*, p. 297. Incluso se indica que el contenido del art. 154 del Cc. es el desarrollo del art. 39 CE en el que se le asignan funciones a los padres: LLEDÓ YAGÜÉ, FRANCISCO y HERRERA CAMPOS, RAMÓN (dir.), *Sistema de Derecho Civil. Derecho de Familia*, Dykinson, Madrid 2002, p. 272.

[51] RIVERO HERNÁNDEZ, FRANCISCO, "Límites de... ", p. 291. De este fundamento constitucional deriva, en opinión del autor, su carácter indisponible y de *ius cogens*, así como el estar presidido todo su régimen del principio *favor filii*.

Algunos autores, en caso de privación de la patria potestad, solo reconocen dos manifestaciones de dicha norma constitucional en el Código civil: el art. 110 y el art. 111 en su último apartado (CASTILLO MARTÍNEZ, CAROLINA, *La privación...*, p. 151). En mi opinión, aún en el caso de carecer de la patria potestad las manifestaciones civiles del mandato constitucional son mas amplias pues la norma constitucional es el fundamento de los efectos de la relación paterno-filial completa.

[52] LACRUZ BERDEJO, JOSÉ LUIS - RAMS, JOAQUÍN, *Elementos de...* p. 17.

[53] SUÁREZ HERRANZ, OLGA, "El derecho del hijo a relacionarse con sus padres", en *Revista de Derecho de Extremadura*, Nº 2, Extremadura 2008, p. 161.

La familia es un grupo fundamental de la sociedad y medio natural para el crecimiento y el bienestar de todos sus miembros, y en particular de los niños. A partir de ahí, la protección y fortalecimiento de la familia se presenta como la vía principal por la cual el Estado debe tutelar al menor y sus derechos, así como a las relaciones paterno-filiales[54]. La protección de la familia es protección de la vida familiar especialmente considerada como entramado de relaciones personales entre sus miembros. Resulta relevante resaltar junto con la idea de la comunidad primera de vínculos en relación con los hijos, aquella función familiar de ser instrumento de socialización del individuo, vehículo de transmisión de pautas de comportamiento, de tradiciones, hábitos, usos y creencias; por ello se le atribuye a la familia un importante papel en la preparación del individuo para su inserción en la sociedad. Considerando que es el cauce para lograr la satisfacción de las necesidades primarias principalmente a corta edad, *la familia es el ámbito dentro del cual se lleva a cabo lo que la Constitución llama el desarrollo de la personalidad*[55].

En el ámbito internacional la Convención sobre los Derechos del Niño (CDN) establece en su art. 9.3 que *los Estados Partes respetarán el derecho del niño que esté separado de uno o de ambos padres a mantener relaciones personales y contacto directo con ambos padres de modo regular, salvo si ello es contrario al interés superior del niño*[56].

De esta disposición pueden deducirse algunas cuestiones relevantes:

---

[54] Teniendo presente que la familia es la unidad básica de defensa del niño, se sugiere que cualquier intervención en defensa de los derechos del hijo debe traducirse en un reforzamiento de la responsabilidad compartida de ambos padres en su bienestar: Suárez Herranz, Olga, "El derecho del hijo... ", p. 160.

[55] Diez-Picazo, Luis- Gullón, Antonio, *Sistema de...,* p. 35-36.

[56] Salanova Villanueva califica esta disposición como aquella que consagra el derecho del niño a no ser separado de sus padres, derecho conforme al cual el interés superior del menor reclama que el niño crezca en compañía de ambos padres y que cada uno de ellos cumpla sus respectivos e igualmente importantes papeles en la crianza del hijo, salvo, cuando circunstancias particularmente graves autorizan la separación por ser contrarías a aquel interés. Este derecho del niño, en opinión de la autora, se halla sujeto a dos condicionantes: que los padres no deseen tal separación y que la misma no venga exigida por el interés del menor. La primera, tanto se puede dar cuando temporalmente una familia se encuentra imposibilitada de atender las necesidades de sus hijos y recurren a los servicios sociales estatales confiándoles su guarda, sin la menor intención de desentenderse de ellos, como cuando los padres conscientemente desean desentenderse de sus hijos, lo que amerita tanto, una sanción penal por abandono de familia como garantizar que seguirán contribuyendo a la manutención del menor mientras éste no sea reintegrado en una nueva familia con carácter definitivo. El interés superior del menor, como condicionante, supone que el bienestar del niño no se vea amenazado de continuar la convivencia con sus padres, como cuando hay maltrato o descuido o cuando los padres viven separados y el alejamiento respecto de uno de ellos resulta inevitable. En todos estos casos, si bien el interés del menor en abstracto se revela como contrario a la separación, acaba por aconsejarla: Salanova Villanueva, Marta, "El derecho del menor a no ser separado de sus padres", *Derecho Privado y Constitución*, N° 7, Madrid 1995, p. 231 y ss.

- Mantener relaciones personales y contacto directo con ambos padres es un derecho del niño, vivan sus progenitores juntos o separados. Respecto de los hijos se postula la titularidad del derecho[57].
- Se deja ver que tal derecho se encuentra naturalmente vinculado con el interés del menor, al punto que el interés del menor supone normalmente estas relaciones[58]. Se trata del interés del menor en abstracto.
- Se reconoce, sin embargo, que pueden presentarse situaciones en que tales relaciones no sean favorables sino contrarias a dicho interés superior del menor.
- Finalmente, en tales casos, la Convención permite que los Estados intervengan estableciendo medidas donde el derecho cede a favor de aquel superior interés, resultando en definitiva que solo la protección de dicho interés justifica la limitación o supresión de aquel derecho del niño –que dicho sea de paso, no es ya un derecho absoluto[59]– y no otras consideraciones como las demandas de los padres en atención a sus individuales intereses. Se trata del interés del niño en concreto.

El artículo 18 de la CDN por su parte, atribuye a los padres, a título de *obligaciones comunes* la responsabilidad principal de la crianza y educación de los hijos, de donde resulta una prioridad, en condiciones de igualdad, de la responsabilidad de los padres en la crianza y formación de sus hijos. Obviamente la satisfacción de esta responsabilidad supone el trato o la relación entre padres e hijos, aún con distintas intensidades dependiendo de la situación convivencial entre ellos[60]. Justamente, en razón de aquella primacía resulta que el compromiso de los Estados Partes de asegurar al niño la protección y el cuidado que sean necesarios para su bienestar, debe tener en cuenta los derechos y deberes de sus padres (art. 3.2 CDN). Como contrapartida de aquellos deberes

---

57 La titularidad se atribuye al menor y cumple, según Salanova Villanueva, una función distinta según el tipo de separación ante la que nos encontremos: SALANOVA VILLANUEVA, MARTA, "El derecho…", p. 253.

58 En relación al derecho de los hijos a un contacto directo y regular con ambos padres una vez rota la convivencia entre éstos, conforme a la reglamentación de la Ley Aragonesa 2/2010 de Igualdad en las relaciones familiares ante la ruptura de la convivencia de los padres, Martínez de Aguirre ha concluido, en iguales términos, que tal derecho de los hijos aparece como una concreción legal inicial de cuál es el interés del menor en caso de ruptura de la convivencia de sus padres, resultando como regla que es bueno para los hijos mantener una relación regular con su padre y con su madre, también después de la separación: MARTÍNEZ DE AGUIRRE, CARLOS, "La regulación de la custodia compartida en la Ley de igualdad de las relaciones familiares ante la ruptura de la convivencia de los padres", *Actas del Vigésimo Encuentro del Foro de Derecho Aragonés*, Zaragoza 2010, p. 142.

59 SALANOVA VILLANUEVA, MARTA, "El derecho…", p. 232.

60 Esta disposición impone a los poderes públicos el respeto de las decisiones de los padres en las materias referidas.

y responsabilidades, los niños tienen derecho a ser cuidados por sus padres (art. 7.1 CDN) pues la premisa fundamental de la cual arranca la Convención es que *el niño, para el pleno y armonioso desarrollo de su personalidad, debe crecer en el seno de la familia, en un ambiente de felicidad, amor y comprensión* (preámbulo CDN). Destacan de aquellas líneas el aspecto humano y afectivo de la relación paterno-filial como un elemento crucial en la formación y pleno desarrollo de los menores.

En el ámbito legal, el derecho a las relaciones personales de los padres con los hijos se consagra, en sede general, en el art. 160 Cc. donde aparece el *derecho de relación* como un concepto abierto o indeterminado[61], independiente del ejercicio de la patria potestad y del matrimonio[62]. La disposición pone de manifiesto tanto la titularidad de los padres, como el carácter de derecho –y no de deber– que les asiste en estas relaciones. Producido el divorcio, el art. 94 Cc. –regla particular para el caso de crisis y proceso matrimonial de la norma genérica del art. 160 Cc.[63]– se encarga de consagrar para el padre que no tenga consigo a los hijos menores o incapacitados el goce del derecho de visitarlos, comunicarse con ellos y tenerlos en sus compañía. La norma es de algún modo corregida en su literalidad alusiva solo al derecho del padre, cuando se la observa en relación con el art. 90 del mismo texto legal, que alude al régimen de comunicación y estancia *de los hijos* con el progenitor que no viva habitualmente con ellos, realzando con ello la titularidad de los menores respecto del derecho[64]. Por su parte, las Audiencias Provinciales se inclinan también, pese al tenor del art. 94, por reconocer que se trata de un derecho del niño, así por ejemplo la AP de Zaragoza ha señalado categóricamente que *las visitas son un derecho de los menores dirigido a mantener y fomentar una relación continuada y estable con el progenitor con el que no convivan para favorecer su correcto desarrollo, no cumpliéndose esa finalidad cuando las estancias resultan gravosas para los hijos y esos contactos no se producen quedando*

---

[61] Este carácter implica que el derecho adolece de cierta vaguedad, lo que abre el debate en torno a su contenido, pero, a su vez, permite al juez cierta flexibilidad a la hora de emitir un juicio ponderado, atendiendo a las circunstancias que concurran en cada caso: PÉREZ VALLEJO, ANA Mª, "Régimen de visitas del progenitor no custodio. Su incidencia en la relación abuelos-nietos", en GARCÍA GÁRNICA, Mª DEL CARMEN (dir.), *La protección del menor en las rupturas de pareja,* Thomson Reuters/Aranzadi, Cizur Menor 2009, p. 364.

[62] Aún cuando hay autores que estiman que el contenido y aplicación del art. 160 Cc. vienen determinados por la ruptura de la convivencia conyugal, además del interés de los hijos y la necesidad de respetar las relaciones paterno-filiales: ALBÁCAR LÓPEZ, JOSÉ LUIS - MARTÍN-GRANIZO FERNÁNDEZ, MARIANO, *Código Civil. Doctrina y Jurisprudencia,* tomo I, vol. 2, 4ª edición, Trivium, Madrid 1995, p. 1584. No comparto esta postura por la existencia de normas especiales expresas en sede de divorcio.

[63] RIVERO HERNÁNDEZ, FRANCISCO, en RAMS ALBESA, JOAQUÍN (coord.), *Comentarios...*, p. 917.

[64] RODRÍGUEZ LAINZ, JOSÉ LUIS, "Incumplimiento...", p. 48.

los menores a cargo de terceros o no se desarrollan en un clima favorable y provechoso para los niños[65].

Frente a esta doble regulación es razonable plantearse la efectiva necesidad de una legislación especial en materia de derecho de relación o relaciones paterno-filiales para el caso de crisis matrimonial. Sobre el punto, considerando que las cuestiones relacionadas con los hijos rara vez irán disociadas del contexto general de la separación, el desplazamiento desde las relaciones paterno-filiales al derecho matrimonial ofrece un tratamiento globalizado del conflicto que probablemente resulte más enriquecedor[66]. Desde la lógica de los menores y aún desde la de los propios padres, ciertamente no se encuentran en la misma situación cuando nunca han vivido juntos, que cuando se separan luego de años de convivencia conyugal; las relaciones creadas y los modos de vida adquiridos pueden ameritar dicha normativa especial. Desde un ámbito puramente jurídico, el establecimiento de un sistema para resolver las crisis de pareja está justificado en el deber del Estado de *asegurar que en esa situación de humana subjetividad, se respeten los derechos de cada miembro de la pareja (...) y la tutela de los derechos de los hijos menores de edad*[67]. Considerando el peligro de que los derechos de los hijos queden subordinados al resultado de otras decisiones legítimas de los padres, instrumentalizándolos como un medio de negociación, parece que la mejor manera de asegurar la protección de su interés en los momentos de crisis conyugal es centrarse en el enfoque de sus derechos como lo hacen los artículos 92 a 94 y 96 del Cc. Resulta así, en mi opinión, que el tratamiento de la reorganización de la relación paterno-filial en sede de nulidad, separación y divorcio no es una pura reiteración innecesaria[68], pues de lo que se trata en definitiva es de proteger la dignidad de los menores, por medio del resguardo de sus derechos, para que no lleguen a ser víctimas inocentes de las desavenencias conyugales y del proceso familiar[69].

En otro aspecto, sin perjuicio de su propia entidad y valor, se ha vinculado el derecho de relación entre padres e hijos, por su carácter funcional, con la obligación de los padres de velar por los hijos menores (art. 110 y 154 Cc)

---

[65] AP Zaragoza, sección 2ª, sentencia 433/2012, 20 de julio, consultada en Vlex, Id. Vlex: VLEX-395354622.

[66] Así parece evaluarlo CASTÁN PÉREZ-GÓMEZ, JOSÉ, "La patria...", p. 638.

[67] SUÁREZ HERRANZ, OLGA, "El derecho del hijo...", p. 163.

[68] No propongo con esto una valoración positiva respecto de las concretas soluciones legales ahí propuestas.

[69] En relación con las repercusiones sobre el menor de los procesos de ruptura conyugal se estima que una fuente importante de sufrimiento para los menores deriva de la frecuencia con que el conflicto lleva a los adultos a *infrafuncionar como padres*, en otras palabras, quedan tan absorbidos por su conflicto y por su propio sufrimiento que pierden capacidad empática y dedicación al niño: BAYEBACH, MARK, "La repercusión sobre el menor de los procesos de ruptura matrimonial: aspectos emocionales y relacionales", en *Cuadernos de Derecho Judicial II-2009. Custodia compartida y protección de menores*, CGPJ, Madrid 2010, p. 303.

también denominado deber de amparo[70], entendido como el deber de prestar a los hijos la asistencia y protección que requieran[71], se cumpla o no en el marco de la patria potestad. Para velar por ellos debe mantenerse algún tipo de contacto y relación, aun cuando no se tenga al hijo en su compañía, por ello se cataloga al derecho de relación como un medio imprescindible para cumplir con la obligación de vela[72]. Lo anterior no debe hacer perder de vista que, pese a la íntima relación, ambos derecho-deberes tienen una individualidad propia; desde ya, el deber de vela subsiste siempre, no admite dispensa[73], en cambio, el derecho de relación estará condicionado al interés del menor, de donde resulta que ninguno de los dos encuentra su fundamento en el otro.

IV. EL CONFLICTO FAMILIAR Y SUS CONSECUENCIAS JURÍDICAS PARA LOS HIJOS

La regulación legal de la relación paterno-filial se construye en primer término considerando la efectiva convivencia de los padres entre sí y con sus hijos; de ello es reflejo la circunstancia de conferirse los derechos y deberes normalmente para una titularidad y ejercicio conjunto de los progenitores. Con esto no quiero decir que haya que vivir juntos para ser titulares de estos derechos o que los mismos se pierdan por efecto de la separación de los padres: simplemente la idea de ejercicio conjunto se relaciona primero y mejor con el modelo de vida conjunta; de ahí que el art. 156 Cc. regule como situación secundaria, en su último apartado, el ejercicio de la patria potestad en los casos de no convivencia entre sí de los progenitores.

Cuando los padres viven juntos este ejercicio se produce de forma natural, quedando entregado al libre y espontaneo acuerdo de ambos la forma como

[70] Se afirma que el deber de vela o de amparo, configura el más importante de cuantos han de cumplir los padres y que a su vez se erige en deber informador y armonizador del resto de las obligaciones integrantes de la patria potestad: AGUILERA RODERO, JUAN, "Análisis sobre el contenido personal de la patria potestad en el progenitor", *Actualidad Civil*, N° 12, Madrid 2008, p. 1232. Se postula también que el segundo efecto de la filiación, luego de la determinación de los apellidos, es el deber de amparo regulado en el art. 110 Cc. que corresponde al padre que ejerce la patria potestad (art. 154 Cc), pero que no queda disminuido ante su privación (art. 111 Cc), pues es un deber enraizado en la misma naturaleza del hombre y tiene base constitucional (art. 39.3 CE): PEÑA BERNALDO DE QUIROZ, MANUEL, en AMOROS GUARDIOLA, MANUEL (coord.), *Comentarios a las reformas del Derecho de Familia,* vol. I, Tecnos, Madrid 1984, p. 815 y ss.

[71] TRINCHANT BLASCO, CARLOS (coord.), *Memento...*, p. 206. Con una connotación más amplia se lo conceptualiza como cuidar solícitamente, con extrema diligencia, vigilando y controlando las actividades del otro progenitor y las relaciones del menor con otras personas: CLEMENTE MEORO, MARIO, en MONTES, VICENTE - ROCA, ENCARNA (coords.), *Derecho de...*, p. 467.

[72] RIVERO HERNÁNDEZ, FRANCISCO, "Límites de...", p. 291.

[73] DE LOS MOZOS, JOSÉ LUIS y HERRERO GARCÍA, Mª JOSÉ en LACRUZ BERDEJO, JOSÉ LUIS (coord.), *Matrimonio...*, p. 1276.

ordenan sus relaciones domésticas y su derecho a relacionarse con los hijos[74]; lo que sí se exige es que ambos actúen en interés de la familia (art. 67 Cc.) del cual es parte el bien de los hijos: por tanto, en servicio de él están obligados a actuar los cónyuges[75].

Esta forma de ejercicio se afecta o definitivamente se interrumpe cuando se produce una crisis entre los progenitores que se concreta en una separación o divorcio, esto es, en una no convivencia familiar. Ciertamente, el conflicto familiar puede presentarse solo entre los progenitores y no involucrar en sus causas a los hijos, pero no es menos cierto, que en mayor o menor medida sus efectos no les serán ajenos tanto en aspectos personales como patrimoniales; desde ya, la separación física de los padres implicara un alejamiento de uno de los progenitores. Como apunta ORTUÑO MUÑOZ *el hecho de que los progenitores no convivan, determina que la estructura familiar, respecto de los hijos, pasa a ser dual, y hay que arbitrar la fórmula que mejor se adapte a las circunstancias personales de todos los miembros en su conjunto, a las necesidades de los hijos en forma prioritaria y a las condiciones de residencia, trabajo, disponibilidad de tiempo y de medios económicos de cada uno de los progenitores (...)*, también adquiere importancia *la edad de los hijos, puesto que en cada fase vital la necesidad de relación con el padre y madre va evolucionando en su forma*[76]. Los padres han de tener en cuenta particularmente estas cuestiones pues a ellos corresponde, por mandato constitucional y legal, siempre la preocupación por sus hijos. El juez a quien corresponda resolver en un proceso de separación o divorcio, deberá, también conforme al mandato legal que tiene, *garantizar el mayor contacto posible entre el menor y sus dos progenitores*[77].

El funcionamiento de los derechos y los mecanismos jurídicos de protección de menores son emplazados en estos supuestos[78]. Decir que el divorcio no disuelve la relación paterno-filial, no es mucho decir, pues en su mayoría las crisis matrimoniales generan situaciones de riesgo para los menores, especial-

---

[74] Entre padres que viven juntos se producen acuerdos implícitos principalmente sobre la posibilidad de actuación individual o una ordenación de las funciones propias del ejercicio conjunto de la patria potestad; dichos acuerdos no pueden alcanzar la titularidad de ésta. Producida la separación los acuerdos de los padres en relación a sus hijos, formales o informales, son de carácter necesario, pues la nueva situación lo requiere: CASTÁN PÉREZ-GÓMEZ, JOSÉ, "La patria...", p. 641.

[75] El interés de la familia está referido a cuanto contribuya a mantenerla unida, en armonía y no en discordia, a desarrollar las cualidades humanas de sus integrantes o a acrecer el patrimonio de todos. Los bienes y aspiraciones que integran dicho *interés* se dividen e individualizan en los supuestos de crisis familiar, así se entiende que los legisladores hablen de interés del menor o de los hijos, interés del cónyuge más débil o más necesitado de protección: LACRUZ BERDEJO, JOSÉ LUIS - RAMS, JOAQUÍN, *Elementos de...*, p. 34-35.

[76] ORTUÑO MUÑOZ, PASCUAL, *El nuevo régimen jurídico de la crisis matrimonial,* Thomson Civitas, Madrid 2006, p. 50.

[77] ORTUÑO MUÑOZ, PASCUAL, *El nuevo...*, p. 50.

[78] RIVERO HERNÁNDEZ, FRANCISCO, "Efectos de...", p. 660.

mente en lo referido a sus derechos, haciendo necesario proveer mecanismos de garantía de su goce efectivo ante la nueva situación de vida familiar separada. El Ordenamiento Jurídico español ha avanzado en el establecimiento de los derechos de los hijos en la relación paterno-filial, al paso que ha dejado claro el carácter de deber que revisten los mismos para los padres; cuestión distinta es garantizar su goce efectivo en las diversas etapas de vida familiar. Quiero decir con esto que de nada sirve la declaración del amplio derecho de relación del art. 160 del Cc. pensado en una situación de normalidad de pareja y quizá también paterno-filial, si no se arbitra un mecanismo de goce efectivo en las situaciones de crisis familiar. El Tribunal Supremo estima que ese mecanismo es justamente el derecho que asiste al progenitor que no tenga consigo a los hijos de visitarlos, comunicarse con ellos y tenerlos en su compañía, pues *tal derecho de visita constituye continuación o reanudación de la relación paterno-filial, evitando la ruptura, por falta de convivencia, de los lazos de afecto que deben mediar entre ellos*[79]. La determinación de un concreto régimen de visita asegura el cumplimiento del derecho a relacionarse con el hijo que asiste al padre no custodio en caso de divorcio[80]. Es la figura que el Derecho ha arbitrado para garantizar a los niños la estabilidad en el desarrollo armónico de su personalidad por medio de la continuidad de los vínculos con ambos padres.

V. EL DIVORCIO Y EL DERECHO DE RELACIÓN ENTRE PADRES E HIJOS

En materia de familia, el divorcio es una de las instituciones donde, con mayor fuerza, confluyen elementos morales, religiosos, filosóficos e ideológicos, que alimentan el debate jurídico relativo a la institución[81]. En el plano de la realidad práctica, el divorcio, es también una de las instituciones reguladas por el Derecho con un mayor ámbito de afectación social, pues sus consecuencias no son únicamente familiares sino también económicas, psicológicas, sociales, jurídicas y afectivas[82]. Sobre el divorcio se ha escrito que: *...es, en sí mismo, un grave mal social y un elemento de desorganización de la sociedad,*

---

[79] STS 7814/1992, de 19 de octubre de 1992. Id. Cendoj: 28079110011992102476.

[80] Sin embargo, como se ha puesto de manifiesto, en la práctica se revela que en variadas ocasiones un tradicional y rígido régimen de visitas ha supuesto la pérdida progresiva de los vínculos y lazos de afecto, incluso identificándose al padre no custodio como un extraño para el hijo: PÉREZ VALLEJO, ANA Mª, "Régimen de...", p. 355.

[81] Al respecto se puede ver: NAVARRO VALLS, RAFAEL, "Matrimonio y Derecho", en VVAA *El Matrimonio: ¿Contrato basura o bien social?,* Thomson Aranzadi, Cizur Menor 2008, p. 55 y ss.

[82] De ahí que se lo califique como un fenómeno de múltiples hechos disociadores: divorcio legal (ruptura del contrato legal), divorcio económico (dos unidades económicas y no una), divorcio físico (dos residencias y no una), divorcio emocional (independencia afectiva), divorcio familiar (cambio de estatus dentro del grupo de familiares), lo que impacta en todas las facetas de la vida y exige una reorganización cuidadosa de las mismas: BENGOECHEA GARÍN, PEDRO, "Un análisis

en cuanto que fomenta la fragilidad de la familia al propiciar la debilitación del vínculo conyugal por la facilidad de su ruptura. Los inconvenientes del divorcio se descargan, sobre todo, sobre los hijos y también –lo que no debe dejar de ser motivo de reflexión– sobre el cónyuge que está en una situación social de inferioridad (...)[83]. Si bien esta opinión puede parecer extrema para quienes entienden que el divorcio es una solución al mantenimiento de una relación de no convivencia conyugal, o frente a una relación que se ha tornado perjudicial y dañina para sus integrantes, lo cierto es que, querámoslo o no el aumento de los divorcios, consecuencia del ejercicio de la libertad de las personas y del declinar de las creencias religiosas, *provoca consecuencias complejas, creando una nueva clase de pobres, aquella que debe vivir de unos alimentos y pensiones que se pagan tarde y mal*[84] o no se pagan, aquella que en nuestros países circunda periódicamente los tribunales en busca de solución a sus problemas económicos por medio de demandas y solicitudes de apremios y que, en el ámbito inmaterial es quizá también más pobre, por la ausencia de afectos completos, por el ambiente de permanente discordia reinante entre los progenitores, por la obligación de vivir los hijos prácticamente en soledad o replegados a los regímenes de comunicación que una resolución impone como una carga o limitante a quienes siendo adultos divorciados aspiran a más libertad y autodeterminación[85]. Sin embargo, ciertamente no es el divorcio en sí el causante de todos estos males –también hay relaciones post divorcio que se comportan saludablemente, con total armonía, especialmente en atención al interés y desarrollo de los hijos comunes[86]–: la causa probablemente se encuentre en aquella condición humana, que reacia a toda ley o norma de comportamiento se revela en individualismo, egoísmo e irresponsabilidad extrema. Ante ello el Derecho no tiene acción directa y tampoco son culpables las normas constitucionales que consagran y protegen los derechos y libertades

---

exploratorio de los posibles efectos del divorcio en los hijos", *Psicothema*, vol. 4, Nº 2, Principado de Asturias 1992, p. 492.

Esta particularidad del conflicto familiar y la conciencia de la consecuente baja calidad de las respuestas adoptadas con una perspectiva exclusivamente jurídico-legal, ha impulsado la necesidad de implementar en los Tribunales iniciativas multidisciplinares para enfrentar los procesos/conflictos de familia, como se relata en: UTRERA GUTIÉRREZ, JOSÉ, "Problemática del régimen de estancias y comunicaciones con el progenitor no custodio", en PÉREZ MARTÍN, ANTONIO - TOVAR ESCUDERO, CARLOS (coords.), *II Jornada Científica: La convivencia con los hijos tras la crisis de pareja*, Edición ASEMIP, Murcia 2011, p. 161 a 169.

83 LACRUZ BERDEJO, JOSÉ LUIS (coord.), *El nuevo régimen de la familia. El matrimonio y el divorcio,* Cuadernos Civitas, Madrid 1982, p. 225.

84 ROCA TRÍAS, ENCARNA, *Familia y cambio social*, Cuadernos Civitas, Madrid 1999, p. 161.

85 ACUÑA SAN MARTÍN, MARCELA, *Efectos jurídicos del divorcio,* AbeledoPerrot Thomson Reuters, Santiago 2011, p. 16.

86 Así se postula que el conflicto entre los padres tiene efectos más perniciosos para los hijos, que el divorcio en sí: BAYEBACH, MARK, "La repercusión...", p. 299.

del individuo, aunque posiblemente y sin buscarlo, tienden a exacerbar estos caracteres inherentes al ser humano.

Desde el punto de vista clínico, se considera que el divorcio tiene un potencial traumatizador comparable a la muerte de un familiar, por cuanto produce sentimientos de perdida y lleva aparejados cambios profundos en las relaciones interpersonales y en el sentido personal; la intensidad del efecto negativo sobre los hijos depende en gran medida de la dinámica relacional que mantengan los padres[87]. Diversos estudios, principalmente del área de la psicología, han destacado el efecto que el divorcio provoca en los hijos[88], quienes perderían la base segura que había generado el sentimiento de apego a sus padres y que les permitía explorar el entorno con mayor confianza[89]; ese primer modelo de familia y de relación de pareja que conocieron se habrá roto dejando cicatrices en su estructura afectiva, relacional, y de resolución de sus propios conflictos. A partir de ahí es innegable que para el abordaje de los efectos del divorcio en los hijos, la solución jurídica no es completa y se reduce –o debiera hacerlo– a la tutela del goce efectivo de los derechos de los menores.

En el ámbito jurídico, la separación, nulidad y divorcio afectan el ejercicio de los deberes y facultades que integran la relación paterno-filial[90], pues alteran la base fáctica de aquel al implicar vida separada de los padres: la ausencia de comunidad de vida entre los padres origina un *modus vivendi* diferente que requiere una modalización de cumplimiento de las obligaciones paterno-filiales[91], la que, en todo caso, *no debe implicar necesariamente la existencia*

---

87 BAYEBACH, MARK, "La repercusión...", p. 298 y ss.

88 Véanse al respecto los estudios citados por CANTÓN DUARTE, JOSÉ, "Adaptación de los hijos de divorciados", en GARCÍA GÁRNICA, Mª DEL CARMEN (dir.), *La protección del menor en las rupturas de pareja,* Thomson Reuters/Aranzadi, Cizur Menor 2009, p. 89 y ss. Con una mirada jurídico-social se analizan las causas que motivan la conflictividad y el distanciamiento de los hijos con respecto a un progenitor tras el cese de la convivencia y la ruptura, dando cuenta de causas que dependen del progenitor custodio (despecho, resentimiento, chantaje económico, nueva relación de pareja, entre otras); causas que tienen su origen en el progenitor no custodio (despreocupación, abandono, inicio de nueva relación de pareja, compra de afectos, entre otras) y; finalmente causas ajenas a uno u otro progenitor (como la distancia geográfica entre domicilios). Ante este panorama y más allá de las medidas judiciales que se pueden adoptar para evitar el daño a los menores, hay que reconocer que en muchos casos será necesario un abordaje terapéutico de la situación.

89 SUÁREZ HERRANZ, OLGA, "El derecho del hijo...", p. 163.

90 GUILARTE MARTÍN-CALERO, CRISTINA, en GUILARTE GUTIÉRREZ, VICENTE (dir.), *Comentarios a la reforma de la separación y el divorcio. Ley 15/2005, de 8 de julio,* Lex Nova, Valladolid 2005, p. 129.

91 DIEZ-PICAZO, LUIS- GULLÓN, ANTONIO, *Sistema de...*, p. 123. La modalización de las relaciones paterno-filiales corresponde a un efecto secundario o reflejo del divorcio, de modificación del ejercicio de los derechos: BONET NAVARRO, ÁNGEL, en LACRUZ BERDEJO, JOSÉ LUIS (coord.), *Matrimonio y divorcio. Comentarios al Título IV del Libro Primero del Código Civil,* 2ª edición, Civitas, Madrid 1994, p. 962.

de una mono parentalidad a partir de ese momento[92]. La paternidad y la maternidad ya determinadas son indisolubles por el divorcio, con toda la carga de derecho-deberes que ello implica, no pudiendo los padres, a pretexto de su crisis, marginarse de la responsabilidad parental (art. 92.1 Cc).

Como advierte LÓPEZ ALARCÓN, una vez aceptado el divorcio, el problema se desplaza a la adopción de medidas que disminuyan sus graves consecuencias respecto de los hijos y remedien injustos desequilibrios económicos entre los cónyuges[93]. ¿Con quién quedarán los hijos cuando los progenitores se separen definitivamente y qué tipo de relación personal y humana van a mantener con aquel con quien ya no convivan?, son algunos de los problemas, que cargados de componentes afectivos y metajurídicos, el Derecho no puede solucionar del todo: *el Derecho apenas puede poner remiendos, pues a remediar la crisis personal y familiar acude, consciente de sus propias limitaciones*[94].

El legislador promueve que en situaciones de crisis matrimonial queden resueltas las cuestiones vinculadas a los aspectos personales y patrimoniales derivados de la relación paterno-filial mediante la modalización o ajuste respectivo (art. 91 y ss. Cc).

1. Modalización de las relaciones personales paterno-filiales en situaciones de crisis conyugal

Pese a la crisis matrimonial ambos progenitores tienen derecho a continuar relacionándose con sus hijos; por ello una consecuencia o efecto de la nulidad,

[92] PÉREZ-SALAZAR RESANO, MARGARITA, "La guarda y custodia compartida y el régimen de visitas: los puntos de encuentro familiar", en *Cuadernos de Derecho Judicial II-2009 Custodia compartida y protección de menores*, CGPJ, Madrid 2010, p. 248-250.

[93] LÓPEZ ALARCÓN, MARIANO, "Efectos de la sentencia de nulidad, separación y divorcio: cuestiones generales", *La Ley: Revista jurídica española de doctrina, jurisprudencia y bibliografía*, n° 2, Madrid 1982, p. 832. Distintas legislaciones, entre ellas la chilena, se ocupan preferente o casi exclusivamente –a título de efecto patrimonial o económico del divorcio–, del sistema de compensación del cónyuge más débil, quizá olvidando, por un lado, que el conjunto de consecuencias económicas del divorcio es más complejo, y por otro, que a ello se suman las consecuencias no patrimoniales, muchas veces desatendidas. Respecto de estas últimas, si bien el Derecho no es el instrumento idóneo para encararlas de forma íntegra, puede contribuir en la ordenación equilibrada de las relaciones que les sirven de base.

[94] RIVERO HERNÁNDEZ, FRANCISCO, "La guarda y custodia de los hijos y derecho de visita tras la crisis matrimonial", en CERVILLA GARZÓN, MARÍA (coord.), *La situación jurídica de la mujer en los supuestos de crisis matrimoniales,* Publicaciones de la Universidad de Cádiz, 1997, p. 61. Se ha expresado, que por muchos derechos que se reconozcan al hijo, privado del más elemental de todos ellos que es el de vivir en un hogar al cuidado de sus padres, tendrá una carencia que las leyes no pueden suplir; el solo hecho de no vivir bajo el mismo techo dificulta gravemente un compromiso paterno permanente y profundo con el hijo y el colaborar activamente en su formación: RODRÍGUEZ PINTO, Mª SARA, "El derecho a mantener una relación directa y regular con el hijo (ex derecho de visitas)", Gaceta Jurídica, N° 232, Santiago 1999, p. 38.

separación o divorcio consiste precisamente en la reorganización de las relaciones familiares, al punto que los tribunales reconocen que la principal cuestión a dilucidar y resolver, en caso de ruptura del vínculo matrimonial con los hijos menores, es la relativa al modelo parental de convivencia que ha de regir las futuras relaciones de los progenitores con los hijos, tratando siempre de atender al superior interés del menor[95]. La importancia cualitativa de la organización de la situación de los hijos y sus relaciones con ambos progenitores, como el principal problema de una ruptura de convivencia, radica en que es el único problema en que están implicadas personas dependientes, normalmente las primeras perjudicadas por la ruptura[96].

En el ámbito jurídico interesa determinar cómo se produce y en qué consiste esta modalización, cuestión a la que en general me voy a referir en este capítulo sin perjuicio de las mayores precisiones contenidas en el Capítulo Cuarto respecto de la determinación convencional y judicial de un específico régimen de relación entre padres e hijos.

Los primeros llamados a determinar los efectos del divorcio son los propios cónyuges, dada la necesidad de ajustar la regulación a las circunstancias concretas de cada específica realidad familiar. La preferencia para que sean los cónyuges quienes reglen los efectos del término de su matrimonio, tanto se refiere a sus posibles vínculos posteriores al divorcio, como a los que dicen relación con sus hijos, sin embargo obedecen a explicaciones distintas: mientras la autonomía privada en lo relativo a las pretensiones económicas que involucren a los ex cónyuges, se fundamenta en que se trata de materias esencialmente disponibles; la preferente regulación de los padres respecto de las pretensiones relativas a los hijos, encuentra su fundamento en que a ellos corresponde por mandato constitucional, y por la propia naturaleza de las cosas, la preocupación fundamental por sus hijos.

A los padres se les concede un ámbito de autonomía para decidir, pero no se trata de una autonomía plena, sino limitada, pues los efectos del divorcio que dicen relación con los hijos no están mayormente disponibles; por el contrario, son ampliamente regulados por el legislador, a través de normas de *ius cogens*[97].

---

95 AP Sevilla, sección 2ª, sentencia nº 142/2011, de 18 de abril de 2011, consultada en http://vlex.com/vid/-355128882.

96 Martínez de Aguirre, Carlos, "La regulación de...", p. 143.

97 Algunas de las cuestiones que son consecuencia de la crisis matrimonial, específicamente cuando hay hijos, afectan a bienes o valores indisponibles, regidos por normas y principios de *ius cogens* que se deben superponer a los principios que rigen el proceso civil: De La Cámara, Manuel, *El Sistema...*, p. 221. El autor dedica algo de tiempo a exponer las distinciones que se pueden formular en materia de efectos respecto de los sujetos involucrados a la luz del principio dispositivo y rogatorio que impide al juez inmiscuirse sin que haya petición de parte, dejando muy claro que la presencia de hijos es un factor determinante en la materia.

Además, se entregan mayores facultades al juez ya sea de control o de decisión directa; de ahí que, en lo que se refiere a la actuación de éste destacan una serie de medidas y decisiones que le son privativas, siendo posible observar cómo la autonomía de la voluntad de los cónyuges cede lugar a la primacía de la actuación judicial[98].

La autorregulación de los padres se puede manifestar en el convenio regulador que es imperativo allegar en algunas hipótesis o en los acuerdos a que arriben durante el procedimiento. De ellos, sin lugar a dudas, la principal manifestación de la autonomía privada en materia de efectos del divorcio la constituye el convenio regulador que deben obligatoriamente presentar los cónyuges conforme al art. 90 Cc[99]. Ahora bien, al estar la vigencia del convenio supeditada a la aprobación judicial, resulta no ser un puro negocio jurídico de derecho privado, sino un acto de naturaleza mixta, en el que intervienen sujetos privados y la autoridad pública. Ésta última, en opinión de algunos autores, por su propia naturaleza, debe considerarse preponderante[100].

Los acuerdos de los cónyuges respecto de los hijos serán aprobados por el juez, salvo si son dañosos para ellos, caso en el cual, ante la negativa de aprobación judicial, se posibilita a los cónyuges la presentación de una nueva propuesta (art. 90 Cc.). Resulta entonces, que la autodeterminación de los cónyuges no es absoluta, sino que se encuentra limitada por el principio del interés superior del menor[101] y, además, sometida al control judicial[102]; dicho control se justifica por la preeminencia de los intereses superiores que deben ser protegidos (art. 90.2 Cc).

La intervención judicial podría estimarse supletoria y reservarse para cuando haya sido imposible el pacto, o en el evento que el contenido de las propuestas sea lesivo para los intereses de los hijos menores o incapacitados. Sin embargo, la labor judicial no siempre resulta ser subsidiaria en la modalización de las relaciones paterno-filiales. Un examen profundo de las normas lleva a concluir que la posición del juez es más amplia, pues tratándose de medidas relativas a menores, el Juez puede acordar lo que estime por conveniente, atendidas las

---

[98] Acuña San Martín, Marcela, *Efectos...*, p. 71.

[99] El convenio es considerado la pieza básica del sistema de efectos, pues permite conectar la regulación legal unitaria con las particularidades de cada caso concreto: Martínez de Aguirre, Carlos, *Curso de...*, p. 170.

[100] De La Cámara, Manuel, *El Sistema...*, p. 217; Diez-Picazo, Luis - Gullón, Antonio, *Sistema de...*, p. 120.

[101] Siguiendo a Martínez De Aguirre, es posible afirmar que en materia de estos acuerdos o convenios, el principio es determinante no solo respecto del contenido de lo acordado, sino también a la adopción misma del acuerdo de que se trate: Martínez de Aguirre, Carlos, *Curso de...*, p. 176.

[102] Lasarte Álvarez, Carlos, *Principios...*, p. 140.

circunstancias del caso (art. 158 Cc)[103], y, especialmente, el interés superior del menor, a cuya protección, por imperativo de los instrumentos internacionales, deben propender todos los poderes públicos, sin sujeción rigurosa por tanto, al principio dispositivo que rige las contiendas civiles.

Aún cuando los padres nada hayan solicitado, podrá el juez adoptar medidas que digan relación con los hijos (art. 91 Cc)[104]. Todas estas medidas –ya sean a petición de parte o de oficio– deben ir encaminadas a que el daño de la ruptura sea el menor posible, a que aquella no acarree perjuicios innecesarios a los hijos y a que, en su nueva realidad, los menores queden en la forma que les sea más beneficiosa[105].

En suma, la autonomía privada que se reconoce a los cónyuges para hacer la modalización no puede afectar el interés superior del menor; si ello ocurriera, se otorga al juez una facultad correctora, a la luz de su función valorativa activa[106]. Lo anterior también demuestra que, dentro del Derecho Civil, el Derecho de Familia no se ha privatizado completamente: aun hay aspectos de interés público que ameritan la matización de sus reglas y regulaciones, tanto sustantivas como procedimentales.

2. Hipótesis de concreción normativa del derecho de relación entre los hijos y el progenitor no custodio tras el divorcio

El derecho de relación entre padres e hijos normalmente no se aprecia en su individualidad, pues aparece subsumido en la patria potestad, adquiriendo visibilidad y trascendencia básicamente en dos situaciones: cuando uno de los padres ha sido privado del ejercicio de la patria potestad y/o cuando uno de los padres no ejerce la guarda y custodia del hijo por encontrarse en uno de los supuesto de vida separada de los progenitores[107]. Esta última es la situación relevante a este trabajo, pues como ya se expuso, el derecho amplio de relación entre padres e hijos no depende del ejercicio de la patria potestad, aun cuando, la decisión sobre ésta irremediablemente tiene implicaciones en cuanto a la extensión y carácter del derecho de relación, por lo que incumbe hacer igualmente algunas precisiones y delimitaciones iniciales.

---

[103] LACRUZ BERDEJO, JOSÉ- RAMS, JOAQUÍN, *Elementos de*..., p. 99-100; ACUÑA SAN MARTÍN, MARCELA, *Efectos*..., p. 139.

[104] MARTÍNEZ DE AGUIRRE, CARLOS, *Curso de*..., p. 174.

[105] LACRUZ BERDEJO, JOSÉ LUIS - RAMS, JOAQUÍN, *Elementos de*..., p. 99.

[106] DIEZ-PICAZO, LUIS - GULLÓN, ANTONIO, *Sistema de*..., p. 120-121.

[107] Esta circunstancia es comentada en relación con el Código de Familia Catalán en BARRAL VIÑALS, INMACULADA, "La potestad...", p. 356.

La patria potestad, según refiere el art. 154 del Cc, comprende dentro de su contenido natural, el *tener a los hijos en su compañía*; esta compañía solo puede darse en plenitud cuando los hijos viven habitualmente con sus padres[108]. Todos los efectos personales de la relación de filiación –cuidado, compañía, vela, educación, formación integral– y, todas las decisiones asociadas, se encuentran infiltradas y cohesionadas en la patria potestad durante la vida conjunta de los padres. Si un padre es privado del ejercicio de la patria potestad[109], debe entenderse que se lo despoja del contenido patrimonial y representación de los hijos, pero no de todo el contenido personal de la misma: puede seguir relacionándose y teniendo a los hijos en su compañía y participando en la toma de algunas decisiones a su respecto. Ahora bien, las mismas razones que pueden aconsejar la privación de la patria potestad pueden ameritar la suspensión de la comunicación con los hijos[110], pero tras haber sido objeto de una consideración autónoma sobre la conveniencia o no para el hijo del mantenimiento de la relación personal con dicho progenitor, por cuanto la privación en beneficio del hijo de la patria potestad no entraña, también en beneficio del hijo, la pérdida del derecho de visita [111].

Cuando el padre privado de la patria potestad no tenga la convivencia o compañía habitual –que será la situación recurrente y normal[112]–, tendrá dere-

[108] Cuando los padres viven juntos, y la relación conyugal se desenvuelve con normalidad, la guarda y custodia es ejercida por ambos y coexiste con la patria potestad, resultando que la primera es una función dinamante de la patria potestad que consiste en cubrir las necesidades de cuidado de los hijos y los demás aspectos personales: Lathrop Gómez, Fabiola, "Aspectos generales de la guarda y custodia de los hijos", versión electrónica en www.LaLeydigital, cita 4070/2010, visitado el 10 de octubre de 2010. Como apunta Ragel Sánchez, contradiciendo a García Pastor, la guarda y custodia en estos eventos, se encuentra embebida por la patria potestad dual, pertenece a ambos padres conjuntamente, *la guarda y custodia existe cuando los padres conviven normalmente* aun cuando esté *bajo la capa de la patria potestad*: Ragel Sánchez, Luis, "La guarda...", p. 284.

[109] Lo que tanto puede ocurrir por vía judicial conforme a las causas que señala el art. 170 Cc. o a las circunstancias previstas en el art. 156.2 del mismo cuerpo legal, en caso de desacuerdos reiterados u otra causa que entorpezca gravemente el ejercicio conjunto por ambos progenitores; o por vía legal, en el caso de padres que viven separados respecto de aquél con quien el menor no conviva (art. 156.5 Cc). En este último caso, la Ley atribuye al padre que convive con los hijos el ejercicio de la patria potestad y por tanto, priva al no conviviente del mismo, lo que puede ser modificado por decisión judicial que, a petición de parte, establezca un ejercicio conjunto o la distribución de funciones.

[110] Explica Rivero Hernández que siendo excepcional en los tribunales españoles la privación o suspensión de la patria potestad, las causas que han dado lugar a ella con posterioridad a la sentencia de separación o divorcio han sido, en general, los malos tratos del progenitor a los hijos, la vida disoluta del padre con ejemplos corruptores dañosos para los hijos, el abuso o exceso de autoridad unido al daño moral de los hijos, y el total incumplimiento voluntario por el padre de sus deberes: Rivero Hernández, Francisco, "Efectos de...", p. 679. Es evidente que en estos mismos casos puede operar la privación o suspensión del derecho conforme al art. 94 Cc.

[111] Martínez De Aguirre, Carlos, "El derecho...", p. 151.

[112] Aun cuando no sea habitual en los hechos, un padre puede convivir con el hijo y haber sido privado del ejercicio de la patria potestad: el art. 160 Cc no está reservado exclusivamente

cho a relacionarse con los hijos, derecho que no depende de la patria potestad (art. 160 Cc.) y tendrá el deber de vela y de prestarles alimentos (art. 110 Cc). A partir de ahí, la privación de la patria potestad a un padre es la primera circunstancia que le otorga notoriedad e independencia al derecho de relación entre padres e hijos, como un contenido básico de la relación paterno-filial, con independencia de la existencia de vida conyugal.

Durante la vida conjunta de los progenitores, la patria potestad representa globalmente las facultades de la relación paterno-filial, pero no la sustituye; por eso, cuando se priva a uno de los padres de su ejercicio o los padres se divorcian, conservan aquellas facultades que son inherentes y se fundan en la relación paterno-filial más allá del ejercicio de la patria potestad[113].

Si los padres no viven juntos producto del cese de la convivencia conyugal o de pareja, es obligado decidir, entre otras cuestiones, quién se encargará del cuidado de los hijos, dando lugar a lo que se ha llamado una disgregación del ejercicio de las facultades propias de la patria potestad entre ambos progenitores[114]; la función de la patria potestad consistente en *tener a los hijos en su compañía* se desgaja del contenido de ésta[115] y, a mi entender, al mismo tiempo transmuta y se fracciona, conservando ambos padres una porción de ella[116]: a un padre se le asignara, por regla general, la guarda y custodia de los hijos y al otro, consecuentemente, un derecho de relación cuyo ejercicio no es permanente[117].

---

para situaciones de vida separada de los padres; la privación de la patria potestad puede también producirse en vida conjunta de los progenitores.

[113] En contra, estimando que el derecho de visita, comunicación y tenencia de los hijos en compañía se funda en la patria potestad y por tanto, privado un progenitor de ésta se le priva también del ejercicio de aquel derecho: ARZA, ANTONIO, *Remedios jurídicos a los matrimonios rotos (nulidad, separación y divorcio),* Publicaciones de la Universidad de Deusto, 1982, p. 117. Sin asumir ésta última conclusión, García Pastor afirma que tanto el derecho de guarda como el derecho de visita tienen su base legal primera en el propio artículo 154 Cc, configurándose por ello como manifestaciones de la patria potestad cuando, al no convivir los progenitores entre sí, sólo uno de ellos puede hacerlo con el hijo: GARCÍA PASTOR, MILAGROS, *La situación jurídica de los hijos cuyos padres no conviven: aspectos personales,* McGraw Hill, Madrid 1997, p. 228.

[114] RABADÁN SÁNCHEZ-LAFUENTE, FUENSANTA, *Ejercicio de la patria potestad cuando los padres no conviven,* Thomson Reuters/Aranzadi, Cizur Menor 2011, p. 44.

[115] MARÍN LÓPEZ, MANUEL, en BERCOVITZ RODRÍGUEZ-CANO, RODRIGO (coord.), *Comentarios al Código Civil,* 3ª edición, Thomson Aranzadi, Cizur Menor 2009, p. 217. En las diversas situaciones de no convivencia normal de los padres, la guarda y custodia aparece disociada de la patria potestad: RAGEL SÁNCHEZ, LUIS, "La guarda...", p. 286.

[116] Esto es así, porque el derecho a relacionarse con los hijos, efecto de la relación de filiación, vigente la convivencia no se distingue de otras facultades de la patria potestad, pero terminada aquella, se manifiesta en su propia individualidad con independencia de ésta última que antes la subentendía.

[117] En esta línea de pensamiento se ha entendido que los términos guarda y custodia y régimen de visitas, comunicación y estancias son dos conceptos temporales de la función de tenerlos en su compañía: PÉREZ VALLEJO, ANA Mª, "Régimen de...", p. 355. Semejante conclusión parece sugerir AGUILERA RODERO, JUAN, "Análisis...", p. 1234.

La Audiencia Provincial de Madrid en un pronunciamiento reciente ha tenido oportunidad de acoger esta doctrina señalando expresamente que *tras el cese de la convivencia conyugal, la función de la patria potestad que consiste en "tener a los hijos en su compañía" (art. 154 del Código Civil), se desdobla en dos nuevas funciones: la atribución de la custodia a un progenitor, y el establecimiento de un régimen de comunicaciones, visitas y estancias para que los hijos puedan estar con el otro.* En opinión de la Audiencia, los términos *guarda y custodia* y *régimen de visitas y estancias* no son sino *dos conceptos temporales de la función de tenerlos en su compañía*, de donde se deriva que *el reparto del tiempo de convivencia que se hace tras una separación o divorcio no implica una separación o castigo para uno de los padres, las causas que provocaron la ruptura no deben mezclarse con el reparto de tiempo de convivencia, puesto que la legislación matrimonial española opta por el sistema de separación remedio*[118].

En la declaración de divorcio, a ambos padres se les reconoce ordinariamente un derecho a relacionarse con sus hijos, pero de modos diversos: uno de forma habitual tendrá la compañía diaria mediante la guarda y custodia[119] que implica también el cuidado personal diario de los hijos; el otro, tendrá un derecho de ejercicio no frecuente o cotidiano, mediante las genéricas visitas, comunicaciones y estancias (art. 94 Cc)[120]. Mientras el primero supone la convivencia habitual, el derecho de comunicación con el progenitor no custodio

---

[118] SAP de Madrid 00560/2012, de 20 de julio, Id Cendoj: 28079370222012100499.

[119] Dejo solo apuntado, por no ser objeto de este trabajo, que la ausencia de definición y de regulación legal del contenido de la guarda y custodia ha provocado dispersión doctrinal a la hora de determinar su configuración y alcance. Sólo a título ejemplar advierto que, entre otras, se ha entendido que la guarda y custodia hace alusión a la permanencia en el tiempo de los menores con sus progenitores: DE LA OLIVA VÁZQUEZ, ANTONIO, "Derechos y obligaciones del progenitor no custodio para con los hijos: problemas y alternativas", en GARCÍA GÁRNICA, Mª DEL CARMEN (dir.), *La protección del menor en las rupturas de pareja,* Thomson Reuters/Aranzadi, Cizur Menor 2009, p. 250; se la identifica por algunos autores con un mero cuidado y atención diaria del hijo que se ejerce a través de la convivencia habitual con el menor, y que, en caso de crisis matrimonial puede en España, atribuirse a uno sólo o a ambos padres a través de un ejercicio alterno: MONFORTE, JOSÉ DOMINGO, "Custodia compartida disensual Rara avis", *Revista de Derecho de Familia*, Nº 37, Valladolid 2007, p. 283; otra doctrina ha puesto más predominantemente de manifiesto que, además, involucra la educación y formación integral de los hijos (RAGEL SÁNCHEZ, LUIS, "La guarda…", p. 298). En otros términos, no se trataría solo de debatir y acordar sobre la residencia de los hijos, sino también sobre la tarea cotidiana de educación y control del menor: CAMPUZANO TOMÉ, HERMINIA, "La custodia compartida. Doctrina jurisprudencial de las Audiencias Provinciales", en *Westlaw.es*, identificador: BIB 2005/563, consultado el 11 de octubre de 2010. Con Lathrop Gómez se llega a concluir que el numeral primero del art. 154 Cc. esboza la funciones que comprende la guarda y custodia pues ésta como eje central desarrolla el aspecto personal de la patria potestad: LATHROP GÓMEZ, FABIOLA, "Aspectos generales…", p. 5-6.

[120] CASTÁN PÉREZ-GÓMEZ, JOSÉ, "La patria…", p. 694. Se lo califica también como un sustituto de la convivencia habitual cuando ésta no es posible: GARCÍA PASTOR, MILAGROS, "El derecho de visita en circunstancias excepcionales (SsTS de 22 de mayo y 21 de julio de 1993)", *Actualidad Civil* Nº 3779, Madrid 1985, p. 762.

implica una convivencia temporal o circunstancial[121], lo que no le resta su carácter de potestad de similar naturaleza a la guarda[122].

Me interesa precisar la idea de *igual naturaleza* de estos derecho-deberes, por cuanto, en mi opinión, con ello se expresa no un idéntico contenido o extensión, sino que ambos son modos o manifestaciones del derecho de relacionarse padres e hijos propio de la relación paterno-filial[123]. El derecho que en el caso de divorcio se concreta conforme al art. 94 Cc., como viene sosteniendo la doctrina, *no es un mero «apéndice» (una especie de «premio de consolación») en las medidas que se adopten sobre los hijos; sino que constituye un elemento esencial en la estructura de las relaciones familiares «post separationem»*[124]. El derecho que regula el art. 94 Cc, conforme sostiene el Tribunal Constitucional, es una *manifestación del vínculo filial que une a ambos* (padre e hijo) y *contribuye al desarrollo de la personalidad afectiva de cada uno de ellos*[125]. Se trata de un instrumento esencial para el mantenimiento de una verdadera relación paterno-filial, lo más cercana posible a la que deriva de la convivencia[126].

Con semejante sentido en las Conclusiones del IV Encuentro de Magistrados y Jueces de Familia y Asociaciones de Abogados de Familia y las VI Jornadas Nacionales de Magistrados, Jueces de Familia, Fiscales y Secretarios Judiciales, se señaló que el término custodia hace referencia al conjunto de derechos y obligaciones que nacen para el progenitor de su convivencia con los hijos menores, sin que ello implique para tal progenitor un *estatus* jurídico privilegiado frente al otro. A cada progenitor corresponde la custodia del menor

---

Que ambos derechos sean modos de relacionarse con los hijos, no significa que ambos se agoten en ello, pues, como se ha puesto de manifiesto por la doctrina, el objeto propio de la guarda y custodia radica en el cuidado, educación y formación integral del hijo, sin perjuicio de otros efectos de trascendencia personal y económica que desencadena, como la fijación del régimen de alimentos, la atribución del uso de la vivienda familiar y la determinación de un régimen de relación con el otro progenitor: RAGEL SÁNCHEZ, LUIS, "La guarda...", p. 292 y ss. Por ello se alude al "efecto cascada" que genera la regulación de la guarda y custodia sobrevenida la crisis matrimonial o de pareja, al incidir sobre las demás cuestiones que deben acordarse: LATHROP GÓMEZ, FABIOLA, "Aspectos generales...", p. 4.

[121] DE LOS MOZOS, JOSÉ LUIS y HERRERO GARCÍA, Mª JOSÉ en LACRUZ BERDEJO, JOSÉ LUIS (coord.), *Matrimonio...*, p. 1277.

[122] DELGADO MARTÍN, JOAQUÍN, "La patria...", p . 162.

[123] La idéntica naturaleza no implica que se otorguen iguales facultades o prerrogativas a los padres: así por ejemplo, de la decisión de a quién corresponde o a quién se concede la guarda y custodia de los hijos se derivan otros derechos como la atribución del uso de la vivienda familiar (art. 96.1 Cc), lo que no resulta de la concesión de los derechos que consagra el art. 94 Cc.

[124] REINA, VÍCTOR - MARTINELL, JOSEP, *Curso de Derecho Matrimonial,* Marcial Pons, Madrid 1995, p. 654.

[125] Tribunal Constitucional (Sala Primera), sentencia núm. 176/2008, de 22 diciembre (RTC\2008\176).

[126] GARCÍA PASTOR, MILAGROS, "El derecho...", p. 762 y 764. También se indica que constituye un *atributo esencial de las relaciones filiales*: BOTANA GARCÍA, GEMA, "Notas sobre el derecho de visita", *Revista Jurídica de Navarra*, Nº 10, 1990, p. 120.

y el ejercicio ordinario de la responsabilidad parental en los períodos de tiempo en que tiene al hijo consigo[127].

Desde otra óptica, se debe tener presente que el derecho de relación que compete al padre no custodio no es una derivación de la guarda exclusiva que se concede al otro padre, sino una derivación directa de la relación filial, que encuentra su explicación en la vida separada de los progenitores; siendo indiscutible, eso sí, que la guarda exclusiva determina en los hechos, la adaptación del derecho de relación del padre no custodio a un régimen especial de ejercicio.

Los derechos y deberes en la relación paterno-filial se presentan como un todo en interrelación, con una independencia imperceptible cuando en la vida conyugal se ejercen por ambos progenitores: es decir, en principio no se recurre a un fraccionamiento de las relaciones para asignar unos derechos y deberes al padre y otros a la madre. La situación se altera drásticamente al tiempo del divorcio, dando lugar a aquél fraccionamiento entre la compañía con convivencia habitual recogida en la guarda y custodia y el genérico derecho de visita que aunque más débil, constituye un fundamental derecho para la formación integral de los hijos[128].

La atribución exclusiva de la guarda y custodia de los hijos a uno de los progenitores en las situaciones de crisis conyugal, constituye la segunda circunstancia que le otorga notoriedad e independencia al derecho de relación entre padres e hijos (art. 94 Cc.). El derecho a relacionarse padres e hijos, propio de la relación de filiación, se devela en estos casos en su individualidad.

---

[127] Esta mirada del IV Encuentro efectuado en Valencia los días 26, 27 y 28 de octubre de 2009, representa una evolución y avance en relación con las conclusiones del III Encuentro de Magistrados y Jueces de Familia y Asociación de Abogados de Familia, efectuada en Madrid, los días 28, 29 y 30 de octubre de 2008. En doctrina también se apunta en esta dirección al sostenerse que la medida judicial de asignación de la custodia de los hijos a uno de los cónyuges, lo único que concede es la guarda jurídica, sin que ello afecte, en principio, la titularidad de la patria potestad: VILLAGÓMEZ CEBRIÁN, MARCOS, *Las medidas y los efectos en los procesos matrimoniales,* Comares, Granada 1995, p. 169.

Abordare las concretas interrelaciones entre la patria potestad, guarda y custodia y derecho de relación en el Capítulo Tercero, al tratar la posición del progenitor no custodio.

[128] Se ha advertido, que de todas las materias a resolver en la tramitación del proceso matrimonial, la del derecho de visitas y relaciones personales entre el padre o madre no guardador y los hijos, es la menos conflictiva o discutida, sin embargo, luego es la que más problemas plantea en la realidad personal y familiar, especialmente respecto de su ejecución: RIVERO HERNÁNDEZ, FRANCISCO, "Efectos de...", p. 680. Aquello representa una diferencia importante con la decisión sobre atribución de la guarda y custodia, calificada como una de las cuestiones más delicadas y difíciles de los procedimientos matrimoniales, entre otras razones, por los dispares factores a ser valorados: PÉREZ MARTÍN, ANTONIO, en DOMÍNGUEZ LUELMO, ANDRÉS (coord.), *Comentarios al Código Civil,* LexNova, Valladolid 2010, p. 199.

Esta forma de modalización o distribución asimétrica de la relación personal paterno-filial en caso de divorcio de que vengo hablando (guarda y custodia individual para uno de los padres y derecho de relación no permanente para el otro), constituye el objeto de análisis de este trabajo; sin embargo y aunque no será objeto de examen pormenorizado, hay que tener presente que legalmente es posible que los cónyuges acuerden o el juez resuelva que a ambos padres corresponde la guarda y custodia de los hijos en un ejercicio alternado o como más extendidamente se denomina en una "custodia compartida". Así lo prevé expresamente el art. 92 del Cc.[129]. En estos casos, que van adquiriendo una importancia creciente, es perfectamente viable el establecimiento recíproco entre los padres de derechos de visitas o comunicación con sus hijos para los periodos en que por las reglas de sucesividad no los tengan en su compañía. Para Martínez de Aguirre si bien un sistema de custodia compartida, por su misma consistencia garantiza el mantenimiento de una relación regular entre el hijo y ambos progenitores, puede ser conveniente fijar un régimen complementario de visita, en función de la duración y distribución de los periodos de convivencia propios de la custodia. Estas visitas se caracterizarían por ser intermedias, recíprocas y atenuadas[130].

En suma, la guarda y custodia de un padre, sea exclusiva o alterna, es perfectamente conciliable con el derecho que al otro asiste de visitarlos, comunicarse con ellos y tenerlos también en su compañía durante periodos prudenciales de tiempo[131], pues ambos derechos, de idéntica naturaleza, son expresión de la relación de filiación y cualquiera sea el que tenga la custodia del menor, *debe asegurarse que tanto la función paterna como la materna estén garantizadas, porque de ambas funciones precisa el niño para un correcto desarrollo emocional*[132].

Aún cuando no constituye exactamente el objeto de esta investigación debo plantear brevemente una situación específica más dentro de las conexiones del derecho a relacionarse padres e hijos producido el divorcio, a fin de completar la explicación de su contexto normativo. El supuesto de hecho para la procedencia

---

129 La reforma de la ley 15/2005 incorporó al art. 92 del Cc esta alternativa de cuidado personal. La guarda alternada o sucesiva consiste en que el hijo conviva con cada progenitor durante un periodo alterno o sucesivo, de tal modo que el guardador será el padre o la madre dependiendo del periodo de que se trata: Delgado Martín, Joaquín, "La patria...", p.163.

130 Martínez de Aguirre, Carlos "La regulación de...", p. 148. El Tribunal Supremo español utiliza declaraciones del siguiente tenor para reconocer este derecho: *El progenitor que no tenga consigo a los hijos y durante el período de convivencia con el otro progenitor, gozará de un amplio derecho de visitas*: así por ejemplo en STS 3793/2012, de 25 de mayo, Id Cendoj: 28079110012012100332.

131 Marín López, Manuel, en Bercovitz Rodríguez-Cano, Rodrigo (coord.), *Comentarios al...*, p. 217-218.

132 STS 373/2013, de 31 de enero, Id Cendoj: 28079119912013100002.

del derecho consagrado en el art. 94 del Cc. consiste en que el progenitor *no tenga consigo a los hijos menores o incapacitados*, situación que se puede producir igualmente cuando la guarda y custodia se hubiere concedido a un tercero, en cuyo caso, el derecho de relación corresponderá a ambos padres[133]. El hecho de encomendar a los menores a un tercero –pariente, extraño o incluso a una institución (art. 103 Cc)–, medida excepcional y que no afecta la titularidad de la patria potestad, constituye una nueva circunstancia que pone de relieve el derecho de relación de los hijos, ahora, con ambos progenitores[134]. Relacionado con este supuesto se encuentra el art. 161 Cc. conforme al cual *tratándose del menor acogido, el derecho que a sus padres (...), corresponde para visitarle y relacionarse con él, podrá ser regulado o suspendido por el juez, atendidas las circunstancias y el interés del menor*; disposición que, tomando como punto de partida la circunstancia de que el derecho de relación no se pierde con el acogimiento, regula de forma excepcional la posibilidad de suspensión[135].

---

133 ALBÁCAR LÓPEZ, JOSÉ LUIS - MARTÍN-GRANIZO FERNÁNDEZ, MARIANO, *Código...*, p. 1073. Ragel Sánchez explica que este tercero no tendrá en propiedad la guarda y custodia, pues la patria potestad no es susceptible de extensión a una persona distinta de los padres y ningún tercero puede ser titular de la misma. La guarda que ejerce el tercero no estaría reforzada por la paternidad ni disociada de la patria potestad; en su opinión, cuando la guarda corresponde a un tercero pierde alguno de los matices que caracterizan la guarda y custodia ejercida por los padres: RAGEL SÁNCHEZ, LUIS, "La guarda...", p. 288-289.

134 ALBÁCAR LÓPEZ, JOSÉ LUIS - MARTÍN-GRANIZO FERNÁNDEZ, MARIANO, *Código...*, p. 1073.

135 FARRÉ ALEMÁN, JOSEP, *Código Civil comentado y concordado,* Bosch, Barcelona 2001, p. 260. Por su parte, expone Castán Vázquez que el mantenimiento de las relaciones personales entre los padres y el menor acogido tiene una finalidad justificada por cuanto, a diferencia de lo que ocurre con la adopción, no se han roto los lazos con la familia de origen: CASTÁN VÁZQUEZ, JOSÉ, en PAZ-ARES RODRÍGUEZ, CÁNDIDO y otros, *Comentario del Código Civil,* tomo I, Ministerio de Justicia, Madrid 1991, p 557. Se aborda esta situación con mayor detenimiento en el Capítulo Tercero, al cual me remito.

CAPÍTULO SEGUNDO. ÁMBITO OBJETIVO DEL DERECHO DE RELACIÓN ENTRE LOS HIJOS Y EL PADRE NO CUSTODIO TRAS EL DIVORCIO

I. PLANTEAMIENTO GENERAL

Frente a un divorcio, el Derecho no puede ignorar que durante la vigencia del matrimonio, quizá de largos años, se generó un *status*, produciéndose diversas situaciones fácticas y afectivas entre la familia matrimonial[136]. La ausencia de convivencia de ambos progenitores con los hijos tras el divorcio, determina un nuevo sistema de relaciones personales y patrimoniales, siendo llamado el Ordenamiento Jurídico a procurar que en este escenario los derechos de los distintos involucrados –especialmente de aquellos más vulnerables– no sean afectados, o lo sean en la menor medida posible[137].

Según se apuntó en el Capítulo anterior, como consecuencia de la relación paterno-filial padres e hijos tienen derecho a relacionarse: cuando viven juntos ese derecho se ejercita ordinariamente como desenvolvimiento de la vida en común de toda la familia; cuando se separan ese mismo derecho se transforma otorgándose al padre que no tiene la custodia habitual un derecho de relación de ejercicio no continuo. El nuevo régimen de relación para el progenitor no custodio es consecuencia de la ruptura matrimonial y de no tener a los hijos consigo diariamente (art. 94 Cc.)[138].

---

136 O´Callaghan Muñoz, Xavier, *Compendio...*, p. 83.

137 La crisis matrimonial afecta a toda una serie de relaciones e instituciones de distinta naturaleza, por lo que tras el divorcio se establece un nuevo régimen jurídico en el ámbito de las relaciones personales y patrimoniales entre padres e hijos, el cual puede tener un carácter provisional o definitivo: Seijas Quintana, José, "Consecuencias de la separación y el divorcio: el interés del menor, alimentos, guarda y custodia, régimen de visitas. Aspectos internacionales. La vía convencional como medio de solución de conflictos. Especial referencia a los convenios de la Haya, Luxemburgo y Bruselas", *Actualidad Civil*, Nº 29, Madrid 1997, p. 639.

138 Se ha expuesto que: *consecuencia ineludible del nuevo régimen que se establece tras la ruptura matrimonial es la comunicabilidad que debe existir entre padres e hijos* (Seijas Quintana, José, "Consecuencias...", p. 649); sin embargo, el derecho a mantener relaciones personales o comunicación padre/hijo, es presupuesto del nuevo régimen que se va a entablar: la comunicabilidad preexiste porque es un contenido propio de la relación paterno-filial; el concreto régimen de visita

La preocupación reguladora que se devela en la materia envuelve, entre otras cosas, el reconocimiento legal del hecho inevitable, como expone Rivero Hernández, de que en situaciones de crisis de familia, cuando se rompe la convivencia, siguen relacionándose sus miembros[139], por ello, cuando se produce el divorcio de los progenitores –lo mismo puede predicarse para la separación conyugal o la declaración de nulidad de matrimonio–, debe necesariamente resolverse, entre otras cuestiones, sobre el tipo de relación personal que mantendrán los hijos con aquel de los padres que no asumirá su cuidado personal por medio de la guarda y custodia habitual.

Las conexiones que se analizarán a partir de este presupuesto son aquellas relaciones humanas y de comunicabilidad entre personas determinadas: los hijos y el progenitor no custodio; para una situación de crisis también específica: el divorcio de los progenitores, por ser ésta de donde con más frecuencia dimanan derechos de visita[140]; todo ello sin dejar de reconocer que el derecho de relación que se regula como consecuencia de una crisis de familia abarca otras conexiones igualmente interesantes[141].

---

que se regule, es lo que hay que adaptar y, desde ese punto de vista, es consecuencia del nuevo escenario de vida tras la ruptura.

[139] Rivero Hernández, Francisco, *El derecho...*, p. 16. Pérez Vallejo ha dicho que en estos casos *se rompe la pareja pero no la familia* (Pérez Vallejo, Ana Mª, "Régimen de...", p. 352); sin embargo, en los hechos es evidente que la familia que hasta ese momento existía (familia nuclear matrimonial) también se rompe por la falta de convivencia de todos sus miembros. Lo que si es posible afirmar es que la familia no desaparece del todo, sino que se transforma o fracciona.

[140] Salanova Villanueva, Marta, "Aproximación al derecho de visita", *Actualidad Civil*, Nº 24, Madrid 1995", p. 490. El problema que subyace al derecho de visita no es nuevo: es de siempre y se halla íntimamente relacionado con la naturaleza humana y los perennes conflictos que la convivencia entre personas lleva consigo. Al respecto: Rivero Hernández, Francisco, *El derecho...*, p. 23.

[141] Se regula en sede de divorcio y en sede general, el derecho de relación de los nietos con los abuelos y el derecho de relación de los menores con otros parientes y allegados (arts. 90, 94, 160 y 161 Cc). Sobre el particular hay ya una amplia literatura entre la que destaca: García Cantero, Gabriel, *Las relaciones familiares entre nietos y abuelos según la Ley de 21 de noviembre de 2003*, Thomson Civitas, Madrid 2004 y Colás Escandón, Ana Mª, *Relaciones familiares de los nietos con sus abuelos: derecho de visita, estancia, comunicación y atribución de la guarda y custodia (Ley 42/2003, de 21 de noviembre)*, Thomson Aranzadi, Cizur Menor 2005. Entre los artículos y capítulos de libros se pueden citar los siguientes: Carballo Fidalgo, Marta, "Las relaciones personales entre abuelos y nietos tras la Ley 42/2003, de 21 de noviembre, de modificación del Código Civil y de la Ley de Enjuiciamiento Civil. Derecho de visita y atribución de la guarda del menor", *Dereito*, vol. 14, Nº 2, Universidad de Santiago de Compostela 2005; Botana García, Gema, "Derecho de visita de los abuelos", *Actualidad Civil*, Nº 5, Editorial La Ley, Madrid 2004; Fernández Ramallo, Paula, "Derecho de visitas de los abuelos versus derecho de visita de los padres: la incidencia en el menor de la concurrencia de ambos derechos", *Abogados de Familia*, Nº 52, Editorial La Ley, Madrid 2009; Arias Díaz, María, "Reflexiones acerca de la Ley 42/2003, sobre las relaciones familiares entre nietos y abuelos", *La Ley* Nº 6184, Madrid 2005; Valles Amores, María, "A propósito de la reforma del Código Civil en materia de relaciones familiares de los nietos con los abuelos", *Actualidad Civil*, Nº 15, Madrid 2005; Benito de los Mozos, Ana, "El derecho de los abuelos a mantener relaciones personales con sus nietos (la Ley 42/2003, de 21

Dispone el art. 94 del Cc. en sede de efectos de la nulidad, separación y divorcio: *el progenitor que no tenga consigo a los hijos menores o incapacitados gozará del derecho de visitarlos, comunicarse con ellos y tenerlos en su compañía.*

El presupuesto básico del cual arranca la norma es que, como consecuencia del divorcio, uno de los padres no tiene consigo a los hijos pues muy normalmente al otro se le habrá atribuido su guarda y custodia individual. Esta es la hipótesis más habitual[142], frente a la cual es legalmente preceptivo el establecimiento de un régimen de relación a favor del otro progenitor. Este derecho de relación no depende, en consecuencia, de una mera decisión judicial o de la voluntad de los padres: es la Ley, la que prevé el derecho a relacionarse por estimarlo favorable al menor.

II. DELIMITACIÓN CONCEPTUAL DEL DERECHO

El derecho de relación de los hijos y el progenitor no custodio, mas extendidamente conocido como derecho de visita, es el derecho que asiste a padres e hijos para mantener una recíproca vinculación, trato, convivencia o comunicación en sentido amplio, de tantas formas como sea posible[143]. Versa sobre

de noviembre, ¿novedad u oportunidad?)", *La Ley digital*, identificador 2659/2009; Hernández Ibáñez, Carmen, "La Ley 42/2003: relaciones de los hijos con sus padres, abuelos, parientes y allegados", *La Ley*, Nº 5990, Madrid 2004; Díaz Alabart, Silvia, "El derecho de relación personal entre el menor y sus parientes y allegados (art. 160.2 C.C.)", *Revista de Derecho Privado,* Nº 87, Madrid 2003; Vela Sánchez, Antonio, "Las relaciones de los nietos con los abuelos en los casos de ruptura de pareja", en García Gárnica, Mª Del Carmen (dir), *La protección del menor en las rupturas de pareja,* Thomson Reuters/Aranzadi, Cizur Menor 2009; Navarro Castro, Miguel, "El régimen de visitas de los abuelos y otros parientes y allegados tras la Ley 42/2003 de 21 de noviembre", en González Porras y Méndez González (coords.), *Libro homenaje al profesor Manuel Albaladejo García,* II, Universidad de Murcia, Murcia 2004.

142 Conforme a la última estadística de nulidades, separaciones y divorcios, publicada por el INE (en septiembre de 2013), en el año 2012 se produjeron en España un total de 110.764 disoluciones matrimoniales (en 2011 fueron 110.851), de las cuales 104.262 correspondieron a divorcios representando el 94,1% del total (un 0,6% más que en el año anterior: 103.604). Respecto de los matrimonios disueltos que tenían hijos menores de edad la custodia de éstos fue otorgada a la madre en el 75,1% de los casos, cifra inferior a la observada en el año anterior (81,7%); en el 9,7% de los procesos la custodia la obtuvo el padre (frente al 5,3% de 2011); en el 14,6% fue compartida (12,3% del año anterior) y en el 0,6% se otorgó a otras instituciones o familiares: Estadística de Nulidades, Separaciones y Divorcios, año 2012, información consultada el 6 de noviembre de 2013 en el sitio: www.ine.es.

143 Se ha conceptualizado asimismo como el derecho de mantener un contacto personal con el menor, de la manera más fecunda que las circunstancias del caso posibiliten: Makianich De Basset, Lidia, *Derecho de visita. Régimen jurídico del derecho y deber de adecuada comunicación entre padres e hijos*, reimpresión de la 1ª edición, editorial Hammurabi, Buenos Aires 1997, p. 53; también como el derecho que asiste al padre o madre para comunicarse y relacionarse con aquellos de sus hijos no emancipados o incapacitados que, por resolución judicial o por la situación

un conjunto de facultades o posibilidades protegidas por el Ordenamiento, de relacionarse entre sí ciertas personas unidas por lazos familiares en situaciones marginales cuando no pueden desarrollarse de forma normal tales relaciones por la ausencia de convivencia habitual[144] como consecuencia del divorcio. Constituye este complejo derecho-deber un mecanismo de relación, trato, convivencia, transmisión de afectos e inquietudes entre los hijos y el padre o la madre con quien no vive habitualmente, adecuado para mantener o restablecer la comunicación que el quiebre de la convivencia familiar interrumpió[145].

El Ordenamiento civil se refiere de formas diversas a éste derecho: en sede de divorcio el art. 90.A Cc. habla de *régimen de comunicación y estancia* de los hijos con el progenitor que no viva habitualmente con ellos y *visitas y comunicación* de los nietos con sus abuelos; en el art. 94 Cc se alude al derecho de *visitar, comunicarse y tener en su compañía* a los hijos y, al derecho de *comunicación y visita de los nietos con los abuelos*; en el art. 103 Cc se menciona *comunicar y tenerlos en su compañía.* En sede general se alude al *derecho de relacionarse* y *relaciones personales* en el art. 160 Cc.; y a *visitarle y relacionarse,* en el art. 161 Cc.

De todas las expresiones apuntadas la palabra "*relación*" parece más acertada gramatical y jurídicamente, pues significa trato o comunicación de una persona con otra[146], abarcando –ese concepto amplio– todas las posibilidades que tanto en la vida social como familiar pueden concebirse: desde la comunicación oral a la escrita; de la esporádica y de corta duración, a la prolongada y permanente; de la accidental o casual a la preparada y convenida; de la

matrimonial de hecho, han sido confiados a la custodia, cuidado y potestad del otro cónyuge y también, el que corresponde a los hijos menores no emancipados o incapacitados para comunicarse con aquél de sus progenitores con el que no convive por motivos de crisis matrimonial, ya sea de hecho, ya se halle planteada judicialmente: SAN ROMÁN, JOSÉ RAMÓN, "Criterios judiciales sobre la titularidad del derecho de visita en los diversos supuestos de conflicto matrimonial y familiar", en VILADRICH, PEDRO-JUAN (coord.), *El derecho de visita de los menores en las crisis. Teoría y praxis,* Universidad de Navarra, 1982, p. 282. García Pastor indica que de las diversas resoluciones de los Tribunales se puede deducir una determinada idea de qué es el derecho de visita y para qué sirve: así, es visto como un derecho-deber del progenitor, inseparable de su condición de tal y un derecho del hijo, cuya finalidad es mantener una adecuada relación entre ambos, relación imprescindible para el adecuado desarrollo del hijo, tanto desde el punto de vista afectivo, como desde el punto de su educación general: GARCÍA PASTOR, MILAGROS, *La situación...*, p. 251. La AP de Madrid lo considera un mecanismo de relación, trato y convivencia: AP Madrid, sentencia 383/2012, de 29 de mayo, sección 22ª, Id Cendoj: 28079370222012100411.

144 RIVERO HERNÁNDEZ, FRANCISCO en LACRUZ BERDEJO, JOSÉ LUIS (coord.), *Matrimonio y divorcio. Comentarios al Título IV del Libro Primero del Código Civil*, 2ª edición, Civitas, Madrid 1994, p. 1083.

145 AP Madrid, sentencias núm. 473/2010 de 28 junio (JUR\2010\320447) y 487/2010 de 30 junio (JUR\2010\319910).

146 Conforme al Diccionario de la Lengua Española, de la RAE, *relación* significa conexión, correspondencia, trato, comunicación de alguien con otra persona.

íntima y confiada a la distante o despegada; de la personal a la realizada por intermediarios; de la sostenida con parientes a la sostenida con otras personas; de la realizada mediante el contacto por algunas horas al día a la realizada con pernocta; de la jurídicamente relevante a la que no lo es[147].

El término *visita*, derivado de la sentencia de la *Cour de Cassation* francesa de 8 de julio de 1857, connota una idea restrictiva del derecho de relación entre padres e hijos[148], desde diversos puntos de vista: primero, porque alude a una modalidad específica de relación o contacto personal, aquella en que el hijo es visitado, esto es, frecuentado, por el padre no custodio, obviando la riqueza de contenido de la relación personal paterno-filial[149]; segundo, da una idea de transitoriedad y lejanía en la relación; tercero, con dicha expresión sólo se da cuenta de un derecho del padre, esto es, del que visita, en circunstancia que no es solo un derecho sino también para él un deber; al tiempo que es un derecho del hijo, lo que la expresión *visitas* deja en la oscuridad.

La reconocida pobreza de tal expresión no ha sido, sin embargo, suficiente para lograr el arraigo en la práctica judicial y doctrinal de otra expresión que la sustituya[150], incluso de aquellas que estampa hoy expresamente el legislador. En general doctrina y jurisprudencia, pese a las modificaciones legales, siguen empleando la ya tradicional y aceptada expresión "derecho de visita" o "régimen de visita" referida no al sentido estricto de la palabra sino al derecho amplio de relación, quizá por ser, como indica García Cantero, *una expresión breve y cómoda que permite identificar rápidamente el problema a que alude*[151]. Por lo mismo, haré un uso indistinto de las expresiones derecho de visita, derecho de comunicación o derecho de relación o a relacionarse, para referirme, salvo prevención distinta, al derecho amplio de relacionarse que asiste a los hijos y al padre no custodio con ocasión del divorcio de los progenitores, cuyo alcance es mucho mayor que el que la propia terminología tradicional (visitas) indica, pues comprende el derecho del padre y del hijo a relacionarse mutuamente de

---

147 Algunas de estas posibilidades aparecen indicadas en: San Román, José Ramón, "Criterios...", p. 286.

148 Rivero Hernández la califica de pobre e insuficiente para denominar jurídicamente al derecho a relacionarse: Rivero Hernández, Francisco en Lacruz Berdejo, José Luis (coord.), *Matrimonio...*, p. 1083; otros estiman que el término "*visita*" encierra un matiz peyorativo: Pérez Vallejo, Ana Mª, "Régimen de...", p. 350.

149 Se suma a ello el dato empírico de que las visitas en sentido estricto han desaparecido casi por completo en la práctica, salvo cuando se dan circunstancias muy excepcionales, como se explica en: García Pastor, Milagros, *La situación...*, p. 227.

150 Montero Aroca, Juan, *El derecho de visita en los procesos matrimoniales (La aplicación práctica del artículo 94 del Código Civil)*, Tirant Lo Blanch, Valencia 2002, p. 13.

151 García Cantero, Gabriel, *Las relaciones...*, p. 27 y ss. Se señala también que tal denominación cumple las funciones que debe cumplir, esto es, el intercambio de la mayor cantidad de información en el menor espacio posible: García Pastor, Milagros, *La situación...*, p. 227.

forma amplia, con unos fines y funciones que exceden el hecho material del contacto, como se verá.

III. BREVE RESEÑA SOBRE EL ORIGEN Y LA EVOLUCIÓN LEGAL DEL DERECHO DE RELACIÓN

Su origen y conformación jurisprudencial en el medio francés con ocasión de la petición de unos abuelos respecto de su nieto, que dio lugar a la famosa sentencia de la *Cour de Cassation* de 1857, es ampliamente conocido y comentado en la doctrina[152], así como su tardía recepción legal, en ese país (Ley sobre la autoridad parental de 4 de junio de 1970) más que en España.

Igual origen jurisprudencial tuvo el derecho en España, donde se indica como primera resolución judicial en la materia la sentencia del Tribunal Supremo de 9 de junio de 1909 que negó un derecho de visita a la madre por lesionar la patria potestad del padre, potestad que era considerada un derecho absoluto[153]. Aquella visión cambiaría con la resolución del Tribunal Tutelar de Menores de Valencia de 15 de diciembre de 1939 conforme a la cual la negativa del derecho de visita a favor de los abuelos constituía un abuso de la patria potestad[154]; el titular de la patria potestad incurre en un abuso de derecho

---

[152] RIVERO HERNÁNDEZ, FRANCISCO, *El derecho...*, p. 21; RIVERO HERNÁNDEZ, FRANCISCO en LACRUZ BERDEJO, JOSÉ LUIS (coord.), *Matrimonio...*, p. 1083; ROGEL VIDE, CARLOS, en BERCOVITZ RODRÍGUEZ-CANO, RODRIGO (coord.), *Comentarios a las reformas del Código Civil,* Técnos, Madrid 1993, p. 251; ECHARTE FELIÚ, ANA MARÍA, *Patria potestad en situaciones de crisis matrimonial,* Comares, Granada 2000, p. 111. Con mayor detalle se puede ver: GARCÍA CANTERO, GABRIEL, *Las relaciones...*, p. 43 y ss.; BOTANA GARCÍA, GEMA, "Notas sobre...", p. 118; y MAKIANICH DE BASSET, LIDIA, *Derecho de...*, p. 56 y ss. Aunque la mayoría de la doctrina coincide en el origen del término a partir de dicha sentencia, se ha esbozado, de forma aislada, una explicación histórica diferente a tal denominación, sosteniendo que cuando la custodia de los hijos se guiaba por un criterio de inocencia o culpabilidad del progenitor en orden a la separación, precisando la causa y el culpable, dicho antecedente determinaba la perdida de la compañía de los hijos como sanción y el alejado tenía una relación con los menores extremadamente limitada, consistente en ir a visitarlos o salir con ellos pero sin pernocta: ZARRALUQUI SÁNCHEZ-EZNARRIAGA, LUIS, *Derecho de familia y de la persona VI. Efectos y medidas de la ruptura conyugal,* Bosch, Barcelona 2007, p. 142.

[153] Citada, entre otros, en: RIVERO HERNÁNDEZ, FRANCISCO, *El derecho...*, p. 45; CASTÁN VÁZQUEZ, JOSÉ, en PAZ-ARES RODRÍGUEZ, CÁNDIDO y otros, *Comentario...*, p. 556; SAN ROMÁN, JOSÉ RAMÓN, "Criterios...", p. 281; FLORIT CANALS, CARLOS, "El régimen de visitas en la práctica judicial española", en *La Ley digital,* cita 4529/2001, visitado el 06 de octubre de 2010. García Cantero, refiere un antecedente aún más antiguo, la STS de 19 de noviembre de 1895, en: GARCÍA CANTERO, GABRIEL, *Las relaciones...*, p. 65 (esta resolución es tangencialmente aludida también en RIVERO HERNÁNDEZ, FRANCISCO, *El derecho...*, p. 45).

[154] RIVERO HERNÁNDEZ, FRANCISCO en LACRUZ BERDEJO, JOSÉ LUIS (coord.), *Matrimonio...*, p. 1080. Botana García señala que la época decisiva de la consolidación en la jurisprudencia del derecho de visita fue la década de los treinta, pues hasta entonces el Tribunal Supremo había mantenido una concepción cuasi-absoluta de la patria potestad: BOTANA GARCÍA, GEMA, "Notas sobre...", p. 118.

si niega inmotivadamente a los abuelos el ejercicio del derecho de visita respecto de los nietos. A partir de ahí, se configura un verdadero derecho al trato y relaciones abuelos-nietos, al paso que se desvincula el derecho de visita de la patria potestad[155].

Desde el punto de vista legal sustantivo[156], la consolidación del derecho se inició en los años 30 de la mano de la Ley de divorcio de 1932[157], pero su corta duración le restó trascendencia legal, la que llegaría en forma definitiva con la Ley de 24 de abril de 1958 que otorgó –en el art. 68.3 Cc. sobre medidas provisionales– al cónyuge apartado de los hijos el derecho para "visitarlos y comunicar con ellos", el cual podría ejercerse conforme a la determinación judicial de tiempo, modo y lugar[158]. La reforma de 02 de mayo de 1975 agregó "*y tenerlos en su compañía*", así como la fijación discrecional por el juez[159]. Sin perjuicio de ello, no hubo un antecedente directo, anterior a 1981, entre los preceptos que regulaban los efectos definitivos de la nulidad o separación matrimonial[160]. Tanto doctrina como jurisprudencia entendieron que, salvo circunstancias graves, los progenitores tenían aquel derecho de visita y comunicación tras la sentencia de nulidad o separación –y no solo en fase de medidas provisionales–, aun cuando se tratase del culpable de la separación[161].

Un reconocimiento claro y amplio del derecho proviene de las reformas postconstitucionales en 1981 (Ley 11/1981, de 13 de mayo que modificó el Código en materia de patria potestad y Ley 30/1981, de 7 de julio que lo hizo en

---

[155] GARCÍA CANTERO, GABRIEL, *Las relaciones…*, p. 75-76.

[156] Comentarios sobre los antecedentes de la regulación procesal del derecho se pueden encontrar en RUÍZ DE LA CUESTA, RAFAEL, "Praxis judicial sobre los sujetos y el contenido de la facultad y régimen de visitas", en VILADRICH, PEDRO-JUAN (coord.), *El derecho de visita de los menores en las crisis. Teoría y praxis,* Universidad de Navarra, 1982, p. 255 y ss.

[157] Disponía el art. 20 de dicha Ley para el cónyuge que no tuviera en su poder a los hijos, la conservación del derecho de comunicar con ellos y vigilar su educación en la forma que determinase el juez, a quien correspondía adoptar las medidas necesarias para asegurar el ejercicio de este derecho. La doctrina reprocha la falta de claridad del termino *derecho de comunicar*, así como que posteriores reformas cuando han mantenido la expresión *comunicar* anteponen la voz *visitar* a la que parece darse un valor central: GARCÍA CANTERO, GABRIEL, *Las relaciones…*, p. 78.

[158] Art. 68 regla 3ª, conforme a reforma del Cc. de 24 de abril de 1958*: el juez determinará el tiempo, modo y lugar en que el cónyuge apartado de los hijos podrá visitarlos y comunicar con ellos.*

[159] Art 68 regla 3ª modificado por la Ley 14/1975 de 5 de mayo: *El juez discrecionalmente determinará el tiempo, modo y lugar en que el cónyuge apartado de los hijos podrá visitarlos, y comunicarse con ellos y tenerlos en su compañía.* Esta disposición aparece expuesta, entre otros, en: DE LOS MOZOS, JOSÉ LUIS y HERRERO GARCÍA, Mª JOSÉ, en LACRUZ BERDEJO, JOSÉ LUIS (coord.), *Matrimonio…*, p. 1275 y ROCA TRÍAS, ENCARNA, en AMOROS GUARDIOLA, MANUEL (coord.), *Comentarios a…*, p. 593.

[160] RIVERO HERNÁNDEZ, FRANCISCO en LACRUZ BERDEJO, JOSÉ LUIS (coord.), *Matrimonio…*, p. 1079.

[161] DE LA CÁMARA, MANUEL, *El Sistema…*, p. 234; RIVERO HERNÁNDEZ, FRANCISCO en LACRUZ BERDEJO, JOSÉ LUIS (coord.), *Matrimonio…*, p. 1080.

materia de separación, divorcio y nulidad del matrimonio), que tomando como modelo la ley francesa de 1970[162], ampliaron el acogimiento legal del derecho dando nueva redacción al art. 161[163] y haciendo lo propio para los supuestos de crisis matrimonial en los arts. 90, 94 y 103 Cc[164]. La ley 21/1987, de 11 de noviembre sobre adopción, trasladó el contenido del art. 161 al art. 160 con una pequeña variación en su párrafo primero, dándole su redacción actual, e introdujo el vigente art. 161 Cc.

De todas éstas disposiciones, la que se considera de mayor entidad normativa es el art. 94 Cc. no solo porque enuncia los cauces por los que puede discurrir la discrecionalidad judicial en la materia, sino por su carácter imperativo, que se refiere tanto al establecimiento inicial del derecho como a sus ulteriores modificaciones, comprendiendo incluso la suspensión[165]. Queda claro además, que no se trata de una pieza aislada o inconexa dentro del Ordenamiento Jurídico Familiar[166].

La Ley de Protección del Menor de 1996, consagró el derecho de visita respecto del menor acogido, estableciendo, en forma indeterminada, que en el documento de formalización del acogimiento administrativo debían figurar, entre otros, los derechos y deberes de cada una de las partes, y en particular: *la periodicidad de las visitas por parte de la familia del menor acogido* (art. 173.3 letra a del Cc)[167].

Si bien el art. 160 Cc. en su párrafo segundo, conforme a la redacción dada por la Ley 21/1987, de 11 de noviembre, establecía que no podrían impedirse sin justa causa las relaciones personales entre el hijo y otros parientes y allegados[168], la Ley 42/2003 modificó los arts. 90, 94, 103, 160 y 161 del Cc y el art.

---

162 García Cantero, Gabriel, *Las relaciones...*, p. 64.

163 La ley 11/1981 suprimió el contenido del art. 160. La situación aparece explicada en: Farré Alemán, Josep, *Código Civil...*, p. 260.

164 Se explica que la redacción del art. 103.1 Cc., dada por la ley de 1981, introduce una novedad importante al anteponer a la determinación del derecho de relación, la fijación por el juez de la forma en que el cónyuge que no tenga consigo a los hijos debe cumplir su deber de velar por estos; ello responde a la necesaria adecuación a la regulación más detallada que el Cc. daba a los derechos y deberes de la relación paterno-filial: De Los Mozos, José Luis y Herrero García, Mª José en Lacruz Berdejo, José Luis (coord.), *Matrimonio...*, p. 1275.

165 García Cantero, Gabriel, *Las relaciones...*, p. 82-83. Refiere el autor que el legislador acogió, perfeccionó y normativizó la praxis judicial que se venía practicando por los Tribunales, llegando a revestir al precepto de cierta apariencia reglamentaria.

166 Rivero Hernández, Francisco en Lacruz Berdejo, José Luis (coord.), *Matrimonio...*, p. 1080.

167 Disposición final sexta, Ley orgánica 1/1996, de 15 de enero.

168 Ninguna polémica suscitaba la apreciación de que entre los parientes se comprendían los abuelos, incluso con un carácter privilegiado: Egea Fernández, Joan, "Comentario a la STS de 28 de junio de 2004 (RJ 2004, 4321)", *Cuadernos Civitas de Jurisprudencia Civil,* nº 68, Madrid 2005, p. 747.

250.1 de la Lec, para permitir la alusión expresa e individualizada de la relación con los abuelos, al entender el legislador que éstos desempeñan un papel fundamental de cohesión y transmisión de valores en la familia, configurándose por ello como un instrumento esencial para la protección de los menores[169]. Por medio de esta modificación se sitúa a las relaciones entre ascendientes y descendientes en el plano puramente afectivo y con plena autonomía respecto de la relación parental[170]. La modificación que esta ley introduce en los art. 90 y 94 Cc. respecto de la relación de los nietos con los abuelos presenta una diferencia relevante respecto de las relaciones padre-hijo, pues si en ésta destaca su carácter imperativo, la primera se configura con carácter voluntario o facultativo para el juez: *el juez podrá determinar*...o *el juez podrá aprobarlo;* por lo que se trataría de una norma referencial[171].

La Ley 15/2005 no hizo ninguna variación de contenido respecto del derecho de relación en sede de crisis matrimonial. Su aportación en esta materia se concretó en la mejora semántica, ahora más delicada, de los art. 90 letra A) y 103.1 del Cc. al referirse al *progenitor que no viva habitualmente* con los hijos y al *cónyuge que no ejerza la guarda y custodia de los hijos*, respectivamente[172].

Con lo relacionado en este punto es pertinente concluir la vigencia del planteamiento de Rivero Hernández: *la historia del derecho de visita es no solo la de su progresiva afirmación y extensión a un número de titulares cada día mayor, sino también la de su ampliación objetiva, en profundidad de las relaciones y riqueza de contenido*[173].

IV. CONTENIDO DEL DERECHO DE RELACIÓN

De la delimitación conceptual resulta el contenido cardinal del derecho que en esencia es la comunicación en sentido amplio, la convivencia aunque no de ejercicio permanente, el trato con los hijos cuyo cuidado personal no se tiene atribuido.

---

169 Colás Escandón, Ana Mª, *Relaciones*..., p. 34. La Exposición de Motivos de la Ley 42/2003 expresa que: *El legislador no puede olvidar que el ámbito familiar no se circunscribe únicamente a las relaciones paterno-filiales, que aunque prioritarias, no pueden aislarse del resto de relaciones familiares.*

170 García Cantero, Gabriel, *Las relaciones*..., p. 89.

171 García Cantero, Gabriel, *Las relaciones*..., p. 122.

172 Rodríguez Chacón, Rafael, *Matrimonio, separación y divorcio en España: nueva regulación. Estudio sistemático de las leyes 13/2005, de 1 de julio, y 15/2005, de 8 de julio*, Editorial Experiencia, Barcelona 2005, p. 131.

173 Rivero Hernández, Francisco, *El derecho*..., p. 184.

La convivencia se traduce en la mayoría de los casos y según la modalidad de régimen que se adopte, en tenerlos temporalmente en su compañía[174], pero cuando ello no es posible, el contenido del derecho para el caso concreto será, al menos, algún régimen de comunicación regular en sentido estricto, por ello se ha señalado que la comunicación es el contenido primario y esencial del derecho de visita entre el progenitor no custodio y el hijo[175]. La tenencia de los hijos durante un determinado periodo de tiempo, así como el cuidado y atención que el padre no custodio debe dispensar al hijo mientras lo tiene en su compañía, como exigencia de un deber constitucional, son conductas que quedan comprendidas en la idea de comunicación en sentido amplio.

En torno al contenido del derecho, se han esbozado otras propuestas, que no comparto básicamente porque colocan al derecho al limite de lo jurídico. Se afirma que en su centralidad se ubica la relación afectiva[176]; las relaciones afectivas y humanas serían su esencia[177] y por tanto, se lo configura como un derecho puramente afectivo y extrapatrimonial[178], incluso con un contenido que no es estrictamente jurídico[179]. Este contenido puramente afectivo permitiría a su titular expresar o manifestar sus sentimientos a otra persona, exigiendo la utilización de los medios necesarios para alcanzar tal fin[180]. Se afirma que este aspecto afectivo sería el que le otorga su enorme importancia en el plano humano, familiar y por tanto, en el jurídico[181].

Sin evadir ni desconocer la trascendencia del trato y relación en el cultivo de los afectos entre padres e hijos y lo deseable de estos lazos, estimo que no puede confundirse el contenido propio del derecho, con sus posibles y ansiadas consecuencias humanas y afectivas, con alguna de las funciones concretas que posibilita o con el tipo de vinculación íntima a que se orienta.

---

174 Se indica que la tenencia temporal es característica de este contenido: DIEZ-PICAZO, LUIS - GULLÓN, ANTONIO, *Sistema de…*, p. 123.

175 PÉREZ CONESA, CARMEN, *Las medidas judiciales definitivas tras las crisis matrimoniales y su modificación*, Dykinson, Madrid 2006, p. 52.

176 DE LA CÁMARA, MANUEL, *El Sistema…*, p. 235.

177 BOTANA GARCÍA, GEMA, "Notas sobre…", p. 125.

178 GARCÍA CANTERO, GABRIEL, *Las relaciones…*, p. 39; DE LA OLIVA VÁZQUEZ, ANTONIO, "Derechos y…", p. 251.

179 TRINCHANT BLASCO, CARLOS (coord.), *Memento…*, p. 394; VILLAGÓMEZ CEBRIÁN, MARCOS, *Las medidas…*, p. 240. En mi opinión, esta afirmación es desafortunada al resultar equívoca por cuanto da a entender que se trata de un derecho no jurídico.

180 GARCÍA CANTERO, GABRIEL, "En torno al derecho de visita", en VILADRICH, PEDRO-JUAN (coord.), *El derecho de visita de los menores en las crisis. Teoría y praxis*, Universidad de Navarra, 1982, p. 247. En igual sentido el mismo autor en: *Las relaciones…*, p. 39.

181 RIVERO HERNÁNDEZ, FRANCISCO en LACRUZ BERDEJO, JOSÉ LUIS (coord.), *Matrimonio…*, p. 1082. El autor advierte, sin embargo, que no todos los autores se refieren a la institución para encomiarla, pues la consideran fuente frecuente de dificultades en la formación del niño.

Efectivamente, es posible que a través de esta institución un padre no sea un extraño para su hijo al cabo de unos años y que ambos se gocen recíprocamente[182]. La convivencia, trato y comunicación, así como los deberes de cuidado consecuente, serán el cauce normal para la expresión y manifestación de los afectos propios entre padres e hijos, es decir, permitirán el potenciamiento de los vínculos de afecto. Es natural y deseable el afecto entre padres e hijos, pero el Derecho no puede regular ni exigir dicho contenido. A partir de ahí, no resulta extraño concluir que el contenido predominante del derecho de relación, en tanto derecho, no es el afecto humano entre padres e hijos, pues el afecto –componente normal de la vinculación humana– no es un "*objeto*" que pueda ser regulado por el Derecho ni sometido a exigibilidad jurídica[183]: el Derecho no puede inmiscuirse en materias tan íntimas, ni es lícito a la Ley ni a los jueces inquirir en el mundo de los sentimientos.

La convivencia, trato y comunicación son acciones humanas que el Derecho puede configurar y hacer exigibles en ciertos casos. La relación, trato y convivencia con los hijos es útil a la transmisión de afectos recíprocos: por ello, por medio del ejercicio de los regímenes de relación es posible potenciar los lazos afectivos y propiciar una mayor responsabilidad en el cuidado de los hijos. Estas son funciones que el ejercicio del derecho de relación entre los hijos y el progenitor no custodio puede estar llamado a satisfacer.

Mas modernamente se están desarrollando propuestas que conciben más ampliamente el derecho. Así se entiende la función del visitador como de participación activa en la formación integral del hijo, no limitada a «*visitarlo*», dejando atrás las miradas restrictivas en torno al contenido del derecho de visita[184]. Otras, incluso han llegado a proponer que el contenido del derecho-deber o derecho-función del progenitor no conviviente no se agota en un tiempo material de estancia, sino que incluye el deber de velar por el menor, alimentarlo, asistirlo, educarlo, etc., en los términos del art. 154 Cc[185]. De este modo, la diferencia esencial entre el progenitor custodio y el progenitor visitador, no sería tanto las funciones como los tiempos de estancia del menor en su compañía.

---

[182] En dichos términos se alude al derecho en: Rivero Hernández, Francisco en Lacruz Berdejo, José Luis (coord.), *Matrimonio...*, p. 1082.

[183] El afecto es un componente esperado de la relación humana y filial entre padres e hijos y es deseable su desarrollo en cuanto contribuye al desarrollo integral de los menores, pero ello no compete directamente al ámbito jurídico.

[184] Se consideraba como único campo de actuación del progenitor no custodio el afectivo y de relación personal y humana; entre otros se puede ver: Rivero Hernández, Francisco, *El derecho...*, p. 187 y ss.

[185] Marín García de Leonardo, María Teresa, "Perspectivas actuales del resarcimiento de daños en el ámbito de las relaciones paterno-filiales", *Revista de Derecho de Familia*, nº 52, Valladolid 2011, p. 27.

Esta última propuesta, en mi concepto, debe ser observada con prudencia para no confundir las situaciones: una cuestión es que pueda sostenerse hoy que el derecho de relación tiene un contenido más rico y complejo que el que le fuera tradicionalmente asignado, permitiendo por su ejercicio cumplir funciones familiares dentro de un contexto de responsabilidad parental, lo que comparto, y, asunto distinto es equiparlo a la patria potestad a partir de una concepción más amplia de su contenido, fines y funciones. La configuración de ambos *derecho-deberes* (patria potestad y derecho de relación) descartan esta identidad; se trata de dos figuras jurídicas autónomas. Sostener lo contrario llevaría al absurdo de que un padre privado de la patria potestad, podría en los hechos igualmente ejercerla por entender que el derecho de relación, del cual no ha sido privado, contempla los mismos deberes y facultades que el art. 154 Cc. reserva a la patria potestad.

V. CARACTERÍSTICAS DEL DERECHO DE RELACIÓN ENTRE PADRES E HIJOS

Es afirmación común que el derecho de relación entre padres e hijos es un derecho de carácter familiar y, por tanto, reúne todas las características de los derechos de este tipo[186], por lo que resulta relevante detenerse brevemente a puntualizar qué entraña ser un derecho familiar o de familia.

Como punto de partida y siguiendo a DIEZ-PICAZO, se debe entender que el Derecho de Familia esta constituido por normas de organización de las relaciones familiares básicas y las que resuelven los conflictos de intereses que dentro de esas relaciones pueden plantearse[187]. Dentro de las relaciones básicas de familia, se encuentran el matrimonio y las relaciones paterno-filiales, tanto en su vertiente personal como en la patrimonial[188]. Generan conflictos de intereses dentro de esas relaciones, las situaciones de ruptura conyugal y de vida separada de los progenitores. En todo este ámbito se inserta el derecho a relacionarse padres e hijos, sea con ocasión del divorcio (art. 94 Cc), sea como consecuencia de la simple vida separada de los progenitores (arts. 160 Cc). Este derecho tiene como objeto regular un aspecto de las relaciones de familia en sí misma (el trato y la comunicación entre sus miembros) y por tanto, claramente

[186] ROCA TRÍAS, ENCARNA, en AMOROS GUARDIOLA, MANUEL (coord.), *Comentarios a...*, p. 595; RIVERO HERNÁNDEZ, FRANCISCO, *El derecho...*, p. 390 y ss.; SAN ROMÁN, JOSÉ RAMÓN, "Criterios...", p. 283, entre otros.

[187] DÍEZ-PICAZO, LUIS - GULLÓN, ANTONIO, *Sistema de...*, p. 28.

[188] Les siguen las relaciones derivadas de la tutela y otras instituciones de guarda de menores y, con menor relevancia, las relaciones de parentesco: MARTÍNEZ DE AGUIRRE, CARLOS, *Curso de...*, p. 26; PUIG BRUTAU, JOSÉ, *Compendio...*, p. 1 (cfr. DÍEZ-PICAZO, LUIS - GULLÓN, ANTONIO, *Sistema de...*, p. 37).

pertenece al Derecho de Familia y no al conjunto de normas y regulaciones que tienen como presupuesto el fenómeno familiar y que constituirían *Derecho sobre la familia*[189].

Fijado lo anterior, se puede decir que el derecho de visita, en tanto derecho de familia, tiene un interés público, marcado contenido ético, un acentuado aspecto transpersonal, da cuenta de la interpenetración de derechos y obligaciones, viene impuesto por ley, por tanto, es indisponible por las partes de la relación –salvo en lo que se refiere a la fijación del régimen– y, es perpetuo en su titular[190]. Revisaré ahora con detenimiento éstos y otros caracteres, reservando el último rótulo para referirme, por su especial trascendencia, al aspecto de derecho-deber.

1. Es un derecho impuesto por ley: circunstancia que llama a distinguir entre el reconocimiento del derecho del progenitor que no tenga consigo a los hijos para visitarlos, comunicarse con ellos y tenerlos en su compañía y el ejercicio de ese derecho. La existencia misma del derecho viene determinada por el legislador para toda relación paterno-filial, sin excepción alguna[191], y con independencia de la patria potestad, de lo cual se infiere que el legislador estima, en naturaleza, beneficiosa para el hijo esta relación[192], como algo inherente a su persona en el ámbito de su vida familiar y del desarrollo integral de su personalidad[193]. Por tanto, no toca a los progenitores ni al juez pronunciarse sobre la existencia o no del derecho. El ejercicio por el contrario, es acomodable –en virtud del acuerdo de los padres o la decisión judicial– a las específicas circunstancias de cada caso concreto; puede variar en el tiempo y, admite limitaciones o suspensiones de modo excepcional.

---

[189] Martínez de Aguirre, Carlos, *Curso de...*, p. 27. Aquellos caracteres del Derecho de Familia explican que la doctrina sostenga que es aquí donde quiebran, por sus muchas particularidades y excepciones, casi todos los conceptos y categorías jurídicas elaboradas por el derecho civil patrimonial: Rivero Hernández, Francisco en Lacruz Berdejo, José Luis (coord.), *Matrimonio...*, p. 1090.

[190] Lacruz Berdejo, José Luis – Rams, Joaquín, *Elementos de...*, p. 4-5. Se agregan, como caracteres del Derecho de Familia, el predominio de las relaciones personales sobre las patrimoniales, la mayor presencia de normas de carácter imperativo y la primacía del interés familiar sobre el individual: Martínez de Aguirre, Carlos, *Curso de...*, p. 28. También Puig Brutau, José, *Compendio...*, p. 2-3.

[191] Albácar López, José Luis – Martín-Granizo Fernández, Mariano, *Código...*, p. 1108; García Pastor, Milagros, "El derecho...", p. 766.

[192] Cavanillas Múgica, Santiago, en Pasquau Liaño, Miguel (dir.), *Jurisprudencia Jurisprudencia civil comentada,* tomo I, 2ª edición, Comares, Granada 2009, p. 492.

[193] La justificación del carácter necesario del derecho puede encontrarse en el deber impuesto constitucionalmente a los padres en el art. 39 CE.

2. Se considera de orden público[194]: específicamente dentro de la esfera del orden público familiar[195], excediendo el ámbito estrictamente privado. Éste carácter acarrea una serie de nuevas derivaciones tanto respecto del juez como de los propios padres, así:

- En el plano procesal, implica que el principio de rogación y el correlativo de congruencia se ven limitados[196], lo que provoca dos consecuencias prácticas vinculadas: 1) frente a un pacto expreso de las partes se permite al juez apartarse de lo acordado por ellas[197], pudiendo establecer –conforme al mejor interés del menor– un régimen de visita, comunicación y estancia de forma discrecional pero no arbitraria; ello aún cuando en el convenio regulador conste una renuncia del padre o madre a dichas visitas[198], sin perjuicio de que, como se verá, la renuncia no es permitida; 2) ante el silencio o inactividad de los padres el juez debe decidir ineludiblemente sobre el régimen de relación con los hijos aun cuando las partes nada hayan pedido o manifestado al respecto[199].
- Las normas que regulan el derecho son imperativas, de *ius cogens*, es decir, de Derecho necesario: se imponen por disposición de la ley, dado que afectan valores o bienes indisponibles[200]. Específicamente, el art. 94 Cc. es una norma imperativa dirigida al juez, quien debe establecer un régimen o reglamento del derecho de visita cuando las partes no lo han acordado, o cuando el acuerdo no ha sido homologado judicialmente (art. 91 Cc)[201]. Este carácter imperativo –que encuentra su causa y justificación última en el deber constitucional de protección integral del menor[202]–,

---

194 Cavanillas Múgica, Santiago, en Pasquau Liaño, Miguel (dir.), *Jurisprudencia...*, p. 492; Trinchant Blasco, Carlos (coord.), *Memento...*, p. 395. Todo el estatuto jurídico del menor, constituido por leyes que regulan instituciones y derechos que afectan a los menores, es de orden público: Rivero Hernández, Francisco, *El interés del menor*, 2ª edición, Dykinson, Madrid 2007, p. 149.

195 Roca Trías, Encarna, en Paz-Ares Rodríguez, Cándido y otros, *Comentario del Código Civil*, tomo I, Ministerio de Justicia, Madrid 1991, p. 394; Salanova Villanueva, Marta, "Aproximación...", p. 492. Aluden a este carácter también diversas sentencias, cito como ejemplo SAP de Barcelona de 2 de noviembre de 2004, JUR 2005/16756, que atribuye la explicación de los diversos caracteres del derecho de relación entre padres e hijos precisamente a su pertenencia al orden público familiar. Otras sentencias en el mismo tema pueden ser vistas en: García Varela, Román en Sierra Gil De La Cuesta, Ignacio (coord.), *Comentarios del Código Civil. Arts. 90 a 347*, 2ª edición, Bosch, Barcelona 2006, p. 118 y ss.

196 Albácar López, José Luis - Martín-Granizo Fernández, Mariano, *Código...*, p. 1113.

197 Cavanillas Múgica, Santiago, en Pasquau Liaño, Miguel (dir.), *Jurisprudencia...*, p. 492; Zanón Masdeu, Luis, *Guarda y custodia de los hijos*, Bosch, Barcelona 1996, p. 100.

198 Cavanillas Múgica, Santiago, en Pasquau Liaño, Miguel (dir.), *Jurisprudencia...*, p. 492.

199 De La Cámara, Manuel, *El Sistema...*, p. 221.

200 De La Cámara, Manuel, *El Sistema...*, p. 220-221.

201 García Cantero, Gabriel, *Las relaciones...*, p. 83.

202 Rivero Hernández, Francisco, "Límites de...", p. 291.

que resalta la obligatoriedad de su determinación no se presenta, como ha quedado dicho, cuando el derecho a relacionarse con el menor vincula a los abuelos, parientes o allegados.

- El régimen de relación no es susceptible de indeterminación o de quedar a la voluntad de una de las partes[203], por el contrario, debe establecerse un régimen que permita una mínima predictibilidad y seguridad jurídica en la organización de la vida de los padres y que favorezca la necesaria estabilidad del menor[204], así como su exigibilidad judicial. Cómo se explicará más adelante, la necesidad de concreción no se opone a las exigencias de flexibilidad del régimen[205].

- Su existencia es innegociable, esto es, queda sustraída a la autonomía de la voluntad[206] por formar parte de las relaciones familiares cuya dimensión viene marcada por el Estado[207]. Los padres pueden acordar sobre la concreción de su contenido, sobre el régimen específico de ejercicio, esto es, el tiempo, modo y lugar, pero no pueden pactar sobre su existencia[208]: *lo que corresponde al orden público familiar es indisponible y queda más allá de las posibilidades de la actuación de la autonomía privada*[209].

3. Es un derecho de contenido no absoluto: La ausencia de radicalidad en su contenido lo es en función de las personas a quienes relaciona en situaciones muy distintas –piénsese en la autonomía progresiva de los menores y la evolución de sus facultades y necesidades–; y lo es también en relación con las circunstancias concurrentes por lo *ceñido que queda a la situación vivencial y humana sobre la que se levanta*[210]; pero especialmente deriva de

---

203 Trinchant Blasco, Carlos (coord.), *Memento...*, p. 395.

204 Cavanillas Múgica, Santiago, en Pasquau Liaño, Miguel (dir.), *Jurisprudencia...*, p. 492.

205 El tema será abordado en el Capítulo Cuarto al cual me remito.

206 Freijanes Benito, Antonia, "La protección de los derechos de los menores en casos de divorcio y separación", en Rodríguez Torrente, Jesús (editor), *El menor y la familia: conflictos e implicaciones,* Universidad Pontificia de Comillas, Madrid 1998, p. 81; Roca Trías, Encarna, en Paz-Ares Rodríguez, Cándido y otros, *Comentario...*, p. 394. En otro texto, ésta última autora afirma que no existe realmente autonomía de la voluntad en la determinación de los efectos de ciertas situaciones familiares; no se admite pacto a nivel de adquisición o no del derecho, sino únicamente en la fijación o concreción de su contenido: Roca Trías, Encarna, en Amoros Guardiola, Manuel (coord.), *Comentarios a...*, p. 543, 595 y 596.

207 Roca Trías, Encarna, en Amoros Guardiola, Manuel (coord.), *Comentarios a...*, p. 595.

208 Roca Trías, Encarna, en Paz-Ares Rodríguez, Cándido y otros, *Comentario...*, p. 394.

209 Díez-Picazo, Luis, "La figura del convenio regulador en el marco del negocio jurídico familiar y de los principios constitucionales del Derecho de Familia", en Viladrich, Pedro-Juan (dir), *Convenios reguladores de las relaciones conyugales, paterno-filiales y patrimoniales en las crisis del matrimonio,* Ediciones Universidad de Navarra, Pamplona 1984, p. 44.

210 Rivero Hernández, Francisco en Lacruz Berdejo, José Luis (coord.), *Matrimonio...*, p. 1083; De La Cámara, Manuel, *El Sistema...*, p. 235; Montero Aroca, Juan (coord.), *Los*

la subordinación del derecho al interés superior del menor, en el sentido de que ante una misma situación objetivamente considerada podrá concederse en unos procesos y denegarse en otros, en función de las peculiaridades del caso[211]. A partir de ahí es razonable que el derecho vaya variando en su ejercicio con el curso del tiempo para acomodarse, en cada momento, al beneficio del menor, que constituye su punto de referencia[212]; del mismo modo que lo es la no producción de cosa juzgada de las decisiones judiciales respectivas[213]: las resoluciones dictadas en estas materias producen, por tanto, sus efectos dentro de las circunstancias que las motivaron y mientras estas circunstancias se mantengan. También resulta de la ausencia de carácter absoluto del contenido del derecho, la posibilidad intrínseca de ser limitado o suspendido por el juez en interés del menor[214].

4. El régimen de relación es esencialmente modificable. Es un carácter estrechamente vinculado con el anterior. De este aspecto alguna doctrina hace derivar una consecuencia procesal: que como éstas resoluciones judiciales no tienen carácter definitivo, no tienen acceso a casación[215]. Sin embargo, lo cierto es que las decisiones relativas a los hijos ostentan vocación de permanencia; son adoptadas para resolver de un modo estable la situación de los hijos, dejando siempre a salvo la posibilidad de modificarlas cuando opere un cambio sustancial de las circunstancias consideradas al tiempo de su adopción (art. 91 Cc)[216] y muy especialmente cuando así lo demande el interés superior del menor. No se contrapone la existencia de amplias facultades discrecionales del juez con la revisión de la correcta aplicación del derecho que toca hacer al Tribunal Supremo, buscando uniformidad mediante el señalamiento de los

procesos matrimoniales (comentarios, jurisprudencia y formularios), Tirant Lo Blanch, Valencia 1997, p. 498.

211 Pérez Conesa, Carmen, *Las medidas...*, p. 51.

212 Ballesteros De Los Ríos, María en Bercovitz Rodríguez-Cano, Rodrigo (coord.), *Comentarios al Código Civil*, 3ª edición, Thomson Aranzadi, Cizur Menor 2009, p. 294; Montero Aroca, Juan (coord.), *Los procesos...*, p. 498.

213 Salanova Villanueva, Marta, "Aproximación...", p. 492. García Cantero, explica esta circunstancia por el hecho de que los sentimientos entre las partes de la relación no quedan detenidos en un momento determinado de su existencia, sino que evolucionan al compás del paso del tiempo y de la propia evolución de sus existencias: García Cantero, Gabriel, "En torno...", p 250.

214 García Pastor, Milagros, en Pasquau Liaño, Miguel (dir.), *Jurisprudencia...*, p. 644; Arza, Antonio, *Remedios...*, p. 116.

215 Farré Alemán, Josep, *Código Civil...*, p. 260. En la misma línea, pero reconociendo los matices de la situación, se informa que la doctrina jurisprudencial del Tribunal Supremo consistente en que dado el carácter discrecional de la medida adoptada no cabe recurso de casación contra la misma, es predicable de los arts. 94, 160 y 161 Cc. aun cuando en la práctica en muchas ocasiones el propio Tribunal ha entrado al conocimiento de la cuestión decidiendo si corresponde o no un derecho de visita en un caso concreto: García Pastor, Milagros, en Pasquau Liaño, Miguel (dir.), *Jurisprudencia...*, p. 645.

216 García Pastor, Milagros, "El derecho...", p. 758; Rivero Hernández, Francisco en Lacruz Berdejo, José Luis (coord.), *Matrimonio...*, p. 1083.

criterios de aplicación del art. 94 Cc[217]. En suma, las medidas relativas a los hijos menores son siempre de carácter provisional o no definitivo, coyuntural por apegadas a las circunstancias y revisables[218].

5. No es incondicionado en su ejercicio; se encuentra subordinado al interés y beneficio del menor[219], beneficio que se concretaría en seguir manteniendo contacto y relación con ambos progenitores tras el divorcio de los padres[220], ya que aquello contribuye a su formación integral y puede minimizar los efectos negativos de la ruptura. Lo anterior, no permite suponer que el régimen de visita quede subordinado al deseo manifestado por el menor en cada momento[221], pues como advierte la doctrina autorizada: el interés del menor no se corresponde con su deseo[222]. El beneficio del menor no tiene por qué ser presente o actual: es posible que un régimen de relación se regule aún cuando no ofrezca en el momento presente utilidad evidente alguna al menor, si hay una expectativa de beneficio futuro en su desarrollo integral; el derecho queda subordinado, en esos casos, a la ausencia de perjuicio para el menor[223]; en esa ausencia se concretaría en muchos casos su interés presente, de cara a la progresiva concreción de un beneficio en el futuro.

6. Es un derecho de carácter temporal[224]: que perdura mientras los hijos sean menores no emancipados (o incapacitados) y persista la situación familiar que lo justifica, esto es, la vida separada de los progenitores. También su ejercicio es temporal en la medida que puede sufrir una suspensión por decisión judicial calificada.

---

[217] García Pastor, Milagros, "El derecho...", p. 758.

[218] STS 17560/1993, de 22 mayo, Id Cendoj: 28079110011993102146. Ballesteros De Los Ríos, María en Bercovitz Rodríguez-Cano, Rodrigo (coord.), *Comentarios al...,* p. 294.

[219] STS de 21 de julio de 1993 ampliamente citada en doctrina, entre otros, en: Farré Alemán, Josep, *Código Civil...*, p. 185; Rubio Torrano, Enrique (coord.), *Legislación matrimonial*, Aranzadi, Cizur Menor 2002, p. 614; Moreno Gil, Oscar, *Código Civil y jurisprudencia concordada,* BOE, Madrid 2000, p 210; Rivero Hernández, Francisco en Lacruz Berdejo, José Luis (coord.), *Matrimonio...*, p. 1084; Martínez de Aguirre, Carlos, *Curso de...,* p. 181; Cavanillas Múgica, Santiago, en Pasquau Liaño, Miguel (dir.), *Jurisprudencia...*, p. 492.

[220] La separación entre los cónyuges debiera repercutir mínimamente sobre los hijos, por ello el régimen de visita debe paliar la deficiencia que supone para el hijo la no convivencia con uno de sus progenitores: Botana García, Gema, "Notas sobre...", p. 123.

[221] Ragel Sánchez, Luis, *Nulidad, separación y divorcio en la jurisprudencia,* Reus, Madrid 2003, p. 112.

[222] Rivero Hernández, Francisco, *El interés...*, p. 149; Martínez de Aguirre, Carlos, *Curso de...,* p. 181.

[223] Rivero Hernández, Francisco, *El derecho...*, p. 180.

[224] San Román, José Ramón, "Criterios...", p. 284.

7. Es un derecho sin contenido patrimonial[225]: está destinado a fomentar el trato y la comunicación personal de progenitor e hijo[226], y por medio de ello puede servir de cauce para estimular el desarrollo de afectos o potenciar el fortalecimiento de los sentimientos entre ambos. Por lo mismo, no es un derecho evaluable en dinero, aún cuando, como se verá, la obstrucción a su ejercicio pueda dar lugar a alguna indemnización.

8. Es un derecho imprescriptible[227]: En relación con esta característica, en doctrina se distinguen dos situaciones: que el derecho no sea reclamado por quien puede hacerlo y el no ejercicio por el titular de un régimen específico[228]. Respecto de la primera situación estimo que no procede hablar de imprescriptibilidad con ocasión del divorcio, pues, el régimen de relación debe quedar siempre determinado en la sentencia, ya lo sea, por medio de la aprobación de lo acordado por los progenitores, ya lo sea, a través de la medida judicial subsidiaria que debe preceptivamente adoptar el juez en ausencia de acuerdo o ante su no aprobación. Así, no se visualiza posibilidad de hablar de una hipótesis de imprescriptibilidad, pues aunque el derecho no sea reclamado, la sentencia debe fijar un régimen de ejercicio[229]. Respecto de la segunda cuestión, fijado un régimen de relación el no ejercicio del mismo por un tiempo prolongado tampoco lleva a la prescripción del régimen o del derecho, sin perjuicio, dc la decisión judicial de limitar o suspender el ejercicio basada en el desinterés manifiesto del progenitor. En cuanto a la caducidad del derecho por no ejercicio, la doctrina más autorizada se inclina por una negativa, dado que, la caducidad precisa por su propia naturaleza y tipo de derecho sobre los que incide de su inexcusable tipificación y previsión legal[230] lo cual no ocurre en este caso. En síntesis: el paso del tiempo no genera la pérdida del derecho; su titular puede pedir la determinación del régimen de relación con su hijo cuando lo estime, si aquel por alguna razón no ha quedado fijado en la sentencia o se encuentra vigente una suspensión. Del mismo modo, en cualquier momento se puede

---

225 García Cantero, Gabriel, "En torno…", p 247.

226 Moreno Quesada, Bernardo, en Sánchez Calero, Francisco Javier (coord.), *Curso de Derecho Civil IV. Derecho de familia y sucesiones,* 5ª edición, Tirant Lo Blanch, Valencia 2009, p. 113.

227 Roca Trías, Encarna en Paz-Ares Rodríguez, Cándido y otros, *Comentario…*, p. 394; De La Cámara, Manuel, *El Sistema...*, p. 236.

228 De La Cámara, Manuel, *El Sistema...*, p. 235.

229 Pienso que hablar de derecho imprescriptible en esta hipótesis, sólo podría tener lugar si el hijo no hubiera nacido al tiempo del divorcio y con posterioridad a la sentencia se hiciera necesaria la regulación del derecho pero no fuera reclamado. En tal evento se advierte el carácter imprescriptible del derecho, pues por mucho tiempo que transcurra, el padre respectivo siempre podrá solicitar su regulación.

230 Rivero Hernández, Francisco en Lacruz Berdejo, José Luis (coord.), *Matrimonio…*, p. 1085.

reclamar la efectividad del régimen ya determinado si ha transcurrido un tiempo sin ejercitarse[231].

9. Es un derecho personalísimo[232], que se establece para fomentar o reanudar el trato y comunicación entre padre e hijo, y por su intermedio posibilitar el desarrollo integral del menor y, hasta donde sea posible, potenciar la vinculación afectiva entre ambos. Este contenido y orientación constriñe que el ejercicio sea personal e individual, al tratarse de un derecho propio y particular de padres e hijos que no admite delegación[233], ni la sustitución de las partes de la relación, ya que *de otro modo la finalidad que lo fundamenta se desdibuja*[234]. Supone un mal uso del derecho que el progenitor beneficiado con él, deje al hijo con otras personas o lo envié a otro lugar cada vez que le corresponda su ejercicio[235]. Cuestión distinta es que esporádicamente y por razones justificadas (trabajo, enfermedad, entre otras) el padre titular no pudiera cumplir personalmente con sus deberes o pudiera hacerlo en menor medida de lo que corresponde[236] y termine ejercitándolo de modo parcial y excepcional por medio del auxilio de familiares[237]. Por otro lado, el carácter personalísimo que para ambos tiene el ejercicio del derecho, supone excluir las interferencias negativas de que pudiera ser objeto –por ejemplo, por el progenitor guardador–, las que afectarían la intimidad, espontaneidad y naturalidad de las propias

---

[231] Roca Trías, Encarna, en Amoros Guardiola, Manuel (coord.), *Comentarios a...*, p. 595.

[232] Roca Trías, Encarna en Paz-Ares Rodríguez, Cándido y otros, *Comentario...*, p. 394; García Varela, Román en Sierra Gil De La Cuesta, Ignacio (coord.), *Comentarios...*, p. 128; Zanón Masdeu, Luis, *Guarda y...*, p. 87.

[233] Rivero Hernández, Francisco, *El derecho...*, p. 203.

[234] Salanova Villanueva, Marta, "Aproximación...", p. 493.

[235] De La Cámara, Manuel, *El Sistema...*, p. 235; Salanova Villanueva, Marta, "Aproximación...", p. 494; Rivero Hernández, Francisco en Lacruz Berdejo, José Luis (coord.), *Matrimonio...*, p. 1084. Éste último autor hace derivar del carácter personalísimo la indisponibilidad del derecho a relacionarse que hace que sea un derecho inalienable e imprescriptible.

[236] Informa Montero Aroca que así lo ha admitido la jurisprudencia de algunas Audiencias Provinciales: Montero Aroca, Juan (coord.), *Los procesos...*, p. 497.

[237] Adentrados en esta posibilidad de ejercicio parcial excepcional del progenitor por medio de otras personas, la doctrina informa sobre la necesidad de no confundir el derecho de los progenitores y el de los otros parientes o allegados, pues se trata de ámbitos diferentes y de dos situaciones cualitativamente distintas por la mayor intimidad e intensidad que caracteriza las relaciones paterno-filiales respecto a cualesquiera otra parentales o asimiladas: Martínez De Aguirre, Carlos, "El derecho...", p. 147. Con todo, se reconoce que en los supuestos en que el progenitor no custodio tenga su domicilio en una ciudad o país distinto al de los hijos, puede ser una solución alternativa a tener en consideración, la sustitución de las visitas paternas o maternas por la de otros parientes de los menores, no haciéndose preciso en tales supuestos el establecimiento de un régimen concreto para dichos familiares: Panizo y Romo de Arce, Alberto, *El proceso matrimonial,* 2ª edición, Colex, Madrid 2003, p. 181. Lo que no podría suceder es que en vista de esa solución un padre se desvincule completamente de la relación con su hijo, pues aunque distante siempre podrá mantener el contacto y la comunicación personal casi a diario por los medios que ofrece hoy la tecnología, y ejercer personalmente aquella parte del régimen que sea de más larga duración, como en periodos vacacionales.

relaciones. La presencia del otro progenitor durante el ejercicio del derecho solo podrá darse cuando el interés superior del menor así lo aconseje. En suma, el carácter personalísimo del derecho anuncia, por un lado, que el progenitor beneficiado debiera ejercer su derecho en forma personal, a lo menos, la mayor parte del tiempo: *si el criterio básico para la concesión de éste derecho está en el interés del menor en continuar la relación de afecto con el progenitor que ya no convive con él, es bien cierto que tal derecho deberá ser ejercitado por su titular personalmente*[238] y, por otro lado, que el progenitor guardador debe limitar su interferencia en los periodos en que se ejerce el derecho de relación por el progenitor no custodio.

10. El derecho es hoy de concesión independiente a la responsabilidad del progenitor en la causación del divorcio[239]. Al venir establecido por ley, no puede hacerse depender en su existencia de cualidades subjetivas del progenitor titular: las tachas morales pueden servir para modular su ejercicio[240] y en ellas puede basarse el juez tanto para regular su régimen como para imprimir variaciones futuras una vez fijado éste. Lo anterior explica por qué se mantiene el derecho de relación tanto respecto del menor acogido en el art. 161 Cc, como en aquellos casos en se ha privado al padre de la patria potestad (art. 160 Cc). Sin perjuicio de que uno de los padres haya provocado el divorcio –e indirectamente la separación con el hijo–, igualmente puede estar habilitado para el ejercicio de la patria potestad, la guarda y custodia o un régimen amplio de comunicación con los hijos. El juez considerará la conducta familiar de cada uno de los progenitores a la hora de decidir sobre las medidas que, a título de efectos del divorcio, digan relación con los hijos, pero en dicho evento no será directamente la culpabilidad o inocencia en relación con el divorcio lo relevante, sino la protección del interés superior de aquellos[241].

---

[238] Botana García, Gema, "Notas sobre...", p. 124.

[239] De La Cámara, Manuel, *El Sistema*..., p. 235. La Exposición de Motivos de la Ley 15/2005 de 8 de julio, da cuenta de la evolución habida en la materia, en los siguientes términos: *en el antiguo modelo de la separación-sanción, la culpabilidad del cónyuge justificaba que éste quedase alejado de la prole. Al amparo de la Ley 30/1981, de 7 de julio, de modo objetivamente incomprensible, se ha desarrollado una práctica coherente con el modelo pretérito, que materialmente ha impedido en muchos casos que, tras la separación o el divorcio, los hijos continúen teniendo una relación fluida con ambos progenitores. La consecuencia de esta práctica ha sido que los hijos sufran innecesariamente un perjuicio que puede evitarse. Así pues, cualquier medida que imponga trabas o dificultades a la relación de un progenitor con sus descendientes debe encontrarse amparada en serios motivos, y ha de tener por justificación su protección ante un mal cierto, o la mejor realización de su beneficio e interés.*

[240] Montero Aroca, Juan (coord.), *Los procesos*..., p. 497.

[241] Rivero Hernández explica que en sede general existe también independencia del derecho respecto de los motivos que dieron lugar a la separación entre el menor y el titular formal, por ello existe derecho de visita aun en caso de privación de la patria potestad: Rivero Hernández, Francisco, *El derecho*..., p. 190. Incluso en sistemas de divorcio causal como el chileno, ninguna de las normas modalizadoras de las relaciones paterno-filiales, en caso de vida separada de los

11. Es un derecho de doble proyección o bifronte[242]: pues tanto mira hacia el padre, que por su intermedio se relaciona con sus hijos de cuya custodia ha sido privado, como hacia los hijos que no gozan del contacto habitual y convivencia diaria de ambos padres. Es un derecho de y para ambos, que se sitúa en la esfera de su vida privada familiar: los derechos de visita, comunicación y estancia se reconocen a padres e hijos conjunta y simultáneamente, aunque se haga en interés preferente de los últimos[243]. El Tribunal Constitucional español ha tenido oportunidad de precisar esta doble titularidad en los siguientes términos: *Se trata, en realidad, de un derecho tanto del progenitor como del hijo, al ser manifestación del vínculo filial que une a ambos y contribuir al desarrollo de la personalidad afectiva de cada uno de ellos*[244].

12. Es un complejo derecho-deber[245]. La doctrina ha advertido que, pese a la configuración legal del art. 94 Cc. el derecho de relación no es como cualquier otro derecho, sino que es un complejo *derecho-deber*[246]; así aparece,

---

progenitores, atienden directamente a la culpabilidad o inocencia en la causación del divorcio para hacer las atribuciones de derecho-deberes; se impone la no valoración de las conductas entre los progenitores al tiempo de regular las relaciones paterno-filiales: Acuña San Martín, Marcela, *Efectos...*, p. 142-143.

242 Rivero Hernández, Francisco, "Límites de...", p. 295. Se alude también a su carácter recíproco, pues mira tanto a la satisfacción del natural sentimiento del progenitor a relacionarse y comunicarse con sus hijos, como al propio sentimiento e interés de los hijos en que no se interrumpan de manera total y permanente las relaciones con sus padres: San Román, José Ramón, "Criterios...", p. 284; Makianich De Basset, Lidia, *Derecho de...*, p. 86.

243 Castilla Barea, Margarita - Cabezuelo Arenas, Ana Laura, "Disposiciones comunes a la nulidad, separación y divorcio (II)", en Yzquierdo Tolsada, Mariano y Cuena Casas, Matilde (dirs.), *Tratado de Derecho de Familia,* vol. VI, *Las crisis matrimoniales,* Thomson-Reuters/ Aranzadi, Cizur Menor 2011, p. 458.

244 TC, sentencia 172, de 22 de diciembre de 2008, en Recurso de Amparo núm. 4595/2005.

245 Hay autores que lo conceptualizan como una facultad o poder de comunicación, básicamente por contraposición al derecho subjetivo y por entender que una facultad carece de independencia al estar siempre basada y unida a una relación jurídica del tipo que sea. No se presenta, sin embargo entre ellos, uniformidad en cuanto a la relación jurídica de la cual depende: la visita sería una facultad dependiente siempre de la relación jurídica paterno-filial para Ruíz De La Cuesta, Rafael, "Praxis judicial...", p. 263; en cambio, para San Román sería una facultad jurídica dependiente de una determinada situación jurídica matrimonial: San Román, José Ramón, "Criterios...", p. 305.

246 Rivero Hernández, Francisco, *El derecho...*, p. 388 y ss.; Trinchant Blasco, Carlos (coord.), *Memento...*, p. 394; Caballero Gea, José-Alfredo, *Matrimonio, unión de hecho, acogimiento, adopción, violencia de género, pensión impaga,* Dykinson, Madrid 2005, p. 222; Martínez de Aguirre, Carlos, *Curso de...*, p. 180. Serrano Castro, Francisco, *Relaciones paterno-filiales,* El Derecho, Madrid 2010, p. 87. En contra: Montero Aroca, Juan, *El derecho...*, p. 57 y ss.

Alguna doctrina emplea la idea de derecho-deber para negar que el de relación pudiera ser calificado como un derecho del padre o como un derecho del hijo, y por consecuencia, tampoco, como un derecho de ambos; del mismo modo tampoco sería un mero deber del padre ni una potestad, pues el hijo no es un simple sometido a ella: Martínez Sapiña, Fernando, "El régimen de visitas: criterios para su determinación en los diversos supuestos fácticos", en Viladrich, Pedro-Juan (coord.), *El derecho de visita de los menores en las crisis. Teoría y praxis,* Universidad de Navarra, 1982, p. 351-352.

por lo demás, plasmado en el art. 154 Cc. que lo configura, en sede de patria potestad, como un deber del progenitor para con sus hijos[247] y ha sido recogido por la jurisprudencia[248]. A partir de ello, corresponde determinar en qué consiste y qué implicaciones tiene este carácter de *complejo derecho-deber* de relación personal.

RIVERO HERNÁNDEZ explica que el Derecho de familia tiene para sus relaciones jurídicas propias un equivalente o asimilado al derecho subjetivo patrimonial, llamado *derecho-deber*, con más peso del deber y de la función que el de derecho, lo que se debe a la íntima conexión con obligaciones fundamentales de la relación paterno-filial. En ese terreno se sitúa el derecho de visita[249]. FUEYO LANERI encontraba el fundamento de la ligazón *derecho-deber* en la primacía del interés social sobre el particular, lo que, a su vez le permitía explicar otras variaciones del Derecho de familia respecto del Derecho patrimonial, como el carácter de orden público de sus normas[250]. Así los derechos que se conceden a los padres lo son en razón de los deberes-funciones que les acuerdan las leyes con un especial carácter tuitivo del menor[251].

Pero quizá la cuestión es anterior incluso al interés social –que no por ello se reduce o queda desvirtuado–; en mi opinión la sola circunstancia de ser padre o madre justifica que ningún pretendido derecho respecto de los hijos pueda ser calificado solo de eso, porque los hijos no son bienes o posesiones respecto de los cuales se ejercen poderes, como lo haría un propietario respecto de su propiedad; los hijos son, ante todo, personas, cuya procreación acarrea deberes a los padres[252]. La relación paterno-filial se construye no sobre unos derechos o

[247] PÉREZ MARTÍN, ANTONIO, *Derecho de familia. La ejecución de las resoluciones dictadas en procedimientos matrimoniales,* Lex Nova, Valladolid 1997, p. 563.

[248] Entre otras y por más recientes cito: AP de Granada, sección 5ª, auto nº 27/2008, de 27 de febrero, AC2008/1866 (versión electrónica en www.westlaw.es); AP Madrid, sentencia 481/2011, de 01 de julio, sección 22ª (id vlex: VLEX-347865730); AP A Coruña, sentencia 117/2012, de 16 de marzo de 2012 (id Vlex: VLEX-365407590); AP Madrid, sentencia 383/2012, de 29 de mayo, sección 22ª, Id Cendoj: 28079370222012100411.

[249] RIVERO HERNÁNDEZ, FRANCISCO, "Límites de…", p. 293-294.

[250] FUEYO LANERI, FERNANDO, *Derecho…*, p. 343-344. El autor aludía también como variante, fundada en el mismo interés social, al hecho que *la igualdad se convierte en jerarquía, propia de la disciplina, la correcta educación, la formación del carácter, el encauzamiento por el buen proceder, etc.*; todos aspectos en declive tras las reformas al Derecho de Familia.

[251] De esta forma se aparta la legislación actual de la forma *romana* que concedía un derecho absoluto al padre, de una extensión desmesurada: FUEYO LANERI, FERNANDO, *Derecho…*, p. 344.

[252] La idea de que los hijos no son "*propiedad*" de los padres, que por encima de los intereses de éstos se encuentran los intereses de los hijos y que el ejercicio de las facultades atribuidas a los padres debe hacerse en beneficio de los hijos y no se abandona en manos de sus titulares, se predica igualmente de la patria potestad entendida como función, así por ejemplo en: AP A Coruña, sentencia 147/2012, de 23 de marzo, sección 3ª, id vlex: VLEX-365849250 (Antes en el mismo sentido AP A Coruña, sección 3ª, sentencia 356/2011, de 27 de junio). La sentencia alude en su apoyo a la doctrina del Tribunal Constitucional que afirma el deber de los poderes públicos y muy en especial de los órganos judiciales de velar por que el ejercicio de esas potestades por sus padres y tutores

prerrogativas de los padres, fundadas en su propio y personal interés, sino muy fundamentalmente en base a *deberes* que les impone su condición de progenitores, en interés de sus hijos. Un padre puede ser privado de ciertos derechos o facultades respecto de sus hijos, pero sigue manteniendo los deberes, por la sola circunstancia de tener la calidad de progenitor. Es esta sola condición la que determina, en mi opinión, el carácter de *derecho-deber* del derecho de relación, pues la condición de progenitor es distinta a la de propietario y los *derechos-deberes* que la ley establece respecto de sus hijos son inseparables de tal calidad[253]. El padre no solo tiene el derecho, sino también el deber de relacionarse con sus hijos, pues tal derecho atiende a un fin e interés que es propio de los menores, a quienes les debe asistencia de todo orden[254].

La concepción de *derecho-deber* propia del Derecho de Familia se caracteriza por una recíproca interpenetración entre derechos y deberes, puesto que los derechos se conceden para mejor cumplir los deberes que corresponden a su titular respecto de otros miembros de la familia; el ejercicio del derecho debe hacerse conforme al deber y en el marco de sus finalidades como se anticipó en el Capítulo Primero. El derecho o las facultades que se otorgan a su titular son especialmente de carácter funcional: los poderes son instrumentales y se atribuyen al titular para que mediante su ejercicio puedan ser cumplidos los fines previstos en el Ordenamiento Jurídico[255] respecto de una persona distinta, mas necesitada de protección. El ejercicio del derecho se encuentra limitado por el aspecto de deber[256]. Esta ausencia de libre ejercicio constituye una diferencia esencial respecto de los derechos en el campo patrimonial.

Con la expresión *derecho-deber*, no se pretende que a cada derecho le corresponda una concreta obligación, sino que los derechos son conferidos por la ley para responder a una determinada finalidad específica[257], que no se vincula

---

se haga en interés del menor, y no al servicio de otros intereses que por muy lícitos y respetables que puedan ser, deben postergarse ante el "superior" del menor (entre otras STC 154/2002, de 18 de julio, en recurso de amparo 3468/97 y STC 141/2000 de 29 de mayo, sala segunda, en recurso de amparo 4233/1996).

[253] García Pastor, Milagros, *La situación...*, p. 251.

[254] La circunstancia es destacada como una de las diferencias del derecho de relación que corresponde a los padres con sus hijos, respecto de aquel derecho que corresponde a nietos y abuelos: Colás Escandón, Ana Mª, *Relaciones...*, p. 47.

[255] Martínez de Aguirre, Carlos, *Curso de...*, p. 28-29.

[256] Como consecuencia de lo que se viene diciendo, resulta que la primera limitación a que se encuentra sometido el ejercicio del derecho de relación no es externa, sino, intrínseca a su propia naturaleza.

[257] Rodríguez Lainz, José Luis, "Incumplimiento...", p. 46. Explica que los derechos que emanan del ámbito familiar no corresponden al sencillo esquema de situaciones de poder de uno frente a posiciones de deber de otro o *erga omnes,* que no conocen más límite que el contenido material del derecho o la función social a la que determinados derechos deben responder. Los derechos familiares responden a una finalidad que los trasciende: la protección del interés superior

con el titular del derecho, sino con otro miembro de la relación familiar. Se habla de derecho-deber para significar que el derecho de relación respecto del progenitor no es estrictamente un derecho subjetivo normal y corriente, que está a su disposición y concedido en su beneficio[258]; por el contrario, se le concede en beneficio preferente (que no exclusivo) del hijo y desde ese punto de vista se le conceptúa como deber. Pero también es verdad que sigue teniendo un componente importante de derecho para satisfacer el interés del propio progenitor no custodio; así, el interés del hijo, en cuyo beneficio preferente se concede el derecho, no es único, ni excluye el interés y beneficio del propio padre.

En suma el *derecho-deber* de relación entre el progenitor no custodio y sus hijos menores, es un complejo de facultades otorgadas al padre en beneficio e interés preferente del hijo, que le permite, al mismo tiempo de satisfacer su interés propio y legítimo, de trato y comunicación con sus hijos, favorecer y contribuir al desarrollo integral de ellos. El carácter de *complejo derecho-deber* se asocia con su finalidad primordial que es proteger los prioritarios intereses del hijos, antes que los del padre titular, en orden a un contacto regular con aquél de su progenitores de cuya compañía cotidiana se le ha privado[259].

El carácter de *derecho-deber* genera los siguientes alcances:

- El progenitor no custodio no tiene la libre disposición del derecho: esta derivación tiene dos dimensiones de relevancia: por un lado, no puede el padre o madre unilateralmente decidir sobre el derecho, y en consecuencia, no puede transferirlo, delegarlo o renunciarlo; por otro lado, no puede dicho progenitor pactar con el custodio sobre la existencia del derecho. Esto último devela una diferencia fundamental entre estos derechos y los derechos patrimoniales, pues ni aún cuando ambos progenitores arriben a acuerdos de disposición del derecho éstos surtirán efectos. Los progenitores pueden sí acordar lo relativo al ejercicio. La ausencia de plena disposición por parte de quien es visto como titular del derecho a relacionarse con el hijo, se justifica tanto en la ausencia de titular único, pues de este derecho es también titular el propio menor; como en el hecho de que su finalidad e interés excede del progenitor titular, al ser un *derecho-deber* conferido en interés del hijo; así, el progenitor no puede disponer de un derecho que no le corresponde de modo autónomo,

---

del grupo familiar y, en mi opinión, la protección de los intereses más vulnerables en situaciones de crisis familiar.

[258] Más que un derecho subjetivo del progenitor, es un derecho-deber de éste en conexión con el derecho del hijo a recibir los cuidados, atenciones, medios y posibilidades de obtener una formación integral, por lo que su régimen ha de tener en cuenta siempre el interés del menor: AP de Granada, (sección 5ª), auto núm. 27/2008 de 27 febrero, AC\2008\1866, consultada en www.westlaw.es.

[259] AP Madrid, sentencia 481/2011, de 01 de julio, sección 22ª (id vlex: VLEX-347865730).

sino que es ajeno en parte[260]. El tener causa y fundamento positivo en el deber constitucional de protección integral y asistencia que compete a los padres explica también su carácter indisponible[261]. A mayor abundamiento, es oportuno recordar que las normas reguladoras del derecho a relacionarse son imperativas. Desde otra óptica, ha de tenerse en cuenta, que aún cuando sea un derecho en interés del menor, tampoco es para él un derecho a su disposición, es decir, sometido a su voluntad o querer[262], según será analizado con mayor detalle en el próximo Capítulo.

- No cabe la renuncia del progenitor. Hay autores que distinguen entre una renuncia previa, que sería nula por tratarse de un derecho personalísimo y una renuncia pactada que sería válida mientras la mantuviese el renunciante[263]. Desde mi punto de vista, todo tipo de renuncia es nula; argumentos variados me llevan a esta conclusión: primero, desde un punto de vista general la renuncia de derechos solo es posible cuando éstos no contraríen el interés o el orden público ni perjudiquen a terceros (art. 6.2 Cc), cuestión que no ocurre aquí pues justamente el carácter de *derecho-deber* que impregna el derecho a relacionarse implica que su utilidad, finalidad e interés excede del padre no custodio a quien se ha concedido el derecho, vinculando y amparando a un sujeto diferente: el menor. El derecho no mira al interés ni exclusivo ni preferente del progenitor no custodio. Segundo, no puede existir renuncia anterior a la determinación de su régimen en la sentencia de divorcio, pues se trata de un derecho-deber cuya existencia viene determinada por ley como una consecuencia ineludible de la relación paterno-filial; ni el acuerdo de las partes, ni la resolución judicial, determinan el nacimiento o la existencia del derecho. Tercero, este derecho, en tanto *derecho-deber*, tiene para el padre o madre titular mas carácter de deber en beneficio de los hijos que de derecho, y los deberes no admiten renuncia[264]. Cuarto, al carecer el progenitor no custodio de la plena disposición del derecho a relacionarse no puede renunciar el derecho pues la renuncia es una forma de disposición. Finalmente, el derecho a

---

260 De La Cámara, Manuel, *El Sistema*..., p. 235. Si dispusiera del derecho estaría excediendo los límites normales del ejercicio del propio derecho: Botana García, Gema, "Notas sobre...", p. 124.

261 Rivero Hernández, Francisco, "Límites de...", p. 291.

262 Martínez de Aguirre, Carlos, *Curso de*..., p. 181.

263 Trinchant Blasco, Carlos (coord.), *Memento*..., p. 395; Botana García, Gema, "Notas sobre...", p. 124. Rivero Hernández sanciona con nulidad absoluta la renuncia previa y otorga un alcance limitado a la renuncia por pacto: Rivero Hernández, Francisco en Lacruz Berdejo, José Luis (coord.), *Matrimonio*..., p. 1084. De La Cámara plantea que la renuncia anticipada sería nula de nulidad absoluta: De La Cámara, Manuel, *El Sistema*..., p. 235.

264 Así lo ha afirmado el Tribunal Supremo Español al referirse a la patria potestad, por constituir un deber: STS 17560/1993, de 21 de mayo de 1993, disponible en www.poderjudicial.es, Id Cendoj: 28079110011993102146.

relacionarse padres e hijos es inherente a la relación paterno-filial, esto es, integra dicho estado familiar y un estado no puede alterarse por la voluntad de uno de sus miembros mediante renuncia[265]; la pretendida renuncia implicaría alterar el estado familiar ya constituido.

¿Qué sucede si la renuncia no es al derecho, sino al régimen específico de relación? Se trataría de una renuncia al ejercicio, que podría formularse incluso antes de quedar fijado el régimen de relación. Estimo que es igualmente improcedente, con fundamento en el principio expreso de mantenimiento de los deberes parentales con posterioridad al divorcio. Cualquier pacto o declaración unilateral de la cual derive la abdicación de un progenitor a ejercer su derecho-deber a relacionarse con su hijo adolece de nulidad de pleno derecho[266]. Lo que sucede en la práctica, con cierta frecuencia es un no ejercicio del derecho, pero eso es una cuestión conceptualmente distinta a la renuncia[267].

- El progenitor no custodio puede ser compelido a cumplir con su deber de relacionarse[268]: desde una perspectiva coherente con el carácter de derecho– deber es posible afirmar que procede la exigibilidad de su cumplimiento. El de relación con los hijos, no es un derecho a disposición del padre, concedido en su beneficio, como son los derechos subjetivos normales; se concede el derecho en beneficio del menor y como un deber de los padres en función del desarrollo integral de los hijos; esta finalidad justifica la exigencia de respeto al derecho y su protección. El ejercicio incorrecto o el no ejercicio suponen una vulneración de concretos deberes inherentes a la relación paterno-filial[269]. El Ordenamiento Jurídico arbitra mecanismos diversos con la finalidad de restablecer el ejercicio del derecho incluso mediante apremios, todo ello sin perjuicio de las medidas de sanción o de reparación de daños[270].

---

[265] Makianich De Basset, Lidia, *Derecho de...*, p. 86. Esto no quiere decir, en todo caso, que ningún estado familiar pueda ser modificado por voluntad de un interesado.

[266] García Cantero, Gabriel, "En torno...", p. 249. Con alguna vacilación el autor plantea su parecer en cuanto a que el derecho de visita *no puede ser renunciado de modo pleno y absoluto por su titular,* lo que conduce a un problema interpretativo al ser necesario determinar cuándo una renuncia es plena y absoluta y si ello deja margen a algún tipo de renuncia posible.

[267] El no ejercicio del derecho y sus consecuencias son analizados en los Capítulos V y VI a los cuales me remito.

[268] Se advierte que se trata de un problema delicado pues la experiencia demuestra que hay que eliminar, en la medida de lo posible, la coacción del cumplimiento de los deberes familiares, y que la aplicación exigiría valorar minuciosamente las circunstancias concurrentes: García Cantero, Gabriel, "En torno...", p. 251.

[269] Rodríguez Lainz, José Luis, "Incumplimiento...", p. 46.

[270] El análisis de los mecanismos de reacción del Ordenamiento Jurídico frente a los incumplimientos en atención a la protección del derecho, de sus titulares, objetivos específicos y de su eficiencia conminatoria se realiza en el Capitulo Sexto de ésta obra.

- Otras consecuencias. La doctrina hace derivar de este carácter de derecho-deber otras consecuencias que solo enuncio pues irán siendo desarrolladas más en extenso en el curso de este trabajo: la exigencia de una mayor dosis de buena fe en el ejercicio del derecho, al concederse al padre primordialmente en interés y beneficio del hijo[271]; la aplicación restrictiva en la adopción de medidas de limitación o suspensión del ejercicio del derecho, explicado en la circunstancia de que el derecho se ejerce principal y prioritariamente en beneficio de los hijos y no en interés de los progenitores[272]. Finalmente, al no ser un propio y verdadero derecho el juez debe pronunciarse sobre él en el proceso matrimonial aunque no exista petición expresa, de modo que, respecto de esta parte de las sentencias, no tiene sentido el requisito de congruencia[273].

Dos interrogantes más, no pacíficos, se vinculan con el carácter de derecho-deber del derecho de visitas: por un lado, si es posible aplicar la privación del derecho conforme a lo dispuesto en el art. 111 del Cc., al padre cuya filiación ha sido determinada judicialmente contra su oposición y, segundo, si la calificación de derecho-deber para el progenitor, específicamente en la parte en que se refiere a un *deber* supone el nacimiento de un derecho correlativo del hijo. Retomaré estos temas en los sucesivos Capítulos.

VI. NATURALEZA JURÍDICA DEL DERECHO DE RELACIÓN

En general se afirma hoy que el derecho de relación entre los hijos y el padre no custodio es un derecho-deber o derecho-función[274], con las implicancias que recién se han apuntado al revisar este carácter, por lo que su naturaleza no se correspondería con la de los derechos subjetivos tradicionales. A partir de ahí, el asunto no es tan simple y merece un análisis más específico.

El objetivo de este apartado es situar el derecho de relación entre los hijos y el progenitor no custodio en alguna de las categorías jurídicas que dan acogida a los intereses, pretensiones, facultades o poderes que el Derecho reconoce a los sujetos, concentrándose no en el examen de las antiguas teorizaciones, sino en un análisis ontológico de los elementos o caracteres específicos que configuran

---

271 García Pastor, Milagros, *La situación...*, p. 263.

272 Vázquez-Pastor Jiménez, Lucía, "Derecho de visita de los hijos en la STEDH de 30 de noviembre de 2010, un derecho sometido al interés y beneficio del menor", *La Toga*, Colegio de Abogados de Sevilla, Nº 183, Sevilla 2011, p. 12.

273 Montero Aroca, Juan (coord.), *Los procesos...*, p. 499.

274 Rivero Hernández, Francisco, *El derecho...*, p. 388 y ss.; Trinchant Blasco, Carlos (coord.), *Memento...*, p. 394; Caballero Gea, José-Alfredo, *Matrimonio...*, p. 222; Martínez de Aguirre, Carlos, *Curso de...*, p. 180; Serrano Castro, Francisco, *Relaciones...*, p. 87. En contra Montero Aroca, Juan, *El derecho...*, p. 57 y ss.

hoy el modo de ser jurídico del derecho de relación, según se acaba de exponer. Para abordar adecuadamente esta cuestión creo necesario distinguir entre la situación del padre titular formal y la situación del hijo igualmente beneficiario y titular del derecho. Esta necesidad de parcelación es resultado del carácter complejo y bifronte de la institución.

1. Naturaleza del derecho desde la perspectiva del padre no custodio

Para el padre divorciado relacionarse con sus hijos es un derecho moral y legal[275], sobre cuya naturaleza la doctrina se ha dividido en dos notorias posiciones, aunque con distinta prevalencia: una lo considera un verdadero derecho subjetivo de los padres, sin perjuicio del preferente interés del hijo y de la posibilidad de limitación o suspensión[276]; la otra, niega tal naturaleza[277].

Si bien el argumento base de la primera postura es la referencia literal que hace el art. 94 Cc. a un *derecho* del padre que no tenga consigo a los hijos menores de visitarlos, comunicar con ellos y tenerlos en su compañía[278], se presentan visiones más extremas que entienden que el derecho de visita es un derecho subjetivo público de familia que se atribuye al progenitor privado de la custodia de los hijos como una compensación por la pérdida de la compañía y el trato continuado con ellos[279]; se postula que la auténtica esencia del dere-

---

[275] RAGEL SÁNCHEZ, LUIS, *Nulidad...*, p. 112.

[276] MONTERO AROCA, JUAN, (dir.), *Separación y divorcio tras la ley 15/2005,* Tirant Lo Blanch, Valencia 2006, p. 165.

Que un derecho subjetivo tenga límites no resulta algo extraño a su carácter. Todos los derechos son limitados, tanto desde un ámbito intrínseco por su propia configuración (ámbito de poder) y contexto funcional y teleológico en que han de ejercerse; como desde un ámbito extrínseco, por su encuentro o colisión con otros derechos que aspiran al mismo ámbito de poder: RIVERO HERNÁNDEZ, FRANCISCO, "Límites de…", p. 246.

[277] También se han presentado opiniones aisladas que distinguen entre la compañía de que habla el art. 154 Cc. y la visita a que se refieren los arts. 94 y 161 del mismo. La primera sería un derecho y un deber, mientras que la segunda sería una simple facultad, limitada o condicionada a la aceptación del hijo que pierde vigencia cuando el padre no la ejercita o el hijo no la acepta: IRACHETA IRIBARREN, MARINO, "Reflexiones a propósito de algunas sentencias relativas al régimen de visitas de los menores", en VILADRICH, PEDRO-JUAN (coord.), *El derecho de visita de los menores en las crisis. Teoría y praxis,* Universidad de Navarra, 1982, p. 361. Hoy se encontraría superada la idea de estar ante una pura facultad: RODRÍGUEZ GUITIÁN, ALMA MARÍA, "Tipología de los daños en el ámbito de las relaciones paterno-filiales", en YZQUIERDO TOLSADA, MARIANO y CUENA CASAS, MATILDE (dirs.), *Tratado de Derecho de Familia,* vol. VI, *Las crisis matrimoniales,* Thomson-Reuters/Aranzadi, Cizur Menor 2011, p. 845.

[278] MONTERO AROCA, JUAN, *El derecho...*, p. 57 y 61. El derecho de abuelos parientes y allegados también es caracterizado por el autor como un derecho subjetivo (p. 42 y ss.).

[279] Alguna jurisprudencia menor ha aludido también a la teleología compensatoria del derecho complementaria de la privación de la guarda y custodia: SAP de Madrid, 17 de enero de 1991, citado en GARCÍA VARELA, ROMÁN en SIERRA GIL DE LA CUESTA, IGNACIO (coord.), *Comentarios…*, p. 119.

cho de visita es ser una limitación de un derecho individual de un progenitor: sería un remedio frente a la atribución de custodia individual[280]. En cuanto a sus consecuencias, el carácter de derecho subjetivo demanda que no puedan ponerse trabas a su ejercicio y que si ello llegara a suceder, la justicia adopte las medidas necesarias para asegurar su cumplimiento efectivo; el mismo carácter justifica la imposibilidad de supresión del derecho.

Dos comentarios me merece tal postura: mirar el derecho como una compensación de un padre respecto de los derechos del otro, o como una limitación a los derechos del custodio, implica poner el acento exclusivamente en la situación de los adultos, generando una relación de contraposición entre ellos y olvidando por completo que en el centro de la regulación, como sujetos protegidos, se encuentran los menores. Por otra parte, la sola circunstancia de calificar este derecho subjetivo de *familiar,* imprime notables matizaciones a la noción, pues un derecho familiar, como he advertido en el apartado anterior, reviste unos caracteres muy diversos a aquellos que son predicables de los derechos subjetivos tradicionales.

La segunda posición rechaza la naturaleza de derecho subjetivo, principalmente porque éstos son de libre ejercicio y se dan en interés de quien los ostenta[281], aspectos que no se despliegan en el derecho a relacionarse; el cual tampoco se caracteriza por otorgar a su titular amplias facultades[282]. Rivero Hernández estima que el llamado "derecho de visita" no es una facultad jurídica aislada o desgajada de la patria potestad o de la guarda; por el contrario, su tratamiento unitario y su entidad autónoma o independencia de otras instituciones o derechos –que el legislador no duda en reconocerle (art. 94, 160, 161 Cc.)– lo lleva a concluir que es un efectivo derecho; sin embargo, al preguntarse de qué derecho se trata, no puede educir que es un derecho subjetivo tradicional sino, por el contrario, infiere que es uno de índole muy particular dado que el interés jurídicamente protegido no es el del progenitor titular; su ejercicio o actuación no queda sometida a su arbitrio, sino que se encuentra subordinada al interés prevalente del menor y es, por lo demás, inalienable, irrenunciable, e imprescriptible[283]. Es en definitiva para el progenitor no custodio un *derecho-deber*,

---

280 Carretero Sánchez, Adolfo, "El nuevo planteamiento del derecho de visita", *Diario La Ley*, versión electrónica consultada en http//:laleydigital.laley.es; cita: 13053/2001, el 06 de octubre de 2010.

281 Diez-Picazo, Luis - Gullón, Antonio, *Sistema de...*, p. 271.

282 Echarte Feliú, Ana María, *Patria...*, p. 115-116.

283 Rivero Hernández, Francisco en Lacruz Berdejo, José Luis (coord.), *Matrimonio...*, p. 1090. También reseña los distintos planteamientos contrapuestos en relación con la naturaleza jurídica del derecho de visita, a los que me remito, así: derecho propio y autónomo o limite a otros derechos; derecho subjetivo o mera facultad jurídica; derecho-deber o sencillamente función; para terminar revisando el carácter de derecho propio del hijo. También se puede ver: Rogel Vide, Carlos, en Bercovitz Rodríguez-Cano, Rodrigo (coord.), *Comentarios a las...*, p. 250 y ss.

así lo entiende la doctrina mayoritaria[284] y así se ha generalizado también en la jurisprudencia[285]. A partir de ahí, corrientemente se lo conecta con el derecho natural y se proclama su carácter insuprimible[286].

En suma, para el padre no custodio, el de relación no es un derecho subjetivo tradicional; su utilidad, finalidad e interés excede de la persona del titular formal del derecho[287], quien ya no tiene la libre disposición de su ejercicio. Su finalidad no es primordialmente la de satisfacer los deseos e intereses de los progenitores, sino la de proteger los derechos e intereses de los hijos[288], por ello se trata, para el progenitor no custodio muy propiamente de un derecho-deber.

2. Naturaleza del derecho desde la perspectiva del hijo

La determinación de la naturaleza del derecho de relación desde la óptica del hijo es una cuestión de mayor complejidad que aquella que ofrece su cali-

[284] Rivero Hernández, Francisco, *El derecho...*, p. 388 y ss.; Lacruz Berdejo, José Luis - Rams, Joaquín, *Elementos de...*, p. 102; Martínez de Aguirre, Carlos, *Curso de...*, p. 180; Marín López, Manuel, en Bercovitz Rodríguez-Cano, Rodrigo (coord.), *Comentarios al...*, p. 221; Zanón Masdeu, Luis, *Guarda y...*, p. 87;; Pérez Conesa, Carmen, *Las medidas...*, p. 46. Aludiendo a que al tiempo en que se configura como un derecho del padre es un deber del progenitor y un derecho de los hijos: García Varela, Román, *La Ley de divorcio. Experiencia de su aplicación,* Colex, Madrid 1982, p. 87. Más recientemente, en iguales términos, el mismo autor en Sierra Gil De La Cuesta, Ignacio (coord.), *Comentarios...*, p. 117.

Esta posición no ha estado exenta de críticas que la han tildado de una caracterización carente de precisión jurídica, dada la vaguedad del sentido de este derecho-deber y, a la jurisprudencia que la respalda, como una respuesta donde no existe rigor técnico, sino *la habitual palabrería psicológica:* Montero Aroca, Juan, *El derecho...*, p. 58 y ss. Una visión muy superficial que solo ve en el art. 94 Cc. un derecho propio y personal del progenitor se ofrece en: Arza, Antonio, *Remedios...*, p. 116. Echarte Feliú por su parte, negando el carácter de derecho subjetivo y aún citando la jurisprudencia que lo califica como derecho-deber, prefiere conceptualizarlo como *una posición compleja integrada por facultades y deberes distintos*: Echarte Feliú, Ana María, *Patria...*, p. 116.

[285] Según se informa y explica en: Rivero Hernández, Francisco en Lacruz Berdejo, José Luis (coord.), *Matrimonio...*, p. 1090. Así se reconoce también en: Albácar López, José Luis - Martín-Granizo Fernández, Mariano, *Código...*, p. 1108 y ss.; Martínez De Aguirre, Carlos, "El derecho...", p. 148; García Varela, Román en Sierra Gil De La Cuesta, Ignacio (coord.), *Comentarios...*, p. 119 y ss.; Pons González, Manuel - Del Arco Torres, Miguel Ángel, *Separación, divorcio y nulidad matrimonial: régimen jurídico (teoría, praxis judicial y formularios),* 4ª edición, Comares, Granada 1995, p. 431 y ss.; Montero Aroca, Juan, *El derecho...*, p. 57; López-Muñiz Goñi, Miguel, *Código de la Familia,* Colex, Madrid 2001, p. 97. Comenta Rivero Hernández que en los tribunales es prácticamente unánime no considerar este derecho como un derecho a favor del titular formal, sino como un complejo derecho-deber; como una función familiar; como un derecho de los progenitores y un derecho de los hijos y, hasta simplemente como un derecho del menor a relacionarse con el padre: Rivero Hernández, Francisco, "La guarda...", p. 101.

[286] Zanón Masdeu, Luis, *Guarda y...*, p. 116.

[287] Rivero Hernández, Francisco en Lacruz Berdejo, José Luis (coord.), *Matrimonio...*, p. 1084.

[288] Trinchant Blasco, Carlos (coord.), *Memento...*, p. 394.

ficación respecto del progenitor. El hijo en las relaciones familiares, es titular del derecho de relación o comunicación con sus progenitores[289]; la titularidad es respecto de un derecho propio y autónomo, reconocido en tal carácter a nivel internacional por la CDN que establece esta configuración en el art. 9.3:...*el derecho del niño que esté separado de uno o de ambos padres a mantener relaciones personales y contacto directo con ambos padres de modo regular...*[290] y reafirmado constantemente en tal carácter por la jurisprudencia[291]. A partir de ahí, la cuestión a establecer es ¿de qué clase o especie de derecho estamos hablando?

Me parece que el derecho del menor a relacionarse con sus padres se mueve en el ámbito de los derechos de la personalidad: así lo dice el art. 8º de la CDN al considerar a las relaciones familiares como un elemento integrante de la identidad del niño: *1. Los Estados Partes se comprometen a respetar el derecho del niño a preservar su identidad, incluidos la nacionalidad, el nombre y las relaciones familiares de conformidad con la ley sin injerencias ilícitas. 2. Cuando un niño sea privado ilegalmente de algunos de los elementos de su identidad o de todos ellos, los Estados Partes deberán prestar la asistencia y protección apropiadas con miras a restablecer rápidamente su identidad*[292]. Buena parte de la doctrina estima también que el derecho del menor es encuadrable dentro de los derechos de la personalidad[293].

El Ordenamiento Jurídico reconoce que para el desarrollo integral de todo niño y la formación de su identidad, resulta esencial mantener contacto regular y cercano con ambos padres; y lo hace mediante el establecimiento de un de-

---

[289] RIVERO HERNÁNDEZ, FRANCISCO en LACRUZ BERDEJO, JOSÉ LUIS (coord.), *Matrimonio...*, p. 1091; ECHARTE FELIÚ, ANA MARÍA, *Patria...*, p. 113.

[290] En igual sentido el art. 24.3 de la Carta de los Derechos Fundamentales de la Unión Europea: *«Todo niño tiene derecho a mantener de forma periódica relaciones personales y contactos directos con su padre y con su madre, salvo si ello es contrario a sus intereses».*

[291] Cito por más reciente, la consideración que respecto del art. 94 Cc. formula la AP Málaga, en sentencia núm. 265/2012 de 18 mayo (JUR\2012\331534): *si bien tal precepto lo configura como un derecho del progenitor, también constituye un derecho de los hijos el relacionarse con sus progenitores del que no puede privársele o restringírselo si no media justa causa.* En semejante sentido y con igual actualidad: AP Zaragoza, Nº 208/2012, de 20 de abril de 2012.

[292] Conforme al art 8º del Convenio Europeo para la Protección de los Derechos Fundamentales y Libertades Pública el derecho de visita se integraría en el más amplio derecho a la vida familiar. El Tribunal Europeo de Derechos Humanos ha señalado, reiteradamente, que el disfrute recíproco por padre e hijo de la compañía del otro, constituye un elemento fundamental de la vida familiar, incluso si la relación entre los padres se ha roto previamente. Jurisprudencia del TEDH aparece comentada en SUÁREZ HERRANZ, OLGA, "El derecho del hijo...", p. 166 y ss. y MONTERO AROCA, JUAN, *El derecho...*, p. 31 y 40.

[293] Entre otros: GARCÍA CANTERO, GABRIEL, *Las relaciones...*, p. 39; CABALLERO GEA, JOSÉ-ALFREDO, *Matrimonio...*, p. 239; BOTANA GARCÍA, GEMA, "Notas sobre...", p. 125; DE LA OLIVA VÁZQUEZ, ANTONIO, "Derechos y...", p. 251; TRINCHANT BLASCO, CARLOS (coord.), *Memento...*, p. 394.

recho propio del hijo a mantener tales relaciones personales como parte de sus relaciones de familia, vinculado al desarrollo de su personalidad, autonomía progresiva e identidad[294]. El derecho del hijo a relacionarse con su padre no custodio se enmarca dentro de los derechos de la personalidad del menor[295].

Ahora bien, ser titular de derechos de la personalidad, significa para el menor, algo distinto de lo que significa para un mayor de edad, pues para éste último, un derecho es un poder jurídico ejercitable autónomamente frente a otros para satisfacer su interés. La condición personal del menor, en cambio, determina que sus derechos aparezcan como intereses que otros deben respetar o en su caso procurar –o como el juez, tutelar–, y que están dotados, para el caso de desconocimiento o vulneración, de mecanismos de protección ajenos, en buena medida, al impulso de su titular[296].

En un ámbito más específico de examen de la naturaleza jurídica del derecho de que es titular el menor, para un sector considerable de la doctrina se trataría de un verdadero derecho subjetivo –o derecho subjetivo pleno[297]–, *erga omnes*, en cuanto posibilidad de hacer o exigir algo frente a alguien, institucionalizada y tipificada por el Ordenamiento[298]. Se sugiere que este derecho concede a su

[294] El denominador común de todas las situaciones en que ha lugar a las relaciones personales del menor con otras personas es la propia personalidad del menor y, son consecuencia de ello, en opinión de Rivero Hernández: a) el derecho innegable del menor al libre y correcto desarrollo de su personalidad y la necesidad de proporcionarle un haz de relaciones y vivencias, un entorno humano y afectivo que trasciende lo puramente individual y de simple relación jurídica o biológica; b) la relación afectiva que en todos esos casos une al beneficiario con el menor; y c) la propia naturaleza de "animal social", de toda persona, en este caso el menor, y su natural derecho y necesidad de relacionarse (personal, psicológica y afectivamente) con otras personas de su entorno más próximo, lo que no pueden impedir, sin razones graves, los responsables de dirigir su vida hasta la mayoría de edad: Rivero Hernández, Francisco, "Límites de…", p. 290.

[295] Desde el punto de vista de los padres, el derecho-deber de comunicarse con sus hijos se sitúa también en el ámbito de la vida privada del individuo y en consecuencia, su derecho al respeto de su vida privada y familiar incluye al derecho a las relaciones personales con sus hijos protegido por instrumentos internacionales como el Convenio Europeo de Derechos Humanos: Rivero Hernández, Francisco, "Límites de…", p. 294-295.

[296] Ferrer Riba, Josep, "Derechos del menor, relaciones familiares y potestades públicas para la protección de la infancia y la adolescencia en Cataluña", *Derecho Privado y Constitución*, Nº 7, Madrid 1995, p. 46 - 47. Para el autor, el reconocimiento de derechos del menor, según el tipo de derechos de que se trate, supone, por un lado, fijar un sistema de valores que otros deben acatar, según corresponda y, por otro, facilitar al menor, en la medida de sus capacidades, ámbitos de libertad en que pueda manifestarse conforme a sus intereses.

[297] Echarte Feliú, Ana María, *Patria…*, p. 116.

Salanova Villanueva también participa de la calificación del derecho del menor como un derecho subjetivo y no un derecho-deber, de carácter relativo en la medida que no existe derecho absoluto alguno y fundado en el interés del menor. Reconoce, sin embargo, la autora que dicha calificación topa con una problema práctico casi insalvable: la articulación de la solicitud de tal derecho ante el juez por el menor: Salanova Villanueva, Marta, "Aproximación…", p. 495.

[298] Rivero Hernández, Francisco en Lacruz Berdejo, José Luis (coord.), *Matrimonio…*, p. 1091.

titular las máximas facultades; una serie de prerrogativas que no le exigen contraprestación alguna[299].

Sin perjuicio del peso de tales consideraciones, me parece que el asunto debe ser atemperado con base en la observación de las circunstancias reales que rodean la integración del menor en la dinámica del ejercicio del derecho, en cuanto éste no se encuentra a su disposición[300]; no es un derecho que pueda renunciar o no ejercitar a su antojo; es un derecho que a veces se le impone contra su propia voluntad, incluso contra la voluntad de su representante legal[301]. A partir de ahí, resulta que el derecho tampoco es respecto del menor un derecho subjetivo pleno.

El derecho de relación entre el progenitor no custodio y sus hijos es, en suma, una figura jurídica compleja por las personas a quienes relaciona, por las circunstancias concurrentes en su determinación y goce, pero además, por la forma como se produce la vinculación jurídica entre los distintos sujetos ligados por la relación[302]. El beneficio e interés que lo justifica no esta directamente vinculado a la voluntad del progenitor titular formal. Para ambos titulares recíprocos –padre e hijo– tiene componentes de derecho y de deber porque no se concede en beneficio exclusivo y excluyente de ninguno de ellos sino de ambos, en beneficio preponderante del hijo, pero no solo de él.

VII. FUNDAMENTO JURÍDICO DEL DERECHO DE RELACIÓN

La doctrina pone de manifiesto la tradicional consideración por el Tribunal Supremo del derecho de visita como un "derecho natural" como argumento para su reconocimiento en casos concretos[303]. Al respecto se suele citar la STS

---

[299] ECHARTE FELIÚ, ANA MARÍA, *Patria...*, p. 116.

[300] MARTÍNEZ DE AGUIRRE, CARLOS, *Curso de...*, p. 181.

[301] El tema del rechazo del menor al régimen de relación será abordado en el próximo Capítulo, sin perjuicio de lo cual se puede anticipar que, en vista de jurisprudencia menor, si bien el rechazo del hijo hacia el progenitor con quien no convive es una circunstancia relativamente corriente la respuesta de los tribunales es en general no considerarla motivo suficiente para la suspensión del derecho, por estimar los tribunales, en general, que para el correcto desarrollo actual y futuro del hijo es necesario que mantenga contacto con ambos progenitores. Al respecto se pueden ver los comentarios de: GARCÍA PASTOR, MILAGROS, "El derecho...", p. 760.

[302] El desarrollo del ámbito subjetivo de la relación se puede ver en el Capítulo Tercero.

[303] GARCÍA PASTOR, MILAGROS, en PASQUAU LIAÑO, MIGUEL (dir.), *Jurisprudencia....*, p. 644. También: MARTÍNEZ DE AGUIRRE, CARLOS, "El derecho...", p. 147. En la doctrina apoyan esta postura jurisprudencial: CASTÁN VÁZQUEZ, JOSÉ, en PAZ-ARES RODRÍGUEZ, CÁNDIDO y otros, *Comentario...*, p. 556; LACRUZ BERDEJO, JOSÉ LUIS - RAMS, JOAQUÍN, *Elementos de...*, p. 102; DE LA OLIVA VÁZQUEZ, ANTONIO, "Derechos y...", p. 251, quien, además, deriva de dicha naturaleza la circunstancia de que el derecho no pueda ser objeto de abandono, renuncia, transacción o compromiso. En el fallo del TS se sostiene que es de derecho natural el pedido de la madre, pero el padre tiene un derecho natural y además civil.

de 24 de junio de 1929 en su alusión: *es de derecho natural, como nacido en amor materno, el que la madre vea a su hija*[304], o la más reciente sentencia del Tribunal Supremo de 30 de abril de 1991, que conociendo de un recurso de casación retoma el fundamento de Derecho Natural: *...las recíprocas vinculaciones que constituyen la vida familiar, sirviéndola de asentamiento, pertenezcan a la esfera del Derecho natural, del que es, evidentemente, una consecuencia ineludible la comunicabilidad que debe existir entre padres e hijos, una de cuyas manifestaciones es el derecho de los padres a ver a sus hijos* (fundamento de Derecho Tercero)[305]. En 2002 el mismo Tribunal utiliza la fundamentación filosófica para sostener que el derecho de visita no debe ser objeto de interpretación restrictiva, sin perjuicio de estimar *humano y de tener en cuenta que el padre trate de romper el aislamiento mantenido y superar la separación precedente*[306]. A partir de ésta última resolución se indica que se avanza hacia una fundamentación filosófica abandonando la consideración de derecho natural[307], como si existiera una total contraposición entre ambos miramientos, cuando en realidad la consideración como derecho natural no es más que una fundamentación iusfilosófica.

Obviando aquellas discusiones y teniendo presente que la pregunta por el fundamento del derecho de relación entre los hijos y el progenitor no custodio tras el divorcio, es la pregunta por su justificación, esto es, por los argumentos capaces de demostrar, dentro de un debate racional, por qué este derecho debe ser reconocido y protegido por el Ordenamiento Jurídico, me parece que el cimiento sobre el cual se construye el derecho a relacionarse recíprocamente un padre con sus hijos se encuentra simplemente en la relación de filiación que les une: así lo señala el Tribunal Constitucional español al decir que es *manifestación del vínculo filial que une a ambos*[308]; así lo afirma también la doctrina más autorizada: las relaciones personales entre padres e hijos *encuentran su*

---

[304] Así por ejemplo en: Castán Vázquez, José, en Paz-Ares Rodríguez, Cándido y otros, *Comentario...*, p. 556.

[305] Tribunal Supremo (Sala de lo Civil), sentencia de 30 de abril de 1991 (RJ\1991\3108) Esta misma sentencia en su fundamento cuarto, expresa: *...Además, el art. 161 concede al padre y la madre el derecho de relacionarse con sus hijos menores, aunque no ejerzan la patria potestad, la interpretación restrictiva de tal derecho, por su propia fundamentación filosófica, no es aconsejable e, incluso, desconocería la norma contenida en el art. 3.1 del Código, sobre todo, cuando la privación de la patria potestad no tiene carácter irreversible*...Comentarios a esta sentencia y a otras que siguen igual doctrina jurisprudencial se pueden ver en: Zanón Masdeu, Luis, *Guarda y...*, p. 91 y ss. La SAP de Barcelona, de 19 de abril de 1994 ha fundamentado su decisión de no limitar el derecho de comunicación de un padre, citando textualmente el fundamento de Derecho Natural del TS; al respecto se pueden revisar comentarios en: Albácar López, José Luis - Martín-Granizo Fernández, Mariano, *Código...*, p. 1117.

[306] TS, sentencia 720/2002 de 9 de julio (RJ\2002\5905).

[307] García Pastor, Milagros, en Pasquau Liaño, Miguel (dir.), *Jurisprudencia....*, p. 644.

[308] TC, sentencia 172, de 22 de diciembre de 2008, en Recurso de Amparo núm. 4595/2005.

fundamento profundo en la propia relación de filiación que les une[309]. Ello explica que el derecho exista o subsista aunque los progenitores no ejerzan la patria potestad, aunque se divorcien o separen, aunque nunca hayan vivido juntos o no hayan mantenido en el pasado ninguna relación con los hijos. La relación personal entre padres e hijos sería un aspecto concreto de la relación de filiación.

En tanto vínculo objetivo permanente, la filiación es la relación mas intensa que existe dentro del parentesco y de las relaciones familiares. El legislador considera que el mantenimiento de la relación personal que teóricamente debería proceder de ese vínculo filial es bueno para los hijos; hay una valoración jurídica positiva respecto del derecho de relación con los hijos como aspecto concreto de la filiación, y por ello se lo consagra y protege, sin más consideración que la de ser padre o madre (art. 94 Cc.). Es bueno que un hijo se relacione con su padre y con su madre porque tal relación contribuye a su formación, a su desarrollo integral, a la afirmación de su identidad; si la relación personal no existe o ha sido deteriorada, por ejemplo al verse interrumpida por la crisis matrimonial, es bueno crearla o reponerla por medio del establecimiento de un régimen de relación. Por eso en ocasiones los tribunales fijan regímenes de visitas para que el trato y la comunicación recíprocos lleguen a existir.

Con el empleo de expresiones diversas y más generales, parte importante de la doctrina localiza también el fundamento del derecho en la relación de filiación. Se alude a *la relación del progenitor con sus hijos*[310], y más genéricamente, al *parentesco*[311], rechazando, al mismo tiempo, la posibilidad de estimarlo

---

309 RIVERO HERNÁNDEZ, FRANCISCO, "Límites de...", p. 291. Le siguen, con igual sentido categórico, entre otros, CARDENAL, RAFAEL, "La patria potestad", en LLEDÓ YAGÜE, FRANCISCO, *Los 25 temas más frecuentes en la vida práctica del derecho de familia,* vol. I, Dykinson, Madrid 2011, p. 441. En RIVERO HERNÁNDEZ, FRANCISCO en LACRUZ BERDEJO, JOSÉ LUIS (coord.), *Matrimonio...*, p. 1087 y ss. el autor alude a jurisprudencia que acoge este fundamento y además aporta una ordenación de las propuestas iniciales e históricas sobre la fundamentación del derecho, distinguiendo dos variantes: aquellas teorías que fundan el derecho de visita en una relación jurídica exterior al mismo, como las que lo basan en el derecho de vigilancia que compete al padre no guardador respecto de ejercicio de la guarda por el otro progenitor; en la patria potestad de la cual el derecho a relacionarse sería una parte residual o facultad desmembrada; en el interés de la sociedad en la salvaguarda de los lazos entre personas unidas por sangre y finalmente, la que encuentra el fundamento en el abuso de la patria potestad. Luego están las teorías que lo cimientan dentro de la relación que une a menor y titular, ya sea, fundadas en el parentesco que los une; en los lazos de afecto y cariño, con o sin parentesco; o en el interés del menor. García Pastor analiza también críticamente algunas posturas sobre el fundamento del derecho, así: el parentesco y la relación afectiva; el derecho de visita como instrumento del derecho de vigilancia; el derecho de visita como facultad desgajada de la patria potestad; el derecho de visita como derecho natural o derivado de la naturaleza de las cosas: GARCÍA PASTOR, MILAGROS, *La situación...*, p. 231 y ss.

310 LACRUZ BERDEJO, JOSÉ LUIS - RAMS, JOAQUÍN, *Elementos de...*, p. 102.

311 ROCA TRÍAS, ENCARNA, en AMOROS GUARDIOLA, MANUEL (coord.), *Comentarios a...*, p. 594; ROCA TRÍAS, ENCARNA, en PAZ-ARES RODRÍGUEZ, CÁNDIDO y otros, *Comentario...*, p. 394; FREIJANÉS BENITO, ANTONIA, "La protección...", p. 81; GARCÍA CANTERO, GABRIEL, *Las relaciones...*,

efecto particular de la patria potestad al ser posible que el progenitor titular de las visitas haya sido privado, incluso en la misma sentencia de divorcio, del ejercicio de la patria potestad[312]. Una matización de la postura del parentesco, señala que la inserción en una determinada familia es lo que genera este derecho de relación[313] o más precisamente la *relación jurídica familiar preexistente* entre un progenitor y sus hijos[314], que no puede ser otra que la relación filial.

Un sector minoritario ha sostenido –sin mayor desarrollo–, que el derecho de visita se justifica o emana de la patria potestad; se afirma incluso que privado un progenitor en la sentencia de la patria potestad, queda también privado del ejercicio del derecho de visita, comunicación y tenencia de los hijos[315]. La falta de adecuación de esta postura a la configuración del derecho de relación –particularmente a lo previsto expresamente en el art. 160 Cc.– es evidente, razón que ahorra mayores comentarios.

También se ha estimado que el vínculo afectivo que une a los titulares del derecho de relación sería su fundamento más real y próximo[316]. Se trata de un fundamento que se estima más amplio y abarcante y, por tanto, serviría, en opinión de sus expositores, para explicar mejor las distintas hipótesis de ejercicio del derecho a relacionarse con el menor, como sucede con el derecho de otros

p. 37. Alguna jurisprudencia menor en el sentido de tratarse de un derecho inherente al parentesco se puede ver en: ALBÁCAR LÓPEZ, JOSÉ LUIS - MARTÍN-GRANIZO FERNÁNDEZ, MARIANO, *Código...*, p. 1113.

312 Diversos argumentos se han esgrimido para predicar su autonomía de la patria potestad, al respecto, brevemente enunciados en: ECHARTE FELIÚ, ANA MARÍA, *Patria...*, p. 114.

313 ROCA TRÍAS, ENCARNA, en AMOROS GUARDIOLA, MANUEL (coord.), *Comentarios a...*, p. 594; GARCÍA VARELA, ROMÁN, *La Ley de...*, p. 87; GARCÍA DE BLAS VALENTÍN-FERNÁNDEZ, MARÍA, "El matrimonio, realidad social e institución jurídica", en DELGADO DE MIGUEL, JUAN FRANCISCO (coord.), *Instituciones de Derecho Privado. Familia,* tomo IV, vol. 1, Civitas, Madrid 2001, p. 161.

314 GARCÍA CANTERO, GABRIEL, "En torno...", p. 248. El autor reconoce que no se trata del fundamento exclusivo, por lo cual, para justificar la imposibilidad de privar a uno de los padres del derecho de visita de modo definitivo e irrevocable afirma que éste se encuentra enraizado en la naturaleza de las cosas, en los vínculos de sangre, en el Derecho Natural. Idéntico fundamento existiría cuando se trata del derecho de visita entre hermanos, pues el orden normal de las relaciones familiares exigen el trato y encuentro fraterno. En similares términos CABALLERO GEA, JOSÉ-ALFREDO, *Matrimonio...*, p. 222, quien admite que la previa relación familiar entre visitante y visitado es el fundamento principal, aunque no exclusivo (p. 239). La AP de Madrid, en sentencia 503/2010, de 5 de julio, JUR\2010\311420, ha recogido expresamente estas ideas: *se fundamenta en la relación jurídica familiar preexistente entre aquel y sus mentados hijos*. Otra jurisprudencia con esta consideración se puede consultar en: CABALLERO GEA, JOSÉ-ALFREDO, *Matrimonio...*, p. 240.

315 ARZA, ANTONIO, *Remedios...*, p. 116; TRINCHANT BLASCO, CARLOS (coord.), *Memento...*, p. 395; IRACHETA IRIBARREN, MARINO, "Reflexiones...", p. 361, aun cuando también señala este autor que de la jurisprudencia emana que el fundamento de la visita es la mejor educación y asistencia de los hijos, ante el cual se supeditan los derechos de los padres (p. 363); Castán lo consideraba *residuo inviolable de la patria potestad:* CASTÁN VÁZQUEZ, JOSÉ, en PAZ-ARES RODRÍGUEZ, CÁNDIDO y otros, *Comentario...*, p. 556.

316 PÉREZ CONESA, CARMEN, *Las medidas...*, p. 51; GARCÍA CANTERO, GABRIEL, *Las relaciones...*, p. 39; DE LA OLIVA VÁZQUEZ, ANTONIO, "Derechos y...", p. 251.

parientes y allegados[317] y no solo con sus progenitores; de ahí que se señale que la relación afectiva puede ir unida a lazos biológicos como sucede entre los hijos y sus progenitores, o jurídicos como entre adoptantes y adoptados, o puede no tener ligazón biológica ni jurídica y, sin embargo, mantenerse la relación afectiva con personas diversas que conforman el entramado de relaciones de familiaridad[318].

Sobre esto último, me parece que la relación afectiva como fundamento del derecho de visita en el caso del progenitor no custodio separado del hijo carece casi totalmente de importancia, pues existirá siempre la relación paterno-filial que justifica por sí sola la existencia del derecho[319]. No exige el legislador para el reconocimiento del derecho la prueba de la existencia de relación afectiva previa, ni concomitante, ni coexistente; el derecho se consagra en mérito de la calidad jurídica de padre, respecto de sus hijos y ello es así aún en el caso de hijos que nunca han mantenido en el pasado una relación con el progenitor que solicita el derecho y aún en el caso de que ésta falta de relación en el pasado solo pueda ser atribuida a la propia voluntad del progenitor[320]. No quiere decir esto, que no haya ninguna relación afectiva involucrada en toda esta situación: naturalmente en la mayor parte de los casos la hay y es apreciable, pero no como fundamento preexistente del derecho.

La existencia de una verdadera relación afectiva más o menos intensa o, por el contrario, su inexistencia, pueden tener importancia como un factor a evaluar al tiempo de la fijación del concreto régimen de relación; a su vez, las variaciones –positivas o negativas– en dicha vinculación afectiva, pueden ser consideradas para los efectos de posteriores modificaciones del régimen, según se verá en los Capítulos Cuarto y Quinto, respectivamente.

Cabe mencionar brevemente y solo a título ilustrativo que bajo la pretensión de encontrar un soporte unitario al derecho de visitas, cualquiera sean sus titulares, y ante la debilidad del fundamento de parentesco para justificar las relaciones con todo tipo de parientes y menos aún con allegados[321], se ha postulado un

---

317 Así por ejemplo, en relación con los allegados el Tribunal Supremo ha considerado el *derecho efectivo que tiene el menor de relacionarse con aquellas personas con las que le une una relación afectiva:* STS 2676/2011, de 12 de mayo, respecto a las relaciones personales de un niño nacido en el seno de una relación de pareja de dos mujeres, fruto de inseminación artificial. Id Cendoj: 28079110012011100281.

318 Se entiende que la relación afectiva debe ser actual y no potencial, para justificar por sí sola la concesión del derecho y, en interés del menor, debe revestir un carácter recíproco entre quienes serán parte del derecho a relacionarse, es decir, no puede imponerse al menor por quien pretende tenerle tal afecto: García Pastor, Milagros, *La situación...*, p. 233.

319 García Pastor, Milagros, *La situación...*, p. 233.

320 García Pastor, Milagros, "El derecho...", p. 760.

321 García Pastor, Milagros, *La situación...*, p. 232. No voy a referirme al fundamento del derecho de visita en general, por exceder ello la delimitación de este trabajo, circunscrito a la es-

fundamento más abstracto, pero que no escapa a la lógica relacional humana: "*la naturaleza de las cosas*"[322]. Es natural que entre ciertas personas se pretenda el mantenimiento del trato y la comunicación y esta pretensión no puede limitarse o condicionarse a la existencia de vínculos de parentesco. Se trataría de un derecho, en definitiva, enraizado en la naturaleza de las cosas, como parte inherente a la sociabilidad humana, que pertenece a la esfera del derecho natural[323]. García Cantero afirma que el derecho de los padres a tener en su compañía a los hijos y, sustitutoriamente a visitarlos, está enraizado en la naturaleza de las cosas, en los vínculos de sangre, en definitiva, en el Derecho Natural. Este mismo fundamento tendría el derecho de visita que es ejercido por hermanos entre sí, pues el orden normal de las relaciones familiares exigen el trato y encuentro fraterno[324].

Igual carácter de fundamento general y unitario tendría el recurso al interés superior del niño, que reclama en atención a su beneficio, formación integral y desarrollo de su personalidad el mantenimiento de relaciones personales no solo con sus padres, sino también con sus abuelos, parientes y allegados, mismo interés que de ser afectado, justifica la suspensión o restricción del derecho[325].

pecífica situación de los hijos con el progenitor no custodio en caso de divorcio. Sin perjuicio de dicha prevención, estimo que, salvo el recurso a la naturaleza de las cosas o al interés superior del menor por generales, las diferencias sustantivas de las diversas hipótesis (respecto de los padres, respecto de los abuelos, respecto de los parientes y respecto de los allegados) dificulta encontrar un fundamento específico de carácter unitario. En tal sentido, como sugiere Martínez de Aguirre, lo que parece incuestionable es la exigencia de la existencia de una relación previa entre ambos: la que puede ser jurídica y permanente en algunos casos, como entre padres-hijos; abuelos-nietos; menor-parientes; o puede ser de hecho y variable, como entre menor-allegados; pero que esa relación sea precisamente afectiva no es exigencia ni fundamento de todas las hipótesis. Analizando el influjo de la afectividad concluye que se presenta una relación inversa entre la intensidad de la relación subyacente y la exigencia de afectividad, de manera que a mayor intensidad de la relación subyacente (filiación), menor exigencia de afectividad, pudiendo establecerse la relación incluso cuando la afectividad es negativa (el hijo rechaza al padre); en caso de abuelos y tíos, hay relación de parentesco (por tanto permanente), sin embargo, como es menos intensa que la de filiación (y menos la de tío que la de abuelo), entonces la afectividad toma mayor papel y es posible que teniendo igual relación de parentesco se conceda a unos (tíos que se habían relacionado afectivamente con el menor) y se rechace respecto de otros (tíos que nunca se habían relacionado); finalmente, en el caso de los allegados no hay relación jurídica subyacente, hay una relación de hecho, y aquí sí es relevante jurídicamente la presencia de afectividad, no basta el solo trato habitual con el menor (ideas formuladas por Martínez de Aguirre, Carlos, en conversación privada).

[322] Rivero Hernández, Francisco en Lacruz Berdejo, José Luis (coord.), *Matrimonio...*, p. 1087. También aludido en Lacruz Berdejo, José Luis - Rams, Joaquín, *Elementos de...*, p. 102.

[323] De La Oliva Vázquez, Antonio, "Derechos y...", p. 251. En esta línea, Rubio San Román postula que es la propia naturaleza la que mueve a los padres a tener a sus hijos con ellos desde el momento de su nacimiento y hasta que son suficientes para valerse por sí mismos, proporcionándoles durante ese periodo inicial de su vida todo aquello que sea necesario para lograr su desarrollo y autonomía: Rubio San Román, José Ignacio en Rams Albesa, Joaquín (coord.), *Comentarios...*, p. 1481.

[324] García Cantero, Gabriel, "En torno...", p. 248.

[325] Sobre esta última posibilidad, esto es, el interés superior del menor como fundamento del derecho, García Pastor, ha puesto de relieve sus inconvenientes, pues asumir tal interés como fun-

Ya para cerrar el tema, en el caso del derecho de relación entre los hijos y el padre no custodio tras el divorcio de los progenitores, es posible observar la coexistencia de más de un fundamento, lo que da cuenta de la riqueza de la institución: primero, sin duda y en todos los casos, como fundamento suficiente la relación paterno-filial; luego, casi indiscutiblemente el fundamento afectivo que en la mayor parte de supuestos los une; se adiciona la propia naturaleza de las cosas que vincula a padres e hijos y el interés del menor en la continuidad de tales relaciones. Junto a ello, como justificación añadida, ha de tenerse en cuenta, según fue precisado en el Capítulo anterior, que desde el punto de vista jurídico positivo para los progenitores el derecho a relacionarse con sus hijos, encuentra su fundamento en el deber asistencial y de protección integral que por mandato constitucional les corresponde como padres[326], con lo cual se reafirma el fundamento filiativo.

VIII. FINES Y FUNCIONES DEL DERECHO DE RELACIÓN ENTRE LOS HIJOS Y EL PROGENITOR NO CUSTODIO

1. Fines del derecho de relación

La finalidad esencial a cuya consecución se dirige el derecho de relación de los hijos con el padre no custodio tras el divorcio, por medio de la facilitación del contacto y acercamiento recíproco, comunicación y trato, es propiciar el desarrollo integral del menor atenuando los efectos negativos de la ruptura matrimonial[327]. El derecho suple, en la medida de lo posible, los efectos normales que derivan de la convivencia entre padres e hijos, propios de la relación paterno-filial[328]; en este sentido, es un derecho que no remedia los

damento del derecho significaría negar al titular (progenitor) un derecho propio a las relaciones con su hijo, así el progenitor titular no sería más que un instrumento del interés tutelado y por el contrario, el titular de ese interés (el hijo) no sería titular del derecho que tutela dicho interés; en el plano práctico, asumir tal postura supondría –en su opinión– la negación del derecho de visita cuando no reportase ningún beneficio para el menor, siendo contrario esto a la configuración del derecho en el Cc.: García Pastor, Milagros, *La situación...*, p. 231.

326 Rivero Hernández, Francisco, "Límites de...", p. 291.

327 Martínez de Aguirre, Carlos, *Curso de...*, p. 180; De La Iglesia Monje, Mª Isabel, "Alteración del régimen de visitas de los progenitores", *Revista Critica de Derecho Inmobiliario*, Nº 712, Madrid 2009, p. 925. Así también la AP de Zaragoza al concluir que se trata de un *derecho encaminado a lograr su completo e integral desarrollo mediante el mantenimiento de una relación equilibrada con sus progenitores*: AP Zaragoza, sentencia Nº 208/2012, de 20 de abril, sección 2ª, id. vlex: VLEX-370396174.

328 García Pastor, Milagros, "El derecho...", p. 762. Diversas son las formulas que se emplean para significar esta relevante finalidad: desde entender, en términos muy simples, que la finalidad es que exista comunicación entre padres e hijos: Zanón Masdeu, Luis, *Guarda y...*, p. 87; o que el objeto es viabilizar las relaciones personales entre progenitor e hijo para que el conflicto familiar no tenga repercusiones negativas y de salvaguardar y promover las relaciones personales:

graves efectos de la crisis conyugal para los hijos, pero que puede atenuar su influjo[329]. A través de este derecho busca el legislador que la ruptura de pareja no acarree la desvinculación con los hijos, porque es bueno para los hijos, para su desarrollo integral y afianzamiento de su identidad, el mantenimiento de la relación personal con su padre y con su madre.

En los regímenes de relación, esa finalidad general se particulariza en tres finalidades específicas según las concretas circunstancias concurrentes: continuar con las relaciones personales paterno-filiales que se desarrollaban con regularidad antes del divorcio (con las modalizaciones que sean pertinentes); reanudar las relaciones personales que habían sido interrumpidas producto de la crisis conyugal; o, finalmente en casos más excepcionales, iniciar las relaciones personales paterno-filiales que eran inexistentes. A través de la continuación, reanudación o iniciación del trato y comunicación se pretende favorecer al desarrollo integral del menor.

El derecho de los hijos a relacionarse regularmente con ambos progenitores aparece como una concreción legal inicial de cuál es el interés del menor en los supuestos de ruptura de la convivencia entre sus padres[330]. La satisfacción de la finalidad general del derecho favorece el equilibrio afectivo de los hijos cuando, por la crisis conyugal, no pueden gozar de la convivencia diaria con ambos padres[331]. En palabras del Tribunal Supremo, declarado el divorcio, este derecho evita que se rompan, por falta de convivencia, los lazos de afecto que deben mediar entre padres e hijos[332]. La protección del crecimiento

Pérez Conesa, Carmen, *Las medidas...*, p. 51-52; hasta aludir a la necesidad de mantenimiento de los lazos de unión y afectividad entre los hijos y sus progenitores producido el divorcio: Botana García, Gema, "Notas sobre...", p. 117, o la necesidad de cultivar el afecto, estabilizar los vínculos familiares y propender a su subsistencia real, efectiva y eficaz: Makianich De Basset, Lidia, *Derecho de...*, p. 63.

329 Mata Vidal, Daniel, "El interés...", p. 330. Se alude a la idea de paliar las nocivas consecuencias que, de por sí, conlleva para el menor la quiebra de la unidad familiar, al privarle de la compañíia cotidiana de uno de los progenitores: AP Madrid, sentencia 481/2011, de 01 de julio, sección 22ª (id vlex: VLEX-347865730).

330 Martínez de Aguirre, Carlos, "La regulación...", p. 142.

331 Martínez de Aguirre, Carlos, *Curso de...*, p. 180. Por medio de este derecho a relacionarse se reivindica la importancia de mantener el orden natural de los vínculos afectivos, en la convicción de que ello contribuye al bien de sus protagonistas (hijos, padres y otros parientes o personas, según el caso), y en especial a una más adecuada formación del menor, constituyendo, por lo general, un aporte inestimable al desarrollo equilibrado de su personalidad por lo que, en este particular aspecto, se constituye en un deber de base o instrumental que permite, a través de la inmediación y el acercamiento, la optimización y fluidificación del cumplimiento de otros derecho-deberes de los padres: Makianich De Basset, Lidia, *Derecho de...*, p. 80.

332 STS 7814/1992, de 19 de octubre de 1992. Id. Cendoj: 28079110011992102476. Hablar de *afectos* no es una cuestión secundaria o menor en relación con los hijos y, por tanto, no disminuye la entidad jurídica del derecho a relacionarse cuyo contenido, como he dicho, no es el afecto: dentro de las obligaciones paterno-filiales *lo espiritual prima sobre lo material y criar hijos*, como se ha dicho, *es algo más que darles lo segundo a través de una contribución económica:* López y López,

psíquico-afectivo y el desarrollo integral de la personalidad del menor es una consecuencia esperable del mantenimiento de las relaciones personales con ambos progenitores[333].

Para que ello sea así, hay que entender que el derecho de visita y las relaciones personales entre padres e hijos no se conceden solo para que estén juntos, físicamente padres e hijos, en una proximidad meramente material. De lo que se trata es de comunicarse, conocerse, participar uno en la vida del otro en una proximidad sobre todo espiritual, de intercambio de palabras, vivencias personales y de afectos[334]. El solo contacto del niño con el progenitor no custodio, por sí mismo, no tiene porque tener unas consecuencias positivas, sino que es la calidad de la relación (comunicación efectiva, apoyo, guía, afecto, intimidad) y unas prácticas de crianza autorizadas (normas, disciplina) lo relevante para el bienestar del menor[335].

La AP de Zaragoza ha señalado categóricamente que *las visitas son un derecho de los menores dirigido a mantener y fomentar una relación continuada y estable con el progenitor con el que no convivan para favorecer su correcto desarrollo, no cumpliéndose esa finalidad cuando las estancias resultan gravosas para los hijos y esos contactos no se producen quedando los menores a cargo de terceros o no se desarrollan en un clima favorable y provechoso para los niños*[336].

Cierta doctrina agrega a aquella finalidad esencial, la de cubrir las necesidades educacionales de los menores[337]; sin embargo, parece que en dicha parte se le exige a este derecho algo que finalmente no se corresponde específicamente

---

Ángel, en Lacruz Berdejo, José Luis (coord.), *Matrimonio y divorcio. Comentarios al Título IV del Libro Primero del Código Civil*, 2ª edición, Civitas, Madrid 1994, p. 1041.

333 Rivero Hernández, Francisco en Lacruz Berdejo, José Luis (coord.), *Matrimonio...*, p. 1090; Rivero Hernández, Francisco, "Límites de...", p. 291 y 294. El mantenimiento de una natural y adecuada comunicación del hijo con el progenitor no conviviente permite fomentar y consolidar el vínculo paterno-filial, y sus beneficios se proyectan más allá de la órbita de "visitador" y "visitado", alcanzando a los demás integrantes del grupo familiar: Makianich De Basset, Lidia, *Derecho de...*, p. 65-66. En tanto derecho del padre, cumple también finalidades en relación con él al contribuir la relación al desarrollo de su personalidad.

334 Rivero Hernández, Francisco, "Límites de...", p. 296.

335 Desde el ámbito de la psicología se ha concluido, en este sentido, que cuando un niño o adolescente mantiene una relación estrecha con sus padres corre menor riesgo de experimentar problemas de depresión, ansiedad, desordenes de comida, de relaciones de pareja o sexuales: Cantón Duarte, José, "Adaptación...", p. 95.

336 AP Zaragoza, sección 2ª, sentencia 433/2012, 20 de julio, consultada en Vlex, Id. Vlex: VLEX-395354622.

337 Caballero Gea, José-Alfredo, *Matrimonio...*, p. 222. Alguna jurisprudencia que recoge la idea de cubrir no solo necesidades afectivas sino también educacionales de los menores como una finalidad del derecho de visita se puede encontrar citada en: Albácar López, José Luis - Martín-Granizo Fernández, Mariano, *Código...*, p. 1108.

con su esencialidad y es mas propio de otras figuras jurídicas, como la patria potestad.

Se presenta también, una doctrina restrictiva en torno al fin del derecho establecido en el art. 94 Cc. conforme a la cual, su única finalidad es posibilitar el cumplimiento de los deberes inherentes a la patria potestad, "*propiciando*" (como si ésta fuera una consecuencia marginal) el contacto paterno-filial[338]. Dos cuestiones refleja este planteamiento; primero la mirada puramente instrumental del derecho, que también es posible visualizar en un sector doctrinal cuando se exponen sus funciones; y, segundo, su equívoca asociación exclusiva con los deberes inherentes a la patria potestad, de donde resultaría que si un progenitor no tiene atribuido el ejercicio de la patria potestad o está privado de ella, no tendría derecho a relacionarse con sus hijos; todo lo anterior contradice la norma genérica contenida en el art. 160 Cc., de la cual, el art. 94 Cc es una concreción para el caso de crisis matrimonial.

2. Funciones del derecho de relación

El desarrollo doctrinal ha esbozado diversas propuestas relativas a las funciones del derecho de relación. Éstas van desde asumir una función meramente instrumental hasta quienes observan en él una esencialidad y contenido en sí mismo. Para efectos de análisis me parece adecuado distinguir cinco niveles de configuración, conforme a las distintas posturas: aquél que le atribuye una función propia, con valor en sí misma y esencial dentro del contexto familiar; aquél que le asigna una aplicación simplemente instrumental, como un medio o herramienta al servicio de otras funciones y, por tanto, sin valor en sí mismo; aquél que le asigna una función propia consistente en mantener la relación y además una instrumental; aquél que le otorga una función propia pero estrictamente afectiva y finalmente, el planteamiento actual sobre las funciones del derecho de relación.

A. Función mitigadora de cumplimiento de los fines asignados al núcleo familiar

La doctrina más autorizada señala que *el ius visitandi cumple una evidente función familiar, pues quiere la ley que, aunque la familia atraviese una crisis, se cumplan, en la medida de lo posible, los fines asignados al núcleo familiar,*

[338] Caballero Gea, José-Alfredo, *Matrimonio...*, p. 222, el autor plantea que el derecho del art. 94 Cc. no tiene otra finalidad que la de posibilitar el cumplimiento de tales deberes, idea que no comparto, ya que se trata de un derecho autónomo, con entidad propia, que puede ser ejercido aún cuando se carezca de la patria potestad de los mismos hijos.

entre ellos el pleno desarrollo de la personalidad de sus miembros[339]. El derecho de relación, en tanto permite mantener el trato y comunicación entre los hijos y sus progenitores satisface una evidente función familiar pues contribuye al pleno desarrollo de la personalidad de sus miembros, particularmente de los menores, pero también de los padres. Los menores deben obtener dentro del marco familiar su formación integral, de modo que *la familia es el ámbito dentro del cual se lleva a cabo lo que la Constitución llama desarrollo de la personalidad*[340].

A partir de ahí, la indudable segregación familiar que genera el divorcio no puede alterar aquella función familiar en relación con los hijos, especialmente con los menores de edad: *mal podría el Derecho truncar la legítima aspiración al desarrollo de aquellos menores que por circunstancias de la vida no pueden continuar viviendo con ambos padres durante su niñez; la vida familiar para ellos debe seguir siendo un ámbito de oportunidades protegido*[341]. El derecho legal de relación que tienen los hijos con aquel de los padres con quien no conviven habitualmente viene a integrar las piezas de un entramado que, de lo contrario, sería incompleto para los hijos[342]. El derecho de relación del hijo con el padre no custodio permite que aun en situación de ruptura conyugal se cumplan los fines asignados al núcleo familiar[343]. El divorcio, si bien pone término a la integridad de vínculos jurídicos familiares basales de la sociedad (matrimonio), deja subsistentes otros, que son los derivados de la filiación, igualmente familiares y dignos de protección, sobre todo cuando conecta a menores. El derecho de relación entre los padres y los hijos conforma esas *relaciones familiares*, llamadas a cumplir los fines de la familia en la nueva situación vivencial. El derecho de visita, en fin, contribuye a paliar las consecuencias negativas que para un menor conlleva la ruptura de la convivencia de sus progenitores, al privarle, sin culpa suya, ni su consulta, de la presencia en la vida cotidiana de una de dichas figuras[344], de ahí la función mitigadora.

---

339 GARCÍA CANTERO, GABRIEL, "En torno...", p. 251; reiterado en CABALLERO GEA, JOSÉ-ALFREDO, *Matrimonio...*, p. 239.

340 DÍEZ-PICAZO, LUIS - GULLÓN, ANTONIO, *Sistema de...*, p. 27.

341 ACUÑA SAN MARTÍN, MARCELA, *Efectos...*, p. 127.

342 Un único progenitor, por mucho cariño e interés que ponga en su cometido, no puede por sí sólo cubrir todas las facetas de la formación integral de un niño: SALANOVA VILLANUEVA, MARTA, "Aproximación...", p. 490. Consideran igualmente los tribunales, en general, que para el correcto desarrollo actual, y sobre todo futuro, de los hijos es necesario o imprescindible que mantenga contacto con ambos progenitores: GARCÍA PASTOR, MILAGROS, "El derecho...", p. 760 y 762.

343 Denominadas también *funciones estratégicas de la familia*: MARTÍNEZ DE AGUIRRE, CARLOS, *Curso de...*, p. 23-25.

344 CABALLERO GEA, JOSÉ-ALFREDO, *Matrimonio...*, p. 239.

B. Función meramente instrumental

Se considera que el derecho de relación es un instrumento para el cumplimiento de ciertos aspectos del imperativo constitucional de prestar asistencia de todo orden a los hijos (art. 39.3 CE), materializándose en aquellos casos en que resulta imposible cumplir el deber constitucional de modo inmediato por la ausencia de convivencia de los progenitores[345]. Así, con alguna reiteración se le ha reconocido doctrinalmente solo un efecto funcional para facilitar el deber de vela[346]; en igual sentido cierta jurisprudencia establece que este derecho del art. 94 Cc *responde al deber de velar por los hijos que supone cierto trato y comunicación*[347]. Se lo distingue, en todo caso, del control y supervisión que incumbe siempre a quien es titular de la patria potestad. También se ha señalado que permitiría ejercer de hecho la custodia de los menores por el progenitor que legalmente no la tiene atribuida[348].

Sin negar que por medio del derecho a relacionarse padres e hijos se facilita el cumplimiento del deber de vela -y de otros deberes propios de la relación paterno-filial; y, sin desconocer la íntima relación que los vincula, parece un exceso esta postura, así como la idea que lo considera un *medio imprescindible para cumplir con dicha obligación*[349], pues lo cierto es que su aceptación supondría negar la posibilidad de cumplir el deber de vela en todos aquellos casos de suspensión del derecho a relacionarse y mientras dure tal suspensión: en este contexto ¿podría eximirse un padre del deber de vela, argumentando que se le ha suspendido judicialmente el derecho de visita?, considerando el sentido de lo dispuesto en el art. 110 Cc y especialmente el art. 111.4 del Cc. que categóricamente le dan valor de obligación inexcusable a la de velar por los hijos y prestarles alimentos, me inclino por una respuesta negativa. Velar por los hijos es un deber u obligación propio de la relación de filiación[350], que concreta un mandato constitucional y que siempre sobrevive, aunque los padres no ostenten la patria potestad (art. 110 Cc); aunque estén

---

345 ROCA TRÍAS, ENCARNA, en AMOROS GUARDIOLA, MANUEL (coord.), *Comentarios a...*, p. 595; CABALLERO GEA, JOSÉ-ALFREDO, *Matrimonio...*, p. 222.

346 LACRUZ BERDEJO, JOSÉ LUIS - RAMS, JOAQUÍN, *Elementos de...*, p. 101; MARÍN LÓPEZ, MANUEL, en BERCOVITZ RODRÍGUEZ-CANO, RODRIGO (coord.), *Comentarios al...*, p. 222. Éste último señala que el deber de tener a los hijos en su compañía, propio de la patria potestad, es solo un medio para cumplir adecuadamente los demás deberes de los padres.

347 Se puede ver la citada en ZANÓN MASDEU, LUIS, *Guarda y...*, p. 88 y ss; también en GOMÁ SALCEDO, JOSÉ, *Instituciones de derecho civil común y foral. Tomo II Familia y Sucesiones*, vol. I, Bosch, Barcelona 2007, p. 139.

348 CASTILLO MARTÍNEZ, CAROLINA, en LLOPIS GINER, JUAN MANUEL (coord.), *El contenido del convenio regulador. Sus diferentes aspectos,* Fundación Registral, Madrid 2006, p. 155.

349 RIVERO HERNÁNDEZ, FRANCISCO en LACRUZ BERDEJO, JOSÉ LUIS (coord.), *Matrimonio...*, p. 1088.

350 LATHROP GÓMEZ, FABIOLA, *Custodia compartida de los hijos,* La Ley, Madrid 2008, p. 62-63.

excluidos de ella (art. 111 Cc) y, aunque no ejerzan la guarda y custodia de los hijos (art. 103 Cc).

C. Función propia y función instrumental

Más moderadas y conciliadoras son las posturas que reconociendo el fin en sí mismo que tiene el derecho a relacionarse padres e hijos, admiten que además, en algunas ocasiones es un medio o instrumento para cumplir otros deberes legales[351]. Se trataría a la vez de *cumplir ciertos deberes y mantener la relación*[352]. Su función, durante la falta de convivencia continuada, se dirige tanto a mantener la relación entre padres e hijos, por contribuir aquella necesariamente a una formación psíquica como moral de los hijos y por tanto a su personalidad; cuanto a conseguir –aunque no sea su finalidad principal– que el padre apartado de la convivencia habitual con los hijos pueda cumplir con otros derecho-deberes que le incumben de una manera más eficaz[353]. Ambas funciones son compatibles y ello se debe a la íntima relación del derecho-deber de visita con otras obligaciones fundamentales, como la de velar por los hijos y procurarles una formación integral[354], consecuencia de la directa derivación de todas ellas de la filiación.

D. Función meramente afectiva

El derecho de visita tendría sólo como función fomentar un vínculo estrecho de confianza y amistad entre el padre no custodio y el hijo[355]. Así se señala, que el establecimiento de un régimen de visita a favor del progenitor que no tiene la custodia o cuidado personal de los hijos, como consecuencia del divorcio, posibilita la protección de los vínculos de afecto con ambos progenitores y no satisface ninguna otra función[356]. Ciertamente el fomento del afecto y el

---

[351] Rivero Hernández, Francisco, "Límites de...", p. 294; Martínez de Morentin Llamas, Mª Lourdes, "Estudio sobre la obstaculización y privación del derecho de visita por el progenitor que ostenta la guarda y custodia del menor, al otro" en *Revista de Derecho Privado,* año 97, Nº 3, Madrid 2013, p. 49.

[352] García Varela, Román, *La Ley de...*, p. 88.

[353] Así jurisprudencia menor citada en: Albácar López, José Luis - Martín-Granizo Fernández, Mariano, *Código...*, p. 1115; García Varela, Román, *La Ley de...*, p. 87.

[354] Rivero Hernández, Francisco, "Límites de...", p. 294.

[355] Caballero Gea, José-Alfredo, *Matrimonio...*, p. 223; García Varela, Román en Sierra Gil De La Cuesta, Ignacio (coord.), *Comentarios...*, p. 129.

[356] Rivero Hernández señala que institucionalmente este derecho no tiene otro objeto, no busca otros fines, no concede otras facultades o prerrogativas sobre el menor: no permite dirigir su vida, ni gobernarlo o manejarlo o tomar decisión alguna sobre su presente o futuro, no le cabe nada de esto al padre, al menos, en la calidad de "visitador": Rivero Hernández, Francisco, *El derecho...*, p. 19. En otros textos deja ver igualmente las restricciones en la funcionalidad del

estrechamiento de los lazos de amor paterno-filiales, contribuyen al desarrollo integral del menor, que se enriquece con el contacto con ambos progenitores. La presencia de padre y madre en las diversas etapas de desarrollo de los hijos es fundamental tanto por la estabilidad y protección que proporcionan, como por el influjo en el desarrollo de su identidad. Sin embargo, reducir la funcionalidad del derecho a un aspecto solo afectivo no se concilia con el desarrollo actual y contenido del derecho de relación.

E. Función de participación activa en la formación integral del hijo

El derecho de relación tiene hoy una funcionalidad más rica y compleja que la que le fuera tradicionalmente asignada, permitiendo por su ejercicio cumplir funciones familiares dentro de un contexto de responsabilidad parental[357], las que exceden de una función puramente afectiva: *lo que se pretende con su reconocimiento es que el padre se implique en la formación de los hijos, y estos vean en aquel ese referente no solo cariñoso y protector, sino también tuitivo y exigente en lo referente a su formación*[358]. Se sugiere huir de la idea de que la separación o el divorcio necesariamente imponen al progenitor no custodio limitar su intervención como padre o madre al cumplimiento de unas visitas y al pago de la pensión de alimentos[359], pues se espera una implicación y compromiso activo en la formación integral de sus hijos.

Ya para concluir este apartado, si el fin del derecho de relación en caso de divorcio es contribuir al desarrollo integral del menor, mediante su ejercicio se cumplen en un contexto disgregado importantes funciones coherentes con aquél: una evidente función familiar al contribuir a la satisfacción de las funciones estratégicas de la familia, constituyéndose en un instrumento esencial para el mantenimiento de una relación paterno-filial lo mas cercana posible a la que deriva de la convivencia matrimonial[360]; se favorece el cumplimiento más eficaz de los deberes propios de la relación de filiación, como es el deber de velar por los hijos; se propicia una mayor responsabilidad y participación de padre y madre en las cotidianas tareas relativas a los menores[361], incluso

---

derecho conforme a su finalidad: RIVERO HERNÁNDEZ, FRANCISCO en LACRUZ BERDEJO, JOSÉ LUIS (coord.), *Matrimonio...*, p. 1090; sin perjuicio de vincularlo con el desarrollo integral del menor, que es una finalidad y función considerablemente más amplia.

[357] PÉREZ-SALAZAR RESANO, MARGARITA, "La guarda...", p. 248-250.

[358] AP Zamora, sentencia 93/2010, de 29 de mayo, JUR\2010\252035.

[359] PÉREZ-SALAZAR RESANO, MARGARITA, "La guarda...", p. 248-250.

[360] GARCÍA PASTOR, MILAGROS, "El derecho...", p. 760.

[361] PÉREZ MARTÍN, ANTONIO, en DOMÍNGUEZ LUELMO, ANDRÉS (coord.), *Comentarios...*, p. 202. También la Audiencia Provincial de Zamora, en sentencia de 29 de mayo de 2010, que señala: *el régimen de permanencia en compañía del padre exige a éste no sólo la participación en el rato familiar de la comida, sino también la atención a las actividades de los hijos a las que estos han*

con un mayor grado de diligencia en su ejecución y se contribuye también en la realización de funciones no estrictamente jurídicas, pues sirve de cauce para la transmisión de los afectos y sentimientos naturales entre padres e hijos. Desde esta perspectiva el derecho de relación se configura como la forma que tiene el progenitor no custodio de estar presente y participar activamente en la formación y desarrollo integral de sus hijos, es decir, de hacer familia con ellos.

IX. PRINCIPIOS INFORMADORES DEL DERECHO DE RELACIÓN

1. Interés superior del menor

Es evidente que ante un conflicto familiar los menores son sujetos vulnerables, tanto en su persona, como en sus derechos. Varios de los problemas de inadaptación social que sufren los menores encuentran explicación en el cambio estructural que se produce en la familia cuando los padres se separan, al tiempo que se reconoce que gozan de una mayor tranquilidad en una familia estable que en una inestable y conflictual[362]. El divorcio representa para un hijo, una injerencia en su desarrollo y su respuesta a ella implica una reconfiguración adaptativa global a su nueva situación vital, en las más diversas dimensiones: corporales, cognitivas, afectivas, morales, relacionales, sociales, etc.[363].

En el ámbito jurídico su carácter vulnerable ha significado el despliegue de un marco protector operativo en situación de crisis matrimonial, al resultar bastante evidente que en tal evento los hijos menores son los portadores del

de someterse a favor de su educación (...) pretende con su reconocimiento que el padre se implique en la formación de los hijos: sentencia 93/2010 de 19 mayo, JUR\2010\252035.

362 BOTANA GARCÍA, GEMA, "Notas sobre...", p. 118. Estudios más recientes se centran no tanto en el modelo patológico, sino en los factores individuales, familiares y ecológicos que suponen riesgo para los hijos de padres divorciados a fin de determinar variables que permitan diferenciar entre los hijos de divorciados bien y mal adaptados; así por ejemplo, una de las claves para comprender la relación entre los conflictos matrimoniales y la adaptación de los hijos son las prácticas de crianza. Las conductas de crianza a menudo se resienten mientras los padres están inmersos en sus conflictos, pudiendo mostrarse más hostiles, agresivos o retraídos con sus hijos y también, más inconsistentes en la aplicación de la disciplina: CANTÓN DUARTE, JOSÉ, "Adaptación...", p. 90 a 96.

363 CANALS, SERGIO, "El Niño y el Divorcio", publicado en columnas de opinión del Centro de la Familia de la Pontificia Universidad Católica de Chile (www.centrodelafamilia.uc.cl), el 7 de diciembre de 2010; visitado el 13 de junio de 2011, p.1. Es indudable que hay etapas especialmente sensibles en los niños a los estímulos de su entorno próximo, así por ejemplo, durante la primera infancia, donde el desarrollo de su cerebro es el eje central de su crecimiento integral; dicho desarrollo es el resultado, no solo de su maduración orgánica, sino que es también resultado de experiencias físicas, cognitivas y emocionales que se organizan en respuesta a los patrones, intensidad y naturaleza de esas experiencias: Documento de Trabajo Nº 4, Unicef, 2004, p. 1, consultado en http://www.unicef.cl/unicef/public/centrodoc/listado.php?id_tema_documento=4.

interés más necesitado de protección[364]. Dicho marco se estructura sobre la noción del *interés superior del menor*: principio transversal en todas las materias de familia en que hay hijos menores involucrados, constituyéndose en la base de la fundamentación de las resoluciones judiciales respectivas. Muy específicamente el interés superior del menor es límite y punto de referencia del derecho de relaciones personales[365]. Sin pretensión de hacer un tratamiento general del principio, es necesario formular algunos alcances esenciales sobre él y luego precisar su funcionalidad respecto del derecho a relacionarse. En dicho orden siguen las próximas líneas.

A. Breves alcances generales del principio

El ascenso general en el mundo occidental de los derechos de la personalidad, en particular el derecho fundamental a la libertad y autonomía individual, unido a la superación del modelo jerárquico de familia, que a su vez, ha obligado a valorar de forma especial ciertas etapas de la vida del hombre, sobre todo las más decisivas en la definición de su propia identidad y personalidad futura, es la razón –en opinión de la doctrina– de la relevancia que ha adquirido el *interés del menor* con repercusiones más allá del ámbito familiar[366].

Es recurrente hablar de la supremacía del interés de los hijos[367], pues conforme a la consagración en el plano constitucional e internacional del *favor minoris* o interés del menor, éste se alza como principio superior que debe presidir cualquier resolución en materia de protección de menores[368] permitiendo

---

364 Rivero Hernández, Francisco, en Lacruz Berdejo, José Luis (coord.), *Matrimonio*..., p. 1080.

365 Rivero Hernández, Francisco, "Límites de...", p. 292.

366 Rivero Hernández, Francisco, *El Interés*..., p. 35-41.

367 Según he referido más atrás, Rivero Hernández justifica la supremacía del interés del menor en el carácter de normas de orden público, de *ius cogens*, que tienen, habida cuenta del interés social subyacente y *ratio legis*, las leyes y preceptos que regulan instituciones y derechos que afectan a menores y que toman en consideración de forma especial su interés. El estatuto jurídico del menor, en orden a su protección como persona menor de edad y la prevalencia de su interés, se basa en preceptos constitucionales (art. 39 CE). Al ser normativa de orden público resultan de inexcusable observancia por todos los poderes públicos y se justifica un tratamiento procesal específico de los conflictos en que se halle implicado el interés de un menor: Rivero Hernández, Francisco, *El Interés*..., p. 35-41.

368 STS 31 de julio de 2009, disponible en www.poderjudicial.es, Id Cendoj: 28079110012009100603. La sentencia cita como referencias el artículo 39 de la Constitución Española, los Convenios Internacionales de Nueva York y la Convención de las Naciones Unidas de 1989.

Respecto de las funciones asignadas al principio, es pertinente señalar concisamente que, por su carácter informador del Ordenamiento Jurídico, resulta ser un principio general del Derecho y funciona, en consecuencia, como un criterio hermenéutico que ha motivado reformas legislativas; que tiene una fuerte incidencia en el ámbito judicial, dando lugar a una nueva jurisprudencia; y la no vinculación del juez con lo acordado por los padres, por ejemplo, en un convenio regulador. En el plano legal igual idea es recogida en el art. 2 de la Ley Orgánica 1/1996 de 15 de enero, de Protección Jurídica del Menor, al establecer que en todo caso primará el interés superior de los menores sobre cualquier otro interés legítimo que pudiera concurrir; lo que permite al Juzgador aplicar incluso de oficio las medidas que sean conforme a aquel interés.

En esencia, al ser un principio de preferencia, lo es también de exclusión de otros intereses subjetivos que puedan colisionar con dicho interés[369]. Lo anterior no implica ignorar o rechazar de entrada cualquier otro derecho o interés legítimo, sino buscar una adecuada coordinación. Como apunta Rivero Hernández, la prevalencia o superioridad del interés del menor, no es absoluta, por cuanto queda moderada por el principio de proporcionalidad. Se trata, *solo de una regla general, sin excluir la posibilidad de excepciones, y sin desconocer que hay también otros bienes e intereses valiosos jurídicamente (...) que deben ser apreciados en cada caso, en su propio significado objetivo y en relación con las personas, y que en general deberán ceder ante el interés del menor. Pero no siempre*[370].

La consideración del interés superior del menor como un concepto jurídico indeterminado es el punto de partida para su análisis. Aquello implica que está referido a una realidad cuyos límites no han sido precisados con exactitud por el legislador, pero con el que se intenta delimitar un supuesto concreto que será luego determinado al tiempo de su empleo. Aplicado en situaciones específicas, en un supuesto determinado, conduce a una solución y no a otras[371].

---

también en aspectos teóricos o dogmáticos de interés del jurista: Rivero Hernández, Francisco, *El Interés...*, p. 47. El autor advierte que paralelamente al auge del *interés del menor* ha habido cierto abuso del término; incluso alguna hipertrofia semántica y normativa de la expresión y de su uso (p. 29) y, aunque considera que no hay una excesiva valoración normativa de ese interés, sí hay cierto desorden legal, material y formal (p. 53).

369 Trinchant Blasco, Carlos (coord.), *Memento...*, p. 394. En muchos casos se impondrá mantener una estabilidad que puede ser crucial en las etapas tempranas de la vida, contra el interés por ejemplo, de uno de los padres o de parientes, por ello, en el medio español, se ha dicho que se consagra el *favor filii* como el interés superior sobre cualquier otro, incluso se impone al principio de igualdad parental: Tamayo Haya, Silvia, "El interés del menor como criterio de atribución de la custodia", *Revista Derecho de Familia*, Nº 41, Lex Nova, Valladolid 2008, p. 51.

370 Rivero Hernández, Francisco, *El Interés...*, p. 75. Más adelante el autor insiste en el carácter limitado, no absoluto, tanto del principio constitucional de protección integral, como del principio civil del interés del menor, por cuanto ambos pueden ceder ante intereses jurídicamente más relevantes, siempre que la restricción al interés del menor se revele necesaria para alcanzar el fin legítimo previsto, lo que supone una correlación razonable de proporcionalidad entre los medios empleados y los fines perseguidos. Así, en virtud del principio de proporcionalidad el sacrificio del generalmente prevalente interés del menor, frente a otros intereses valiosos, debe obedecer tanto a la finalidad de la medida de restricción, como a los requisitos de idoneidad, necesidad y adecuación de la misma medida (p. 87-88).

371 Rivero Hernández, Francisco, "Límites de...", p. 272. La indeterminación no es considerada siempre como un aspecto favorable al principio, por el contrario, justamente ese carácter y

La jurisprudencia intenta avanzar en tal precisión pero con suficiente amplitud descriptiva; así lo ha hecho el Tribunal Supremo al afirmar: *la protección del interés del menor constituye una cuestión de orden público. En definitiva, se trata de procurar que los derechos fundamentales del niño resulten protegidos y que ello suceda de forma prioritaria y preferente a los de los demás implicados, debido a la falta de capacidad del menor para actuar defendiendo sus propios intereses*[372]. Haciendo suya la doctrina más representativa, ha expresado el máximo Tribunal que *el interés eminente del menor consiste, en términos jurídicos, en salvaguardar los derechos fundamentales de la persona, los derechos de su propia personalidad. En el fondo, no es otra cosa que asegurarle la protección que merece todo ciudadano en el reconocimiento de los derechos fundamentales del individuo como persona singular y como integrante de los grupos sociales en que se mueve, y en el deber de los poderes públicos de remover todo obstáculo que se oponga al completo y armónico desarrollo de su personalidad*[373].

Tanto el legislador como la doctrina, en general, han rehuido la labor de conceptualizarlo, pues la respuesta a qué es o dónde reside el interés del menor depende de múltiples presupuestos y datos y también –aunque así no debería ser– de los criterios y valoraciones personales de quien toma la decisión correspondiente. No hay por tanto, verdaderas ideas o valoraciones generales, con validez presuntamente objetiva y universal del interés del menor[374]. Sin perjuicio de ello Rivero Hernández plantea las siguientes dos premisas iniciales para considerarlo[375]:

- El menor es, ante todo persona, en su acepción más esencial y trascendente.
- El menor es una realidad humana en devenir, en evolución, en crecimiento que cada día lo aproxima a dejar de ser un menor y alcanzar su mayoría de edad y plenitud jurídica.

Conforme al principio, el niño o menor es un sujeto de derechos; un titular autónomo de derechos distinto de sus padres, aun cuando su autonomía se

---

la necesidad del recurso judicial a él, implica que se use a menudo como un argumento comodín, sin claridad en el peso que debe tener en cada actuación o resolución judicial: Ferrer Riba, Josep, "Derechos…", p. 53; también se indica que la indeterminación genera un empobrecimiento de su contenido a fuerza de ser repetido en las resoluciones judiciales, y el excesivo condicionamiento de la solución del problema a criterios subjetivos, con el consiguiente riesgo de que la discrecionalidad en su aplicación pueda convertirse en arbitrariedad e incluso inseguridad jurídica: Tamayo Haya, Silvia, "El interés…", p. 53 - 54.

[372] STS 2666/2011, de 25 de abril, Id Cendoj: 28079110012011100271.

[373] STS 2676/2011, de 12 de mayo, Id Cendoj: 28079110012011100281.

[374] Rivero Hernández, Francisco, "Límites de…", p. 274.

[375] Rivero Hernández, Francisco, *El Interés*..., p. 158 y ss.

encuentre en progreso y no esté plenamente desarrollada. A partir de ahí, el principio exige en su aplicación, situar a los menores efectivamente como centro de la preocupación legal, judicial, convencional y administrativa, en dos dimensiones: una positiva consistente en adoptar o acordar acciones o medidas en su beneficio y una negativa, que implica evitar riesgos o vulneraciones en las mismas medidas o acuerdos[376].

Puede verse, en esta breve aproximación, que el principio del interés superior del menor se refiere a lo que a éste conviene y excluye lo que perjudica su bienestar. Ahora bien, la sutileza de este asunto reside en que en casos complejos el Tribunal no tiene regularmente ante sí una opción que es puro beneficio para el menor frente a otra que es puro perjuicio para el niño. Los casos difíciles implican elegir entre dos o más alternativas, cada una de las cuales puede entrañar beneficios y tener a su vez costos y riesgos, con lo cual alcanzar el equilibrio se torna complicado.

Con todo, siguiendo a RIVERO HERNÁNDEZ, se entiende que no se trata de generar respecto del menor una discriminación positiva, sino de hacerle justicia adecuando a su persona, en situación de minoría de edad, los derechos que le corresponden[377]. Lo anterior no resulta fácil, por cuanto, como reconoce la misma doctrina, no existe una minoría de edad sino "*minorías*", comprensivas de edades y situaciones muy distintas, lo que da como resultado menores de edad que requieren una tutela jurídica que debe gravitar equilibradamente entre la necesaria protección y el reconocimiento de su esfera de autonomía[378].

En el análisis de aquello que más convenga a su interés o que menos le afecte, no sólo juega la situación presente del menor y su entorno, sino muy especialmente el futuro previsible, que es justo de lo que principalmente se trata cuando los efectos del divorcio se refieren a los menores. Tan claro como que el menor es una *realidad humana en devenir*, es que su vida familiar se verá modificada, resultando un imperativo asegurarles o garantizarles que sus derechos esenciales no serán substancialmente alterados dada la nueva situación familiar de futuro.

La variabilidad de configuración del interés o beneficio del menor, guarda correspondencia con la idea de evolución de la vida social y sus valores preponderantes, según el lugar, el tiempo, las tradiciones y las costumbres, lo que obliga –o al menos sugiere–, para determinar qué es lo que más beneficia al menor, o lo que menos le perjudica, tomar en consideración diversas convicciones y sensibilidades y los criterios más o menos compartidos socialmente a la hora

---

376 MARTÍNEZ VÁZQUEZ DE CASTRO, LUIS, *El Concepto de Matrimonio en el Código Civil*, Thomson Civitas, Navarra 2008, p. 48.

377 RIVERO HERNÁNDEZ, FRANCISCO, *El Interés...*, p. 44.

378 RIVERO HERNÁNDEZ, FRANCISCO, *El Interés...*, p. 176 -179.

de valorarlo[379], pero muy especialmente las circunstancias familiares[380]. Por tanto dicha variabilidad no es de suyo negativa, sino un importante elemento de adaptabilidad. En un número importante de oportunidades ocurrirá que lo que más beneficia al menor no se corresponde necesariamente con sus gustos, ni con los deseos de sus padres y acaso tampoco, con las creencias o concepciones personales de los órganos jurisdiccionales[381].

Si bien no se puede confundir el interés superior del menor con su voluntad y deseos (los que además suelen ser, en determinadas edades, diversos, complejos y hasta contradictorios), no se puede desconocer que éstos juegan un papel importante en la configuración particular de dicho interés, a fin de darle contenido a la forma como en definitiva se concretan sus derechos. Para integrar los deseos (y "sentimientos") del niño al concepto del interés superior del menor se indica que *es necesario superar un prejuicio que lamentablemente está extendido en esta materia, y que ha sido caracterizado como la "teoría del*

---

[379] RIVERO HERNÁNDEZ, FRANCISCO, en RAMS ALBESA, JOAQUÍN (coord.), *Comentarios...*, p. 919.

[380] LÓPEZ-MUÑIZ GOÑI, MIGUEL, *Código de...*, p. 97.

[381] La configuración no puede quedar entregada a la arbitrariedad del juzgador, ni a sus creencias o prejuicios, aunque así sucede muchas veces: RIVERO HERNÁNDEZ, FRANCISCO, "Límites de...", p. 274; como apunta el autor, se presenta la necesidad de encontrar criterios, medios o procedimientos para averiguar, racionalmente, en qué consiste el interés del menor y, paralelamente, determinarlo en concreto en los casos correspondientes, lo que se sugiere como la alternativa metodológica más razonable al sistema o técnica jurídica de tipo inevitablemente casuista de los tribunales, por culpa y a consecuencia de las cláusulas generales y su necesaria determinación en cada caso concreto: RIVERO HERNÁNDEZ, FRANCISCO, *El Interés...*, p. 124 y ss. El recurso a la casuística por parte importante de la doctrina española, aparece bien recogida en: MARTÍNEZ VÁZQUEZ DE CASTRO, LUIS, *El Concepto...*, p. 50 - 52.

Los criterios y máximas de experiencia recogidos por la sentencia del Tribunal Supremo español, de 31 de julio 2009, relativa a la modificación del régimen de guarda de un menor, disponible en www.poderjudicial.es, Id Cendoj: 28079110012009100603 (los mismos aparecen citados por la doctrina española que se ha referido al tema), son:

a) *Proveer, por el medio más idóneo, a las necesidades materiales básicas o vitales del menor (alojamiento, salud, alimentación...), y a las de tipo espiritual adecuadas a su edad y situación (afectivas, educacionales, emocionales...)*

b) *Atender a los deseos, sentimientos y opiniones del menor siempre que sean compatibles con lo anterior e interpretados de acuerdo con su personal madurez o discernimiento.*

c) *Mantener, si es posible, el statu quo material y espiritual del menor y evitación de incidencias que alteraciones del mismo puedan tener en su personalidad y para su futuro: cambio de residencia y entorno personal, de colegio y compañeros, de amigos y parientes, de (sistema de) educación, o en la salud física o psíquica. Frente a eso, se debe ponderar las ventajas, si las hay, de la continuidad de la situación anterior, sin modificar aquel entorno y statu quo.*

d) *Considerar particularmente la edad, salud, sexo, personalidad, afectividad, creencias religiosas y formación espiritual y cultural (del menor y de su entorno, actual y potencial).*

e) *Valorar los riesgos que la situación actual y la subsiguiente a la decisión «en interés del menor» puedan acarrear a éste; riesgos para su salud física o psíquica (en sentido amplio). Igualmente, las perspectivas personales, intelectuales y profesionales de futuro del menor (en particular, para el adolescente), a cuya expansión y mejora debe orientarse su bienestar e interés, actual y futuro.*

balancín": según esta concepción, los intereses del niño serían algo naturalmente opuesto a sus deseos, y es necesario balancear unos y otros, sin inclinar demasiado la balanza (o el balancín) hacia los deseos del niño –en perjuicio de sus intereses– ni hacia los intereses del niño –en perjuicio de sus deseos. El prejuicio supone que los niños, casi por definición desean cosas que no les convienen, guiados así por una cierta tendencia autodestructiva[382].

B. Interés superior del menor y derecho a relacionarse

El Tribunal Supremo ha dejado claramente establecido que *las relaciones entre padres e hijos vienen reguladas por el principio constitucional de la protección del menor, consagrado en el artículo 39.3 CE, en la Convención sobre derechos del niño, de 20 noviembre 1989 y en el art. 24 de la Carta de Derechos Fundamentales de la UE*[383]. El menor es interesado y protagonista fundamental del derecho de visita[384]. Por su parte, constituye doctrina consolidada del Tribunal Constitucional, con fundamento en normas internas e internacionales dictadas para la protección de los menores de edad, que en materia de relaciones paterno-filiales (entre las que se encuentra lo relativo al régimen de guarda y custodia de los menores por sus progenitores y el derecho de relación o visitas) *el criterio que ha de presidir la decisión que en cada caso corresponda adoptar al Juez, a la vista de las circunstancias concretas, debe ser necesariamente el del interés prevalente del menor, ponderándolo con el de sus progenitores, que aun siendo de menor rango, no por ello resulta desdeñable*[385].

El interés más protegible exige la relación y comunicación con el progenitor no custodio como un factor determinante de un adecuado desarrollo integral. En su específica vinculación con el derecho de relación a favor del progenitor no custodio, el interés del menor aparece caracterizado como una faceta del desarrollo de su personalidad en el marco de las relaciones paterno-filiales[386], cuya concreción debe realizarse atendiendo a diversos factores, dentro de los cuales el nivel de desarrollo y autonomía progresiva pueden ser uno de los parámetros para medirlo en el momento concreto, pues cada edad tiene sus

---

382 COUSO SALAS, JAIME, "El niño como sujeto de derechos y la nueva Justicia de Familia. Interés Superior del Niño, Autonomía progresiva y derecho a ser oído", versión electrónica consultada el 2 de abril de 2012, en www.ichdp.cl/prueba/, p. 3.

383 STS 2676/2011, de 12 de mayo de 2011, Id. Cendoj: 28079110012011100281.

384 RIVERO HERNÁNDEZ, FRANCISCO en LACRUZ BERDEJO, JOSÉ LUIS (coord.), *Matrimonio...*, p. 1084.

385 TC, sentencia 172, de 22 de diciembre de 2008, en Recurso de Amparo núm. 4595/2005.

386 CASTILLO MARTÍNEZ, CAROLINA, en LLOPIS GINER, JUAN MANUEL (coord.), *El contenido...*, p. 158.

propios requerimientos de acercamiento personal, formativos y afectivos[387]. El juzgador ha de adoptar las medidas que sean más adecuadas a la edad del menor, evitando que pueda ser manipulado o sujeto de actuaciones reprobables, pues progresivamente, con el transcurso de los años, se encontrará en condiciones de decidir lo que pueda convenirle mas para su integración tanto familiar como social[388].

En abstracto, el interés de todo menor en este ámbito –relaciones personales con los progenitores producida la ruptura del matrimonio de los padres– consiste, como había anticipado, en seguir comunicándose con ambos padres, en la conservación de la relación personal con sus dos progenitores[389]; por tanto, otorgado el cuidado personal a uno de ellos, gravitará específicamente en el establecimiento de un amplio, fluido y flexible régimen de visita que permita paliar una de las consecuencias negativas que el divorcio acarrea al menor: la falta de convivencia habitual con ambos progenitores[390]. El legislador presume que el mantenimiento de los lazos afectivos y la relación frecuente del hijo con el progenitor no custodio es beneficiosa para el hijo[391] (art. 9 CDN y 94 Cc), pues es necesario tanto para su desarrollo armónico, formación integral, desarrollo de su identidad, como para su estabilidad emocional. El Tribunal Supremo ha venido reafirmando dicha postura legal: *el niño no puede ver recortada la relación y comunicación con personas que le son próximas humana y afectivamente, por causa de las diferencias entre dichas personas. Por ello, el interés del menor obliga a los tribunales a decidir que el niño tiene derecho a relacionarse con los miembros de su familia, con independencia de que entre ellos existan o no lazos biológicos*[392].

Desde el ámbito de la psicología también se reconoce que el mejor interés del menor, cuando los padres se separan, consistirá en evitarle la separación psicológica de cualquiera de sus progenitores y estimularlo para que mantenga unas relaciones positivas con ambos[393].

---

387 García Varela, Román en Sierra Gil De La Cuesta, Ignacio (coord.), *Comentarios...*, p. 129.

388 Tribunal Supremo, resolución 903/2005, versión electrónica en www.poderjudicial.es, Id. Cendoj: 28079110012005100885.

389 Y por cierto, con otras personas vinculadas a su vida familiar, ya sea por parentesco o por afecto.

390 Algunos autores aluden a que el derecho le permite al menor disfrutar de ambos progenitores de la forma más parecida a su vida anterior a la ruptura: Trinchant Blasco, Carlos (coord.), *Memento...*, p. 394; lo que en realidad no es tal, por cuanto terminada la convivencia entre los padres, el derecho de relación no ofrece un símil a la situación anterior, sino un paliativo ante la falta de convivencia habitual.

391 Cavanillas Múgica, Santiago, en Pasquau Liaño, Miguel (dir.), *Jurisprudencia...*, p. 492.

392 STS 2676/2011, de 12 de mayo de 2011, Id. Cendoj: 28079110012011100281.

393 Cantón Duarte, José, "Adaptación...", p. 98; también Bayebach, Mark, "La repercusión...", p. 312.

Para decidir sobre el régimen de relación más adecuado a la específica situación –o sobre sus limitaciones o restricciones–, debe analizarse el interés superior del menor desde diversos ángulos, lo cual nos lleva al interés en concreto, así: debe observarse su interés global y no el interés solo focalizado a un aspecto de su desarrollo; debe apreciarse tanto el interés presente como el interés futuro del menor, proyectando al niño en el adulto que más tarde será[394]; debe atenderse tanto al aspecto positivo en búsqueda de beneficios, como al negativo relativo a la evitación de perjuicios, según se anticipó; deben observarse tanto elementos intrínsecos, referidos al propio niño (edad, necesidades especiales de salud, régimen escolar, sentimientos, etc.), como extrínsecos, relativos especialmente a sus padres (lugar de residencia y cambios en ella, jornada de trabajo, estado de salud física y psicológica, etc.). Pueden apreciarse como parámetros, además, la estabilidad, paz y un amplio concepto de bienestar, más allá del confort material[395]. Se evalúa tanto el interés objetivo (consistente en cualquier utilidad, como las mayores ventajas que ofrece uno u otro progenitor para la formación y educación de los menores), como el interés subjetivo (vinculado al pensar y sentir del menor, conforme a la evolución de sus facultades)[396]. En suma, el régimen específico que se adopte será *el que resulte más favorable para el desarrollo físico, intelectivo e integración social del menor*[397].

C. *Derivaciones del principio respecto del derecho de relación*

Teniendo en cuenta que el derecho de visitas viene determinado por ley, la aplicación en concreto del principio respecto del derecho a relacionarse los hijos con el padre no custodio tras el divorcio de los progenitores, plantea una serie de efectos generales y específicos; éstos últimos dirigidos a los padres o al juez[398]. Paso ahora a revisar los más concretos pues el influjo constante del

---

[394] GARCÍA PASTOR, MILAGROS, "El derecho...", p. 764.

[395] TRINCHANT BLASCO, CARLOS (coord.), *Memento...*, p. 394.

[396] Se ha hecho presente que las expresiones *interés* y *beneficio* del menor son vocablos casi sinónimos: la primera incide de mayor forma en aspectos materiales (provecho, utilidad o ganancia); la segunda es de contenido más amplio, pues se refiere a su *bien:* ZARRALUQUI SÁNCHEZ-EZNARRIAGA, LUIS, "El menor en las crisis familiares", Jornadas sobre Derecho de Menores, Publicaciones Universidad Pontifica de Comillas, 2003, p. 167. La doctrina en general usa de modo indistinto dichos términos.

[397] TS, sentencia 5817/2009, de 31 de julio, Id Cendoj: 28079110012009100603 y sentencia 505/2011, de 11 de febrero, Id Cendoj: 28079110012011100035.

[398] GARCÍA VARELA, ROMÁN en SIERRA GIL DE LA CUESTA, IGNACIO (coord.), *Comentarios...*, p. 129.

principio en toda la configuración del derecho y del régimen de relación se irá develando en el desarrollo de esta obra[399].

a. Efectos generales del principio

- La determinación legal del derecho, que implica el mantenimiento y defensa del régimen de visita por considerarlo o presumirlo beneficioso al menor. Cuando el legislador consagra el derecho, lo hace porque quiere garantizar al menor el óptimo desarrollo de su personalidad ante una situación que le puede perjudicar o pone en peligro su bienestar. La formación integral y el pleno desarrollo de la personalidad para hacer un hombre o mujer del niño, están muy condicionados por el equilibrio psíquico y afectivo en esa importante etapa de su vida, al que pretende contribuir el régimen de relaciones personales entre padres no convivientes y sus hijos[400]. El derecho a relacionarse, en este acusado sentido, favorece la función familiar más relevante respecto de sus miembros menores de edad.
- La necesidad de no dejar irresuelta esta materia al tiempo de resolver sobre el divorcio: el régimen de relación debe ser acordado por los propios cónyuges en el convenio regulador que se debe acompañar en ciertos casos; en los acuerdos a que arriben los padres durante el proceso; o como medida judicial subsidiaria a la ausencia o no aprobación de acuerdos (art. 91 y 94 Cc), aun cuando no haya sido pedido por las partes.
- La necesaria no fijeza de las medidas o acuerdos relativos al régimen específico de relación, sino por el contrario, su carácter revisable, es otra derivación del principio. Se trata de una medida que debe evaluarse conforme a la autonomía progresiva de los menores y a la evolución –positiva o negativa– de la relación con sus progenitores, en el sentido que el régimen acordado o impuesto resulte en todo momento beneficioso para los hijos.
- El principio opera como criterio de resolución de conflictos de intereses y de justificación de limitaciones al régimen de relación[401]. Sobre lo

[399] Advierto que este influjo constante puede provocar que en ocasiones resulte una percepción de abuso en la alusión al principio del interés superior del menor respecto del derecho de relación entre padres e hijos, sin embargo, su mención resulta obligada no como justificación en una idea abstracta desprendida de la legalidad, sino como razón en una específica realidad jurídica dotada de contenido y significación.

[400] Rivero Hernández, Francisco, "Límites de...", p. 294.

[401] Castillo Martínez, Carolina en Llopis Giner, Juan Manuel (coord.), *El contenido...*, p. 159.

primero, de lo que jurídicamente se trata es de conflictos de intereses entre el interés del menor y la posición o interés de los padres[402]. El principio actúa como un criterio de valoración de los interés en conflicto, de tal suerte que proclamada la superioridad del interés del menor, ello implica que en los casos concretos, el legislador lo estima más valioso y el interés de los padres se convierte en un elemento teleológicamente secundario, ya que su derecho –que como hemos advertido, más tiene de deber que de derecho– es instrumental más que intrínsecamente suyo[403]. Sobre el particular, vale la pena reproducir lo expresado por el Tribunal Constitucional: *El interés superior del niño opera, precisamente, como contrapeso de los derechos de cada progenitor y obliga a la autoridad judicial a ponderar tanto la necesidad como la proporcionalidad de la medida (...). Cuando el ejercicio de alguno de los derechos inherentes a los progenitores afecta al desenvolvimiento de sus relaciones filiales, y puede repercutir de un modo negativo en el desarrollo de la personalidad del hijo menor, el interés de los progenitores deberá ceder frente al interés de éste*[404].

Sobre lo segundo, cuando el legislador faculta al juez para que limite o suspenda el ejercicio del derecho a relacionarse lo hace nuevamente para que, en el caso concreto, éste valore si el interés del menor está siendo garantizado o no. Interesa el interés superior del menor en concreto.

- Finalmente, en interés de los hijos se exige la intervención del Ministerio Fiscal en diversos ámbitos cuando hay menores de edad comprometidos. Así lo señala expresamente el art. 92 Cc. en materia de guarda y custodia[405] y, en términos más amplios, aplicable por tanto al régimen de

---

[402] Con tal carácter aparece particularmente reconocido en la Ley Orgánica 1/1996, de 15 de enero, de *Protección Jurídica del Menor* que establece: *En la aplicación de la presente ley, primará el interés superior de los menores sobre cualquier otro interés legítimo que pudiera concurrir...* (art. 2).

[403] Tamayo Haya, Silvia, "El interés...", p. 40-41. La autora advierte sobre la ausencia de unanimidad de esta postura y cita la doctrina que la cuestiona.

[404] TC, sentencia 172, de 22 de diciembre de 2008, en Recurso de Amparo núm. 4595/2005.

[405] Ha de tenerse presente que en reciente cuestión de inconstitucionalidad sometida a pronunciamiento del Tribunal Constitucional se impugnó el requisito del artículo 92.8 Cc. cuando emplea el adjetivo ''favorable' que se añade a la exigencia del preceptivo informe del Ministerio Fiscal y a cuya existencia se supedita la decisión jurisdiccional de acordar la guarda y custodia compartida como un requisito de procedibilidad sin el cual el Juez o Tribunal no pueden juzgar la procedencia de la custodia compartida cuando no ha mediado acuerdo entre los cónyuges. Al respecto afirma el Tribunal que *la previsión normativa que exige el informe favorable del Ministerio Fiscal ex art. 92.8 CC debe ser declarada contraria a lo dispuesto en el art. 117.3 CE, pues corresponde exclusivamente al Juez o Tribunal verificar si concurren los requisitos legales para aplicar el régimen excepcional y, en el caso de que así sea, valorar si, en el marco de la controversia existente entre los progenitores, debe o no adoptarse tal medida.* Asimismo, se estima que *la denegación del ejercicio de la guarda compartida debida a la vinculación del Juez al dictamen del Fiscal, conforme*

relación en los procesos matrimoniales lo indican los arts. 749.1, 771.2, 773.3, 774.2, 775.1 y 777 apartados 5 y 8 de la Lec; ésta última norma incluso otorga al Ministerio Fiscal la facultad de recurrir la sentencia o el auto que apruebe en su totalidad la propuesta de convenio, en interés de los hijos menores o incapacitados[406].

b. Efectos específicos del principio respecto del juez

Respecto del juez, el principio plantea exigencias específicas al ser para él de asunción ineludible: *Ciertamente, la normativa relativa al interés del menor tiene características de orden público, por lo que debe ser observada necesariamente por los jueces y tribunales en las decisiones que se tomen en relación a los menores, como se afirma en la STC 141/2000, de 29 mayo, que lo califica como "estatuto jurídico indisponible de los menores de edad dentro del territorio nacional"*[407]. Conviene detenerse brevemente en estas exigencias o derivaciones del ámbito judicial:

- Es el criterio a que debe ajustarse el juez para adoptar, en el proceso matrimonial, cualquier decisión que diga relación con los hijos (arts. 90 y 103 Cc). La determinación de la modalidad de ejercicio no queda entregada a la decisión arbitraria del juez, sino enmarcada en el ámbito del principio.
- El principio exige que en un proceso de familia la mirada del juez respecto de los hijos no se limite solo a un análisis jurídico, sino que se integren otras perspectivas, haciendo aconsejable la intervención de equipos

al procedimiento establecido en la Ley 15/2005, de 8 de julio, supone la infracción del derecho a la tutela judicial efectiva, pues aunque la actuación del Ministerio público está prevista para asegurar el bienestar de los hijos menores, el hecho de que el pronunciamiento judicial se haga depender de tal dictamen, menoscaba de facto el derecho a obtener una resolución sobre el fondo. A juicio del Tribunal, *el régimen de custodia, sea o no compartida y exista o no acuerdo parental, debe adoptarse siempre, considerando cuál sea la situación más beneficiosa para el niño; y si bien se confiere a los progenitores la facultad de autorregular tal medida y el Ministerio Fiscal tiene el deber de velar por la protección de los menores en este tipo de procesos, sólo al órgano judicial le corresponde la facultad de resolver el conflicto que se le plantea, pues exclusivamente él tiene encomendada constitucionalmente la función jurisdiccional.* El Tribunal declaró la inconstitucionalidad del inciso «favorable» contenido en el art. 92.8 del Código civil, según redacción dada por la Ley 15/2005, de 8 de julio, por ser contrario a los arts. 117.3 y 24 CE: TC, sentencia 185/2012 de 17 de octubre.

[406] La función eficaz del Ministerio Fiscal es cuestionada en la actualidad: en algunos casos por la insuficiencia de medios humanos con que cuenta y en otros, por la carencia de necesaria preparación y estudio previo de los asuntos: ZARRALUQUI SÁNCHEZ-EZNARRIAGA, LUIS, "Disponibilidad del objeto en los procesos familiares. Especial consideración de la custodia de los hijos", AEAF, *Temas de Actualidad en Derecho de Familia*, Dykinson, Madrid 2006, p. 35.

[407] STS, 614/2009, de 28 de septiembre de 2009, Id Cendoj: 28079110012009100588.

técnicos multidisciplinarios[408] que ayuden al juez en la comprensión de un fenómeno humano complejo.

- El principio del interés superior del menor debiera impedir el automatismo implícito en las decisiones judiciales[409]. El juez puede y debe considerar en cada caso las específicas circunstancias y no puede aplicar a casos parecidos, sin más, regímenes estandarizados de relación.
- Es un criterio de valoración y control y, en dicho sentido, el principio justifica la facultad otorgada al juez para denegar la aprobación del convenio regulador que deben presentar los cónyuges cuando los acuerdos relativos a los hijos -entre los cuales se encuentra el régimen de relación- no se adecuan al interés superior del menor. El art. 90 del Cc, establece que los acuerdos de los cónyuges para regular las consecuencias de la nulidad, separación o divorcio, entre las que se encuentra el régimen de comunicación y estancia de los hijos con el progenitor que no viva habitualmente con ellos, serán aprobados por el juez, salvo si son dañosos para los hijos.
- El principio exige al juez la aplicación e interpretación judicial amplia y no restrictiva de derecho, lo cual entraña que las limitaciones, suspensiones y demás medidas que lo afecten serán excepcionales y deberán estar justificadas también en dicho interés. Rivero Hernández señala al respecto que cualquier restricción a las relaciones personales entre los hijos y el padre con quien no conviven debe estar fundada casi exclusivamente en el interés de los menores[410].
- En directa consonancia con la Convención de Derechos del Niño, y con la mirada del menor como un sujeto de derechos, con opiniones propias, la ley reconoce como una de las más relevantes manifestaciones del principio del interés superior del menor[411], el deber del juez de *oír a los hijos*, que se concreta con el derecho de audiencia del menor, como una forma directa y concreta de inclusión de los menores[412]. En lo esencial,

---

[408] Suárez Herranz, Olga, "El derecho del hijo…", p. 163.

[409] La idea es expuesta respecto de la decisión judicial sobre custodia individual y custodia compartida en: Martínez de Aguirre, Carlos, "La regulación de…", p. 158.

[410] Rivero Hernández, Francisco, "Límites de…", p. 296.

[411] Otras manifestaciones expresas de este principio, en Derecho de Familia son: la opción entre el ejercicio total o parcial por uno de los cónyuges de la patria potestad; la adopción de la guarda y custodia compartida; o la posibilidad de recabar dictamen de especialista: Marín López, Manuel, en Bercovitz Rodríguez-Cano, Rodrigo (coord.), *Comentarios al…*, p. 215.

[412] Artículo 12 CDN:

1. Los Estados Partes garantizarán al niño que esté en condiciones de formarse un juicio propio el derecho de expresar su opinión libremente en todos los asuntos que afectan al niño, teniéndose debidamente en cuenta las opiniones del niño, en función de la edad y madurez del niño.

el derecho de audiencia procura que el menor pueda expresar su opinión en aquellas causas que conllevan decisiones que le afectaran directamente. En este señalado sentido se inscribe el art. 92.2 y 6 Cc[413], que establece el derecho del menor a ser oído y la obligación del juez de oír a los menores que tienen suficiente juicio cuando se estime necesario de oficio o a petición del Ministerio Fiscal, partes o miembros del Equipo Técnico Judicial o del propio menor[414]. El art. 9 de la LOPJM, reconoce, por su parte, el derecho del menor a ser oído tanto en el ámbito familiar como en cualquier procedimiento administrativo o judicial en que esté directamente implicado y que conduzca a una decisión que afecte a su esfera personal, familiar o social[415].

---

2. Con tal fin, se dará en particular al niño oportunidad de ser escuchado en todo procedimiento judicial o administrativo que afecte al niño, ya sea directamente o por medio de un representante o de un órgano apropiado, en consonancia con las normas de procedimiento de la ley nacional.

[413] En el ámbito procesal, la disposición final primera de la Ley 15/2005 modificó la Ley 1/2000, de 7 de enero, de Enjuiciamiento Civil española, añadiendo, entre otros, un nuevo párrafo al final de la regla 4ª del artículo 770, con la siguiente redacción: *en las exploraciones de menores en los procedimientos civiles se garantizará por el Juez que el menor pueda ser oído en condiciones idóneas para la salvaguarda de sus intereses, sin interferencias de otras personas, y recabando excepcionalmente el auxilio de especialistas cuando ello sea necesario.*

[414] El Tribunal Constitucional ha tenido oportunidad de precisar que la aprobación de la ley 15/2005 que modificó el art. 9 de la ley orgánica 1/1996 de protección jurídica del menor –que reconocía el derecho de éste a ser oído tanto en el ámbito familiar como en cualquier procedimiento administrativo o judicial en que esté directamente implicado y que conduzca a una decisión que afecta a su esfera personal, familiar o social- dio lugar a una nueva redacción del art. 92 Cc. de la que se deduce que la audiencia personal al menor por el Juez está sujeta, por una parte, a la aptitud mental del menor y, por otra, a que se estime necesaria de oficio o a petición del Fiscal, partes, miembros del equipo técnico judicial o del propio menor: STC 163/2009, de 29 de junio de 2009. En demanda de amparo, que fue finalmente desestimada, la madre del menor alegó que las resoluciones judiciales recurridas vulneran el derecho a la dignidad (art. 10 CE), a la integridad moral (art. 15 CE) y a la tutela judicial efectiva (art. 24.1 CE) del menor. Estas vulneraciones se habrían producido por la falta de audiencia al menor de edad, quien tenía suficiente juicio (12 años en el momento de presentar la demanda de amparo), por desconocimiento del carácter judicial de la audiencia del menor establecido legalmente y de la doctrina del Tribunal Constitucional al respecto. Se había denegado la práctica de la audiencia al menor, puesto que éste había sido oído por el equipo psicosocial del Juzgado y su oposición al régimen de visitas había quedado acreditada, estimando el Juzgado y la Audiencia Provincial de Valladolid que la referida audiencia resultaba intrascendente. En www.tribunalconstitucional.es.

[415] La LOPJM también establece el deber de garantizar que el menor pueda ejercitar este derecho por sí mismo o a través de la persona que designe para que le represente, cuando tenga suficiente juicio. Cuando ello no sea posible o no convenga al interés del menor, podrá conocerse su opinión por medio de sus representantes legales, siempre que no sean parte interesada ni tengan intereses contrapuestos a los del menor, o a través de otras personas que por su profesión o relación de especial confianza con él puedan transmitirla objetivamente. Si el menor solicita ser oído directamente o por medio de persona que le represente, la denegación de la audiencia debe ser motivada.

c. Efectos específicos del principio respecto de los padres

Respecto de los *padres, la supremacía del interés del menor dibuja, por vía de consecuencia, la frontera del derecho (...) a las relaciones personales con aquél*[416]. En la regulación legal, son claramente identificables dos momentos en que el principio del interés superior de los hijos presenta exigencias específicas vinculadas con el derecho de relación de los padres:

- Al tiempo de fijar el contenido del convenio regulador o de sus acuerdos relativos a los hijos dentro del proceso, los padres deben tener en consideración el principio. Este se vincula con el contenido material de lo específicamente regulado o acordado en términos de que efectivamente se procure, en las nuevas y desarticuladas condiciones vivenciales, la mayor realización espiritual y material posible al menor, y se manifieste el compromiso de ambos padres de guiarlo en el ejercicio de los derechos esenciales que emanan de la naturaleza humana de modo conforme a la evolución de sus facultades, pues, aunque un padre tenga el cuidado personal o guarda y custodia y el otro sólo un régimen de relación no habitual, el divorcio no afecta sus obligaciones derivadas de la filiación. Para que el convenio o los acuerdos de los progenitores relativos a los hijos sean aprobados por el juez, su contenido no puede afectar o disminuir la expectativa de alcanzar la mayor realización espiritual y material posible de los hijos; este y no otro debería ser el parámetro a tener en cuenta por el juez, al tiempo de decidir sobre lo acordado[417].

  Debe aparecer de las estipulaciones de los padres que el menor es efectivamente centro de su preocupación convencional. Desde este punto de vista, el principio opera como una limitación a la autonomía negocial de los progenitores[418]. Se produce una subordinación del interés personal o conveniencia de los progenitores al interés superior del hijo[419].

---

[416] Rivero Hernández, Francisco, *El derecho...*, p. 180.

[417] Acuña San Martín, Marcela, *Efectos...*, p. 207-208.

[418] En esta parte la principal limitación es la propia subjetividad que impregna las decisiones: Rivero Hernández, Francisco, "Las relaciones...", p. 82. Reconociendo que la capacidad de autorregulación de los cónyuges es limitada en Derecho de familia, se señalan como condicionantes de ella: los limites generales para la autonomía de la voluntad; la confluencia de intereses que en ocasiones se superponen a los individuales de los cónyuges; la existencia de un verdadero orden público familiar que da cuenta de valores fundamentales que tienen su basamento en la Constitución y en las normas que desarrollan los principios constitucionales en materia de derecho de familia y, que constituyen el bloque de la imperatividad. Paz-Ares, Ignacio, "Previsiones capitulares", versión electrónica Vlex, Id vlex: VLEX-53363316. De La Cámara, por su parte, reconoce tres limites: en primer lugar el art. 1814 del Cc. español; luego el principio constitucional de igualdad conyugal en relación con los derechos y deberes que se pacten y, finalmente, las normas imperativas del Cc.: De La Cámara, Manuel, *El Sistema...*, p. 214-215.

[419] Acuña San Martín, Marcela, *Efectos...*, p. 207.

En la realidad aplicativa, cómo aclara Rivero Hernández, si bien los cónyuges no pueden ni deben prescindir de la exigencia del principio, es evidente que *su consideración queda condicionada hasta donde su propia perspectiva les permita ver con alguna objetividad*[420]. Si ellos no alcanzan dicha consideración o no quieren o no saben atender a ese interés, procede la actuación correctora del Juez.

- Al tiempo del ejercicio del derecho de relación los padres deben considerar el principio del interés superior del menor; éste exige el efectivo ejercicio por el progenitor titular y su facilitación por el progenitor custodio. En términos generales, el ejercicio debe ser de buena fe, colaborativamente y en beneficio siempre del visitado[421]. Ya se había hecho presente la necesidad de un ejercicio generoso y adaptado a las necesidades de los hijos, de donde resulta que el interés del menor se configura, en resumen, en un límite a la actuación de los padres, en el ejercicio del derecho de relación[422].

2. Mantenimiento de los deberes parentales

Principia el art. 92 del Cc. declarando que *la nulidad, separación o divorcio no eximen a los padres de sus obligaciones para con los hijos*. La doctrina corrige la terminología hablando de *deberes* pues no son obligaciones en el sentido técnico jurídico[423]. La no eximición de deberes, o dicho en sentido positivo, el mantenimiento de los mismos, es consecuencia de la titularidad de los derechos y deberes que entre padres e hijos fija la ley y que no se ve afectada por el divorcio de los progenitores, pues como ya se ha advertido, los mismos no emanan del matrimonio, sino de la filiación que es independiente de la situación de normalidad o crisis de la pareja conyugal, incluso de la existencia misma de matrimonio. Esta titularidad es la que el divorcio no puede afectar de modo alguno. No ocurre lo mismo respecto del ejercicio pues el cese de la convivencia sí afecta directamente el modo de ejercitar tales derechos y deberes, debiendo producirse una readaptación de las rutinas de todos los integrantes de la familia

---

[420] Rivero Hernández, Francisco, "Las relaciones paterno-filiales (título, ejercicio y contenido de la patria potestad, guarda y cuidados y régimen de visitas) como contenido del convenio regulador", en Viladrich, Pedro-Juan (dir.), *Convenios reguladores de las relaciones conyugales, paterno-filiales y patrimoniales en las crisis del matrimonio,* Ediciones Universidad de Navarra, Pamplona 1984, p. 82.

[421] García Varela, Román en Sierra Gil De La Cuesta, Ignacio (coord.), *Comentarios...*, p. 128.

[422] El tratamiento del ejercicio del derecho es abordado en el Capítulo Quinto, al cual me remito.

[423] O´Callaghan Muñoz, Xavier, *Compendio...*, p. 86.

dividida; el ejercicio de los derechos y deberes paterno-filiales se ve afectado, debiendo desarrollarse de forma diferente a partir de la ruptura[424].

El mantenimiento de los deberes parentales es un principio impuesto por la ley a los padres[425], cuyo fundamento se localiza en la relación de filiación[426]. Su reconocimiento se encuentra amparado en el art. 18 de la CDN que atribuye a los padres como "*obligaciones comunes*" la responsabilidad principal de la crianza y educación de los hijos, conjuntamente con el deber constitucional de los padres de *prestar asistencia de todo orden a los hijos*.

¿Qué obligaciones paterno-filiales subsisten luego del divorcio? Permanecen todas las que competen a los padres respecto de sus hijos originadas de la relación de filiación, contenidas o no en la patria potestad[427]. Esto significa que el padre no custodio no se exonera del deber de velar por los hijos, darles alimentos, prestarles asistencia de todo orden cuando lo requieran y tener a los hijos en su compañía en los tiempos que le sean asignados[428]. El divorcio no puede acarrear la afectación del cumplimiento de las obligaciones, deberes y responsabilidades que los padres conservan respecto de los hijos; no pueden aquellos desentenderse de la crianza, salud, desarrollo afectivo y psicosocial y educación de sus hijos y de todos los gastos inherentes.

Particular relevancia vuelve a cobrar aquí el carácter de deber que tiene el derecho de relación, sus especiales fines y las funciones que permite satisfacer, todo lo cual reafirma que se trata de uno de aquellos deberes de los cuales un padre no puede eximirse; ni siquiera la aprobación judicial podría salvar una cláusula de exención de los progenitores[429].

Desde la óptica del hijo, su situación, su vida, nunca será igual cuando ha pasado de la convivencia habitual con ambos progenitores a una situación de familia monoparental con distanciamiento –al menos físico– respecto de uno de sus padres y quizá de sus hermanos, aún cuando, como hemos dicho, su situación jurídica en tanto hijo matrimonial se mantiene incólume. La permanencia de la responsabilidad que pesa sobre los padres respecto de la situación de los

---

[424] Así lo expone Martínez de Aguirre al referirse al art. 2 de la Ley Aragonesa 2/2010 de Igualdad en las Relaciones familiares ante la ruptura de la convivencia de los padres, que alude a la no afectación de los derechos y deberes familiares por la ruptura de la convivencia: MARTÍNEZ DE AGUIRRE, CARLOS, "La regulación de…", p. 144.

[425] O´CALLAGHAN MUÑOZ, XAVIER, *Compendio…*, p. 85.

[426] MARÍN LÓPEZ, MANUEL, en BERCOVITZ RODRÍGUEZ-CANO, RODRIGO (coord.), *Comentarios al…*, p. 211. Para el autor este fundamento hace innecesaria la declaración que formula el art. 92.1 Cc.

[427] LÓPEZ Y LÓPEZ, ÁNGEL, en LACRUZ BERDEJO, JOSÉ LUIS (coord.), *Matrimonio…*, p. 1041; ROCA TRÍAS, ENCARNA, en AMOROS GUARDIOLA, MANUEL (coord.), *Comentarios a…*, p. 578.

[428] Esta no exoneración es comentada a propósito de las reflexiones de Eduardo Hijas Fernández en: ROMERO COLOMA, AURELIA, *Reclamaciones e indemnizaciones entre familiares en el marco de la responsabilidad civil*, Bosch, Barcelona 2009, p. 147.

[429] LÓPEZ Y LÓPEZ, ÁNGEL, en LACRUZ BERDEJO, JOSÉ LUIS (coord.), *Matrimonio…*, p. 1041.

hijos, conlleva, entre otras cosas, que éstos no se vean privados del contacto, trato y comunicación con uno de sus progenitores, pues ello sería perjudicial en su formación y desarrollo integral. Esta intima conexión entre las funciones de los padres y el desarrollo integral de los hijos ha sido puesto nuevamente como eje de los razonamiento sobre relaciones personales paterno-filiales en caso de divorcio por el Tribunal Supremo al declarar que *sea cual fuere el miembro de la pareja parental con el que conviva el niño, debe asegurarse que tanto la función paterna como la materna estén garantizadas, porque de ambas funciones precisa el niño para un correcto desarrollo emocional*[430]. De ahí que, en el juego de principios, en mi opinión, el interés superior del menor impone el mantenimiento de las responsabilidades parentales y no resulta ser éste último un principio independiente[431].

De lo que trata esencialmente este principio, específicamente en sede de divorcio, es sobre la concreción de la permanencia de la corresponsabilidad parental y de su deber de prestarles asistencia de todo orden[432]. En tal sentido, la Exposición de Motivos de la Ley 15/2005 alude al objetivo de hacer que ambos progenitores perciban que su responsabilidad para con los hijos continúa, a pesar de la separación o el divorcio, y que la nueva situación les exige, incluso, un mayor grado de diligencia en el ejercicio de la potestad; consiguientemente, los padres deberán decidir si la guarda y custodia se ejercerá sólo por uno de ellos o bien por ambos de forma compartida. En todo caso, determinarán, en beneficio del menor, cómo éste se relacionará del mejor modo con el progenitor que no conviva con él, y procurarán la realización del principio de corresponsabilidad en el ejercicio de la potestad.

A partir del principio de mantenimiento de las relaciones paterno-filiales luego del divorcio, es posible sostener que para el progenitor no custodio, el derecho de relación supone deberes en dos perspectivas: primero, la revisada a propósito del análisis de los caracteres del derecho, esto es, un deber hacia el hijo de cumplir el régimen de relación, pues conforme al carácter de derecho-deber, el derecho está establecido en atención al interés preferente del hijo a cuyo beneficio contribuye la continuidad del trato y comunicación, en el sentido

---

[430] STS 373/2013, de 31 de enero, Id Cendoj: 28079119912013100002.

[431] Esta conexión entre el principio de mantenimiento de los deberes parentales y el interés superior de los hijos aparece igualmente en la CDN, en su artículo 18.1, que sin distinción de la existencia o no de relación jurídica familiar entre los padres declara: *los Estados Partes pondrán el máximo empeño en garantizar el reconocimiento del principio en que ambos padres tienen obligaciones comunes en lo que respecta a la crianza y el desarrollo del niño. Incumbirá a los padres o, en su caso, a los representantes legales, la responsabilidad primordial de la crianza y el desarrollo del niño. Su preocupación fundamental será el interés superior del niño.*

[432] Cfr. con art. 18 CDN. ACUÑA SAN MARTÍN, MARCELA "El principio de corresponsabilidad parental" en *Revista de Derecho*, Universidad Católica del Norte, año 20, Nº 2, Coquimbo 2013, pp. 21-59; LÓPEZ Y LÓPEZ, ÁNGEL, en LACRUZ BERDEJO, JOSÉ LUIS (coord.), *Matrimonio...*, p. 1040.

y con las derivaciones ya analizadas. Segundo, un deber frente al otro progenitor, de cumplir también con la modalidad de relación acordada o impuesta por el juez, pues, al no eximirse los padres de sus obligaciones para con los hijos, la sentencia lo que hace es distribuir entre ellos la responsabilidad sobre el hijo, mediante la atribución de los tiempos en que a cada uno corresponde su cuidado (normalmente con indicación de un régimen de guarda y custodia exclusiva para uno y de un régimen de relación no habitual para el otro); así las cosas, el progenitor custodio tendría derecho a que el otro padre se lleve al hijo durante el periodo en que le corresponde ejercer el régimen de relación, porque es el tiempo en que le incumbe cuidarle a él y si no lo hace, está descuidando sus deberes como padre.

En otros términos, ambos padres tienen respecto de sus hijos deberes comunes, los cumplen normalmente de forma conjunta cuando están casados y cuando se divorcian, debido a que no se eximen de ellos, los cumplen con una distribución de tiempo fijada en la sentencia o en el convenio. Esa distribución delimita la dedicación exigible entre ellos, y cada uno puede exigir o reclamar que el otro cumpla con esa dedicación, en el sentido también, de no dedicar más tiempo del que legalmente tienen asignado.

CAPÍTULO TERCERO. ÁMBITO SUBJETIVO DEL DERECHO DE RELACIÓN ENTRE LOS HIJOS Y EL PROGENITOR NO CUSTODIO

I. DELIMITACIONES PRELIMINARES

Aún cuando es común identificar como partes de este derecho, o sujetos implicados, la figura del visitante y la del visitado[433], en realidad, en su ámbito subjetivo el derecho de relación genera un vínculo triangular entre el progenitor custodio, el no custodio y el hijo. Ello es así porque los comúnmente denominados visitante (el padre no custodio, en nuestro caso) y visitado (el hijo menor de edad) no son sujeto activo y pasivo, respectivamente, sino que son titulares recíprocos del derecho[434]. Es posible hablar al respecto de un derecho familiar de doble proyección, manifestación o titularidad[435], el que será ejercitable frente a la persona que tenga consigo a los hijos: el padre a quien se le ha atribuido su guarda y custodia o la persona a quien se le ha encomendado (art. 92 y art. 103 Cc.). El padre no custodio y el hijo como titulares recíprocos, afirman su derecho respecto del progenitor custodio.

De todo lo anterior resultan dos cuestiones inmediatamente relevantes: por una parte, el menor no es nunca sujeto pasivo del derecho de relación, no es un receptor indiferente del ejercicio del derecho de otra persona, como se verá[436] y, por otra, se hace evidente el desafío que proyecta el ejercicio del derecho

---

[433] García Cantero, Gabriel, "En torno…", p. 248., quien identifica las figuras de visitante y visitado con la de sujeto activo y pasivo de la relación; semejantes términos en: Botana García, Gema, "Notas sobre…", p. 125; También se trata como únicos sujetos pasivos a los hijos menores e incapacitados y como sujeto activo principal al padre desplazado o alejado del hijo, en Ruíz De La Cuesta, Rafael, "Praxis judicial…", p. 267 y ss. Se alude al progenitor separado del hijo y al hijo menor o incapacitado como los sujetos implicados en la relación en: Pérez Conesa, Carmen, *Las medidas…*, p. 49. En otras ocasiones se considera exclusivamente como titulares del derecho al padre o madre privado del cuidado personal y a otros parientes sin referencia a la posición jurídica del menor respecto del derecho: García de Blas Valentín-Fernández, María, "El matrimonio…", p. 161.

[434] Marín López, Manuel, en Bercovitz Rodríguez-Cano, Rodrigo (coord.), *Comentarios al…*, p. 221.

[435] Makianich De Basset, Lidia, *Derecho de…*, p. 68.

[436] Rivero Hernández, Francisco, *El derecho…*, p. 150. Se ha subrayado que en el desarrollo del derecho de visita y según la postura que se adopte no solo se ha considerado al menor sujeto

en orden a conciliar distintos intereses protegibles, como son el relativo a la subsistencia de la relación paterno-filial con posterioridad a la crisis conyugal (que se acrecienta con el contacto mutuo) y el consecuente derecho del progenitor no custodio a que no se ponga en peligro la relación con sus hijos una vez declarado el divorcio; el derecho del menor a su desarrollo integral y al mantenimiento de sus relaciones familiares con ambos padres, concreción del principio de su interés superior y, finalmente, el interés del progenitor custodio en que no se vea afectado el ejercicio de su custodia, como asimismo, en que el derecho de relación sea efectivamente ejecutado por el no custodio en la forma, condiciones y plazo determinado. A ello se suma, en menor número de casos, el interés del tercero que tiene encomendado el cuidado del menor para que este cuidado no sea afectado negativamente por el ejercicio del derecho de relación que corresponde a ambos padres.

Si bien el art. 94 Cc. regula la comunicación y visitas del progenitor que no ostenta la guarda y custodia permanente del hijo menor de edad como un derecho de aquél *se trata, en realidad,* –en opinión del Tribunal Constitucional y como ya he apuntado–, *de un derecho tanto del progenitor como del hijo, al ser manifestación del vínculo filial que une a ambos y contribuir al desarrollo de la personalidad afectiva de cada uno de ellos*[437]. El mismo Tribunal sugiere como respaldo de esta doble titularidad del derecho, la necesaria integración de los textos legales españoles con los instrumentos jurídicos internacionales sobre protección de menores que contemplan el reconocimiento del derecho a la comunicación del progenitor con el hijo como un derecho básico de este último, salvo que en razón a su propio interés tuviera que acordarse otra cosa y cita*: el art. 9.3 de la Convención sobre los derechos del niño, adoptada por*

pasivo del derecho sino también, objeto del mismo: SALANOVA VILLANUEVA, MARTA, "Aproximación...", p. 493.

[437] Tribunal Constitucional (Sala Primera), sentencia núm. 176/2008 de 22 diciembre RTC\2008\176. Esta configuración ha sido recogida en algunas Audiencias Provinciales, por ejemplo recientemente la de Pontevedra, en los siguientes términos: *El régimen de visitas a que alude el artículo 94 del Código Civil, consagra un derecho-deber que tiene por finalidad el fomentar las relaciones humanas paterno-filiales y mantener latente la corriente afectiva que debe presidir dicha relación, procurando que los hijos, a pesar de la separación, no se vean afectados por las desavenencias de sus padres, pues si está en la naturaleza e interés de los padres el trato y afecto con sus hijos, como medio para poder ejercer los deberes derivados de la patria potestad, no ha de olvidarse que también existe un interés de los hijos en el trato con sus padres, como medio de conseguir una formación integral. La presencia del padre y de la madre es fundamental para el crecimiento del niño ya que son soportes de las respectivas identificaciones. Es de común consenso que el padre que no tiene la custodia es muy significativo para el niño y los niños que mantienen contactos y relaciones con ambos padres tienen mucho mejor desarrollo que los que no las mantienen*: AP de Pontevedra, sentencia núm. 357/2010, de 24 junio, JUR\2010\337262. También AP A Coruña, en sentencias 553/2011, sección tercera, de 28 de octubre (id vlex: VLEX-345019158) y 147/2012, de 23 de marzo (id vlex: VLEX-365849250), que hacen suya la doctrina del Tribunal Constitucional en la materia.

la Asamblea General de las Naciones Unidas el 20 de noviembre de 1989 y en vigor desde el 2 de septiembre de 1990 («Los Estados Partes respetarán el derecho del niño que esté separado de uno o de ambos padres a mantener relaciones personales y contacto directo con ambos padres de modo regular, salvo si ello es contrario al interés superior del niño»); así también el art. 14 de la Carta europea de los derechos del niño aprobada por el Parlamento Europeo en Resolución de 18 de julio de 1992 («En caso de separación de hecho, separación legal, divorcio de los padres o nulidad del matrimonio, el niño tiene derecho a mantener contacto directo y permanente con los dos padres, ambos con las mismas obligaciones, incluso si alguno de ellos viviese en otro país, salvo si el órgano competente de cada Estado miembro lo declarase incompatible con la salvaguardia de los intereses del niño»); igualmente (...) el art. 24.3 de la Carta de los derechos fundamentales de la Unión Europea («Todo niño tiene derecho a mantener de forma periódica relaciones personales y contactos directos con su padre y con su madre, salvo si ello es contrario a sus intereses»).

Ante la imposibilidad de encontrar en las relaciones personales de familia el justo equivalente del Derecho patrimonial, Rivero Hernández prefiere explicar la relación entre los distintos implicados apartándose de los conceptos, categorías y parámetros intelectuales y normativos típicos de las relaciones patrimoniales (lo efectúa con ciertas vacilaciones, pues recurrentemente vuelve al lenguaje tradicional), lo que supone abandonar las ideas estrictas de sujetos activo y pasivo propias de un derecho subjetivo, y reemplazarlas, por unas que mejor se acomoden a las especificidades de estas relaciones personales familiares, que son relaciones familiares bipolares. En un polo de la relación se encuentra el titular formal, en nuestro caso el padre no custodio (pero también tendrían esta posición según el caso, los abuelos, parientes y allegados); en el otro polo subjetivo estaría el menor, con idéntico protagonismo e igual o mayor interés que el titular formal, aun en aquellos casos en que no sea el reclamante de la relación. Frente a ellos se localizaría el sujeto gravado, esto es, quien ocupa la posición jurídica de deber, y según esta doctrina, *única persona a quien es exigible jurídicamente algo para la efectividad del derecho*[438]; se trata de la persona a cuya patria potestad o guarda jurídica se encuentra el menor. A partir de ahí, se devela una relación jurídica con tres personas implicadas de forma diferente: el menor, el progenitor no custodio y el sujeto gravado.

Siendo adecuada la configuración triangular que se ofrece, discrepo de la posición jurídica de deber que se formula exclusivamente respecto del progenitor custodio a quien por ello se le denomina sujeto gravado. El carácter de *derecho-deber* que el de relación tiene para el progenitor no custodio, titular

---

[438] Rivero Hernández, Francisco, *El derecho...*, p. 150 y ss.

formal, así como el mantenimiento de los deberes parentales, significan que a él se le puede exigir algo y no poco para la efectividad del derecho: que lo desarrolle efectivamente conforme a la determinación convencional o judicial. Al progenitor custodio se le exigirá a su tiempo, entre otras conductas, que facilite la relación. Desde esta perspectiva, ambos resultan sujetos gravados con el derecho y su ejercicio[439].

II. EL MENOR

Para el desarrollo de todas las capacidades y aptitudes del menor es imprescindible que desde su nacimiento viva en un mundo de relaciones. La primera y más fundamental de ellas es la que tiene derecho a mantener con sus padres, pues cada uno aportará a la construcción de su propia personalidad[440]. Después de la vigencia de un matrimonio, la separación de los padres no resulta fácil para los hijos; ello, entre otras cosas, porque supone la creación de dos vidas distintas en el menor, que le pueden reportar un desequilibrio que se debe mitigar en lo posible. El derecho de visita que hace viable las relaciones personales del hijo con el padre con quien no convive habitualmente producto del divorcio, puede satisfacer esta función mitigadora, de tal modo que el menor, sujeto mas vulnerable en estos casos, no vea disminuidos radicalmente sus derechos.

El derecho de relación con los padres que, tal como dicen los instrumentos internacionales, es ante todo un derecho del hijo, cobra especial visibilidad y trascendencia con ocasión del divorcio de los progenitores y ante la atribución a uno de ellos de la custodia individual de los hijos comunes: el derecho a relacionarse con sus padres, en todos los eventos de la vida, es un derecho fundamental de todo menor que opera incluso si alguno de los padres, luego del divorcio, se marcha a vivir a otro país: *el niño cuyos padres residan en Estados diferentes tendrá derecho a mantener periódicamente, salvo en circunstancias excepcionales, relaciones personales y contactos directos con ambos padres* (art. 10.2 CDN). El único límite que reconoce el derecho del hijo a relacionarse con sus padres es el peligro para su seguridad física, psíquica o moral, esto es, su propio interés[441].

---

439 Esta apreciación es coherente con el carácter de figura jurídica compleja por las personas a quienes relaciona y el modo en que se vinculan, advertido al revisar la naturaleza jurídica del derecho, en el Capítulo Segundo. Incluso, como se verá enseguida, para el menor también el derecho de relación con su progenitor no custodio tiene un aspecto de deber, lo que acrecienta la complejidad y riqueza de la institución.

440 RUBIO SAN ROMÁN, JOSÉ IGNACIO en RAMS ALBESA, JOAQUÍN (coord.), *Comentarios...*, p. 1498. El Tribunal Supremo afirma que debe asegurarse que tanto la función paterna como la materna estén garantizadas, porque de ambas funciones precisa el niño para un correcto desarrollo emocional: STS 373/2013, de 31 de enero, Id Cendoj: 28079119912013100002.

441 Y deberá tratarse, al decir del Tribunal Constitucional español, de un riesgo evidente o peligro potencial, actual o futuro, a la integridad física y moral del menor: STC 022/2008, de 31 de enero de 2008.

En la relación jurídica respectiva, el menor es visto como un sujeto, dotado de una personalidad propia, y no como objeto del derecho: es más, se trata del protagonista y principal beneficiario[442]. Ahora bien, esta titularidad y protagonismo del menor no implica que él tenga en sus manos las decisiones relativas al derecho en sede de divorcio ni en sede general, como se verá[443].

1. Origen del derecho del hijo a relacionarse con su padre no custodio

Este derecho del hijo plantea interrogantes iniciales en relación con su fuente, con su origen: ¿de dónde emana este derecho? ¿es el correlato del *derecho-deber* del padre o surge con independencia, como un derecho propio? Para MARTÍNEZ DE AGUIRRE es precisamente del carácter de deber que el derecho de visita tiene para el padre, del que nace el derecho de los hijos a comunicarse con ambos progenitores en orden a su formación integral[444]. Desde mi punto de vista, si bien aquella fue una mirada inicial correcta, se trata hoy, conforme a los instrumentos internacionales y su actual configuración, de un derecho propio del hijo, de aquellos que perfilan su identidad y que por tanto se mueve –según se vio en el Capítulo anterior– en el ámbito de los derechos de la personalidad: un hijo tiene siempre derecho a relacionarse con sus padres tanto en la familia matrimonial como en las relaciones familiares quedadas con posterioridad al divorcio de los progenitores; negar este carácter al derecho del hijo implicaría generar para el hijo de un matrimonio divorciado –producto de una circunstancia que no ha provocado ni querido–, una disminución de sus derechos. Independientemente de la ruptura conyugal el hijo sigue contando con un padre y una madre y con una serie de derechos en su calidad de hijo, muy especialmente el derecho de crecer y desarrollar su personalidad recibiendo los cuidados y atenciones de ambos padres. Lo que cambia producto del divorcio es la forma como se desarrolla este derecho del menor y se cumplen los deberes de los progenitores, fruto de que muy cotidianamente estará bajo la custodia de uno solo de ellos.

El derecho del niño encuentra su origen en la relación jurídica subyacente, relación de filiación que le une a determinado padre y/o madre, como un

---

442 RIVERO HERNÁNDEZ, FRANCISCO, *El derecho...*, p. 152.

443 Salanova Villanueva expone la existencia de dos tesis sobre la calidad del menor como sujeto activo del derecho: una que lo considera siempre el único titular del derecho, pasando a ocupar los padres el carácter de sujetos pasivos, quienes tendrían un deber cuyo incumplimiento sería sancionable y, otra que ve en el menor un titular autónomo de un derecho, sin perjuicio de la titularidad del visitante: SALANOVA VILLANUEVA, MARTA, "Aproximación...", p. 494.

444 MARTÍNEZ DE AGUIRRE, CARLOS, "El derecho...", p. 148.

componente de su propia identidad (art. 8º CDN) y que le posibilita un as de relaciones familiares reconocidas y protegidas por el Ordenamiento[445].

El carácter de complejo *derecho-deber* que ciertamente asiste a éste derecho desde la óptica del padre y de su polo de actuación, explica una serie de derivaciones para el progenitor titular (no cabe la libre disposición, ni la renuncia, se abre la posibilidad de compelerlo a su cumplimiento, etc.) y, fundamenta también, las facultades de actuación judicial al respecto. Al ser un derecho de doble titularidad, algunas de dichas consecuencias se proyectan sobre los hijos, pero no representa dicho carácter la justificación o fuente de origen del derecho del menor: aunque se suprimiera el aspecto de deber y solo se reconociera respecto del padre un derecho a relacionarse sin cargas, igualmente el hijo conservaría su derecho propio y autónomo a relacionarse con sus progenitores.

2. Menor a quien corresponde el derecho

Sobre la específica persona de los hijos se han planteado algunas dudas respecto a su alcance en los art. 92 a 94 Cc. que son justamente los que contienen medidas o efectos del divorcio que se proyectan sobre los menores; por lo que conviene dilucidar si la referencia a *los hijos* que formulan éstas normas comprende únicamente a los hijos comunes ó también a los que lo fueren de uno sólo de los cónyuges[446].

En lo que a este análisis respecta, es razonable entender que el derecho a relacionarse se proyecta sobre los hijos comunes pues, tanto el art. 94 Cc., como el genérico art. 160 Cc., aluden a los "progenitores" y el art. 161 Cc se refiere a los "padres" exigiendo tal condición para los efectos del ejercicio del derecho; en consecuencia, debe tratarse de un hijo propio y común, ya tenga este carácter en virtud de filiación biológica, por técnicas de reproducción humana asistida cuando la fecundación es heteróloga o por adopción[447].

---

445 Del mismo modo que es natural que un padre quiera relacionarse con su hijo, lo es que el hijo quiera y pueda relacionarse con sus padres, con independencia de las circunstancias relacionales de los progenitores.

446 ALBÁCAR LÓPEZ, JOSÉ LUIS - MARTÍN-GRANIZO FERNÁNDEZ, MARIANO, *Código...*, p. 1071.

447 La filiación derivada de técnicas de reproducción humana asistida puede ser biológica o no en función de la procedencia de los gametos: será biológica de ambos padres cuando el óvulo y el espermio sean de ellos; será biológica de uno de ellos cuando el óvulo o el espermio sean de donante y, no será biológica de ninguno de los padres cuando ambos gametos sean de un donante. Explica Martínez de Aguirre que en las técnicas de reproducción asistida cuando el hijo ha sido concebido empleando gametos de quienes van a aparecer jurídicamente como sus progenitores (homóloga) la situación se reconduce a la filiación por naturaleza o biológica; en cambio, cuando el hijo ha sido concebido utilizando semen de donante (heteróloga), jurídicamente padre es el varón que consintió en la técnica (normalmente el marido), pero esa filiación no es por naturaleza ni por adopción: MARTÍNEZ DE AGUIRRE, CARLOS, *Curso de...*, p. 300. También se pueden ver las explicaciones de

Lo anterior no excluye la posibilidad de que respecto de un hijo anterior del o la cónyuge o conviviente, pueda aquél que no es su padre demandar la fijación de un régimen de comunicación o relaciones personales, pero aquello será posible bajo el carácter de allegado (art. 160.2 Cc.), pues respecto de los hijos de uno de los cónyuges, el otro no tiene los derechos ni los deberes que de la filiación derivan[448].

3. Voluntad del menor y el derecho a relacionarse con sus padres

Con el objeto de establecer si la titularidad que tiene el menor del derecho a relacionarse con sus padres luego del divorcio es una declaración carente de contenido, o por el contrario, si de ella se derivan consecuencias jurídicas apreciables, hay que centrarse en el examen de tres piezas claves: el alcance

---

HERRERA CAMPOS, RAMÓN, en SÁNCHEZ CALERO, FRANCISCO JAVIER (coord.), *Curso de Derecho Civil IV. Derecho de familia y sucesiones,* 5ª edición, Tirant Lo Blanch, Valencia 2009, p. 261 y ss.

[448] ALBÁCAR LÓPEZ, JOSÉ LUIS - MARTÍN-GRANIZO FERNÁNDEZ, MARIANO, *Código...*, p. 1071. El autor sostiene, sin embargo, que pese a la inexistencia de una filiación de hecho, y de los deberes propios de la relación paterno-filial, existe un deber moral implícito en la convivencia de dichos hijos en el marco del hogar familiar.

El rol del cónyuge o conviviente, padrastro o madrastra del menor, ha alcanzado cierta relevancia en la configuración armoniosa de las relaciones familiares en familias reconstituidas, al punto que hoy algunas Comunidades Autónomas regulan la participación de aquél en la toma de ciertas decisiones respecto de un menor que no es su hijo. Como muestra de esta tendencia y sin profundizar en el tema, se puede citar el art. 236-14 del Libro II del Cc. de Cataluña que señala respecto a las facultades del cónyuge o conviviente en pareja estable del progenitor:

1. El cónyuge o conviviente en pareja estable del progenitor que en cada momento tiene la guarda del hijo tiene derecho a participar en la toma de decisiones sobre los asuntos relativos a su vida diaria.

2. En caso de desacuerdo entre el progenitor y su cónyuge o conviviente en pareja estable prevalece el criterio del progenitor.

3. En caso de riesgo inminente para el menor, el cónyuge o conviviente en pareja estable del progenitor que tiene la guarda del hijo puede adoptar las medidas necesarias para el bienestar del hijo, de todo lo cual debe informar sin demora a su cónyuge o conviviente. Este debe informar de ello al otro progenitor.

El art. 85 del Código de Derecho Foral de Aragón, relativo a la *Autoridad familiar del padrastro o la madrastra,* por su parte establece:

1. El cónyuge del único titular de la autoridad familiar sobre un menor que conviva con ambos comparte el ejercicio de dicha autoridad.

2. Fallecido el único titular de la autoridad familiar, su cónyuge podrá continuar teniendo en su compañía a los hijos menores de aquel y encargarse de su crianza y educación, asumiendo a tales fines la correspondiente autoridad familiar.

Sobre la situación del que se podría denominar *padre social* y la parentalidad socio-afectiva en las familias reconstituidas, que en modo alguno ha de suponer restar importancia al vínculo biológico; pues cada vínculo tiene una identidad propia, se puede ver: TAMAYO HAYA, SILVIA, *El estatuto jurídico de los padrastros. Nuevas perspectivas jurídicas*, Editorial Reus, Madrid 2009. Para una visión panorámica actual de la situación en la Legislación europea se puede consultar: MATEO Y VILLA, IÑIGO, "Estatuto del cónyuge del progenitor. Legislación Europea", *Revista de Derecho de Familia,* Nº 52, Valladolid 2011, pp. 81-94.

que tiene la voluntad del menor en relación con este derecho; el resultado que produciría una oposición de su parte al régimen pactado o determinado en forma subsidiaria por el juez y; cómo y cuándo se puede manifestar la voluntad del menor[449]. A estas tres cuestiones se destinarán las próximas páginas, para luego plantear la posibilidad de reclamación del derecho por el propio menor.

A. Alcance de la voluntad del menor

La voluntad del menor no tiene relevancia alguna –así como tampoco la tiene la de los padres– en la existencia del derecho. Ya se ha precisado que éste es un derecho impuesto por ley, por lo que la voluntad no afecta su reconocimiento que ha sido realizado por el legislador al estimar beneficiosa para el menor la relación con sus padres. No se presenta igual radicalidad cuando se trata de la configuración del derecho o de su ejercicio. Sobre lo primero el Tribunal Constitucional español hace más de dos décadas señaló que *no existe un derecho de los hijos a establecer el cómo y el cuándo de los derechos de los progenitores contenidos en el art. 94 Cc.*, y que no puede identificarse su interés con lo eventualmente expresado por ellos[450]. La doctrina estima en ge-

[449] Resulta oportuno recordar que la Ley civil española de familia no es ajena a la consideración de la voluntad –o incluso a la exigencia de consentimiento del menor– cuando se trata de decisiones de trascendencia en su vida, y desde edades que no están al límite de la adultez, como podría pensarse. Como muestra de ello, entre las posibles, se pueden citar por encontrarse reguladas en el Cc. las dos siguientes: 1) el requerimiento de consentimiento del menor que tuviera doce años cumplidos para formalizar el acogimiento (art 173.2 Cc), de donde resulta la relevancia de su voluntad, no solo consultiva o informadora de una opinión o deseos que pueden o no, ser tenidos en cuenta, sino como un requisito determinante sin el cual, el acogimiento no podrá formalizarse. Al respecto se pueden ver algunas explicaciones en: MORENO FLÓREZ, ROSA MARÍA, en RAMS ALBESA, JOAQUÍN (coord.), *Comentarios al Código Civil,* tomo II, vol. 2, Bosch, Barcelona 2000, p. 1579. 2) El caso de la adopción, respecto de la cual el legislador distingue entre menores que deben ser simplemente oídos (el adoptando menor de doce años, si tuviera suficiente juicio) y aquellos que deben consentir en la adopción (adoptandos mayores de doce años). En esta última situación, el consentimiento es requisito "*sine qua non*" para la resolución judicial constitutiva de la adopción, no pudiendo el juez establecer una adopción cuando falte uno de los consentimientos requeridos (LACRUZ BERDEJO, JOSÉ LUIS - RAMS, JOAQUÍN, *Elementos de*..., p. 379; MORENO FLÓREZ, ROSA MARÍA, en RAMS ALBESA, JOAQUÍN (coord.), *Comentarios al*..., p. 1606); o cuando el adoptando mayor de doce años expresamente ha manifestado su disconformidad (PÉREZ ÁLVAREZ, MIGUEL ÁNGEL en MARTÍNEZ DE AGUIRRE, CARLOS (coord.), *Curso de*..., p. 421). La justificación de esta exigencia de consentimiento se explica en la intención de propiciar la decisión del menor antes de constituir un vínculo que debe responder a su propio interés y es irrevocable. El consentimiento en cuestión es específico: supone la emisión de una declaración manifestando la voluntad de querer ser adoptado por alguien en concreto: PÉREZ ÁLVAREZ, MIGUEL ÁNGEL en MARTÍNEZ DE AGUIRRE, CARLOS (coord.), *Curso de*..., p. 421.

[450] Auto TC 1056/1987, de 30 de septiembre. En el auto, que acuerda la inadmisión del recurso de amparo formulado, el Tribunal expresó: *La resolución de la Audiencia Territorial en apelación fue dictada tras oír a los hijos en las diligencias practicadas para mejor proveer, de las que se dio vista a la apelada, y no ha vulnerado el derecho a la tutela judicial efectiva de la demandante por*

neral que el derecho de visita no está a disposición del menor, de tal forma que no se puede confundir la voluntad o deseo del menor con su interés objetivo, que debe ser resguardado[451]; sin embargo, se considera que el menor podría participar en la configuración del derecho siendo oído por el juez o bien siendo considerada su voluntad en el convenio regulador[452]. Coincidiendo en general con esta apreciación, me parece que es necesario imprimir ciertos matices a la reflexión: la circunstancia de que el menor sea oído, no asegura –porque no hay equivalencia o correspondencia directa– su participación en la configuración del derecho: las opiniones del menor pueden tener alguna incidencia en el tiempo, modo y lugar de ejercicio del derecho, o puede ser oído y su opinión no ser considerada y, por tanto, no afectar en nada a la configuración. Que la opinión del menor sea efectivamente considerada al tiempo de configurar el régimen específico de relación dependerá de una serie de circunstancias concurrentes, entre ellas, su edad y madurez; por lo tanto, se trata de una voluntad no decisiva, no determinante en términos absolutos. Con todo, se advierte de la tendencia actual de la jurisprudencia –no uniforme– de diversas Audiencias Provinciales que habitualmente conceden especial relevancia a la voluntad expresada de los hijos[453].

En lo que respecta al ejercicio del derecho, nuevamente la edad del menor y su progresiva autonomía son condicionantes relevantes para que él pueda gozar y ejercer plenamente su derecho. No puede olvidarse en esto, que el menor no es un sujeto pasivo del derecho, sino el principal interesado y, por tanto, en la ejecución misma del régimen de relación su voluntad, conforme a su edad, puede llegar a ser determinante. En la primera infancia su voluntad y el ejercicio de su derecho estarán más bien mediados por su custodio; a medida que avanza su edad, el menor tendrá mayor autonomía para expresar su voluntad y participar en el ejercicio del derecho, asistiendo a las visitas, trasladándose al lugar respectivo, compartiendo y disfrutando de la relación con su padre no

---

el hecho de que, tras un nuevo análisis de la situación, modifique el fallo del Juez de Instancia, ya que el Tribunal ha decidido con plena jurisdicción sobre el litigio planteado, otorgando al padre un derecho que la Ley le reconoce, sin que pueda oponerse a esta concesión un inexistente derecho de los hijos a establecer el cómo y el cuándo de los derechos del progenitor contenidos en el art. 94 del Código Civil, y sin que pueda identificarse, como parece pretender la demandante, el interés de los hijos, que debe ser el norte de la decisión judicial, con lo eventualmente expresado por ellos dentro de un contexto que en todo caso ha de ser valorado por el Juez.

451 A este respecto se puede ver por ejemplo lo expuesto por Martínez De Aguirre, Carlos, "El derecho…", p. 154.

452 Echarte Feliú, Ana María, *Patria…*, p. 118.

453 Al respecto se pueden revisar por más actuales los comentarios de Cavanillas Múgica, Santiago, en Pasquau Liaño, Miguel (dir.), *Jurisprudencia…*, p. 491 y las sentencias allí citadas. Rivero Hernández daba cuenta de la ausencia de una dirección determinada de los tribunales españoles en estos asuntos: *en unas ocasiones se han basado en la voluntad de los menores para decidir sobre un concreto régimen de visita y otras veces han impuesto su criterio contra el parecer de los menores afectados*: Rivero Hernández, Francisco, *El derecho…*, p. 177.

custodio; el adolescente podrá proponer ajustes o modificaciones en el ejercicio de su derecho que se adecuen a sus condiciones de vida e intereses cambiantes (amigos, jornada escolar, deportes, actividades sociales, etc.)[454], incluso se le suele otorgar libertad suficiente para que opte voluntariamente por los momentos y ocasiones en que quiera estar con sus progenitores, sin forzarlo a cumplir regímenes rigoristas y preestablecidos[455].

Con las salvedades de la situación especial descrita respecto de menores adolescentes, hay que convenir que el de relación con sus padres, no es un derecho disponible para el hijo[456], pues se trata de un derecho que se reconoce a padres e hijos conjunta y simultáneamente, aunque se haga en interés preferente de éstos últimos.

B. Oposición del menor al régimen de relación

Frente a una situación de conflicto de intereses entre el menor y el padre titular formal del derecho, el juzgador debe optar, en principio, por salvaguardar el interés del menor[457]. En esta línea de pensamiento, se apunta que la prevalencia del interés del menor procederá en casos graves de colisión o incompatibilidad de intereses, una vez valorados adecuadamente todos los concurrentes y de haber intentado compatibilizarlos hasta donde ello sea alcanzable[458]. Cuando estos conflictos derivan de una negativa del menor a relacionarse con su padre no custodio, la respuesta, en mi opinión, debe ser observada en atención a las diversas circunstancias presentes.

a. Regla general y particularidades según la edad de los menores: teniendo presente que el beneficio del menor es el principio regulador en esta materia, resulta que, en general, su oposición a determinado régimen de visita aunque debe ser tenida en cuenta no es por si sola decisiva para rechazarlo[459], por no existir

[454] Montero Aroca pone de manifiesto que en la práctica judicial de diversas Audiencias Provinciales el criterio básico determinador del modo de hacerse efectivo el derecho de visita atiende a la edad del hijo, sirviendo en algunos casos como fundamento de la decisión y, en otros, para modularla: Montero Aroca, Juan (coord.), *Los procesos...*, p. 505.

[455] Pérez Conesa, Carmen, *Las medidas...*, p. 68.

[456] Castilla Barea, Margarita - Cabezuelo Arenas, Ana Laura, "Disposiciones...", p. 458.

[457] Ragel Sánchez, Luis, *Nulidad...*, p. 116; Guilarte Martín-Calero, Cristina, en Guilarte Gutiérrez, Vicente (dir.), *Comentarios a la...*, p. 146.

[458] Rivero Hernández, Francisco, *El derecho...*, p. 180. El autor es de opinión de impedir el ejercicio del derecho de visita solo cuando éstas causen algún daño al menor: su ejercicio estaría subordinado a la ausencia de perjuicio al menor, por tanto, se permitiría incluso cuando no proporcione ninguna utilidad actual al mismo.

[459] Martínez De Aguirre, Carlos, *Curso de...* p. 176. Cavanillas Múgica da cuenta de jurisprudencia menor dividida al respecto: en algunos casos se ha llegado a dejar abierto el régimen de visitas, de tal manera que éstas solo procedieran cuando el menor las aceptara; en otros casos,

correspondencia directa entre el interés o beneficio del menor y su deseo expresado[460]. Analizando la respuesta jurisprudencial en estos casos[461], se propone distinguir entre las situaciones de efectivo rechazo y aquellas en que hay una ausencia de relación. Para éste último caso, la opinión jurisprudencial estima mas recomendable el establecimiento de un régimen que permita recomponer la relación que falta. En el primer caso, en cambio, la respuesta jurisprudencial distingue entre los procesos normales y aquellos que atañen a hijos cercanos a la mayoría de edad: para los primeros se recomienda un régimen progresivo en intensidad, el cual, por tanto, se impondrá a los hijos en contra de su voluntad declarada. Este régimen progresivo, puede acompañarse –en situaciones más extremas de rechazo– de un tratamiento psicológico destinado a favorecer tales relaciones.

Cuando se trata de hijos adolescentes, cercanos a la mayoría de edad, se ha advertido que la postura de los tribunales cambia radicalmente y el rechazo del menor al régimen suele considerarse determinante, por ser inútil imponer unas visitas que no van a alterar los sentimientos del menor y por la imposibilidad de ejecutar la medida[462]. Ahora bien, la consideración del rechazo del menor próximo a la mayoría de edad no implica necesariamente la suspensión o privación del derecho, sino en muchos casos el establecimiento de regímenes

---

se han impuesto al menor: CAVANILLAS MÚGICA, SANTIAGO, en PASQUAU LIAÑO, MIGUEL (dir.), *Jurisprudencia...*, p. 491.

[460] El rechazo o reticencia del hijo *no puede constituirse en causa para privar a la madre del régimen de visita normalizado (...) no constituye causa objetiva que justifique la privación. Un niño de 12 años quiere muchas cosas. No todas le convienen*: AP A Coruña, nº 232/2012, de 18 de mayo, sección 3ª, id vlex: VLEX-382558890.

[461] Al respecto se pueden ver las explicaciones de GARCÍA PASTOR, MILAGROS, *La situación...*, p. 256 y ss.

[462] GARCÍA PASTOR, MILAGROS, *La situación...*, p. 256 y ss. En las Conclusiones del Seminario de Jueces sobre *Régimen de Visitas, Puntos de Encuentro y Casas de Acogida*, celebrado en Madrid en mayo de 2004, se estableció que en los supuestos de incumplimiento del régimen de visitas estipulado judicialmente, si el no cumplimiento proviene de causa imputable al menor, se constata la imposibilidad de obligar al menor adolescente a cumplir de la forma impuesta el régimen establecido admitiéndose únicamente la posibilidad de proponer el seguimiento de un tratamiento terapéutico que permita desbloquear la situación existente (Versión electrónica en www.poderjudicial.es/.../conclusiones%20..., consultada el 24 de agosto de 2012).

Conforme a las recomendaciones para la elaboración de planes de parentalidad de la Sección de Psicología Jurídica del Colegio oficial de Psicólogos de Cataluña, aprobadas por la Junta de Gobierno en diciembre de 2011, respecto del régimen de estancia, relación y comunicación con los hijos durante los periodos en que un progenitor no los tenga con él, se debe tener en cuenta, entre otros, el momento evolutivo y las características de cada uno de los menores. En especial, respecto de los menores adolescentes, se recomienda tener en cuenta su situación personal, argumentos y opiniones a la hora de establecer la relación con cada uno de sus progenitores, ya que, cada vez son más autónomos en la organización y estructuración de su vida y empieza a tomar mucha más importancia su vida social y rutinas personales.

de comunicación muy flexibles que suponen cierta libertad de éstos hijos para relacionarse con su madre o padre no custodio según estimen conveniente[463].

b. Valoración judicial de la oposición: el juez, en quien reside la tutela de los derechos del menor, deberá evaluar el deseo expresado por éste de no relacionarse con uno de sus progenitores, el cual bien puede provenir de un legitimo temor a verse afectado en su salud o integridad física o psicológica producto de episodios de maltrato; a la mala relación del menor con la nueva pareja del progenitor no custodio; a la influencia maliciosa del custodio[464] o incluso al deseo del menor de eludir la disciplina del visitante[465]. La valoración de la opinión de los menores, implica realizar un análisis crítico para verificar si la negativa es espontánea o inducida[466],

---

[463] PÉREZ MARTÍN, ANTONIO, en DOMÍNGUEZ LUELMO, ANDRÉS (coord.), *Comentarios...*, p. 202. En general, se informa que el criterio que siguen los tribunales en la práctica forense es el de constatar que a partir de los 15 años resulta incoercible e incluso contraproducente la imposición al hijo de un rígido y obligatorio sistema de comunicación con el padre no custodio, prefiriéndose un régimen flexible a voluntad del propio menor: TRINCHANT BLASCO, CARLOS (coord.), *Memento...*, p. 398.

La AP A Coruña determinó la reducción del régimen de visitas respecto de un menor de 17 años que no quería pernoctar con su padre y la nueva pareja de éste, ni seguir con el régimen de los fines de semana alternos. Para dicho efecto, la Audiencia tuvo en consideración el rechazo expresado por el menor y que el régimen se extinguiría en pocos meses cuando el menor cumpliera 18 años de edad. La sentencia hace presente que *nada impide que el hijo menor, si ese es su deseo, mantenga relaciones con su padre en periodo de tiempo más amplios de los que este tribunal establece*: AP A Coruña, sentencia 117/2012, de 16 de marzo (id. vlex: VLEX-365407590).

[464] La Exposición de Motivos de la LOPJM justamente indica que el riesgo de manipulación hace necesario moderar la posibilidad de ejercicio de sus derechos por el propio menor, con la exigencia de protección que por razón de edad los menores merecen. Como bien informa Marín García de Leonardo, los conflictos en el régimen de visitas y el rechazo por parte de los hijos pueden aparecer por muy diversas causas, entre ellas: un divorcio que trae causa en una relación afectiva por parte del progenitor no conviviente, desacuerdos sobre el cuidado de los hijos que han sido contenido importante de la ruptura, conflicto generado por un cambio radical en el estilo de vida de uno de los padres, incidencia notable de las cuestiones económicas, irresponsabilidad crónica de uno de los padres, divorcios en los que existe un alto nivel de conflicto inter-parental y/o una falta de concordancia respecto a la decisión de separarse, batalla por la custodia de los hijos, psicopatologías de uno de los progenitores que interfieren con su actividad parental, progenitor excesivamente rígido o controlador, alcoholismo o cualquier otra dificultad personal seria, déficits en las habilidades del progenitor que no tiene la custodia y que se encuentra tras la ruptura teniendo que establecer una nueva relación con ellos, sin la presencia de la otra parte, conducta oposicionista en preadolescentes y adolescentes que se considera algo evolutivamente normal, violencia de género y situaciones de abusos físicos o sexuales. En vista de la existencia de estos múltiples factores, sugiere que el juez analice no solo la situación de negativa de un menor a ver al progenitor no conviviente, sino también las circunstancias en las que se produjo la desestructuración: MARÍN GARCÍA DE LEONARDO, MARÍA TERESA, "El síndrome de alienación parental: la carreta delante de los bueyes", *Diario La Ley*, No 7567, Sección Tribuna, 2011.

[465] CAVANILLAS MÚGICA, SANTIAGO, en PASQUAU LIAÑO, MIGUEL (dir.), *Jurisprudencia...*, p. 491.

[466] Deberá concederse el régimen de visita cuando aparezca que la opinión de los menores pese a su autonomía se encuentra notablemente influencia por el custodio: RAGEL SÁNCHEZ, LUIS, *Nulidad...*, p. 115.

injustificada o justificada[467]. En éste último caso, hay que determinar si los motivos alegados se refieren a una subjetividad o si conectan con hechos objetivos cuya entidad alcanza para explicar la suspensión o restricción del régimen comunicacional[468].

En dicha valoración se debe considerar por una parte, que, en principio, el legislador ha realizado ya un juicio positivo sobre la conveniencia del derecho al consagrarlo en los arts. 94, 160 y 161 del Cc. pero también que, a cierta edad de los menores éste derecho no puede imponerse coactivamente contra su voluntad, pues ello iría en contra de las finalidades de la figura[469]. A partir de ahí, y sin perder de vista la relevancia del derecho en el correcto desarrollo actual y futuro del hijo, se informa que la jurisprudencia menor, si bien estima que el rechazo del hijo hacia el progenitor con quien no convive es una circunstancia relativamente corriente, la respuesta de los tribunales es en general no considerarla motivo suficiente para la suspensión del derecho, por estimar, en general, que para el correcto desarrollo actual y futuro del hijo es necesario que mantenga contacto con ambos progenitores[470]. El rechazo podrá dar lugar, como se ha indicado líneas atrás, a un tratamiento distinto del régimen: como

---

[467] Como muestra de negativa injustificada, puede citarse la expuesta en sentencia de la AP de Cuenca de 29 de mayo de 2012. El menor señaló *que no quiere ver a su padre (...) puesto que su padre no le da el dinero que necesita para poder salir o para poder hacer algún viaje con el colegio...* la Audiencia estableció un régimen de relación pese a esta negativa del hijo: sentencia 154/2012 de 29 mayo, JUR\2012\242238.

[468] Analizando algunos criterios particulares sobre modificación de la medida, Pérez Conesa informa que las AP tienen en cuenta el rechazo del hijo hacia el progenitor titular del derecho de visita sólo si responde a su interés objetivamente considerado y no a su sola voluntad o deseo de no querer tener relación con aquél: Pérez Conesa, Carmen, *Las medidas...*, p. 68. La voluntad del hijo debe tomarse en consideración no como expresión de un querer frío, psicológico, sino en cuanto voluntad razonada que puede responder a unas causas que deben ser valoradas y, en su caso, atendidas: Rivero Hernández, Francisco, "Las relaciones...", p. 85.

[469] Martínez De Aguirre, Carlos, "El derecho...", p. 154. Rivero Hernández precisa que entre las dos posiciones extremas –dar pleno valor o no dar trascendencia alguna a la voluntad del menor– tan peligrosa, parcial e injusta es una solución como otra, adoptada sin más y como regla general: Rivero Hernández, Francisco, "La guarda...", p. 72. Tomando en cuenta la complejidad de la valoración, y los riesgos de la decisión que se adopte, se considera conveniente acordar, antes de resolver, que se emita un informe pericial psicosocial por el equipo técnico adscrito al juzgado, en el que, después de explorar a los menores y, en su caso, a los progenitores, se dictamine, si la oposición del menor es inducida por el progenitor custodio y el régimen de visita que resulte procedente aplicar en lo sucesivo. Conforme a la edad del menor y sin perjuicio del informe, es igualmente aconsejable que se practique la exploración judicial del menor para conocer de primera mano tanto la voluntad del menor como su grado de madurez y el fundamento de su negativa a estar con su progenitor. A ello se sumará el interrogatorio de los litigantes: González Del Pozo, Juan Pablo, "La ejecución forzosa de obligaciones de hacer y entregar cosa determinada en los procesos de familia y menores", en Saravia González, Ana - García Criado, Juan José (dirs.), *La Jurisdicción de Familia: especialización, ejecución de resoluciones y custodia compartida*, CGPJ, Madrid 2007, p. 107 y ss.

[470] Al respecto se pueden ver los comentarios de: García Pastor, Milagros, "El derecho...", p. 760.

limitaciones en su duración, fijación de condiciones especiales de lugar, presencia de terceras personas, sometimiento del niño a tratamiento psicológico, evaluaciones periódicas, entre otras válidas.

c. *Proyección de los deberes del menor frente a su oposición*: llama la atención la escasa conexión que se plantea al analizar la oposición del menor, entre su voluntad respecto de este derecho y sus deberes como hijo. Me parece interesante complementar el análisis recordando que los hijos bajo patria potestad deben obediencia a sus padres, situación que no se modifica en caso de padres divorciados (art. 155 Cc). Dentro de la obediencia, que implica cierto grado de dependencia y sujeción de los hijos a sus padres, se puede entender que ellos deban respetar el régimen de relación acordado o regulado en la sentencia de divorcio[471]; por ello se sugiere que es justamente este deber de obediencia el que debe ser traído a colación en ocasiones en que es la propia voluntad del hijo la que impide que un progenitor cumpla con sus obligaciones, por ejemplo cuando el hijo no quiera relacionarse con el progenitor no custodio[472]. Ahora bien, ciertamente esta obediencia resultará más pacífica –o menos problemática– cuanto mayor sea el grado de participación del hijo en las decisiones que le afecten y cuyo cumplimiento después le va a ser exigido, como ocurre justamente con el régimen de relación[473]. Del mismo modo, influirá en ella el grado de autonomía e independencia del hijo conforme a su edad.

Lo propio ocurre con el deber de respeto, que implica una conducta considerada y adecuada de los hijos hacia los padres, y que, a diferencia del de obediencia, es perpetuo. Los deberes de obediencia y respeto no se extinguen por el hecho del divorcio; por el contrario, el mismo respeto y obediencia exigible cuando los padres estaban casados –lo que facilitaba su relación personal– es reivindicable con posterioridad al divorcio. Estos deberes proceden directamente de la relación paterno-filial y conllevan, en el punto que interesa, el acatamiento de lo acordado por los padres respecto del régimen de relación o de lo dispuesto subsidiariamente por el juez.

En esta señalada perspectiva se ha pronunciado recientemente la Audiencia Provincial de Tarragona al hacer patente el aspecto de deber que el régimen de visitas comporta para el menor en orden a mantener la adecuada relación con el padre, señalando que al deber del progenitor no custodio que emana del régimen de visitas, estancias y comunicaciones se corresponde el deber del

---

471 Ragel Sánchez, Luis, *Estudio legislativo y jurisprudencial de derecho civil: familia*, Dykinson, Madrid 2001, p. 193.

472 Yzquierdo Tolsada, Mariano, "La patria potestad", en Yzquierdo Tolsada, Mariano y Cuena Casas, Matilde (dirs.), *Tratado de Derecho de Familia*, vol. VI, *Las crisis matrimoniales*, Thomson-Reuters/Aranzadi, Cizur Menor 2011, p. 62.

473 Rubio San Román, José Ignacio en Rams Albesa, Joaquín (coord.), *Comentarios...*, p. 1486.

guardador de promoverla y facilitarla *y del menor de cumplirlo como parte del deber de obedecer a sus progenitores (art. 144 del C de F) y de su sometimiento al imperio de la Ley, por lo que como tal deber no puede quedar a la libre determinación del menor, y así si en el referido código se dispone la audiencia del menor cuando tiene la suficiente madurez, en caso alguno se consagra su poder de libre decisión*[474].

d. Oposición y renuncia del derecho: Finalmente, vinculado con la oposición se encuentra la eventual situación de renuncia del derecho que tiene el menor a relacionarse con sus progenitores. Para algunos autores éste es para el hijo un derecho irrenunciable[475], mientras que otros, principalmente basados en el pretendido carácter de derecho subjetivo pleno que tendría para el hijo el relacionarse con sus progenitores, opinan que cabría la renuncia en el momento que el menor así lo desee, lo que podría ser peligroso durante la infancia, pero no así durante la adolescencia, pudiendo el adolescente abandonar voluntariamente el derecho[476]. Como se anticipó al tratar la naturaleza del derecho desde la óptica del hijo, para el menor ser titular de un derecho no es igual que para un adulto[477]; por ello estimo que, como sucede siempre que se está frente a derechos pertenecientes a un menor, el juez tutelará su interés teniendo la última palabra: puede, en consecuencia, ajustar el régimen de relación a las necesidades e interés del menor, según los criterios y consideraciones antes expresados.

En síntesis, no es posible condicionar el derecho de relación con los padres al consentimiento de los hijos: tal condición, mediatizada por múltiples factores, solo podría aparecer justificada en circunstancias especiales o cuando los hijos tuvieren edad y capacidad suficiente para tomar libre y no caprichosamente una decisión sobre tal extremo[478]. Los deseos puntuales de un menor, no

---

474 Audiencia Provincial de Tarragona (Sección 1a), sentencia núm. 368/2012 de 7 septiembre, JUR\2012\351824.

475 PÉREZ VALLEJO, ANA Mª, "Régimen de...", p. 356.

476 ECHARTE FELIÚ, ANA MARÍA, *Patria...*, p. 118.

477 Ver Capítulo Segundo, apartado 5: Naturaleza Jurídica del Derecho a relacionarse.

478 VÁZQUEZ IRUZUBIETA, CARLOS, *Matrimonio y divorcio,* Dijusa, Madrid 2005, p. 180. Las circunstancias especiales podrían ser, como lo consideró el Tribunal Supremo en sentencia de 21 de noviembre de 2005 las condenas penales del padre por delito de malos tratos al haber causado lesiones al hijo. En tal caso, primó de forma evidente el interés superior del hijo sobre cualquier otro interés legítimo que pudiera concurrir.

García Pastor analiza dos sentencias del Tribunal Supremo del año 1993 donde una de las situaciones fácticas directa o indirectamente valorada por el Tribunal, a los efectos de conceder o denegar el derecho de visita a la madre, fue el rechazo del hijo hacia la progenitora (la otra circunstancia fue la existencia de relaciones tensas entre los dos progenitores, cuestión a la que no voy a referirme en esta parte). Además de comentar que el rechazo es una situación relativamente corriente que deben tratar los tribunales, señala que la respuesta de primera instancia y de las audiencias fue que el rechazo del hijo no es considerado motivo suficiente para la suspensión *sine die* del derecho de visita, por estimar los tribunales, en general, que para el correcto desarrollo actual, y sobre todo se convierten en el elemento esencial decisorio, pero sí deben ponderarse por el juez, como un elemento mas a valorar[479].

C. Forma y oportunidad de manifestación de la voluntad del menor

Si bien el menor no tiene, por regla general, como se ha visto, un poder de disposición sobre el derecho que le es propio ni sobre su régimen de ejercicio, su titularidad sí implica que debe ser escuchado e informado.

Considerando su edad, es fundamental que el menor sea informado sobre las particularidades del específico régimen de relación con su progenitor no custodio (días, horarios, lugar, duración, quién lo recoge y entrega, transporte, etc.) a fin de que pueda participar más adecuadamente en el ejercicio. El derecho a ser oído, por su parte, es la principal forma de manifestación de voluntad que se reconoce al menor en sede de divorcio (y en sede general), respecto de su derecho a relacionarse con sus progenitores. Se ha llegado a sostener que el régimen de visita precisa de la audiencia de los menores, lo que no puede obviarse, en opinión de la jurisprudencia, sin incurrir en denegación de la tutela judicial efectiva[480]. Como ya se viene advirtiendo *la necesidad de que los menores sean oídos no puede traducirse en que sea su voluntad la que haya de imponerse en todo caso, pues no es a ellos a quien corresponde tomar la decisión sobre algo tan trascendente –no hay que confundir el deseo del menor con el principio del "favor filii" y superior interés del menor que ha de presidir esta decisión– pero es indudable que su opinión ha de ser considerada y, cuando menos conocida, teniendo en cuenta, además, que*

futuro, del hijo es necesario (la autora lo considera "imprescindible") que mantenga contacto con ambos progenitores. Lo anterior no implica que el rechazo del hijo hacia uno de sus progenitores sea ignorado por los tribunales, sino que la respuesta jurisprudencial hacia el mismo es diversa atendiendo a las circunstancias. Este criterio fue asumido por el Tribunal Supremo en la sentencia de 22 de mayo de 1993 estimando que la hija en principio solo puede obtener beneficios en su formación con el contacto con ambos progenitores; de ahí que solo circunstancias excepcionales pueden aconsejar suspender el derecho. La autora estima que el criterio de aplicación del art. 94 Cc. en esta sentencia coincide con el fundamento y la función que tiene encomendado el derecho de visita, esto es, conseguir que el hijo mantenga una relación lo mas completa posible con el progenitor con el que no convive, pudiendo ser suspendido solo cuando tal derecho ponga gravemente en peligro la salud o la educación del hijo, por tanto, el rechazo de la hija hacia la madre, dado los beneficios que de la relación puede obtener, no es causa suficiente para suspender el derecho: García Pastor, Milagros, "El derecho…", p. 760 y ss.

[479] AP A Coruña, sección 3ª, sentencia 553/2011, de 28 de octubre (id vlex: VLEX-345019158). El Tribunal Supremo reconociendo que los conflictos a ciertas edades entre padres e hijos son en cierta manera lógicos, descarta que una oposición de los hijos pueda servir sin más de argumento para modificar una medida: STS 6808/2012, de 25 de octubre, Id Cendoj: 28079110012012100605.

[480] Jurisprudencia citada en Caballero Gea, José-Alfredo, *Matrimonio…*, p. 230.

dentro del amplio estadio de la minoría de edad cada etapa evolutiva tiene sus propias peculiaridades[481].

Razonablemente la expresión de voluntad del menor mediante el ejercicio de su derecho a ser oído en el proceso de divorcio respecto de sus derechos, solo es pertinente a partir de cierto momento evolutivo: por ello la CDN en su art. 12.1 expresamente señala que *los Estados Partes garantizarán al niño que esté en condiciones de formarse un juicio propio el derecho de expresar su opinión libremente en todos los asuntos que afectan al niño, teniéndose debidamente en cuenta las opiniones del niño, en función de la edad y madurez del niño.* En todo *procedimiento judicial o administrativo que le afecte se dará en particular al niño oportunidad de ser escuchado (...), ya sea directamente o por medio de un representante o de un órgano apropiado*, en consonancia con las normas de procedimiento de la ley nacional (art. 12.2 CDN)[482].

En sede de divorcio el asunto se regula en el art. 92 números 2 y 6, con alguna variación en la concesión del derecho: el apartado segundo se refiere a un *derecho del menor* de cuyo cumplimiento debe velar el juez cada vez que le corresponda adoptar cualquier medida sobre custodia, cuidado y educación de los hijos menores, dando por sentada la existencia del derecho, aunque no se especifica a partir de qué edad o bajo qué circunstancias[483]; por su parte, el sexto apartado, pone el acento en la obligación del juez de oír a los menores, restringiéndola en dos sentidos: respecto de los menores que pueden ejercer el derecho (los que tengan *suficiente juicio* y no todos) lo que parece muy razonable; y respecto de la circunstancia de conveniencia que hace procedente la expresión de voluntad del menor "*cuando se estime necesario*", abriendo paso a la discrecionalidad en la calificación de la necesidad requerida[484].

---

[481] Audiencia Provincial de Tarragona (Sección 1a) sentencia núm. 368/2012 de 7 septiembre, JUR\2012\351824. Antes, en idéntico sentido, la Audiencia Provincial de Lleida, Sección 2a, en sentencia de 30 de marzo de 2011.

[482] La CDN reconoce en el art. 12 –y antes en el art. 5–, la autonomía progresiva del menor en el ejercicio de sus derechos. En opinión de la Corte Interamericana de Derechos Humanos *el aplicador del Derecho, sea en el ámbito administrativo, sea en el judicial, deberá tomar en consideración las condiciones específicas del menor y su interés superior para acordar la participación de éste, según corresponda, en la determinación de sus derechos. En la ponderación se procurará el mayor acceso del menor, en la medida de lo posible, al examen de su propio caso*: Opinión Consultiva 17/2002, párrafo 102.

[483] Seisdedos Muiño, Ana, "Las medidas relativas a los hijos en los procesos de divorcio y de separación matrimonial: primera aproximación al nuevo texto del Código Civil (Ley 15/2005)", versión electrónica en: www.westlaw.es, BIB 2005/2649, visitado el 11 de octubre de 2010.

[484] Al efecto, el Tribunal Constitucional ha precisado que la aprobación de la Ley 15/2005, dio lugar a una nueva redacción del art. 92 Cc. de la que se deduce que la audiencia personal al menor por el Juez está sujeta, por una parte, a la aptitud mental del menor y, por otra, a que se estime necesaria de oficio o a petición del Fiscal, partes, miembros del equipo técnico judicial o del propio menor, admitiendo su no obligatoriedad: STC 163/2009, de 29 de junio de 2009, versión electrónica en www.tribunalconstitucional.es.

Ahora bien, conforme al apartado 4 del art. 770 de la Lec *si el procedimiento fuere contencioso y se estime necesario de oficio o a petición del fiscal, partes o miembros del equipo técnico judicial o del propio menor, se oirá a los hijos menores o incapacitados si tuviesen suficiente juicio y, en todo caso, a los mayores de doce años*, de donde resulta que en los procedimientos de mutuo acuerdo no será preceptiva la audiencia de los hijos menores. Respecto a los contenciosos, siguiendo lo dispuesto por el art. 92.6 Cc. se oirá a los menores cuando se estime necesario, pero, en todo caso a los mayores de doce años por aplicación del art. 770.4 Lec. De modo que, al menos en el procedimiento contencioso, el régimen sigue siendo el mismo que antes de la reforma de 2005.

Mayor contundencia y claridad se presenta en el art. 9 de la LO 1/1996 de 15 de enero, de Protección Jurídica del Menor, que reconoce como un derecho del niño el ser oído cuando –en el ámbito administrativo o judicial– una decisión pueda afectar su esfera personal, familiar o social, e introduce la dimensión del desarrollo evolutivo en el ejercicio directo de los derechos del menor, precisando que las limitaciones que pudieran derivarse del hecho evolutivo deben interpretarse de forma restrictiva, debiendo centrarse más en los procedimientos; de tal manera que se adoptarán aquéllos que sean más adecuados a la edad del sujeto (*Exposición de Motivos*)[485]. En virtud de la aplicación del precepto, el

---

La legislación que antecedía a la reforma de 2005 indicaba: *las medidas judiciales sobre el cuidado y educación de los hijos serán adoptadas en beneficio de ellos, tras oírles si tuvieren suficiente juicio y siempre a los mayores de doce años.* Tal redacción guardaba mayor correspondencia con las normas sobre relaciones paterno-filiales, específicamente con los arts. 154 y 159 Cc. que consagran efectivamente el carácter de deber de oír a los hijos y su beneficio. Es precisamente este carácter el que se ha perdido en la normativa sustantiva en sede de divorcio, quedando más bien consagrado como una facultad del juez o cómo un derecho condicionado del menor.

Estima Seisdedos Muiño que en la actual legalidad, esta disposición se ha convertido en una norma superflua, al no recoger ya la alusión al beneficio del menor ni los criterios para que éste deba ser oído. *Si ya la Ley Orgánica de Protección del Menor de forma general, y el propio artículo 92.6 Cc, por lo que se refiere a los procesos matrimoniales, proclaman ese derecho, parece innecesario un precepto que se limita a advertir a los jueces de que tiene que velar por el cumplimiento del mismo.* Seisdedos Muiño, Ana, "Las medidas…" Sin embargo, se ha justificado la modificación legal en la necesidad de proteger a los menores de los efectos negativos que produce en ellos su presencia y exploración en un juzgado, debiendo conciliarse el derecho reconocido de los menores, el deber respectivo del juez, con la posibilidad de prescindir del mismo cuando ello redunde en beneficio del menor: Afonso Rodríguez, Mª Elvira, en De Pablo Contreras, Pedro - Valpuesta Fernández, Rosario (coords.), *Código Civil Comentado*, vol. I, Thomson Reuter/Civitas, Cizur Menor 2012, p. 499.

485 Artículo 9 LO 1/1996. Derecho a ser oído: *1. El menor tiene derecho a ser oído, tanto en el ámbito familiar como en cualquier procedimiento administrativo o judicial en que esté directamente implicado y que conduzca a una decisión que afecte a su esfera personal, familiar o social. En los procedimientos judiciales, las comparecencias del menor se realizarán de forma adecuada a su situación y al desarrollo evolutivo de éste, cuidando de preservar su intimidad. 2. Se garantizará que el menor pueda ejercitar este derecho por sí mismo o a través de la persona que designe para que le represente, cuando tenga suficiente juicio. No obstante, cuando ello no sea posible o no convenga al interés del menor, podrá conocerse su opinión por medio de sus representantes legales,*

menor puede ejercer su derecho a ser oído respecto del régimen de relación en el procedimiento de divorcio, por afectar dicho régimen tanto su esfera familiar como personal[486]. Sin embargo, como recuerda el Tribunal Constitucional, *no se trata de un derecho absoluto e incondicionado*[487]. La última doctrina del Tribunal Constitucional sobre audiencia de los menores, recogida en las SSTC 139/2008, de 26 de mayo y 163/2009, de 29 de junio, señala que *la audiencia al menor no se concibe ya con carácter esencial, siendo así que el conocimiento del parecer del menor puede sustanciarse a través de determinadas personas (art. 9.2 de la ley orgánica 1/1996) y sólo resultará obligado cuando se estime necesario de oficio o a petición del fiscal, partes o miembros del equipo técnico judicial, o del propio menor (art. 92.6 Cc).*

Podrá prescindirse de dicha audiencia cuando la opinión del menor ya sea conocida a través del informe pericial psicosocial emitido por el equipo técnico del Juzgado, con base en las manifestaciones hechas por el menor a los peritos. Queda así matizada la anterior doctrina del Tribunal Constitucional, que había establecido con rotundidad la nulidad de las resoluciones judiciales relativas a hijos menores dictadas por el Juez en los procesos de familia, sin haber practicado la previa exploración de los mismos cuando éstos hubieren cumplido la edad de 12 años o tuvieren suficiente juicio, aunque no hubieren alcanzado esa edad[488].

En reconocimiento a la variedad evolutiva en el desarrollo cognitivo de los menores, no se fija una edad mínima de expresión de voluntad excluyente. En la alusión a la *suficiencia de juicio*, parece recogerse la diferencia notable, dentro de la minoría de edad, entre la infancia, la adolescencia y la juventud, lo que necesariamente debe ser considerado por el juez a la hora de decidir a qué menores oír y en qué medida atender a sus opiniones. No todo menor será oído y no todas sus opiniones serán consideradas. Se estima *que el menor tiene juicio suficiente cuando posee una capacidad de entender y querer de forma razonada que le permite manifestar una opinión coherente y de acuerdo a sus*

---

siempre que no sean parte interesada ni tengan intereses contrapuestos a los del menor, o a través de otras personas que por su profesión o relación de especial confianza con él puedan transmitirla objetivamente. 3. Cuando el menor solicite ser oído directamente o por medio de persona que le represente, la denegación de la audiencia será motivada y comunicada al Ministerio Fiscal y a aquéllos.

486 Cabe recordar que el art. 92 Cc. se encuentra en las normas que regulan la patria potestad y la guarda y custodia en materia de separación, nulidad y divorcio, no existiendo norma especial para el régimen de relación del art. 94, aunque igualmente el Código Civil proporciona como norma general el deber de oír a los menores en el art. 154.

487 STC 022/2008, de 31 de enero, en expresa referencia al derecho del menor a ser oído del art. 9 de la Ley Orgánica 1/1996.

488 Al respecto se pueden ver las reflexiones que formula Moro Bonillo, Esther, "La voluntad del menor en el cambio de custodia", en *Revista de Derecho de Familia*, nº 57, Valladolid 2012, p 47 y ss.

intereses. Se trata de un concepto jurídico indeterminado, cuya existencia además debe valorarse en relación con la concreta decisión que se pretende adoptar[489]. Conforme a esta idea, no es la edad un criterio que pueda sin más y por sí sólo encasillar el deber de oír al menor; la ley reconoce que el proceso de formación de la conciencia humana es gradual.

En cuanto a la forma de expresar su voluntad, la opinión del menor podría manifestarse de forma directa en la audiencia a que concurre, o de forma indirecta por medio de su representante legal o persona de su confianza[490].

Ahora bien, cuando el proceso es matrimonial, los padres, representantes legales de sus hijos por efecto de la patria potestad, no serán normalmente adecuados para hacer dicha manifestación en su nombre, por el conflicto de intereses que se plantea: terminaría el padre, por regla general, representando sólo su interés personal y desatendiendo el interés superior del hijo; de ahí la importancia de oír personalmente al menor y tener en consideración su opinión o de nombrarle un defensor judicial (art. 163, 299 Nº1 y 300 Cc.). El párrafo final de la regla 4ª del art. 770 Lec, luego de la modificación de la Ley 13/2009, de 3 de noviembre, expresa en este sentido que *en las exploraciones de menores en los procedimientos civiles se garantizará por el Juez que el menor pueda ser oído en condiciones idóneas para la salvaguarda de sus intereses, sin interferencias de otras personas, y recabando excepcionalmente el auxilio de especialistas cuando ello sea necesario.*

La audiencia en que participe el menor debería orientarse al conocimiento de su personalidad, de sus necesidades materiales y afectivas, al grado de afectividad con su progenitor no custodio, al tipo de relación que mantenía con él vigente el matrimonio, a determinar qué es lo que efectivamente esta pasando y cuáles son los problemas de la relación paterno-filial[491]. En la decodificación de sus opiniones puede adquirir gran significación la colaboración de especialistas.

---

[489] MARÍN LÓPEZ, MANUEL, "La audiencia del menor en los procesos matrimoniales tras la Ley 15/2005, de 8 de julio, que modifica el régimen de la separación y el divorcio", *Revista de Derecho Privado y Constitución*, Nº 23, Madrid 2009. Respecto de una decisión sobre guarda y custodia en un juicio de separación matrimonial, el Tribunal Constitucional señaló que ésta *afecta a la esfera personal y familiar de un menor, que, con nueve años de edad, en el momento de resolverse el recurso de apelación, gozaba ya del juicio suficiente para ser explorado por la Audiencia Provincial, con el fin de hacer efectivo el derecho a ser oído que el art. 9 de la Ley Orgánica 1/1996, de 15 de enero, de protección jurídica del menor, reconoce a los menores en cualquier procedimiento judicial*: STC 152, de 6 de junio de 2005.

[490] Art. 12 CDN; también RIVERO HERNÁNDEZ, FRANCISCO, *El Interés...*, p. 194-196.

[491] AP A Coruña, sección 3ª, sentencia 553/2011, de 28 de octubre (id vlex: VLEX-345019158).

4. Reclamación del derecho de comunicación por parte del hijo

Prescribe el art. 160 del Cc. que no pueden impedirse sin justa causa las relaciones personales del hijo con sus abuelos y otros parientes y allegados. En caso de oposición el juez *a petición del menor* –entre otros legitimados–, debe resolver atendidas las circunstancias. A partir de esta disposición se sostiene que hay, con mayor razón y mejor fundamento ético y jurídico, un derecho implícito del menor a reclamar las relaciones personales de trato y comunicación con uno de sus padres y frente a la posible oposición del otro[492].

Siguiendo la norma, se pueden distinguir dos potenciales niveles de actuación del menor: la posibilidad de recurrir al juez para que establezca un régimen de visita que no existe, o la posibilidad de concurrir al juez solicitando que se haga cumplir el régimen establecido. En ambos casos se devela de parte del progenitor no custodio un cierto desinterés en la relación con el menor, ya sea porque no ha solicitado al juez la regulación de la forma de ejercicio de su propio derecho o porque no ha desarrollado las visitas fijadas[493]; además de poder estar presente el interés del progenitor custodio en impedir las relaciones.

En sede de divorcio es de difícil ocurrencia la primera posibilidad pues el régimen de visita debe siempre quedar fijado en la sentencia. Quizá podría presentarse el caso en aquellas ocasiones en que habiendo sido solicitado el divorcio de modo unilateral[494], el menor aprovecha la audiencia a que es citado para pedir al juez que fije un régimen de relación con el padre que no asumirá su guarda y custodia. Más plausible asoma esta posibilidad de actuación directa del menor en sede general cuando se trata de una separación no judicializada de los padres, ya sea porque han cesado de hecho su convivencia conyugal, ya sea porque no había matrimonio entre ellos.

La segunda situación podría tener mayor ocurrencia en caso de divorcio: cuando determinado un régimen de relación por sentencia judicial éste no es desarrollado y, conforme a la norma citada, se concede legitimación para reclamarlo al hijo[495].

---

492 Rivero Hernández, Francisco, *El derecho...*, p. 140; Salanova Villanueva, Marta, "Aproximación...", p. 495.

493 La indolencia del visitante genera que el derecho que el art. 160.3 Cc. le reconoce al hijo, quede de hecho vacío de contenido: Salanova Villanueva, Marta, "Aproximación...", p. 495.

494 En los eventos de divorcio solicitado de común acuerdo es preceptiva la presentación de un convenio regulador, el cual debe contener como uno de sus extremos el pacto sobre régimen de comunicación y estancia de los hijos con el progenitor que no viva habitualmente con ellos (art. 90 letra A Cc).

495 Rivero Hernández, Francisco en Lacruz Berdejo, José Luis (coord.), *Matrimonio...*, p. 1081.

En estas hipótesis la problemática reside en determinar ¿qué menor puede concurrir? ¿bajo qué supuesto puede reclamar el derecho? y, ¿contra quién se va a dirigir su reclamación? En términos generales, hay que considerar que el menor (y el incapacitado) carece de capacidad procesal autónoma y debe ser representado; ahora bien, el art. 2º de la LOPJM señala que *las limitaciones a la capacidad de obrar de los menores se interpretarán de forma restrictiva*, emergiendo con ello, una posibilidad para el menor de actuación personal[496].

Sin perjuicio de aquella norma, el fundamento de la capacidad de ejercicio de este derecho por el menor puede encontrarse en el art. 162 del Cc. que excluye la representación paterna en los actos relativos a los derechos de la personalidad, dentro de los cuales parece encuadrarse, como se vio, el derecho del menor a relacionarse con sus padres[497]: hacer efectivo su derecho de relación incluye los actos procesales necesarios a tal fin. A partir de ahí, la verdadera limitante al ejercicio por el menor de la reclamación judicial de su propio derecho, estará constituida por la ausencia de las condiciones de madurez que le permitan realizar el acto (art. 162 nº 1 Cc.), con lo cual, no todo menor podrá concurrir al juez y reclamar personalmente la regulación de su derecho a relacionarse con uno de sus padres o la protección de su ejercicio[498].

El menor que cuenta con suficiente juicio para comparecer, podrá hacerlo –al menos en teoría– en dos eventos: 1. cuando se hayan impedido sin justa causa las relaciones, dirigiendo su acción en contra del obstaculizador, normalmente el padre custodio que impide las visitas[499], pues cuando se afirma que el derecho de relación es un derecho del hijo se asevera en cierta medida que el

---

[496] Diversas posiciones doctrinales sobre el art. 2º de la LOPJM y el interés superior del menor son expuestas en: SÁNCHEZ-CALERO ARRIBAS, BLANCA, "El interés superior del menor y la interpretación restrictiva de las limitaciones a la capacidad de obrar de los menores en la Ley Orgánica 1/1996, de 15 de enero, de protección jurídica del menor", en HERRERA CAMPOS, RAMÓN - BARRIENTOS RUÍZ, MIGUEL ÁNGEL (eds.), *Derecho y Familia en el Siglo XXI*, vol. II, Universidad de Almería 2011, p. 847-862. También se pueden leer los comentarios que formula Menéndez Mato, a la teoría de la progresiva adquisición de la capacidad del menor consagrada en tal disposición legal, en cuanto, en ocasiones concretas aparece sobredimensionada: MENÉNDEZ MATO, JUAN, "La progresiva...", p. 3347.

[497] Así lo ha esbozado también SALANOVA VILLANUEVA, MARTA, "Aproximación...", p. 495. No se trata en esta norma de que el hijo sometido a patria potestad sea oído, sino del ejercicio de uno de sus derechos por parte del incapaz: LACRUZ BERDEJO, JOSÉ LUIS (coord.), *Elementos de...*, p. 401.

[498] PÉREZ ÁLVAREZ, MIGUEL ÁNGEL en MARTÍNEZ DE AGUIRRE, CARLOS (coord.), *Curso de...*, p. 358. Se señala que la facultad reconocida por el Código al menor tiene un carácter más teórico que práctico: SALANOVA VILLANUEVA, MARTA, "Aproximación...", p. 507. Las "condiciones de madurez" serían una cortapisa a los actos que el hijo puede realizar por sí mismo: ALBÁCAR LÓPEZ, JOSÉ LUIS - MARTÍN-GRANIZO FERNÁNDEZ, MARIANO, *Código...*, p. 1592.

[499] SALANOVA VILLANUEVA, MARTA, "Aproximación...", p. 495. Este será el típico caso donde por tener el custodio un interés contrapuesto al del hijo, el menor debería ser representado, en caso de ser necesario, por el defensor judicial (art. 163 Cc).

hijo tiene derecho a que el progenitor custodio le deje relacionarse, a que no impida la relación con el progenitor no custodio; 2. cuando, el progenitor titular formal no desarrolla las visitas a que está obligado, evento en el cual la acción se dirigiría contra él, por ser quien impide, con su actitud reticente, el ejercicio del derecho del hijo. Con todo, resulta difícil la articulación de formulas jurídicas para compeler a un padre a relacionarse con un hijo, a convivir con él, si ese no es su deseo[500]. Éste razonamiento sumado a la minoría de edad inhabilitante, llevan a concluir que el principal beneficiario del derecho es el sujeto que menos posibilidades tiene de defender ese derecho de visita de que es titular[501].

Si quiere evitarse el expediente al art. 162 del Cc. por entenderse que no se trata propiamente de un derecho de la personalidad, puede recurrirse al art. 158 Cc. que otorga capacidad de ejercicio al propio menor para concurrir al juez solicitando que éste dicte las disposiciones que considere oportunas a fin de apartarle de un peligro o evitarle perjuicios: sería el caso del menor que quiere allegar alguna petición o protesta relativa al régimen de relación basada en su interés (suspenderlo, ampliarlo, restringirlo, modificarlo) porque entiende que el régimen vigente le perjudica y su representante legal no atiende correctamente sus peticiones o sugerencias[502].

Resta exponer brevemente que la parte final del art. 160 Cc. es doblemente criticada por Gomá Salcedo[503]: por una parte estima que *significa una intromisión más en la autonomía en el ejercicio de la patria potestad* al ir en detrimento de las facultades de los padres; crítica que se sustenta en un supuesto derecho absoluto de los padres sobre los hijos, lo que no se compatibiliza hoy con la preeminencia del interés de los hijos; por otro lado, señala el autor que el juez no parece obligado a tener en cuenta exclusivamente el interés de los hijos sino también el de los parientes y allegados, pero con ser esto cierto, no se desvirtúa la preferencia que en caso de conflicto entre los diversos intereses en juego debe darse siempre al del menor.

Lo expuesto en todo este epígrafe, con las prevenciones y limitaciones pertinentes, pone en evidencia que el menor es titular del derecho; frente a él se encontrarían dos obligados: el padre custodio que no debe entorpecer el ejercicio del derecho y el padre no custodio que debe relacionarse con el hijo.

---

500 Menos aún podrá ser compelido a quererle o manifestarle su afecto si no lo desea, aspectos de la relación humana que, según indiqué en el Capítulo anterior, han sido considerados por alguna doctrina como el contenido predominante del derecho.

501 Salanova Villanueva, Marta, "Aproximación...", p. 508.

502 Rivero Hernández, Francisco, *El derecho...*, p. 261-262. El autor estima que esta amplia legitimación del menor para hacer valer ante los tribunales su interés, cuando no sea bien atendido por su representante legal, supone una importante garantía jurídica y procesal que la ley pone a su disposición, en defensa de su posición e intereses.

503 Gomá Salcedo, José, *Instituciones...*, p. 556.

La contracara de su derecho, reserva para el menor también un deber: por regla debe cumplir con el régimen de relación estipulado, pues la relación lo vincula y se ha establecido en su propio beneficio.

III. EL PROGENITOR NO CUSTODIO

El derecho de todo padre a ver y relacionarse con sus hijos es calificado por la doctrina como un principio fundamental y en tal carácter se justifica también la excepcionalidad en su limitación o restricción[504]. Como he señalado, cuando los padres mantienen una normal convivencia conyugal, la comunicación y relaciones con sus hijos se desarrolla en el marco de esa convivencia; cuando se produce la crisis matrimonial se hace evidente el derecho del padre a cuyo cuidado no han quedado los hijos, para continuar relacionándose con ellos. Corresponde reiterar, sin embargo, que el derecho del padre es subordinado al interés y beneficio preferente del hijo; por tal motivo, se pueden fijar medidas cautelares en su resguardo, según los diversos supuestos; incluso se puede suspender o limitar el ejercicio del derecho.

He explicado también que éste *derecho-deber* es conferido por la Ley, como un derecho propio y personal del progenitor no custodio inseparable de su condición de padre. El puede reclamar o exigir frente a alguien las relaciones jurídicas con el menor[505], sin embargo, no es éste un derecho subjetivo que esté a su disposición: por el contrario, mantener estas relaciones es también para él un deber exigible, en las dos perspectivas anunciadas[506].

Los padres tienen derecho a mantener contacto personal con sus hijos, es decir, a participar en su vida cotidiana, cuidarlos, acompañarlos en su crecimiento, vivir con ellos, manifestarles su afecto y, al mismo tiempo, tienen el deber de hacerlo. Estos contenidos forman parte de lo que se puede denominar genéricamente, derecho de paternidad o principio de paternidad[507].

---

504 Farré Alemán, Josep, *Código Civil...*, p. 185. Se habla también de un derecho inalienable de los padres a tener a los hijos en su compañía y en base a este principio se justifica la excepcionalidad de las alteraciones del régimen: García Pastor, Milagros, "El derecho...", p. 764.

505 Rivero Hernández, Francisco, *El derecho...*, p. 79.

506 Deber frente el hijo a cuyo desarrollo integral la relación con ambos progenitores contribuyen, con fundamento en su interés superior y, deber frente al otro progenitor con quien comparte los deberes de cuidado conforme a la distribución de los tiempos que la sentencia ha fijado, con fundamento en el mantenimiento de los deberes parentales y las obligaciones comunes a los padres.

507 *El derecho de los hijos a conocer y relacionarse con sus progenitores y la continuación de estas relaciones en el futuro, a medida que resulten más frecuentes y faciliten el conocimiento mutuo, no se puede predecir y en todo caso el hijo en su momento es quien debe de decidir, pero no se puede privar ni negar al demandante de principio, con los datos que integran el «factum» del pleito, la oportunidad, de acuerdo a la legalidad, de poder ejercer como padre, y cumplir los deberes que como tal le corresponden*: TS sentencia 720/2002, de 9 de julio.

Una conclusión surge de todo este análisis: el derecho de relación no puede ser considerado exclusivamente un derecho de los hijos respecto del cual el padre no custodio sea mero sujeto pasivo: el derecho de relación es también un derecho del padre como manifestación de la relación paterno-filial que le une a sus hijos y cumple respecto de él, igualmente, importantes finalidades familiares. La subordinación del derecho del padre al interés y beneficio preferente del hijo no excluye la presencia de un interés y beneficio propio.

En la operatividad del derecho, la relación con sus hijos tiene para el progenitor no custodio una faceta de derecho y una faceta de deber. En el primer ámbito, le permite concurrir al juez para solicitar que sea determinado un régimen de relación o que éste sea protegido cuando su ejercicio se ve amenazado. Esta faceta se predica normalmente frente al progenitor custodio. Conforme a la segunda, al padre no conviviente puede exigírsele, por el hijo o por el progenitor custodio, que cumpla el régimen de relación determinado. Respecto del derecho el progenitor no custodio es sujeto activo; respecto del específico régimen de relación que se determine es sujeto activo y pasivo a la vez, dependiendo de su actitud (de cumplimiento o incumplimiento) en la articulación del ejercicio del derecho.

El art. 94 Cc. reconoce este derecho, en principio, sin excepción. No se puede negar, por regla, el derecho al padre que se encuentra privado de libertad[508]; o al que padece de alguna enfermedad física o psíquica, con las salvedades que analizaré en el próximo Capítulo. Tampoco se puede negar al padre que vive en el extranjero, pues incluso demandan la determinación de un régimen de relación a su favor los instrumentos internacionales[509]. En los tres casos

---

Algunas audiencias provinciales han aludido a la protección que con este derecho se proporciona, no solo al interés del hijo, sino también al *principio de paternidad*, al evitar que se aleje del padre al menor y se menoscabe su cariño. Al respecto se pueden ver los comentarios de: Mata Vidal, Daniel, "El interés…", p. 310.

[508] La AP Zaragoza en beneficio de las menores, negó el derecho al padre ingresado en prisión, sin que ello impida a éste solicitar el establecimiento de un régimen de visitas cuando obtenga su libertad: sentencia Nº 208/2012, de 20 de abril, sección 2ª, id vlex: VLEX-370396174. El régimen de visitas del padre ingresado en prisión fue suspendido por la AP de Valencia, por estimar que la repercusión sobre el hijo era negativa; se reguló, sin embargo, un régimen a favor de los abuelos paternos: AP Valencia, sentencia 597/2012, de 18 de septiembre, sección 10ª, versión electrónica en westlaw.es, jur2012/357812. Por su parte, la AP de Málaga en 2010 revocó parcialmente la decisión del Juzgado de Primera Instancia y acordó un régimen de visitas de un menor a su padre ingresado a prisión, por cuanto del material probatorio no se colegía en qué modo o manera podía resultar perjudicial o traumático para el menor acudir al centro penitenciario para visitar a su padre, decisión que resultaba *contraria al Ordenamiento Jurídico, ya que el mismo tiende precisamente a lo contrario, es decir, a facilitar los contactos del padre interno con sus hijos:* AP Málaga, sentencia de 15 de julio de 2010, comentada en *Actualidad Civil, Revista jurídica de doctrina y jurisprudencia civil, mercantil y procesal,* La Ley Nº 14, 2011.

[509] Art. 10.2 CDN: *El niño cuyos padres residan en Estados diferentes tendrá derecho a mantener periódicamente, salvo en circunstancias excepcionales, relaciones personales y contactos directos*

sugeridos, los derechos derivados de la relación paterno-filial no resultan, en principio, perturbados, si bien puede ser necesario adecuar el régimen de ejercicio a cada específica realidad o, según la gravedad de las circunstancias, restringir o suspender su ejercicio[510].

El derecho a disfrutar de la compañía de los hijos sin intromisiones de otra persona, se considera manifestación del genérico derecho a la intimidad del progenitor: el derecho a su vida privada y familiar. Tal intimidad sería necesaria para que el derecho permita que exista, entre progenitor e hijo, una relación afectiva y de confianza[511]. En este orden de cosas se ha dicho que para el padre, el derecho a relacionarse con su hijo se integra como un derecho de su personalidad[512] que le permite la satisfacción espiritual y cumple también para él finalidades de orden principalmente afectivo[513], aunque aquel no sea su fin preferente, como se analizó en el Capítulo Segundo.

A la vista de lo expuesto, en la regulación del específico régimen de relación se debe considerar tanto el interés del padre como el interés del hijo; ahora bien, como la conjunción de beneficios resulta difícil de obtener siempre, en las situaciones complejas prevalece el interés superior del menor en caso de conflicto[514].

1. Titularidad del derecho de relación

Pese a la expresión "*progenitor*" que emplean los artículos 94 Cc. en sede de divorcio y 160 Cc. en sede general, el derecho de relación con los hijos corresponde a todo padre, incluidos los supuestos en que la paternidad no viene atribuida por una filiación biológica[515], donde en puridad no podría hablarse

con ambos padres. Con tal fin, y de conformidad con la obligación asumida por los Estados Partes en virtud del párrafo 2 del artículo 9, los Estados Partes respetarán el derecho del niño y de sus padres a salir de cualquier país, incluido el propio, y de entrar en su propio país. El derecho de salir de cualquier país estará sujeto solamente a las restricciones estipuladas por ley y que sean necesarias para proteger la seguridad nacional, el orden público, la salud o la moral públicas o los derechos y libertades de otras personas y que estén en consonancia con los demás derechos reconocidos por la presente Convención.

510 Pérez Conesa, Carmen, *Las medidas...*, p. 79 y ss. Opina cierta doctrina que más dudas se pueden presentar en el caso del padre que ha abandonado a su familia, especialmente en casos graves e inmotivados, según se propone en: Rogel Vide, Carlos, en Bercovitz Rodríguez-Cano, Rodrigo (coord.), *Comentarios a las...*, p. 253. Desde mi punto de vista la situación se resuelve igualmente mediante una restricción o suspensión del régimen de relación cuando así lo exija el interés superior del menor.

511 García Pastor, Milagros, *La situación...*, p. 259.

512 De La Oliva Vázquez, Antonio, "Derechos y...", p. 251.

513 Martínez De Aguirre, Carlos, "El derecho...", p. 148 y también el mismo autor en: *Curso de...* p. 180.

514 Makianich De Basset, Lidia, *Derecho de...*, p. 97.

515 El art. 161 Cc.. emplea la genérica expresión "padre o padres" para referirse a su titularidad.

de progenitores[516]. Se debe precisar también que desde la reforma de 2005 el empleo por el legislador de la expresión "progenitor" se relaciona con la apertura del matrimonio, y de paso de la adopción conjunta, a personas del mismo sexo. En función de estos diversos escenarios y sin profundizar en ellos, haré uso indistinto de las expresiones "padre" y "progenitor"; o más específicamente "progenitor no custodio" y "padre no custodio", para aludir a idéntica realidad, esto es, a aquella que vincula jurídicamente a un padre no conviviente con sus hijos menores tras el divorcio.

Como fue precisado en el Capítulo Primero, la titularidad del padre no custodio respecto del derecho de relación, es independiente de la titularidad y ejercicio de la patria potestad[517]: el padre puede ser privado de la patria potestad y conservar su derecho a relacionarse con sus hijos. Asimismo, la titularidad del derecho de relación es independiente de la forma como fue determinada legalmente la filiación[518], aunque en esta parte es conveniente detenerse un momento, por cuanto se presentan dudas doctrinarias sobre la inclusión del derecho a relacionarse con los hijos dentro del elenco de derechos de los cuales es privado el padre o madre cuando la filiación ha sido determinada judicialmente contra su oposición.

La norma en cuestión establece que quedará excluido de la patria potestad y demás funciones tuitivas y no ostentará derechos por ministerio de la Ley respecto del hijo o de sus descendientes, o en sus herencias, el progenitor cuando la filiación haya sido judicialmente determinada contra su oposición (art. 111 Nº 2º Cc), sin perjuicio de lo cual, quedan siempre a salvo las obligaciones de velar por los hijos y prestarles alimentos[519]. El precepto impone sanciones civiles (perdida de derechos) a la actitud del progenitor, con evidente intención

[516] Sobre el particular explica la doctrina que progenie es una cuestión puramente biológica, a diferencia de lo que sucede con la paternidad, cuestión exclusivamente jurídica, pues el Derecho denomina padre a quien considera conveniente, sea o no progenitor: Yzquierdo Tolsada, Mariano, en De Pablo Contreras, Pedro - Valpuesta Fernández, Rosario (coords.), *Código Civil Comentado, vol. I,* Thomson Reuter/Civitas, Cizur Menor 2012, p. 793 y ss; también el mismo autor en "La patria...", p. 96.

[517] Martínez De Aguirre, Carlos, *Curso de...* p. 180. Rivero Hernández añade que si se priva de la patria potestad, pueden denegarse las relaciones personales en relación a las mismas causas o hechos que hayan determinado aquella privación, como cuando se afecta la formación del hijo, y no por la privación formal misma de la patria potestad: Rivero Hernández, Francisco, *El derecho...,* p. 89.

[518] Por ello surge igualmente este derecho a favor del progenitor por complacencia, que es quien reconoce como hijo a quien no ha engendrado: Martínez de Morentin Llamas, Mª Lourdes, "Estudio...", p. 48.

[519] El Ordenamiento contempla circunstancias que ameritan la restitución al padre o madre de todos los derechos o la cesación de efectos de las restricciones respectivas.

protectora del hijo, a fin de apartar de ellos a quien no ofrece garantías de brindarles verdadera protección[520].

La doctrina en general entiende que el derecho a relacionarse con los hijos no se halla incluido entre aquellos que pierde el progenitor que se encuentra en alguna de las situaciones que señala el art. 111 Cc[521]. Se trata de una norma de carácter excepcional, amén que restrictiva de derechos, y no puede ser objeto de interpretación extensiva[522]. Desde mi punto de vista, el carácter de deber que reviste este derecho del padre impide la aplicación de la privación de que habla la referida norma legal, sobre todo considerando que con su ejercicio se intenta proteger el interés prioritario del menor, que no puede ser afectado por la lógica sancionadora que está detrás de la norma. El de relación es un deber legal cuyo cumplimiento va en beneficio del hijo y, por tanto, el padre cuya filiación ha sido determinada judicialmente contra su oposición, lo conserva. Además, siempre queda a salvo el pronunciamiento judicial para suspender o restringir el derecho de relaciones personales con el padre, si hubiere motivo suficiente para ello (art. 94 Cc).

Reconociendo el carácter dudoso de la norma, RIVERO HERNÁNDEZ se inclina igualmente por una respuesta negativa en estos casos, sobre todo por cuanto tiene de deber y exigencia para mejor cumplir el de velar por el hijo y, porque, el derecho de visita atiende al beneficio preferente del menor que sería el principal castigado con tal privación. Por otro lado, la finalidad de la norma es quitar al progenitor todo aquello que para él pueda representar una ventaja jurídica o económica[523].

Lo que sí resulta de lógica consecuencia es que en los supuestos del art. 111 Cc. el progenitor afectado al no tener la patria potestad, no podría, solicitar la guarda y custodia de los hijos[524].

Volviendo a la titularidad del derecho de relación del padre: el sujeto activo principal será el progenitor no custodio, con independencia del origen de la privación de la tuición o cuidado personal (convencional o judicial según los

---

520 RIVERO HERNÁNDEZ, FRANCISCO, en RAMS ALBESA, JOAQUÍN (coord.), *Comentarios...*, p. 1098.

521 Entre otros: ROGEL VIDE, CARLOS, en BERCOVITZ RODRÍGUEZ-CANO, RODRIGO (coord.), *Comentarios a las...*, p. 254 y, ALBÁCAR LÓPEZ, JOSÉ LUIS - MARTÍN-GRANIZO FERNÁNDEZ, MARIANO, *Código...*, p. 1295 y ss. En cambio, para BARBER CÁRCAMO, RONCESVALLES en DE PABLO CONTRERAS, PEDRO - VALPUESTA FERNÁNDEZ, ROSARIO (coords.), *Código Civil Comentado*, vol. I, Thomson Reuter/Civitas, Cizur Menor 2012, p. 597, si bien la cuestión es discutible y parte de la doctrina entiende que la limitación de efectos no alcanza al derecho de relación del padre con sus hijos, el carácter legal del derecho de visita le lleva a inclinarse a favor de la limitación.

522 RIVERO HERNÁNDEZ, FRANCISCO, en RAMS ALBESA, JOAQUÍN (coord.), *Comentarios...*, p. 1099.

523 RIVERO HERNÁNDEZ, FRANCISCO, en RAMS ALBESA, JOAQUÍN (coord.), *Comentarios...*, p. 1099; también el mismo autor en, *El derecho...*, p. 95 y ss.

524 En este sentido RAGEL SÁNCHEZ, LUIS, "La guarda...", p. 315.

arts. 90 y 92 Cc); y con independencia, al mismo tiempo, de si la custodia ha sido confiada al otro progenitor o el cuidado del menor se ha encomendado, excepcionalmente, a un tercero, en cuyo caso, ambos progenitores podrán reclamar la fijación de un régimen de relación con su hijo.

Aunque la privación de la custodia es la situación de mayor ocurrencia, no hay que perder de vista que puede igualmente ser titular del derecho de relación el padre a quien se ha confiado la guarda y custodia, en dos eventos: cuando ejerce la guarda y custodia alterna en los periodos de alternancia en que el cuidado de los hijos le corresponde al otro progenitor[525] y, cuando le corresponde la custodia individual y ejerce su derecho de contravisita[526]. El derecho que tienen los padres a relacionarse siempre con sus hijos justifica la procedencia de las dos situaciones referidas, pero solo para cuando el tiempo de relación del menor con el padre no custodio o custodio alterno es de una duración considerable, no así cuando se trata de horas al día o de un par de días en una semana[527]. Parece lógico también, en estos casos, que el derecho del custodio o del custodio alterno que ejerce la contravisita sea de un contenido notoriamente inferior al que corresponde al padre no custodio. En este sentido me parece que debe ejercerse el derecho mediante regímenes simples de comunicación en sentido estricto, con la finalidad de no alterar la necesaria intimidad en el ejercicio del derecho de relación entre el hijo y el otro progenitor[528].

---

525 Martínez De Aguirre, Carlos, *Curso de...* p. 180; también el mismo autor en "La regulación de...", p. 148; Marín López, Manuel, en Bercovitz Rodríguez-Cano, Rodrigo (coord.), *Comentarios al...*, p. 217; Guilarte Martín-Calero, Cristina, en Guilarte Gutiérrez, Vicente (dir.), *Comentarios a la...*, p. 153. La jurisprudencia también acoge esta posibilidad, así por ejemplo, la sentencia del Tribunal Supremo de 15 de enero de 2001 que confirma la de apelación, deja firme el siguiente régimen: *el menor habitará con cada uno de sus progenitores en meses alternos, estando los meses pares con la madre y los impares con el padre, cambiando esta distribución cada año; durante la estancia con uno de los progenitores se fija un régimen de visitas para el progenitor con quien no esté viviendo.*

526 Ruíz De La Cuesta, Rafael, "Praxis judicial...", p 267; Salanova Villanueva, Marta, "Aproximación...", p. 498. Restándole sentido al derecho de contravisita, salvo, en caso de estancias prolongadas con el progenitor no custodio, se manifiesta Florit Canals, Carlos, "El régimen...".

527 Así parece desprenderse de la expresión "*en su caso*" que emplea el art. 90 letra A) del Cc. dando a entender que no siempre habrá de incluirse en el convenio regulador un acuerdo sobre régimen de comunicación y estancia de los hijos, lo que guardaría relación con la custodia compartida. Según cómo se organice la convivencia de los padres con los hijos puede no ser necesario el establecimiento de un régimen de visitas: Seisdedos Muiño, Ana, "Las medidas....". También se puede ver un buen desarrollo del tema que aunque nominalmente referido a la regulación de la custodia compartida en la Ley aragonesa 2/2010, es de consideración general en la materia, en: Martínez de Aguirre, Carlos, "La regulación de...", p. 162 y ss.

528 Así en sentencia 110/2012 de 13 de marzo, de la AP Baleares, sección 4ª (id. vlex: VLEX-365414610).

2. Derechos, funciones, responsabilidades y deberes del progenitor no custodio

La determinación de las facultades y deberes del progenitor no custodio titular formal del derecho supone tener presente previamente que éste puede encontrarse en tres escenarios, los que a su vez le otorgan una distinta posición respecto de sus hijos. Básicamente el esquema es el siguiente: 1) ordinariamente, puede ser titular del derecho de visita y además ser titular y compartir el ejercicio de la patria potestad[529]: en estos casos tendrá las facultades de ésta que son independientes de la convivencia habitual y podrá intervenir en la toma de las decisiones más importantes en relación con los hijos, como se verá enseguida; 2) puede ser cotitular no ejerciente de la patria potestad, reteniendo importantes derechos y obligaciones respecto de las decisiones que se tomen sobre el menor[530]; y 3) puede no ser titular de la patria potestad y por consecuencia, tampoco ejerciente, sin embargo tendrá respecto de sus hijos el derecho de relación (art. 160 o 94 Cc. según el caso) y además el deber de vela y

[529] No cabe la atribución del íntegro ejercicio de la patria potestad al progenitor no conviviente: Lacruz Berdejo, José Luis - Rams, Joaquín, *Elementos de...,* p. 391; López y López, Ángel, en Lacruz Berdejo, José Luis (coord.), *Matrimonio...*, p. 978. En cambio sí se observa como una posibilidad, cuando existan intereses contrapuestos entre el guardador y el menor, que la representación legal y el ejercicio concreto para aquel supuesto corresponda al progenitor a quién no se atribuya su ejercicio; y, con menos posibilidades, la separación de la guarda y el ejercicio de la patria potestad, no porque esté prohibido expresamente por ley sino porque semejante disociación produciría seguramente un perjuicio al menor sujeto a patria potestad: Roca Trías, Encarna, en Amoros Guardiola, Manuel (coord.), *Comentarios a...*, p. 552-553.

[530] Cuando los padres se divorcian el régimen de ejercicio de la patria potestad –que ordinariamente había sido conjunto– debe adaptarse al hecho de que los progenitores no cohabiten, de modo que, normalmente, se desempeñará por el progenitor con quien conviva el menor (art. 156.5 Cc), pues con ello se asegura su efectivo ejercicio: Diez-Picazo, Luis - Gullón, Antonio, *Sistema de...*, p. 123. Pueden los padres acordar o el juez determinar otra cosa (arts. 90, 91 y 92.1 Cc). Forcada Miranda explica que si la salida del menor al extranjero requiere el consentimiento de ambos progenitores titulares de la patria potestad, aun teniendo uno de los padres solo derecho de visitas, entonces, ambos progenitores tienen derechos de custodia con arreglo a los textos internacionales: Forcada Miranda, Francisco, "La nueva regulación de la custodia en la Ley 2/2010, de 26 de mayo, de igualdad de las relaciones familiares ante la ruptura de la convivencia de los padres: custodia compartida, autoridad familiar, responsabilidad parental, traslado y sustracción de menores", en *Actas del Vigésimo Encuentro del Foro de Derecho Aragones*, Zaragoza 2010, p. 186. En relación con el ámbito interno Castán Pérez-Gómez sugiere también una situación próxima de igualdad entre el progenitor con derecho de visita y el guardador, a la hora de decidir o influir en decisiones que resulten relevantes para el hijo, participando *de facto* en el ejercicio de la patria potestad, aun cuando no comparta el día a día o la vida cotidiana con el menor: Castán Pérez-Gómez, José, "La patria...", p. 640. En igual sentido la Resolución de la DGRN de 10 de octubre de 1994 conforme a la cual la regla de ejercicio individual de la patria potestad por el progenitor conviviente no puede por sí sola apartar al otro progenitor de las decisiones graves que afecten al hijo, pues sigue siendo titular de la patria potestad: comentada por García Pastor, Milagros, en Pasquau Liaño, Miguel (dir.), *Jurisprudencia...*, p. 639.

alimentos (art. 110 Cc.), pero perderá la facultad de actuación y de participación en la toma de decisiones de las cuestiones que involucra la patria potestad[531].

El progenitor no guardador, normalmente, sigue teniendo la patria potestad de los hijos con el contenido que a ella se reconoce, en un ejercicio, que –excluido el deber de tener a los hijos en su compañía de modo habitual– puede ser total o parcial. En este contexto, se hace necesario puntualizar qué derechos, funciones, responsabilidades y deberes le corresponden al padre no custodio como consecuencia de la conservación de la patria potestad, cuáles son propios de la relación paterno-filial aún sin patria potestad y cuáles son, efectivamente, derivaciones específicas de su derecho a relacionarse. Influye en la problemática, la ausencia de conceptualización legal, pues a diferencia de lo que ocurre con la patria potestad que viene definida por ley (art. 154 Cc), la guarda y custodia y el derecho de visita o de relación no cuentan con igual aporte: esta falta de delimitación de ambas instituciones genera una serie de interrogantes que tienen que ver con la extensión de los derechos o facultades del progenitor no custodio respecto del hijo.

A. Efectos propios de la conservación de la patria potestad

Al progenitor no guardador que tiene atribuido un derecho de relación con el hijo, por efecto de la patria potestad que conserva, pueden corresponderle una serie de facultades y deberes propios de la relación paterno-filial, manifestados principalmente en la participación en la toma de decisiones personales y educativas más trascendentes respecto del hijo[532]. A partir de ahí se distingue entre las decisiones que corresponden a ambos progenitores conjuntamente y las que corresponden en exclusiva al progenitor con quien el menor convive en cada momento: el primer grupo comprende las decisiones más relevantes

---

[531] LACRUZ BERDEJO, JOSÉ LUIS - RAMS, JOAQUÍN, *Elementos de...* p. 389 y ss.

[532] DE LA OLIVA VÁZQUEZ, ANTONIO, "Derechos y...", p. 254; RAGEL SÁNCHEZ, LUIS, "La guarda...", p. 298; GARCÍA PASTOR, MILAGROS, *La situación...*, p. 262. Parte de la doctrina, ha asumido otra postura, entendiendo que el conjunto de derechos, deberes y facultades que integran la patria potestad será ejercido por el progenitor custodio, quedando el otro con una potestad paterna o relación paterno-filial vacía de contenido: GUILARTE MARTÍN-CALERO, CRISTINA, en GUILARTE GUTIÉRREZ, VICENTE (dir.), *Comentarios a la...*, p. 139. Frente a lo que ocurre en los hechos y bajo el supuesto de que hay un padre que gana y otro que pierde, se expresa que uno de los padres lo es de primera: el custodio; y el otro lo es de segunda: el visitante; pues uno se queda con los hijos y el otro puede verlos: ZARRALUQUI SÁNCHEZ-EZNARRIAGA, LUIS, "El menor...", p. 174. También el mismo autor en: *La conflictividad...*, p. 45. Castán Pérez-Gómez explica que, pese a que la jurisprudencia ha señalado que la guarda y custodia afecta solamente a una parte de las facultades integrantes de la patria potestad, dejando subsistentes las otras, la tendencia en la práctica es concentrar en el guardador todas las facultades, derechos y deberes de la patria potestad, lo que aparece justificado no por razones jurídicas sino de orden práctico: facilitar el cometido del guardador y reforzarle su autoridad: CASTÁN PÉREZ-GÓMEZ, JOSÉ, "La patria...", p. 640.

relativas al menor y las decisiones acerca de la organización general del día a día de la vida del menor que debería también ser fruto del acuerdo por ser mas beneficioso para la estabilidad del menor, aunque exigen una importante cuota de esfuerzo por parte de los padres. El segundo grupo estaría integrado por las decisiones ordinarias del día a día y por las decisiones importantes pero de urgente resolución que no admiten demora, respecto de las cuales corresponde sí comunicarlas a la mayor brevedad al progenitor no conviviente[533]. El ejercicio de estas facultades debe ser respetado e incluso facilitado por el progenitor custodio[534].

Ahora bien, los problemas con los que se enfrenta el progenitor no custodio vienen determinados, en algunos casos, por la ausencia de especificaciones en la sentencia sobre ciertas facultades o decisiones que no queda claro si son propias de la patria potestad o de la custodia, como es el caso de la facultad de decidir el lugar de residencia del menor bajo custodia exclusiva de uno de los progenitores, cuando ambos tienen atribuido el ejercicio conjunto de la patria potestad. En otros casos, los inconvenientes se originan por la escasa convivencia de éstos progenitores con sus hijos, pues aunque en términos estrictamente legales aquél progenitor tenga el ejercicio de la patria potestad compartido[535], su mermada relación de tenencia de los hijos influirá en el cumplimiento de los deberes que de ella emanan, generando para él, en los hechos, una mayor dificultad[536]; por el contrario, será más hacedero un desempeño adecuado de la patria potestad para el padre que tiene el cuidado permanente del hijo por medio de la guarda y custodia exclusiva dado el vínculo circunstancial (tiempo-lugar) más estrecho que permite asociarlo a sus tareas cotidianas[537].

Si bien hasta hace poco no existía una especial dedicación judicial por la delimitación de estas facultades, se observa hoy mayor preocupación porque estos temas no queden irresueltos al tiempo del divorcio, lo que representa una contribución importante en la evitación o disminución de la conflictividad posterior. El pronunciamiento expreso sobre la participación en la toma de decisiones cuando a ambos padres toca el ejercicio de la patria potestad se hace

---

533 Así se concluye analizando la situación de la autoridad familiar de la Ley Aragonesa de Derecho de la Persona 13/2006 de 27 de diciembre, en lo relativo a la toma de decisiones cuando ambos padres comparten su titularidad y ejercicio: MARTÍNEZ DE AGUIRRE, CARLOS, "La regulación de...", p. 163-164.

534 DE LA OLIVA VÁZQUEZ, ANTONIO, "Derechos y...", p. 252.

535 En contra, se habla de una patria potestad *degradada al nivel de mera vigilancia* de las funciones realizadas por el guardador, ya que al carecer de la cercanía física de éste, el no guardador no podrá influir decisivamente en el cuidado y la formación del hijo; es más, se sostiene que en las situaciones de no convivencia de los progenitores la guarda y custodia neutraliza parcialmente a la patria potestad: RAGEL SÁNCHEZ, LUIS, "La guarda...", p. 294 y 295.

536 CARRETERO SÁNCHEZ, ADOLFO, "El nuevo...".

537 SUÁREZ HERRANZ, OLGA, "El derecho del hijo...", p. 164.

en algunos casos mediante el recurso a formulas genéricas:...*las decisiones a adoptar respecto al hijo común, diarias, habituales, ordinarias o rutinarias, que se produzcan en el normal transcurrir de su vida, se adoptarán por el progenitor que, en ese momento, se encuentra en compañía de su hijo, sin previa consulta, ni consenso con el otro progenitor. Criterio aplicable en los casos en que concurra una situación de urgencia. Por el contrario, aquellas decisiones que son trascendentales y afectan notablemente al desarrollo del hijo menor, exigen previa comunicación y consentimiento conjunto, por ambos progenitores, y a la falta del mismo, autorización judicial o concesión de la facultad de decisión a favor de uno de los progenitores, sin ulterior recurso*[538]; en otros casos, a título ejemplar se emplean formulas descriptivas de materias específicas: *las decisiones importantes que afectan directa y seriamente a la vida del menor, como son mudar el domicilio a otra ciudad, cambiar de centro escolar, suplir su consentimiento para intervenciones quirúrgicas, etcétera, suponen el ejercicio máximo de las facultades de la patria potestad, por lo que si los titulares no actúan de consuno, deberán solicitar la resolución judicial, conforme prevé el artículo 156 del Código Civil*[539]. Esta tendencia ha sido valorada positivamente por el Tribunal Supremo español[540].

Una de las materias que más problemas ha originado es el cambio de residencia de los menores. No existe una respuesta unánime en la doctrina ni en la jurisprudencia de las Audiencias a la cuestión sobre si es jurídicamente necesario el consentimiento del progenitor no custodio, o en su defecto la autorización

538 AP Asturias, sección 1ª, sentencia nº 207/2010, de 2 junio (JUR\2010\250698).

539 AP A Coruña, sección 3ª, sentencia nº 147/2012, de 23 de marzo (id. vlex: VLEX-365849250). La sentencia además previene que la guarda y custodia es uno de los elementos que componen las obligaciones de la patria potestad, que consiste en el derecho-deber de tener a los hijos en su compañía, y prestarles la atención inmediata en las necesidades de la vida diaria y no es la atribución en exclusiva de la patria potestad, ni tampoco de los demás elementos que componen esta institución.

540 En STS, de 2 de noviembre de 2011, Roj 6904/2011, Id Cendoj: 28079110012011100697. El Tribunal valora y destaca expresamente a la sentencia del Juzgado de Primera Instancia nº 6 de Bilbao que, con fecha 4 de noviembre de 2008 señaló que *el ejercicio conjunto de la patria potestad por ambos progenitores implica que todas las decisiones de relevancia que afecten a los hijos habrán de ser adoptadas por los dos progenitores de mutuo acuerdo, resolviendo el Juzgado en su caso la discrepancia. Son decisiones comprendidas en el ámbito de la patria potestad, que habrán de tomarse en la forma expresada, las que se enumeran a continuación con carácter indicativo: a) el cambio de domicilio de los menores fuera del municipio de su residencia habitual, así como su traslado al extranjero, salvo viajes vacacionales; b) elección inicial de Centro escolar y cambio del mismo; c) determinación de las actividades extraescolares o complementarias; d) actos médicos que conlleven intervención quirúrgica o tratamiento médico de larga duración y no revistan el carácter de urgentes; así como lo de carácter psicológico; e) celebraciones sociales y religiosas de relevancia, tales como Bautismo, Primera comunión y actos similares de otras religiones. El progenitor no custodio tiene derecho en todo caso a obtener información sobre: a) la evolución escolar de sus hijos y participar en las actividades tutoriales del Centro escolar; b) el estado de salud y tratamiento de sus hijos.*

judicial, para que el custodio pueda cambiar el lugar de residencia habitual del hijo menor bajo su guarda cuando la sentencia no contiene pronunciamiento alguno al respecto. De lo que se trata es de determinar, en definitiva, si la facultad de decidir en cada momento el lugar de morada habitual del menor, y por tanto, la de trasladar su actual lugar de residencia a otro distinto, forma parte del conjunto de facultades inherentes al ejercicio de la patria potestad (en cuyo caso requiere la participación del progenitor no custodio que no ha sido privado de su ejercicio), o sí, por el contrario, es una facultad exclusiva del progenitor guardador[541].

El Tribunal Supremo ha venido a zanjar el problema y sentar doctrina al respecto en la reciente sentencia de 26 de octubre de 2012[542], al afirmar que *las acciones y responsabilidades que derivan de la patria potestad corresponden a ambos padres de tal forma que cualquiera de ellos, tanto el que tiene la guarda como el que no la conserva, puede actuar en relación a sus hijos una posición activa que no solo implica colaborar con el otro, sino participar en la toma de decisiones fundamentales al interés superior del menor.* Cita como fundamento de su doctrina lo dispuesto por el art. 156 Cc. que, según afirma, *supone que todos los derechos y deberes que entraña la patria potestad se han de ejercer siempre de común acuerdo por ambos progenitores y de que, en caso de desacuerdo, será el Juez quien determine cual de los dos ha de ejercer todas o algunas de las facultades que la patria potestad comporta y por cuanto tiempo, pero sin que esta intervención judicial sobre los desacuerdos de los progenitores implique la supresión de estos derechos-deberes de la patria potestad que se ejercitan en un plano de igualdad y no de subordinación. La regla general es el ejercicio conjunto y la excepción la atribución de todas o*

[541] En el caso de un padre ingresado a prisión y a quien se negó en beneficio de las hijas menores el establecimiento de un régimen de visita, la Audiencia además estableció que la madre, de nacionalidad colombiana, que tiene atribuida la custodia de las hijas puede fijar su residencia en el extranjero como garantía o beneficio para las menores dada su precaria situación en España y la seguridad de trabajo para la madre y escolaridad para las hijas en Colombia, lo que no impediría al padre solicitar el establecimiento de un régimen de visitas cuando recupere su libertad: AP Zaragoza, sentencia Nº 208/2012, de 20 de abril, sección 2ª, id vlex: VLEX-370396174. La sentencia de la AP A Coruña, nº 147/2012 de 23 de marzo, ya citada, negó en cambio, a la madre custodia la facultad de decidir tal materia por entender que el ejercicio compartido de la patria potestad implicaba tomar una decisión de forma conjunta con el padre no custodio.

Una exposición general que da cuenta de la falta de uniformidad judicial aparece bien expuesta en: González Del Pozo, Juan Pablo, "La facultad de decidir el lugar de residencia del menor bajo custodia exclusiva de uno de los progenitores", *La Ley*, Nº 6886, sección doctrina, 2008, versión digital en www.laleydigital.es, referencia: 1089/2008, visitado el 06 de octubre de 2010.

[542] TS, Sala 1.ª, 26 octubre 2012, Id Cendoj: 28079110012012100608. En los autos que conoció el Tribunal, la AP de Valladolid había dictado sentencia, con fecha 28 de febrero de 2011 atribuyendo la guarda y custodia de la hija menor a su madre, y declarando *siendo esta como guardadora de la menor quien estará facultada expresamente para decidir en todo caso el lugar de residencia de su hija.*

alguna de las facultades que comporta la patria potestad a uno solo de los progenitores.

El Tribunal reconoce los efectos que genera la ruptura matrimonial[543]; el carácter decisivo que para un menor puede acarrear la variación de residencia cuando comporta un cambio radical tanto de su entorno social como parental, con problemas de adaptación; además, pondera las facultades de los progenitores a la luz del art. 19 CE que determina el derecho de los españoles a elegir libremente su residencia y a salir de España. A la vista de dichas consideraciones estima que lo que estaba en juego no era la libertad de la madre de elegir su domicilio sino la procedencia o improcedencia de pasar la menor a residir en otro lugar pudiendo afectar, tal cambio, a los intereses de la menor que deben ser preferentemente tutelados.

Recuerda el Tribunal que la guarda y custodia de los menores deriva de la patria potestad y de esa patria potestad, entre otras cosas, deriva la fijación del domicilio familiar, según dispone el art. 70 del Cc. para dar cumplimiento a lo previsto en el art. 68 Cc. respecto de la obligación de vivir juntos: *la ruptura matrimonial deja sin efecto la convivencia y obliga a los progenitores a ponerse de acuerdo para el ejercicio de alguna de estas facultades que traen causa de la patria potestad, entre otra la de fijar el nuevo domicilio y, como consecuencia, el de los hijos que se integran dentro del grupo familiar afectado por la ruptura coincidente por lo general con el de quien ostenta la guarda y custodia. Estamos, sin duda, ante una de las decisiones más importantes que pueden adoptarse en la vida del menor y de la propia familia, que deberá tener sustento en el acuerdo de los progenitores o en la decisión de uno de ellos consentida expresa o tácitamente por el otro, y solo en defecto de este acuerdo corresponde al juez resolver lo que proceda previa identificación de los bienes y derechos en conflicto a fin de poder calibrar de una forma ponderada la necesidad y proporcionalidad de la medida adoptada, sin condicionarla al propio conflicto que motiva la ruptura.* En su concepto, la solución adoptada por la AP de Valladolid al dejar a la voluntad de la madre custodia la decisión de fijar el lugar de residencia de la hija común, perjudica los *derechos-deberes* de la patria potestad que ostenta el otro progenitor, y deja, además, sin valorar si resulta o no conveniente al interés de la niña el desplazamiento: *la sentencia deja sin contenido los derechos de la hija a la protección y el cuidado que sean necesarios para su bienestar, y se soslayan los derechos y deberes de los padres que garantizan el reconocimiento del principio de que ambos tienen obligaciones comunes en lo que respecta a la crianza y desarrollo del niño (...), y también el derecho de los padres a ejercer la patria potestad aun en el caso de que vivan separados...*

[543] Aunque en los autos el conflicto no se había producido entre una pareja casada.

El Tribunal sienta doctrina no solo sobre la situación de la fijación del domicilio de los menores sino en general sobre la forma de tomar decisiones en todas las materias que derivan de la patria potestad cuando ésta es compartida por progenitores que no conviven. No cabe duda que pertenecen a ambos padres todas las funciones tuitivas que no dependen de la convivencia, especialmente en lo relativo a la toma de las decisiones de mayor trascendencia en relación con los hijos, pues éstas son tanto derivación de la patria potestad como de la propia relación paterno-filial[544] y a ellas están vinculados ambos padres por su deber común de cuidar a los hijos. El progenitor no custodio mantiene intactas todas las facultades derivadas de la relación paterno-filial y de la patria potestad, salvo que haya sido privado de ella; en la práctica, sin embargo, es evidente que tendrá mayor dificultad para el cumplimiento de los deberes inherentes a ella[545].

En suma, la atribución a uno de los padres de la guarda y custodia no supone entender que se le confiere también el ejercicio exclusivo de la patria potestad; por el contrario, la consecuencia práctica de la atribución de la custodia a uno de los progenitores es que éste podrá tomar las decisiones cotidianas y menos importantes, por tanto, ambos deben decidir sobre las cuestiones más importantes o trascendentes que afecten la vida de sus hijos[546].

[544] En las Conclusiones, varias veces citadas, del IV Encuentro de Magistrados y Jueces de Familia y Asociaciones de Abogados de Familia de octubre de 2009, aparece claramente que el ejercicio de la responsabilidad parental, en los casos de ruptura de la pareja, debe llevarse a cabo conjuntamente por los progenitores, siendo preciso el consentimiento de ambos, o, en su defecto, autorización judicial, para adoptar las decisiones que afecten a los aspectos mas transcendentes de la vida, salud, educación y formación del menor, en particular: *quedan sometidas a este régimen y no podrán ser adoptadas unilateralmente por el progenitor custodio, las decisiones relativas a fijación del lugar de residencia del menor, y los posteriores traslados de domicilio de éste que lo aparten de su entorno habitual; las referidas a la elección del centro escolar o institución de enseñanza, pública o privada, y sus cambios ulteriores; las relativas a la orientación educativa, religiosa o laica, y a la realización por el menor de actos de profesión de fe o culto propios de una confesión; el sometimiento del menor, de menos de 16 años, a tratamientos o intervenciones médicas preventivas, curativas o quirúrgicas, incluidas las estéticas, salvo los casos de urgente necesidad; la aplicación de terapias psiquiátricas o psicológicas al menor y la realización por éste de actividades extraescolares deportivas, formativas o lúdicas, y, en general, todas aquellas que constituyan gastos extraordinarios que deban satisfacerse por ambos progenitores. Las decisiones relativas a aspectos o materias de la vida del menor distintas de las enunciadas, así como las de prestación de asistencia sanitaria en caso de urgente necesidad, corresponde adoptarlas al progenitor que tenga consigo al menor, en el momento en que la cuestión se suscite.*

Para hacer efectiva la asunción de la responsabilidad parental por medio de la toma conjunta de decisiones de trascendencia por parte de ambos padres se concluye también que *el deber de información de los progenitores sobre todos los aspectos de importancia en la vida del menor, es un deber instrumental imprescindible para el correcto desempeño de las funciones inherentes a la responsabilidad parental.*

[545] Carretero Sánchez, Adolfo, "El nuevo...".

[546] De La Oliva Vázquez, Antonio, "Derechos y...", p. 250 a 252. Pese a que el autor deja ver que solo las decisiones cotidianas le corresponden al progenitor custodio, cuando ambos padres conservan la patria potestad, aun existe la tendencia a creer que el ejercicio de la guarda y custodia conlleva mayor poder de decisión (cfr. Ragel Sánchez, Luis, *Nulidad...*, p. 119, para quien,

B. Efectos propios de la relación paterno-filial en caso de privación de la patria potestad

Con independencia de la patria potestad, el progenitor no custodio conserva siempre el deber de vela y alimentos respecto de sus hijos (art. 110 del Cc.), como *manifestaciones y consecuencia directa de la mera relación paterno filial, antes, por encima y al margen de la patria potestad*[547]. Se trata de obligaciones legales inexcusables derivadas de la calidad de padre.

Vinculado con el de vela, se le asigna a este progenitor, un derecho-deber de vigilancia y control, *para seguir de cerca y comprobar la forma y diligencia con que el otro cónyuge cuida y educa a los hijos comunes*[548]. Este derecho de vigilancia y control no cuenta hoy con referencia legal expresa[549], sin perjuicio de lo cual, se hallaría justificado por el deber de los padres de prestar asistencia de todo orden a los hijos conforme al art. 39.3 de la CE, que incluye el derecho y el deber de interesarse por los problemas de los hijos y tratar de prestar su colaboración para resolverlos y, por el mismo deber de vela de los arts. 110 y 111 Cc. en cuyo amplio significado cabría incluir todo lo que diga relación con el conocimiento y seguimiento de la vida de los hijos[550]. Entiendo que no puede tratarse de un control sistemático y absorbente del ejercicio de la guarda que hace el otro progenitor: el visitante no puede interferir en la funciones encomendadas al guardador[551], no puede obstruir la custodia. En tanto titular del derecho a relacionarse con sus hijos y sin otro título, no le compete ejercer

---

por ejemplo, las decisiones importantes sobre el acceso a los estudios superiores del hijo radican exclusivamente en manos del guardador). De La Oliva Vázquez se muestra a favor de sustituir la terminología tradicional por "reparto de la convivencia entre los progenitores". En esta línea ha resuelto la AP de Madrid, estimando que en principio, la custodia no otorga más derechos sobre el menor que los que tenga el padre que ejerce las visitas y que la sentencia lo que hace es repartir la convivencia: SAP de Madrid 00560/2012, de 20 de julio, Id Cendoj: 28079370222012100499.

547 Rivero Hernández, Francisco, en Rams Albesa, Joaquín (coord.), *Comentarios*..., p. 1095. El mismo autor ofrece un comentario acerca del contenido de tales deberes. Sin perjuicio de ello, es importante dejar anotado que hay variadas concepciones sobre el particular, incluso algunas que otorgan al deber de vela una amplitud que absorbería al de alimentos; así por ejemplo, se ha dicho que el deber de "velar" comprende toda clase de cuidados materiales y morales: Martín-Ballestero Hernández, Luis, *Apuntes*..., p. 223.

548 Rivero Hernández, Francisco, en Lacruz Berdejo, José Luis (coord.), *Matrimonio*..., p. 1034 y ss. en igual sentido el mismo autor en "La guarda…", p. 86. También en Villagómez Cebrián, Marcos, *Las medidas*..., p. 173.

549 Su antecedente se encuentra en la Ley de divorcio de 1932 que concedía al padre que no tuviera a los hijos en su poder el derecho de comunicarse con ellos y el de vigilar su educación en la forma que fuera determinado por el juez.

550 Rivero Hernández, Francisco, en Lacruz Berdejo, José Luis (coord.), *Matrimonio*..., p. 1034 y ss.; Ragel Sánchez, Luis, "La guarda…", p. 300.

551 García Pastor, Milagros, *La situación*..., p. 262.

un control indirecto en la patria potestad o facultad de guarda que corresponde al otro padre, ni puede interferir en ese campo y facultades[552].

Con lo prevenido, puede entenderse el contenido del derecho de vigilancia y control como la posibilidad de recabar información, de estar al tanto, al corriente y pendiente de la situación de los hijos. En dicho contexto, el progenitor no custodio tiene derecho a ser informado por el progenitor custodio –y éste el deber de hacerlo–, y por terceros, de todos los temas, acontecimientos y circunstancias que afecten al menor, especialmente en lo que dice relación con su salud y educación[553], a fin de estar enterado y mejorar el ejercicio de su derecho de relación[554].

Con idéntico fundamento constitucional, se le exigiría al progenitor no custodio un deber activo y positivo de colaboración con el guardador, en beneficio de los hijos[555], mismo deber y con igual beneficio que le es exigible al progenitor custodio, respecto del ejercicio del derecho de relación que compete al no custodio. No puede olvidarse que tanto la guarda y custodia como los derechos que corresponden al progenitor no guardador están al servicio del bienestar de los hijos.

C. Efectos propios del derecho de relación

Para el correcto acometimiento de este tema me parece adecuado ordenar el análisis en función del tipo de facultad, responsabilidad o deber de que se trate:

a. Deberes y facultades inherente al ejercicio del derecho: aunque parezca una obviedad, es preciso mencionar algunas cuestiones que por evidentes corren el peligro de ser desatendidas o subestimadas: el padre no custodio, que tiene reconocido un régimen de relación con su hijo tiene la responsabilidad de su ejecución, esto es, nace para él el deber de desarrollar la relación personal,

[552] Rivero Hernández, Francisco, "La guarda...", p. 109. En su opinión, por tal motivo el "visitador" por su solo derecho y título, no puede injerirse en la actuación educadora del responsable del niño o interferir en la línea formativa que éste marque. En mi opinión, atendidos los fines y funciones actuales del derecho estos límites son más bien difusos.

[553] De La Oliva Vázquez, Antonio, "Derechos y...", p. 254.

[554] Rivero Hernández propone un sentido muy amplio al derecho-deber de vigilancia y control, en cuya virtud el progenitor no guardador podrá recabar del otro noticia sobre la salud física y espiritual de los hijos, la marcha de sus estudios, vigilar su educación moral o religiosa, cívica y demás; al propio tiempo que el progenitor guardador deberá entregarle información sobre las decisiones importantes que deba tomar en relación con los hijos: Rivero Hernández, Francisco, "La guarda...", p. 87.

[555] Se trata de un deber de cooperación en el cuidado de los hijos, de tipo espiritual no material, relevante en situaciones marginales como enfermedad de los hijos o ausencia imprevista: Rivero Hernández, Francisco, en Lacruz Berdejo, José Luis (coord.), *Matrimonio...*, p. 1036; también el mismo autor en, "La guarda...", p. 88.

en los términos acordados con el otro progenitor o conforme a lo resuelto por el juez. La responsabilidad de la relación entre padres e hijos siempre es del adulto y nunca del niño[556], salvo en aquellos casos de menores cercanos a la mayoría de edad muy interesados en el ejercicio del derecho que les es propio. Desarrollar la relación con una disposición de ánimo beneficiosa para el hijo es un deber y una responsabilidad del padre. Al padre es exigible que realice las acciones necesarias para el ejercicio efectivo de su derecho a relacionarse; en su actuar debe procurar que el ejercicio del régimen de visitas sea razonable y respetuoso con los derechos e intereses del hijo menor[557] y con los derechos y facultades del custodio. En fin, le toca asumir los deberes normales implícitos en el propio derecho, según la forma de ejercicio acordada o establecida.

b. Cuidado y atención de los hijos: durante el ejercicio del derecho de relación con los menores, el progenitor titular del derecho debe asumir el cuidado y atención del hijo, debe tratarlo, relacionarse con él, alimentarlo, vestirlo y participar ambos recíprocamente en la vida y actividades del otro, en cuanto sea posible[558]. Vinculado con estos deberes, se ha llegado a postular que tal padre es durante dicho periodo, un *guardador de hecho* asumiendo la responsabilidad de los actos del menor y la obligación de alimentarlo[559].

Respecto de ésta última afirmación es necesario hacer algunas precisiones. Es cierto que cada progenitor asume, cuando tiene consigo a los hijos, una posición de garante respecto de los mismos[560], sin embargo, aquello no significa que pase a ser lo que en derecho no es: "guardador". El punto problemático es determinar si tener consigo a los hijos entraña que durante dicho periodo, el derecho a relacionarse lo habilita para ejercer de hecho la custodia que no tiene atribuida; si el cumplimiento del derecho de relación es ejercicio también

---

[556] AP de Murcia, sentencia núm. 223/2010 de 28 junio (JUR\2010\265484): en los autos quedó en evidencia que la falta de comunicación y de afecto entre padre e hija ya estaba instaurada antes de la separación de los progenitores y que antes de dicha separación las niñas –una de ellas actualmente mayor de edad– veían al padre como una persona que convivía en la misma casa pero que no participaba en ningún aspecto de la vida de las niñas, viniendo a ser como un extraño en casa, con el que tampoco se podían relacionar porque siempre surgía algún enfado o grito por parte del padre o una negativa a que las niñas se acercasen a él porque le molestaban.

[557] AP de Murcia, sentencia núm. 221/2010 de 22 junio, (JUR\2010\266080).

[558] Se ha sostenido que la condición jurídica del progenitor custodio y del que ostenta el derecho de visita es idéntica cuando tienen a los hijos en su compañía, solo diferenciándose por la tenencia habitual, permanente o continuada del primero y esporádica, intermitente y de una corta duración del segundo. Al respecto se puede ver CASTILLA BAREA, MARGARITA, "Notas sobre la guarda y custodia de los hijos a propósito de la aragonesa Ley de igualdad en las relaciones familiares ante la ruptura de convivencia de los padres", versión electrónica en www.westlaw.es, cita: BIB2010/1563, visitado el 11 de octubre de 2010.

[559] ROCA TRÍAS, ENCARNA en PAZ-ARES RODRÍGUEZ, CÁNDIDO y otros, *Comentario…*, p. 395.

[560] DE LA OLIVA VÁZQUEZ, ANTONIO, "Derechos y…", p. 252.

de la custodia, como se ha afirmado[561]. Me inclino por la negativa, pues ambas instituciones obedecen a fines distintos y no tienen, por tanto, igualdad de contenidos. Si bien, debe reconocerse que el progenitor no guardador tiene la posibilidad de ejercer temporalmente una parte de las funciones de la guarda y custodia[562] (aquellas que sean imprescindibles para el cuidado de los hijos mientras los tenga en su compañía), no es menos cierto que, si tiene determinados deberes de cuidado del hijo y hoy se reconoce que puede y debe participar en forma activa en su desarrollo y formación[563], no es por ser guardador de hecho, sino por su carácter de padre, por el contenido propio del derecho de relación y por que normalmente será titular y ejerciente de la patria potestad. Su posición legal está totalmente configurada y goza de una cobertura legal específica, por lo que no es necesario recurrir a la figura del guardador de hecho para explicar sus deberes.

Subyace a la decisión sobre la guarda y custodia de los hijos la distribución judicial o convencional de los tiempos de cuidado que cada progenitor debe dedicar a los hijos comunes. A uno corresponderá, por lo general, un mayor tiempo con un cuidado habitual; al otro un tiempo no permanente durante el ejercicio de su derecho de relación.

c. Contribución a los gastos: es muy razonable entender que el progenitor no custodio debe asumir los gastos ordinarios del hijo mientras dure el ejercicio del derecho de relación, destacadamente los de su alimentación; del mismo modo que los gastos necesarios para el ejercicio mismo del derecho, tales como los costos de los traslados: en tal sentido el Tribunal Supremo ha sentenciado que *durante las estancias y/o visitas de los hijos con el padre, su alimentación y todos los gastos en que incurran serán de cuenta del mismo*[564]. Esta regla general opera sin perjuicio de acuerdo o disposición judicial diversa, por cuanto existen atendibles criterios que conducen a una decisión distinta; así, en los casos en que ambos progenitores luego del divorcio pasan a residir en ciudades distintas es especialmente relevante la consideración de que los costos de los

---

[561] El tema aparece aventuradamente planteado en: CASTILLO MARTÍNEZ, CAROLINA, en LLOPIS GINER, JUAN MANUEL (coord.), *El contenido...*, p. 155, pues su única explicación es que durante esos periodos el padre no custodio deberá ejercer el cuidado del menor.

[562] RAGEL SÁNCHEZ, LUIS, "La guarda...", p. 302.

[563] El tema se analizó en el Capítulo Segundo al tratar el contenido, los fines y las funciones del derecho de relación.

[564] STS, de 2 de noviembre de 2011, Roj 6904/2011, Id Cendoj: 28079110012011100697. Recientemente la AP de Albacete (sentencia 64/2014, de 3 de abril de 2014, Id Cendoj: 02003370012014100183) ha resuelto que si es el progenitor no custodio el que desea que el régimen de visita se lleve a cabo en un lugar distinto al domicilio de los menores, debe sufragar él los gastos de desplazamiento, sin perjuicio de tener en cuenta dicha circunstancia para moderar la pensión alimenticia que debe abonar a los hijos.

traslados de los hijos para cumplir el régimen son un gasto que se refiere a los menores y como tal debe ser satisfecho por mitad por ambos progenitores[565].

Dificultades o problemas se pueden presentar en situaciones marginales o excepcionales que no cuentan con una solución legal concluyente y única, como es el caso de los gastos extraordinarios; por ejemplo los derivados de una intervención quirúrgica del menor durante el ejercicio del derecho de comunicación[566]. En su examen, la doctrina sugiere distinguir entre gastos de enfermedad o accidente que derivan de hechos ocurridos durante la visita, los que deberán ser asumidos por el padre no custodio; gastos vinculados con la salud general del menor y que traigan causa anterior, que serían de cargo del custodio y, finalmente, gastos por procesos crónicos o latentes que se han agravado o desencadenado durante la visita, por falta de atención diligente del no custodio, en cuyo caso la carga económica debiera ser compartida[567]. La jurisprudencia se inclina por formulas más genéricas y no uniformes, desde que sean *abonados por los progenitores en proporción a sus respectivos ingresos en la época que se devenguen,* sin que puedan quedar comprendidos en la pensión de alimentos[568]; hasta *que sean abonados por mitades por ambos progenitores*[569].

Problema distinto, aunque vinculado con la cuestión que se expone, es el de si se mantiene o suprime el pago de la pensión alimenticia que es de cargo del progenitor no custodio durante la estancia con el menor. La doctrina más autorizada observa que se trata de una decisión judicial asociada a los regímenes estándar o normalizados[570]; mis comprobaciones no han arrojado especiales conclusiones al respecto, lo que podría deberse a que no es un aspecto que los jueces consideren especialmente o por el contrario, de considerarse no se suele

---

565 Así lo ha resuelto la AP Baleares, sección 4ª, en sentencia 483/2012, de 5 noviembre, (id vlex: VLEX-412890266) que desestimó la pretensión de la madre custodia en cuanto a que los gastos de desplazamiento de las hijas corren únicamente a cargo del padre no custodio, por cuanto fue de ella la decisión de trasladarse a vivir a otra ciudad. Se trata de un gasto que se refiere a las menores que debe ser satisfecho por ambos progenitores. En semejantes términos, atribuyendo a ambos progenitores por mitad los gastos de desplazamientos de los hijos comunes: SAP Valladolid, sección 1ª, 461/2012, de 18 de diciembre (Id. vlex: VLEX-421436006).

566 También se han considerado con tal carácter los gastos farmacéuticos no cubiertos por el sistema público, los tratamientos largos, dentista, gafas, clases extraordinarias o particulares, viajes de fin de curso y excursiones escolares y las actividades deportivas extraescolares: AP Baleares, sentencia 110/2012, de 13 de marzo, sección 4ª, id. vlex: VLEX-365414610.

567 Rivero Hernández, Francisco, *El derecho...*, p. 210-211.

568 Se exige que se justifique documentalmente o de otra forma fehaciente su importe, su carácter extraordinario y su necesidad: Tribunal Supremo, sentencia 94/2010, de 11 de marzo, Id Cendoj: 28079110012010100108.

569 AP Baleares, sentencia 110/2012, de 13 de marzo, ya citada; también AP A Coruña, sentencia 202/2012, de 9 de mayo, sección 4ª, id vlex: VLEX-381386158 y Juzgado de Primera Instancia nº 3 de Valladolid, en sentencia 446/2011 de 5 de diciembre (versión electrónica en www.westlaw.es).

570 Rivero Hernández, Francisco, *El derecho...*, p. 253.

expresar más que con menciones inconcretas[571]. Lo que sí es evidente, es que al tiempo de fijar la pensión de alimentos debe considerarse la extensión del régimen de visita, en razón de que una mayor extensión de éste incrementa los gastos sufragados por el progenitor no custodio, disminuyendo correlativamente los del custodio[572]. Por ello, cuando se ha resuelto una apelación dando lugar a la ampliación del régimen de relación, se ha estimado el recurso en la parte en que se pide la reducción de la pensión de alimentos *teniendo en cuenta la edad y necesidades del menor, y teniendo también en consideración el aumento de gastos que conlleva para el padre el hecho de tener que desplazarse dos fines de semana al mes hasta Gijón para estar con su hijo, en vez de uno solo*[573].

Sobre la contribución a los gastos (ordinarios o extraordinarios) y la vinculación del régimen de relación con el derecho de alimentos, y teniendo presente que los padres no han dejado de tener responsabilidades comunes –esto es compartidas– respecto de sus hijos tras el divorcio, en mi opinión, todas las decisiones relativas a los menores deben ser coordinadas entre sí, ajustadas a las circunstancias concretas y orientadas por el principio de protección superior del menor, siendo deseable que la sentencia exprese en su fundamentación –aún someramente– cómo se satisfacen estos aspectos.

d. Deberes de información: se trata básicamente de dos cargas del progenitor no custodio: primero, comunicar al custodio todos los acontecimientos relevantes del menor ocurridos durante el ejercicio del derecho, como dolencias o enfermedades, obligación que en general es recíproca entre ellos[574]; y segundo, dependiendo de las particularidades del régimen, la obligación de preavisar,

---

[571] Cito como ejemplo la declaración que se formula en: AP Sevilla, sección 2ª, sentencia nº 142/2011, de 18 de abril de 2011, consultada en http://vlex.com/vid/-355128882: *...sin desconocer la interconexión que existe entre la configuración, exclusiva o compartida, del sistema de guarda y custodia, y las medidas económicas referidas a la atribución del uso de la vivienda familiar y la fijación de pensión alimenticia.*

[572] Así expresamente en AP de Córdoba, Sec. 2ª, sentencia de 30 de Septiembre de 2013, consultada el 26 de diciembre de 2013 en Lexfamily.es.

[573] AP Asturias, sentencia 518/2012, de 15 de noviembre, Id Cendoj: 33024370072012100462. Más reciente AP Valencia, sec 10ª, sentencia de 17 de enero de 2013. Un pronunciamiento específico es el que realizó la AP de la Rioja con fecha 11 de abril de 2000 respecto de un padre domiciliado en Madrid que incurre en elevados gastos para ver a sus hijas que se habían trasladado con la madre a México; considerando tal situación y sin eximir al padre de la obligación de pago de la pensión mensual, sí suspende el pago por el periodo vacacional en que las hijas están en España: sentencia comentada en RODRÍGUEZ GUITIÁN, ALMA MARÍA, *Responsabilidad civil en el derecho de familia: especial referencia al ámbito de las relaciones paterno-filiales,* Thomson Reuters/Civitas, Cizur Menor 2009, p. 281.

Distinto es lo que ocurre cuando se establece un régimen de custodia compartida pues ahí sí es normal que los tribunales emitan pronunciamientos, señalando por ejemplo que procede que cada uno de los progenitores soporte los gastos de manutención de los menores cuando los tenga en su compañía, como lo ha hecho por ejemplo la AP Barcelona en sentencia 564/2012, 14 de septiembre, JUR\2012\331488 (versión electrónica revisada de westlaw.es, el 29 de noviembre de 2012).

[574] AP A Coruña, sentencia 117/2012, de 16 de marzo, sección 5ª, id vlex: VLEX-365407590.

consistente en comunicar o notificar al custodio de su opción en todos aquellos casos en que se le ha dado preferencia en la elección de algún turno, como pueden ser los periodos vacacionales o los fines de semana del mes. En algunos casos, la misma sentencia prevé la consecuencia de la falta de cumplimiento de este deber: por ejemplo, que la falta de preaviso con la antelación necesaria le hará perder la preferencia[575].

e. Responsabilidad por los actos del hijo: hoy parece bastante pacífico que el progenitor que tenga consigo al menor, ya sea, a título de guarda y custodia, ya lo sea, a título de derecho de relación, será el responsable del mismo y de sus actos[576], sujeto de posible culpa *in vigilando*[577]. A esta conclusión arriba la doctrina con tres diversas, aunque no contrapuestas, argumentaciones. En primer lugar se acude al otorgamiento de un entendimiento amplio a la expresión "guarda" que emplea el art. 1903.2 del Cc. –que puede ser temporal o permanente– permitiendo hacer responsable al padre no custodio por los daños causados por sus hijos menores durante el periodo en que se está ejerciendo el derecho de relación, salvo, que aquél padre pruebe que empleó toda la diligencia de un buen padre de familia para prevenir el daño[578].

Se ha recurrido también, en segundo lugar, al incumplimiento del deber de velar que corresponde a ambos padres, para justificar la responsabilidad por los actos del hijo. Así se señala que los padres tanto tienen el deber de velar por los hijos para evitar que ellos sufran daños, como para evitar que sus hijos causen daños a terceras personas. Este segundo aspecto trae como consecuencia jurídica que conforme al art. 1903 Cc ambos padres son responsables civiles de los daños materiales causados a terceros por los hijos que se encuentren bajo su guarda ya sea por *culpa in vigilando,* ya sea por *culpa in educando*[579].

Un tercera línea argumental, se incardina en el criterio de atribución del doble requisito *patria potestad-guarda* del menor, de tal modo que resultará responsable aquél padre que teniendo la patria potestad se halle al cuidado del

---

575 Así ocurre en: AP Baleares, sentencia 110/2012, de 13 de marzo, sección 4ª, id vlex: VLEX-365414610.

576 ROCA TRÍAS, ENCARNA en PAZ-ARES RODRÍGUEZ, CÁNDIDO y otros, *Comentario...*, p. 395; DE LA OLIVA VÁZQUEZ, ANTONIO, "Derechos y...", p. 251.

577 DE LA OLIVA VÁZQUEZ, ANTONIO, "Derechos y...", p. 251.

578 La acreditación de que el hecho ilícito puede incardinarse en la línea de conducta habitual del menor relacionada directamente con la educación y formación que le venía dando su guardador jurídico, sería un antecedente a considerar para la cesación de responsabilidad en este caso: RIVERO HERNÁNDEZ, FRANCISCO, "La guarda...", p. 112. El autor también postula la extensión de la solución doctrinal de interpretación amplia de la expresión "guarda" cuando se trate de terceros que se relacionan con el menor, quienes quedarán responsables por los daños causados por el menor durante el ejercicio de su relación: RIVERO HERNÁNDEZ, FRANCISCO, *El derecho...*, p. 213.

579 RODRÍGUEZ GUITIÁN, ALMA MARÍA, "Tipología...", p. 809. *Cfr*. LO 5/2000 de 12 de enero que regula la responsabilidad de los menores.

menor en el momento concreto de la producción del daño. En situaciones de divorcio la responsabilidad recaería, por regla, en el padre que tiene atribuida en la sentencia la guarda y custodia, salvo cuando el daño se produce en el tiempo en que el progenitor no custodio ejerce su derecho de relación, período en el cual existiría un traspaso de la guarda del padre custodio al no custodio[580].

La responsabilidad de los padres cesa cuando acreditan que emplearon toda la diligencia de un buen padre de familia para prevenir el daño (art. 1903.6 Cc).

En todo este análisis es pertinente considerar que aunque se afirme que el derecho de relación entre padres e hijos se desarrolla en un plano puramente afectivo, la verdad sea dicha, la influencia del padre en los hijos inevitablemente va mucho más allá, proyectando su influjo en el plano intelectual, en el plano moral[581] y ciertamente en el plano conductual, esto es, en todas las manifestaciones de la vida del menor.

f. Prerrogativas: los privilegios del progenitor no custodio titular del derecho a relacionarse con sus hijos quedarán delimitados o circunscritos a la modalidad específica de relación que ha quedado determinada en la sentencia de divorcio; así por ejemplo, podrá prohibir la presencia de testigos durante el desarrollo de la relación, incluido el progenitor titular de la guarda y custodia, a menos que aquélla venga impuesta por el Juez o sea necesaria por razones especiales[582]. Sin perjuicio de ello, en un contexto global, la principal prerrogativa del progenitor no custodio es hoy participar activamente en la crianza y vida de sus hijos. En esta señalada perspectiva, la sentencia que no atribuye a un padre la guarda y custodia, sino solo un régimen de relación, no le priva por ello de sus deberes parentales, como el de participar en la educación y formación de sus hijos.

IV. EL PROGENITOR CUSTODIO

El progenitor custodio, normalmente entendido como sujeto pasivo, es el tercer componente personal de la relación jurídica triangular a que da lugar el derecho de relación entre un hijo y su padre no custodio con ocasión del divorcio. Respecto de él es exigible jurídicamente el ejercicio del derecho y sobre él pesan una serie de deberes vinculados con tal ejercicio, principalmente

---

[580] YZQUIERDO TOLSADA, MARIANO, "La responsabilidad civil de padres, tutores y guardadores por daños a terceros", en YZQUIERDO TOLSADA, MARIANO y CUENA CASAS, MATILDE (dirs.), *Tratado de Derecho de Familia,* vol. VI, *Las crisis matrimoniales,* Thomson-Reuters/Aranzadi, Cizur Menor 2011, p. 920 y ss. El autor ofrece el análisis de diversas sentencia de Audiencias que dan cuenta de una respuesta exenta de uniformidad.

[581] RIVERO HERNÁNDEZ, FRANCISCO, *El derecho...*, p. 208.

[582] DE LA CÁMARA, MANUEL, *Sistema...*, p. 236.

referidos a la facilitación del ejercicio y la comunicación de toda circunstancia relevante del menor y de aquellas que puedan influir en el ejercicio del derecho a relacionarse[583]. *Gravamen significa para él y su titularidad jurídica el derecho (ajeno) de visita respecto del menor a su cargo*[584]. Pero además, el régimen de visita a favor del otro progenitor le otorga al custodio unas facultades o poderes específicos, en cuanto comporta una distribución de los tiempos de dedicación exigible al cuidado de los hijos comunes. Lo anterior, sumado a los deberes que tiene el progenitor no custodio, revela que el progenitor custodio tiene una posición especial respecto del derecho y régimen de relación: no es el único sujeto gravado (lo es también el visitante); y cuenta con un ámbito de poder para exigir del otro progenitor el cumplimiento del régimen de relación. Hecha esta prevención, haré uso respecto de él de la expresión "sujeto pasivo" cuando sea pertinente, principalmente para situarlo frente al progenitor no custodio titular formal o frente al hijo titular preferente, sin que ello signifique atribuirle el carácter de único sujeto gravado con el derecho.

1. Personas que pueden tener el carácter de sujetos pasivos respecto del derecho de relación del progenitor no custodio

Lo que califica la posición de sujeto pasivo es la tenencia del cuidado personal o guarda jurídica del menor por cualquier título jurídico, es decir, ser *guardador jurídico habitual del menor*[585]. En situación de divorcio, se pueden presentar tres escenarios: la atribución de la guarda y custodia a uno de los padres, evento más habitual y que constituye el presupuesto de este trabajo; la atribución a ambos padres en un ejercicio alterno[586]; y, en forma excepcional, que los hijos sean encomendados a un tercero.

---

583 García Cantero, Gabriel, "En torno...", p. 251.

584 Rivero Hernández, Francisco, *El derecho...*, p. 141.

585 Rivero Hernández, Francisco, *El derecho...*, p. 141. El autor, que lo denomina "sujeto gravado" ofrece un listado de posibles personas con éste carácter según la hipótesis de derecho de relación en que se encuentre el menor, esto es, cuando el derecho se predica respecto de sus padres, o de sus abuelos u otros parientes o allegados. Así serían sujetos eventualmente gravados: el padre o madre a quien se ha confiado la guarda; la persona o institución idónea a quien se le encomiende tras la nulidad, separación o divorcio de los padres; el tutor del menor en defecto de los padres o en caso de privación a éstos de la patria potestad, el guardador de hecho y finalmente, la persona que tiene al menor en acogimiento.

586 La custodia compartida o alternada, si bien en ascenso, aun mantiene porcentajes disminuidos en la práctica, razón por la cual el Tribunal Supremo ha venido a señalar que *la redacción del artículo 92 no permite concluir que se trate de una medida excepcional, sino que al contrario, habrá de considerarse normal e incluso deseable, porque permite que sea efectivo el derecho que los hijos tienen a relacionarse con ambos progenitores, aun en situaciones de crisis, siempre que ello sea posible y en tanto en cuanto lo sea*: Tribunal Supremo, sentencia nº 257/2013, de 29 de Abril de 2013, consultada en http://vlex.com/vid/guarda-custodia-compartida-jurisprudencial-438316050, el 15 de julio de 2013.

Conforme a la primera situación, será sujeto pasivo del derecho el progenitor guardador exclusivo, sea cual fuere el título en que se basa la guarda. La guarda y custodia se refiere a la relación de convivencia permanente de los hijos con el progenitor e implica que dicho padre tiene determinados derechos y deberes propios de su atribución[587], los que de algún modo inciden en la fijación de límites entre su actuación y la del no custodio[588]. Tiene, además, ciertos derechos que son consecuenciales a tal atribución[589] y, por último, tiene deberes que son propios de la determinación de un régimen de relación al otro progenitor, en éstos me voy a interesar en pocas líneas más.

Cuando la titularidad de la guarda y custodia del menor es alterna, será sujeto pasivo respecto del derecho de relación, el progenitor al que toca según las reglas de alternancia, el ejercicio de la guarda en cada periodo. La alternancia, en dicho caso, no solo es de la guarda y custodia, sino también de la titularidad del derecho a relacionarse con los hijos y, por consiguiente, de la calidad de sujeto pasivo que corresponde al custodio.

Excepcionalmente, un tercero puede ser sujeto pasivo respecto del derecho de uno o ambos padres a relacionarse con sus hijos, en dos eventos, el primero de orden general y el segundo regulado en sede de crisis matrimonial. Es situación en sede general y con sus propias particularidades la del menor que puede estar al tiempo del divorcio de sus padres, en acogimiento familiar, en cuyo caso, el responsable de la familia de acogida o del hogar funcional será el tercero a cuyo cuidado se encuentra el menor (art. 173 Cc) y por tanto, tendrá, respecto del derecho de relación del hijo con su padre y madre, el carácter de sujeto pasivo[590]. El legislador considera expresamente, por otra parte, como una medida provisional del juicio de divorcio, la posibilidad de encomendar a persona distinta de los progenitores el cuidado de los hijos (art. 103 Cc); no

[587] De La Oliva Vázquez, Antonio, "Derechos y…", p. 253.

[588] Como se analizó líneas atrás, la doctrina y la jurisprudencia proponen distinguir entre las decisiones trascendentales que deben ser consultadas al progenitor no custodio y las decisiones no trascendentales y del día a día que pueden ser asumidas por el progenitor custodio sin consulta; dentro de las primeras se encuentran las del ámbito educacional, médico y sanitario que en su mayoría son inherentes a la patria potestad y, por tanto, deben ejercerse conjuntamente o por uno con el consentimiento del otro. Las decisiones diarias rutinarias del normal transcurrir de la vida del menor forman parte del segundo grupo y pueden ser adoptadas por el progenitor que, en cada momento, tenga consigo a los hijos, lo mismo ocurrirá en los casos en que exista una situación de urgencia. Al respecto: De La Oliva Vázquez, Antonio, "Derechos y…", p. 253.

[589] Hay consecuencias que la ley anuda a la guarda de los hijos en caso de divorcio, separación o nulidad de matrimonio, como la permanencia en el hogar familiar (art. 96 Cc) o la administración de la pensión de alimentos (art 93 Cc). Lo anterior normalmente implica que quien no tiene asignada la custodia de los hijos, *pierde su casa y además debe abonar la pensión de alimentos fijada por el juez:* Guilarte Martín-Calero, Cristina, en Guilarte Gutiérrez, Vicente (dir.), *Comentarios a la…*, p. 146.

[590] Tendrá también este carácter respecto del derecho de los abuelos y demás parientes para visitar y relacionarse con el menor acogido.

ocurre lo mismo al tratarse de medidas definitivas, sin perjuicio de lo cual, puede inferirse que ello es posible porque el juez en defecto de acuerdo de los cónyuges o en caso de no aprobación del mismo, puede mantener la medida provisional consolidándola como definitiva (art. 91 Cc); la que en todo caso, siempre será modificable judicialmente cuando se alteren sustancialmente las circunstancias tenidas en vista al tiempo de su adopción. Siguiendo lo dispuesto en el art. 103 Cc. los terceros en cuestión pueden ser los abuelos, parientes u otras personas que así lo consintieren y, en caso de no haberlos, una institución idónea.

En ambas situaciones, tales terceros, al tener encomendado el cuidado de los menores, serán sujetos pasivos respecto del derecho a relacionarse que toca a dicho menor con sus padres divorciados. En este caso, ambos progenitores tienen idéntico título y calidad respecto de la titularidad del derecho a relacionarse con sus hijos: sin embargo, será necesario el establecimiento de regímenes de comunicación individuales –en principio sin preferencia en el goce– considerando la normal incompatibilidad que existirá para que ambos padres se relacionen al mismo tiempo con el menor[591].

Problema más complejo es determinar si puede acordarse por los padres, en el convenio regulador o en los acuerdos durante el proceso, que el cuidado personal de todos o algunos de sus hijos menores lo tenga un tercero y, conforme a ello, pactar el régimen de relación que como padres tendrán con tales hijos. De la amplitud y vaguedad de los términos empleados por el art. 90.A Cc. resulta que nada parece limitar la autonomía de los padres, para que, en interés de los hijos, puedan acordar encomendar el cuidado de los sujetos a la patria potestad de ambos, a un tercero. Con todo, el acuerdo sujeto a aprobación judicial, debe ser rechazado si es dañoso para los hijos.

En todo este asunto lo más apreciable, desde mi punto de vista, es la consideración de la esencialidad del cuidado personal de los hijos, que no es un derecho subjetivo de los padres, establecido en su beneficio, del que puedan libremente disponer, sino que es un *derecho-deber*. A los padres corresponde el derecho y el deber de criar, cuidar y educar a los hijos por el solo hecho de la filiación determinada. La posibilidad que el legislador les da de autorregularse en estas cuestiones no es sinónimo de disponibilidad del objeto. No se puede disponer libremente del cuidado personal de los hijos, cediéndolo cuando parece conveniente. Los padres no pueden renunciar a sus deberes y como regla, tampoco los pueden delegar injustificadamente; no pueden decidir que un tercero se haga cargo de sus hijos porque ellos no quieren hacerlo ya que

[591] RIVERO HERNÁNDEZ, FRANCISCO, *El derecho...*, p. 130.

formarán una nueva familia o tienen otros hijos[592]. En consecuencia, los padres no pueden pactar sobre estos asuntos, pues en definitiva, subyace a la normativa jurídica relativa al cuidado personal de los hijos por un lado, la consideración, *prima facie*, de ser los padres quienes están en mejor situación de asegurarles la mayor realización espiritual y material posible, y el ejercicio de sus derechos esenciales que emanan de la naturaleza humana y, por otro, el derecho que tienen los hijos a ser criados y cuidados por sus padres[593]. A partir de ahí, la asunción por terceros de esta facultad constituye una situación de excepción que amerita la concurrencia de circunstancias específicas y calificadas[594], que deberá ser resuelta por el juez en atención al interés del menor.

2. Actuación del progenitor custodio respecto del derecho de relación

Volviendo al supuesto usual, esto es, que la guarda y custodia del menor ha sido atribuida en exclusiva a un progenitor tras el divorcio, y considerando que los hijos necesitan para su formación integral del contacto y relación con ambos progenitores, el primer y más genérico deber del custodio consiste en respetar el derecho de relación del otro progenitor[595].

Precisando más las cosas puede hablarse de un deber general de colaboración que se impone al custodio, cuyo fundamento se encuentra en el beneficio de los hijos con base tanto en norma constitucional –en el genérico deber de prestar asistencia de todo orden a los hijos– (art. 39.3 CE), como legal: el pro-

592 Caben sin embargo, matices en esta materia por la vía del art. 172 Nº 2 del Cc. que permite a los padres que por circunstancias graves, no pueden cuidar al menor, solicitar de la entidad pública competente que ésta asuma la guarda durante el tiempo necesario, lo que se realiza mediante el acogimiento familiar o el residencial. También por la vía de la delegación a un tercero de derechos o facultades concretas derivados de la patria potestad, lo que puede en circunstancias concretas resultar útil para el menor, como cuando los padres se valen de un tercero para educar o custodiar al hijo por tiempos en que por trabajo o enfermedad, entre otros, no podrán hacerlo personalmente, tema en el cual no corresponde profundizar en esta obra. Al respecto se puede ver: HERRERA CAMPOS, RAMÓN, en SÁNCHEZ CALERO, FRANCISCO JAVIER (coord.), *Curso de...*, p. 275.

593 Convención de Derechos del Niño (art. 5 y 18).

594 El cuidado de los hijos por un extraño y no por los padres es una solución residual y excepcional: DIEZ-PICAZO, LUIS - GULLÓN, ANTONIO, *Sistema de*..., p. 117; ACUÑA SAN MARTÍN, MARCELA, *Efectos*..., p. 404.

595 GARCÍA PASTOR, MILAGROS, *La situación*..., p. 263. Rivero Hernández expone que la carga o gravamen sustancial y más característica de este sujeto pasivo consiste en *consentir* las relaciones personales del visitador con el menor bajo su potestad, tutela o acogimiento (RIVERO HERNÁNDEZ, FRANCISCO, *El derecho*..., p. 143) expresión que no me parece del todo adecuada por cuanto, el derecho de los padres y el derecho de los hijos a relacionarse recíprocamente y su ejercicio efectivo no están sujetos al consentimiento de nadie, ni siquiera de quien ostente la patria potestad del menor. El custodio no esta llamado a consentir tales relaciones, sino a respetarlas. Ni aún en el caso en que el régimen de relación conste en el convenio regulador puede en propiedad concluirse que el progenitor custodio ha consentido en tales relaciones, pues, el consentimiento prestado, es sobre el modo de ejercicio de un derecho establecido previamente por Ley.

genitor guardador está obligado a hacer todo lo posible, activa y pasivamente, para que el menor se relacione con el otro progenitor, porque tiene el deber de velar por el menor y procurarle una formación integral[596]. También encuentra explicación, como se dirá, en aquellas obligaciones comunes de que habla la CDN.

Cuando la ordenación del régimen de relación proviene del convenio regulador o de algún acuerdo de los padres durante el proceso de divorcio, el fundamento inmediato del deber de colaboración del custodio y de su exigibilidad provienen de su propia (y vinculante) manifestación de voluntad. Cuando el régimen de comunicación ha sido regulado por el juez, la sentencia respectiva es el título que haría exigible su cumplimiento[597]. Por otro lado, es siempre una obligación de hacer personalísima para los efectos de su ejecución, según se aborda en el último Capítulo de este trabajo[598].

Se ha señalado que el derecho de visita representa para el progenitor custodio una suerte de limitación de su potestad, por cuanto cercena el control y dirección que ejerce sobre la persona y vida del menor, no pudiendo disponer del tiempo y compañía del niño en ciertos periodos[599]. La formulación de aquél juicio entraña la consideración de la patria potestad o de la guarda y custodia como poderes o derechos absolutos de uno de los padres *sobre los hijos*, lo que no resulta hoy coherente con la moderna idea de que estamos más bien ante facultades y funciones de los padres *respecto de sus hijos* –y no sobre sus hijos–, dada la preeminencia y centralidad que ellos ocupan en la edificación de las relaciones paterno-filiales. Ciertamente las relaciones entre los progenitores separados en orden a la facilitación del trato de quien no convive con los hijos cuya guarda y custodia ha sido atribuida al otro progenitor, presenta problemas humanos y jurídicos complejos[600], hasta el punto de que en diversas reuniones internacionales se ha venido manteniendo el principio de sanción al

---

[596] RAGEL SÁNCHEZ, LUIS, "La guarda...", p. 329. En interesante en este punto indicar que se viene entendiendo que el cumplimiento del deber de velar por los hijos, que como padre se tiene, no exonera a éste del respeto al derecho fundamental a la intimidad de los hijos menores de edad: MENÉNDEZ MATO, JUAN, "La progresiva...", p. 3325.

[597] SUÁREZ HERRANZ, OLGA, "El derecho del hijo...", p. 170. Se ha localizado también en normas más genéricas el fundamento legal del deber de colaboración del progenitor custodio. En este sentido, se recurre al deber de observar la diligencia exigible a todo deudor en el cumplimiento de su obligación, que impone el art. 1104 del Cc: GONZÁLEZ DEL POZO, JUAN PABLO, "La ejecución...", p. 88 y ss. A estas cuestiones me dedicare al analizar el ejercicio y protección del derecho.

[598] SUÁREZ HERRANZ, OLGA, "El derecho del hijo...", p. 170; GONZÁLEZ DEL POZO, JUAN PABLO, "La ejecución...", p. 87 y ss.

[599] RIVERO HERNÁNDEZ, FRANCISCO, *El derecho...*, p. 143.

[600] Las ocasiones para entrar en colisión el gravado y el titular del derecho de relación y sus respectivos intereses son muchas, aún prescindiendo de las situaciones patológicas. Así se informa en: RIVERO HERNÁNDEZ, FRANCISCO, *El derecho...*, p. 146.

progenitor incumplidor para proteger no solo el interés del menor, sino el de quien no convive con el hijo[601].

Observado el contenido del deber de colaboración, es posible postular que el derecho de relación genera para el progenitor custodio tanto deberes positivos o activos como deberes negativos o abstenciones, dando lugar a dos ámbitos interrelacionados de actuación, los que paso de inmediato a examinar, además de exponer otras actuaciones específicas de este progenitor.

A. Ámbito activo de actuación del custodio

Se suele indicar que el progenitor custodio debe fomentar, favorecer y facilitar los contactos del hijo con el otro padre[602]. Fomentar es promover o impulsar algo; favorecer es ayudar a alguien, apoyarlo; y, facilitar es hacer posible la ejecución de algo, o la consecución de un fin. A partir de ahí, la actitud del custodio no puede ser pasiva, de indiferencia o de inactividad respecto del derecho de relación, sino, muy por el contrario, debe ser una conducta activa y positiva[603]; se trata de permitir y posibilitar el buen funcionamiento del régimen de visita[604], con un actuar flexible y comprensivo, en beneficio de los menores.

Así, el custodio estará obligado a comunicar al padre no custodio cualquier situación del menor que pueda impedir, dificultar o alterar el ejercicio de su derecho, como los cambios de domicilio, de horario escolar, de estado de salud, etc.[605]. También tendrá el deber de motivar o estimular al hijo a relacionarse con su padre y realizar acciones tendientes a que sea posible el ejercicio del derecho, como no retrasar la entrega del hijo, o tener sus pertenencias dispuestas si corresponde una pernocta.

En términos inclusivos, el guardador tendría un deber de colaborar, en beneficio de los hijos, en el cumplimiento o ejercicio adecuado del derecho de relación que asiste al otro progenitor, sin que ello implique, desde mi punto de

---

[601] Así se deja ver en la STS de 30 de junio de 2009, que se comentará con cierta amplitud en el Capítulo destinado a la protección del derecho de relación.

[602] RAGEL SÁNCHEZ, LUIS, *Nulidad...*, p. 116.

[603] Se expone, con motivo de una sentencia de la Audiencia Provincial de Barcelona, que entre las varias funciones del progenitor custodio, la Sala quiso significar la de lograr, fomentar y potenciar la relación de los hijos con el otro progenitor, para que así éstos, en la triangulación absolutamente necesaria puedan lograr un adecuado desarrollo psicológico de su personalidad: DE LA IGLESIA MONJE, Mª ISABEL, "Las funciones del progenitor custodio y el derecho de visitas del no custodio (I)", *Revista Critica de Derecho Inmobiliario*, Nº 710, Madrid 2008, p. 2514.

[604] SALANOVA VILLANUEVA, MARTA, "Aproximación...", p. 494.

[605] DE LA OLIVA VÁZQUEZ, ANTONIO, "Derechos y...", p. 255; RIVERO HERNÁNDEZ, FRANCISCO, *El derecho...*, p. 144.

vista, llegar a constituirse en deudor de una obligación de resultado consistente en convencer u obligar al hijo a acompañar al visitador[606].

Desde la perspectiva que sugiero, las funciones o deberes del progenitor custodio en torno al derecho de visita del otro progenitor se ubican en una zona intermedia entre no hacer nada o demostrar indiferencia respecto del derecho y, obligar al menor a desarrollar el régimen de relación previsto. En esa zona media se sitúa un punto de conexión y encuentro de los padres respecto de sus hijos, solo posible si ambos progenitores satisfacen mínimamente lo que desde un punto de vista constitucional y legal en tanto padres, debe constituir su preocupación fundamental: el interés superior del menor. Si en el plano personal de las relaciones paterno-filiales ese interés se concreta en mantener relaciones y comunicación con ambos padres, entonces ambos deben contribuir a que dicho interés sea posible, no solo exigiendo lo que a ellos les corresponde desde su posición de custodio y de visitador, respectivamente, sino muy particularmente desde una actitud colaborativa activa, común y compartida: la de padres. Lo anterior, implica actuar con conciencia de la función que ser padres demanda y que el Constituyente y el Legislador recuerdan; dicha conciencia, impediría a un padre negarse a favorecer o facilitar el ejercicio de un adecuado régimen de comunicación de sus hijos con el otro progenitor y a éste mal usar de la relación con el hijo en perjuicio del custodio[607].

---

606 La jurisprudencia francesa sí considera que existe de parte del guardador tal obligación de resultado, no admitiéndose como excusa el rechazo del hijo a las visitas para que el custodio no ponga al visitante en situación de realizar su derecho de visita; como consecuencia de tal obligación se sanciona a aquel progenitor que no presenta al hijo cuando debe desarrollarse el derecho de visita: García Pastor, Milagros, "El derecho...", p. 761. En el medio español, Rivero Hernández entiende que el gravado tiene obligación de imponer al menor el cumplimiento y la efectividad de las relaciones personales oportunamente determinadas aún contra su voluntad, esto con base en dos argumentos: primero porque así está decidido y el parecer del menor no era vinculante al tiempo de determinar el régimen ni lo es ahora y, segundo, porque el menor no puede tomar decisiones de la trascendencia jurídica del incumplimiento del régimen de visita, y en su nombre debe decidir y actuar su representante legal: Rivero Hernández, Francisco, *El derecho...*, p. 263. Con algo mas de cautela se alude a la posición del custodio como garante del cumplimiento del derecho-deber del otro progenitor: Marín García de Leonardo, María Teresa, "Perspectivas...", p. 42.

607 Desde una óptica clínica y sistémica, se informa que la colaboración entre los padres, antes, durante y con posterioridad al divorcio es uno de los factores protectores más importantes de los menores respecto de los efectos negativos o dañosos de la ruptura. Este deber de colaboración implica que luego del divorcio deben seguir actuando conjuntamente en todo lo que atañe a la educación de los hijos y además en facilitar la buena relación del menor con el otro progenitor. Esta última faceta se satisface apoyando un régimen de visitas amplio y flexible; propiciando la involucración activa del otro progenitor; dando "permiso psicológico" explícito para que el menor disfrute del otro progenitor y lo quiera; reforzando la imagen positiva del otro progenitor como padre/madre y apoyando la autoridad del otro progenitor: Bayebach, Mark, "La repercusión...", p. 312.

B. Ámbito pasivo de actuación del custodio

En su vertiente pasiva, el deber de colaboración comporta que el progenitor custodio debe abstenerse de conductas deliberadas que impidan el ejercicio del derecho entre el otro progenitor y el hijo. El progenitor que impide o limita el ejercicio del derecho puede estar causando un perjuicio al menor al privarle de la necesaria relación con el padre no custodio, afectando su desarrollo integral[608]; piénsese que incumplida la medida por el custodio, se habrá privado sin posibilidad de reparación, durante un tiempo determinado, del contacto a padre/madre e hijos. Ante una casuística variada me interesa citar a título ejemplificativo dos supuestos que han recibido reciente pronunciamiento:

Primero, la fijación de actividades extraescolares a los menores en los días y horas en que debían desarrollarse las visitas intrasemanales, respecto de lo cual se ha ratificado la idea de no interferencia en el disfrute del régimen. La AP de Zamora ha precisado al respecto que *los tiempos estipulados para el disfrute del régimen de visitas no pueden interferirse (así no se fijaran ningún tipo de actividades extraescolares a la menor en los días de la semana que se incluyan en el régimen de visitas) ni incumplirse amparándose en motivos no acreditados o justificados*[609].

Segundo, el cambio de domicilio sin aviso previo ni promoción de modificación de régimen. Me interesa este caso en cuanto se trata de una situación distinta de la resuelta por el Tribunal Supremo con fecha 26 de octubre de 2012, analizada líneas atrás, donde el problema jurídico consistía en la determinación de las facultades que comportaba el ejercicio compartido de la patria potestad; en lo que ahora interesa, se trata de un progenitor custodio que tiene la patria potestad exclusiva y por tanto, no debe compartir con el otro progenitor decisiones relativas a asuntos vinculados con la misma; sin embargo, y sin poner en tela de juicio el derecho que le asiste de cambiar su residencia, cuando traslada el domicilio del menor bajo su guarda a considerable distancia (otra ciudad, región o país) sin informar ni promover el cambio de régimen, impide el ejercicio del derecho e incumple de forma deliberada sus deberes fijados en la sentencia o en el convenio regulador. En dichos casos se ha resuelto que si se obra sin dar posibilidad de reacción al otro padre, presentando el traslado como un hecho consumado, sin justificación de la premura y se impide con ello el

---

608 Dicha conducta podría ser causa de un cambio del régimen de guarda y custodia: De La Oliva Vázquez, Antonio, "Derechos y…", p. 255. La obstrucción directa al ejercicio del derecho de relación por parte del custodio puede constituir ejercicio abusivo de la guarda y custodia. Abordaré estas específicas situaciones al analizar el ejercicio del derecho a relacionarse en el Capítulo Quinto.

609 AP Zamora, sentencia 26/2012, de 17 de febrero de 2012, sección 1ª, id vlex: VLEX-363050634.

ejercicio total o parcial del régimen regulado, se configura un incumplimiento voluntario del régimen con encaje típico penal[610].

El progenitor custodio debe abstenerse también de conductas más solapadas que, sin impedir el ejercicio del derecho, van distanciando al menor de su otro progenitor: así, en específico, cuando el custodio ha iniciado una nueva relación sentimental, debe evitar que se produzca en el menor una confusión relacional en torno a la figura paterna o materna, según el caso[611]. Finalmente, el custodio no puede unilateralmente decidir limitaciones al régimen[612], ya que la comunicación determinada solo puede ser interrumpida o modificada por decisión judicial, en general cuando concurran circunstancias que amenacen el interés del menor.

C. *Otras actuaciones específicas del custodio*

Una cuestión silenciada por el legislador, es la de si este progenitor custodio puede tomar la iniciativa y solicitar al tribunal que fije el régimen de relación entre el menor y el otro progenitor. Estoy pensando especialmente en aquellos casos de padres no custodios reticentes a relacionarse con sus hijos y a cumplir en general sus deberes paterno-filiales. Nada parece oponerse a esta demanda. El art. 94 Cc. solo establece que el juez, en ausencia de acuerdo, debe determinar el tiempo, modo y lugar de ejercicio de este derecho, y, si bien en estos temas el juez está facultado para obrar de oficio, no se impide al progenitor custodio plantear la solicitud al juez para que sea resuelta dentro del proceso. No se trata de reclamar el derecho que corresponde al otro progenitor, sino más bien de exigir, en beneficio del hijo, la regulación del *derecho-deber* que le corresponde asumir.

Puede además el custodio, en razón de la distribución de los tiempos destinados a las tareas de cuidado de los hijos que la sentencia de divorcio impone a cada progenitor (cuidado personal o guarda y custodia para uno y derecho de relación para el otro), exigir que el no custodio cumpla con el régimen de

---

[610] AP de Navarra, sentencia 153/2012, de 11 de julio, sección 2ª (ARP2012/783, versión electrónica en www.westlaw.es). En los autos se condenó a la madre custodia que trasladó su residencia sin aviso desde Pamplona a Toledo, como autora responsable de una falta de incumplimiento de obligaciones familiares.

[611] De La Iglesia Monje, Mª Isabel, "Las funciones…", p. 2515. En el caso que la autora comenta, la madre custodia había permitido que su hija dijera "papá" a su actual pareja contribuyendo con ello en la confusión de una menor respecto de un dato trascendente, como es saber, sin duda alguna, quien es realmente su padre y desorientándola respecto de los roles concretos de cada persona en la familia.

[612] Ragel Sánchez, Luis, *Nulidad*..., p. 116.

relación en el tiempo, plazo y modo determinado, por cuanto se trata de un tiempo en que no le corresponde a él hacerse cargo de los hijos.

En otro ámbito, el custodio podría oponerse en el juicio de divorcio a la regulación de un régimen de relación entre los hijos y el padre no custodio. El resultado de su oposición dependerá de los intereses legítimos o ilegítimos que subyacen a ella[613]: si en interés del hijo se opone a la regulación del régimen alegando graves circunstancias que lo aconsejen o, más tarde se opone al ejercicio del derecho en base a incumplimientos graves y reiterados de los deberes impuestos al progenitor no custodio, el resultado podría ser una limitación o suspensión del ejercicio del derecho del otro progenitor. Por el contrario, la oposición basada en su capricho, despecho o animadversión hacia el otro progenitor, no producirá efecto alguno.

No queda claro de la regulación legal si al padre custodio corresponde un derecho-deber de vigilancia o control de las visitas, al estilo de aquel derecho de vigilancia y control de la guarda y custodia que toca al no custodio[614]. Tal derecho se hallaría justificado igualmente por el deber de los padres de prestar asistencia de todo orden a los hijos conforme al art. 39.3 de la CE, y por el deber de vela (arts. 110, 111 y 154 Cc), pero también, por la representación que, normalmente, ejercerá el padre custodio respecto de los derechos del hijo producto de la patria potestad. En este sentido, estimo que aquel padre debe estar siempre al tanto de las circunstancias de los hijos, pendiente de su situación, lo cual supone una facultad del custodio para informarse de los acontecimientos de los hijos, incluidas las visitas o relación con el otro progenitor, sin que ello le autorice a perturbar la necesaria intimidad de la relación de los hijos con el otro progenitor. Esta facultad tiene como contrapartida el deber de colaboración del progenitor no custodio titular formal del derecho de relación; colaboración con la custodia a que he hecho referencia líneas atrás.

El custodio –a quién toca más habitualmente la preocupación de la esfera formativa de los hijos bajo su guarda–, puede, desde mi perspectiva, observar la corrección en la ejecución de las visitas y, puede y debe controlar el ejercicio abusivo del derecho de relación, que en definitiva termina afectando al menor,

---

613 Florit Canals, Carlos, "El régimen…".

614 La idea aparece sugerida aludiendo a lo que la doctrina y jurisprudencia francesa han llamado "dirección de las visitas" en: Rivero Hernández, Francisco, *El derecho…*, p. 145. Conforme a dicha postura, el interés del hijo *in potestate* y no el del guardador, es lo que justifica fundamentalmente la intervención del gravado en la dirección de las visitas. Me parece equívoco el empleo de la expresión "*dirección*" de las visitas, por la idea de poder o gobierno sobre la actuación de otro, que sugiere, cuando, en realidad, de lo que esencialmente se trata es de observar la corrección de su ejercicio, su adecuación a lo acordado por ambos padres o, a lo determinado por el juez en la sentencia.

ya lo sea en su persona física, ya lo sea en su formación integral[615]. La forma apropiada de hacerlo será concurriendo al juez para que éste limite o suspenda el ejercicio del derecho de comunicación del otro progenitor, si fuere del caso. Lo que no puede hacer el custodio es interferir en el ejercicio de las visitas en detrimento de los legítimos derechos del hijo y del padre no custodio.

V. MARCO DE ACTUACIÓN COMÚN DE LOS PROGENITORES

En la vinculación de los ex cónyuges posterior al divorcio, se impone la idea de que son ellos los llamados a fortalecer las relaciones paterno-filiales (y no los hijos): sobre ellos pesa la responsabilidad de generar y procurar mantener, una relación medianamente armoniosa que dentro de su estado de divorcio. Por eso se suelen indicar en las sentencias ciertas obligaciones o deberes propios del ejercicio del régimen que pesan sobre ambos, así por ejemplo *ambos progenitores se obligan y comprometen a comunicar al otro en donde se encuentra el menor, sus dolencias o enfermedades, así como a facilitar la comunicación al menos telefónica con el menor...*[616].

La mayor vinculación positiva y de colaboración que existe –o debiera existir– entre los sujetos adultos en el ámbito subjetivo del derecho a relacionarse que tiene el hijo y el padre no custodio con ocasión del divorcio y en sede general, encuentra su explicación última en lo que el art. 18 de la CDN denomina *obligaciones comunes*, atribuidas a los padres con independencia

[615] Rivero Hernández explica que si bien el derecho de relación coloca al progenitor custodio en una posición jurídica preponderante de deber, no todo para él es carga, sino que también tiene facultades a través de las cuales el Ordenamiento Jurídico tutela su propia posición jurídica, compleja, y sus intereses, amén de los del menor, a quien representa. Dentro de estas se encuentra la de oponerse a pretensiones extralimitadas del progenitor beneficiario del derecho, a un ejercicio abusivo, o a concretas comunicaciones, cuando estime que no es conveniente para el menor. Reconoce sí el autor que no hay normas concretas que avalen su conclusión, por lo que recurre a preceptos generales como el principio de buena fe y la prohibición del abuso del derecho del art. 7 Cc. además del principio transversal del *bonus minoris,* que sirve siempre para llenar vacíos o deficiencias normativas: RIVERO HERNÁNDEZ, FRANCISCO, *El derecho...,* p. 260.

[616] AP A Coruña, sentencia 117/2012, de 17 de marzo, sección 5ª (id. vlex: VLEX-365407590). Señalando que se exige a ambos progenitores el respeto y apoyo más absoluto al cumplimiento del régimen de visitas: AP Zamora, sentencia 26/2012, de 17 de febrero, sección 1ª, id vlex: VLEX-363050634. En otras ocasiones se hace mención a la obligación de *facilitar ambos progenitores la comunicación de las menores con el otro progenitor en los períodos vacacionales, respetando las horas de descanso*: AP de Segovia, sentencia 240/2012, de 23 de noviembre, Id Cendoj: 40194370012012100443. También es posible encontrar decisiones con énfasis intimidatorio: *se apercibe a ambos progenitores que el régimen de visitas y custodia debe ser obligatoriamente cumplido por ambos progenitores, y que su incumplimiento puede dar lugar a la modificación de los expresados regímenes en perjuicio del que los incumpla, sin perjuicio de las responsabilidades penales que puede contraer el que los incumpla*: AP Barcelona, sentencia 668/2012, de 13 de noviembre, Id Cendoj: 08019370182012100624.

de su situación relacional, esto es, con vida separada, casados o divorciados. En este sentido, ambos padres, antes y después del divorcio, *tienen obligaciones comunes en lo que respecta a la crianza y el desarrollo del niño (...)* y les incumbe *la responsabilidad primordial* por ello, siendo *su preocupación fundamental el interés superior del niño*[617].

Estas obligaciones comunes, derivadas de su sola calidad de padres imponen una actuación colaborativa en beneficio de los hijos y, al mismo tiempo, evidencian que sus respectivos derechos y estatutos jurídicos no son antagónicos sino complementarios. La jurisprudencia al respecto ha señalado que *la participación activa que a ambos progenitores incumbe en el cumplimiento y mantenimiento del régimen de visitas acordado bajo la protección del "favor filii", implica el conocimiento recíproco de los padres de sus respectivas obligaciones*[618].

VI. VALORACIÓN

A lo largo de este Capítulo se han planteado algunas ideas, que consideradas ahora conjuntamente conducen a una reflexión importante: el derecho de relación entre los hijos y el progenitor no custodio producto del divorcio, es una figura jurídica compleja porque tiene un entramado de distintas situaciones de poder, de deber y de vinculación entre personas diferentes que colocan a unas de cara a las otras tanto en una posición activa como pasiva: el hijo puede pedir al juez que se determine el derecho de relación con su progenitor no custodio y que no se impida su ejercicio por el otro progenitor, y además, debe en general cumplir él igualmente el régimen establecido; el progenitor no custodio puede exigir mantener relaciones habituales con sus hijos de cuyo cuidado ha sido privado y conjuntamente, tiene el deber –frente al hijo y frente al custodio– de cumplir con el régimen establecido; el progenitor custodio debe facilitar el ejercicio del derecho, pero a su vez, puede reclamar que el régimen sea satisfecho en cuanto a él no le corresponde extender sus deberes de cuidado y protección más allá de lo que legalmente tiene asignado.

La relación no es puramente entre el progenitor no custodio y el hijo, pues los dos afirman su derecho respecto del progenitor custodio; o entre el progenitor no custodio y el custodio, uno como sujeto activo y el otro como sujeto

---

[617] Algunos autores han propuesto que el fundamento legal del deber de colaboración específico del progenitor custodio radica en el deber de observar la diligencia exigible a todo deudor en el cumplimiento de su obligación, que impone el art. 1104 Cc.: GONZÁLEZ DEL POZO, JUAN PABLO, "La ejecución...", p. 91. La aplicación de esta regla general, no neutraliza, sino que, por el contrario, refuerza el fundamento directo que emana de las normas de familia que regulan la situación de los menores.

[618] AP de Toledo, sentencia núm. 39/2010, de 5 mayo (JUR\2010\230948).

pasivo, pues ambos tienen deberes comunes frente a los hijos. Hasta cierto punto de vista, si se descompone la figura se podría hablar de una relación jurídica entre el hijo y el progenitor no custodio; otra entre el hijo y el progenitor custodio y otra entre ambos progenitores.

Estas distintas relaciones jurídicas teleológicamente están dominadas por una misma idea: es bueno para el hijo que mantenga relaciones con ambos padres.

CAPÍTULO CUARTO. DETERMINACIÓN Y CONTENIDO DEL RÉGIMEN DE RELACIÓN

I. DETERMINACIÓN DEL RÉGIMEN DE RELACIÓN

La expresión *régimen de relación* del hijo con el padre no custodio, evoca, en cuanto al contenido del derecho, su carácter normativo para la situación jurídica concreta a que se refiere, ya que debe abordar todo un panorama de supuestos[619]. En tal sentido se trata de una ordenación o sistema de vinculación entre padres e hijos –que conecta también a quien tiene a su cargo al menor– lo más amplia y profunda que sea posible.

El legislador consagra el derecho de relación entre los hijos y el padre no custodio, pero no se ocupa –con razonable lucidez, por la variedad de hechos y circunstancias de cada familia– del régimen específico por medio del cual se concretará tal derecho, dejando aquello entregado al acuerdo de las partes o a la decisión judicial[620]. La ausencia de norma legal en la materia obedece a la imposibilidad de generalizar los casos, pues *cada familia, cada pareja y cada hijo precisan ser contemplados con sus características personales*[621] y con sus específicas necesidades e intereses. Así, ha de tenerse en cuenta desde un principio, que el mejor régimen de visita será aquel que más adecuadamente se acomode a las particulares circunstancias de cada situación familiar protegiendo los derechos e intereses del niño y del padre no custodio –con preeminencia del primero en caso de conflicto– y sin afectar al ejercicio de la custodia. En otras palabras, los diversos y concretos factores a los que atender respecto de

---

619 Ruíz De La Cuesta, Rafael, "Praxis judicial…", p. 264.

620 Marín López, Manuel, en Bercovitz Rodríguez-Cano, Rodrigo (coord.), *Comentarios al…*, p. 218. El legislador evita el establecimiento de un régimen general o tipo, a fin de que las partes o el juez busquen lo que se ha denominado el "traje a medida" para cada familia: López Ordiales, Julio Jesús, "Custodia compartida. Cuestiones procesales", en Saravia González, Ana - García Criado, Juan José (dir.), *La Jurisdicción de Familia: especialización, ejecución de resoluciones y custodia compartida.* CGPJ, Madrid 2007, p. 300.

621 Freijanés Benito, Antonia, "La protección…", p. 80.

cada situación familiar determinan que la adopción de un concreto régimen de visita deba tener necesariamente carácter individualizado[622].

La fijación de un régimen de relación entre los hijos menores y el padre no custodio, es una medida ineludible en el proceso matrimonial. El legislador da preferencia a la decisión y acuerdo de los padres en la determinación del régimen de relación con los hijos, lo que en opinión de GARCÍA CANTERO, no resuelve el problema sino solo lo desplaza, pues habrá que decidir si dicha autonomía reconoce límites y cuáles sean éstos[623].

¿Por qué el legislador otorga a las partes la preferente facultad de autorregularse en materias de Derecho de Familia, que se encuentran caracterizadas por la presencia de normas imperativas? La pregunta encuentra respuesta en la base fáctica de la situación: no hay un modelo estándar de relaciones de familia, ni aún matrimonial, y por ende, no hay dos crisis matrimoniales, ni dos estilos de relación paterno-filial exactamente idénticas: así, los cónyuges serán quienes en mejor condición se encuentren para reglar su particular situación e intereses y respecto de sus hijos[624]. Al ser quienes normalmente mejor conocen a sus hijos, estarán en una posición privilegiada para interpretar con los datos con que cuentan (los gustos y necesidades espirituales, materiales y afectivas de los menores), su verdadero interés[625]. Por otro lado, no es menos importante esta concesión para los efectos de la ejecución del régimen de comunicación, pues de la voluntad de las mismas partes dependerá el cumplimiento de las medidas respectivas[626]. Desde tribunales la opinión también se ha orientado en tal sen-

---

622 TRINCHANT BLASCO, CARLOS (coord.), *Memento...*, p. 396.

623 GARCÍA CANTERO, GABRIEL, "En torno...", p. 249.

624 Para Díez-Picazo el poder que se reconoce a la voluntad de las partes en el convenio regulador se origina en el reconocimiento de que quienes están más cerca de los problemas pueden regularlos mejor que aquellos que, distanciados, solo podrían formular un juicio demasiado abstracto. A partir de ahí el autor expone dos interesantes ideas: por un lado, que no hay abandono o desinterés regulador por parte del legislador y, por otra, que la elección del legislador, al posibilitar la regulación de las partes no es entre la ley y el negocio, sino entre la reglamentación imperativa del juez y la consentida por las partes: DÍEZ-PICAZO, LUIS, "La figura...", p. 43 y 44. En sentido semejante Albaladejo explica que se da preferencia al acuerdo de los cónyuges, aprobado judicialmente, y no ha lugar a las medidas que habrían de versar sobre los extremos resueltos en él, porque la ley considera mejor que las cosas se regulen por los interesados, aunque pide la aprobación judicial para evitar soluciones que, aún acordadas, no sean aconsejables: ALBALADEJO, MANUEL, *Compendio de Derecho Civil*, decimotercera edición, Edisofer, Madrid 2007, p. 532.

625 RIVERO HERNÁNDEZ, FRANCISCO, *El derecho...*, p. 220. Inmerso en la entrega de esta facultad se encuentra el peligro de subordinar el interés del menor a los intereses particulares de los padres. El autor reconoce, al referirse al tipo de control judicial del acuerdo, que *no es infrecuente que en el paquete de intereses que los cónyuges discuten y negocian (...), a la hora de resolver sus personales egoísmos tras la ruptura matrimonial, entren los hijos como un concepto o un sumando, como un argumento más entre otros* (p. 226).

626 CAMACHO SERRANO, JULIA, "El proceso de divorcio español tras la ley 15/2005, de 8 de julio", en *Revista Jurídica Universidad Interamericana de Puerto Rico*, vol. XLI, San Juan 2006, p. 188.

tido: *el mejor régimen de visita es aquél que no hay necesidad de establecer judicialmente*[627], al estar basado en el común acuerdo entre los progenitores. Si los padres nada deciden, o si lo decidido no alcanza aprobación judicial, toca hacer la determinación del régimen al juez.

Cualquiera sea el caso, es evidente la exigencia de equilibrio entre la necesidad de concreción que favorece el ejercicio posterior y la pretensión de flexibilidad que reclama el derecho conforme a sus caracteres propios (subordinación al interés superior del menor en cada momento, relatividad de contenido, esencialmente modificable, entre otros). En vista de ello, es posible postular que tanto en la determinación que hagan los padres como en la que corresponde hacer al juez lo exigible es una mínima concreción del régimen a fin de evitar conflictos posteriores[628]; no requiriéndose, en principio, una rígida determinación de todas sus circunstancias de ejercicio. Del mismo modo, es razonable entender que el régimen debe ser lo suficientemente amplio como para permitir el cumplimiento de sus finalidades propias, especialmente, el mantenimiento o desarrollo de la relación paterno-filial con el padre no custodio, al tiempo que demarcado para no romper la estabilidad en la custodia que ejerce el otro padre, estabilidad que se orienta también en beneficio del propio hijo[629].

No faltan, en este ámbito, criticas a la redacción del art. 94 Cc. por estimarse que aparece en él que es preceptivo que sea impuesto por el juez el régimen de visita y que, aunque pueden existir convenios o acuerdos, es el juez quien tiene finalmente la facultad de aprobar o desaprobar lo acordado por los progenitores, de donde resultaría que el juez está en mejor disposición que los padres para determinar lo que sea más conveniente para los hijos en orden al régimen de visita[630]. Esta mirada olvida que el art. 94 Cc. se inserta dentro de los efectos definitivos del divorcio, como una de las pautas que debe considerar el juez al resolver en defecto de acuerdo de los cónyuges o en caso de no aprobación del mismo (art. 91 Cc.). Contemplada la normativa en su conjunto resulta evidente que la actuación del juez es subsidiaria[631].

El juez puede tener en ocasiones, una posición aventajada en el proceso de divorcio para adoptar decisiones respecto de los menores involucrados, pues su mirada de la situación relacional no está contaminada con las mezquindades del conflicto conyugal que atañe a los padres; el juez mira desde fuera, de un modo objetivo, lo que puede permitirle detectar afectaciones o daños a los

---

627 AP de Sevilla, sentencia de 28 de junio de 2001.

628 Trinchant Blasco, Carlos (coord.), *Memento...*, p. 395.

629 Mata Vidal, Daniel, "El interés...", p. 309.

630 Vázquez Iruzubieta, Carlos, *Matrimonio...*, p. 179.

631 Farré Alemán, Josep, *Código Civil...*, p. 185.

menores en el contenido de los acuerdos de los padres que le obligan a adoptar una actitud protectora activa.

Cabe apuntar, por último, que tanto el régimen acordado por las partes del juicio de divorcio, como el determinado subsidiariamente por el juez son susceptibles de ser modificados si cambian sustancialmente las circunstancias tenidas en vista al tiempo de su adopción. Revisaré ahora, en sus aspectos esenciales, las dos vías de determinación del régimen de relación entre los hijos y el progenitor no custodio.

1. Determinación convencional del régimen

A. Instancias de determinación convencional

Convencionalmente el régimen de relación entre el padre y los hijos en el proceso de divorcio puede ser regulado mediante dos mecanismos: el convenio regulador que es preceptivo acompañar en ciertos casos y los acuerdos a que puedan arribar los cónyuges durante el procedimiento. Se reconoce además la posibilidad de acuerdos previos: así, el art. 103 del Cc. alude a éstos y la doctrina advierte que no es convenio regulador el acuerdo de que habla dicha norma, aunque nada impide que un mismo documento contenga las medidas provisionales y las definitivas[632].

En la vista del juicio, si no lo hubieren hecho antes, los cónyuges podrán someter al tribunal los acuerdos a que hubieren llegado para regular las consecuencias de la nulidad, separación o divorcio y proponer la prueba que consideren conveniente para justificar su procedencia (art. 774 Lec). El Tribunal debe resolver sobre estos acuerdos, tanto si ya hubieran sido adoptados, en concepto de provisionales como si se hubieran propuesto con posterioridad.

De todas aquellas situaciones, la posibilidad de reglar los efectos del divorcio mediante acuerdos se manifiesta con mayor notoriedad en el convenio regulador que es preceptivo acompañar cuando el divorcio es solicitado por ambos cónyuges o por uno de ellos con el consentimiento del otro (art. 86 en relación con el art. 81 ambos del Cc)[633]. El primer extremo a considerar en dicho

---

[632] Marín López, Manuel, en Bercovitz Rodríguez-Cano, Rodrigo (coord.), *Comentarios al...*, p. 231.

[633] Por ello se cataloga al convenio regulador como la forma básica de concreción del derecho: Roca Trías, Encarna, en Paz-Ares Rodríguez, Cándido y otros, *Comentario...*, p. 395. El convenio regulador es un negocio jurídico familiar, que tiene carácter mixto, por intervenir los cónyuges y la autoridad judicial y que contiene las medidas definitivas que se aplicaran tras la sentencia definitiva de separación o divorcio: Marín López, Manuel, en Bercovitz Rodríguez-Cano, Rodrigo (coord.), *Comentarios al...*, p. 207.

convenio es el relativo al cuidado de los hijos sujetos a la patria potestad de ambos, el ejercicio de ésta y, en su caso, el régimen de comunicación y estancia de los hijos con el progenitor que no viva habitualmente con ellos (art. 90.A Cc).

No se pronuncia el Código civil sobre alguna formalidad especial para estos convenios, por tanto, bastará con su presentación por escrito al Tribunal, salvo que alguna otra de las materias en él contenidas exija una documentalidad especial[634]. Tampoco en sede general se plantean exigencias específicas para acordar entre los padres un régimen de relación (160 Cc).

La determinación convencional de un régimen de relación normalmente pone de manifiesto la existencia de dialogo y actitud de colaboración entre los padres, que han sido capaces de distinguir entre el fracaso de la relación matrimonial que los vinculaba recíprocamente y su posición de padres respecto de los hijos comunes. Dicha actitud colaborativa puede llevar incluso a que antes de una determinación convencional expresa, se ejercite de *facto* un régimen de relaciones personales con los hijos, durante el periodo de tiempo que antecede a la sentencia de divorcio, conforme al consentimiento tácito de ambos o al acuerdo verbal al que pudieran arribar[635].

B. Limites de la autonomía de voluntad

Se había anticipado que en la modalización de los efectos del divorcio se otorga a los cónyuges un ámbito de autonomía; autonomía que no es plena[636]; apreciándose una *disponibilidad limitada y controlada: por tanto no es verdadera disponibilidad en el sentido técnico de la palabra*[637]. Los límites que

---

[634] Marín López, Manuel, en Bercovitz Rodríguez-Cano, Rodrigo (coord.), *Comentarios al...*, p. 207.

[635] Rivero Hernández, Francisco, *El derecho...*, p. 119-220.

[636] Capítulo Primero, epígrafe relativo a la modalización de las relaciones personales paterno-filiales en situaciones de crisis conyugal.

[637] Rivero Hernández, Francisco, "Las relaciones...", p. 77. Roca considera pobre el papel general que la autonomía de la voluntad juega en toda la problemática familiar y, también que, su preponderancia en la regulación de las relaciones consiguientes a una situación de crisis matrimonial es más aparente que real. En su opinión, en toda la regulación de los efectos de las crisis existen dos niveles de regulación y la autonomía de la voluntad actúa de forma muy limitada: el primero es de intervencionismo de los poderes públicos al punto que los efectos de la separación, nulidad y divorcio, no provienen nunca del acuerdo de los particulares sino de una decisión legal previa que los determina; el segundo, es a nivel de principios que se manifiestan constantemente en la regulación de los efectos –como es el de protección de los hijos–, y que impone el control judicial de los convenios reguladores. Este último no es casual, sino que obedece a una actitud de control judicial de la legalidad de la actuación de los particulares. Finalmente la autonomía de la voluntad, tampoco es tan amplia en términos de la posibilidad de pacto, pues la ley fija un contenido necesario al convenio, sin que los cónyuges puedan excluir, sin más, uno de ellos cuando se da el supuesto de hecho que la ley prevé: Roca Trías, Encarna, en Amoros Guardiola, Manuel (coord.),

conoce la determinación convencional del régimen de relación se aplican tanto al convenio regulador como a los otros acuerdos que se puedan producir antes o durante el proceso, debido a que les asiste la misma razón[638].

El primer y más importante limite está constituido por el principio de protección del interés superior del menor, cuyo resguardo se manifiesta no en la determinación del derecho que ha sido previamente reconocido y consagrado por el legislador al entenderlo valioso en la formación del menor[639], sino en el pacto de las modalidades de ejercicio del derecho: los progenitores pueden negociar la extensión o forma de llevar a efecto tal relación interpersonal, más no la procedencia o no de su propia existencia[640].

La autonomía de voluntad limitada en la materia, es una consecuencia más de la subordinación del derecho al principio de protección del interés superior del menor. Como fue analizado en el Capítulo Segundo, este principio proyecta derivaciones específicas para los cónyuges que limitan sus pactos relativos al régimen de ejercicio del derecho de relación: lo acordado será aprobado por el juez, salvo, *si es dañoso para los hijos*.

Una variedad de factores pueden influir en la calificación del carácter dañoso de los efectos de un determinado pacto respecto de los hijos; no resulta posible, por tanto, ni conviene, reducir éste límite a una norma general o regla marco, pues siempre será necesario ponderar las circunstancias particulares del caso, especialmente las relativas a la situación de los menores (edad, salud, psicología, necesidades afectivas, necesidades formativas, historia de vinculación y apego previo con el progenitor, entre otras) a fin de posibilitar que el régimen se adecue de mejor forma a su específica realidad. Es posible, con todo, dejar sentado, como he anunciado antes, que, en situación de normalidad, el acuerdo no será dañoso y, por tanto, resguardará el interés superior de los hijos menores cuando aparezca de su tenor alguna forma de concreción del derecho del menor a mantener contacto directo y relación personal con ambos padres de modo regular[641]. El principio se traduce en este ámbito, en el deber de los progenitores

Comentarios a..., p. 543-544. En sentido contrario, considerando que hay un amplio margen a la autonomía privada y que en los procesos matrimoniales los padres tienen la posibilidad de pactar válidamente sobre el destino de sus hijos, se manifiesta: ZARRALUQUI SÁNCHEZ-EZNARRIAGA, LUIS, "Disponibilidad...", p. 17 y ss.

638 DE LA CÁMARA, MANUEL, *El Sistema...*, p. 213 y ss.; LÓPEZ Y LÓPEZ, ÁNGEL, en LACRUZ BERDEJO, JOSÉ LUIS (coord.), *Matrimonio...*, p. 975.

639 Se presenta, por tanto, como una materia que no se encuentra disponible para los cónyuges, por tratarse de una norma de *ius cogens* como se señaló en el primer Capítulo.

640 RODRÍGUEZ LAINZ, JOSÉ LUIS, "Incumplimiento...", p. 48.

641 Se sigue con esto el criterio del art. 9 de la CDN. La doctrina indica que habrá daños para los hijos en este ámbito, cuando los pactos no garanticen suficientemente la compañía inmediata de, al menos, uno de los progenitores: MARÍN LÓPEZ, MANUEL, en BERCOVITZ RODRÍGUEZ-CANO, RODRIGO (coord.), *Comentarios al...*, p. 208; la exclusión del no conviviente de la relación con los

de acordar la modalidad de relación que mejor contribuya al desarrollo integral del menor por medio del ejercicio de su derecho a relacionarse con sus padres y el mantenimiento de vínculos significativos con ambos tras divorcio. En tales casos brotará nítido, que más allá de sus diferencias y subjetividades, el hijo es efectivamente centro de su preocupación y que los derechos de éste no han sido disminuidos radicalmente como consecuencia del divorcio.

Los acuerdos que no procuren aquella concreción, serán dañosos para los hijos y no resguardarán su interés superior, por cuanto pueden generar una grave inestabilidad, carencias en el desarrollo de su personalidad y una fuerte tensión emocional y psicológica a los menores, con perjuicios para su salud afectiva, presente y futura. De todo este desarrollo queda claro que en general, cualquier acuerdo que establezca un régimen de relación será aprobado, aunque no se demuestren sus beneficios directos y presentes, pues la norma se esfuerza primero por la evitación de los daños o perjuicios al menor[642], de tal modo que es posible postular que el primer y más evidente beneficio del menor se encuentra en la evitación de perjuicios o daños para él.

La sujeción del régimen de relación al principio de protección del interés superior del menor, también supone que, aunque los menores no son parte de los acuerdos o convenio y su consentimiento no se exige[643]; al confeccionarlo, al discutir sobre cada uno de sus términos relativos a los menores, los padres deberían, conforme a la edad de los hijos, informarles sobre los acuerdos a que han arribado o sobre las alternativas que respecto de cada extremo que les afecte están evaluando y, escuchar su opinión e inquietudes al respecto[644]. Ello supone concienciar a los padres del papel fundamental de sus hijos en la reestructuración familiar, resultando imprescindible que sean escuchados en sus deseos, miedos, sentimientos e informados de cómo se va a desarrollar la

---

hijos sería *gravemente perjudicial para el hijo,* en opinión de: ROCA TRÍAS, ENCARNA, en PAZ-ARES RODRÍGUEZ, CÁNDIDO y otros, *Comentario...*, p. 395.

[642] Así se deja ver en: RIVERO HERNÁNDEZ, FRANCISCO, *El derecho...*, p. 180.

[643] MARÍN LÓPEZ, MANUEL, en BERCOVITZ RODRÍGUEZ-CANO, RODRIGO (coord.), *Comentarios al...*, p. 207; ROCA TRÍAS, ENCARNA, en AMOROS GUARDIOLA, MANUEL (coord.), *Comentarios a...*, p. 596; BOTANA GARCÍA, GEMA, "Notas sobre...", p. 132.

[644] Que el niño entienda la ruptura matrimonial es importante para su adaptación, y le permite procesar y dar sentido al divorcio y un nuevo significado a la relación con el progenitor que no formará parte ya de su vida cotidiana. La falta de información y explicaciones adecuadas de los padres, puede provocar estrés emocional y confusión cognitiva en los hijos. Como se apunta desde la psicología, los padres debieran comunicar la ruptura, sus términos y consecuencias a los hijos, según su edad; esta comunicación puede hacer que desaparezcan en los hijos falsas creencias sobre su responsabilidad y también los sentimientos de abandono a que se pueden ver expuestos: CANTÓN DUARTE, JOSÉ, "Adaptación...", p. 92-93.

nueva situación de vida[645]. Del mismo modo que para el juez, dicha opinión o parecer no será definitivamente vinculante[646].

Finalmente, no deben olvidarse dos temas concernientes a los límites de la autonomía de la voluntad en esta materia. Por un lado, al tratarse de una declaración de voluntad, tienen pleno vigor todas las normas sobre requisitos de existencia y validez de actos y contratos, encontrándose el convenio expuesto a impugnación por vicios del consentimiento[647] ya sea de todas o de alguna de las estipulaciones: *el convenio es radicalmente nulo o inexistente si no reúne los elementos constitutivos básicos de todo negocio jurídico (consentimiento, objeto, causa y forma)*[648]. Por otro, limita también la autonomía de los cónyuges en estos pactos, la presencia de normas imperativas[649] lo que implica que no puede aparecer en el acuerdo un padre renunciando a su derecho de relacionarse con su hijo –o al ejercicio del mismo–, y el otro progenitor consintiendo en aquello[650].

C. Aprobación judicial del régimen determinado convencionalmente

Los acuerdos sobre los efectos del divorcio requieren aprobación judicial dentro del proceso, cuestión que nadie discute cuando se trata de los pactos relativos a los hijos, por la naturaleza de las normas sobre la materia y ser su

645 CASO SEÑAL, MERCEDES, "Disyuntiva...", p. 91. Sobre el particular, Rivero Hernández ha precisado que aunque los criterios o directrices indicados por los principios vayan dirigidos eminentemente al juzgador, no dejan de revelar la voluntad de la ley, y por sobre todo su mentalidad y filosofía, y, en consecuencia, deben actuar como criterios rectores en la materia, en la elaboración del convenio por los padres: el desoírlos o desatenderlos puede costarles la aprobación del mismo por el juez, al tiempo de calificarlo: RIVERO HERNÁNDEZ, FRANCISCO, "Las relaciones...", p. 80.

646 Se ha puesto de manifiesto el absurdo y la desigualdad a que conduciría negar esta posibilidad a tales hijos, pues aquellos menores que deban regir su situación relacional con sus padres de acuerdo a lo que el juez determine tendrían la posibilidad de ser oídos, mientras que aquellos menores cuyos padres regulen el régimen de relación en el convenio regulador, carecerían de la posibilidad de ser escuchados: ECHARTE FELIÚ, ANA MARÍA, *Patria...*, p. 118.

647 LÓPEZ ALARCÓN, MARIANO, "El acuerdo de los cónyuges en la separación y en el divorcio", en *La Ley*, tomo 4, Madrid 1981, p. 860; ALONSO PÉREZ, MARIANO, "Separación consensual, acuerdo para divorciarse y convenio regulador en el derecho matrimonial español", en *La Ley*, tomo 4, Madrid 1983, p. 17.

648 ALONSO PÉREZ, MARIANO, "Separación consensual...", p. 17.

649 DE LA CÁMARA, MANUEL, *El Sistema...*, p. 215; y PAZ-ARES, IGNACIO, "Previsiones...". Para éste último, la competencia de la autonomía privada, depende, entre otras limitantes, del juego potestad-deber; así distingue las relaciones verticales, como las que mantienen los padres con sus descendientes donde el marco legal es profundamente imperativo; y las relaciones horizontales que ligan a los cónyuges, donde se presentan algunos intereses disponibles, por ejemplo en el ámbito patrimonial, generando como consecuencia, una autonomía prácticamente total.

650 Este carácter indisponible del derecho y la limitación que supone a la autonomía de la voluntad de las partes encuentra su fundamento en la pertenencia del derecho al orden público familiar, lo que ya fue destacado al analizar sus caracteres en el Capítulo Segundo.

interés el más necesitado de protección[651]. La autonomía privada no puede afectar al interés superior del menor (ni al interés del cónyuge más débil): de ahí que, en dichos eventos, se otorgue al juez una facultad correctora, a la luz de su función valorativa activa[652].

El acuerdo sobre el régimen de relación de los hijos con el padre no custodio será sometido a aprobación judicial y el tribunal lo aprobará si no es dañoso para los hijos (art. 90 Cc.)[653]. La aprobación judicial es condición de eficacia de los acuerdos; el convenio sería válido pero no eficaz hasta la aprobación judicial; la producción de eficacia ejecutiva del acuerdo depende de la aprobación judicial, con lo cual se integra a la sentencia[654] y hasta que ella no se otorgue, las partes podrían modificar sus estipulaciones. La actuación judicial de aprobación del convenio es control de la autonomía de la voluntad de los cónyuges.

Frente a la pregunta sobre el tipo de control que ejerce el juez respecto del convenio, esto es, si se trata de un mero control formal o puede entrar a la revisión del contenido material de las estipulaciones, la ausencia de norma concreta y clara en sede de divorcio ha generado la respuesta doctrinal. En opinión de Rivero Hernández, la aprobación judicial del convenio exige un estudio del mismo en dos aspectos: en cuanto al control de legalidad y en cuanto a la valoración de su contenido. En el primer punto, el control debe ser entendido en sentido amplio, referido a los requisitos formales, a la verificación de si hay

[651] No se presenta igual uniformidad respecto de otros extremos del convenio: así, algunos autores han llegado a proponer que es necesaria la intervención judicial solo respecto de aquellas cláusulas que afectan a los hijos menores de edad y no respecto del resto de los pactos, por cuanto éstos otros pertenecen al ámbito del derecho dispositivo de las partes, por lo que tendrían eficacia al margen de la intervención judicial: Pérez Martín, Antonio, en Domínguez Luelmo, Andrés (coord.), *Comentarios...*, p. 196.

[652] Diez-Picazo, Luis - Gullón, Antonio, *Sistema de...*, p. 120. Teniendo en cuenta que acompañar el convenio regulador es condición de admisibilidad de la solicitud de divorcio, en muchos casos no existirá un verdadero equilibrio negociador entre las partes, pasando a convertirse sus estipulaciones en una moneda de cambio a fin de conseguir el divorcio; de ahí que se indique que muchos convenios son hijos del chantaje: Alonso Pérez, Mariano, "Separación consensual...", p. 20. Este dato justifica, desde mi punto de vista, la existencia de un marco regulatorio de la referida autonomía privada, que incluya, además de los límites legales, la valoración judicial efectiva como medida correctora a la luz de los principios orientadores. En el mismo sentido Rivero Hernández comenta que consistiendo el convenio en una transacción y no siendo el interés en la separación o divorcio idéntico entre los cónyuges o queriendo uno de ellos obtenerlo a toda costa, pueden existir distintos precios para alcanzarlo: así por ejemplo, la guarda de los hijos puede consistir en un *"argumento"*, en un *objeto transaccional y apenas en una cláusula o pacto, no más, en el texto y contexto del convenio regulador, en vez de ser fin en sí misma y resultante de la valoración del interés preeminente de los hijos*: Rivero Hernández, Francisco, "Las relaciones...", p. 90-91.

[653] Esta exigencia de aprobación judicial demuestra que dentro del Derecho Civil, el Derecho de Familia no se ha privatizado completamente; aun hay aspectos de interés público que ameritan la matización de sus reglas y regulaciones, tanto sustantivas como procedimentales.

[654] De La Cámara, Manuel, *El Sistema...* p. 215; Lacruz Berdejo, José Luis - Rams, Joaquín, *Elementos de...*, p. 98.

verdadero consentimiento libremente formado en cada uno de los cónyuges y, muy especialmente, a cuestiones como la adopción efectiva de disposiciones sustantivas, no siendo verdadero convenio aquel que simplemente alude a un extremo de forma inconcreta y abierta. Por lo que se refiere al examen y valoración del contenido del convenio, corresponde al juez un estudio detenido de lo acordado de tal modo de percibir profundamente la auténtica realidad[655], para cuyo efecto podría practicar todas las pruebas que considere oportunas, recabar informe del Ministerio Fiscal, oír a los hijos menores, etc.[656]. La aprobación o desaprobación del convenio es un juicio sobre su conveniencia[657]. Siguiendo la misma lógica, LÓPEZ Y LÓPEZ sostiene que el control judicial se desarrolla en tres planos: apreciación de la observancia de normas imperativas, verificación de que el convenio contiene la regulación mínima indicada en el art. 90 Cc, y un juicio de conveniencia de los acuerdos[658].

Se fundamenta en norma constitucional la amplitud de la actuación judicial, al señalar que la misma debe ser congruente con el art. 53.3 CE conforme al cual la práctica judicial, sin distinción, debe estar informada por el reconocimiento, respeto y protección de los principios reconocidos en el Capítulo III CE, dentro

---

[655] RIVERO HERNÁNDEZ, FRANCISCO, *El derecho...*, p. 225 a 231. Antes el mismo autor y en igual sentido en: "Las relaciones...", p. 116. Refiriéndose a lo mismo, otra doctrina señala que la sanción que el juez da al convenio como conforme a Derecho dotándolo de eficacia, supone la valoración de su conveniencia y el control de la legalidad de sus pactos: LÓPEZ BURNIOL, JUAN JOSÉ, "Concepto, naturaleza y contenido del convenio regulador de las relaciones conyugales, paterno-filiales y patrimoniales", en VILADRICH, PEDRO-JUAN, (dir), *Convenios reguladores de las relaciones conyugales, paterno-filiales y patrimoniales en las crisis del matrimonio,* Ediciones Universidad de Navarra, Pamplona 1984, p. 61 y ss.

Indica Rivero Hernández que el control de legalidad debe ser entendido en sentido amplio, comprensivo de los requisitos formales del convenio; de la efectiva adopción de disposiciones sustantivas relativas a los extremos que señala el art. 90 Cc. y también de la atención de si hay verdadero consentimiento libre y limpiamente formado en cada uno de los cónyuges. Conforme a su particular experiencia, muchos convenios adolecen de graves vicios de consentimiento: en no pocos casos el régimen pactado es el precio del divorcio, en otros hay verdadero chantaje, pero lo más frecuente son los pactos cuyo alcance verdadero no ven con claridad y realismo los cónyuges al tiempo de suscribirlos, ya sea, porque no comprenden bien el sentido de lo escrito, ya sea porque no han calculado, en su propia imprevisión, si cada uno de ellos va a poder ciertamente cumplir lo que promete y asume en el convenio. En vista de ello, propone una forma de actuación judicial que supone oír separadamente a los cónyuges e indagar sobre la formación del convenio y su grado de entendimiento de los pactos: RIVERO HERNÁNDEZ, FRANCISCO, *El derecho...,* p. 226-228.

[656] MARÍN LÓPEZ, MANUEL, en BERCOVITZ RODRÍGUEZ-CANO, RODRIGO (coord.), *Comentarios al...,* p. 208.

[657] DIEZ-PICAZO, LUIS - GULLÓN, ANTONIO, *Sistema de...*, p. 120. Sin perjuicio de ello, estudios judiciales han constatado cierta benevolencia de los jueces en la aprobación de los acuerdos de los cónyuges, confirmado por la desproporcionada conflictividad posterior, a la hora del cumplimiento de lo acordado en el convenio regulador. En tal sentido, la realidad muestra que el acuerdo formal de los cónyuges es a veces más aparente que real y, en ocasiones, un tanto utópico o irrealizable, lo que una valoración crítica del juez debió advertir: RIVERO HERNÁNDEZ, FRANCISCO, "Efectos de...", p. 666.

[658] LÓPEZ Y LÓPEZ, ÁNGEL, en LACRUZ BERDEJO, JOSÉ LUIS (coord.), *Matrimonio...*, p. 986.

de los cuales se encuentra el art. 39 relativo a la *Protección a la familia y a la infancia*. El juez no puede aprobar un acuerdo que en alguna forma infrinja los preceptos constitucionales, fundamentalmente los relativos a la protección de los menores y a la obligación primordial de los padres de prestarles asistencia de todo orden (art. 39.2 y 3 CE), en cuyo contexto se incluyen las relaciones personales del menor con sus progenitores[659]. También el juzgador debe examinar si los pactos del convenio se acomodan a las directrices legales relativas al interés de los hijos, de modo que cuando los regímenes de relaciones personales proyectadas en el convenio no ofrezcan tal ajuste no deberán ser aprobadas; así ocurre por ejemplo, cuando el convenio simplemente alude al derecho de forma inconcreta y abierta, sin resolver los conflictos de intereses reales o previsibles[660].

La remisión legal al interés superior del menor o a pactos no *dañosos para los hijos*, es un envío a conceptos jurídicos indeterminados que otorgan al juez gran discrecionalidad en el acto de aprobación del convenio[661]. Respecto del entendimiento del resguardo concreto que esta permitido al juez a la hora de valorar el convenio se observa cierta inconsistencia normativa, pues, aunque hay quienes plantean que en la aprobación judicial del convenio regulador el juez decide como si él mismo acordara con libertad de criterio el destino de los hijos[662], el tenor de la norma solo permite el rechazo judicial en aplicación del interés superior del menor en su vertiente negativa: el juez solo podrá rechazar los pactos si existe daño para el menor y no cuando de otra forma –diversa de la pactada– se resguarda mejor el derecho o se otorga un superior beneficio[663], con lo cual, no siempre el régimen aprobado será aquél que se adecue de la forma más beneficiosa a la específica realidad de los hijos.

Previo a manifestar su aprobación o rechazo, el Tribunal debe recabar informe del Ministerio Fiscal sobre los términos del convenio relativos a los hijos y oirá a los menores si tuvieran suficiente juicio cuando se estime necesario de oficio, a petición del Fiscal, de las partes, de los miembros del Equipo Técnico Judicial o del propio menor. Estas actuaciones se practicarán durante el plazo de 10 días que se concede a los cónyuges para completar la documentación insuficiente y practicar la prueba que ellos hubieren propuesto y las demás que el tribunal considere necesarias; si dicho plazo no se hubiera abierto, las actuaciones se realizarán en el término de cinco días (art. 777.5 Lec.).

---

659 Rivero Hernández, Francisco, "La guarda...", p. 76.

660 Rivero Hernández, Francisco, *El derecho...*, p. 227.

661 Marín López, Manuel, en Bercovitz Rodríguez-Cano, Rodrigo (coord.), *Comentarios al...*, p. 208. En términos generales, existe bastante coincidencia doctrinal sobre la discrecionalidad judicial a la hora de valorar la virtualidad o idoneidad del convenio. En contra Lasarte Álvarez, Carlos, *Principios...*, p. 148 y 149.

662 Rivero Hernández, Francisco, *El derecho...*, p. 226.

663 Zarraluqui Sánchez-Eznarriaga, Luis, "Disponibilidad...", p. 51.

Como se anticipó, el acto de aprobación del convenio regulador es de tal importancia que supone la perfección del acuerdo de los cónyuges y dota al mismo de fuerza ejecutiva[664]; el convenio aprobado judicialmente, queda integrado en la resolución judicial, con toda la eficacia procesal que ello conlleva[665]. El perfeccionamiento del convenio mediante la aprobación judicial supone que ésta lo dota de eficacia: la aprobación judicial es *condicio iuris* de su eficacia como un instrumento inmerso en un proceso matrimonial, pero no sanea los vicios de que el convenio pueda adolecer[666]. La aprobación del convenio consta en la sentencia que declara el divorcio y desde que aquella queda ejecutoriada el convenio comienza a producir efectos y son exigibles sus estipulaciones[667].

La no aprobación de todo o parte del convenio, que debe hacerse mediante resolución motivada, autoriza a los cónyuges a presentar una nueva propuesta dentro de un plazo de diez días. Presentada la propuesta o transcurrido el plazo concedido sin hacerlo, el tribunal dictara un auto dentro de tercero día, resolviendo lo procedente. La no aprobación de ésta última propuesta abre paso a las medidas judiciales que el juez tomara para regular todos o algunos de los efectos del divorcio[668].

Finalmente, la actuación judicial no sólo se limita a la aprobación del acuerdo de las partes sobre la modalidad del régimen de relación, sino que además

---

664 LACRUZ BERDEJO, JOSÉ LUIS - RAMS, JOAQUÍN, *Elementos de...*, p. 98; PÉREZ MARTÍN, ANTONIO, en DOMÍNGUEZ LUELMO, ANDRÉS (coord.), *Comentarios...*, p. 196. En doctrina, se reconocen dos efectos al acto de homologación judicial: convertir el documento privado en público y proteger su cumplimiento por la vía de la ejecución judicial sin necesidad de acudir previamente a la vía declarativa: GARCÍA GÁRATE, ANTONIO, "La rescisión concursal del convenio regulador", en *Anuario de Derecho Concursal*, Nº 17, Madrid 2009, p. 647.

665 La aprobación judicial desnaturaliza así de alguna manera el aspecto negocial del acuerdo para concederle la fuerza ejecutiva y judicial de la resolución que lo recoge y aprueba: RIVERO HERNÁNDEZ, FRANCISCO, *El derecho...*, p. 232. Se convierte en un acto jurisdiccional, aun cuando no pierde su origen y naturaleza negocial: RIVERO HERNÁNDEZ, FRANCISCO, "La guarda...", p. 77. También en GARCÍA VARELA, ROMÁN, "Efectos del convenio regulador no aprobado judicialmente", en *La ley*, tomo 6, Madrid 1997, versión electrónica en www.LaLey.es, cita: 21714/2001, consultado el 02 de febrero de 2010.

666 RIVERO HERNÁNDEZ, FRANCISCO, "La guarda...", p. 78. Los acuerdos, desde la aprobación judicial, podrán hacerse efectivos por la vía del apremio: LACRUZ BERDEJO, JOSÉ LUIS (coord.), *El nuevo...*p. 344. La doctrina reconoce el principio de eficacia parcial del pacto, conforme al cual, la nulidad o invalidez de una cláusula no afecta a las demás válidas y, el de variabilidad del grado de oponibilidad de los pactos a terceros, dependiente en gran medida del cumplimiento de requisitos de forma y publicidad: PAZ-ARES, IGNACIO, "Previsiones...".

667 En el Ordenamiento español, la aprobación podría ser otorgada en auto, posterior a la sentencia (cuando no se aprueba el convenio y los cónyuges tienen la carga de someter a la consideración del juez una nueva propuesta para su aprobación), desconectándose la homologación del convenio de la sentencia que decrete la separación o el divorcio; el juez puede dictar sentencia de separación o divorcio, pero no aprobar el convenio, de ahí que una tardía aprobación o desaprobación del convenio no interfiere en el curso del procedimiento y su terminación con sentencia de separación o divorcio: ALONSO PÉREZ, MARIANO, "Separación consensual...", p. 16.

668 DIEZ-PICAZO, LUIS - GULLÓN, ANTONIO, *Sistema de...*, p. 122.

el juez podría establecer las garantías (reales o personales) que requiera el cumplimiento del referido acuerdo (art. 90.4 Cc). Esto implica que puede tomar la iniciativa y añadir al convenio medidas que garanticen su cumplimiento[669], como establecer de cargo de quién serán los gastos de traslado del menor en ejercicio del derecho de relación.

D. *Contenido de la determinación convencional*

En términos generales el contenido del acuerdo sobre el derecho de relación entre los hijos y el padre no custodio consistirá en la determinación de un concreto régimen de comunicación y estancia (art. 90.A Cc). La realidad impone la imposibilidad de dar cuenta detallada de todos los pactos posibles, y con esto me refiero a la realidad del derecho de relación, caracterizado, como se vio en el Capítulo Segundo, por la relatividad en el contenido concreto de las relaciones personales en cada caso, en función de las personas a quienes relaciona y de las circunstancias concurrentes. En esta línea de pensamiento, al tiempo que parece conveniente, si la situación no es conflictiva, el pacto de un régimen abierto cuando los hijos van a alcanzar la mayoría de edad y han participado con su opinión afirmativa en la valoración del mismo[670], puede resultar aconsejable un régimen pormenorizado[671] respecto de hijos muy pequeños, o con

---

[669] LACRUZ BERDEJO, JOSÉ LUIS - RAMS, JOAQUÍN, *Elementos de...*, p. 98. No parece que estas medidas de garantía deban quedar reservadas exclusivamente a los acuerdos de naturaleza económica, aun cuando respecto de ellos es más evidente su eventual procedencia. Formularé algunos comentarios al respecto al tratar la protección civil preventiva del derecho, en el Capítulo Sexto.

[670] PANIZO Y ROMO DE ARCE, ALBERTO, *El proceso...*, p. 175.

La AP de Valladolid, en sentencia de 22 de abril de 2004, conociendo de un recurso de apelación (110/2004) interpuesto por el Ministerio Fiscal en contra de la sentencia que declaró la separación del matrimonio y aprobó la propuesta de convenio regulador, por considerar que la cláusula: *se acuerda fijar un régimen de visitas flexible a favor de la madre que no interferirá –ni mucho menos impedirá– el desarrollo de las actividades escolares o formativas que vinieren previamente programadas de la hija* es inejecutable, señaló que la misma no es dañina para la menor, quien además, disponiendo de juicio y discernimiento suficiente, manifestó su conformidad en audiencia. Por otro lado, la Audiencia deja ver que la admisión de estos pactos de flexibilidad se orienta en la finalidad del Cc. de posibilitar las relaciones, de ahí que no puede hablarse de indeterminación cuando se conviene de común acuerdo la flexibilidad de las relaciones y, los reparos sobre su imposible ejecución no son determinantes a su aprobación inicial: sentencia comentada en CABALLERO GEA, JOSÉ-ALFREDO, *Matrimonio...*, p. 224.

[671] A los regímenes abiertos y pormenorizados me voy a referir con mayor profundidad al revisar las tipologías de regímenes de relación, sin perjuicio de lo cual, dejo adelantado que el primero –también denominado flexible– se refiere básicamente a una situación donde todos los aspectos no quedan estrictamente detallados sino que es accesible a cambios o variaciones; un régimen pormenorizado, por el contrario, contiene la ordenación de todos los aspectos relevantes de su ejercicio, y regularmente, no prevé la adecuación a cambios.

problemas permanentes de salud y padres con rigurosas jornadas laborales[672] o con situaciones problemáticas entre ellos[673].

No debe perderse de vista, por otro lado, que las diversas necesidades, actividades diarias e intereses de los hijos van mudando con el curso del tiempo a medida que van construyendo su propio mundo y de ello también debería hacerse cargo el pacto de los padres, al ser razonable que el derecho vaya variando en su ejercicio, respecto de la frecuencia y/o modalidad, para acomodarse, en cada momento, al beneficio del menor. Se evitará de ese modo concurrir sucesivamente al Juez a solicitar la modificación del régimen pactado. Asimismo, los progenitores deben tener presente en sus pactos que se pueden presentar situaciones no previsibles con antelación, las que exigen más una adecuación sensata y convenida –distinta a la modificación judicial de medidas– que una pormenorizada anticipación en su detalle, por resultar ésta imposible.

Mayor facilidad relativa presenta la identificación de cláusulas o pactos que deben ser descartados por ser contrarios, en su forma o contenido, al interés superior del menor al no resguardar adecuadamente sus derechos o ser manifiestamente perjudiciales a él. En éste grupo se sitúan: las cláusulas inejecutables que no deben permitirse por hacer ilusorio un derecho del menor, lo que implica que el juez debe negar la aprobación[674]; las cláusulas que fijen un derecho de veto incondicionado que uno de los progenitores pudiera poner a la relación del otro con los hijos comunes[675]; las clausulas que condicionan el ejercicio del derecho a prescripciones facultativas[676] o que de otro modo lo dejen sujeto a la voluntad arbitraria de cualquiera de los progenitores; las cláusulas que suponen el ejercicio del derecho cuando el padre titular formal así lo decida o estime conveniente[677]; las cláusulas que condicionan el ejercicio del derecho al cumplimiento por parte del padre no custodio de otras obligaciones, como por ejemplo, el pago de la pensión alimenticia[678]; las cláusulas que limitan el ejercicio del derecho a tal punto que suponen un efectivo vaciamiento de su contenido[679]; la inconcreción excesiva del régimen, esto es, la falta tal de detalles

---

672 CABALLERO GEA, JOSÉ-ALFREDO, *Matrimonio...*, p. 231.

673 El convenio bien puede ser un punto de acuerdo a fin de obtener el divorcio, dentro de un contexto problemático general entre los cónyuges. En estos casos no conviene dejar situaciones abiertas que puedan reanudar un conflicto o generar otros nuevos.

674 CABALLERO GEA, JOSÉ-ALFREDO, *Matrimonio...*, p. 224.

675 GARCÍA CANTERO, GABRIEL, "En torno...", p. 249.

676 CABALLERO GEA, JOSÉ-ALFREDO, *Matrimonio...*, p. 225.

677 En este caso, la cláusula se estima inadecuada por la jurisprudencia por perjudicar la necesaria estabilidad de las relaciones paterno-filiales: CAVANILLAS MÚGICA, SANTIAGO, en PASQUAU LIAÑO, MIGUEL (dir.), *Jurisprudencia...*, p. 492.

678 RIVERO HERNÁNDEZ, FRANCISCO, *El derecho...*, p. 242.

679 RIVERO HERNÁNDEZ, FRANCISCO, *El derecho...*, p. 235.

que imposibilita su ejercicio o exigibilidad[680] o la posposición de concreción a un tiempo posterior o a la elección de cualquiera de los padres[681].

Complejidad ofrece la posibilidad de que los padres pudieran prever en sus pactos condiciones de suspensión o limitación del ejercicio del derecho, sobre todo por que la ley prevé la situación como una facultad entregada al juez. Sin pronunciarme por la negativa absoluta, me inclino por una admisión restringida para cuando las condiciones que las harán operativas aparezcan referidas exclusivamente a circunstancias de los hijos menores y no tengan el carácter de mera sanción a un padre[682]. Ha de tenerse presente que, aunque inmerso en un convenio regulador más amplio, el pacto sobre régimen de visitas, por su naturaleza, contenido, fines y principios que lo orientan, es autónomo y no condicionado por otros acuerdos, esto es, no hay prestación y contraprestación que le afecten[683], pues el hijo y sus relaciones personales no son negociables, como he afirmado en otra parte[684]. Estos pactos deberán ser minuciosamente valorados por el juez, quien tiene en sus manos la aprobación o rechazo.

Finalmente, se debe recordar que conforme al propio art. 90 Cc. los padres pueden pactar como un contenido complementario de su convenio regulador, el régimen de visitas y comunicación de los nietos con sus abuelos, teniendo en cuenta siempre el interés de aquellos. En este caso, el régimen puede ser aprobado por el juez previa audiencia de los abuelos en la que éstos presten su consentimiento: por tanto, los abuelos no quedan inmediatamente vinculados por los acuerdos de los padres[685].

---

680 Un pacto inconcreto es aquél que presenta vaguedad o indeterminación, y en esto se distingue de los pactos abiertos o flexibles, perfectamente posibles.

681 Zarraluqui Sánchez-Eznarriaga, Luis, "Disponibilidad...", p. 54-55. El autor señala que todos estos aspectos o su inconcreción pueden, al menos indirectamente, considerarse incluidos en los supuestos que producen daño a los hijos; también indica que algunos órganos judiciales aprovechan el acto procesal de ratificación de los cónyuges para corregir, adicionar o rectificar los puntos inconcretos.

682 Así por ejemplo se podría acordar de antemano la suspensión de las visitas intrasemanales o su adecuación en periodos de exámenes escolares o de la visita de fin de semana respecto de aquél en que corresponda un campamento escolar obligatorio del hijo.

683 El régimen acordado debe ser cumplido con independencia de la puntualidad y rigor con que la otra parte cumpla o deje de cumplir otros pactos o cláusulas, como el pago de pensión alimenticia. No hay sinalagma de ninguna clase: Rivero Hernández, Francisco, *El derecho...*, p. 242.

684 Capítulo Segundo, al revisar las derivaciones del principio del interés superior del menor respecto de los progenitores.

685 Antes que esa posibilidad de contenido de pacto apareciera expresamente reconocida en el art. 90 Cc. la doctrina ya abogaba en su defensa: tanto porque no pueden los padres monopolizar las relaciones personales con sus hijos, por lo beneficioso que resultan para el menor, como porque el pacto previo evita problemas y tensiones futuras, cuando pueda preverse que alguien puede aspirar a reclamar tales relaciones personales. En este último sentido, además se alude al beneficio que reporta el poder coordinar *ab initio* esas relaciones con aquellas que el menor deba mantener con el progenitor no custodio: Rivero Hernández, Francisco, *El derecho...*, p. 224-225. Ahora bien,

E. No intangibilidad del régimen convencional

Los efectos del divorcio en relación con los hijos no son inmutables, lo cual conlleva la posibilidad de alterar la regulación de los mismos, entre otras, por la vía de modificar posteriormente el convenio o los acuerdos aprobados; en consecuencia, los pactos de los cónyuges que fijen un régimen de relación personal entre los hijos y el padre no custodio, no quedan inderogable e indefinidamente fijados.

Al respecto se distinguen dos niveles distintos de análisis: por un lado, la posibilidad de apelar en contra del régimen acordado y aprobado y, por otro, la solicitud de modificación de aquél. La Lec establece que la sentencia o el auto que apruebe en su totalidad la propuesta de convenio sólo podrán ser recurridos, en interés de los hijos menores o incapacitados, por el Ministerio Fiscal (art. 777.8 Lec.), lo cual es coherente con la circunstancia de constar el asentimiento de las partes en un régimen convenido, y por tanto, aparecer como un absurdo que luego de haber concurrido y una vez aprobado por el tribunal el convenio, se intente por uno o ambos padres su apelación.

En cuanto al segundo nivel, el convenio, como negocio jurídico bilateral aceptado por las partes y aprobado por el juez, solo puede dejarse sin efecto si concurre alguna causa de impugnación de actos y contratos o si se produce una alteración sustancial de las circunstancias existentes al tiempo en que se firmó el convenio y que fueron determinantes en sus estipulaciones, conforme lo dispone el art. 90 del Cc[686]. Una alteración sustancial de las circunstancias puede generar una modificación de lo acordado por las partes, pudiendo afectar tanto al conjunto o total de los pactos o bien solo a alguno o algunos de ellos[687]. En lo que toca al convenio, aunque es irrevocable y debe ser observado en sus propios términos, admite modificación[688] como la admiten, por regla general,

---

el autor extendía la ausencia de inconvenientes, pese a la falta de previsión legal, al acuerdo sobre regímenes de comunicación con los hermanos, la madrina y otras personas; incluso consideraba posible la celebración de pactos directamente entre los padres y los abuelos u otros parientes sobre relaciones personales con el menor (p. 238-239). Ésta última posibilidad parece de muy dudosa procedencia en sede de crisis matrimoniales, por cuanto el convenio regulador como tal es un acuerdo entre los cónyuges.

[686] Marín García de Leonardo, María Teresa, "22 de abril de 1997. Convenio regulador no presentado ni aprobado judicialmente en el proceso de separación conyugal. Validez y eficacia como negocio jurídico de derecho de familia. Acuerdo del convenio relativo a la extinción y adjudicación de bienes, en el régimen económico matrimonial de separación de bienes", *Cuadernos Civitas de Jurisprudencia civil*, ISSN 0212-6206, N° 45, Madrid 1997, p. 958.

[687] Martínez de Aguirre, Carlos, *Curso de...*, p. 193-194.

[688] Diez-Picazo, Luis - Gullón, Antonio, *Sistema de...*, p. 122. Tanto porque las materias reguladas en el convenio son de carácter contingente cuanto porque se trata de situaciones muy ceñidas a realidades vivenciales y, por ende, cambiantes, aquél no puede quedar inamovible y petrificado: Rivero Hernández, Francisco, "Las relaciones...", p. 122-123.

todos los acuerdos referidos a los hijos. En suma, el convenio no es intangible: tiene validez y eficacia en el ámbito legal previsto y en sus propios términos, mientras no se alteren sustancialmente las circunstancias[689].

La modificación puede provenir de un nuevo convenio homologado judicialmente o de resolución judicial[690]. En el primer caso, el pacto sobre el régimen de relación provendrá nuevamente de la determinación convencional, esto es, del consentimiento mutuo de los padres, lo que supone canales de comunicación y entendimiento adecuados entre ellos y el respeto, en sus estipulaciones, al interés superior de los hijos. Esta modificación se concretará mediante un nuevo convenio o acuerdo, que exigirá –aunque expresamente el art. 90 Cc. no lo señala– intervención judicial de otorgamiento de nueva aprobación para tener plena eficacia jurídica, pues se refiere a derechos de los hijos que comprometen su interés[691]. En efecto, conforme a la Lec, para ser sustanciada la propuesta de modificación, puede ser presentada en solicitud por ambos cónyuges de común acuerdo o por uno con el consentimiento del otro (art. 775.2 y 777.9 Lec); *presentación*, que tiene por finalidad el examen y aprobación judicial.

Si no se produce acuerdo sobre la modificación del régimen de relación, el interesado podrá concurrir al juez y solicitar su pronunciamiento[692]. Puede instar la modificación judicial del acuerdo el progenitor interesado que ha sido parte del convenio o acuerdo respectivo, sea o no el titular formal del derecho: así por ejemplo cualquiera de los dos podría pedir un cambio en la modalidad previamente acordada, un aumento o disminución de la frecuencia de la relación, la modificación de días y horas, entre otros. También pueden instar la modificación los propios hijos, conforme a sus necesidades e intereses[693]. Además, igualmente puede solicitar la modificación de la medida convenida el Ministerio Fiscal (art. 775.1 Lec). En cualquier caso, la causa general básica para solicitar la modificación será que hayan variado sustancialmente las circunstancias tenidas en cuenta al acordar el régimen cuya modificación se intenta.

---

689 RIVERO HERNÁNDEZ, FRANCISCO, *El derecho...*, p. 223.

690 MARÍN LÓPEZ, MANUEL, en BERCOVITZ RODRÍGUEZ-CANO, RODRIGO (coord.), *Comentarios al...*, p. 209.

691 RIVERO HERNÁNDEZ, FRANCISCO, *El derecho...*, p. 234. Parte de la doctrina se inclina por la necesidad de aprobación judicial de la modificación de lo acordado en el convenio sin distinción, cualquiera sea el extremo de que se trate: DIEZ-PICAZO, LUIS - GULLÓN, ANTONIO, *Sistema de...*, p. 121. En opinión de otros autores, parece no ser necesaria dicha intervención para disponer de la vivienda y bienes de uso ordinario en ella, cuyo uso corresponde al no titular (art. 96.4 Cc), así como para sustituir en cualquier tiempo la pensión fijada (art. 99 Cc) ya provenga de convenio o de disposición judicial: CLEMENTE MEORO, MARIO, en MONTES, VICENTE - ROCA, ENCARNA (coords.), *Derecho de...*, p. 175.

692 MARÍN LÓPEZ, MANUEL, en BERCOVITZ RODRÍGUEZ-CANO, RODRIGO (coord.), *Comentarios al...*, p. 209.

693 RIVERO HERNÁNDEZ, FRANCISCO, "Las relaciones...", p. 125.

Por último, el convenio o los acuerdos, siempre podrán ser impugnados por las mismas causas de invalidación de contratos[694], pues por más que la aprobación judicial le haya dado nuevo valor y ejecutoriedad, no deja de ser un acuerdo de voluntades[695], aplicándose en todo caso el principio de la eficacia parcial, conforme al cual, la nulidad o invalidez de una cláusula o pacto no afecta a las demás válidas[696]; asimismo, puede instarse su limitación o suspensión cuando se configuran las hipótesis legales, especialmente vinculadas con el incumplimiento del propio pacto[697], lo que revisaré más adelante. Finalmente, el pacto sobre régimen de relación termina por la emancipación de los hijos aún cuando el resto del convenio siga vigente.

2. Determinación judicial

Según se ha venido insistiendo en este trabajo, el legislador parte de un juicio favorable sobre la conveniencia para el menor del mantenimiento de relaciones personales con ambos progenitores, incluso después del divorcio, como una manifestación del interés superior del menor en abstracto (art. 94, 160 y 161 Cc. y art. 9 CDN). Confluyen en el mismo sentido, según señala Rivero Hernández, la convicción social y judicial creciente de la necesidad y utilidad de esa relación padre-hijo[698].

A partir de ahí, en materia de actuación judicial, al juez no le corresponde reconocer la existencia del derecho, sino solo modularlo[699], determinando el régimen de relación específico para el caso concreto, atendidas las circunstancias concurrentes; o empleando un criterio restrictivo y atendiendo nuevamente a las circunstancias, se pronunciará sobre su limitación, suspensión o modificación[700]. En otros términos, respecto del régimen de relación entre los hijos y el padre no custodio con ocasión del divorcio, el juez tiene intervención en dos momentos: en la determinación subsidiaria del régimen, esto es, en la fijación del tiempo, modo y lugar de ejercicio del derecho, cuando no exista acuerdo

694 López Alarcón, Mariano, "El acuerdo de...."

695 Rivero Hernández, Francisco, *El derecho...*, p. 233.

696 Paz-Ares, Ignacio, "Previsiones..."; Martínez de Aguirre, Carlos, *Curso de...*, p. 193-194.

697 Arza, Antonio, *Remedios...*, p. 116.

698 Rivero Hernández, Francisco, "Efectos de...", p. 683.

699 García Pastor, Milagros, *La situación...*, p . 241.

700 Caballero Gea, José-Alfredo, *Matrimonio...*, p. 241. Algunos autores, en base a la primacía del interés del menor proponen que sólo cuando efectivamente las visitas constituyan un verdadero beneficio para el menor podrán ser concedidas (Calzadilla Medina, Mª Aránzazu, en De Pablo Contreras, Pedro - Valpuesta Fernández, Rosario (coords.), *Código Civil Comentado*, vol. I, Thomson Reuter/Civitas, Cizur Menor 2012, p. 512), sin embargo, el juicio sobre el beneficio ya está hecho por el legislador, beneficio, que además, no siempre se manifiesta de forma inmediata en el presente, sino que repercute en su desarrollo futuro.

aprobado entre los cónyuges, tema que abordaré de inmediato; y en supuestos determinados estimando si concurren circunstancias que impliquen limitar, modificar o suspender el derecho, cuestión que se revisa en el próximo Capítulo.

La determinación judicial subsidiaria del régimen de relación puede tener su origen en la ausencia de acuerdo de los padres sobre la materia; ausencia que puede derivarse de situaciones en que no han llegado a ningún acuerdo, o en que no están obligados a presentar convenio, o de la no aprobación judicial del acuerdo respectivo por resultar dañoso para los hijos[701]. En tales supuestos, el juez puede actuar a petición de la parte que solicita la fijación de un régimen a su favor o puede actuar de oficio[702] ya sea, por la falta de interés de los padres en la determinación de un régimen o por la inadvertencia de la necesidad de petición: piénsese, por ejemplo, en aquellos casos en que ninguno de los padres solicita la determinación de un régimen de visita a su favor pues ambos solicitan la custodia y confían en estar asistidos del derecho para que les sea confiada[703]. El juez puede actuar incluso en contra de una petición expresa de los padres, al no encontrarse, en estas materias, vinculado al principio de rogación de parte[704], por tratarse de un derecho que pertenece al orden público familiar, según se vio[705]. En suma, el pronunciamiento judicial es necesario cuando falta el entendimiento entre los progenitores, debe estar debidamente motivado[706] y es obligatorio para las partes.

Sobre las facultades especiales atribuidas al Juez en materias de familia el Tribunal Constitucional ha señalado que *precisamente en garantía de cualquiera de los cónyuges (art. 90, párrafo 2, Código Civil), de los hijos, o del interés familiar más necesitado de protección (art. 103 CC, reglas primera y tercera), la ley atribuye al Juez que conozca de un proceso de separación, divorcio o nulidad matrimonial potestades de tutela relacionadas con determinados*

---

[701] MARÍN LÓPEZ, MANUEL, en BERCOVITZ RODRÍGUEZ-CANO, RODRIGO (coord.), *Comentarios al...*, p. 208.

[702] TRINCHANT BLASCO, CARLOS (coord.), *Memento...*, p. 395.

[703] MATA VIDAL, DANIEL, "El interés...", p. 321.

[704] CABALLERO GEA, JOSÉ-ALFREDO, *Matrimonio...*, p. 240; CAMACHO SERRANO, JULIA, "El proceso...", p. 185.

[705] El orden público familiar es utilizado como fundamento habitual de resoluciones de Audiencias Provinciales, según informa: CAVANILLAS MÚGICA, SANTIAGO, en PASQUAU LIAÑO, MIGUEL (dir.), *Jurisprudencia...*, p. 492.

[706] El juez debiera expresar el porqué de la fijación de un determinado régimen y cómo se resguarda con él, el interés superior del menor. Desde hace tiempo se viene advirtiendo sin embargo, la frecuente parquedad argumentativa de las sentencias, que terminan siendo mayormente estandarizadas: SALANOVA VILLANUEVA, MARTA, "Aproximación...", p. 515 y la pobre fundamentación jurídica de las sentencias de primera instancia en orden a las medidas a adoptar relativas a los hijos: RIVERO HERNÁNDEZ, FRANCISCO, "Efectos de...", p. 665.

efectos de la crisis matrimonial que han de ejercitarse en defecto e, incluso, en lugar de las propuestas por los litigantes[707].

En la misma línea se sigue que *en todo proceso matrimonial se dan elementos no dispositivos, sino de ius cogens, por tratarse de un instrumento al servicio del Derecho de familia. La naturaleza de las funciones de tutela atribuidas a la jurisdicción en este ámbito impide trasladar miméticamente las exigencias de congruencia consustanciales a la función jurisdiccional stricto sensu (aquélla que se traduce en un pronunciamiento motivado sobre pretensiones contrapuestas), pues el principio dispositivo, propio de la jurisdicción civil, queda atenuado y, paralelamente, los poderes del Juez se amplían al servicio de los intereses que han de ser tutelados*[708]; *la incongruencia no existe, o no puede reconocerse, cuando la Sentencia del Tribunal versa sobre puntos o materias que, de acuerdo con la Ley, el Tribunal está facultado para introducir ex officio*[709].

En sentencia más reciente, el Tribunal deja claro que el proceso matrimonial no es un conflicto más de Derecho privado; no es un simple conflicto entre pretensiones privadas que ha de ser decidido jurisdiccionalmente dentro de los límites objetivos y subjetivos propuestos por los litigantes, en consecuencia, *si bien es cierto que el deber de congruencia cuyo incumplimiento se denuncia tiene una indudable relevancia constitucional y ha de ser exigido en todo tipo de procesos en los que los Jueces actúan la potestad reconocida en el art. 117.3 CE (juzgar y hacer ejecutar lo juzgado), pues así lo exigen los principios de contradicción e imparcialidad judicial, no puede olvidarse que la propia Constitución (art. 117.4) admite también la atribución a Jueces y Tribunales, por mediación de la ley, de otras funciones en garantía de cualquier derecho, distintas a la satisfacción de pretensiones*[710].

---

[707] ATC 100/1987, de 28 de enero. En De La Cámara, Manuel, *El Sistema...*, p. 221, aparece la cita de sentencias más antiguas del Tribunal Constitucional, en el mismo sentido, además de alguna del Tribunal Supremo.

[708] STC 120/1984, de 10 de diciembre, al analizar una queja de incongruencia; también ATC 328/1985, de 22 de mayo, y 291/1994, de 31 de octubre.

[709] STC 77/1986, de 12 de junio.

[710] STC 4/2001, de 15 de enero, en recurso de amparo núm. 3966/97. Fue objeto del proceso de amparo la Sentencia de la sección 6ª de la AP de Valencia, de 1 de septiembre de 1997, por la que, al resolver el recurso de apelación presentado por el marido de la recurrente contra la Sentencia de instancia que había decretado su separación conyugal, modificó sus efectos atribuyendo la guarda y custodia del hijo menor de edad del matrimonio a ambos cónyuges de forma compartida y por meses alternos. Para la recurrente dicha resolución vulnera los arts. 14 y 24 CE por varios motivos, entre ellos se trataría de una resolución incongruente e inmotivada. EL TC señala respecto de la falta de motivación alegada que *su lectura pone de relieve que la Sentencia de 1 de septiembre de 1997 –parte de cuya fundamentación ha sido transcrita en el antecedente 2, letra c) de esta resolución–, no carece de motivación, pues, cumpliendo esta exigencia constitucional (STC 187/2000, de 10 de julio), expresa con amplitud las razones que permiten conocer cuáles han sido los criterios esenciales fundamentadores de la decisión de mantener compartida la guarda y custodia del hijo*

Por lo demás, como afirma el mismo Tribunal: *con carácter general, la acción de separación, como la de divorcio, supone implícitamente, cualesquiera que sean sus términos, solicitar del Juez un pronunciamiento sobre todas las consecuencias legales que su estimación conlleva*[711].

A. Oportunidad de determinación judicial

a. Régimen provisional

En interés de los hijos y con el fin de garantizar sus derechos hasta la finalización del proceso, se determina un régimen provisional de relación. Admitida la demanda de divorcio, el juez a falta de acuerdo de ambos cónyuges aprobado judicialmente debe adoptar, con audiencia de éstos, entre otras, la medida relativa a la forma en que el cónyuge que no ejerza la guarda y custodia de los hijos podrá cumplir el deber de velar por éstos y el tiempo, modo y lugar en que podrá comunicar con ellos y tenerlos en su compañía. Esta determinación procede tanto cuando la guarda y custodia se ha asignado a uno de los cónyuges, como cuando, excepcionalmente, los hijos son encomendados a los abuelos, parientes u otras personas que así lo consintieren y, de no haberlos, incluso a una institución idónea (art. 103 Nº 1 Cc).

La determinación judicial provisional del régimen de relación podrá hacerse a solicitud de los cónyuges o de oficio y requerirá la citación de los cónyuges

---

menor de edad. La Audiencia Provincial, en el fundamento jurídico segundo de su Sentencia, tras señalar que en materia de guarda y custodia de los hijos menores el criterio decisivo de atribución es el interés del menor, ha valorado las circunstancias concretas del caso (la situación laboral de ambos progenitores y su disponibilidad) y ha justificado la guarda y custodia compartida en la necesidad de garantizar "su buen desarrollo personal y social" para "favorecer del modo más razonable la íntima y necesaria relación del menor con cada uno de sus progenitores", de forma que el niño "sienta que tanto la casa de su padre como la de su madre son su propia casa, y que cada uno de sus progenitores interviene en todos y cada uno de los momentos de su vida". Este razonamiento puede ser discutido, como lo hace la recurrente en su demanda, pero tal disensión no justifica la demanda de amparo que se analiza. Respecto de la pretendida incongruencia, conjuntamente con lo ya reseñado, a mayor abundamiento agrega el Tribunal Constitucional que *además, desde un punto de vista puramente fáctico, hay datos en las actuaciones que permiten afirmar que la decisión judicial cuestionada no supuso tampoco un desajuste o completa modificación de los términos en que se produjo el debate procesal precedente (...) en el caso concreto, ya en la solicitud de medidas provisionales que acompañaron a su demanda de separación, el cónyuge de la recurrente solicitó expresamente que se le atribuyera la guarda y custodia compartida con la madre, aunque a ello no accediera el Juez de Primera Instancia. Por tanto, por este último motivo, a tenor del debate precedente no puede tampoco afirmarse que haya habido un pronunciamiento ajeno al debate procesal y totalmente desviado de sus pretensiones y peticiones.*

[711] STC, 4/2001, de 15 de enero, que a su vez se remite, en esta parte, a la ATC 100/1987, de 28 de enero.

y del Ministerio Fiscal a una comparecencia en la que se intentará un acuerdo de las partes (art. 773 en relación con el 771 ambas de la Lec)[712].

Las medidas provisionales adoptadas no vinculan a las medidas definitivas, por lo cual, cada cónyuge podrá solicitar por definitivo el régimen de relación con los hijos que estime más conveniente y el juez deberá resolver también sin vinculación a las anteriores decisiones o acuerdos: *la sentencia de divorcio no queda vinculada por lo que se decidió en el auto de medidas provisionales, donde no se dio carácter definitivo al acuerdo alcanzado por las partes*[713]. Las medidas provisionales quedarán sin efecto cuando sean sustituidas por las que establezca definitivamente la sentencia o cuando se ponga fin al procedimiento de otro modo (art. 773 Lec).

b. Régimen definitivo

El régimen definitivo de relación, como una medida a resolver por el juez que conoce del divorcio, debe quedar determinado en la sentencia (art. 774.3 y 4 Lec)[714], salvo, cuando se concede el divorcio y la sentencia no aprueba en todo o en parte el régimen propuesto en el convenio regulador, pues en tal evento, luego del plazo que se concede para proponer nuevo convenio, limitado, en su caso, a los puntos que no hayan sido aprobados, el tribunal dictará auto dentro del tercer día, resolviendo lo procedente (art. 777.7 Lec)[715]; constituyendo éste el único caso en que se determinará una medida definitiva con posterioridad

---

[712] CAMACHO SERRANO, JULIA, "El proceso…", p. 187. Si se han dictado medidas provisionalísimas el juez que después admita la demanda no está obligado a revisar las medidas ya adoptadas, pudiendo modificarlas o completarlas cuando él lo estime conveniente: MARÍN LÓPEZ, MANUEL, en BERCOVITZ RODRÍGUEZ-CANO, RODRIGO (coord.), *Comentarios al…*, p. 233.

[713] AP Madrid, sentencia 503/2010, de 5 de julio, JUR\2010\311420.

[714] Art. 774 Lec Medidas Definitivas: 3. *El tribunal resolverá en la sentencia sobre las medidas solicitadas de común acuerdo por los cónyuges, tanto si ya hubieran sido adoptadas, en concepto de provisionales, como si se hubieran propuesto con posterioridad.* 4. *En defecto de acuerdo de los cónyuges o en caso de no aprobación del mismo, el tribunal determinará, en la propia sentencia, las medidas que hayan de sustituir a las ya adoptadas con anterioridad en relación con los hijos, la vivienda familiar, las cargas del matrimonio, disolución del régimen económico y las cautelas o garantías respectivas, estableciendo las que procedan si para alguno de estos conceptos no se hubiera adoptado ninguna.*

[715] En base a estas disposiciones se afirma que la fijación del régimen de visitas y todas las medidas relativas a los efectos de la crisis matrimonial deberán adoptarse en la sentencia y no en ejecución: MONTERO AROCA, JUAN (coord.), *El derecho…*, p. 221; PÉREZ MARTÍN, ANTONIO, en DOMÍNGUEZ LUELMO, ANDRÉS (coord.), *Comentarios…*, p. 197. Marín López en la segunda edición de los Comentarios al Código Civil, de 2006, coordinados por Bercovitz Rodríguez-Cano, sostenía que las medidas definitivas también podían adoptarse en el proceso de ejecución (p. 213 de dicha edición) afirmación que se suprime en la tercera edición de 2009: MARÍN LÓPEZ, MANUEL, en BERCOVITZ RODRÍGUEZ-CANO, RODRIGO (coord.), *Comentarios al…*, p. 209.

a la sentencia de divorcio[716]. El juez en consecuencia deberá, por regla, fijar el régimen de relación de los hijos con el padre no custodio en la sentencia de divorcio, no pudiendo diferir su pronunciamiento a la fase de ejecución de sentencia. La discrepancia que se observa en esta parte, entre el art. 774 Lec y el art. 91 Cc. que indica que *en las sentencias de nulidad, separación o divorcio, o en ejecución de las mismas, el juez...*, se resuelve en opinión de la doctrina procesal entendiendo derogado por la Lec la posibilidad de que el tribunal pueda diferir la adopción de las medidas a la fase de ejecución[717]. Sería de aplicación al caso la disposición derogatoria tercera de la Lec[718].

El juez no queda vinculado por su decisión previa: *para fijar el régimen de visitas del hijo menor, al juez no le vincula lo pedido por las partes, ni puede tacharse de incongruente el pronunciamiento que fija uno concreto y determinado, distinto del postulado por la parte actora*[719]. Las medidas definitivas pueden ser las mismas que se habían adoptado en forma provisional, pueden ser aquellas pero modificadas o pueden ser medidas completamente nuevas[720]. En su caso, entonces, las medidas definitivas adoptadas sustituyen *ipso facto* a las medidas previas o provisionales que hasta el momento estuvieren vigentes comenzando su eficacia a partir de ese instante, independientemente de que las partes o el Ministerio Fiscal interpongan recurso de apelación en contra de la sentencia que las recoja (art. 774.5 Lec).

Normalmente el régimen de relación determinado por el juez tendrá su origen en la solicitud de parte que conste en la demanda o en la reconvención, sin perjuicio de lo cual, el juez puede adoptar el régimen de relación que estime conveniente, incluso uno no solicitado por las partes o contra la voluntad expresa de ellos[721].

---

[716] Montero Aroca, Juan (coord.), *El derecho...*, p. 221.

[717] Pérez Vega, Ángeles, "Las medidas previas, provisionales y definitivas en los procesos de nulidad, separación o divorcio matrimoniales en la nueva Ley de Enjuiciamiento Civil", en *Actualidad Civil*, nº 13, 2002, versión electrónica www.laleydigital.es, visitado el 29 de noviembre de 2012. Montero Aroca afirma, coincidente con ello, que el auto de que habla el art. 777.7 Lec es algo diferente a la ejecución de la sentencia: Montero Aroca, Juan, *El derecho...*, p. 221.

[718] Disposición derogatoria Tercera Lec: *Asimismo, se consideran derogadas, conforme al apartado segundo del artículo 2 del Código Civil, cuantas normas se opongan o sean incompatibles con lo dispuesto en la presente Ley.*

[719] AP A Coruña, sentencia 117/2012, de 16 de marzo, sección 5ª (id. vlex: VLEX-365407590).

[720] O'Callaghan Muñoz, Xavier, *Compendio...*, p. 85.

[721] Marín López, Manuel, en Bercovitz Rodríguez-Cano, Rodrigo (coord.), *Comentarios al...*, p. 210. Como muestra de la clara posición jurisprudencial, se puede citar el siguiente considerando: *nos hallamos ante una materia sensible, cuya regulación –por obvias razones de orden público– se halla sustraída al principio dispositivo que de una manera general informa nuestro proceso civil, lo que vale tanto como decir que el acuerdo al que han llegado sus progenitores no obliga al Juez o Tribunal, quien, incluso al margen de lo convenido al respecto, ha de procurar en todo momento lo más adecuado para el menor*: AP Barcelona, sentencia 301/2010 de 19 de mayo, JUR\2010\276914.

Estas medidas definitivas de determinación del régimen pueden ser modificadas en el futuro si varían sustancialmente las circunstancias tenidas en cuenta al tiempo de su adopción, en reconocimiento del carácter dinámico de las relaciones humanas: las medidas sobre el derecho de relación son siempre provisionales y coyunturales, como se afirmó al revisar los caracteres del derecho. En general, como explica la doctrina mas autorizada, todas las medidas llamadas definitivas en el proceso matrimonial, lo son en el sentido de sustituir a las provisionales y tener una vocación de estabilidad, pero pueden ser ulteriormente modificadas si se alteran sustancialmente las circunstancias en cuya contemplación se adoptaron[722]. De otra parte, las medidas judiciales se entienden como "mínimo" que, en la práctica diaria, los progenitores pueden adaptar como sea más conveniente al interés de los hijos[723].

Al encontrarse la decisión judicial sobre el régimen de relación presidida por el *ius cogens*, puede proceder el juez de oficio ordenando lo pertinente para la efectividad del derecho y el éxito del régimen de relaciones personales que determine[724]. En este contexto, le compete al Juez adoptar cuantas medidas precautorias sean necesarias para asegurar el ejercicio efectivo del derecho, la seguridad del menor o la devolución de los menores al custodio, así podrá: prohibir o restringir las salidas al extranjero, imponer al padre tratamientos o terapias, o imponer la realización de las visitas en puntos de encuentro, entre otras. Estas medidas vienen preceptuadas por el art. 103 Cc. en sede de medidas provisionales; por el art 91 Cc. en sede de medidas judiciales definitivas (*las cautelas o garantías respectivas*) y, en sede general, en materia de relaciones paterno-filiales por el art. 158 Cc. que establece que el Juez, de oficio o a instancia del propio hijo, de cualquier pariente o del Ministerio Fiscal, dictará una serie de medidas convenientes y necesarias y en general, las que *considere oportunas a fin de apartar al menor de un peligro o de evitarle perjuicios.*

B. Criterio rector de la determinación judicial

El régimen de relación debe dar respuesta adecuada a las circunstancias particulares de cada situación familiar tras el divorcio, intentando proteger el interés de los hijos y de los progenitores; por ello el juez debe abstenerse del automatismo que implica aplicar sin más un régimen estándar. De ahí también que el criterio subsidiario a la determinación convencional del régimen no sea legal, sino judicial[725].

---

722 LACRUZ BERDEJO, JOSÉ LUIS - RAMS, JOAQUÍN, *Elementos de...,* p. 98.
723 TRINCHANT BLASCO, CARLOS (coord.), *Memento...*, p. 396.
724 RIVERO HERNÁNDEZ, FRANCISCO, *El derecho...,* p. 254.
725 DIEZ-PICAZO, LUIS - GULLÓN, ANTONIO, *Sistema de...*, p. 122.

El legislador fija para la fundamentación jurídica de la decisión judicial un único criterio: *la protección del interés superior del menor*[726]. Las exigencias que este principio impone al juez no son menores, pues suponen la necesidad de valoración exhaustiva de todas las circunstancias que concurren en el caso, antes de decidir[727]: *por interés del menor como cláusula general o concepto jurídico indeterminado, se ha de entender la necesidad de buscar en todo momento la solución más idónea para éste, a cuyo efecto la autoridad judicial habrá de tener en cuenta la totalidad de las circunstancias que concurren en el grupo familiar y en los menores; valorando cuál es el ambiente más idóneo para el desarrollo de sus facultades intelectuales, afectivas y volitivas, la atención que los progenitores pueden prestarle tanto en el orden material como en el afectivo, así como la existencia de circunstancias perjudiciales para su formación o desarrollo, así como valorar el rechazo que puedan sentir hacia algún progenitor, sus causas y manifestaciones*[728].

El criterio y valoración judicial de los datos de que se dispone y del interés del menor son discrecionales en tanto no vienen reglados ni regulados en el Ordenamiento Jurídico, salvo, por medio de cláusulas generales y esto es lo que obliga al juez a razonar el fundamento de su decisión, al margen de sus propias convicciones personales[729]. La determinación judicial del régimen de

---

[726] LACRUZ BERDEJO, JOSÉ LUIS - RAMS, JOAQUÍN, *Elementos de...*, p 99; MARTÍNEZ DE AGUIRRE, CARLOS, *Curso de...*, p. 180; SERRANO CASTRO, FRANCISCO, *Relaciones...*, p. 112. Algunos autores aluden al principio como el criterio preferente sin especificar cuáles serían los otros criterios: CASTILLO MARTÍNEZ, CAROLINA, en LLOPIS GINER, JUAN MANUEL (coord.), *El contenido...*, p. 158. García Pastor intenta buscar en la regulación del Cc. otros criterios; sin embargo termina siempre comentando el interés del menor y la evitación de consecuencias negativas para él, que resume en siete directrices que el juez debe seguir al fijar el régimen de visita, pero que no son más que aplicaciones pormenorizadas del principio de protección del menor: GARCÍA PASTOR, MILAGROS, *La situación...*, p. 238-244. Rivero Hernández adelanta diversos criterios normativos que debe seguir el juez en la determinación del régimen de visitas y relaciones personales, en específico señala: el consenso o acuerdo informal total o parcial a que lleguen en su caso los cónyuges; el interés eminente de los hijos; la opinión y voluntad del menor; la consulta e informes de expertos, y la no separación de los hermanos en cuanto fuera posible: RIVERO HERNÁNDEZ, FRANCISCO, *El derecho...*, p. 245 a 249.

[727] CABALLERO GEA, JOSÉ-ALFREDO, *Matrimonio...*, p. 240. Conforme al estudio judicial dirigido por Rivero Hernández, de la realidad de los juzgados de Catalunya, se concluye que si bien se observa una creciente preocupación protectora de los hijos, subsiste una relativamente pobre fundamentación jurídica de las sentencias de primera instancia en orden a las medidas a adoptar relativas a los hijos: RIVERO HERNÁNDEZ, FRANCISCO, "Efectos de...", p. 665.

[728] AP Barcelona, sentencia 301/2010 de 19 de mayo, JUR\2010\276914.

[729] RIVERO HERNÁNDEZ, FRANCISCO, "Efectos de...", p. 667. Para el autor el gran poder configurador del derecho y la discrecionalidad en la determinación del régimen de que goza el juez se encuentran enmarcadas por ciertos criterios normativos y en función de los datos y elementos de juicio de que disponga en relación con la propia finalidad del derecho y los intereses en juego: RIVERO HERNÁNDEZ, FRANCISCO, *El derecho...*, p. 244. Esta exigencia de razonamiento y valoración se impone igualmente en materia de guarda y custodia; por ello el Tribunal Supremo insiste en su doctrina sobre la necesidad de motivación de la sentencia, según la cual los jueces no pueden decidir

relación orientada conforme a aquél principio no resulta arbitraria por cuanto el principio es limite y fundamento de la decisión judicial concreta[730].

A lo anterior se suma la consideración que debe hacerse de la propia finalidad del derecho de relación[731], de los demás intereses legítimos presentes[732] y de las circunstancias materiales concurrentes, a que debe atender el juez al determinar el régimen concreto.

En mi concepto, en el Ordenamiento español todo lo anterior representa una ampliación en las facultades de actuación judicial respecto de aquellos divorcios en que se presenta convenio regulador. En efecto, cuando toca al juez determinar el régimen de relación tiene la posibilidad y la obligación de fijar el régimen que mejor resguarde el derecho del menor a relacionarse con el padre no custodio de modo regular. No solo debe estarse a la evitación de daños a los hijos (exigencia del art. 90 Cc. para la aprobación del convenio), que por cierto debe impedir, sino que podrá procurar su mayor beneficio posible conforme a los datos y circunstancias del caso concreto[733]: en la determinación judicial del régimen de relación el principio opera tanto en su vertiente negativa como en la positiva.

Aunque no constituyen norma inexorable, algunas concreciones del principio de protección del interés superior del menor, al tiempo de la determinación judicial del régimen de relación, en búsqueda de su mayor beneficio posible o de la evitación de daños innecesarios, son las siguientes[734]:

---

conforme a su leal saber y entender, sino mediante la aplicación del sistema de fuentes establecido, motivando tal aplicación, no necesariamente de forma extensa y pormenorizada, pero sí en términos que permitan conocer la "ratio" de su decisión, siendo determinante atender al interés de los hijos. A partir de ahí, la motivación no puede ser meramente nominal, formal o aparente: STS, de 25 de mayo de 2012, en recurso 1395/2010.

730 El juez no puede resolver según su libre voluntad, capricho o la simpatía que le inspire algunos de los implicados: Salanova Villanueva, Marta, "Aproximación...", p. 514. Similar consideración en Zarraluqui Sánchez-Eznarriaga, Luis, *Derecho de...*, p. 172 y ss.

731 Panizo y Romo de Arce, Alberto, *El proceso...*, p. 175.

732 Al juez le toca evaluar, entre otras circunstancias, las motivaciones subyacentes a la pretensión del progenitor de relacionarse con sus hijos, que tanto pueden tener su origen en el impulso natural a desarrollar su paternidad cariñosa y afectiva, como en su ánimo de molestar al progenitor custodio o de interferir en cuestiones propias de la custodia. Esta evaluación sumada a la protección del interés superior del menor, permitirán fijar un régimen o, posteriormente, ampliarlo o restringirlo: Florit Canals, Carlos, "El régimen..."

733 Todas las medidas que el juez adopte en el proceso de divorcio respecto de los hijos, orientadas por el principio del *favor filii,* deben estar encaminadas a que el daño del divorcio sea el menor posible, a que la sentencia no les acarree perjuicios innecesarios y a que, en su nueva situación, los hijos queden en la forma que sea más conveniente a sus propios intereses: Lacruz Berdejo, José Luis - Rams, Joaquín, *Elementos de...*, p. 99.

734 Algunos autores los plantean como criterios o parámetros independientes al principio del *favor filii*: Zarraluqui Sánchez-Eznarriaga, Luis, *Derecho de...*, p. 176.

- La necesidad de propiciar la estabilidad de los hijos y de sus circunstancias de vida previas, tanto en la esfera afectiva como material. La estabilidad (afectiva, social y espacio-temporal) es un elemento facilitador y garantista de la adaptación de los menores a la nueva situación y desarrollo psicosocial futuro; la inclusión de cambios bruscos y no necesarios en sus rutinas, podría desestabilizarlos y ocasionarles sufrimientos que se podrían haber evitado[735]. Los regímenes progresivos de relación con el padre no custodio, normalmente se adaptan bien a esta exigencia, sobre todo cuando se trata de hijos pequeños.

- La necesidad de acomodación del régimen de relación al caso concreto, según ya se ha comentado en varias oportunidades, lo que exige que el juez considere los diversos factores concurrentes, entre los cuales se encuentra el respeto tanto de los horarios de estudio como de descanso de los hijos.

- La voluntad y deseos del menor, en el sentido y con los límites que ampliamente he comentado en el Capítulo anterior, al cual me remito. Para ello es fundamental que el juez vele por el cumplimiento del derecho del menor a ser oído (art. 92.2 Cc) que debe operar cada vez que se trate de medidas definitivas relativas a los hijos (art. 770.4ª Lec).

- La conjunción de los hermanos, para cuando estén separados entre sí[736]: el régimen de relación con el padre no custodio debe conjugarse para que los hermanos se vean y relacionen recíprocamente[737]. La organización del régimen de visitas que permita la reunión de todos los hermanos, dará lugar a la configuración de un entorno familiar mas completo y normal, contribuyendo el desarrollo de las relaciones fraternales a la formación integral de los menores. No considerar esta circunstancia solo agravaría la crisis afectivo-familiar al separar, la sentencia de divorcio, al menor no solo de uno de sus progenitores sino también de sus hermanos[738].

Teniendo presente que el interés del menor en situaciones de crisis conyugal se concreta generalmente en seguir relacionándose con ambos progenitores de

[735] Así aparece en las recomendaciones para la Elaboración de los Planes de Parentalidad en Cataluña, de la Sección de Psicología Jurídica del Colegio Oficial de Psicólogos de Cataluña, aprobadas por la Junta de Gobierno en diciembre de 2011.

[736] Antes de la reforma de 2005 se hablaba de la continuidad de la comunidad fraterna, pues la unión de los hermanos puede constituir el refugio de los hijos ante el conflicto de sus padres: CALVO CABELLO, JOSÉ LUIS, "Discrecionalidad y arbitrariedad en la fijación del derecho y régimen de visitas. Análisis de diversos casos prácticos", en VILADRICH, PEDRO-JUAN (coord.), *El derecho de visita de los menores en las crisis. Teoría y praxis,* Universidad de Navarra, 1982, p. 340.

[737] ROGEL VIDE, CARLOS, en BERCOVITZ RODRÍGUEZ-CANO, RODRIGO (coord.), *Comentarios a las...*, p. 256; ZANÓN MASDEU, LUIS, *Guarda y...*, p. 87.

[738] RIVERO HERNÁNDEZ, FRANCISCO, en RAMS ALBESA, JOAQUÍN (coord.), *Comentarios...*, p. 976.

modo regular y que la finalidad del derecho es propiciar el desarrollo integral del menor atenuando los efectos negativos de la ruptura matrimonial, habrá de convenirse que en condiciones de relativa normalidad la decisión judicial ha de ir encaminada a mantener y reforzar las relaciones paterno-filiales, por medio del establecimiento de un concreto y amplio régimen de relación. En casos complejos, no obstante la concurrencia de negativas circunstancias (como incumplimientos reiterados en el ejercicio) el interés del menor puede reclamar igualmente el establecimiento de un régimen (aún con resguardos) y no su suspensión, como se verá más adelante[739].

La amplitud de la actuación judicial dentro del proceso matrimonial también se manifiesta respecto de la prueba: el juez no está vinculado en su determinación a la petición de parte, pudiendo acordar de oficio las pruebas que estime necesarias para comprobar la concurrencia de las circunstancias en cada caso exigidas por el Código Civil para decretar la nulidad, separación o divorcio, así como las que se refieran a hechos de los que dependan los pronunciamientos sobre medidas que afecten a los hijos menores o incapacitados (arts. 752, 770.4 y 771.3 Lec)[740].

C. Factores o circunstancias influyentes en la determinación judicial

Coinciden la doctrina y la jurisprudencia en que la determinación judicial del régimen de relación entre los hijos y el padre no custodio está condicionada por una diversidad de factores o elementos de juicio, existiendo una identificación bastante aceptada de los más comunes e influyentes[741]. Si bien respecto de

---

739 Así lo ha entendido la AP de Segovia, sección 1ª, que en sentencia 222/2012, de 11 de octubre, acogió la apelación de la madre –que había dejado de asistir al punto de encuentro durante 7 meses a realizar las visitas de su hijo–, y fijó un régimen tutelado en un punto de encuentro familiar, por estimar que debe prevalecer el interés del menor de relacionarse con su madre, lo que sería mas beneficioso para él en el supuesto que el régimen se respetase (Id. vlex: VLEX-412957402).

740 Más genérico, el art. 752 Lec, establece que sin perjuicio de las pruebas que se practiquen a instancia del Ministerio Fiscal y de las demás partes, el tribunal podrá decretar de oficio cuantas estime pertinentes.

741 Rivero Hernández, Francisco, en Rams Albesa, Joaquín (coord.), *Comentarios...*, p. 976 y también el mismo autor en, *El derecho...*, p. 250; Martínez de Aguirre, Carlos, *Curso de...*, p. 184; García Varela, Román en Sierra Gil De La Cuesta, Ignacio (coord.), *Comentarios...*, p. 117 y también en *La Ley de...*, p. 88; Fernández-Gil Viega, Isabel, en Díez-Picazo Giménez, Gema (coord.), *Derecho de Familia*, Thomson Reuter/Civitas, Cizur Menor 2012, p. 1378; Panizo y Romo de Arce, Alberto, *El proceso...*, p. 175; Pérez Conesa, Carmen, *Las medidas...*, p. 55; Martínez Sapiña, Fernando, "El régimen...", p. 353 y ss. entre otros.

En cuanto a la jurisprudencia de las Audiencias Provinciales se puede ver por más recientes: AP de Madrid, sentencia 520/2010, de 9 de julio, JUR\2010\310930 conforme a la cual *la adopción de la medida requiere atender, a muchos diversos factores, entre los que cabe destacar, entre otros: la edad de los menores, las necesidades afectivas y de todo orden de los mismos, sus costumbres, hábitos, exigencias y responsabilidades escolares, sus relaciones con el progenitor no custodio,* la determinación convencional pudiera estimarse que el juez no debe realizar un examen tan exhaustivo de cada uno de estos factores por cuanto le precede una común voluntad en torno a ejercer el régimen pactado, no ocurre siempre lo mismo respecto de la determinación judicial: el hecho de que el juez deba fijar el régimen de relación normalmente da cuenta de circunstancias del contexto en que se va a ejercer el derecho aptas para suscitar múltiples discusiones entre las partes, de ahí lo aconsejable de una reglamentación judicial que prevea, en la medida de lo posible, las incidencias que puedan darse[742].

Desde mi punto de vista, la determinación judicial estará siempre condicionada por eventos no previsibles, que influirán en el nivel de pormenorización de ciertas circunstancias de ejercicio del derecho y por lo mismo, no es aconsejable el intento de una reglamentación rigurosa de cada pequeño detalle, salvo que el resguardo del interés del menor exija este esfuerzo[743]. En suma, la actividad judicial supone una valoración de todos los factores concurrentes, con lo cual, concretar en la sentencia de divorcio el régimen de visita más apropiado al desarrollo de la personalidad del menor no es una tarea fácil[744].

Desde otro ángulo, debe cuidar también el juez en su determinación, que el régimen de relación no interrumpa el normal desenvolvimiento de la vida familiar que lleva a cabo el progenitor guardador con los hijos[745].

---

las condiciones y cualidades de éste para atenderlos, las vacaciones que disfruten, la localidad donde se celebren las visitas y las estancias, la distancia entre localidades, etc. Doctrina judicial reiterada entre otras en: AP Madrid, sentencia 471/2010, de 25 de junio, JUR\2010\320575; AP Madrid, sentencia 561/2010, de 29 de julio, JUR\2010\308703; AP Madrid, sentencia 383/2012, de 29 de mayo, sección 22ª, Id Cendoj: 28079370222012100411.

742 Salanova Villanueva, Marta, "Aproximación...", p. 498; Panizo y Romo de Arce, Alberto, *El proceso...*, p. 175. En evitación de problemas, se estima que ninguna precisión es excesiva: Zarraluqui Sánchez-Eznarriaga, Luis, *Derecho de...*, p. 145. A favor de criterios de flexibilidad, salvo que los cónyuges decidan optar por un régimen concreto cuyo cumplimiento debe imponerse: Castillo Martínez, Carolina, en Llopis Giner, Juan Manuel (coord.), *El contenido...*, p. 156.

743 La minuciosidad ha sido reclamada por los padres y defendida por las audiencias en casos puntuales; como ejemplo cito la argumentación de la AP de Zamora: *la minuciosidad que se reclama en la fijación del desarrollo del derecho de visitas, solo se puede justificar en el enconamiento de las relaciones entre las partes y en el uso abusivo de un trato distante en la necesaria comunicación entre los mismos respecto de las circunstancias diarias de la vida de los hijos, y que nos obligan a responder con una cierta prolijidad a las pretensiones deducidas en la demanda y en el recurso, que las que serían deseables, pero que no constituyen modificación de lo resuelto en la instancia, que se confirma íntegramente, sino una mera puntualización a fin de evitar conflictos en lo sucesivo, que podrá modificarse cuando se supere la actual situación de litigiosidad entre los cónyuges y se imponga el sentido común y la lógica, acordando, los ahora contendientes, lo más conveniente en cada caso a favor de cada uno de los hijos*: AP Zamora, sentencia 93/2010, de 29 de mayo, JUR\2010\252035.

744 Fernández-Gil Viega, Isabel, en Díez-Picazo Giménez, Gema (coord.), *Derecho de...*, p. 1378.

745 Botana García, Gema, "Notas sobre...", p. 132.

Cuando ambos padres tienen derecho de relación con sus hijos por haberse encomendado su cuidado a un tercero o encontrarse los menores en acogimiento, no hay, en principio, preferencia entre los padres en el goce del derecho[746] y el juez deberá realizar en la sentencia una doble determinación estableciendo dos regímenes de relación, que no tienen porqué ser idénticos en su contenido y modalidad y que igualmente deben ser respetuosos del cuidado que ejerce la tercera persona o institución. Por el propio fundamento de la medida que ha atribuido la guarda a un tercero o que ha generado el acogimiento, se estima que no sería procedente atribuir un amplio régimen de visitas[747].

En un tema donde la realidad se presenta variable y con imprevistos y la ley ha desistido de elaborar aportaciones, resulta difícil –sino imposible– ser exhaustivo y solo toca hacer referencia a los factores y circunstancias más frecuentemente atendidos por los tribunales a la hora de determinar un régimen de relación concreto[748]; éstos que paso a revisar van conformando una doctrina jurisprudencial hasta donde las especiales características del derecho lo permiten:

a. La edad de los menores

Si bien el derecho de visita existe con independencia de la edad del menor[749], es éste uno de los factores de mayor relevancia a la hora de la determinación del régimen concreto de relación[750]. La primera cuestión apreciable es la variedad que comprende la propia expresión "*menores*" que abarca unas realidades y necesidades muy diversas según la etapa de la minoría de edad de que se trate: desde el bebé de días hasta el casi adulto. No obstante no existir criterio uniforme en la jurisprudencia[751], es habitual que los tribunales fijen un régimen reducido a menor edad y que éste se amplíe, hasta llegar incluso, a quedar abier-

---

[746] RIVERO HERNÁNDEZ, FRANCISCO, *El derecho...*, p. 132.

[747] CALVO CABELLO, JOSÉ LUIS, "Discrecionalidad...", p. 342.

[748] Varios de estos factores son considerados a la hora de modificar un régimen vigente de relación, ampliándolo, restringiéndolo o suspendiéndolo. No se abordaran ahora las circunstancias excepcionales o de baja concurrencia y que más bien pueden influir en la denegación o suspensión del derecho, como los abusos sexuales a los hijos. Algunos de éstos serán revisados en el Capítulo siguiente.

[749] CALZADILLA MEDINA, Mª ARÁNZAZU, en DE PABLO CONTRERAS, PEDRO - VALPUESTA FERNÁNDEZ, ROSARIO (coords.), *Código Civil...*, p. 513.

[750] Calificado incluso como el criterio básico determinador del modo de hacerse efectivo el derecho de visita: MONTERO AROCA, JUAN (coord.), *Los procesos...*, p. 505; y como un factor relevante respecto de la adopción de cualquier medida que se refiera a los menores: *...han de adoptarse aquellas medidas que sean mas adecuadas a la edad del sujeto, para ir construyendo progresivamente el control acerca de su situación personal y proyección de futuro, evitando siempre que el menor pueda ser manipulado, buscando, por el contrario, su formación integral y su integración familiar y social*: TS, sentencia 4858/1996, de 17 de septiembre, Id Cendoj: 28079110011996101840.

[751] Así lo informan: PÉREZ MARTÍN, ANTONIO, en DOMÍNGUEZ LUELMO, ANDRÉS (coord.), *Comentarios...*, p. 202 y TRINCHANT BLASCO, CARLOS (coord.), *Memento...*, p. 397.

to al acercarse los hijos a la mayoría de edad. En la primera infancia el hecho biológico de la lactancia materna y la consecuente dependencia respecto de la madre, es una de las circunstancias que condiciona la fijación más o menos restrictiva del régimen de relación con el padre no custodio, por ejemplo, limitando las pernoctas[752]. En cambio, respecto de hijos de 16 o 17 años se ha llegado a considerar que no se precisa la fijación de un régimen detallado, quedando muchas veces al arbitrio de los menores la comunicación con sus padres[753].

Para los menores cuya edad es posterior a la primera infancia y anterior a la adolescencia se suelen emplear los llamados regímenes normalizados, con diversas adecuaciones dependiendo de su beneficio, de las circunstancias concurrentes, del grado de implicación de los padres, así como, de los medios materiales y personales del progenitor no custodio[754].

Algunas Audiencias se muestran particularmente preocupadas en la consideración de este factor y en el reconocimiento de las diferencias entre los menores por razón de edad; cito como muestra una sentencia de la AP de Segovia que fija un régimen abierto para la hija adolescente con libertad de decisión y criterio para comunicarse y estar en compañía de su padre cuando lo desee, y para las dos hijas de menor edad un régimen normalizado, incluso considerando para una de ellas visitas intrasemanales[755].

---

[752] PÉREZ MARTÍN, ANTONIO, en DOMÍNGUEZ LUELMO, ANDRÉS (coord.), *Comentarios...*, p. 202. Esta edad temprana y la dependencia materna también influyen en la atribución de la guarda y custodia, que será normalmente ostentada por la madre, regulándose respecto del padre un régimen restrictivo de relación. Hoy en día, desde variados sectores, en base al principio de igualdad, es normal hacer presente que no es argumento válido que un hombre, por el simple hecho de serlo no está capacitado para cuidar de un bebé o de un niño de corta edad: GARCÍA PASTOR, MILAGROS, *La situación...*, p. 250. En contra, y bajo la premisa de que el legislador no entiende lo que la igualdad significa, se señala que las normas que dan preferencia materna al cuidado personal de hijos de muy corta edad, nada tienen que ver con la discriminación por razón de sexo y sí mucho con el especial y profundo apego de los niños con su madre que reconocen los psicólogos: YZQUIERDO TOLSADA, MARIANO, en DE PABLO CONTRERAS, PEDRO - VALPUESTA FERNÁNDEZ, ROSARIO (coords.), *Código Civil...*, p. 791; así, en opinión de Calzadilla Medina, resulta difícil argumentar que es beneficioso para un menor que se encuentra aún en periodo de lactancia materna separarse durante un fin de semana de su madre: CALZADILLA MEDINA, Mª ARÁNZAZU, en DE PABLO CONTRERAS, PEDRO - VALPUESTA FERNÁNDEZ, ROSARIO (coords.), *Código Civil...*, p. 513. Una revisión judicial amplia de la corta edad de los menores como posible impedimento para la pernocta se puede revisar en: LLORENTE PINTO, ROBERTO, "El régimen de visitas: la corta edad como impedimento para la pernocta", *Revista de Derecho de Familia*, Nº 33, Valladolid 2006, p 23 y ss.

[753] RAGEL SÁNCHEZ, LUIS, *Nulidad...*, p. 112; PANIZO Y ROMO DE ARCE, ALBERTO, *El proceso...*, p. 175: PÉREZ MARTÍN, ANTONIO, en DOMÍNGUEZ LUELMO, ANDRÉS (coord.), *Comentarios...*, p. 202. Se justifica esta posibilidad tanto por razones de fondo (el menor ha alcanzado una autonomía jurídica que le permite contraer matrimonio y puede ser responsable penalmente), como prácticas (a esa edad toda imposición coactiva no tiene ningún valor).

[754] FERNÁNDEZ-GIL VIEGA, ISABEL, en DÍEZ-PICAZO GIMÉNEZ, GEMA (coord.), *Derecho de...*, p. 1381. A los llamados regímenes normalizados o estándar me voy a referir en el próximo epígrafe de éste Capítulo.

[755] AP de Segovia, sentencia 240/2012, de 23 de noviembre, Id Cendoj: 40194370012012100443.

Al ser la progresión en la edad un hecho conocido, es posible que se prevean, por adelantado en las sentencias, cambios en la intensidad o en la modalidad de la relación según aumente la edad del hijo, a fin de evitar el procedimiento de modificación de medidas[756]. La viabilidad de esta medida estará condicionada por la disposición y colaboración entre los progenitores.

En cuanto a la edad de los padres, en principio estimo que se trata de un dato que no tiene mayor influencia en la modalidad de relación, salvo, cuando ella sea impeditiva de ciertos desplazamientos o de prestar mayores atenciones a hijos pequeños y de ese modo impacte en el ejercicio y frecuencia del régimen.

b. El estado de salud y otras circunstancias personales concretas de los menores

Las dolencias físicas o las circunstancias emocionales o psíquicas del menor también deben ser atendidas; la valoración de estas circunstancias puede determinar el establecimiento de un régimen de visitas *stricto sensu*, que no requiera el desplazamiento del menor o, en casos más extremos, como cuando existe peligro de contagio o de agravamiento del menor o, cuando éste se encuentra recluido bajo aislamiento en centros hospitalarios, puede ser adecuada la determinación de un régimen puramente comunicacional en sentido estricto. Superadas estas circunstancias la modalidad de régimen puede normalizarse[757].

c. La historia de apego/desarraigo y de afecto entre el menor y el progenitor no custodio

La presencia o ausencia de afecto entre padre e hijos debe ser tenida en cuenta al tiempo de la determinación del concreto régimen de relación[758]. Será

[756] Cavanillas Múgica, Santiago, en Pasquau Liaño, Miguel (dir.), *Jurisprudencia...*, p. 491. Cito como ejemplo la sentencia del Juzgado de Violencia de Genero nº 1 de Valladolid, de 6 de febrero de 2012, que conjuntamente con declarar la disolución por divorcio del matrimonio, determinó que *el hijo menor del matrimonio quedará bajo la guarda y custodia de la madre, compartiendo ambos progenitores la patria potestad sobre el menor,* con el siguiente régimen progresivo cuantitativa y cualitativamente, en función del ascenso en la edad del hijo: *hasta que el menor cumpla los tres años de edad, el padre tendrá al mismo en fines de semanas alternos, los sábados y domingos desde las 11 horas a las 20 horas, sin pernocta. Una vez que el menor cumpla los tres años el padre estará en compañía de su hijo en fines de semanas alternos desde las 19:00 horas del viernes a las 19:00 horas del domingo en horario de invierno y hasta las 20 horas del domingo en horario de verano, la mitad de las vacaciones escolares de Navidad, Semana Santa y un mes en verano dividido en dos períodos no consecutivos de quince días, correspondiendo la elección en los años pares al padre y en los impares a la madre.*

[757] Calzadilla Medina, Mª Aránzazu, en De Pablo Contreras, Pedro - Valpuesta Fernández, Rosario (coords.), *Código Civil...*, p. 514.

[758] Pérez Conesa, Carmen, *Las medidas...*, p. 70-71.

amplio el régimen cuando exista una fluida relación afectiva entre padre e hijo, de lo contrario, será normalmente reducido o escalonado[759], a fin de generar las condiciones para que el afecto y la relación de confianza se desarrollen suficientemente, permitiendo la modificación futura del régimen hasta llegar a las estancias. La inexistencia de relación entre padre e hijo en el pasado o la despreocupación demostrada por el primero, no es considerada por sí sola como fundamento para no fijar un régimen de relación[760], pero sí como un motivo razonable para fijar uno de comunicación paulatino o con ciertas restricciones[761].

d. Las actividades diarias y habituales de los diversos involucrados

Este factor está muy especialmente referido a la jornada escolar de los hijos y la jornada laboral de los padres. Esta circunstancia es altamente relevante en la fijación del régimen de relación, pues éste debe estar determinado sobre la base de los tiempos libres de que cada uno pueda disponer según sus obligaciones: escolares, laborales o profesionales, respectivamente[762]. En algunos casos deberá observarse el particular trabajo del titular formal del derecho para modular el régimen de relación o su periodicidad, así por ejemplo si se

---

759 En este sentido, el vínculo de filiación no es suficiente para atribuir un derecho amplio de relación, por cuando se debe buscar la evitación de perjuicios al menor, pudiendo haber sido el propio padre quien generó situaciones de riesgo o desamparo del menor con su falta de idoneidad para hacerse cargo de él, lo que justifica las restricciones que puedan imponerse: CALZADILLA MEDINA, Mª ARÁNZAZU, en DE PABLO CONTRERAS, PEDRO - VALPUESTA FERNÁNDEZ, ROSARIO (coords.), *Código Civil...*, p. 515.

760 GARCÍA PASTOR, MILAGROS, *La situación...*, p. 254. El TS entiende, en sentencia de 9 de julio de 2002 (RJ: 5905/2002), que *no es factor excluyente la falta de comunicación en el pasado, pues, al contrario, actuaría más bien con efectos recuperadores para restaurar una relación rota, propiciada por el contacto personal del padre con su hijo, y que resulta del todo oportuna atendiendo a la edad de éste*. En el caso, el demandante había dejado de cumplir sus deberes de padre, pues al poco tiempo del nacimiento del menor abandonó el hogar que compartía con la recurrente y se despreocupó de su hijo, sin que mantuviera relación física y menos afectiva alguna; el Tribunal señala que si bien aquello *resulta cierto, ha de interpretarse no con la crudeza que objetivamente parece presentar de momento tal hecho, sino ponderando las circunstancias, efectos y consecuencias de las conductas, en proyección al mejor y mayor bien del niño (...) Tampoco se probó que la reanudación pretendida de la relación padre-hijo se presentase como de riesgo para el menor, pues, al contrario, con las medidas de comunicaciones controladas y progresivas que la sentencia establece, se viene a propiciar una efectiva recuperación del tiempo perdido. Es humano y de tener en cuenta que el padre trate de romper el aislamiento mantenido y superar la separación precedente, lo que pone de manifiesto el ejercicio de la acción entablada, no constando otras motivaciones o intereses espurios*. El Tribunal ratifica también la decisión de la instancia de llevarse a cabo un seguimiento detallado del desarrollo de la relación paterno-filial.

761 PÉREZ CONESA, CARMEN, *Las medidas...*, p. 71.

Las consecuencias que puede generar la ausencia de relación es revisada en el Capítulo Quinto y las medidas de protección del derecho por incumplimiento del régimen en el Capítulo Sexto.

762 ZARRALUQUI SÁNCHEZ-EZNARRIAGA, LUIS, *Derecho de...*, p. 145.

trata de un marino, piloto aéreo, militar, etc.[763]; en otros casos, será relevante el horario laboral y la especificidad de las labores ejercidas por el progenitor no custodio, así por ejemplo, en el caso de quienes realizan trabajos nocturnos como los empleados de hotelería o restaurant, o con turnos de llamado que implican atención durante las 24 horas del día, como un profesional de la salud, o quienes tienen una mayor dedicación en festivos, como los dependientes del comercio en algunos lugares, etc.[764].

Lo que siempre debe quedar salvaguardado es el horario escolar de los hijos para que el derecho no afecte su formación[765]: por ello es común la determinación diferenciada de un régimen en periodo escolar, caracterizado por la mayor permanencia del menor en un solo lugar con el progenitor que tiene asignada la guarda o cuidado personal, y un régimen vacacional que permite desplazamientos más amplios y estancias más prolongadas con el otro progenitor.

e. La situación de los domicilios o residencias

Es uno de los factores que influye directamente en la modalidad de régimen a determinar, pues es evidente una mayor dificultad tanto en la presencialidad como en la habitualidad de la relación cuando los progenitores no tienen domicilios en el mismo lugar, al condicionar la viabilidad y efectividad del régimen de visitas[766]. Se presentan aquí diversas hipótesis a reseñar.

En primer lugar, la residencia en distintas ciudades dentro de un mismo país, que determina la imposibilidad o mayor dificultad de llevar a cabo visitas intrasemanales de horas; impone, en ciertos casos, la disminución del número de fines de semana al mes[767], o una menor duración de la convivencia de los

---

[763] Caballero Gea, José-Alfredo, *Matrimonio...*, p. 228; Zarraluqui Sánchez-Eznarriaga, Luis, *Derecho de...*, p. 146.

[764] Panizo y Romo de Arce, Alberto, *El proceso...*, p. 175; Zarraluqui Sánchez-Eznarriaga, Luis, *Derecho de...*, p. 146. Se ha llegado a sugerir que la ausencia forzada del padre no custodio por razones laborales puede ser suplida en parte por otros familiares, especialmente los abuelos, hasta que se reincorpore el padre o madre de su jornada laboral. Este suplemento, además, proporciona al menor una extensión en sus vínculos familiares beneficiosa en el desarrollo de su personalidad: Serrano Castro, Francisco, *Relaciones...*, p. 117.

[765] Zanón Masdeu, Luis, *Guarda y...*, p. 101.

[766] Rivero Hernández, Francisco, *El derecho...*, p. 251; García Pastor, Milagros, *La situación...*, p. 249.

[767] La Audiencia Provincial de Asturias tuvo oportunidad de resolver la apelación de un padre domiciliado en Badajoz respecto de quien se habían fijado visitas, por razón de la distancia con el domicilio del menor de dos años, de un fin de semana al mes. La Audiencia tuvo en cuenta que, *pese a la gran distancia que separa los domicilios de los progenitores, el padre está dispuesto a estar con su hijo en fines de semana alternos, y que el equipo psicosocial aconseja un régimen de visitas lo más amplio posible, en beneficio del menor*; así estableció como régimen de visitas un fin de semana de cada dos, desde las 18 horas del viernes hasta las 20 horas del domingo, sin

fines de semana que corresponda, pues habrá que considerar mayores tiempos destinados a los desplazamientos[768].

En segundo lugar está la hipótesis del padre no custodio que tiene su domicilio en el extranjero, en cuyo caso la situación se complica aún más al punto de generar resoluciones muy casuísticas[769]. Como punto inicial debe recordarse que la CDN establece un criterio no restrictivo en la materia, conforme al cual *el niño cuyos padres residan en Estados diferentes tendrá derecho a mantener periódicamente, salvo en circunstancias excepcionales, relaciones personales y contactos directos con ambos padres. Con tal fin, y de conformidad con la obligación asumida por los Estados Partes en virtud del párrafo 2 del artículo 9, los Estados Partes respetarán el derecho del niño y de sus padres a salir de cualquier país, incluido el propio, y de entrar en su propio país. El derecho de salir de cualquier país estará sujeto solamente a las restricciones estipuladas por ley y que sean necesarias para proteger la seguridad nacional, el orden público, la salud o la moral públicas o los derechos y libertades de otras personas y que estén en consonancia con los demás derechos reconocidos por la presente Convención* (art. 10.2 CDN). Deja claro la Convención que el hecho de que los menores residan en un país distinto al del progenitor no custodio y aun cuando éste se encuentre en distinto continente, no es sustento suficiente para suspender o limitar el derecho de relación, si bien, su ejercicio deberá adaptarse a dicha circunstancia.

A partir de ahí, debe regularse un régimen de relación en estos casos, no siendo la circunstancia de los domicilios un obstáculo o excusa para no hacerlo. Se presentan básicamente tres opciones factibles de regímenes extraordinarios, al resultar irrealizable un régimen ordinario o estándar: i) convivencias más esporádicas en régimen vacacional (una o dos veces al año) pero probablemente de mayor duración dependiendo de la edad de los menores, de las posibilidades económicas de los padres y del calendario de cada país, entre otros factores[770]; ii) un régimen de comunicación *stricto sensu* por los medios que sean más idó-

---

limitación alguna para la pernocta, pues no se observó de la prueba practicada motivo alguno que pudiera desaconsejarla: AP Asturias, sentencia 518/2012, de 15 de noviembre, Id Cendoj: 33024370072012100462.

[768] ZARRALUQUI SÁNCHEZ-EZNARRIAGA, LUIS, *Derecho de*..., p. 147.

[769] GARCÍA PASTOR, MILAGROS, *La situación*..., p. 249; PANIZO Y ROMO DE ARCE, ALBERTO, *El proceso*..., p. 177.

[770] FERNÁNDEZ-GIL VIEGA, ISABEL, en DÍEZ-PICAZO GIMÉNEZ, GEMA (coord.), *Derecho de*..., p. 1382. Dentro de los problemas añadidos a este factor se encuentra la determinación de quién recoge al hijo o si éste debe trasladarse solo, quién lo entrega y quién paga el costo de los desplazamientos (en ocasiones se pacta la división por mitad, en otras, que cada progenitor asuma el valor del desplazamiento cuando el hijo va hacia él): ZARRALUQUI SÁNCHEZ-EZNARRIAGA, LUIS, *Derecho de*..., p. 148. Una revisión de las diversas soluciones judiciales sobre el reparto de estos gastos se ofrece en: FERNÁNDEZ-GIL VIEGA, ISABEL, en DÍEZ-PICAZO GIMÉNEZ, GEMA (coord.), *Derecho de*..., p. 1382.

neos, lo que normalmente es muy transitorio; iii) finalmente, una combinación de los anteriores. En todos estos casos, la edad de los menores es altamente relevante, pues condiciona, entre otros aspectos, la posibilidad de que el menor se pueda trasladar al extranjero para desarrollar ahí el régimen de estancia fijado; en caso de no ser posible, deberá ser el padre no custodio quien se traslade al país del menor a desarrollar en él el régimen comunicacional.

Un problema añadido que puede suscitar la residencia de los padres en distintos países, es el riesgo de sustracción de menores por algunos de los cónyuges o por terceras personas (otros familiares, por ejemplo); en estos casos, además de regular el régimen de relación, el juez podrá adoptar las medidas necesarias y en particular las que regla el art. 103 del Cc[771].

Finalmente, relacionado con el criterio de los domicilios y aunque los padres residan en la misma ciudad, será relevante al tiempo de fijar el régimen de relación las circunstancias de estado, entorno y disposición de la vivienda. Así, cuando las condiciones de ella no hagan posible la pernocta deberá establecerse un régimen restrictivo de relación: piénsese en el caso común del padre/madre que abandona la vivienda familiar producto del divorcio y, dadas las condiciones económicas y de mercado alquila solo una pieza para llegar a dormir en la noche o comparte una vivienda pequeña con diversas personas para dividir gastos[772]. En un sentido más genérico, el progenitor no custodio debe poseer los medios patrimoniales adecuados para hacerse cargo del menor

---

[771] Las medidas que contempla dicho artículo son: prohibición de salida del territorio nacional, salvo autorización judicial previa; prohibición de expedición de pasaporte al menor o retirada del mismo si ya se hubiere expedido; sometimiento a autorización judicial previa de cualquier cambio de domicilio del menor. Las mismas medidas puede adoptar el juez en sede general, de oficio o a instancia del propio hijo, de cualquier pariente o del Ministerio Fiscal, conforme al art. 158 Cc.

[772] Fernández-Gil Viega, Isabel, en Díez-Picazo Giménez, Gema (coord.), *Derecho de…*, p. 1383.

En este sentido hay pronunciamientos de las Audiencias Provinciales, así por ejemplo, conociendo de la apelación de un padre por haberse establecido que no puede pernoctar con sus hijas, de 14 y 6 años al considerarlo demasiado restrictivo y perjudicial para sus relaciones afectivas con las mismas, la Audiencia confirma el régimen dadas las circunstancias familiares concurrentes: *el padre convive actualmente en un piso alquilado con otros dos compañeros de trabajo, desconocidos para las niñas, y que conlleva que resulte lógica que las mismas no deseen pasar la noche con su padre, al verse obligadas entonces a compartir su descanso con tales personas extrañas a las que no les une ninguna relación afectiva o lazo familiar de clase alguna (…) máxime cuando consta en autos, por la carta que el mismo envió al Director General del Museo Nacional de esta ciudad - para solicitar la compatibilidad del desempeño de su función en el mismo, como ordenanza, con los trabajos esporádicos que viene desempeñando, durante algunos fines de semana, como camarero en la cadena Sol-Melia – que su jornada laboral de trabajo es especial y se desarrolla durante horario nocturno, por lo que se considera aconsejable y por ende adecuada, y en tanto subsistan tales circunstancias, la medida restrictiva impuesta en la sentencia de instancia, sin que ello implique de manera alguna que dicho recurrente, como padre, no esté capacitado o no tenga la suficiente responsabilidad para el cumplimiento de sus deberes paternales y de debida asistencia a sus hijas…*: AP Badajoz, sentencia 220/2006, de 28 de julio, JUR \2006\239746.

en condiciones normales según el régimen de relación determinado: así, si no cuenta con una vivienda apropiada no se le daría el derecho de pernocta; pero además, debe contar con medios económicos mínimos que le permitan atender las necesidades básicas del menor durante el tiempo que está a su cargo[773] (si está de 10 a 20 horas deberá al menos proporcionarle almuerzo y una merienda), para lo cual puede ser auxiliado por familiares u otras personas.

El cambio de domicilio de uno de los progenitores vigente un régimen de relación es uno de los factores, que según la afectación que traiga al ejercicio del derecho, puede ser considerado como una modificación sustancial de las circunstancias que ameritan la variación de régimen de relación o como un caso de impedimento de la relación. A ello se destinan algunos comentarios en el próximo Capítulo al tratar las situaciones de modificación sustancial de las circunstancias.

f. Los antecedentes delictivos, psicológicos, patológicos o adictivos del progenitor no custodio

Comentaba RAGEL SÁNCHEZ que tan beneficioso se estima el régimen de relación que los tribunales lo fijan a pesar de antecedentes delictivos o psicológicos de los padres[774]. Sin perjuicio de lo cual, en muchos casos tales antecedentes –por ejemplo, progenitor inestable emocionalmente y con patología diagnosticada y de carácter grave– ameritan restricciones al régimen de relación a fin de garantizar la seguridad del hijo, relativas por ejemplo, al lugar de las visitas o a la necesaria presencia de terceros, todo ello, en interés de los menores, y siempre con la intención de preservar, hasta donde sea posible, la relación. Así lo ha entendido recientemente la AP de Palma de Mallorca al suprimir las pernoctas respecto de un padre condenado a la pena de 3 años de prisión por un delito de abusos sexuales cometido contra la medio hermana de su hijo, menor de edad. En los autos que conoció la Audiencia, aunque el informe sicológico obrante señalaba que no se aprecia la existencia de ningún riesgo inminente para el menor que pudiese aconsejar la suspensión del régimen de visitas, según el mismo dictamen, el padre presenta una personalidad impulsiva, egocéntrica e inmadura con falta de aceptación de responsabilidades, con dificultades para entender los sentimientos y necesidades del otro, y con

---

[773] CALZADILLA MEDINA, Mª ARÁNZAZU, en DE PABLO CONTRERAS, PEDRO - VALPUESTA FERNÁNDEZ, ROSARIO (coords.), *Código Civil...*, p. 514.

[774] RAGEL SÁNCHEZ, LUIS, *Nulidad...*, p. 113. En la misma época (2003) Rivero Hernández hacía presente la superación por los tribunales españoles de los prejuicios propios y de la sociedad española, de épocas anteriores, respecto de ciertas situaciones relacionadas con el visitador, como la delincuencia, drogadicción y homosexualidad, que se esgrimían para denegar las relaciones personales de tal padre con sus hijos: RIVERO HERNÁNDEZ, FRANCISCO, "Efectos de...", p. 683.

un bajo desarrollo moral; con un conocimiento muy reducido sobre cuales son sus responsabilidades y obligaciones parentales, presentando dificultades para anteponer las necesidades del hijo a las propias[775].

En otros casos, se puede denegar la regulación de un régimen de visitas por el peligro moral y físico que representan para los menores las situaciones de adicción a las drogas y el alcohol del padre que pretende el derecho, mientras éste no acredite un tratamiento de rehabilitación[776].

En vista de lo anterior, es posible concluir como regla base de evaluación de estas circunstancias, que los tribunales deben hacer, en principio, una doble valoración: por un lado, la del peligro que conllevan para el hijo estos factores y, por otro, la de concurrencia de condiciones que permitan o no garantizar su seguridad. En atención al peligro de daño o afectación que puedan generar para el menor en su salud –física y psíquica– y formación integral, tales circunstancias, se puede incluso denegar, en interés del menor, la determinación de un régimen convivencial, pudiendo regularse uno puramente comunicacional, o regularse el ejercicio del régimen en lugares neutros o con la presencia de terceros, hasta que dichas circunstancias sean superadas.

En ocasiones se ha llegado a considerar como situaciones de imposibilidad de relación la enfermedad psíquica del progenitor o su conducta desordenada y temeraria consecuencia de la drogodependencia[777]. En estos casos, el problema reside no solo en el peligro potencial para la salud o integridad del menor, producto de los normales episodios de violencia e irracionalidad de este tipo de personas, sino, además, en la afectación directa y presente que comporta en su formación moral y su desarrollo integral. Aquí nuevamente, no es la situación concreta del padre la que amerita la denegación de la relación, porque no debe mirarse la medida como un castigo a su condición: es en previsión de evitar el peligro o riesgo para el hijo o su bienestar emocional. Por lo mismo, no basta con acreditar la existencia de los trastornos mentales del progenitor, sino que es preciso probar la incidencia o influencia negativa de la enfermedad en la vida y en el entorno tanto afectivo como emocional del menor[778].

---

[775] AP Palma de Mallorca, sección 4ª, sentencia 535/2012 de 3 de diciembre, Id Cendoj: 07040370042012100537.

[776] En relación con algunas medidas judiciales, Zarraluqui Sánchez-Eznarriaga considera un claro exceso de la jurisdicción la imposición de tratamientos o terapias a los cónyuges envueltos en un proceso matrimonial, aún cuando ello pueda ser beneficioso para los hijos, por constituir en su concepto, una intrusión en la intimidad de la vida familiar; se muestra partidario, en cambio, de condicionar, en estos casos, el ejercicio o la ampliación del régimen a la desaparición o disminución del obstáculo respectivo: así, en su opinión lo que debe importar al juzgador es el resultado y no los medios: ZARRALUQUI SÁNCHEZ-EZNARRIAGA, LUIS, *Derecho de...*, p. 169.

[777] PANIZO Y ROMO DE ARCE, ALBERTO, *El proceso...*, p. 175.

[778] Se ha postulado que estas circunstancias de un padre pueden ser causa de privación de la patria potestad, por la incapacidad que generan para asumir los deberes inherentes al ejercicio de

Tratándose de enfermedades físicas o psíquicas del progenitor no custodio que no representan un peligro para el menor, habrá de considerarse el grado de minusvalía e incapacidad que pueda afectarle en el desempeño del cuidado y atención que el hijo requiere según su edad[779]. Es razonable en todo caso, la determinación, al menos, de un régimen básico de comunicación, que permita a este padre enfermo, en estos casos de humana necesidad, gozar del contacto, cariño y afecto de sus hijos, el cual no le puede ser negado por su condición, salvo que exista riesgo para los menores.

g. Violencia doméstica

La consideración de la violencia doméstica y de género en la determinación de los regímenes de guarda y custodia y de visita es una preocupación generalizada. Muestra de ello es el Convenio del Consejo de Europa de 11 de mayo de 2011, sobre Prevención y Lucha contra la Violencia Doméstica y Violencia contra las Mujeres, que en su art. 31 establece la prevención de que los Estados partes *tomarán las medidas legislativas u otras necesarias para que, en el momento de estipular los derechos de custodia y visita relativos a los hijos, se tengan en cuenta los incidentes de violencia incluidos en el ámbito de aplicación del presente Convenio*[780].

---

la misma. El menor es una persona que requiere de ciertas condiciones favorables y un ambiente estable que un progenitor afectado por una patología mental o trastornos psíquicos, en muchos casos, no podrá aportarle: Romero Coloma, Aurelia, "Privación de la patria potestad por enfermedad mental", versión electrónica en www.westlaw.es, cita BIB 2010/2139.

[779] Se sugiere en estos supuestos contar con un informe médico, psiquiátrico o psicológico del padre: Fernández-Gil Viega, Isabel, en Díez-Picazo Giménez, Gema (coord.), *Derecho de...*, p. 1383.

[780] En España su valoración es diversa según la medida de que se trate, como queda demostrado en la investigación de Save the Children sobre decisiones judiciales sobre guarda y custodia y régimen de visitas, de noviembre de 2011, que concluye que la mayor parte de las sentencias de las Audiencias Provinciales que resuelven recursos de los Juzgados de Violencia contra la Mujer (JVM) y Juzgados de Familia (JF) no realiza una mención expresa de la violencia de género denunciada o del proceso penal derivado de la misma al valorar la procedencia del recurso en materia de custodia o régimen de visitas. En las pocas sentencias en las que sí se realiza, se trata de una mención generalmente muy sucinta y en la mayor parte de los casos para argumentar la negativa a conceder la custodia compartida. En tal sentido, concluye la investigación que la violencia de género es un factor considerado en las decisiones de instancia sobre guarda y custodia, destacando el cumplimiento de la previsión legal de no decretar la custodia compartida en situaciones de violencia de género en los JVM. Por su parte, no resulta un factor determinante en las sentencias de instancia sobre régimen de visitas, tanto en la concesión o denegación de régimen ordinario con entregas y recogidas en el domicilio familiar, como tampoco en la decisión de suspender el régimen de visitas: en éstas tienen más peso las adicciones y conductas desordenadas del padre que la violencia de género, salvo que se trate de agresiones directamente cometidas contra los hijos e hijas. La investigación se circunscribió a una muestra aleatoria de 200 sentencias de AP (secciones civiles encargadas de derecho de familia) derivadas de recursos de apelación frente a decisiones

La violencia doméstica es un factor que puede generar la no fijación de un régimen de relación entre padre e hijo, cuando exista en sede penal una orden de alejamiento en protección del hijo y del progenitor custodio[781], de manera que en tanto subsista la orden de alejamiento no procede establecer ningún régimen de visitas que no podría cumplirse por existir la referida medida. No es necesario en estos casos que exista una condena penal ni que las amenazas sean continuas, es suficiente la constatación de un riesgo, mas o menos potencial, para los menores por parte del progenitor al que se le priva de las visitas para que la restricción deba ser adoptada[782]. Con esta privación se preserva para un futuro, en que las circunstancias lo permitan, la determinación de un régimen de relación, al tiempo que se protege el superior interés de los menores que es el que debe prevalecer[783].

El solo ataque o amenazas a la madre custodia y la orden de alejamiento que existe entre los progenitores se ha estimado que no es suficiente para privar a los menores de su relación con el padre agresor[784], esto es, no acarrea directamente una supresión del régimen de visitas, sin perjuicio de lo cual, se reconoce la necesidad de indagar si realmente es beneficioso para el menor

---

de JVM y JF sobre atribución de guarda y custodia y/o régimen de visitas, dictadas en el segundo semestre de 2010 y en el primer semestre de 2011.

781 Fernández-Gil Viega, Isabel, en Díez-Picazo Giménez, Gema (coord.), *Derecho de...*, p. 1383.

782 En tal sentido se ha considerado por ejemplo que *las amenazas* (de muerte*) proferidas son de una gravedad tal que aconsejaban, en interés de los menores, no establecer régimen de visitas y que, no constando en las actuaciones que dicha medida haya sido dejada sin efecto en vía penal, pudiendo suponer un peligro para la integridad, no solo física, sino incluso psíquica, de los menores, a los que se situaría en la obligación de tener que permanecer durante un tiempo con quien les ha proferido tan graves amenazas que, con independencia de la posibilidad o no de su cumplimiento y de la presencia o no de terceras personas durante el desarrollo de las visitas, desaconsejan que, en tanto no se deje sin efecto la prohibición penal, se reanuden las mismas, sin que ello suponga, como aduce el apelante, una falta de tutela judicial efectiva por cuanto no es necesaria la existencia de una sentencia condenatoria en vía penal para que se deje de establecer un régimen de visitas entre el progenitor y los hijos menores de edad, sino que es suficiente la constatación de un riesgo, mas o menos potencial, para los menores por parte del progenitor al que se le priva de las visitas (...) el recurrente reconoció en sede penal "que sólo profirió las amenazas en el día de los hechos constitutivos de violencia frente a ella, pero que no las había repetido con posterioridad", como si fuera necesario estar amenazando continuamente de muerte a los hijos, que, además, dada su edad, no pueden defenderse por sí mismos, para adoptar una medida necesaria cual es impedir que el progenitor que así actúa les cause temor y, de suyo, influya negativamente en el desarrollo de su personalidad, o esperar a que la amenaza se consume, ya que no existe número ninguno de ellas a soportar por los menores y si llegara a consumarse sería irreversible, al contrario de la medida adoptada que, si cambian las circunstancias, puede ser objeto de modificación mediante el restablecimiento de la comunicación paterno-filial (...)*: AP Barcelona, sentencia 521/2006, de 27 de octubre, JUR\2007\113929.

783 Revisaré la situación particular de las medidas de protección contra la violencia de género en el Capítulo siguiente, al tratar las situaciones de suspensión del ejercicio del derecho de relación.

784 Así se desprende de la sentencia AP de Burgos, 246/2006, de 16 de octubre, JUR\2006\28596.

convivir y pernoctar con una persona que ha maltratado a otra y si aquél padre está en condiciones de hacerse cargo de la atención y educación de un hijo[785].

A partir de la modificación al Código civil introducida en 2005, al no ser necesario invocar causa de divorcio muchas de las situaciones de violencia doméstica quedan ocultas, sin determinación de responsabilidad jurídica y generando desprotección por la falta de valoración apropiada de la situación familiar[786]. A partir de ahí y para salvaguardar el interés de los hijos considerando que de la sentencia de divorcio se desprenden efectos tan importantes como el régimen de visitas o el ejercicio o privación de la patria potestad, la doctrina ha hecho presente la necesidad de poner de manifiesto en el proceso las razones que han provocado la ruptura[787].

Una luz al problema que genera la no invocación de causa del divorcio, se encuentra en las normas que regulan el régimen de guarda, por cuanto la violencia doméstica sí es causa excluyente en materia de guarda conjunta. Conforme al art. 92.7 Cc. *no procederá la guarda conjunta cuando cualquiera de los padres esté incurso en un proceso penal iniciado por atentar contra la vida, la integridad física, la libertad, la integridad moral o la libertad e indemnidad sexual del otro cónyuge o de los hijos que convivan con ambos. Tampoco procederá cuando el Juez advierta, de las alegaciones de las partes y las pruebas practicadas, la existencia de indicios fundados de violencia doméstica.* La doctrina ha advertido y éste es el punto que me interesa destacar, que en realidad se trata de motivos para que el padre respectivo quede apartado de la posibilidad de hacerse cargo de los hijos y no solo del ejercicio conjunto de la guarda[788], en consecuencia, el juez debiera considerar dichas circunstancias a la hora de evaluar el régimen de relación de los hijos con dicho progenitor y,

---

785 CALZADILLA MEDINA, Mª ARÁNZAZU, en DE PABLO CONTRERAS, PEDRO - VALPUESTA FERNÁNDEZ, ROSARIO (coords.), *Código Civil...*, p. 515. Desde la psicología se comenta que los padres caracterizados por los frecuentes conflictos con su ex cónyuge normalmente se diferencian de los cooperativos por una incapacidad de separar los roles de esposo y padre: CANTÓN DUARTE, JOSÉ, "Adaptación...", p. 93; ello puede justificar los temores de que su conducta agresiva se extienda afectando a los menores.

786 La acreditación de *la existencia de un riesgo para la vida, la integridad física, la libertad, la integridad moral o libertad e indemnidad sexual del cónyuge demandante o de los hijos de ambos* es una circunstancia que sirve únicamente para acortar el plazo de 3 meses desde la celebración del matrimonio para pedir el divorcio (art. 86 en relación con el art. 81 ambos Cc). El divorcio no se declara con el mérito de tales hechos sino simplemente porque uno de los cónyuges lo pide.

787 SAN SEGUNDO MANUEL, TERESA, "Maltrato y separación: repercusiones en los hijos", en Cuadernos de Derecho Judicial II-2009 *Custodia compartida y protección de menores*, CGPJ, Madrid 2010, p. 126 y 127. En razón de la eliminación de las causas de divorcio la autora señala que compatibilizar la actual ley de divorcio con la Ley integral contra la violencia de género es sumamente difícil, cuando no imposible, ya que impide que afloren situaciones familiares que deberían ser tenidas muy en cuenta a la hora de adoptar cualquier medida de carácter personal.

788 SEISDEDOS MUIÑO, ANA, "Las medidas....'"; MARTÍNEZ DE AGUIRRE, CARLOS, *Curso de...*, p. 178 y LATHROP GÓMEZ, FABIOLA, *Custodia compartida...*, p. 421.

en beneficio de aquellos no fijar régimen o establecer uno con los resguardos necesarios. En este sentido, y por su posición de garante, las consecuencias de la valoración judicial de los indicios fundados de violencia doméstica deben ir mucho más allá del establecimiento del régimen de guarda y custodia. Frente a la ausencia de causa del divorcio vinculada a actos de violencia, el precepto transcrito reconoce la posibilidad de que el juez advierta como consecuencia de las alegaciones de las partes y pruebas practicadas en el proceso de divorcio la existencia de indicios fundados de ella, debiendo adoptar las decisiones pertinentes a la protección del menor.

h. Las nuevas relaciones afectivas o convivenciales de los padres

Es difícil la valoración *a priori* de esta circunstancia. Tales relaciones pueden o no ser matrimoniales y pueden vincular al progenitor no custodio con una persona de distinto o de su mismo sexo. Los tribunales deben ser muy cuidadosos en la evaluación de la influencia de las mismas en el desarrollo de la personalidad del menor, pudiendo repercutir su valoración en la modalidad de régimen, en su intensidad o en modificaciones posteriores[789]. No es una circunstancia que suela alegarse en atención a la evolución de apertura de los tribunales sobre su consideración, por estimarse que no es necesariamente un factor negativo para los hijos, sino que incluso puede ser beneficioso al proporcionar mayor estabilidad al padre y al dar cuenta de un entorno familiar al hijo durante las visitas[790].

i. Las malas relaciones entre los padres

Se trata de una situación bastante habitual cuando los padres no conviven producto de la ruptura matrimonial. Frente a ella el Tribunal Supremo se ha mostrado vacilante a la hora de establecer su influencia en la determinación judicial del derecho de relación. Ha señalado, en alguna oportunidad, que no interviene mayormente en la determinación del régimen de relación por cuanto *una cosa es la inconciliable postura de enfrentamiento de la pareja... que harían sumamente difícil la conjunción (en la patria potestad) deseable y otra, bien distinta, el peligro concreto y real para la salud de la menor que denuncia la recurrente o las graves circunstancias a que condiciona la suspensión del derecho de visita el art. 94 del Código*[791]. Luego ha afirmado su efecto perjudi-

[789] FLORIT CANALS, CARLOS, "El régimen...", p. 1074; PÉREZ CONESA, CARMEN, *Las medidas*..., p. 76.

[790] GARCÍA PASTOR, MILAGROS, *La situación*..., p. 255.

[791] STS de 19 de octubre de 1992.

cial: *dadas las relaciones tensas entre los progenitores, sería perjudicial para el menor su relación con la madre natural*[792]; para volver más tarde a la senda inicial de su doctrina jurisprudencial, al especificar: *es bien sabido, que las relaciones entre los padres cuando se separan, o divorcian en muchos casos no son buenas, y sin embargo este hecho, no pueden afectar en forma alguna al régimen de visitas, lo que sí afectaría serían las relaciones de las menores con las personas que reclaman las visitas o comunicación*[793].

Como acusa la doctrina, la situación de enfrentamiento entre los progenitores acarrea como consecuencia –casi automática y, por tanto, criticable– la determinación del régimen tipo o estándar por estimarlo más adecuado a las circunstancias; por el contrario, las relaciones de mayor entendimiento entre los adultos son consideradas propicias a la adopción de regímenes más amplios de relación[794].

Tan importante resulta la dinámica relacional de los progenitores que las buenas relaciones entre ellos y el respecto mutuo en sus relaciones personales, son para el Tribunal Supremo (conjuntamente con sus prácticas anteriores en sus relaciones con los hijos y sus aptitudes personales, los deseos manifestados por los menores competentes, el número de hijos y el cumplimiento por parte de los progenitores de sus deberes en relación con ellos) criterios que permiten acordar la custodia compartida[795].

II. CONTENIDO DEL RÉGIMEN DE RELACIÓN

1. Variables y tipología de los regímenes de relación

Del carácter eminentemente relativo del derecho, que implica la adaptación de su contenido a las diversas circunstancias concurrentes, materiales y perso-

---

792 STS 5572/1993, de 21 de julio (Id Cendoj: 28079110011993103563), ampliamente criticada en García Pastor, Milagros, *El derecho…*, p. 753 y ss., por considerar que el criterio de decisión no parece adaptado al fundamento del derecho de visita y a la función que debe cumplir, *pues la admisión de tal criterio llevaría a negar a los hijos de padres que no conviven una relación con uno de sus progenitores en todos los casos en que estos no mantienen buenas relaciones, es decir, hoy por hoy, la mayoría de los casos.* En su opinión (que comparto) dicha solución no se adapta en absoluto al espíritu de la ley, ni en particular a los art. 94 y 160 Cc. que proclaman el derecho de relación en términos tajantes, siendo los casos en que se deniega una excepción, procedente solo por graves circunstancias.

793 STS 6004/2002, 20 de septiembre, (Id Cendoj: 28079110012002101543). En materia de guarda y custodia el Tribunal Supremo sigue el mismo criterio, considerando que *las relaciones entre los cónyuges por sí solas no son relevantes ni irrelevantes para determinar la guarda y custodia compartida. Solo se convierten en relevantes cuando afecten, perjudicándolo, el interés del menor*: STS, de 22 de julio de 2011, dictada en el RC núm. 813/2009.

794 García Pastor, Milagros, *La situación…*, p. 247.

795 Tribunal Supremo, sentencia nº 257/2013, de 29 de Abril de 2013, consultada en http://vlex.com/vid/guarda-custodia-compartida-jurisprudencial-438316050, el 15 de julio de 2013.

nales, emana que no exista un tiempo, un modo y un lugar único de ejercicio de las visitas[796]. Estas variables y las tipologías a que dan lugar pueden ser determinadas, como vengo diciendo, libremente por los progenitores o por el juez; en ambos casos, en atención al beneficio del hijo.

A. El lugar

El lugar de relación puede determinarse, como precisa RIVERO HERNÁNDEZ[797], en sentido positivo, indicando aquél en que se ejercerá el derecho, o en sentido negativo, señalando uno que no pueda ser empleado con dicho fin. En general, existiendo una relación de colaboración entre los progenitores no tiene mayor relevancia esta determinación, resultando ideal aquél lugar que proporcione mayor intimidad y naturalidad a la relación. Los tribunales en ocasiones concretas y excepcionales ponen resguardos, como cuando el ejercicio implica abandonar el país y haya fundados motivos para temer que el menor no sea devuelto a su guardador[798], o cuando las visitas deben ser supervisadas o realizadas en lugares neutrales y bajo control, por las especiales características del menor o del progenitor no custodio[799].

B. El tiempo

El tiempo es una variable de mayor complejidad. Como regla, siempre parece bueno no abusar de la imprecisión, a fin de evitar tensiones al momento del ejercicio del derecho entre el custodio y el no custodio[800] y favorecer la estabilidad de las relaciones en beneficio del hijo. En la determinación con que los tribunales concretan las circunstancias de tiempo y duración influirá en gran medida del grado de civilidad con que están dispuestos a resolver sus diferencias los progenitores[801], por lo que es posible una fijación referencial que pueda ser acomodada en cada momento como ellos mejor estimen, según las variaciones que se vayan produciendo o, puede ser necesaria una detallada puntualización de estas circunstancias, evitando las cláusulas excesivamente abiertas o ambiguas[802].

---

796 CASTILLA BAREA, MARGARITA - CABEZUELO ARENAS, ANA LAURA, "Disposiciones…", p. 453.

797 RIVERO HERNÁNDEZ, FRANCISCO, en RAMS ALBESA, JOAQUÍN (coord.), *Comentarios…*, p. 976.

798 DE LA CÁMARA, MANUEL, *Sistema…*, p. 237.

799 En España son de uso para estos casos los Puntos de Encuentro Familiar, que revisaré con algún detalle en el próximo Capítulo.

800 RIVERO HERNÁNDEZ, FRANCISCO, en RAMS ALBESA, JOAQUÍN (coord.), *Comentarios…*, p. 978.

801 DE LA CÁMARA, MANUEL, *Sistema…*, p. 237.

802 RIVERO HERNÁNDEZ, FRANCISCO, *El derecho…*, p. 253.

Como muestra de imprecisión que puede más tarde generar problemas interpretativos me parece altamente ilustrativa la comparación que propone Rivero Hernández entre las expresiones "*el padre tendrá libre derecho a relacionarse con su hijo*" y "*el padre tendrá derecho a visitar libremente al menor*", que parecen idénticas: sin embargo, como aclara el autor, la primera comporta visitas activas, las que podrían circunscribirse en ciertos aspectos, la segunda solo la voluntad del beneficiario[803]. Otra variante del segundo tipo sería: "*el padre tendrá derecho a visitar al menor cuando lo estime conveniente*", donde queda completamente entregado a la voluntad del progenitor no custodio el ejercicio de la relación. En estos casos, se estima que la indeterminación de la cláusula es contraria al interés del menor[804], sin perjuicio, además de la indudable afectación a la custodia que ejerce el otro progenitor. Por ello, este tipo de cláusulas o declaraciones no son aconsejables *a priori*, por las consecuencias imprevisibles que pueden acarrear y la inestabilidad que generarían al menor, en un ambiente de relación paterna que no ha sido apto para alcanzar acuerdos[805]; puede llegar a serlo cuando el menor así lo consienta y los padres manifiesten, al menos, una relativa aceptación o disposición a su cumplimiento.

Una cláusula común consiste en señalar que el padre visitador tendrá derecho a estar con su hijo "*un fin de semana al mes*" o "*fines de semana alternos*", lo que puede no generar problemas entre progenitores no conflictivos, pero puede ser fuente de frecuentes desencuentros entre quienes no tienen un ánimo de cooperación, por la falta de consenso sobre cuándo principia el fin de semana (la tarde del viernes y a qué hora o la mañana del sábado y a qué hora), y cuándo termina (la tarde del domingo y a qué hora o la mañana del lunes y a qué hora); y sobre quién recoge en cada oportunidad y dónde al menor, entre otras variables.

Dicho cuanto antecede y a fin de evitar contraposiciones inexistentes o, por el contrario, asimilaciones equívocas, se revela necesario formular algunas precisiones terminológicas destinadas a delimitar el correcto alcance de las tipologías de regímenes de relación en las que influye, entre otros, el factor tiempo. Fundamentalmente hablamos de regímenes abiertos (también denominados flexibles); regímenes pormenorizados (o cerrados); regímenes reglamentados (o concretos) y regímenes inconcretos (o indeterminados).

a. Regímenes abiertos: se caracterizan porque la ordenación general del sistema de vinculación entre padre e hijo no queda estrictamente detallada sino que es accesible a cambios o acomodaciones según las circunstancias o

---

803 Rivero Hernández, Francisco, en Rams Albesa, Joaquín (coord.), *Comentarios...*, p. 978.

804 Cavanillas Múgica, Santiago, en Pasquau Liaño, Miguel (dir.), *Jurisprudencia...*, p. 492.

805 Cavanillas Múgica, Santiago, en Pasquau Liaño, Miguel (dir.), *Jurisprudencia...*, p. 492.

necesidades de uno o de ambos[806]; por tanto, es un régimen que puede orientarse a la búsqueda del beneficio del menor en cada momento dada su adaptabilidad. Su adopción dependerá de las circunstancias del caso, como por ejemplo del ambiente de colaboración o de conflicto reinante entre los padres: será apropiado en el primero y probablemente inadecuado en el segundo, en cuanto puede aumentar las dificultades.

b. Regímenes pormenorizados: son aquellos que contienen la ordenación de todos los aspectos relevantes de su ejercicio: periodos, duración, lugar, recogidas, entregas, gastos, información y anticipación de la misma, días, hora, duración y medios de llamadas o contactos virtuales, actividades o lugares prohibidos, etc., y no prevén la adecuación a cambios. RAGEL SÁNCHEZ indica que el detalle evita las discusiones interpretativas posteriores aunque también encorseta y lleva a la intransigencia cuando las relaciones entre los progenitores no son buenas. Ahora bien, en la mayor parte de los casos las relaciones no son buenas y ahí los problemas se producirán de todos modos, con o sin régimen pormenorizado[807]. Con todo, la tendencia jurisprudencial, según indica el mismo autor, parece ser eliminar, hasta donde sea posible, los regímenes demasiado casuísticos[808].

c. Régimen reglamentado o concreto: es aquel que presenta la regulación de todos los aspectos importantes al ejercicio, sin ser un régimen cerrado, pues contiene opciones posibles o deja abierta la posibilidad de pactos de adecuación. Posibilita para los progenitores una mejor planificación de sus tiempos y actividades, a la hora que favorece el control de cumplimiento, pudiendo adaptarse a cambios según convengan los progenitores[809]. Aun cuando pueda ir en contra de la espontaneidad de la relación, la concreción parece adecuada cuando se trata de hijos de corta edad y de horarios escolares y laborales poco flexibles[810].

---

806 Así por ejemplo: *El régimen de visitas entre (...) y su hijo será el que libremente establezcan y en su defecto fines de semana alternos, desde el viernes a la salida del colegio hasta el domingo a las 20 horas..., etc.*: AP A Coruña, sentencia 410/2012, de 7 de septiembre, sección 3ª, id vlex: VLEX-400004766. Otro ejemplo ofrece la AP de Barcelona al confirmar el régimen flexible establecido en la instancia, principalmente en atención a la edad de la menor (17 años) en virtud del cual el régimen sería el que convinieran ambos (padre e hija) y subsidiariamente se señalaba uno referido a los periodos de vacaciones escolares: AP de Barcelona, sentencia 785/2012, de 27 de noviembre, Id Cendoj: 08019370122012100718.

807 RAGEL SÁNCHEZ, LUIS, *Estudio...*, p. 191.

808 RAGEL SÁNCHEZ, LUIS, *Nulidad...*, p. 111.

809 *...el régimen de visitas, por muy establecido en una sentencia que esté, no es un corsé que no pueda ser adaptado convenientemente por los progenitores de común acuerdo y en atención a las circunstancias*: AP de Tarragona, sección 1ª, sentencia 368/2012, de 7 septiembre, JUR\2012\351824.

810 MAKIANICH DE BASSET, LIDIA, *Derecho de...*, p. 131.

d. Régimen inconcreto: se caracteriza por ser vago e impreciso y por lo mismo, su indeterminación –quizá total– al resultar perjudicial para el menor se opone a su adopción. No es lo mismo saber que las visitas intrasemanales pueden realizarse la tarde del martes o del jueves según el día de la semana en que se fijen las actividades extraescolares del menor o el turno de trabajo del visitante, o que a cierta edad del menor pueden aumentarse a tres tardes o disminuirse según las circunstancias, a no saber si se realizaran o no visitas intrasemanales, ni cuando, pues quedan entregadas a la mera voluntad del visitante[811].

Así explicado resulta: i. que no pueden asimilarse los regímenes abiertos (permitidos) a los inconcretos (no admitidos); ii. que la contraposición se presenta entre regímenes abiertos y regímenes pormenorizados, ambos posibles; iii. que no resulta contrario a las exigencias de flexibilidad la adopción de un régimen con concreciones[812], más bien ambos aspectos pueden compatibilizarse, y iv. que, una excesiva flexibilidad se puede terminar equiparando a indeterminación[813].

C. El modo o cualidad

Como he apuntado líneas atrás, no es el tiempo de relación sino la calidad de la misma la que contribuye al bienestar del menor; la frecuencia de los contactos no siempre está asociada a la calidad de la relación, pero normalmente sí está relacionada con la mejor adaptación de los hijos a la nueva situación[814]. Una relación de calidad supone regularidad, tiempo suficiente e implicación en diversos aspectos de la vida cotidiana de los hijos[815]. Los fines del derecho, en esta medida, solo serán satisfechos cuando los padres fomenten relaciones significativas. En términos generales, para que el derecho pueda cumplir sus fines propios, se estima que debiera regularse –convencional o judicialmente– un régimen tan generoso como permitan las circunstancias[816], dentro de las que se deben evaluar aquellas personales referidas a los propios padres[817].

---

[811] Recientemente la AP Baleares, sección 4ª, en sentencia 372/2012, de 31 de julio (Id. vlex: VLEX-400006050) modificó la sentencia de la Instancia que establecía *el progenitor (...) ejercerá su derecho de visita para con el hijo menor (...) cuando así lo desee, preavisando a la progenitora (...) con una semana de antelación,* por apreciar que la sentencia de instancia adolece de total imprecisión en cuanto al régimen de visita.

[812] PÉREZ-SALAZAR RESANO, MARGARITA, "La guarda...", p. 274.

[813] TRINCHANT BLASCO, CARLOS (coord.), *Memento...*, p. 395.

[814] CANTÓN DUARTE, JOSÉ, "Adaptación...", p. 95.

[815] CANTÓN DUARTE, JOSÉ, "Adaptación...", p. 98.

[816] GARCÍA PASTOR, MILAGROS, *La situación...*, p. 240.

[817] GARCÍA CANTERO, GABRIEL, "En torno...", p. 252.

Puede considerarse, como regla, que los regímenes generosos y flexibles son beneficiosos para la regularidad, fluidez y naturalidad de la relación paterno-filial, sobre todo cuando la relación posterior al divorcio no es conflictiva, pero no a tal punto, como he dicho ya, que entregado a la voluntad o conveniencia del padre no custodio perjudique la necesaria estabilidad de las relaciones a que deben ser sometidos los hijos.

El uso forense, en ausencia de norma legal que establezca precisos regímenes de relación, acude las más de las veces al régimen ordinario o normalizado de visitas[818], también denominado en doctrina: estandarizado, habitual o régimen tipo[819] por el que se atribuye al padre no custodio fines de semanas alternos, días festivos alternos y la mitad de cada periodo vacacional, también de forma alterna[820]. En términos generales implica la división de los tiempos de ocio y la alternancia, entre los padres, en el disfrute de la convivencia con los hijos en dichos periodos. En esta distribución alterna del régimen estándar se suelen considerar también los días de festividades propias de cada persona, así los días del padre y los días de la madre o los días de cumpleaños de ellos, que pasaran los hijos con quien corresponda y en el caso de las festividades propias de los menores (cumpleaños u otra) se dividen o alternan[821].

El régimen estándar descrito no puede cubrir todas las situaciones que pueden producirse y no satisface la naturalidad de la relación entre padres e hijos; por ello cuando las condiciones de residencia, escolaridad y laborales lo permiten se añade alguna tarde de los días lectivos de la semana o más de un día intrasemanal[822], con lo cual se impide que el padre no custodio pase

---

818 Así se expone en MARTÍNEZ DE AGUIRRE, CARLOS, "El derecho…", p. 155 y en TRINCHANT BLASCO, CARLOS (coord.), *Memento…*, p. 396.

819 GARCÍA PASTOR, MILAGROS, *La situación…*, p. 247; PÉREZ MARTÍN, ANTONIO, en DOMÍNGUEZ LUELMO, ANDRÉS (coord.), *Comentarios…*, p. 201. Una buena reseña de la distribución de este régimen ordinario se puede revisar en FERNÁNDEZ-GIL VIEGA, ISABEL, en DÍEZ-PICAZO GIMÉNEZ, GEMA (coord.), *Derecho de…*, p. 1378 y ss.

820 CAVANILLAS MÚGICA, SANTIAGO, en PASQUAU LIAÑO, MIGUEL (dir.), *Jurisprudencia…*, p. 491; PANIZO Y ROMO DE ARCE, ALBERTO, *El proceso…*, p. 175. Comenta la doctrina que para las audiencias el fundamento de esta repartición alternada de los días libres de los hijos, no es otro que posibilitar que ambos padres compartan y gocen con sus hijos los días de asueto y no solo los días en que toca controlar los deberes escolares, a fin de que no se genere en ellos una proyección rígida, autoritaria y poco complaciente del progenitor que tiene la guarda: RIVERO HERNÁNDEZ, FRANCISCO, en RAMS ALBESA, JOAQUÍN (coord.), *Comentarios…*, p. 978; MARTÍNEZ DE AGUIRRE, CARLOS, "El derecho…", p. 151. Alguna doctrina, sin embargo, se inclina porque todos los días "puentes" le sean adjudicados al progenitor no custodio, además del régimen estándar: FERNÁNDEZ-GIL VIEGA, ISABEL, en DÍEZ-PICAZO GIMÉNEZ, GEMA (coord.), *Derecho de…*, p. 1380.

821 ZARRALUQUI SÁNCHEZ-EZNARRIAGA, LUIS, *Derecho de…*, p. 145; FERNÁNDEZ-GIL VIEGA, ISABEL, en DÍEZ-PICAZO GIMÉNEZ, GEMA (coord.), *Derecho de…*, p. 1380. Un esquema de la distribución del régimen estándar con algunas variantes se presenta en: SERRANO CASTRO, FRANCISCO, *Relaciones…*, p. 95 y ss.

822 CABALLERO GEA, JOSÉ-ALFREDO, *Matrimonio…*, p. 226.

quince días sin ver a los hijos, se generan condiciones de mayor regularidad y no excepcionalidad de la convivencia y, por otro lado, no menos importante, el progenitor no custodio tiene la posibilidad de una mayor participación en los cuidados y actividades habituales de sus hijos[823], que es justamente hacia donde parece orientarse hoy el contenido del derecho.

Se reconoce en este sentido, que las visitas intrasemanales permiten que la relación padre no custodio-hijo pierda el sentido casi vacacional que tiene el régimen estándar [824]. La Audiencia Provincial de Madrid ha venido a dar cuenta del valor fundamental de estas visitas cuando las circunstancias lo permiten, señalando que *aquellos contactos suponen un elemento de afianzamiento, refuerzo y consolidación de la relación paterno-filial precisada de visitas frecuentes y de calidad, en la conformación referencial de ambas figuras parentales, necesarias las dos en la sólida estructuración de la personalidad del menor, que sin duda se enriquece con las aportaciones paternas derivadas de tales comunicaciones*[825].

---

[823] PÉREZ MARTÍN, ANTONIO, en DOMÍNGUEZ LUELMO, ANDRÉS (coord.), *Comentarios...*, p. 201-202.

[824] GARCÍA PASTOR, MILAGROS, *La situación...*, p. 240. También en ZARRALUQUI SÁNCHEZ-EZNARRIAGA, LUIS, *Derecho de...*, p. 144. Sin perjuicio de ello, la jurisprudencia también ha advertido el efecto negativo de una ampliación exagerada de los días intrasemanales durante el periodo escolar y además la necesidad de que el padre no custodio se responsabilice, durante dicho tiempo, de la realización de las actividades escolares de los hijos: *no ha lugar a suprimir la obligación que se impone en la disentida (...), de asegurar que la visita intersemanal del martes no perjudique el normal desarrollo de las actividades escolares de la niña, pues es esta una medida acorde al bonum filii, a todas luces beneficiosa (...), sin que se pruebe en la alzada su falta de necesidad; es factible que en efecto al término del contacto, la menor tenga aún por realizar los deberes y tareas escolares, en un momento que ya ha de dedicar al ocio, nutrición, aseo y sueño siendo aquella una responsabilidad que la incumbe y de la que ha de hacerse responsable el progenitor adulto en cuya compañía se encuentre, de donde la medida es a todas luces modulada y prudente, sin que se ofrezca razón en el escrito de recurso para omitirla.* En su recurso el padre no custodio había pedido la ampliación de los contactos a un intrasemanal más y la supresión de la obligación que se le imponía en la disentida de asegurar que la hija común menor de edad, realizara las actividades escolares necesarias y los deberes del colegio. AP Madrid, sentencia 821/2010, de 8 de julio, JUR\2010\311069. La AP de Zamora deja muy claramente establecidas las implicaciones que para el progenitor no custodio acarrea la convivencia con sus hijos: *la permanencia en esos días con el padre no puede suponer que las mismas sean concebidas por los niños como de solaz y diversión con el padre, cuando lo que se pretende con su reconocimiento es que el padre se implique en la formación de los hijos, y estos vean en aquel ese referente no solo cariñoso y protector, sino también tuitivo y exigente en lo referente a su formación (que también está dispuesto, por ellos, a pasarse la tarde "haciendo de taxista")*: AP Zamora, sentencia 93/2010, de 29 de mayo, JUR\2010\252035.

[825] AP Madrid, sentencia 383/2012, de 29 de mayo, sección 22ª, Id Cendoj: 28079370222012100411. La Audiencia consideró que el hijo menor contaba ya con más de 5 años de edad por lo que la pretensión de progresivos contactos entre el padre y el hijo ha quedado ya superada por el desarrollo fáctico, material y efectivo de las visitas estipuladas inicialmente en el auto de medidas provisionales, y la decisión no puede acarrear un retroceso de comunicaciones negativo y perjudicial para el desarrollo equilibrado del menor.

Desde este último punto de vista, es posible reafirmar que la mirada actual del derecho de relación entre los hijos y el progenitor no custodio se conecta adecuadamente con el principio de corresponsabilidad parental y de mantenimiento de los deberes parentales más allá del divorcio, como fuera expresado al final del Capítulo Segundo[826].

Obviamente el principio que debe presidir la ampliación del régimen estándar debe ser el interés superior del menor y no la simple conveniencia, capricho, mayor disponibilidad de tiempo del progenitor no custodio o una pretendida reclamación, sin más, de un derecho a la igualdad de tiempo de convivencia entre los padres[827].

Por contraposición al régimen estándar se pueden establecer regímenes alternativos o extraordinarios[828], más amplios o más restrictivos[829] según sea pertinente al interés del menor, en atención a las circunstancias de variada índole que concurran. Los regímenes amplios de relación requieren mayor comprensión, tolerancia y adaptabilidad circunstancial[830], por tanto, no serán apropiados a todas las situaciones, ni a todos los padres. Normalmente están asociados a la edad de los hijos (a mayor edad más amplias relaciones). La mayor extensión del régimen puede serlo en algunas ocasiones en lo temporal (más horas o días de relación) y, en otras, en lo cualitativo (forma o modalidad de relación)[831].

---

826 Cobra también nueva vitalidad la afirmación que Rivero Hernández realizó hace más de 15 años y que me parece sigue vigente pues la historia del derecho de relación aún no ha concluido: su evolución sigue dando muestras de *ampliación objetiva, en profundidad de las relaciones y riqueza de contenido*: Rivero Hernández, Francisco, *El derecho...*, p. 184.

827 La AP de Barcelona en sentencia de 12 de febrero de 2003 (recurso 244/2002), se opuso a las visitas intrasemanales referidas a todas las semanas, respecto de una menor en edad escolar, por cuanto no se había tomado en consideración las necesidades formativas de la menor, siendo tal régimen más distorsionador de su formación integral dadas sus características personales, cuando ya existía un régimen de visitas suficientemente amplio.

828 Trinchant Blasco, Carlos (coord.), *Memento...*, p. 398.

829 Pérez Martín, Antonio, en Domínguez Luelmo, Andrés (coord.), *Comentarios...*, p. 210.

830 Makianich De Basset, Lidia, *Derecho de...*, p. 132.

831 Rivero Hernández, Francisco, "Efectos de...", p. 684. La exagerada amplitud de un régimen de relación al punto de dividirse el tiempo de convivencia con los hijos casi por mitades entre los padres implica una asimilación a la custodia compartida o alterna. Algunos comentarios se pueden ver en: Campuzano Tomé, Herminia, "La custodia...". Un problema que se puede presentar en estos casos, es que en los hechos se desarrolle un reparto de la convivencia con los hijos similar al de la custodia compartida sin que las condiciones materiales y personales sean apropiadas a ella; por otro lado, se repartirían los periodos de convivencia pero no los derechos y responsabilidades que derivan de la custodia. Sobre el particular se puede ver: De La Oliva Vázquez, Antonio, "Derechos y...", p. 257 y 258. Algunas implicaciones de la calificación de un determinado régimen de relación como custodia individual con visitas amplias o custodia compartida, son puestas de manifiesto para la regulación de la Ley Aragonesa 2/2010, conjuntamente con la sugerencia de criterios útiles de distinción en: Martínez de Aguirre, Carlos, "La regulación de...", p. 147-148.

Por su parte, se reconocen como factores a evaluar para determinar regímenes restringidos: la edad de los hijos, la falta o mala relación paterno-filial, la existencia de violencia doméstica, las enfermedades mentales del progenitor y las situaciones de adicción y marginalidad, entre otros ya examinados con anterioridad[832]. La naturaleza de la restricción varía en función de las personas a quienes vincula el derecho y de situaciones concretas; las más comunes consisten en disminuciones de los tiempos de relación, prohibición de pernocta o en la exigencia de que el encuentro se produzca en lugares concretos o con la presencia de determinada persona[833].

En atención entre otros factores, a la edad y autonomía progresiva de los menores, tratamientos a que se someta el padre no custodio o la evolución en la cercanía y trato con el hijo, se puede regular un régimen escalonado[834], progresivo, o sistemas de evolución periódica[835] que parten de un régimen inicial mínimo y evolucionan acrecentándose en el tiempo. La progresión puede serlo tanto respecto de la intensidad de la relación (aumentado gradualmente su periodicidad o frecuencia) como respecto a la profundidad de la misma (pasando gradualmente de un régimen puramente comunicacional en sentido estricto a uno de convivencia temporal con pernocta, habiendo ejercido uno de visita *stricto sensu*).

Con fecha 28 de septiembre de 2009 el TS (RJ 2009, 7257) rechaza un recurso de casación y confirma la sentencia recurrida de la AP de Madrid que modificó el régimen de visitas limitando con ello el régimen originalmente establecido en el Juzgado de Primera Instancia. Éste último había establecido el siguiente régimen de visitas: *fines de semana alternos desde el viernes a la salida del colegio hasta el lunes por la mañana dejando a la hija en el colegio, así como martes y jueves desde la salida del colegio hasta la mañana siguiente que igualmente deberá dejar a la hija en el colegio. Asimismo se fija la mitad de los periodos escolares de vacaciones de Navidad, Semana...* con lo cual, por semanas alternas los hijos pasaban 5 noches con el padre no custodio y solo dos con la madre. La AP en la sentencia que se confirmó precisó: *la pernocta de dos días ínter semanales viene a suponer una custodia compartida, no acordada por los progenitores ni tampoco aconsejada por el equipo psicosocial del juzgado, en cuyo informe se indica como conveniente una comunicación extensa de dos días ínter semanales desde la salida del colegio hasta la hora en que ambos progenitores consideren adecuada para los hijos menores. Consecuentemente y en base a tal informe y la falta de acuerdo de ambos padres respecto a la pernocta ínter semanal se estima oportuno suprimir ésta en base al riesgo de desestabilización que pueda derivarse para la menor. Y mantener estos dos días ínter semanales desde la salida del colegio hasta las 20 horas en que se reintegrará al domicilio materno.* Por su relevancia la sentencia ha sido comentada por: Gaffal, Margit, *Cuadernos Civitas de Jurisprudencia Civil,* nº 84, 2010, p. 1461 a 1475.

832 Para alguna doctrina éstos son factores suficientes para que opere la suspensión o limitación del régimen: Pérez Martín, Antonio, en Domínguez Luelmo, Andrés (coord.), *Comentarios...*, p. 202. También se agregan las obligaciones laborales de los progenitores y la distancia de los domicilios: Trinchant Blasco, Carlos (coord.), *Memento...*, p. 399-400.

833 Rivero Hernández, Francisco, "Efectos de...", p. 684.

834 Pérez Conesa, Carmen, *Las medidas...*, p. 71.

835 Zarraluqui Sánchez-Eznarriaga, Luis, *Derecho de...*, p. 163.

Es posible también –y es cuestión distinta– que el propio régimen de relación contenga reglas de variabilidad, que lo restrinjan o amplíen según la concurrencia de motivos de trabajo, profesionales o de enfermedad, entre los más frecuentes. Hay que entender, obviamente, que la causa debe ser de entidad suficientemente justificada y oportunamente informada, a fin de no perjudicar las naturales expectativas de los menores en orden a la compañía del progenitor no custodio[836]. Lo que no se estima admisible es fijar en la sentencia o en el convenio un régimen de visitas con previsión de un sistema automático de modificación en función de los incumplimientos de los progenitores en su ejecución[837].

Cuando entre los padres se encuentra vigente un régimen de guarda y custodia compartida, además de determinarse un régimen ordinario de relación con cada progenitor en el periodo en que aquél no ostente la guarda, es normal establecer un *régimen vacacional* de relación, repartiéndose, de ser posible, las vacaciones escolares de Navidad, Semana Santa y verano, por mitad, períodos en que dejaría de operar la guarda compartida. El objetivo es que los meses de verano se disfruten con los hijos alternativamente por los progenitores[838].

2. Modalidades de los regímenes de relación

Para abordar la estructuración de las modalidades de relación, parece apropiado recordar de forma breve algunas ideas basales que han sido expuestas en el transcurso de esta obra. Cuando los padres viven juntos lo propio de la relación personal paterno-filial es la comunicación y convivencia de los hijos con ambos padres. Consecuencia normal de ella será el desarrollo de una relación afectiva entre ellos, la participación de cada uno en la vida del otro, la asunción de la crianza y cuidado de los hijos por sus padres: en otras palabras, la formación de una comunidad de vida e intereses entre padres e hijos a la que se denomina familia. La ruptura matrimonial tiene como una de sus consecuencias la imposibilidad de que ambos progenitores convivan al mismo tiempo con los hijos, sin perjuicio de lo cual, se mantienen las responsabilidades y deberes parentales (art. 92 Cc), y el genérico derecho de relación entre padres e hijos propio de la filiación. Por tanto, en el plano personal de la relación paterno-filial el divorcio acarrea como resultado necesario la distribución de los tiempos de comunicación y convivencia con los hijos y de las responsabilidades de cuidado, como una manifestación del interés superior del menor, que consiste, en estos casos, en seguir relacionándose con ambos progenitores de modo regular.

---

[836] AP Madrid, sentencia 471/2010, de 25 de junio, JUR\2010\320575.

[837] Cavanillas Múgica, Santiago, en Pasquau Liaño, Miguel (dir.), *Jurisprudencia…*, p. 492.

[838] STS, de 11 de marzo de 2010, Id Cendoj: 28079110012010100108.

Cuando a uno de los padres se le atribuye la convivencia habitual por medio de la guarda y custodia individual, para el otro se debe regular el ejercicio de su derecho a relacionarse con los hijos mediante la determinación del tiempo, modo y lugar de esa comunicación y convivencia, que no será habitual como la del otro padre, pero que debe ser regular (art. 94 Cc. y art. 9 CDN). El régimen de relación o visitas regulado es un sustituto de la convivencia habitual entre padres e hijos anterior a la ruptura, y permite, por medio del trato y comunicación, que la relación paterno-filial se desarrolle[839], que la comunidad de vida entre padres e hijos no desaparezca, propiciando que se produzcan, en la medida de lo posible, los efectos normales de la convivencia familiar (establecimiento, reanudación o mantenimiento del trato y comunicación recíproca, el cuidado de los hijos, la participación de cada uno en la vida del otro, etc.), cautelando con ello el desarrollo integral de los hijos.

El contenido predominante del derecho de relación en vida separada de los padres es, según se anticipó en el Capítulo Segundo, la comunicación en sentido amplio, la recíproca vinculación, el trato de los hijos con el progenitor con quien no conviven habitualmente[840]. Esta comunicación, trato o vinculación personal, puede darse o desarrollarse de distintas formas según las especiales circunstancias concurrentes: se presenta una pluralidad de modalidades de relación según el contenido concreto que se determine para el derecho, en el caso de que se trate[841].

En su grado óptimo –correspondiente a la mayoría de los casos–, el derecho de relación se desarrolla mediante la convivencia directa y personal entre el padre no custodio y el hijo; cuando dicha convivencia no pueda darse por las especiales circunstancias concurrentes, se desenvolverá el derecho de relación en un grado básico, mediante la comunicación en sentido estricto que no supone convivencia personal ni contacto directo, pero que igualmente puede implicar regularidad de trato. Como sea, no puede privarse a un hijo de la relación con su padre, por ello, cuando no puedan relacionarse directa y personalmente, porque la vinculación y contacto personal no es posible, como cuando el padre está ingresado en prisión o tiene su residencia permanente en el extranjero, habrá de determinarse el ejercicio del derecho en su contenido más elemental. Este con-

---

[839] GARCÍA PASTOR, MILAGROS, *La situación...*, p. 240.

[840] También PÉREZ CONESA, CARMEN, *Las medidas...*, p. 52.

[841] Esta pluralidad de formas de relación aparece reconocida en diversos artículos del Código civil, a saber: art. 90 letra A que refiere a la *comunicación y estancia*; art. 103 regla 1ª, que alude a *comunicarse con ellos y tenerlos en su compañía;* y más completamente en el art. 94 del mismo texto legal que alude a *visitarlos, comunicar con ellos y tenerlos en su compañía.* Los arts. 160 y 161, en cambio, hacen referencia más genéricamente a *relaciones personales*. Como apunta Rivero Hernández, en tanto contenido jurídico, el derecho concede precisamente la facultad de exigir las relaciones personales a través de alguna de las modalidades pertinentes de ejercicio: RIVERO HERNÁNDEZ, FRANCISCO, *El derecho...*, p. 184.

tenido elemental o básico, supone un grado inferior de trato, de comunicación en sentido estricto, y no comporta convivencia personal[842]. Lo que no puede acontecer es que, no concurriendo circunstancias excepciones que ameriten la suspensión del derecho, se renuncie a su regulación por no ser posible la convivencia personal. La comunicación entre padres e hijos es propia de la relación paterno-filial y normalmente, algún grado de comunicación puede darse.

El derecho de relación en su grado óptimo (convivencia), puede a su vez, desarrollarse en forma plena o desarrollarse en forma disminuida, dependiendo nuevamente de las especiales circunstancias concurrentes. En el primer caso, la convivencia se realizará por medio de las estancias y pernocta, forma plena de relacionarse padres e hijos, en los tiempos y con la duración que resulten pertinentes; en el segundo, la convivencia será mediante las visitas *stricto sensu*, por la concurrencia de factores que así lo exijan, como la menor edad del hijo, problemas de salud u otros. Desde ahora se puede anticipar que la visita *stricto sensu* representa una restricción o limitación al ejercicio pleno del derecho de relación[843].

A partir de ahí, desde mi punto de vista, lo determinante en uno u otro caso es la posibilidad de convivencia personal y la intensidad de la misma: en la modalidad de comunicación *stricto sensu* no habrá convivencia personal; en la visita *stricto sensu* existe convivencia pero de una muy baja intensidad, que implica la reunión solo por algunas horas; en la convivencia temporal o estancia, se presenta una vinculación personal, directa, y de alta intensidad. Cualquiera sea la modalidad de régimen que se determine o acuerde y la intensidad con que se dimensione, debe tratarse de un sistema que, conforme a la orientación de la CDN, permita el mantenimiento de relaciones personales –aún cuando el contacto directo no sea posible– de modo regular entre padres e hijos, debiendo abandonarse la idea del carácter excepcional del régimen de relación[844].

---

[842] Hay que advertir, sin embargo, que si bien hay bastante aceptación de lo explicado, la doctrina no es uniforme en el entendimiento del contenido concreto de cada modalidad de relación: así algunos autores incluyen en la modalidad de comunicación a las relaciones en lugares distintos al domicilio habitual del menor que no conlleven pernocta y, en la visita *stricto sensu* solo consideran la que se realiza en aquel domicilio. De algún modo se sugiere también la desaparición de la visitas en sentido estricto, por cuanto bien pueden incardinarse en el derecho de comunicación o en el de estancia, según el sentido amplio o restrictivo con el que se vayan acomodando: CASTILLA BAREA, MARGARITA - CABEZUELO ARENAS, ANA LAURA, "Disposiciones…", p. 445. Otra visión ofrece Pérez-Salazar, para quien la distinción entre visitas y estancias solo es de duración de periodos: si se trata de fines de semana serían visitas y si se trata de vacaciones serían estancias: PÉREZ-SALAZAR RESANO, MARGARITA, "La guarda…", p. 274.

[843] Esta afirmación pone en evidencia la importante evolución en el contenido del derecho, pues originalmente la visita *stricto sensu* fue la única forma constitutiva de su contenido.

[844] GARCÍA PASTOR, MILAGROS, *La situación…*, p. 241.

En otro ámbito, es pertinente reiterar que por vía de consecuencia, el ejercicio del derecho de relación permitirá potenciar los vínculos de afecto entre padres e hijos, esto es, servirá de cauce para que el afecto paterno-filial se desarrolle, facilitará el acercamiento humano y de confianza, y propiciará una mayor responsabilidad de los padres en el cuidado de los hijos.

Dicho cuanto antecede, corresponde examinar las modalidades en que se concreta el régimen de relación, las que abordare desde su forma más elemental y básica hasta su forma plena en grado óptimo, no sin antes advertir que las modalidades de relación no son excluyentes entre sí, pudiendo comprender, el régimen de relación –convencional o judicialmente determinado–, una o más modalidades de comunicación[845]. Al fin de cuentas, estas tres modalidades no son más que medios subordinados al fin esencial del derecho de relación.

A. Comunicación stricto sensu

Es la modalidad de ejercicio del derecho de relación que se desarrolla mediante el contacto y trato entre el hijo y el padre no custodio por medios impersonales o no convivenciales, como son los epistolares, telefónicos, digitales o virtuales (videoconferencia, chat, correo electrónico, mensajes SMS, etc.), incluso mediante la intermediación de tercera persona[846]. El contacto se mantiene sin necesidad de que menor y progenitor se reúnan personalmente en un mismo lugar físico, y por ello se lo cataloga como una forma de comunicación indirecta[847].

Normalmente se encuentra asociada a la imposibilidad de contacto personal de padres e hijos derivada de motivos diversos, como la residencia lejana en el extranjero del padre o que éste se encuentre ingresado en prisión; padre o hijos afectados por enfermedades contagiosas o que requieren cuidados bajo

[845] Incluso suelen reconocerse las tres modalidades conjuntamente y como un todo al progenitor, salvo, que circunstancias extremas aconsejen la negación de alguna: CASTILLA BAREA, MARGARITA - CABEZUELO ARENAS, ANA LAURA, "Disposiciones…", p. 445. Así también, cuando un menor se encuentra separado de sus padres por la actuación protectora de la entidad pública, se reconocen las diversas modalidades de relación: visitas que pueden comprender un número reducido de horas y realizarse en el centro donde se encuentra internado el menor o en el domicilio del acogedor o, puede extenderse por un tiempo mayor –una tarde por ejemplo– y realizarse mediante el retiro y posterior regreso del menor; comunicación por cualquier medio; la información que deben proporcionar los encargados del menor y que permite a los padres conocer en todo momento las cuestiones relacionadas con el menor y finalmente, las estancias que permiten al menor estar con sus padres algunos días incluyendo la pernocta: PÉREZ MARTÍN, ANTONIO, *Derecho de Familia. Adopción, acogimiento, tutela y otras instituciones de protección de menores,* Lex Nova, Valladolid 1995, p. 442.

[846] RIVERO HERNÁNDEZ, FRANCISCO, *El derecho…,* p. 195.

[847] También la denominaba derecho de correspondencia: RIVERO HERNÁNDEZ, FRANCISCO, *El derecho…,* p. 184.

aislamiento o encierro, corta edad de los menores, etc.[848]. Se advierte, con todo, que en ocasiones el ingreso del padre en centro penitenciario, aunque no es causa de privación del derecho, sí puede implicar el no establecimiento de un régimen en consideración a que tales visitas no contribuirán en nada a la tranquilidad y bienestar del hijo[849].

También es posible y positivo utilizar la *comunicación stricto sensu* como complemento de cualquiera de las modalidades de relación que impliquen convivencia, a fin de dar regularidad, fluidez y habitualidad al trato entre padres e hijos, permitiendo mitigar, por ejemplo, por medio de conversaciones diarias, las insuficiencias de los encuentros personales quincenales o semanales[850]. Se advierte una evolución de las decisiones judiciales al respecto, desde la apreciación de no ser común que los convenios o las sentencias aludieran a ésta como una adición al régimen pactado o regulado judicialmente[851], hasta la observación de que en los tiempos actuales, las resoluciones judiciales establecen con cierto detalle el mínimo de comunicación que los progenitores pueden mantener con sus hijos que no se encuentran en su compañía, especificando incluso las franjas horarias en que dicha comunicación puede intentarse[852].

---

[848] Algunas de estas situaciones aparecen comentadas en: PANIZO Y ROMO DE ARCE, ALBERTO, *El proceso*..., p. 175.

[849] El punto fue abordado en el Capítulo Tercero al analizar la configuración del progenitor no custodio. También se puede se puede ver: TRINCHANT BLASCO, CARLOS (coord.), *Memento*..., p. 401.

La Ley Orgánica General de Penitenciaria (LOGP) y el Reglamento Penitenciario (RP) prevén la situación de comunicación de padres o madres ingresados a prisión. Se trata ciertamente de un derecho distinto de aquél que corresponde al progenitor no custodio tras el divorcio, razón por la que no procede analizarlo, sin perjuicio de advertir que puede presentar puntos de contacto con éste último.

[850] CASTILLA BAREA, MARGARITA - CABEZUELO ARENAS, ANA LAURA, "Disposiciones...", p. 451. Así por ejemplo, la AP Madrid, sentencia 471/2010, de 25 de junio, JUR\2010\320575 fija el siguiente régimen complementario de comunicación telefónica para el custodio y el no custodio según proceda, regulándose además un amplio régimen de estancias: *asimismo el esposo, cuando los menores estén con su madre, y la esposa, cuando los menores estén con su padre, podrán comunicar con sus hijos telefónicamente siempre que lo deseen, fuera del horario escolar, y siempre que con ello no dificulte o impida alguna actividad escolar o extraescolar de los menores, ni perturbe el descanso de los menores o su relación con el progenitor en cuya compañía se hallen en cada momento.*

[851] BOTANA GARCÍA, GEMA, "Notas sobre...", p. 132.

[852] CASTILLA BAREA, MARGARITA - CABEZUELO ARENAS, ANA LAURA, "Disposiciones...", p. 451. Las autoras consideran entendibles y lógicas estas cláusulas dentro de un contexto dominado por la buena fe de ambas partes, lo que no excluye, en un buen número de casos los problemas de obstrucción. Desde su mirada, siempre el custodio se encontrará en mejor posición para impedir o dificultar la comunicación o para frustrar las pretensiones abusivas del no custodio. Con todo, sugieren responsabilizar al padre o madre que convive habitualmente con el hijo del mantenimiento de comunicación entre su hijo y el otro progenitor. Rivero Hernández señala que en situaciones excepcionales es útil cierta concreción por parte del juez, sea como comunicación mínima o máxima que pueda darse, aunque lo normal será no establecer limitaciones: RIVERO HERNÁNDEZ, FRANCISCO, en RAMS ALBESA, JOAQUÍN (coord.), *Comentarios*..., p. 978.

En general se sugiere su establecimiento sin limitación[853], aunque ello puede acarrear problemas, bien sea por la actitud del progenitor no custodio expresada en la frecuencia excesiva de relación o su empleo en horas intempestivas; bien sea por la actitud del custodio manifestada en la ausencia del respeto a la intimidad y privacidad de la comunicación[854] o, a su pretensión de dirigir, manipular, dificultar o incluso impedir la comunicación al ostentar el control de los medios necesarios para que ella pueda realizarse[855]. La jurisprudencia viene haciéndose cargo de esta problemática con declaraciones de este tipo: *en todo momento el progenitor con el que se encuentren los hijos permitirá y facilitará la comunicación epistolar, telemática y telefónica con el otro progenitor, siempre que esta última no se produzca, sin causa justificada, fuera de las horas normales para ello*[856].

Cuando el menor no pueda mantener este tipo de relación por su corta edad o cuando la comunicación no sea aconsejable y se encuentre restringida, cabe una forma atípica para que la comunicación pueda llevarse a cabo: mediante el derecho del padre no custodio a obtener noticias del niño, directamente o por medio de otra persona[857]. Se traduciría en un derecho de información, de comunicación indirecta, subsidiario de las relaciones personales directas, ajeno a los fines y funciones del derecho y, por tanto, no debería ser permanente en el tiempo, sino muy transitorio.

B. *Visita stricto sensu*

Es la modalidad de ejercicio del derecho de relación que se desarrolla mediante la visita que el progenitor no custodio realiza a sus hijos, en el lugar y tiempo que se determine[858]. Representa una limitación al ejercicio pleno del derecho de relación por cuanto comporta contactos esporádicos, exentos de espontaneidad y dentro de los horarios breves predeterminados[859] y, por tanto, amerita la concurrencia de factores o circunstancias que la justifiquen, debiendo tener su adopción por finalidad única la protección del interés superior del menor.

---

853 Roca Trías, Encarna, en Paz-Ares, Cándido y otros, *Comentario*..., p. 394.

854 Florit Canals, Carlos, "El régimen...", p. 1073.

855 Castilla Barea, Margarita - Cabezuelo Arenas, Ana Laura, "Disposiciones...", p. 451.

856 STS de 2 de noviembre de 2011, Roj 6904/2011, Id Cendoj: 28079110012011100697.

857 Rivero Hernández, Francisco, "La guarda...", p. 106.

858 También denominada *visita propiamente dicha*, para dejar claro su sentido restrictivo: Roca Trías, Encarna, en Paz-Ares, Cándido y otros, *Comentario*..., p. 394.

859 Makianich De Basset, Lidia, *Derecho de*..., p. 104.

Se trata de una forma residual y alternativa de relación cuando no caben otras formas más completas[860]. Los factores que fundamentan esta modalidad pueden ser variados y provenir tanto del padre, como del hijo, entre otros: la enfermedad prolongada del hijo, su corta edad, los trastornos psíquicos del visitante.

El lugar de realización de la visita es, en muchas ocasiones, indiferente, pudiendo presentarse basicamente tres alternativas: en el domicilio del custodio, que es también el domicilio del menor –forma primigenia de realizar el derecho[861]–; en el domicilio del visitador; o en un lugar distinto a ambos domicilios. La duración y frecuencia son determinadas por las partes o el juez[862]. En muchos casos a la restricción de duración y lugar se agrega la supervisión profesional[863], tratándose entonces, de un régimen de visitas supervisadas.

La visita en el domicilio del titular de la custodia sería la expresión mínima del derecho a relacionarse de modo presencial con el hijo[864], y se advierten las dificultades convivenciales prácticas que puede generar cuando el nivel de tensión entre los ex-cónyuges es elevado[865]. Desde un punto de vista estrictamente jurídico, ésta posibilidad de visita ha sido puesta en tela de juicio a la luz del derecho fundamental de inviolabilidad de domicilio del art. 18.2 CE y de la *invasión del ámbito más íntimo y privado* que supone[866], existiendo distinta valoración doctrinal de la situación: se ha estimado por algunos autores, que autorizar al padre no custodio para realizar la visita en el domicilio del otro progenitor es una medida que roza la legalidad constitucional por la afectación que supone, a la intimidad del custodio[867]; otro sector considera que lo que está en juego es un tema de suficiencia de justificación lo que implica ponderar el

[860] Rivero Hernández, Francisco, *El derecho...*, p. 187; en iguales términos Rogel Vide, Carlos, en Bercovitz Rodríguez-Cano, Rodrigo (coord.), *Comentarios a las...*, p. 255.

[861] Justamente el nombre más tradicional que ha recibido el derecho en estudio, encuentra su explicación porque la primera manifestación o forma de tener acceso al menor quien pretendía relacionarse con él fue visitándolo en la residencia o domicilio del titular de su potestad o guarda: Rivero Hernández, Francisco, *El derecho...*, p. 191.

[862] Rogel Vide, Carlos, en Bercovitz Rodríguez-Cano, Rodrigo (coord.), *Comentarios a las...*, p. 255.

[863] Calzadilla Medina, Mª Aránzazu, en De Pablo Contreras, Pedro - Valpuesta Fernández, Rosario (coords.), *Código Civil...*, p. 512.

[864] Rivero Hernández, Francisco, "La guarda...", p. 104; De La Cámara, Manuel, *Sistema...*, p. 236; Pérez Conesa, Carmen, *Las medidas...*, p. 54.

[865] Roca Trías, Encarna, en Paz-Ares, Cándido y otros, *Comentario...*, p. 394. Verosímilmente, advierte Rivero Hernández, ninguno de los protagonistas queda satisfecho, ni el padre custodio obligado a soportar la presencia del que visita, ni éste último quien ve su derecho limitado, ni menos el hijo a quien se brinda una pobre relación, normalmente mediatizada por la presencia de una tercera persona: Rivero Hernández, Francisco, "La guarda...", p. 104; en igual sentido De La Cámara, Manuel, *El Sistema...*, p. 236.

[866] STS, 30 de abril de 1991 (RJ 1991, 3108).

[867] Rubio Torrano, Enrique (coord.), *Legislación...*, p. 617.

sacrificio del interés del custodio versus el de las relaciones personales del hijo con su otro padre, siendo el del hijo –que tiene su domicilio en el mismo lugar del custodio– un interés legítimo y prevalente[868].

En la práctica, los verdaderos inconvenientes de esta modalidad efectuada en el domicilio del menor, serán por un lado, la baja intimidad de la relación, por la sola presencia del custodio u otras personas, que mediatizarán la relación entre padre e hijo y, el entorpecimiento intencionado del encuentro que le pueda afectar[869].

Los otros lugares de relación distintos al domicilio del menor pueden ser decididos libremente por el progenitor no custodio, como por ejemplo, su propio domicilio, un parque, un centro comercial, un restaurant, la biblioteca del colegio; o pueden venir impuestos, como el caso de las visitas en puntos de encuentro familiar.

La duración y frecuencia de las visitas se encuentra condicionada, tanto en su determinación como en su posterior ejercicio, por las circunstancias personales y materiales de los protagonistas y queda entregada a la decisión discrecional del juez, en su caso[870].

C. Convivencia temporal

Corresponde a la modalidad de ejercicio del derecho de relación que se desarrolla mediante la estancia y pernocta del hijo en casa de su progenitor no custodio o en algún otro lugar, por periodos de tiempo concretos más o menos extensos. Es la forma de *tener a los hijos en su compañía* fuera del ámbito de poder del guardador jurídico[871], con diversas intensidades, normalmente determinadas por la época del año en que se ejercita: más intensa en régimen vacacional que en época escolar.

Es la modalidad que mayor favor recibe por considerarse la forma más completa de dar satisfacción al derecho de relación entre el menor y el progenitor no custodio[872]; permite mayor intimidad en la relación y cuanto más íntima sea

---

868 Rivero Hernández, Francisco, en Rams Albesa, Joaquín (coord.), *Comentarios...*, p. 966-967 y 977: para el autor, el art. 18.2 de la CE prohíbe las injerencias arbitrarias en el domicilio de una persona, lo que no ocurre cuando la entrada en el mismo está autorizada por una resolución judicial.

869 Castilla Barea, Margarita - Cabezuelo Arenas, Ana Laura, "Disposiciones...", p. 449.

870 Rivero Hernández, Francisco, *El derecho...*, p. 193.

871 Para algunos autores, el hecho de sacar al hijo del poder del guardador aunque sea solo unas horas al día es constitutiva de esta modalidad de relación: Rogel Vide, Carlos, en Bercovitz Rodríguez-Cano, Rodrigo (coord.), *Comentarios a las...*, p. 255.

872 De La Cámara, Manuel, *Sistema...*, p. 237.

ésta mayor será la contribución en el desarrollo del menor[873]; padre e hijo tienen la posibilidad de estrechar los lazos afectivos, vivir experiencias en común, dialogar y participar recíprocamente en sus vidas[874]. Ambos pueden conocerse real y profundamente y, por lo mismo, estas convivencias pueden constituir también ocasión propicia para el enfrentamiento entre ambos, por la ausencia de entendimiento –que también ocurre cuando padres e hijos conviven en una familia matrimonial–, por ejemplo, cuando se trata de menores adolescentes[875].

El lugar de reunión –domicilio del no custodio, un hotel, un campamento de verano, la casa de algún familiar o amigo, entre otras– no es inmediatamente relevante[876], salvo situaciones excepcionales, por ejemplo cuando conlleve viajar al extranjero y exista temor de que el menor no será devuelto, para cuya evitación se arbitraran las medidas que corresponda.

El tiempo y la duración de esta modalidad es una de las circunstancias de ejercicio más relevantes, resultando posible el establecimiento de un régimen estándar (fines de semana, vacaciones de verano, feriados, etc., por mitad) o uno diferente, más amplio o más restringido. La determinación con que los tribunales concretan este aspecto es variable, pudiendo hacerse una referencia meramente indicativa que luego sea precisada, corregida, mejorada o en definitiva adaptada por los progenitores, en función de sus posibilidades y grado de civilidad y colaboración. Cuando estas capacidades o disposiciones no están presentes, parece prudente preferir un régimen más detallado como ya fue apuntado[877].

---

873 MATA VIDAL, DANIEL, "El interés…", p. 310.

874 Se reconoce la especial importancia psicológica para los menores de los periodos de pernocta, al brindar la oportunidad de interacciones sociales y de actividades emocionales padre-hijo que visitas de un par de horas no pueden proporcionar: CANTÓN DUARTE, JOSÉ, "Adaptación…", p. 99.

875 CASTILLA BAREA, MARGARITA - CABEZUELO ARENAS, ANA LAURA, "Disposiciones…", p. 453.

876 Apunta Rivero Hernández que en general los tribunales son bastante liberales en cuanto al lugar de reunión: RIVERO HERNÁNDEZ, FRANCISCO, *El derecho…*, p. 200.

877 DE LA CÁMARA, MANUEL, *El Sistema…*, p. 237.

CAPÍTULO QUINTO. EJERCICIO DEL DERECHO DE RELACIÓN. VARIACIONES EN EL EJERCICIO Y EXTINCIÓN DEL RÉGIMEN

I. EJERCICIO DEL DERECHO DE RELACIÓN

No existe previsión legal expresa sobre la forma de ejercer por el progenitor no custodio el derecho a relacionarse con sus hijos una vez que se ha determinado un régimen de relación a su favor. Como punto de partida del análisis hay que considerar que se trata de un derecho cuyo ejercicio, por su especial contenido, es de tracto sucesivo, esto es, el cumplimiento del régimen determinado no es transitorio o instantáneo, sino que exige la repetición de actos aislados y sucesivos en el tiempo, conforme a la periodicidad fijada o acordada, por lo cual, el progenitor no custodio titular del derecho, debe, con las debidas pausas temporales, mantener una actuación constante en el tiempo de vigencia del régimen: recoger al menor, si fuera del caso; comunicarse, mantener trato y convivir con él, según corresponda; cuidarlo, alimentarle y contribuir en su formación, durante dicho periodo; vigilar su comportamiento; devolverlo a su lugar normal de habitación, etc.[878]. Sin perjuicio de lo anterior, es necesario precisar que la responsabilidad parental, en cuanto consecuencia de la relación de filiación, da cuenta de obligaciones continuadas que exigen una conducta permanente de los padres, de todo lo cual resulta que el progenitor no custodio, no deja de ser padre, con el peso jurídico que ello implica, en los periodos en que no le toca relacionarse con su hijo.

Ha de señalarse, también con carácter general, que el régimen de relación debe ser ejercido en sus propios términos: el acuerdo o la decisión judicial subsidiaria, implican deberes vinculantes para los progenitores que deben ser respetados[879]. Ello no excluye el deseable acuerdo de los progenitores en cuanto a las adecuaciones o acomodaciones que vaya exigiendo el ejercicio normal

[878] Si bien alguna AP ha señalado que lo esencial es que el derecho de visita se ejercite, no la forma de su ejercicio (AAP Álava, 23 de marzo 2000), el modo de actuar efectivamente el derecho es relevante tanto por la evitación de conflictos como porque de ello depende alcanzar sus fines.

[879] RIVERO HERNÁNDEZ, FRANCISCO, *El derecho...*, p. 240-241.

del régimen en cada momento, principalmente en atención a la evolución del menor y sus necesidades[880].

Con base en norma legal, este derecho debe ejercerse por el progenitor titular –como todo derecho– conforme a las exigencias de la buena fe (art. 7.1 Cc)[881], incluso hay autores que exigen una mayor dosis de buena fe en su cumplimiento[882]. Corresponde delimitar lo que éste principio exige e implica para las partes adultas vinculadas por el *derecho-deber* de relación en el ámbito del derecho familiar, cuestión no tan simple por el carácter general y abstracto del principio.

Habrá de convenirse inicialmente que, situados en un derecho que aparece ejercitable por el progenitor no custodio frente al otro padre –o quien tenga el cuidado del menor–, a ambos alcanza el imperativo de la buena fe[883]. Las exigencias de éste principio entrañan una adecuada colaboración entre ambos progenitores en el ejercicio del derecho[884], debiendo cada uno facilitar la actuación del otro[885]. El ejercicio del derecho, su cumplimiento, no es cosa de uno, sino de dos, del titular formal en primer término, pero también del progenitor custodio por su carácter de principal sujeto pasivo del vínculo jurídico, por las relaciones laterales que inevitablemente se producen a su respecto, por su

---

880 Recomendando que el régimen adoptado en la sentencia pueda ser *adaptado convenientemente por los progenitores de común acuerdo y en atención a las circunstancias* se manifiesta la AP de Tarragona, sección 1ª, sentencia 368/2012, de 7 septiembre, JUR\2012\351824.

881 Lo afirman así, entre otros: Rivero Hernández, Francisco, *El derecho...*, p. 264 y 274 (también el mismo autor en Lacruz Berdejo, José Luis (coord.), *Matrimonio...*, p. 1104); García Cantero, Gabriel, "En torno...", p. 251; Roca Trías, Encarna, en Paz-Ares, Cándido y otros, *Comentario...*, p. 395; De La Oliva Vázquez, Antonio, "Derechos y...", p. 255; Echarte Feliú, Ana María, *Patria...*, p. 120; Calzadilla Medina, Mª Aránzazu, en De Pablo Contreras, Pedro - Valpuesta Fernández, Rosario (coords.), *Código Civil...*, p. 516; Salanova Villanueva, Marta, "Aproximación...", p. 500.

882 Rivero Hernández, Francisco, *El derecho...*, p. 275, quien fundamenta esta mayor exigencia en su carácter de derecho de familia; también García Pastor, Milagros, *La situación...*, p. 263 para quien la explicación de esta mayor dosis se encontraría en la propia naturaleza del derecho, que es un derecho-deber dirigido a satisfacer el interés del menor. Cercana a estos planteamientos la Exposición de Motivos de la Ley 15/2005 señala respecto de los deberes parentales posteriores a la separación, nulidad o divorcio que *la nueva situación les exige, incluso, un mayor grado de diligencia en el ejercicio de la potestad.*

883 Rivero Hernández, Francisco, *El derecho...*, p. 275; también el mismo autor en Lacruz Berdejo, José Luis (coord.), *Matrimonio...*, p. 1105.

884 Se afirma que la colaboración de ambos progenitores presidida por la buena fe es básica en el ejercicio del derecho a relacionarse: De La Oliva Vázquez, Antonio, "Derechos y...", p. 255. El cumplimiento efectivo de las relaciones personales requiere de la participación de ambos progenitores, exigiendo una colaboración, separada y conjunta, de cada uno de ellos: Romero Coloma, Aurelia, *Incumplimiento del derecho de visitas y consecuencias jurídicas en el marco familiar,* Colección Scientia Iuridica, Madrid 2010, p. 50; también Calzadilla Medina, Mª Aránzazu, en De Pablo Contreras, Pedro - Valpuesta Fernández, Rosario (coords.), *Código Civil...*, p. 516 y De La Oliva Vázquez, Antonio, "Derechos y...", p. 255.

885 Echarte Feliú, Ana María, *Patria...*, p. 120.

deber general de protección integral de los hijos y de prestarles asistencia de todo orden.

La colaboración implica, como he analizado en el Capítulo Tercero, que en el ejercicio del derecho de relación el progenitor no custodio deberá cuidar de no afectar la custodia del otro padre: su ejercicio no puede ser intempestivo, inapropiado o inadecuado a las circunstancias del caso[886]; a su turno, el padre custodio debe respetar el derecho de relación, facilitando los contactos, posibilitando el ejercicio del derecho y absteniéndose de conductas obstruccionistas directas, como aquellas que impiden total o parcialmente su realización, o conductas indirectas, como aquellas que sin impedir el ejercicio, afectan la naturalidad del contacto, como cuando no se respeta la intimidad que supone[887] o cuando se desvirtúa la imagen del padre, lo que materialmente no impide la relación pero la envenena[888].

Es parte de la buena fe exigible a ambos padres, comunicar o advertirse recíprocamente de las circunstancias o hechos impeditivos que les imposibiliten el correcto y puntual desempeño de su actuación en vista del ejercicio del derecho[889]: el deber de información de los progenitores sobre todos los aspectos de importancia en la vida del menor, es un deber instrumental imprescindible para el correcto desempeño de las funciones inherentes a la responsabilidad parental[890]. Ejercitar el derecho de relación conforme a las exigencias de la buena fe implica ciertos sacrificios y concesiones de cada progenitor en atención al bienestar de los hijos, *supone usarlo con cierto desprendimiento de personales intereses, sin apurar aquello que uno podría imponer o exigir;*

---

886 CALZADILLA MEDINA, Mª ARÁNZAZU, en DE PABLO CONTRERAS, PEDRO - VALPUESTA FERNÁNDEZ, ROSARIO (coords.), *Código Civil...*, p. 516.

887 GARCÍA PASTOR, MILAGROS, *La situación...*, p. 259. La protección de la intimidad de la relación es una cuestión que debe ser advertida y considerada al tiempo de la determinación del régimen, por ejemplo, en la consideración del lugar de ejercicio.

888 El custodio debe realizar las acciones accesorias y concretas para que la relación se efectúe (trasladar al hijo, preparar sus efectos personales, etc.) y debe además propiciar psicológica y afectivamente las relaciones personales: RIVERO HERNÁNDEZ, FRANCISCO, *El derecho...*, p. 263. Ahora bien, cuando se trata de actuar, ejercitar y dar cumplimiento a ese derecho de comunicación y relación dentro de los términos establecidos, son numerosos los casos en que los progenitores no alcanzan la paz espiritual y jurídica que engañosamente perseguían en el proceso: SAN ROMÁN, JOSÉ RAMÓN, "Criterios...", p. 283.

889 RIVERO HERNÁNDEZ, FRANCISCO, *El derecho...*, p. 264.

890 Así ha sido valorado en las Conclusiones refundidas del IV Encuentro de Magistrados y Jueces de Familia y Asociaciones de Abogados de Familia (Valencia, octubre de 2009) ya citadas. Para lograr su efectividad, se propone, en las mismas, que las sentencias y/o convenios incorporen una medida de carácter personal de un tenor similar al siguiente: *el progenitor con quien el menor convive habitualmente, vendrá obligado a informar al otro progenitor de todas aquellas cuestiones trascendentales en la vida del menor, respecto de las cuales no pueda este último obtener directamente información. Igual deber pesa sobre el progenitor con quien no vivan habitualmente los hijos respecto de iguales cuestiones acaecidas en el tiempo que tenga consigo a los menores.*

actuar de acuerdo con el otro en todo punto conflictivo y en interés y a mayor provecho del niño[891]. Ahora bien, al tener éste derecho –al igual que la patria potestad– fundamento en la propia relación de filiación, es posible afirmar que debe ejercerse siempre en beneficio de los hijos, de acuerdo con su personalidad y con respeto a su integridad física y psicológica[892].

La contracara del ejercicio de buena fe es el abuso del derecho o el ejercicio antisocial del mismo (art. 7.2 Cc). Desde esta perspectiva, la buena fe exige que el derecho de relación se lleve a cabo sin sobrepasar los límites normales de su ejercicio. Estos limites normales tanto vienen impuestos por el concreto régimen de relación determinado en el convenio o acuerdos o en la resolución judicial subsidiaria (modalidad de relación, periodicidad, lugar, entre otros), como por los fines del derecho en conexión con el principio del interés superior del menor[893]. A partir de ahí, se presentan limites generales al ejercicio del derecho y otros impuestos por las circunstancias concretas en que toca desarrollarlo y que han determinado un régimen específico de ejercicio. La actuación de buena fe envuelve la observancia de ambos límites.

El interés superior de los hijos –antes criterio rector en la determinación del régimen específico de relación– se presenta ahora como parámetro de su ejercicio, que no queda, por tanto, a discreción del progenitor no custodio, titular formal del derecho, ni a merced del beneplácito del custodio: el derecho no es incondicionado en su ejercicio, sino que está subordinado al interés y beneficio del menor[894]. La actuación en interés del menor considera la adaptación a su personalidad, a sus cualidades, características y necesidades, en función de su educación, formación integral y con respeto a sus derechos[895].

---

891 RIVERO HERNÁNDEZ, FRANCISCO, en LACRUZ BERDEJO, JOSÉ LUIS (coord.), *Matrimonio...*, p. 1105.

892 La afirmación sobre un semejante ejercicio no conlleva que ambos derecho-deberes sean idénticos: cada uno tiene su individualidad y ámbito de aplicación como se ha visto a lo largo de este trabajo; pero, en su ejercicio existen iguales exigencias, lo que encuentra explicación en que comparten igual fundamento. ¿Podría algún derecho, poder, facultad o deber derivado de la relación paterno-filial ser ejercicio por alguno de los padres de un modo distinto al descrito? Al parecer las condiciones de ejercicio del art. 154.2 Cc. son exigencias generales a los padres.

893 La puesta en práctica de la relación debe responder a la finalidad que la justifica: SALANOVA VILLANUEVA, MARTA, "Aproximación...", p. 494.

894 STS de 21 de julio de 1993, rol 6.175. Algunas Audiencias instan expresamente a los padres a ejercer el derecho en interés de los hijos: así por ejemplo *se exhorta a ambos progenitores a fin de que presten su máxima colaboración para que el régimen expuesto se cumpla con la normalidad deseable, teniendo en cuenta siempre el interés y beneficio de los menores:* AP Barcelona, sentencia 682/2012, de 20 de noviembre, Id Cendoj: 08019370182012100635. La subordinación fue explicada en el Capítulo Segundo al revisar los caracteres del derecho, al cual me remito.

895 Así lo ha hecho presente el Tribunal Supremo al comentar el alcance que en el ejercicio de la patria potestad tiene el principio del interés superior del menor: STS, de 25 de junio 1994, rol 6502.

Los fines y funciones del derecho demandan un cumplimiento con delicadeza y puntualidad, tanto en el ámbito temporal como cualitativo[896]. El titular formal deberá comparecer de manera asidua a dar satisfacción al régimen determinado, pues con ello se irán satisfaciendo las finalidades a que apunta el derecho. Rivero Hernández habla de *cumplir bien*, para significar que el ejercicio no se corresponde mecánicamente solo con la realización material de los actos que comprende la modalidad de relación constitutiva del régimen específico, sino que se deben intencionar aquellos actos con el sentido finalístico y alcance que esas relaciones personales deben tener por el fin a que atienden[897].

Desde otro ámbito, el ejercicio del derecho exige una actuación personal del padre titular, a él compete hacer uso del derecho: se trata, como se ha dicho al analizar sus caracteres, de un *derecho-deber* de hacer personalísimo, que genera una prestación personalísima[898], aunque por razones justificadas, el padre no custodio pueda ser asistido por familiares o personas de su confianza en algunas ocasiones, lo que no es sinónimo de delegación en el ejercicio[899].

En suma, ejerce el derecho de relación quien cumple efectivamente con el régimen de comunicación determinado; y cumple efectivamente el progenitor titular que realiza correcta y puntualmente la actuación que le corresponde conforme a la modalidad específica, tanto en los aspectos materiales como en forma congruente con la finalidad de la institución, en atención siempre al favorecimiento del interés preponderante del menor. Por ello, como ha indicado alguna Audiencia, la mera alegación del cumplimiento del régimen, cuando se atribuye la falta de cumplimiento, no es suficiente si no se prueba la efectiva observancia y acatamiento de lo establecido en la sentencia[900], esto es, la efectiva ejecución de los hechos en que consiste.

II. NO EJERCICIO E INCUMPLIMIENTO DEL RÉGIMEN DE RELACIÓN

Por resultar útil a la organización de esta materia y ser diversas sus consecuencias, propongo distinguir entre las situaciones de no ejercicio del derecho de relación y las situaciones de incumplimiento del mismo. Con las primeras

---

[896] Rivero Hernández, Francisco, *El derecho...*, p. 271.

[897] Rivero Hernández, Francisco, *El derecho...*, p. 263.

[898] Los aborda así también: Romero Coloma, Aurelia, *Incumplimiento...*, p. 38.

[899] Trinchant Blasco, Carlos (coord.), *Memento...*, p. 402. El autor informa de una decisión aislada de la AP de Castellón de 1 de marzo de 2005, que admitió, erradamente en mi opinión, la sustitución en el ejercicio de las visitas por razones de pura conveniencia o comodidad del progenitor no custodio, al entender que la obligación no reviste carácter personalísimo.

[900] AP Cáceres, auto 28/2003 de 20 de junio, comentado en Caballero Gea, José-Alfredo, *Matrimonio...*, p. 238.

me refiero básicamente a los casos en que por causas completamente ajenas a la voluntad de las partes de la relación, no se hace uso del derecho, es decir, el ejercicio no se realiza; con las segundas –de más variadas expresiones– hablo de supuestos que encuentran su origen justamente en hechos voluntarios de alguno de los sujetos vinculados.

El no ejercicio del derecho según el régimen de relación determinado en el convenio, acuerdos o decisión judicial, encuentra su origen en hechos obstativos o impeditivos no previstos por los progenitores o el juez, como un accidente o enfermedad sobrevenida grave y prolongada del hijo o del progenitor no custodio; un cambio en la destinación laboral que afecte significativamente el lugar de residencia habitual y/o la jornada laboral de alguno de los padres o el ingreso a prisión del progenitor no custodio.

Algunas de estas circunstancias serán transitorias conllevando un no ejercicio con igual carácter; otras serán permanentes impidiendo en mayor medida que la comunicación tenga lugar. En todos estos casos no debieran producirse consecuencias sancionadoras del progenitor respectivo: en las primeras bastará con que los hechos impeditivos sean recíprocamente comunicados entre los padres y acuerden ellos la forma de superarlos. En las segundas incumbe al juez arbitrar o aprobar las medidas pertinentes para facilitar y reanudar la relación personal paterno-filial, por medio de la modificación del régimen de relación, pues se trata, en términos genéricos, de cambios sustanciales en alguna de las circunstancias tenidas en vista al tiempo de la determinación del régimen, lo que fundamenta su modificación.

El incumplimiento del régimen implica, por el contrario, una inobservancia deliberada de lo acordado por los progenitores, o de lo resuelto por el tribunal, ya sea de parte del progenitor titular del derecho o del custodio[901]. Tal incumplimiento, como hecho voluntario puede venir justificado por las circunstancias, como cuando el hijo ha sido agredido por el padre no custodio y el otro progenitor decide no dar cumplimiento al régimen determinado, o cuando el menor ha enfermado transitoriamente; o puede ser un incumplimiento caprichoso e infundado. En el primer caso, no se trata de verdadero incumplimiento en sentido jurídico y la no realización de las visitas tendrá un tratamiento y consecuencias distintas de las que corresponden al incumplimiento efectivo[902]. A éste último tipo de incumplimiento, esto es, al que impide la relación total o parcialmente, sin causa justificada, me referiré en lo que sigue.

---

[901] Se sugiere incluso que el incumplimiento del régimen puede provenir de los propios hijos, ya sea por su propia voluntad, o a consecuencia de haber sido manipulados por el custodio o terceros: Romero Coloma, Aurelia, *Incumplimiento...*, p. 50; Trinchant Blasco, Carlos (coord.), *Memento...*, p. 403. A esta situación no me voy a referir en este Capítulo, por cuanto ya he abordado la negativa del hijo y la posición judicial al respecto, en el Capítulo Tercero.

[902] Rivero Hernández, Francisco, *El derecho...*, p. 270.

1. Tipos de Incumplimiento

Los incumplimientos afectan cuantitativa y/o cualitativamente las relaciones personales entre el hijo y el progenitor no custodio, comprometiendo con ello el bienestar e interés de los menores. En cuanto a su origen, pueden provenir tanto de acciones u omisiones del progenitor titular formal como del custodio y sus consecuencias pueden ser graves e incluso irreparables en el plano personal[903].

A. Incumplimiento del progenitor no custodio

La naturaleza del derecho de relación entre los hijos y el padre no custodio está en el centro de la cuestión debatida: si el de relación fuese solo un derecho, de aquellos que se denominan derechos subjetivos, su ejercicio sería opcional: estaría dentro de la esfera de poder exclusiva del titular formal la decisión de ejercer las facultades en él comprendidas; sin embargo, no hay opcionalidad en su ejercicio, el progenitor no custodio debe cumplir con lo acordado o resuelto por el tribunal, toda vez que el pretendido derecho de relación es a su respecto un *derecho-deber*[904], establecido no tanto en su interés y beneficio, sino sobre todo, en interés y beneficio preferente del hijo, a quien la relación favorece en su desarrollo integral. De todo ello resulta, una perdida del poder dispositivo sobre el ejercicio efectivo del régimen de relación[905] y además, la relevancia jurídica de los incumplimientos.

Cuando el progenitor no custodio decide no cumplir con el derecho de relación está incumpliendo un deber legal, lo que genera consecuencias jurídicas[906]. Como bien explica Rivero Hernández, *si no lo ejercita como procede, no tanto declina de un derecho cuanto deja de cumplir un grave deber jurídico, con lo que es él mismo quien se sitúa en la frontera del no-derecho*[907]. Este deber

[903] Algunas de estas consecuencias graves que generan los incumplimientos son puestas de manifiesto en las sentencias, así por ejemplo se ha dejado constancia del origen del rechazo del hijo a la figura paterna: *viene motivado por la total desidia en el cumplimiento del régimen de visitas que el padre ha venido manifestando en los últimos años*: AP Cáceres, sentencia 519/2012, de 10 de diciembre, sección 1ª, Id Cendoj: 10037370012012100508.

[904] El destacado carácter bifronte para el análisis del incumplimiento es puesto de manifiesto en: Rivero Hernández, Francisco, *El derecho...*, p. 269 y 272.

[905] En el Capítulo Segundo se ha explicado que el carácter de derecho-deber conlleva una negación del poder dispositivo sobre el derecho, por ello no es posible su renuncia, su cesión o su delegación. La autonomía de la voluntad de los progenitores, como aparece en el Capítulo Cuarto, solo alcanza a los acuerdos sobre modulación del régimen de relación.

[906] Romero Coloma, Aurelia, *Incumplimiento...*, p. 36.

[907] Rivero Hernández, Francisco, *El derecho...*, p. 258 y 270.

jurídico encuentra su fundamento último en la propia relación de filiación que le une a su hijo, como he afirmado más atrás.

El incumplimiento del progenitor titular del *derecho-deber* puede ser total, como cuando no cumple en absoluto el régimen determinado, dando lugar a una no comunicación con su hijo; o puede tratarse de un cumplimiento imperfecto o defectuoso del régimen[908].

a. Incumplimiento total del régimen de relación

El incumplimiento total ocurre cuando el padre no se presenta en el lugar, día y hora determinados y no actúa su derecho; fácticamente equivale al no ejercicio, por cuanto trae como resultado que no se produzca trato y comunicación entre padre e hijo, pero su causa es distinta: en el incumplimiento es el progenitor titular del derecho quien deliberadamente decide no cumplir con el régimen de relación, dejando insatisfecho el derecho, sin haber mediado circunstancias impeditivas que lo justifiquen. Se trata del padre/madre contumaz, que no se interesa en absoluto por su hijo, y que probablemente incumple también otros deberes paterno-filiales, como el derecho de alimentos.

b. Cumplimiento imperfecto del régimen de relación

Dentro de un concepto amplio de incumplimiento se encuentran las diversas situaciones de cumplimiento imperfecto del régimen de relación, en las cuales, se produce relación entre padre e hijo, pero no del modo determinado. Se trata de un modo más sutil, pero quizá más recurrente de incumplir el régimen de relación[909]. Puede haber cumplimiento imperfecto por exceso o por defecto[910], esto es, puede deberse el incumplimiento a un ejercicio abusivo del derecho de relación o puede tratarse de un ejercicio parcial, tardío o defectuoso del mismo.

Habrá incumplimiento imperfecto por defecto en un elenco muy amplio de supuestos que comportan una falta o carencia cuantitativa o cualitativa. Los más comunes son: cuando el progenitor titular del derecho-deber no concurre injustificadamente a satisfacer algunas de las visitas determinadas (cumple con las de fin de semana, pero no con las intrasemanales; cumple con la mitad de las estancias en periodos vacacionales, etc.)[911]; cuando ejerce el derecho con clara

[908] Rivero Hernández, Francisco, *El derecho...,* p. 268 y 271; Romero Coloma, Aurelia María, *Incumplimiento...*, p. 36.

[909] Romero Coloma, Aurelia, *Incumplimiento...,* p. 36.

[910] Zarraluqui Sánchez-Eznarriaga, Luis, *Derecho de...,* p. 153.

[911] La AP de Madrid condenó al padre no custodio por la falta del art. 628.2 del CP por cuanto se había probado que no había recogido al menor en reiteradas oportunidades en el punto de encuentro

desatención de las necesidades del hijo (no le alimenta adecuadamente, no protege su salud, no colabora con sus deberes escolares, etc.)[912]; cuando no ejerce el derecho personalmente por razones de su conveniencia personal y comodidad, dejándole al cuidado de parientes o amigos o en actividades intelectuales o deportivas que consumen un tiempo que estaba destinado a la relación personal recíproca (en cambio puede hacerlo porque al niño le conviene en razón de sus posibilidades de desarrollo o por necesidad temporal); cuando comparece en condiciones psicofísicas no idóneas para ejercer la función de relacionarse y cuidar a sus hijos (ebrio o muy debilitado por encontrarse convaleciente de una enfermedad grave, etc.)[913].

Hay incumplimiento del régimen por exceso cuando el progenitor no custodio desproporciona el ejercicio sobreabundando en la relación con el hijo más allá de los tiempos establecidos o cuando utiliza el ejercicio del derecho para fines diversos de los que le son propios; en ambos casos se sobrepasa manifiestamente en los límites normales del ejercicio del derecho[914], afectando otros intereses o derechos del menor[915] y del progenitor custodio. Lo que excede los cauces determinados, sin mediar consentimiento del custodio, no es ejercicio, sino extralimitación[916]. El ejercicio abusivo de cuanto constituye la parte de derecho es verdadero incumplimiento del deber, ambos constitutivos de la realidad compleja del *derecho-deber* de relaciones personales entre un padre y su hijo[917].

Se estiman como conductas comprendidas dentro del ejercicio abusivo, entre otras las siguientes[918]:

---

familiar para realizar las visitas, sin justificar su conducta: AP Madrid, sentencia 592/2009, de 18 de septiembre, sección 16ª, JUR\2009\453152.

[912] En la sentencia de que conoce la AP de Oviedo se suspende el régimen de visita a favor de la madre debido a la situación de total desatención, por constar el absentismo escolar reiterado y la falta de higiene del menor luego de las visitas con pernocta: AP Oviedo, sentencia 476/2012, de 3 de diciembre, sección 6ª, Id Cendoj: 33044370062012100470.

[913] Se indica que esta última situación haría decaer la obligación de entrega del menor que pesa sobre el custodio, al ser de aplicación la protección del interés preponderante del menor y la obligación de velar por él que le corresponde: González Del Pozo, Juan Pablo, "La ejecución...", p. 92.

[914] Romero Coloma, Aurelia, *Incumplimiento...*, p. 52.

[915] Se advierte que el abuso en el ejercicio del derecho incide en la mayoría de las ocasiones, negativamente en el desarrollo psicoemocional del hijo, comprometiendo con ello su bienestar, su interés y su beneficio: Romero Coloma, Aurelia, *Incumplimiento...*, p. 52.

[916] Rivero Hernández plantea una interesante distinción –que no sigo en este análisis– entre lo que corresponde propiamente a un ejercicio abusivo, de lo que es verdadero "no derecho", es decir, de aquello que cae dentro de lo antijurídico: Rivero Hernández, Francisco, en Lacruz Berdejo, José Luis (coord.), *Matrimonio...*, p. 1106.

[917] Rivero Hernández, Francisco, *El derecho...*, p. 279.

[918] Algunas de las aquí enumeradas aparecen escuetamente identificadas en: García Gil, Javier, "La protección de los hijos menores o incapacitados en las situaciones de crisis matrimonial",

- Cuando se retira o se regresa al hijo en horarios o en lugares distintos a los determinados, sin razón y sin aviso oportuno, alargando innecesariamente las visitas y violentando los acuerdos o decisiones judiciales. Particularmente, el notable y sistemático retraso en la recogida o en la devolución en tiempo notoriamente alejado del señalado va en detrimento de la natural libertad de movimiento y del mejor empleo del tiempo en el ejercicio de otras actividades tanto por el menor como por el progenitor custodio[919].

- Cuando se hace uso del ejercicio del derecho para fines diversos de los que le son naturales. Este es quizá el elenco más amplio de supuestos pues incluye: conductas que afectan físicamente al menor (agredir al hijo, hacerlo trabajar desproporcionadamente a su edad, abusar sexualmente de él[920]); conductas que afectan psicológica, afectiva y moralmente al menor (estoy pensando en la hostilidad parental del padre que en vez de mostrarse cariñoso y comprensivo con un niño que está procesando la separación de sus padres, le traslada las culpas, responsabilidades y reproches; lo insulta y desvaloriza, lo subestima o ridiculiza; o en vez de contenerle, aumenta su confusión y angustia ante la nueva situación, acrecentando su sensación de abandono y desprotección; también se incluyen aquí acciones como llevarlo a lugares perniciosos y los malos tratos en general); conductas dirigidas directamente a afectar la relación del menor con su custodio (influenciar o disponer negativamente al menor respecto del otro padre/madre, culpando a éste último permanentemente de la ruptura, o difamando todo su entorno familiar); conductas destinadas a interferir o controlar la patria potestad o guarda que corresponde al otro progenitor (criticar o desautorizar la educación o formación intelectual o ideológica que recibe el menor; inculcarle ideas contrarias a la formación que recibe; someterlo a intensos y tendenciosos interrogatorios; incentivarlo o premiarlo para que incumpla o rechace la línea de educación del custodio[921], entre otras).

Diario La Ley, tomo 3, 1989, consultado en wwwlaleydigital.es; y en ROMERO COLOMA, AURELIA, "El abuso del régimen de visitas", en *Actualidad Jurídica Aranzadi,* nº 844, 2012.

[919] Rivero Hernández se inclina por considerar abusivo solo el notable retraso en la recogida, no así el de la entrega que estima más cercano a un sencillo incumplimiento de la obligación que le compete al visitador: RIVERO HERNÁNDEZ, FRANCISCO, *El derecho...,* p. 280.

[920] Algunas de estas conductas se incardinan además en algún tipo delictivo.

[921] Este supuesto en el ámbito civil puede dar lugar a una conducta penal típica por el cauce del art. 224.2 del Código Penal, cuando el progenitor no custodio induce al hijo a infringir el régimen de custodia establecido por la autoridad judicial o administrativa.

- El traslado del menor, sin consentimiento ni conocimiento del custodio a otras ciudades o países, por tiempo indeterminado[922] o la retención o no devolución definitiva del menor[923].

Si bien el ejercicio abusivo es comentado de modo conjunto y sin mayores distinciones con las otras formas de incumplimiento, alguna doctrina pone énfasis en su delimitación por los diversos efectos que el daño consecuente puede producir con motivo de la aplicación del art. 7.2 Cc: así, *todo acto u omisión que por la intención del autor, por su objeto o por las circunstancias en que se realice sobrepase manifiestamente los límites normales del ejercicio de un derecho, con daño para terceros, dará lugar a la correspondiente indemnización y a la adopción de las medidas judiciales o administrativas que impidan la persistencia en el abuso.* Sin anticipar posición sobre el particular, parece interesante este esfuerzo; posibilidad que exploraré al tratar de la protección del derecho en el siguiente Capítulo.

B. Incumplimiento del progenitor custodio

El régimen de relación entre el padre no custodio y sus hijos se establece no solo para que lo cumpla aquél, sino también para que quien asume la guarda

[922] Caballero Gea, José-Alfredo, *Matrimonio...*, p. 244; también se menciona, citando instrumentos internacionales, como situación de abuso o fraude con motivo del ejercicio de derecho de visita en: Albácar López, José Luis - Martín-Granizo Fernández, Mariano, *Código...*, p. 1295. La AP La Rioja condenó al padre no custodio como autor de una falta de incumplimiento de obligaciones familiares prevista en el art. 618.2 CP por haber viajado fuera de España con los niños sin autorización de la madre cuando en el convenio regulador expresamente se establecía que cualquier viaje al extranjero con los menores requería el conocimiento y la autorización expresa del otro progenitor: AP La Rioja, sentencia 32/2012, de 20 de marzo, sección 1ª, consultada en Vlex, Id. vlex: VLEX-365850698.

Este tipo de abuso del derecho cuando configura sustracción tiene además consecuencia penal conforme al art. 225 bis del CP, que sanciona al progenitor que sin causa justificada para ello sustrajere a su hijo menor, con la pena de prisión de dos a cuatro años e inhabilitación especial para el ejercicio del derecho de patria potestad por tiempo de cuatro a diez años. Para los efectos de la norma y de lo que importa a este estudio, se considera sustracción el traslado de un menor de su lugar de residencia sin consentimiento del progenitor con quien conviva habitualmente o de las personas o instituciones a las cuales estuviese confiada su guarda o custodia y la retención de un menor incumpliendo gravemente el deber establecido por resolución judicial o administrativa.

Finalmente, también podría ser aplicable al progenitor no custodio que abusa en este sentido del ejercicio de su derecho, la falta del art. 622 del CP, conforme a la cual los padres que sin llegar a incurrir en delito contra las relaciones familiares o, en su caso, de desobediencia, infringiesen el régimen de custodia de sus hijos menores establecido por la autoridad judicial o administrativa serán castigados con la pena de multa de uno a dos meses.

[923] García Pastor, Milagros, *La situación...*, p. 266; Zarraluqui Sánchez-Eznarriaga, Luis, *Derecho de...*, p. 153. La no devolución del menor es considerada, por algún autor, como el incumplimiento más grave a que puede dar lugar el derecho de visita: Serrano Castro, Francisco, *Relaciones...*, p. 152.

y custodia del hijo o hijos menores posibilite los contactos en que consiste el régimen[924]. Los deberes del custodio respecto del régimen de relación tienen doble fuente: una específica derivada del régimen y una genérica derivada de su condición de padre/madre. En cuanto a la primera, a partir de la determinación del régimen de relación, la posición jurídica del custodio se caracteriza por una situación de deber jurídico, cuya carga principal es propiciar y facilitar la relación; al venir su colaboración impuesta en el convenio o en la medida judicial subsidiaria, la obstrucción al ejercicio del derecho se configura como una conducta antijurídica[925]. Desde una perspectiva más general, al progenitor custodio incumbe facilitar y posibilitar los contactos de sus hijos con el otro padre, pues tiene el deber constitucional de velar por ellos y brindarles protección integral, dentro de lo cual se incardina lo necesario para asegurar el correcto desarrollo de su personalidad; la obstrucción directa al ejercicio del derecho puede constituir un ejercicio inadecuado o abusivo de la guarda y custodia con las consecuencias que se tratarán más adelante: *dentro de las aptitudes para ser custodio está la de ser capaz de motivar y animar al menor para relacionarse con el otro progenitor ya que ello redunda en su beneficio y desarrollo evolutivo (...) escudarse en la voluntad del menor para no hacer la entrega (...) lo que pone al descubierto, además del perjuicio al padre y también al hijo, en cuanto a las condiciones naturales precisas para un desarrollo adecuado de su personalidad, es un evidente problema de aptitud para cumplir con el conjunto del papel que conlleva ser guardador y custodio exclusivo del hijo menor de ambos progenitores*[926].

Si el custodio daña injustificadamente la relación entre el otro progenitor y sus hijos –por quienes debe velar especialmente en su desarrollo integral–, no solo incumple los deberes que la resolución judicial le impone respecto del régimen de visita; además pone en duda sus propias habilidades parentales, pues se muestra incapaz de separar el conflicto de pareja de la situación de los hijos y no observa con neutralidad el mejor beneficio de los menores.

---

[924] El tema fue abordado en el Capítulo Tercero de este trabajo; además puede verse: Rubio Ramos, Mª Rosa, "Los incumplimientos de las sentencias en el derecho de familia, causas y consecuencias. Pasos a dar: ¿cambio de custodia? ¿cuándo? ¿cómo?", *III Simposium sobre Guarda y Custodia de los hijos*, Tenerife, 6 y 7 de noviembre, 2008.

[925] AP Tarragona, sentencia 437/2007, de 6 de junio, ARP\2007\521, consultada en www.westlaw.es. También AP de Álava, sede Vitoria-Gasteiz, sección 2ª, sentencia 92/2006, de 20 de abril, Id Cendoj: 01059370022006100046. Tal conducta antijurídica puede enmarcarse en delitos de desobediencia a la autoridad judicial o en faltas, según se verá en el Capítulo Sexto.

[926] AP de Ciudad Real, sección 1ª, sentencia 64/2009, de 16 de junio (La Ley 181115/2009), comentada en Moreno Velasco, Víctor, "Incumplimiento del régimen de comunicación del progenitor no custodio por voluntad de los hijos", *La Ley*, nº 7565, 2011, consultada en www.laleydigital.es.

La conducta del custodio puede ser constitutiva de un incumplimiento total cuando impide de todo punto el ejercicio del régimen de relación (por ejemplo no entregando al menor), o puede ser configuradora de un cumplimiento imperfecto, básicamente en dos supuestos: cuando impide que el ejercicio se efectúe adecuadamente del modo previsto (retrasa la entrega; altera los días; no informa de situaciones imprevistas relativas al hijo; no entrega la ropa, medicamentos y enseres personales del menor, entre otras[927]) y cuando impide que el derecho cumpla los fines a que está destinado (por ejemplo, creando un clima adverso, disponiendo negativamente al menor respecto del progenitor no custodio)[928].

Subyace a estos incumplimientos una actitud negativa y de no colaboración del custodio –y en ocasiones de todo su entorno– dispuesta a producir la frustración material del ejercicio del derecho o del logro de sus fines. La conducta es deliberada y opera sin mediar circunstancias que la justifiquen.

Dentro de los principales motivos aducidos por el progenitor custodio para no dar cumplimiento a sus deberes respecto del régimen de relación –particularmente para no entregar al menor– se encuentran: la consideración de que el progenitor no custodio no ejerce adecuadamente sus responsabilidades parentales[929]; la voluntad irreductible del menor de no permanecer en compañía del no custodio[930]; la estimación de que la estancia del menor con el otro progenitor es

[927] Algunos comentarios a esta obligación accesoria se han formulado en: GONZÁLEZ DEL POZO, JUAN PABLO, "La ejecución…", p. 92-93.

[928] En los autos de que conoce el Juzgado de Primera Instancia nº 3 de Valladolid (que será examinado con mayor detalle en el Capítulo destinado a la protección del derecho), la madre había incumplido el régimen de visitas de dos formas: no llevando a la niña a Aprome cuando le correspondían las visitas al padre y, en segundo lugar, creando en la hija un rechazo al padre. Según el equipo psicosocial la madre siempre ha priorizado sus deseos e intereses por encima de los de su hija y ha asumido un papel de víctima que no se corresponde con la realidad, privando a la menor de la relación con su padre lo que supone un inadecuado ejercicio de la custodia: Sentencia 446/2011, de 5 de diciembre, (AC/2012/180), consultada en www.westlaw.es.

[929] La falta de habilidades parentales es alegada y probada en los autos de que conoce la AP A Coruña, en sentencia 553/2011, sección tercera, de 28 de octubre (id vlex: VLEX-345019158). Por el contrario, en los autos de que conoce el Tribunal Supremo, la madre había argumentado el abandono material y afectivo de la hija por el padre quien habría incumplido por años sus deberes parentales, sin embargo quedo probado que *la falta de relación se debió a que el padre desconocía su paradero y tales circunstancias las provocó deliberadamente la recurrente, pues así "cerró las puertas a una futura comunicación", ya que se trasladó a otro domicilio y no facilitó nueva dirección al demandado ni a su familia más próxima*: TS, sentencia 1127/2003, de 27 de noviembre, sala 1ª de lo Civil, consultada en vlex: id VLEX-17748742.

[930] MORENO VELASCO, VÍCTOR, "Incumplimiento…". El autor insiste en la necesidad de identificar la existencia de hechos objetivos y consistentes que fundamenten tal negativa, la que puede deberse a causas fundadas o infundadas. Asimismo, da cuenta de casos conocidos por Audiencias Provinciales donde se limitan o suspenden las visitas por negativa de los menores a la relación habiendo resultado probado que la misma se debía a los incumplimientos continuos y la ausencia del progenitor no custodio en la vida del menor por largo periodo de tiempo.

Desde una óptica complementaria no puede olvidarse que el para el progenitor custodio constituye un deber colaborar al normal desenvolvimiento de las relaciones de sus hijos con el otro perjudicial para aquél (por los ejemplos corruptos, los maltratos o los abusos de que es víctima[931]); enfermedad del menor[932] o actividades extraescolares en los días intrasemanales en que corresponden las visitas[933], entre las más comunes. En la mayor parte de los casos, indica González del Pozo, se trata de meras excusas unas veces falsas, otras inexistentes y otras, irrelevantes para fundar la negativa[934], de ahí la importancia de la habilidad del juzgador para detectar los verdaderos problemas de fondo (asistido por los equipos psicosociales), hacer una intervención temprana evitando que se prolonguen y dar protección a los menores implicados[935].

En cuanto a sus efectos, desde el ángulo del progenitor no custodio la obstrucción al ejercicio provoca la perdida del hijo, aunque sea temporal, por cuanto se impide el trato, contacto y comunicación, que es para él (que no tiene el cuidado personal habitual y quizá tampoco comparte el ejercicio de la patria potestad) la forma de actuación de la relación paterno-filial[936]. Si se impide que un hijo pase con su padre el tiempo en que conforme a la resolución judicial o el acuerdo, debieron relacionarse, el ejercicio del derecho quedará incumplido sin posibilidad de reparación, pues ese tiempo y ese contacto se habrán perdido y la relación no se habrá producido[937]. El derecho del progenitor no custodio a que no se ponga en peligro su relación paterno-filial debido a las posturas

progenitor y cuanto menor sea la edad de los hijos mayor responsabilidad podrá imputársele en la negativa de aquellos, salvo circunstancias particularmente graves: Díaz Martínez, Ana, "Resarcimiento de daños por incumplimiento de las medidas personales de las sentencias de divorcio: de la reflexión teórica a los tribunales de justicia", consultada en www.westlaw.es, bib2012/510, el 22 de noviembre de 2012.

931 En la apelación de que conoció la AP de Tarragona se revocó la sentencia absolutoria y se condenó a la madre custodia por delito continuado de desobediencia grave, por los reiterados incumplimiento del régimen de visita en un caso donde ella justificaba su conducta en supuestos abusos sexuales del padre de la menor. El Ministerio Fiscal adhirió al recurso señalando que no puede descartarse que la conducta de la acusada no viniera motivada por otro tipo de ánimos o móviles más cercanos al resentimiento o la venganza que a un verdadero ánimo de conservación o protección de la menor, por lo que considera que no puede aplicarse el error pretendido: AP Tarragona, sentencia 437/2007, de 6 de junio, ARP\2007\521, consultada en www.westlaw.es.

932 Así en los autos de que conoce la AP de Madrid (sección 17ª), sentencia 289/2007, de 24 de julio, consultada en www.westlaw.es.

933 La Audiencia de Cantabria modifica el régimen de visita conforme al art. 776.3 Lec luego que la madre custodia lo incumpliera reiteradamente con la excusa de enfermedad de la hija o de las actividades extraescolares: AP de Cantabria, sección 2ª, sentencia 215/2003, de 15 de abril, JUR\2003\204157, consultada en www.westlaw.es.

934 González Del Pozo, Juan Pablo, "La ejecución…", p. 104. Por su parte, Moreno Velasco, Víctor, "Incumplimiento…" deja claro que muchas de estas situaciones son el reflejo del incumplimiento por parte del custodio de un deber positivo de colaboración para que la comunicación quede efectivamente cumplida.

935 Moreno Velasco, Víctor, "Incumplimiento…".

936 Romero Coloma, Aurelia, *Incumplimiento…*, p. 84.

937 De La Oliva Vázquez, Antonio, "Derechos y…", p. 256.

de enfrentamiento que surgen entre los cónyuges como consecuencia de la separación o el divorcio[938], es un interés legalmente protegido en el art. 94 Cc.

Desde la óptica del hijo, cuando se obstruye o limita el ejercicio de la relación a que tiene derecho, se puede causar un perjuicio en su formación integral al privarle de una vivencia, contacto y referente relevante en su desarrollo. Tanto para el hijo como para el progenitor no custodio la obstrucción puede configurar además, un tipo de violencia psicológica ejercida al amparo del ámbito de poder de que goza el progenitor custodio[939].

2. Consecuencias jurídicas de los incumplimientos

A. Marco general y delimitaciones

Cuando se trata de un padre incumplidor hay una delgada línea entre lo que corresponde a una sanción al derecho del progenitor custodio o no custodio, según el caso, y la cautela de los intereses de los hijos[940]. Por lo mismo en esta materia se hacen imprescindibles las distinciones y matizaciones, resultando de ello que una cosa es la sanción al responsable, otra la reparación de los daños y otra el restablecimiento del derecho o de su ejercicio.

A todas estas situaciones me voy a referir en el Capítulo Sexto, al abordar en general la protección del derecho de relación, sin perjuicio de lo que diré al revisar las variaciones en el ejercicio. Me interesa ahora dejar anunciadas algunas cuestiones generales, cuyo desarrollo será posterior: primero, la ejecución de la sentencia en sus propios términos, cuando no se da satisfacción pronta y voluntaria, se hace conforme al art. 776.2 Lec, que se refiere al incumplimiento de obligaciones no pecuniarias de carácter personalísimo; segundo, el art. 94 Cc. contempla consecuencias por el incumplimiento del visitador, pero no se refiere a aquellos casos, habituales en ocasiones, en los que quien incumple es el custodio[941]; tercero, el incumplimiento reiterado de las obligaciones derivadas del régimen de visitas, tanto por el progenitor guardador como del no guardador, puede dar lugar a la modificación del régimen de guarda y visitas conforme a la Ley procesal (art. 776.3 Lec); cuarto, el marco legal relativo al incumplimiento del régimen de visitas tiene una doble referencia, no solo en las normas civiles citadas, sino también en el ámbito penal, según se verá;

---

938 Caballero Gea, José-Alfredo, *Matrimonio...*, p. 223.

939 De La Oliva Vázquez, Antonio, "Derechos y...", p. 255.

940 Ragel Sánchez, Luis, *Nulidad...*, p. 112.

941 A partir de ahí, se ha concluido que la actual regulación del derecho de visita en el Cc. perjudica al cónyuge que no tiene la custodia de los hijos menores, suponiendo una discriminación para el cónyuge visitante, que no sería acorde con el art. 14 de la Constitución: Carretero Sánchez, Adolfo, "El nuevo...".

y finalmente, la reacción frente a una conducta incumplidora debe partir del análisis de la afectación que dicha conducta provoca al interés del menor y de cómo pueden repercutir las posibles medidas a tomar sobre el mismo interés: es criterio fundamental para valorar las consecuencias de un incumplimiento el interés superior del menor[942].

Sin perjuicio de lo dicho, existen consecuencias del incumplimiento que no tienen que ver directamente con la protección misma del derecho y esas paso a comentar.

B. Incumplimiento y privación de la patria potestad

En el plano humano, el incumplimiento del derecho si es total, generará una no relación y, si es reiterado, una desvinculación entre padre e hijo. Se va a producir un efecto contrario a los fines de la institución: no se desarrollará, ni reanudará la comunicación y producto de la falta de relación el padre no custodio al cabo de un tiempo se transformará en un extraño para sus hijos. En el plano jurídico interesa determinar si esa falta de relación del progenitor no custodio con el hijo podría llegar a ser causa de privación de la patria potestad.

Es pertinente recordar que la patria potestad en España es una institución básica del orden social-familiar, cuyo ejercicio se encuentra siempre funcionalizado, pues se ejerce en beneficio del hijo[943], abarcando un conjunto de derechos concedidos a los padres para facilitar el cumplimiento de sus deberes respecto de los hijos. Luego, dispone el art. 170.1 del Cc. que *el padre o la madre podrán ser privados total o parcialmente de su potestad por sentencia fundada en el incumplimiento de los deberes inherentes a la misma o dictada en causa criminal o matrimonial*. Interesa la comprensión de la causal de privación consistente en el incumplimiento de deberes inherentes a la patria potestad. De lo expuesto por el art. 154 Cc. resulta que son inherentes a la patria potestad los deberes de velar por los hijos, tenerlos en su compañía, alimentarlos, educarlos, procurarles una formación integral, representarlos y administrar sus bienes. A partir de ahí, corresponde preguntarse si el deber del padre no custodio de relacionarse con los hijos es inherente a la patria potestad y luego, si su incumplimiento puede generar privación de la misma.

Sobre lo primero, si se admite que el deber de compañía de que habla la norma no se agota en la unidad de domicilio ni la exige, que es más que la inmediación física por cuanto supone comunicación afectiva e intelectual y

---

[942] GARCÍA PASTOR, MILAGROS, *La situación...*, p. 265.

[943] DÍEZ-PICAZO, LUIS - GULLÓN, ANTONIO, *Sistema de...*, p. 271.

que es compatible con separaciones materiales[944], entonces habrá de convenirse que el *derecho-deber* del progenitor no custodio ejerciente de la patria potestad, aunque no implica la convivencia y compañía habitual y permanente, sí es inherente a la patria potestad[945], en el sentido de que no puede haber patria potestad sin derecho de relación (*tenerlos en su compañía*, conforme al art. 154 Cc), aún cuando su fuente última es la propia relación de filiación, por tanto, bien puede ejercerse el derecho de visita en situaciones donde se está privado de la patria potestad[946].

Con lucidez se ha dicho que *el concepto de compañía es mas que la simple cercanía y comprende relaciones de tipo afectivo e intelectual, que sin la presencia física permanente, puede ser eficazmente atendida por medio de contactos y comunicaciones de otra índole, como epistolares o telefónicas, que permiten conocer, participar y tener influencia en los aspectos mas importantes del desarrollo de la personalidad del menor, como ocurre en el caso del progenitor que no convive con el, pero que ejerce desde la distancia adecuadamente su función de padre/madre y está de forma habitual al corriente de las preocupaciones, circunstancias y vicisitudes de la vida de su hijo*[947]. En el supuesto de divorcio la facultad de compañía, propia de la patria potestad, se concreta en el derecho de visita para el progenitor que no convive con los hijos[948]; o si se quiere, es la forma en que el deber de compañía se cumple cuando los padres no viven juntos[949].

---

[944] LACRUZ BERDEJO, JOSÉ LUIS - RAMS, JOAQUÍN, *Elementos de...*, p. 398, quienes al analizar el deber de compañía propio de la patria potestad del art. 154 Cc. incluyen el derecho de relacionarse con el hijo de que hablan los art. 160 y 161 del mismo cuerpo legal.

[945] CASTILLA BAREA, MARGARITA - CABEZUELO ARENAS, ANA LAURA, "Disposiciones...", p. 457; así lo deja ver también CASTILLO MARTÍNEZ, CAROLINA, *La privación de la Patria Potestad. Criterios legales, doctrinales y judiciales,* 2ª edición, La Ley, Madrid 2010, p. 175. Hay doctrina contraria que señala que la facultad de relacionarse con el hijo no necesariamente es inherente a la patria potestad: CARRANCHO HERRERO, Mª TERESA (coord.), *Instituciones...*, p. 53. Ello se devela conforme al art. 160 cuando un padre no ejerce la patria potestad, porque ahí aparece el derecho directamente como proyección de la filiación.

[946] Por ello también se ha dicho que el derecho de visita no es un efecto directo de la patria potestad, considerando que también existe respecto del progenitor privado de ésta: FREIJANÉS BENITO, ANTONIA, "La protección...", p. 81. Sin perjuicio de ello, y de su independencia de la patria potestad en ciertos casos, es indudable que cuando ésta se encuentra vigente, la comunicación y compañía la integran, como bien señala el art. 154 Cc.

[947] RUBIO SAN ROMÁN, JOSÉ IGNACIO en RAMS ALBESA, JOAQUÍN (coord.), *Comentarios...*, p. 1482.

[948] RABADÁN SÁNCHEZ-LAFUENTE, FUENSANTA, *Ejercicio...*, p. 32.

[949] De lo contrario habría que entender que cada vez que la sentencia de divorcio atribuya a un padre la guarda y custodia individual y al otro le regula un régimen de visitas, se colocaría a éste último en la posición de incumplidor del deber de compañía. La doctrina ha señalado que el deber de compañía no se incumple cuando los padres no conviven y específicamente en los procesos matrimoniales el deber de tener a los hijos consigo se cumpliría perfectamente si se da satisfacción a lo establecido en el convenio regulador o en la sentencia: YZQUIERDO TOLSADA, MARIANO, en DE PABLO CONTRERAS, PEDRO - VALPUESTA FERNÁNDEZ, ROSARIO (coords.), *Código Civil...*, p. 764; en iguales términos el mismo autor en "La patria...", p. 56.

Respecto de lo segundo, si bien alguna doctrina se pronuncia sin mayor análisis por una respuesta positiva entendiendo que este incumplimiento puede ser causa de pérdida de la patria potestad conforme al art. 170 Cc.[950], parece pertinente explorar previamente ciertas exigencias relevantes de la causal que pueden ser utilizadas como criterios para delimitar la cuestión:

- En primer término, el incumplimiento debe ser grave y reiterado[951]. No serán incumplimientos graves para estos efectos, los cumplimientos parciales o defectuosos del régimen de relación a que he aludido, que pueden ser subsanados con medidas de protección del derecho. Corresponde a los tribunales, en cada caso concreto, establecer el alcance y la gravedad de los incumplimientos imputados[952].

[950] LACRUZ BERDEJO, JOSÉ LUIS - RAMS, JOAQUÍN, *Elementos de...*, p. 398; TRINCHANT BLASCO, CARLOS (coord.), *Memento...*, p. 404. También CARRANCHO HERRERO, Mª TERESA (coord.), *Instituciones...*, p. 52, refiriéndose al incumplimiento del deber de compañía del art. 154 Cc. y, GARCÍA PASTOR, MILAGROS, *La situación...*, p. 268, quien informa que la medida podría tener dos utilidades: garantizar al progenitor que asume correctamente su tarea la no intromisión del que se ha despreocupado del hijo y ser un revulsivo para éste último, permitiéndole recapacitar sobre la gravedad de su incumplimiento. No desconoce, sin embargo, la posible producción de consecuencias en sentido contrario, específicamente el alejamiento definitivo entre padre e hijo. Estas mismas utilidades son repetidas en: SERRANO CASTRO, FRANCISCO, *Relaciones...*, p. 154.

La jurisprudencia, por su parte, se ha mostrado vacilante en la materia estimando en ocasiones que la despreocupación y alejamiento del padre no constituye causa suficiente para decretar la privación de la patria potestad y, en otras, privando de ella por la desatención del padre de sus deberes personales respecto de los hijos; así bien lo informan: PÉREZ ÁLVAREZ, MIGUEL, en MARTÍNEZ DE AGUIRRE, CARLOS (coord.), *Curso de...*, p. 365 y ROMERO COLOMA, AURELIA, "La falta de relación del progenitor con el hijo (o hijos) menor de edad como causa de privación de la patria potestad", *Revista de Derecho de Familia*, Nº 36, 2007, p. 265 y ss. El Tribunal Supremo ha ido fijando algunos criterios al respecto, por ejemplo que: la despreocupación y alejamiento temporal al menos externo y formal, sin perjuicio de la concurrencia de posibles desavenencias con la madre, no constituye causa suficiente para decretar privación de la patria potestad: TS, sentencia 720/2002, de 9 de julio, sala 1ª de lo civil, consultada en vlex: id. VLEX-15040249.

[951] VÁZQUEZ-PASTOR JIMÉNEZ, LUCÍA, en DÍEZ-PICAZO GIMÉNEZ, GEMA (coord.), *Derecho de...*, p. 1885; PÉREZ ÁLVAREZ, MIGUEL ÁNGEL, en MARTÍNEZ DE AGUIRRE, CARLOS (coord.), *Curso de...*, p. 365. Alguna doctrina ha aludido solo a la gravedad: DÍEZ-PICAZO, LUIS - GULLÓN, ANTONIO, *Sistema de...*, p. 285.

[952] TS, sentencia 1127/2003, de 27 de noviembre, sala 1ª de lo Civil, consultada en vlex: id VLEX-17748742. El mismo Tribunal agrega que dicho carácter discrecional no es, sin embargo, absoluto ya que la norma establece unos límites que la decisión ha de respetar. De un lado, la medida ha de adoptarse en beneficio de los hijos; así lo establece el art. 39.2 CE, en cuanto impone a los poderes públicos una actuación que asegure la protección integral de aquellos; lo propio hacen los art. 154 y 170 del Cc. De otro lado, la privación de la patria potestad, total o parcial, no constituye una sanción perpetua, sino condicionada a la persistencia de la causa que la motivó, como establece el art. 170.2 Cc. al regular la recuperación de aquella: TS, sala de lo Civil, sección 1ª, sentencia 653/2004 de 12 julio RJ\2004\4371, consultada en www.westlaw.es. La doctrina resalta la amplia facultad discrecional de apreciación judicial: PÉREZ ÁLVAREZ, MIGUEL ÁNGEL, en MARTÍNEZ DE AGUIRRE, CARLOS (coord.), *Curso de...*, p. 365.

- Vinculado a lo anterior, el incumplimiento debe ser imputable al progenitor, de lo contrario se tratará de un incumplimiento excusable o justificado, como ocurre con el no ejercicio del derecho de relación provocado por circunstancias obstativas no previstas, al margen de la voluntad de los sujetos vinculados por el derecho[953].

- Luego, la privación no es una consecuencia necesaria o inevitable del incumplimiento, sino sólo posible (así lo señala expresamente el art. 170 "*El padre o la madre podrán ser privados...* ") en función de las circunstancias concurrentes y siempre en interés y beneficio de los hijos[954].

- En tanto conlleva un despoje de derechos, la medida de privación de la patria potestad por incumplimiento de deberes inherentes a la misma debe ser objeto de interpretación restrictiva[955]. En esta parte conviene tener presente que en la actualidad en doctrina y jurisprudencia prima el carácter tuitivo que tiene la privación de la patria potestad por encima del carácter sancionador con que fue concebida en algún momento: el juicio de oportunidad o necesidad de la medida debe prescindir de la finalidad de castigar una conducta de los padres, aunque la consecuencia de adoptar la medida sea una efectiva privación de derechos[956]. La alusión

[953] El Tribunal Supremo ha aludido a la necesidad de probar la concurrencia de un voluntario e imputable incumplimiento del padre a quien se trata de privar de la patria potestad, señalando que el art. 170 Cc. *exige que aparezca plenamente acreditado el incumplimiento de dichos deberes por el progenitor al que se le pretende privar de la patria potestad y sean consecuencia de una actuación y conducta a él imputable de modo exclusivo*: TS, sentencia 1127/2003, de 27 de noviembre, sala 1ª de lo Civil, consultada en vlex: id VLEX-17748742. En la doctrina se ha hecho presente que si bien el texto del art. 170 Cc. no distingue si el incumplimiento debe ser o no voluntario, la concurrencia de un grado de imputabilidad debe imponerse por el carácter de la medida: CASTILLO MARTÍNEZ, CAROLINA, *La privación...*, p. 179. Señala la autora que en el caso de ausencia de relación personal del progenitor con el menor por un periodo prologado vinculado al régimen de visitas, de manera general se sostiene el criterio favorable a su estimación como motivo de privación, siempre y cuando su origen se localice en causas únicamente imputables a la voluntad del progenitor y no responda a motivos externos (p.190-191).

[954] TS, sala de lo Civil, sección 1ª, sentencia 653/2004 de 12 julio RJ\2004\4371, consultada en www.westlaw.es. Así también: DÍEZ-PICAZO, LUIS - GULLÓN, ANTONIO, *Sistema de...*, p. 285; PÉREZ ÁLVAREZ, MIGUEL ÁNGEL, en MARTÍNEZ DE AGUIRRE, CARLOS (coord.), *Curso de...*, p. 365; VÁZQUEZ-PASTOR JIMÉNEZ, LUCÍA, en DÍEZ-PICAZO GIMÉNEZ, GEMA (coord.), *Derecho de...*, p. 1883.

[955] PÉREZ ÁLVAREZ, MIGUEL ÁNGEL, en MARTÍNEZ DE AGUIRRE, CARLOS (coord.), *Curso de...*, p. 364. La medida de privación de la patria potestad reviste un carácter excepcional y por lo mismo se sugiere que los tribunales atiendan a situaciones extremas que seriamente pongan en peligro la educación y formación de los hijos, más que al hecho objetivo de incumplimiento de deberes familiares, sobre todo si se han producido en periodos de crisis matrimonial: CAVANILLAS MÚGICA, SANTIAGO, en PASQUAU LIAÑO, MIGUEL (dir.), *Jurisprudencia...*, p. 488.

[956] VÁZQUEZ-PASTOR JIMÉNEZ, LUCÍA, en DÍEZ-PICAZO GIMÉNEZ, GEMA (coord.), *Derecho de...*, p. 1883. La autora da cuenta de la evolución doctrinal y de la jurisprudencia más reciente que insiste en la finalidad protectora que tiene la medida.

al carácter sancionador de la privación de la patria potestad se emplea para someterla a una interpretación restrictiva[957].

- Finalmente, la medida debe orientarse por el principio del *favor filii*: criterio que se revela de formas diversas, así: es posible que el incumplimiento grave, reiterado e imputable de los deberes acarree un perjuicio cierto a los hijos[958]; es posible que sin acarrear perjuicios efectivos y presentes, el mantenimiento de una patria potestad formal no reporte ningún beneficio a los menores[959]; es posible, por último, que la medida de privación se revele absolutamente necesaria para apartar al menor de un riesgo potencial, caso en el cual, el peligro no se deriva directamente del incumplimiento sino de la no adopción de la medida de privación[960]. En todos estos casos el principio conduce a la adopción de la medida, al punto que se ha indicado, como he referido líneas atrás, que la privación se enmarca dentro de las medidas tuitivas de protección del menor[961]. Cuando no se presente un incumplimiento de deberes paternos suficientemente grave para que proceda la pérdida

[957] Vázquez-Pastor Jiménez, Lucía, en Díez-Picazo Giménez, Gema (coord.), *Derecho de...*, p. 1884.

[958] Así ocurrió en un caso que debió conocer en apelación la AP de Murcia, donde quedó probado que el padre no custodio *ha quebrantado de forma evidente los más elementales deberes inherentes al ejercicio de la patria potestad. Su despreocupación por su hijo es patente y reiterada, así como también lo es el ambiente hostil en el que el menor ha convivido, hasta el extremo de haber repercutido de forma importante en todos los ámbitos y facetas de su desarrollo, sin que esa relación paterna haya resultado positiva para el niño, ni siquiera de forma mínima. A ello cabría añadir finalmente la negativa del padre a someterse a cualquier tipo de terapia en orden a reconducir su relación con su hijo, ya que ni siquiera asume o reconoce que su hijo pueda haber sufrido como consecuencia de su conducta*: AP Murcia, sentencia 760/2012, de 22 de noviembre, Id Cendoj: 30030370042012100748.

[959] Así fue valorado por la AP de Tarragona al confirmar la privación de la patria potestad al padre que durante más de cinco años se desentendió del hijo, dando lugar a *un total y consciente abandono de sus deberes para con él, lo que supone un incumplimiento grave y reiterado de los mismos, sin que ello haya supuesto ningún perjuicio para el menor en función de su real y efectiva incorporación a la nueva familia de su madre, en el seno de la que ha encontrado la satisfacción de sus necesidades, por lo que la desaparición de la potestad de su padre biológico no supondrá perjuicio alguno para el menor y contribuirá a preservar su actual estatus familiar y personal, todo lo que responde a su interés superior frente a lo que el mantenimiento de una potestad formal carece de sentido*: AP de Tarragona, sentencia de 455/2012, de 23 de noviembre, Id Cendoj: 43148370012012100407. En este caso, el incumplimiento de deberes del padre no originó perjuicio alguno al menor dadas las circunstancias concurrentes (integración en la nueva familia de la madre), pero el *favor filii* reclama la adopción de la medida pues el mantenimiento de la patria potestad no le reporta ningún beneficio.

[960] En Vázquez-Pastor Jiménez, Lucía, en Díez-Picazo Giménez, Gema (coord.), *Derecho de...*, p. 1885 y ss. se presentan algunas de estas posibilidades a propósito de la doctrina jurisprudencial.

[961] San Segundo Manuel, Teresa, "Maltrato...", p. 131.

de la patria potestad, ni la supresión beneficie a los hijos, se entiende que no procede la medida[962].

De lo que se viene diciendo resulta que el tribunal debe decidir el alcance de los incumplimientos en cada caso concreto, evaluando su gravedad y reiteración, teniendo presente que la patria potestad se configura como una función tuitiva en beneficio de los hijos, y que la privación es un mecanismo sancionador de aplicación restrictiva, tendiente a la prevención o represión de abusos siempre en atención al principio del beneficio del menor, en cuanto la conducta incumplidora o la no adopción de la medida puedan poner en peligro su desarrollo o formación integral[963], de tal modo que la patria potestad puede mantenerse en el padre, pese al reproche social que su desinterés e incumplimiento pueda merecer. Los factores de riesgo derivados de los incumplimiento o del mantenimiento de la patria potestad deben acreditarse.

En este contexto es posible concluir que la *falta de relación* grave, reiterada e imputable, como consecuencia del incumplimiento total del régimen de relación por parte del progenitor no custodio, solo puede dar lugar a la privación de la patria potestad cuando genera un peligro para el menor y la medida se revela útil para evitarlo, esto es, cuando la privación es beneficiosa para el menor. Si el mantenimiento de la patria potestad en el progenitor incumplidor no es perjudicial para el hijo, la medida de privación de la misma, en base a tales incumplimientos, no es necesaria en función de dicho interés y, el progenitor incumplidor del derecho a relacionarse con su hijo podrá ser persuadido (o

[962] AP Albacete, sentencia 114/2012, de 30 de noviembre, sección 1ª, Id Cendoj: 02003370012012100520.

[963] La interpretación doctrinal y jurisprudencial señala que la privación de la patria potestad *más que una sanción al progenitor incumplidor implica una medida de protección del niño, y por ende debe ser adoptada en beneficio del mismo, en cuanto la conducta de aquél, gravemente lesiva de los intereses prioritarios del menor, no se revele precisamente como la más adecuada para la futura formación y educación de dicho sujeto infantil*: AP Alicante, sentencia 100/2000 de 10 de febrero (AC/2000/1135). En los autos, luego del divorcio el padre aprovechando el acceso a los hijos con ocasión del ejercicio de derechos de visitas, procedió a sacarlos del país en fecha 3 de agosto de 1996 trasladándolos a Argelia a los efectos de impedir todo contacto de los menores con su madre; persistiendo dicha situación de alejamiento de los menores de su entorno familiar natural hasta diciembre de 1998. La audiencia estimó que dicha conducta constituyó *un grave incumplimiento de funciones inherentes a la patria potestad en perjuicio de los hijos menores, y ello en tanto en cuanto, al margen de la calificación penal de los hechos(...), lo cierto es que el citado comportamiento supuso el alejamiento de los niños de su núcleo familiar más próximo vedando toda posibilidad de contacto con su madre y desempeño por la misma de los deberes/derechos inherentes a la patria potestad, con necesaria incidencia en el ámbito de educación y conformación de la íntegra personalidad de los menores que vieron cercenadas sus posibilidades de formación en el ámbito familiar más próximo que les era propio.* El incumplimiento fue calificado de *grave, reiterado y continuado en el tiempo que, en función de la edad de los menores, y circunstancias concurrentes, no ha podido sino incidir de forma negativa en los mismos*, y por ello se decretó la privación de la patria potestad del demandado en relación a los hijos.

sancionado) por otros medios respecto de lo reprobable de su conducta[964]. Por el contrario, si el incumplimiento de los deberes es gravísimo y la continuación del ejercicio de la patria potestad puede afectar al menor en su persona y derechos, entonces la medida se revela útil y necesaria[965]. Si el padre/madre cesa en su desinterés e incumplimiento los tribunales pueden, nuevamente en beneficio e interés del hijo, acordar la recuperación de la patria potestad (art. 170.2 Cc).

III. VARIACIONES EN EL EJERCICIO O EN EL RÉGIMEN DE RELACIÓN

El régimen de relación en ejercicio está expuesto a sufrir diversas variaciones que pueden provenir del acuerdo de los progenitores o ser impuestas por decisión judicial. Hay que recordar en este punto, que el derecho de relación no es absoluto, lo que trae como consecuencia que, apegado como está a las circunstancias y al interés superior del menor, vaya variando en su ejercicio con el curso del tiempo para acomodarse, en cada momento, al beneficio del hijo, que constituye justamente su punto de referencia[966]. De la ausencia de carácter absoluto del derecho respecto de su régimen y contenido, muy vinculado a las circunstancias concurrentes, se derivaban la no producción de cosa juzgada de las decisiones judiciales sobre la materia y la posibilidad intrínseca a él de ser limitado o suspendido por el juez en interés del menor[967].

---

[964] Las diversas medidas de protección del derecho de relación se revisan en el próximo Capítulo al cual me remito, dejando solo anticipado que la despreocupación del progenitor no custodio respecto de sus hijos y el no haber mantenido relaciones personales con ellos durante algún tiempo no autoriza a suspender las visitas, sino que exige arbitrar un sistema que haga posible el acercamiento entre ellos: VÁZQUEZ IRUZUBIETA, CARLOS, *Matrimonio...*, p. 181.

[965] Al respecto la AP de Barcelona ha señalado recientemente que *la privación de la patria potestad, como cualquier otra medida que pueda adoptarse relativa a menores de edad, debe estar presidida por el interés del menor de manera que debe ponerse el acento no tanto en la conducta del progenitor en relación con el cumplimiento de sus deberes parentales aisladamente considerada, sino en la repercusión o incidencia que el comportamiento del padre tiene en la formación y desarrollo integral del niño, o lo que es lo mismo, procederá adoptar una medida tan grave como la privación de la potestad, cuando pueda afirmarse que resulta perjudicial para el niño el mantenimiento de la potestad por parte del progenitor.* En los autos se tuvo en consideración para privar al padre de la patria potestad, *el incumplimiento reiterado durante los últimos años de sus obligaciones económicas pero también personales y afectivas respecto a su hijo menor, en definitiva la desatención de la que ha sido objeto el menor por parte de su padre en todos los ámbitos, imputable al padre que en todos estos años no ha iniciado actuación alguna tendente a ver y comunicarse con su hijo, ni participar en los aspectos que resultan trascendentes para su crecimiento y formación como persona. Tal actuación ha tenido unas consecuencias perjudiciales en el menor que ha crecido sin referente paterno, como indica el informe del equipo técnico...*: AP Barcelona, sentencia 713/2012, de 27 de noviembre, Id Cendoj: 08019370182012100651.

[966] BALLESTEROS DE LOS RÍOS, MARÍA en BERCOVITZ RODRÍGUEZ-CANO, RODRIGO (coord.), *Comentarios al...*, p. 294; MONTERO AROCA, JUAN (coord.), *Los procesos...*, p. 498.

[967] GARCÍA PASTOR, MILAGROS, en PASQUAU LIAÑO, MIGUEL (dir.), *Jurisprudencia...*, p. 644; ARZA, ANTONIO, *Remedios...*, p. 116. Sobre este carácter no absoluto me remito a lo analizado en el Capítulo Segundo.

El legislador concede al juez una facultad discrecional en orden a la suspensión, modificación y/o rehabilitación del régimen acordado, pero siempre en base a razones predefinidas, destacando entre ellas la variación sustancial de las circunstancias tenidas en vista al tiempo de su adopción. En la decisión de admitir o denegar la petición de modificación o variación del régimen de relación, el punto de referencia es el interés superior del menor, criterio rector que ha de guiar la decisión judicial respectiva. El juez puede resolver sobre estas variaciones a petición de cualquiera de los dos progenitores, sin perjuicio de la legitimación del propio menor para concurrir al tribunal cuando entiende que el régimen establecido le perjudica, conforme al art. 158 regla 4ª Cc, ya comentada[968].

Diversas son las figuras que corresponde abordar en este acápite, desde la genérica modificación, comprensiva de figuras que conllevan el mantenimiento –aún restringido– del régimen de relación, hasta una suspensión o eventual supresión del ejercicio[969]. Para efectos de orden, revisaré en primer término los aspectos generales de la modificación del régimen (causales generales y tipos de modificación); a continuación se aborda de forma independiente, por su entidad, la limitación, sin dejar de reconocer que se trata de un tipo de modificación. Luego se analiza la suspensión del régimen y se finaliza con la revisión de la problemática vinculada a una eventual supresión.

1. Modificación del régimen de relación

La modificación del régimen de relación consiste en una transformación de la o las modalidades de ejercicio previamente determinadas, cuantitativa o cualitativamente, ya sea ampliándolas, ya sea restringiéndolas o limitándolas[970]: la modificación puede adoptar todas las modalidades imaginables que se vinculen con la forma, el modo, el lugar y/o el tiempo en que el ejercicio del derecho se determinó y en que ha venido ejercitándose[971]. Cuando opera una modificación

---

[968] Capítulo Tercero, al revisar la posición del menor.

[969] Para algunos autores la ampliación, limitación, suspensión y hasta la supresión del régimen de visita son supuestos de modificación del régimen: en otros términos, toda variación en el régimen de visita acaecida con posterioridad a su fijación sería un supuesto de modificación en sentido amplio: PÉREZ CONESA, CARMEN, *Las medidas…*, p. 63. En mi opinión, la modificación por definición excluye la supresión del derecho: modificar es transformar o cambiar algo mudando alguno de sus accidentes; incluso en el ámbito natural, modificar es dar un nuevo modo de existir a la sustancia material. La noción excluye la supresión pues ésta consiste en poner fin a algo.

[970] ROCA TRÍAS, ENCARNA, en PAZ-ARES, CÁNDIDO y otros, *Comentario…*, p. 395; RIVERO HERNÁNDEZ, FRANCISCO, *El Derecho…*, p. 337 y ss.; PÉREZ CONESA, CARMEN, *Las medidas…*, p. 63; ROGEL VIDE, CARLOS, en BERCOVITZ RODRÍGUEZ-CANO, RODRIGO (coord.), *Comentarios a las…*, p. 261.

[971] SAN ROMÁN, JOSÉ RAMÓN, "Criterios…", p. 303.

el régimen de relación sigue desarrollándose pero de un modo diverso al originalmente determinado: por ello, no es modificación la suspensión del régimen.

Aunque el art. 94 Cc. no se refiere expresamente a la modificación, es evidente que ello es posible conforme a las normas generales sobre efectos del divorcio, como se verá enseguida. La modificación puede provenir de un nuevo convenio homologado judicialmente[972], o de resolución judicial a solicitud del Ministerio Fiscal o de uno de los ex cónyuges (art. 775.1 Lec).

A. Causales de modificación del régimen

Las causales que abordaré aquí son aquéllas que pueden generar tanto una ampliación como una restricción del régimen de relación. Las adicionales causales que el Ordenamiento Jurídico contempla más abundantemente solo para limitar o restringir el derecho serán tratadas en el acápite respectivo. Todos los hechos causales y circunstancias graves o que se alteran sustancialmente deben ser valorados por el juez, a efectos de la modificación del régimen de relación, en función del *favor filii* más que en su propia entidad objetiva[973], cuestión que tocará recordar en más de una oportunidad.

a. Alteración sustancial de las circunstancias

Con carácter general expresa el art. 90.3 Cc. que las medidas que el juez adopte en defecto de acuerdo, o las convenidas por los cónyuges, podrán ser modificadas judicialmente o por nuevo convenio cuando se alteren sustancialmente las circunstancias. Luego el art. 91 del mismo texto, refiriéndose a las medidas definitivas del divorcio adoptadas por el juez en defecto de acuerdo de las partes o en caso de no aprobación del mismo, reitera que *podrán ser modificadas cuando se alteren sustancialmente las circunstancias.*

Previene el art. 775.1 Lec, en concordancia con aquellas normas sustantivas, que *el Ministerio Fiscal, habiendo hijos menores o incapacitados y, en todo caso, los cónyuges podrán solicitar del tribunal la modificación de las medidas*

[972] Se ha prevenido que existiendo conflictividad entre los progenitores y habiendo sido judicialmente determinado el régimen de relación, no cabría modificación de común acuerdo por los progenitores: De La Iglesia Monje, Mª Isabel, "Alteración...", p. 929. No me parece que la conclusión pueda ser absoluta, sobre todo porque un eventual acuerdo de modificación no será eficaz mientras no alcance aprobación judicial, con lo cual se resguarda el interés de los menores, que es lo que primero interesa proteger; asimismo, dicha aprobación también debiera velar por la viabilidad en la ejecución de los pactos, considerando las circunstancias concretas.

[973] Rivero Hernández, Francisco, en Lacruz Berdejo, José Luis (coord.), *Matrimonio...*, p. 1120. La modificación no debe perjudicar al menor, sino salvaguardar su interés en la comunicación: Rivero Hernández, Francisco, *El Derecho...*, p. 337.

convenidas por los cónyuges o de las adoptadas en defecto de acuerdo, siempre que hayan variado sustancialmente las circunstancias tenidas en cuenta al aprobarlas o acordarlas.

La alteración sustancial de las circunstancias puede afectar tanto al conjunto o total de medidas que regulan los efectos del divorcio o bien, únicamente a alguna o algunas de ellas[974]. Ahora bien, no se trata de la alteración ulterior de cualquier circunstancia de los cónyuges o con relación a los hijos, sino de aquéllas en cuya contemplación se adoptó la medida definitiva de que se trate, en este caso, la relativa al régimen de relación de los hijos con el progenitor no custodio[975].

Todo régimen concreto de visita tiene una vigencia supeditada a las circunstancias, por lo que continuará vigente mientras la situación permanezca inalterada[976]. En esta señalada perspectiva, interesa revisar las condiciones básicas o requisitos necesarios para la aplicación de la causal[977], a saber:

i. Que haya existido, y se acredite debidamente, una alteración de las circunstancias tenidas en cuenta por los cónyuges o por el Juez, para

---

974 La alteración de circunstancias puede ser considerada sustancial respecto de alguna medida concreta y mayormente irrelevante respecto de otras o desde una perspectiva general: MARTÍNEZ DE AGUIRRE, CARLOS, *Curso de...*, p. 192.

975 LACRUZ BERDEJO, JOSÉ LUIS - RAMS, JOAQUÍN, *Elementos de...*, p. 98.

976 ECHARTE FELIÚ, ANA MARÍA, *Patria...*, p. 124.

977 La importancia de precisar algunas condiciones, obedece a que estamos, una vez más, frente a un concepto jurídico indeterminado y el legislador no ofrece parámetros con arreglo a los cuales se pueda determinar si existe o no la referida alteración: TORRERO MUÑOZ, MAGDALENA, "La modificación de los efectos de la separación y divorcio por alteración sustancial de las circunstancias" en BENEYTO BERENGUER, REMIGIO, *et alii, Retos del siglo XXI para la familia,* Editorial Práctica de Derecho, Valencia 2008, p. 407. En su gran mayoría estas condiciones aparecen confusamente identificadas por esta autora. También se comentan los requisitos de la alteración sustancial de las circunstancias en: DE LA IGLESIA MONJE, Mª ISABEL, "Alteración...", p. 927. Las Audiencias Provinciales, por su parte, ofrecen una indicación general de estas condiciones; a título ejemplar y por más reciente cito lo precisado por la AP de Cáceres: *para el éxito de la pretensión de modificación de las medidas acordadas en procesos de separación o divorcio son precisos los requisitos siguientes: a) Un cambio objetivo en la situación contemplada a la hora de adoptar la medida que se trata de modificar. b) La esencialidad de esa alteración, en el sentido de que el cambio afecte al núcleo de la medida y no a circunstancias accidentales o accesorias. c) La permanencia de la alteración, en el sentido de que ha de aparecer como indefinida y estructural y no meramente coyuntural. d) La imprevisibilidad de la alteración, pues no procede la modificación de la medida cuando, al tiempo de ser adoptada, ya se tuvo en cuenta el posible cambio de circunstancias, o al menos se pudo alegar por las partes, y no se hizo así; e) Finalmente, que la alteración no sea debida a un acto propio y voluntario de quien solicita la modificación, al menos en cuanto el acto exceda del desarrollo y evolución normal de las circunstancias vitales de dicha persona*: AP Cáceres, sentencia 519/2012, de 10 de diciembre, Id Cendoj: 10037370012012100508. En semejante sentido y con buen desarrollo explicativo: AP Zamora, sentencia 26/2012, de 17 de febrero, sección 1ª, consultada en Vlex, Id. Vlex: VLEX-363050634. Más recientemente, AP de Albacete, sentencia 64/2014, de 3 de abril de 2014, Id Cendoj: 02003370012014100183.

la adopción de las medidas establecidas en el convenio regulador del divorcio, o en la correspondiente resolución judicial[978], de modo tal que las circunstancias concurrentes al tiempo de solicitar la modificación de aquellas medidas sean distintas de las existentes al tiempo de su adopción; este cambio debe referirse a hechos nuevos, sobrevenidos[979], que pueden incidir en la situación personal, laboral y/o patrimonial de cualquiera de los ex cónyuges[980] o de los hijos. En relación con el carácter novedoso de las circunstancias, se apunta que no es necesario que se trate de una novedad absoluta, sino que puede ser también relativa y en función de cada situación concreta[981].

En lo que se refiere al régimen de relación inicialmente acordado, la progresión en la edad de los hijos, sus relaciones presentes con los

[978] La carga probatoria acreditativa del cambio sustancial operado en las circunstancias que en su día fueron tenidas en cuenta debe recaer sobre el reclamante de la modificación: De La Iglesia Monje, Mª Isabel, "Alteración...", p. 927. La modificación debe sujetarse al procedimiento de modificación de medidas referido en el art. 775 de la Lec, conforme al cual, el Ministerio Fiscal, habiendo hijos menores o incapacitados y, en todo caso, los cónyuges podrán solicitar del tribunal la modificación de las medidas convenidas por los cónyuges o de las adoptadas en defecto de acuerdo, siempre que hayan variado sustancialmente las circunstancias tenidas en cuenta al aprobarlas o acordarlas. Dichas peticiones se tramitarán conforme a lo dispuesto en el art. 770 Lec; no obstante, si la petición se hiciera por ambos cónyuges de común acuerdo o por uno con el consentimiento del otro y acompañando propuesta de convenio regulador, regirá el procedimiento establecido en el art. 777 Lec. Además, las partes podrán solicitar, en la demanda o en la contestación, la modificación provisional de las medidas definitivas concedidas en un pleito anterior. Esta petición se sustanciará con arreglo a lo previsto en el art. 773 Lec.

[979] Se excluyen aquellos hechos que existían al tiempo de la adopción de las medidas pero que fueron ignorados por las partes o respecto de los cuales se tenía un conocimiento equivocado: Torrero Muñoz, Magdalena, "La modificación...", p. 414. La misma idea, pero aludiendo a circunstancias personales que eran padecidas por el progenitor al tiempo de la sentencia de separación, se puede ver en: Pérez Conesa, Carmen, *Las medidas...*, p. 77.

El TC ha establecido que no resulta constitucionalmente admisible que una vez que el Juez de Primera Instancia explicita ciertos hechos que modifican las circunstancias consideradas al adoptar una medida, éstos sean simplemente ignorados por la Audiencia Provincial al afirmar lisa y llanamente que no han sobrevenido circunstancias que justifiquen la variación del régimen de custodia del menor, *...la afirmación de que no se han producido circunstancias nuevas, o la de que, habiéndose producido, no revisten entidad justificativa de un cambio del régimen de custodia, no pueden constituirse en un juicio apodíctico, sino en la conclusión de un razonamiento que desmonte la argumentación del órgano judicial cuya motivada resolución se apelaba* (STC 8/2005, de 17 de enero de 2005).

[980] Sin indicar fundamento, alguna doctrina afirma que, para la modificación del convenio, el Código exige la alteración sustancial de las circunstancias patrimoniales de los cónyuges (en Lasarte Álvarez, Carlos, *Principios...*, p. 149), lo que no deja de ser llamativo y por cierto no comparto, dada la variedad de extremos que el convenio regula, en atención a diversas circunstancias y que pueden ser objeto de modificación posterior. A ello se suma la ausencia de distinción legal entre los aspectos personales y patrimoniales al establecer la regla de modificación de medidas por alteración sustancial de las circunstancias.

[981] Rivero Hernández, Francisco, en Lacruz Berdejo, José Luis (coord.), *Matrimonio...*, p. 1120.

progenitores, las relaciones entre éstos y con nuevas parejas, la nueva situación de los domicilios, el resultado de los tratamientos médicos o psicológicos o de las intervenciones o vigilancias que se hayan impuesto, entre otras circunstancias tenidas en cuenta, pueden determinar la ampliación o restricción del régimen en ejercicio[982]. De ahí también la necesidad de una adecuada fundamentación de las resoluciones, que dé cuenta de las razones, factores o circunstancias en virtud de las cuales se determinó un régimen específico de relación[983].

ii. Que dicha alteración de las circunstancias sea sustancial, es decir, de tal relevancia y significación que haga suponer que, de haber existido al momento del divorcio, no se habrían acordado o adoptado las medidas vigentes que se intenta modificar, sino unas muy distintas[984]: se habla también de circunstancias nuevas, serias y graves[985]. La variación de circunstancias exige el cambio de régimen por no ser apropiado el vigente, dada la esencialidad para el ejercicio previsto del factor en cuestión. Serán circunstancias sustanciales, por afectar directamente la esencialidad material del derecho constituido por los contactos y trato personal, entre otras: el cambio de domicilio del progenitor custodio o no custodio al extranjero, a otro continente, haciendo imposible las visitas intrasemanales y de fin de semana; la adquisición de una enfermedad contagiosa no tratable por el padre o, su ingreso a prisión a purgar una larga condena en un sistema cerrado. En cambio, el solo hecho de que un padre haya consentido en recoger a su hija una o dos horas más tarde de lo inicialmente acordado no demanda modificación de medidas por constituir una diferencia nimia y no sustancial[986].

iii. Que la alteración no sea esporádica o transitoria, sino que se presente con caracteres de estabilidad o de permanencia[987] en el tiempo de tal modo que el efecto más gravoso que genera para una de las partes sea constante y con tendencia a la fijeza y no pueda ser superado de otro modo[988]. Ca-

---

[982] Varias de estas circunstancias son comentadas como aquellas más alegadas en la práctica para fundar una alteración sustancial capaz de suponer la modificación del régimen previo, en: MONTERO AROCA, JUAN (coord.), *El derecho...*, p. 200 y ss.

[983] Distintos supuestos fácticos son expuestos en PÉREZ CONESA, CARMEN, *Las medidas...*, p. 67 y ss.

[984] Resultando en la actualidad, superflua, insuficiente, inútil o contraproducente la medida originalmente prevista: LACRUZ BERDEJO, JOSÉ LUIS - RAMS, JOAQUÍN, *Elementos de...*, p. 109.

[985] ECHARTE FELIÚ, ANA MARÍA, *Patria...*, p. 125.

[986] CABALLERO GEA, JOSÉ-ALFREDO, *Matrimonio...*, p. 243-244.

[987] AP A Coruña, sentencia 1177/2012, de 16 marzo, sección 5ª, consultada en Vlex, Id. Vlex: VLEX-365407590.

[988] *Para que se produzca una modificación de las medidas adoptadas en precedente pleito matrimonial es preciso que se alteren sustancialmente las circunstancias existentes al momento de su adopción, debiendo afectar dicho cambio a la esencia misma de la medida, no bastando*

bría excluir los casos en que un padre sufre variaciones esporádicas en su jornada laboral, producto de fiestas o feriados y pretende que en cada oportunidad se modifique el régimen de relación a su favor o cuando el hijo contrae alguna enfermedad estacional habitual y de corta duración; en ambos casos no aparece el carácter de permanencia o constancia en la alteración que habilita la modificación del régimen.

iv. Que la referida alteración no haya podido ser prevista al tiempo de la sentencia de divorcio con ordinaria diligencia[989]. Si respecto de un régimen de relación puede ser prevista la producción de una alteración entonces, la decisión judicial inicial puede también, acomodándose a ello, acordar desde ese momento la progresión en el régimen o las medidas adecuadas para evitar daños, en su caso. Sería el caso, por ejemplo, de la edad de los menores: el juez puede en la resolución fijar un régimen normalizado y desde el primer momento especificar que a partir de los 15 o 16 años el régimen será en la modalidad que convengan el padre y el hijo. Otra cosa son las consecuencias no previsibles que puede generar la progresión en la edad, como una mejora en la relación o el aumento del rechazo, las que sí podrían acarrear la modificación posterior, ampliando o restringiendo el régimen, según corresponda[990]. En otros términos, el aumento en la edad del menor es un hecho previsible y por tanto no constituye por si sólo modificación sustancial de circunstancias[991]; en cambio, al no ser previsibles, podrían dar lugar a la modificación del régimen previamente determinado las variaciones derivadas de la progresión en la edad[992].

Algo parecido ocurre con el simple transcurso del tiempo que ha sido considerado en algunos casos como constitutivo de la causal por las consecuencias que produce en el caso concreto: así, *consideramos que el simple transcurso del tiempo, (desde que se dictó la Sentencia de*

un mero cambio tangencial, debiendo tener carácter definitivo, obedecer a circunstancias ajenas a la voluntad de quien promueve la modificación: AP de Madrid, sentencia nº 83/2007, de 02 de Febrero.

[989] Torrero Muñoz, Magdalena, "La modificación...", p. 409. Concordante con ello, hay que entender que un entorpecimiento en la ejecución de alguna medida acordada en la sentencia no se corresponde con una alteración sustancial de las circunstancias, que justifique una modificación de lo acordado. La legislación prevé medidas para garantizar su ejecución justamente porque hay circunstancias previsibles que pueden afectar la producción o ejecución de sus efectos.

[990] Martínez De Aguirre, Carlos, "El derecho...", p. 151

[991] AP Zamora, sentencia 26/2012, de 17 de febrero, sección 1ª, consultada en Vlex, Id. Vlex: VLEX-363050634.

[992] Para alguna doctrina el hecho de que el menor alcance una edad suficiente como para que pueda opinar sobre el derecho y cambiarlo en el sentido que considere oportuno, bajo la vigilancia de sus progenitores y sujeto a la autoridad judicial sería una alteración sustancial de las circunstancias: Echarte Feliú, Ana María, *Patria...*, p. 125. Cómo he indicado previamente, el tema de la voluntad del menor es de aquellos que se deben administrar con prudencia.

divorcio), supone ya un cambio de circunstancias para una hipotética modificación de medidas con respecto al régimen de visitas; y ello porque el simple paso del tiempo sirve para diluir el impacto emocional, (...), que para cualquier menor significa el divorcio de sus padres[993], pero en general, frente a un breve plazo de tiempo entre la sentencia que se pretende modificar y la solicitud de modificación la tendencia es entender que la alteración sustancial en que se basa la pretensión modificatoria no es atendible[994].

v. Que la alteración de circunstancias no haya sido provocada o buscada voluntariamente para obtener una modificación de las medidas ya adoptadas, sustituyéndolas por otras que resulten más beneficiosas al solicitante[995]. Aquí pueden tener particular relevancia las circunstancias obstativas imputables a uno de los progenitores, para el adecuado ejercicio del derecho, como cuando el custodio incumple con su deber de facilitar el contacto y enseguida alega la falta de interés del otro progenitor para obtener una reducción del régimen.

b. Incumplimiento reiterado de las obligaciones derivadas del régimen

El incumplimiento reiterado de las obligaciones derivadas del régimen de visitas, tanto por el progenitor guardador como del no guardador, puede dar lugar a la modificación del régimen de guarda y visitas (art. 776.3 Lec). No se admite, sin embargo, como causa para la modificación el derecho del padre a recuperar los días de visita no ejercitados por incumplimiento del guardador (o por otra causa)[996]. Con esta norma se suple la carencia observada por cierta doctrina en relación con los incumplimientos a que hace referencia el art. 94 Cc. que solo alude a los del progenitor no custodio y no considera las conductas provenientes del progenitor custodio[997]. El análisis del art. 776.3 Lec. se hará en el próximo Capítulo.

---

[993] AP Cuenca, sentencia 154/2012, de 29 de mayo, consultada en www.westlaw.es.

[994] AP Baleares, sentencia 110/2012, de 13 marzo, sección 4ª, consultada en Vlex, Id. vlex: VLEX-365414610. Se reconoce, sin embargo, que en temas de familia los acontecimientos, más si son estrictamente personales, pueden precipitarse en breve lapso de tiempo. La AP de Oviedo, en sentencia de 3 de diciembre de 2012, plantea que el escaso tiempo transcurrido entre la sentencia de la instancia y la demanda de modificación, no es óbice por sí mismo para la prosperidad de la acción de modificación: sentencia 468/2012, Id Cendoj: 33044370062012100460.

[995] De lo contrario se fomentaría que se firmen convenios con la plena seguridad de que, más tarde, fácilmente se logrará modificar el mismo: SAP de Valencia N° 242/2006 de 10 de abril, versión electrónica en vlex.

[996] CAVANILLAS MÚGICA, SANTIAGO, en PASQUAU LIAÑO, MIGUEL (dir.), *Jurisprudencia*..., p. 492.

[997] ECHARTE FELIÚ, ANA MARÍA, *Patria*..., p. 129; CARRETERO SÁNCHEZ, ADOLFO, "El nuevo..."

Si bien la norma está establecida en términos genéricos al hablar de modificación del régimen, normalmente se aplica para limitarlo, como se verá más adelante. Puede sin embargo, considerarse que el incumplimiento por parte del progenitor custodio puede acarrear también una ampliación cuantitativa o cualitativa de la relación del hijo con el progenitor no custodio, como ocurrió en la sentencia de instancia confirmada en apelación que, por aplicación del art. 776.3 Lec y debido a los reiterados incumplimientos de la madre custodia resolvió ampliar el régimen de relación incorporando visitas intrasemanales en atención exclusivamente al interés del menor y con la finalidad de consolidar de manera progresiva la relación del padre con su hija[998].

c. No consecución de los fines del derecho

Aunque no existe previsión legal expresa, es razonable entender que cuando no se consigan con el régimen determinado, las finalidades de convivencia y comunicación para las que está previsto el derecho, procede su modificación[999]. Rivero Hernández alude a la incidencia negativa, al perjuicio de tales visitas y relaciones –en los términos pactados– para el menor, que autorizarían para pedir al tribunal el relevo de su cumplimiento (o para *dejar de cumplir*, según sugiere)[1000]. En relación con esto, es necesario volver a recordar que el derecho se encuentra subordinado al beneficio del menor, por lo cual aunque no se produzca una alteración sustancial de las circunstancias, ni un incumplimiento reiterado de las obligaciones derivadas del régimen, procede su modificación si en los términos en que viene siendo ejercido no permite alcanzar sus fines y los mismos pueden lograrse con la modificación del régimen, que puede ser ampliativa o restrictiva, cualitativa o cuantitativamente.

Esta no consecución de finalidades, cuando proviene de las malas relaciones entre el hijo y el padre no custodio, en un régimen de visitas restringido, determina que no se acceda a una ampliación de tal relación para hacerla más intensa, pues tal modificación del régimen iría contra el orden natural de las cosas, al ser presumible que a mayor frecuencia e intensidad de la relación ésta se deteriore más profundamente[1001].

---

998 AP de Cantabria, sentencia 215/2003, de 15 de abril, JUR\2003\204157, consultada en www.westlaw.es.

999 Mata Vidal, Daniel, "El interés...", p. 324.

1000 Rivero Hernández, Francisco, *El derecho...*, p. 241.

1001 Vázquez Iruzubieta, Carlos, *Matrimonio...*, p. 182.

Finalmente, pese a la conjunción de las condiciones que harían procedente la modificación por alteración sustancial de las circunstancias, por incumplimiento reiterado de las obligaciones derivadas del régimen o, por no haberse alcanzado los fines del derecho, como no se trata de un efecto cualquiera del divorcio, sino de uno que tiene como protagonista a los hijos, constituyendo un derecho para ellos, que se establece en su especial y preferente beneficio, la alteración del régimen no puede operar con ese solo dato. Hay una pregunta clave que el juez debe responder antes de decidir: ¿es conveniente para el hijo la modificación del régimen?[1002]. La respuesta permitirá que la transformación del régimen previamente determinado, no se convierta solo en un premio o castigo entre adultos, según su comportamiento.

B. Tipos de modificación del régimen

a. Ampliación del régimen

Aunque el art. 94 Cc. no alude expresamente a esta posibilidad, es perfectamente coherente su recepción con la naturaleza y fines del derecho, cuando así lo aconseje el beneficio del menor. La ampliación puede ser cualitativa, como cuando a un régimen puramente comunicacional se adiciona uno de visitas *stricto sensu* o, cuando de una simple visita se pasa a un régimen que permita la estancia y pernocta con el padre; también cuando se suprimen restricciones previamente impuestas, como la presencia de una tercera persona. Puede ser también cuantitativa como cuando se pasa de uno a dos fines de semana al mes o se agregan días intrasemanales o se aumentan las horas de relación manteniendo la frecuencia.

Una circunstancia que puede ameritar la ampliación del régimen es la mejora en la relación que existía entre el hijo y el padre no custodio al tiempo de la determinación inicial[1003]. La mejora en la relación será una alteración sustancial positiva en las circunstancias tenidas en cuenta al tiempo de la determinación del régimen que se amplia, y que pone en evidencia la consecución de los fines para los que se establece el derecho. También se producirá la ampliación del régimen cuando circunstancias especiales iniciales acarrearon la determinación de un régimen restrictivo y dichas razones decaen sobrevenidamente[1004], como cuando el progenitor se encontraba en un domicilio muy distante, en prisión al tiempo del divorcio, o se le había impuesto la superación de dependencias o toxicomanías. Desaparecidas dichas circunstancias o superadas las limitantes,

[1002] CABALLERO GEA, JOSÉ-ALFREDO, *Matrimonio...*, p. 228.
[1003] CAVANILLAS MÚGICA, SANTIAGO, en PASQUAU LIAÑO, MIGUEL (dir.), *Jurisprudencia...*, p. 492.
[1004] ECHARTE FELIÚ, ANA MARÍA, *Patria...*, p. 124.

es muy razonable que se modifique el régimen ampliándolo hacia uno más normalizado, según sea pertinente en beneficio del menor[1005]. En suma, la ampliación procedería cuando las circunstancias del visitante o del visitado así lo aconsejen[1006].

En sentencia reciente se ha ampliado el régimen de relación del progenitor no custodio, tanto por la mejora en su comportamiento, como por el progreso en la relación con su hija y entre ésta y la familia paterna. La sentencia de 1ª instancia[1007], estimó la demanda del padre, señalando que: (a) la prueba había demostrado, *sin ningún género de dudas que el comportamiento del actor goza actualmente de una estabilidad y una corrección contrastadas a lo largo del tiempo*; (b) se había probado la magnífica relación de la niña con el padre y con la familia paterna, y (c) *en interés del vínculo paterno filial, es aconsejable establecer en todo caso un régimen que facilite su desarrollo y beneficie, prevalentemente, al menor lo que en nuestro caso se consigue mediante una intensificación del tiempo que pasa con su padre y con su familia paterna* . La AP de Madrid[1008], confirmó la sentencia de 1ª instancia, pues examinada la prueba[1009] concluyó que en todos los peritajes se ponía de relieve la buena evolución del padre, la buena relación de la niña con su padre y familia paterna y la conveniencia de un avance en el régimen de visitas, porque no se habían detectado problemas; y terminó *valorando la progresiva normalización de aquellos encuentros paterno-filiales que sin duda han de beneficiar a la menor*. El Tribunal Supremo desestimó todos los recursos interpuestos por la madre, confirmando la sentencia de la Audiencia Provincial[1010].

1005 En este sentido se comenta que, salvo circunstancias especiales, la vocación de todo régimen restrictivo es el tránsito hacia la normalización de las relaciones cuando se superen las condiciones que determinaron su fijación inicial: TRINCHANT BLASCO, CARLOS (coord.), *Memento...*, p. 405.

1006 ROCA TRÍAS, ENCARNA, en PAZ-ARES, CÁNDIDO y otros, *Comentario…*, p. 395.

1007 Juzgado de 1ª instancia nº 5 Alcalá de Henares, sentencia de 7 octubre 2009.

1008 SAP de Madrid, sección 22, de 31 marzo 2011.

1009 Especialmente la de dos psicólogos, que examinaron la conducta del padre en la actualidad, y el informe de desarrollo del régimen de visitas, elaborado por la Asociación de protección del menor en los procesos de separación.

1010 STS 4723/2012, de 29 de junio. Id Cendoj: 28079110012012100404. En los autos constaban como hechos probados que los progenitores obtuvieron el divorcio en marzo de 2006, por sentencia dictada por el Juzgado de 1ª instancia e instrucción nº 3 de Alcalá de Henares, en un procedimiento por violencia de género; el padre había sido condenado por el mismo juzgado como autor de un delito del art. 153.1 y 2 CP , a la pena de 7 meses y 15 días de prisión y prohibición de comunicarse con la ex cónyuge por el tiempo de 19 meses y 15 días. Después de la sentencia de divorcio, se habían pronunciado diversas sentencias en procedimientos de modificación de medidas instados por el padre, relativos al derecho de visita. En octubre de 2008 la AP de Madrid, había acordado mantener las limitaciones a las visitas por las anomalías que presentaba aún el carácter del padre. En 2009 el padre interpone nueva demanda solicitando la ampliación del régimen, dando lugar a la ampliación que se comenta.

b. Restricción o limitación del régimen

Como se ha apuntado a lo largo de este estudio, la idea básica de la cual arranca hoy la legislación y la doctrina de los tribunales, es que los hijos necesitan el contacto, trato y comunicación lo más amplio posible con ambos padres para su desarrollo integral, lo que trae como lógica consecuencia que sólo circunstancias excepcionales deben limitar el derecho de relación que permite el contacto del hijo con el padre con quien no convive, siempre que con ello se tutele el interés del hijo[1011]. Hay, por tanto, un criterio restrictivo en orden a la aplicación de medidas que restrinjan o limiten el derecho de relación del hijo con el padre no custodio[1012]. Dicho de otro modo, si el interés del hijo supone en abstracto el mantenimiento de la relación con el padre con quien el hijo no convive luego del divorcio por medio del ejercicio del derecho de visita, entonces la limitación o suspensión del ejercicio de éste debe adoptarse solo como solución que mejor proteja dicho interés en concreto, en casos excepcionales.

Aunque el art. 94 Cc. no lo dice expresamente ha de entenderse que *cualquier restricción a aquellas relaciones debe estar fundada de forma eminente, quizá exclusivamente en el interés de los menores*[1013]. En esta señalada perspectiva y reconociendo que la consecuencia de impedir que tras el divorcio los hijos continúen teniendo una relación fluida con ambos progenitores *ha sido que los hijos sufran innecesariamente un perjuicio que puede evitarse,* la Exposición de Motivos de la Ley 15/2005 opta por dejar establecido que*, cualquier medida que imponga trabas o dificultades a la relación de un progenitor con sus descendientes debe encontrarse amparada en serios motivos, y ha de tener por justificación su protección ante un mal cierto, o la mejor realización de su beneficio e interés.*

Las limitaciones suponen respecto de un régimen preexistente su modificación más o menos extensa en sentido restrictivo[1014] y, por tanto, exigen una acuciosa valoración judicial de las circunstancias que las hacen procedentes. Cualquiera sea la causal de limitación o restricción del régimen de relación, que se invoque y pruebe, siempre habrán de acreditarse los perjuicios para el menor, exponiendo en qué aspectos concretos de orden personal, familiar o

---

[1011] GARCÍA PASTOR, MILAGROS, *La situación...*, p. 253.

[1012] Se impone siempre una interpretación restrictiva de toda norma que establezca limitaciones a los derechos de las personas: MATA VIDAL, DANIEL, "El interés...", p. 320. En igual sentido CABALLERO GEA, JOSÉ-ALFREDO, *Matrimonio...*, p. 223 y TRINCHANT BLASCO, CARLOS (coord.), *Memento...*, p. 403.

[1013] RIVERO HERNÁNDEZ, FRANCISCO, "Límites de...", p. 296.

[1014] MARTÍNEZ DE AGUIRRE, CARLOS, "El derecho...", p. 158; GONZÁLEZ GARCÍA-MIER, ROCÍO, "La suspensión del derecho de visita en las resoluciones judiciales" en CERVILLA GARZÓN, MARÍA (coord.), *La situación jurídica de la mujer en los supuestos de crisis matrimoniales,* Publicaciones de la Universidad de Cádiz, 1997, p. 236.

material le afectan tales o cuales graves circunstancias o incumplimientos[1015], pues, teniendo ellos un especial protagonismo y un interés más relevante en disfrutar tales relaciones, restringirlas sin justa causa, puede perjudicar mucho mas a los niños que al padre[1016].

Revisados los aspectos esenciales de la modificación del régimen de relación en tanto marco regulatorio general de las alteraciones o variaciones al ejercicio de un concreto sistema de relación, paso ahora a analizar de forma independiente las especificidades de la limitación, de la suspensión y la problemática vinculada con una eventual supresión del ejercicio.

2. Limitación del régimen de Relación

La limitación de un régimen de relación que se encuentra vigente es una alteración que restringe su ejercicio cuantitativa y/o cualitativamente. En tanto limitación opera por causales legales expresas cuya aplicación es de interpretación restrictiva[1017].

A. Causas de limitación

Además de las causales generales de cualquier modificación ya vistas (alteración sustancial de las circunstancias, incumplimiento reiterado de las obligaciones derivadas del régimen conforme al 776.3 Lec y no consecución de los fines del derecho), provocan específicamente una modificación del régimen en sentido restrictivo conforme al art. 94 Cc. las graves circunstancias que así lo aconsejen y el incumplimiento grave o reiterado de los deberes impuestos por la resolución judicial[1018]. La doctrina adiciona el ejercicio en contra de la buena fe[1019].

[1015] TRINCHANT BLASCO, CARLOS (coord.), *Memento...*, p. 405.

[1016] RIVERO HERNÁNDEZ, FRANCISCO, "Límites de...", p. 296.

[1017] Las limitaciones o restricciones que trato en esta parte son aquellas que presuponen una modificación del régimen de relación acordado por las partes o determinado subsidiariamente por el juez: no se trata de las limitaciones que se pueden imponer al régimen *ab initio*, cuando en la sentencia de divorcio se adopta un régimen más restringido del estándar, por concurrir circunstancias que así lo ameriten. Respecto de esta posibilidad cabe puntualizar que la doctrina ha señalado que no caben *a priori* las limitaciones al presumirse que el progenitor beneficiado se comportará y actuará de forma normal: CABALLERO GEA, JOSÉ-ALFREDO, *Matrimonio...*, p. 224; por ello, los regímenes restrictivos requieren una acuciosa valoración judicial como quedó expresado en el Capítulo anterior.

[1018] Se ha hecho presente que la norma pareciera presentar causales de distinta naturaleza: la primera aparece –al menos, aparentemente– menos vinculada con una voluntad renuente al acatamiento de las reglas por las cuales debe regirse la relación familiar; la segunda tiene un matiz sancionador de una conducta incumplidora: CASTILLA BAREA, MARGARITA - CABEZUELO ARENAS, ANA LAURA, "Disposiciones...", p. 457.

[1019] Hay doctrina que solo reconoce como causas de limitación o suspensión las dos mencionadas en el art. 94 Cc: cfr. GARCÍA VARELA, ROMÁN, *La Ley de...*, p. 88.

a. Graves circunstancias que así lo aconsejen

Se ha caracterizado esta causal señalando que debe tratarse de hechos nuevos, desconocidos, distintos de los existentes al tiempo de la sentencia de divorcio y, que la gravedad conlleva que sean hechos serios, actuales y capaces de provocar efectos negativos en los hijos[1020]. La exigencia de hechos nuevos tiene directa vinculación con la genérica alteración sustancial de las circunstancias[1021], pues como ya se ha visto, si se trata de hechos conocidos al tiempo de adoptarse el régimen de relación que se intenta limitar, bien puede entenderse que ya fueron considerados.

La *gravedad* de las circunstancias es una noción o parámetro ambiguo y relativo, cuyo criterio de corrección se ha fijado –como no podía ser de otro modo– en la capacidad de provocar efectos negativos en los hijos: será grave la circunstancia que justifica la demanda de limitación del régimen cuando haya provocado o tenga la capacidad de provocar un efecto negativo en los hijos. No se mide la gravedad, en esta causal, en relación con la afectación negativa de los padres, sino respecto de los hijos. Así lo exige el propio art. 9.3 CDN cuando señala que el derecho del niño a mantener relaciones personales y contacto directo con ambos padres de modo regular no opera si ello es *contrario al interés superior del niño.* Cuando el mantenimiento del régimen de relación es contrario al interés del menor el Estado debe arbitrar los medios de protección[1022].

Los efectos negativos pueden ser de muy diversa índole, como daños a la vida, salud –física, psicológica o moral–, educación o derechos de los hijos o perjuicios en su formación integral, etc.[1023]. No es necesario que el daño esté consumado, sino que basta que de esas graves circunstancias pueda desprender-

---

[1020] MARÍN LÓPEZ, MANUEL en BERCOVITZ RODRÍGUEZ-CANO, RODRIGO (coord.), *Comentarios al...,* p. 218. Agrega Rivero Hernández que no deben ser hechos pasados, lejanos, ni meramente hipotéticos y potenciales, sino que deben ser serios, legítimos, actuales y trascendentes: RIVERO HERNÁNDEZ, FRANCISCO, en LACRUZ BERDEJO, JOSÉ LUIS (coord.), *Matrimonio...,* p. 1120.

[1021] Para GONZÁLEZ GARCÍA-MIER, ROCÍO, "La suspensión...", p. 235, las *graves circunstancias* se pueden considerar previstas implícitamente en el supuesto de *alteración sustancial de las circunstancias* de los arts. 90 y 91 Cc.

[1022] El TS alude desde hace años a un peligro concreto y real para la salud física, psíquica o moral del hijo (STS 19 octubre de 1992, 21 de julio de 1993 y 21 de noviembre de 2005). El Parlamento Europeo en pronunciamiento de 17 de noviembre de 1992 (citado en diversas resoluciones como la del TS de 21 de noviembre de 2005 por la cual se casa la sentencia de apelación que había confirmado la de primera instancia que concedía visitas a un progenitor, al entender que concurría justa causa para privar del derecho a un padre con condenas penales por delito de malos tratos al haber causado lesiones serías a su hijo), también señala que el derecho de visita ha de suspenderse cuando se pone en elevada probabilidad directa y seriamente en peligro la salud del hijo en todas sus dimensiones.

[1023] STS, de 17 de julio de 1995, núm. 733/1995, RJ 1995/5591. La revisión de algunos de estos hechos se ofrece, entre otros autores en: RIVERO HERNÁNDEZ, FRANCISCO, en LACRUZ BERDEJO, se un temor razonable de que el régimen acordado, sin límites o prevenciones, pueda constituir para el menor un riesgo o peligro potencial del daño o perjuicio que se teme[1024].

Algunas de estas circunstancias estarán asociadas a características propias de la personalidad, hábitos o conducta del progenitor no custodio. En general, se consideran como tales, las mismas circunstancias que pueden dar lugar a la privación del ejercicio de la patria potestad[1025]. Específicamente se han considerado entre ellas, la vida y costumbres incompatibles con la presencia del menor, dentro de ésta, se comprendería la alteración psicoemocional del padre, el alcoholismo, una enfermedad depresiva y hasta su afiliación a una asociación religiosa si ello conlleva peligro para el hijo[1026].

Otras graves circunstancias se refieren a hechos concernientes a los menores, como su negativa absoluta o rechazo justificado a las relaciones, cuyo efecto ya he tratado en el Capítulo Tercero al cual me remito; las enfermedades que requieren internamiento o tratamientos especiales en centros hospitalarios por largo tiempo o, los accidentes que impliquen su inmovilización[1027].

Es posible estimar también como *circunstancias graves* aquellas que implican un obstáculo para ejecutar el régimen del modo en que está determinado, provocadas por sucesos externos que no implican suponer una voluntad o disposición negativa del padre. Así parece entenderlo la AP de Oviedo al declarar que *si se hubiera acreditado que el régimen de visitas pactado había resultado perturbador para el hijo, no cabe la más mínima duda que debería reajustarse para acomodarlo a las exigencias de este último, incluso en la hipótesis de que el progenitor no custodio hubiera seguido fielmente lo dispuesto en la sentencia pues poco importa este particular cumplimiento o incumplimiento frente a la frustración de las expectativas depositadas en el devenir de la comunicación paterno filial y el correlativo perjuicio del niño*[1028]. Algunos hechos de este

José Luis (coord.), *Matrimonio...*, p. 1120 y ss.; y en Castilla Barea, Margarita - Cabezuelo Arenas, Ana Laura, "Disposiciones...", p. 457 y ss.

[1024] De La Iglesia Monje, Mª Isabel, "Alteración...", p. 925. Cuando existe peligro potencial de que se retenga al menor desplazado por su padre o madre a un país distinto a cumplir el régimen de visita establecido en la sentencia, la limitación estaría justificada si se acredita verdaderamente ese riesgo de retención: Seijas Quintana, José, "Consecuencias...", p. 649.

[1025] Martínez de Aguirre, Carlos, *Curso de...*, p. 180; Castilla Barea, Margarita - Cabezuelo Arenas, Ana Laura, "Disposiciones...", p. 457.

[1026] Beneyto Berenguer, Remigio, "El régimen de visitas: restricción a causa de las creencias del padre", *Revista General de Derecho,* año LVII, nº 678-679, 2001, p. 1959 y ss.

[1027] Se citan como ejemplo de estas situaciones la de menores dependientes de respiradores artificiales o de complejas maquinarias conectadas de forma continua a su cuerpo, para mantener la normalidad de las más necesarias funciones fisiológicas. En estos casos será necesaria la intervención judicial si los progenitores no logran salvar la situación: Castilla Barea, Margarita - Cabezuelo Arenas, Ana Laura, "Disposiciones...", p. 460.

[1028] AP de Oviedo sentencia 468/2012, de 3 de diciembre, Id Cendoj: 33044370062012100460.

tipo pueden ser la modificación del horario de trabajo del padre titular formal o cuando se lo traslada a residir en otra ciudad mas distante[1029].

Por el contrario, no revestirán la gravedad que exige la causal: las dificultades leves como la falta de habilidades parentales del no custodio que no causa daño al menor y que puede ser fácilmente superada con el ejercicio constante de la paternidad; la falta de comunicación o cierto distanciamiento en la relación afectiva entre el padre y su hijo, a cuyo necesario acercamiento justamente puede contribuir la no modificación o no restricción del régimen de relación[1030]; las nuevas relaciones de pareja del progenitor; las tensas relaciones o enfrentamiento entre los padres[1031]; o, la mera disposición negativa del hijo a la relación[1032].

En suma, el origen de las *graves circunstancias* puede estar en el progenitor, en el hijo o en un suceso externo, pero, cualquiera sea el caso, debe repercutir en el normal desenvolvimiento del derecho, que es un derecho del hijo[1033], con capacidad de provocar efectiva o potencialmente un riesgo relevante para el menor de mantenerse el régimen en la forma establecida. Las graves circunstancias y el riesgo relevante derivado de ellas deben estar demostrados: la conveniencia de la adopción de la medida limitativa no se puede inferir de intuiciones o presunciones.

En el contexto de las graves circunstancias que justifican la limitación del régimen de relación, la situación más relevante en la reciente práctica judicial española se refiere a la valoración de la transexualidad del progenitor no custodio. El Tribunal Constitucional español ha indicado que cuando lo que está en juego es la integridad psíquica del menor no deviene necesario que se acredite consumada la lesión para poder limitar los derechos del progenitor, sino que basta con la existencia de *un riesgo relevante de que la lesión puede llegar a producirse*, es decir, un riesgo consistente en la alteración efectiva de la personalidad del hijo menor, merced a un comportamiento socialmente indebido de su progenitor, bien sea por la negatividad de los valores sociales o afectivos que éste le transmite durante el tiempo en que se comunican, bien por sufrir el menor de manera directa los efectos de actos violentos, inhumanos o degradantes a su dignidad ocasionados por el padre o la madre, o que de manera persistente alteran o perturban su psique[1034]. El Tribunal señaló además que sean cuales

---

[1029] Algunos de los hechos objetivos (edad, enfermedad, distancia de los domicilios, etc.) referidos a una u otra circunstancia aparecen en: PANIZO Y ROMO DE ARCE, ALBERTO, *El proceso...*, p. 175.

[1030] TRINCHANT BLASCO, CARLOS (coord.), *Memento...*, p. 406.

[1031] GARCÍA PASTOR, MILAGROS, *La situación...*, p. 254-255.

[1032] SALANOVA VILLANUEVA, MARTA, "Aproximación...", p. 502.

[1033] CASTILLA BAREA, MARGARITA - CABEZUELO ARENAS, ANA LAURA, "Disposiciones...", p. 457.

[1034] STC 176/2008, de 22 de diciembre de 2008, que denegó el amparo solicitado. Disponible en www.tribunalconstitucional.es.

fueren los motivos de esa perturbación, incluso si se debieran a circunstancias incontrolables para el progenitor causante (depresiones o problemas mentales de diversa índole), resulta inequívoco y absoluto que el hijo menor no está en modo alguno obligado a sufrirlos, y sí la autoridad competente a arbitrar los instrumentos para evitarlos, incluso con restricción o suspensión de ese derecho de comunicación filial, según la gravedad de los hechos[1035].

En los autos, el amparo lo había solicitado el padre del menor por considerar que había sido su condición de transexual femenino lo que había determinado la restricción del régimen de visitas[1036], lo que supondría la vulneración de su derecho a la no discriminación por razón de la orientación sexual, reconocido en el art. 14 CE. Sobre este particular, el Tribunal hace dos importantes consideraciones, por un lado, que una decisión judicial o de otro poder público que suprima, suspenda o restrinja los derechos del progenitor en relación con sus hijos menores, cuya *ratio decidendi* descanse de manera decisiva, expresa o implícitamente, en la orientación sexual de dicho progenitor supone una diferenciación discriminatoria proscrita por el art. 14 CE, pues, en ningún caso el mero dato de la orientación sexual o, más específicamente, de la disforia de género puede erigirse en justificación objetiva y razonable para dispensar un trato discriminatorio en perjuicio de ese progenitor en el marco de sus relaciones paterno-filiales[1037]. Por otro lado, que en los autos, no es, en definitiva, la

---

[1035] La misma valoración al riesgo relevante de producirse daño en la integridad física, debe bastar para limitar los derechos del progenitor, pues justamente la protección eficiente del bienestar del menor consiste en no esperar la consumación de la lesión, ya se refiera a su integridad física o psíquica.

[1036] El recurrente en amparo venía disfrutando desde el 2 de abril de 2002, fecha en que se dictó la Sentencia de separación de la pareja, de un régimen de visitas con su hijo según el convenio regulador aprobado judicialmente, conforme al cual se fijaba la entrega del menor al padre los fines de semana alternos, desde las 10:00 horas del sábado hasta las 20:00 horas del domingo, estableciéndose asimismo las reglas para la custodia del menor durante las vacaciones de navidad, semana santa y verano, dividiendo cada periodo en dos y asignando a cada progenitor la mitad correspondiente, con carácter rotatorio según los años pares e impares. Este régimen de visitas y custodia vino a sustituirse a partir de la Sentencia del Juzgado de Primera Instancia núm. 4 de Lugo de 18 de octubre de 2004, confirmada íntegramente en apelación (AP de Lugo, 19 de mayo de 2005), por una comunicación del padre y el hijo (entonces de 6 años de edad) de tres horas de duración –de 17:00 a 20:00 horas– cada quince días (sábados alternos), en la sede del Punto de Encuentro de Lugo y con la presencia constante de un profesional del centro y de la madre del menor, quedando abierta la posibilidad de ampliarse este régimen en el futuro, a expensas de los informes bimensuales que fuesen rindiendo al Juzgado los psicólogos del punto de encuentro. Ninguna de las sentencias impugnadas previó el retorno al sistema original de custodia del menor, al menos mientras el recurrente no completase su proceso de reasignación de sexo mediante la correspondiente intervención quirúrgica. Es de hacer notar que el recurrente de amparo a principios de 2004 empezó el tratamiento hormonal y comunicó su condición de transexual femenino, por tanto hasta esa fecha había sido conocido por su hijo como un padre varón.

[1037] Señala el TC que la condición de transexual, si bien no aparece expresamente mencionada en el art. 14 CE como uno de los concretos supuestos en que queda prohibido un trato discriminatorio, es indudablemente una circunstancia incluida en la cláusula "cualquier otra condición o circunstancia transexualidad del recurrente la causa de la restricción del régimen de visitas acordada en las Sentencias impugnadas, sino la situación de inestabilidad emocional por la que aquél atraviesa, según el dictamen pericial psicológico asumido por los órganos judiciales, y que supone la existencia de un riesgo relevante de alteración efectiva de la salud emocional y del desarrollo de la personalidad del menor, dada su edad (de seis años en el momento de producirse la exploración judicial) y la etapa evolutiva en la que se encuentra y es esta repercusión negativa la que llevó en las sentencias impugnadas a restringir el régimen de visitas teniendo presente el interés genuino y prevalente del menor[1038].

La transexualidad del progenitor no custodio no es estimada por sí sola causa grave y suficiente para limitar o suspender el ejercicio del derecho de relación con su hijo, de lo contrario se entraría en el terreno de la discriminación contraria a la Constitución. Tampoco es circunstancia grave la sola situación de trastorno emocional del progenitor, como consecuencia de los tratamientos vinculados con el cambio de sexo[1039]; sí lo es, en cambio, la repercusión negativa de dicho trastorno o inestabilidad, que constituye un riesgo relevante de alteración emocional o en el desarrollo de la personalidad del menor. Esto fundamenta, en su interés, la medida restrictiva: el derecho

personal o social" a la que debe ser referida la interdicción de la discriminación; conclusión a la que se llega a partir, por un lado, de la constatación de que la transexualidad comparte con el resto de los supuestos mencionados en el art. 14 CE el hecho de ser una diferencia históricamente arraigada, que ha situado a los transexuales, tanto por la acción de los poderes públicos como por la práctica social, en posiciones desventajosas y contrarias a la dignidad de la persona que reconoce el art. 10.1 CE, por los profundos prejuicios arraigados normativa y socialmente contra estas personas; y, por otro, del examen de la normativa que, ex art. 10.2 CE, debe servir de fuente interpretativa del art. 14 CE.

[1038] La sentencia ha sido ampliamente analizada en doctrina. Al respecto se pueden ver, entre otros: De La Iglesia Monje, Mª Isabel, "Transexualidad y restricción del régimen de visitas(1)", *Revista Crítica de Derecho Inmobiliario*, Nº 713, Madrid 2009; Pulido Quecedo, Manuel, "Transexualidad, interdicción de discriminación y derecho de visita de los hijos", *Revista Aranzadi Doctrinal*, Nº 2, 2009; Romero Coloma, Aurelia, "Transexualidad del progenitor y derecho de visitas. Sentencia del Tribunal Constitucional de 22 de diciembre de 2008 y las limitaciones al derecho de visita", *La Ley*, Nº 7471, 2010; Bardají Gálvez, Mª Dolores, "Transexualidad y derecho de visita", *Revista Jurídica de Catalunya*, Nº 1-2010. Esta última autora, si bien comparte muchos de los argumentos utilizados en la sentencia, formula observaciones a la fundamentación principal que sirvió de base al fallo denegatorio del amparo, por estimar que no queda suficientemente acreditada la existencia del riesgo relevante o causa grave que justifica la limitación del régimen de relación; en su opinión, al ser la inestabilidad emocional propia de todos los procesos de reasignación de sexo, si no queda debidamente justificada de qué manera influye en el caso concreto en la relación con el menor, podría llevar a afirmar que en el caso de los transexuales su inestabilidad emocional va a impedir siempre la existencia de unas buenas relaciones afectivas con sus hijos.

[1039] En este sentido el TC precisa que: *lo que en modo alguno resulta constitucionalmente admisible es presumir la existencia de un riesgo de alteración efectiva de la personalidad del menor por el mero hecho de la orientación sexual de uno u otro de sus progenitores.*

del progenitor, que es un derecho subordinado al interés ajeno, debe ceder ante el bienestar del menor[1040].

La resolución del Tribunal Constitucional llegó a conocimiento del Tribunal Europeo de Derechos Humanos que concluyó que la transexualidad no fue el motivo determinante en la decisión de modificar el régimen de visitas inicial. En opinión de éste último Tribunal, lo que primó fue el interés superior del menor, pues teniendo en cuenta la inestabilidad emocional coyuntural detectada en el demandante los tribunales españoles otorgaron más importancia al interés del menor adoptando un régimen de visitas más restrictivo, permitiéndole habituarse progresivamente al cambio de sexo de su progenitor. En definitiva, el TEDH consideró que la restricción del régimen de visitas no fue el resultado de una discriminación basada en la transexualidad del demandante y, por tanto, no hubo violación del art. 8° en relación con el art. 14, ambos de la Convención Europea de Derechos Humanos[1041].

b. Incumplimiento grave o reiterado de los deberes impuestos por la resolución judicial

Conforme al art. 94 Cc. la segunda situación que da lugar a la limitación o suspensión del derecho es el *incumplimiento grave o reiterado de los deberes impuestos por la resolución judicial*, siendo considerada esta situación por alguna doctrina sólo como una concreción del primer supuesto legal[1042]. Además de la gravedad o reiteración, se entiende que debe tratarse de un incumplimiento actual y que tenga la capacidad de provocar efectos negativos en los hijos, es decir, que se constituye determinante para los efectos de calificar la continuidad

[1040] Por lo mismo, señala el TC que ello implica que *resulte exigible que la resolución judicial (o, en su caso, administrativa) que en estos casos pueda acordar una supresión o limitación de derechos del progenitor transexual en relación con sus hijos menores, extreme, al formular su juicio de ponderación, y teniendo siempre presente el interés prevalente del menor, la justificación de la necesidad y proporcionalidad de las medidas restrictivas acordadas, de suerte que el escrutinio de la resolución permita descartar, sin sombra de duda alguna, que la orientación sexual o la disforia de género del progenitor haya sido el verdadero motivo de la decisión adoptada.*

[1041] Sentencia TEDH de 30 de noviembre de 2010, asunto P.V. contra España (demanda 35159/09). El TEDH destacó que la jurisdicción española no privó al padre del ejercicio de la patria potestad y no suspendió el derecho de visita, como había solicitado la madre, antes bien y siguiendo la recomendación de la psicóloga, se estimó conveniente mantener el contacto entre padre e hijo con un sistema de control, evaluación y posibilidad de ampliación. Un breve comentario a la sentencia del TEDH se encuentra en: VÁZQUEZ-PASTOR JIMÉNEZ, LUCÍA, "Derecho de...", p. 10 y ss. En su opinión, la clave para comprender la resolución del Tribunal Constitucional es el carácter funcional que tiene el derecho de visita, que se ejerce siempre en interés del menor y no en beneficio de sus titulares adultos, por tanto cabe suspender las visitas cuando las mismas siendo beneficiosas para el progenitor puedan perjudicar al menor.

[1042] Se señala que el incumplimiento de deberes tanto si es grave como si es reiterado puede ser considerado una causa grave: GONZÁLEZ GARCÍA-MIER, ROCÍO, "La suspensión...", p. 241.

del régimen en los términos en que se viene ejerciendo. El incumplimiento debe provenir del progenitor no custodio titular formal del derecho de relación y puede ser grave aunque no reiterado, como cuando se intenta pervertir al hijo, o puede no ser grave pero si reiterado en el tiempo, como cuando permanentemente no se desarrollan las visitas en los días intrasemanales.

Lo que se incumple son los deberes impuestos en la resolución judicial; en este caso, en la sentencia que declara el divorcio[1043]. Como se trata de una sentencia cuyo contenido no solo se refiere a la cuestión principal debatida (término del matrimonio por divorcio), sino que regula efectos personales y patrimoniales entre los cónyuges y respecto de los hijos, estableciendo una serie de deberes de diversa naturaleza, la doctrina se ha preguntado sobre el tipo de deberes a que alude el art. 94 Cc. cuando considera la limitación o suspensión del ejercicio del derecho de relación por incumplimiento grave o reiterado. La respuesta no ha sido uniforme; básicamente se han presentado dos posiciones en relación con la naturaleza de los deberes incumplidos que dan lugar a la limitación –o suspensión– del régimen de relación:

La primera incluye todos los deberes impuestos en la resolución judicial, pecuniarios y no pecuniarios, de hacer personalísimos y no personalísimos[1044], tanto los deberes y derechos que forman el contenido propio del derecho de relación, como aquellos deberes relacionados con la patria potestad, como el incumplimiento de las cargas[1045]. Se funda tal posición en el carácter amplio de la norma que no establece distinciones, por lo que entienden que puede tratarse de cualquier deber de naturaleza personal o patrimonial, comprendiendo los impagos de las pensiones de alimentos estipulada a favor de los hijos[1046].

Una variante de esta corriente restringe los deberes en cuestión a aquellos que afecten a los hijos y excluye los que inciden en los progenitores, como la compensación por desequilibrio[1047], de forma que se incluirían los deberes

[1043] ECHARTE FELIÚ, ANA MARÍA, *Patria...*, p. 125.

[1044] GONZÁLEZ DEL POZO, JUAN PABLO, "La ejecución...", p. 125.

[1045] ROCA TRÍAS, ENCARNA, en AMOROS GUARDIOLA, MANUEL (coord.), *Comentarios a...*, p. 598. También se explica esta posición, aunque no se comparte plenamente en RIVERO HERNÁNDEZ, FRANCISCO, en LACRUZ BERDEJO, JOSÉ LUIS (coord.), *Matrimonio...*, p. 1122.

[1046] GARCÍA VARELA, ROMÁN, *La Ley de...*, p. 88; ARZA, ANTONIO, *Remedios...*, p. 116; BOTANA GARCÍA, GEMA, "Notas sobre...", p. 132; MONTERO AROCA, JUAN (dir.), *Separación y...*, p. 168. Esta postura tiene cierta base en la realidad, pues es común que el progenitor guardador invoque el incumplimiento del pago de la pensión alimenticia como defensa de su propia actitud incumplidora, obstaculizando o impidiendo el ejercicio del derecho de visita, así se comenta en: PÉREZ CONESA, CARMEN, *Las medidas...*, p. 59. Dicha realidad termina produciendo un círculo vicioso entre el impago de la manutención y la obstaculización de las visitas por parte de los progenitores, que en definitiva constituye, en opinión de alguna doctrina, una de las formas mas frecuente de maltrato emocional: ZARRALUQUI SÁNCHEZ-EZNARRIAGA, LUIS, *Derecho de...*, p. 158.

[1047] PALACIOS GONZÁLEZ, Mª DOLORES, "Limitación y suspensión del régimen de visitas por incumplimiento de las obligaciones alimenticias", *La Ley*, tomo 1, 1992, versión electrónica conexplícitos e implícitos del régimen de relación, el deber de pasar la pensión y también el de abandonar el hogar conyugal dejándolo a disposición del guardador del menor[1048]. En este sentido se explica que aún cuando el régimen de visita y la pensión alimenticia a favor de los hijos, son medidas independientes que se adoptan para proteger distintas necesidades, cumpliendo por tanto fines diferentes, ambas tienen como fundamento común la protección del menor, quien es su protagonista[1049]. Precisando más la procedencia de la causal se manifiesta que se puede dar lugar a una limitación o suspensión del derecho de relación por incumplimiento de los deberes alimenticios siempre que el juez lo juzgue grave o reiterado y se deba a una voluntad injustificada del progenitor deudor[1050]. Con todo se rechaza la posibilidad de que ante una situación de incumplimiento el progenitor guardador de modo unilateral y por vía de hecho limite o suspenda las visitas.

La segunda posición entiende que debe tratarse de los deberes personales, específicamente los relativos al tiempo, modo y lugar de ejercicio efectivo del derecho de relación[1051], es decir, se aplicaría la causal cuando se incumplen grave o reiteradamente los deberes propios del mismo régimen de visita. No cabría condicionar el ejercicio del derecho al cumplimiento de la obligación de alimentos a los hijos[1052].

La primera postura se encuentra hoy superada en doctrina y jurisprudencia[1053], al entenderse que no cabe condicionar el ejercicio del derecho de rela-

sultada en http://laleydigital.laley.es, el 06 de octubre de 2010. Algún comentario aparece además en Pérez Conesa, Carmen, *Las medidas...*, p. 60.

1048 Rivero Hernández, Francisco, *El Derecho...*, p. 335.

1049 Echarte Feliú, Ana María, *Patria...*, p. 123. La autora da dos razones para inclinarse por la limitación o suspensión del derecho en caso del impago de la pensión de alimentos a favor de los hijos: 1) la situación del otro cónyuge que puede ser desesperante si se encuentra escaso de fondos para hacer frente a los gastos del menor y, 2) el hecho de no pagar es un indicio de que sus sentimientos hacia el menor no son tan positivos como se pensó. En la misma línea, se ha expresado que *poco o nada se preocupa por sus hijos el progenitor que desatiende sus necesidad básicas de manutención, por ello es discutible que el contacto con el mismo sea beneficioso para los menores y que la tutela de dicho contacto haya de extenderse hasta el punto de no adoptar una medida que pueda obligar al progenitor que no cumple con su obligación al pago de los alimentos de sus hijos:* Palacios González, Mª Dolores, "Limitación..."

1050 Palacios González, Mª Dolores, "Limitación..."; Pérez Conesa, Carmen, *Las medidas...*, p. 60-61.

1051 Castilla Barea, Margarita - Cabezuelo Arenas, Ana Laura, "Disposiciones...", p. 461; Montero Aroca, Juan (dir.), *Los procesos...*, p. 510.

1052 Marín López, Manuel en Bercovitz Rodríguez-Cano, Rodrigo (coord.), *Comentarios al...*, p. 218.

1053 Hace ya unos quince años que la posición de los Tribunales se inclina por estimar que el impago de la pensión alimenticia no es causa de la limitación o suspensión del derecho, según se ilustra en: García Pastor, Milagros, *La situación...*, p. 253. Otros comentarios de la jurisprudencia sobre este tema se pueden ver también en: Montero Aroca, Juan, *El derecho...*, p. 252 y ss. Los desarrollos jurisprudenciales mas recientes sobre el art. 94 Cc. de Cavanillas Múgica, ción al cumplimiento de la obligación de satisfacer los alimentos de los hijos principalmente con base en los siguientes argumentos:

- La ausencia de equivalencia en las prestaciones, que no son compensables ni contraprestaciones recíprocas[1054]. Se trata mas bien de derechos y deberes de entidad propia y autónoma, que no están recíprocamente condicionados, ni subordinados el uno al otro[1055].

- La existencia de un régimen propio para el impago de tales pensiones[1056], el que considera, además de las sanciones civiles, conforme a su especial naturaleza (art. 776.1ª Lec.)[1057] la posibilidad de llegar incluso a constituir delito (art. 227.1 CP)[1058]. Este distinto tratamiento del incumplimiento del pago de los alimentos encuentra su fundamento en la naturaleza diferente de los dos derechos[1059].

SANTIAGO, en PASQUAU LIAÑO, MIGUEL (dir.), *Jurisprudencia...*, p. 490 y ss., no ofrecen opinión sobre el particular.

[1054] MARÍN LÓPEZ, MANUEL, en BERCOVITZ RODRÍGUEZ-CANO, RODRIGO (coord.), *Comentarios al...*, p. 218. En un supuesto donde la madre solicitó que se condicionara el ejercicio del derecho de visita del padre al cumplimiento de su obligación de satisfacer los alimentos de los hijos, el Tribunal Supremo denegó la petición declarando justamente que las obligaciones del derecho de visita y de los alimentos no son compensables ni contraprestaciones recíprocas: STS, de 26 dic 2002, Rj. 10756/2002.

[1055] Así claramente planteado en algunas resoluciones de Audiencias Provinciales, citadas en: MARTÍNEZ DE AGUIRRE, CARLOS, "El derecho...", p. 166.

[1056] Esta razón ha sido considerada también para los casos inversos, esto es, situándose en la posición del progenitor custodio, en los cuales el problema consistía en subordinar el pago de la pensión alimenticia al cumplimiento (facilitación, en su caso) del régimen de visita. Así, se sostenía que al basarse el derecho de alimentos a favor del menor en el derecho natural y constituir un principio cogente, no puede subordinarse a ninguna clase de contraprestación: ZANÓN MASDEU, LUIS, *Guarda y...*, p. 109.

[1057] En los comentarios que se formulan a la sentencia de la 1ª sala del Tribunal Supremo de 26 de diciembre de 2002 (RJ 2002, 10756), que confirmó la de apelación que a su vez había revocado la de primera instancia en cuanto prevenía al demandado que el régimen de visitas acordado, para que pueda tener consigo a su hija, quedaba condicionado al estricto cumplimiento por su parte de la obligación de abonar a la madre la pensión alimenticia mensual fijada para su hija, se señala que la inobservancia de la obligación alimenticia (que podría obedecer en ocasiones a causas justificadas) podía ser corregida por la vía civil a través de las amplias facultades que al Juez se confieren en el art. 158 Cc. sin que deba olvidarse que puede llegar a determinar la privación parcial o total de la patria potestad (art. 170 Cc): *Revista de Derecho de Familia*, nº 24, 2004, p. 111 y ss.

[1058] En el ámbito civil, el art. 776.1ª Lec, señala que *al cónyuge o progenitor que incumpla de manera reiterada las obligaciones de pago de cantidad que le correspondan podrán imponérsele por el Secretario judicial multas coercitivas, con arreglo a lo dispuesto en el artículo 711 y sin perjuicio de hacer efectivas sobre su patrimonio las cantidades debidas y no satisfechas*; por su parte, el art. 227.1 CP. esp. establece que *el que dejare de pagar durante dos meses consecutivos o cuatro meses no consecutivos cualquier tipo de prestación económica en favor de su cónyuge o sus hijos, establecida en convenio judicialmente aprobado o resolución judicial en los supuestos de separación legal, divorcio, declaración de nulidad del matrimonio, proceso de filiación, o proceso de alimentos a favor de sus hijos, será castigado con la pena de prisión de tres meses a un año o multa de seis a 24 meses.*

[1059] CALVO CABELLO, JOSÉ LUIS, "Discrecionalidad...", p. 342.

- El mayor perjuicio que significaría para el hijo, privado ya de lo materialmente necesario para su subsistencia, la privación de su derecho a relacionarse con el progenitor no custodio. En este sentido, la limitación o suspensión del derecho de relación por el incumplimiento del pago de las pensiones alimenticias sería un doble castigo o perjuicio para el hijo, antes que para el padre: el derivado de la falta de alimentos y el causado por la restricción del régimen de visitas[1060].

Desde mi punto de vista, ciertamente y sin lugar a dudas, se comprenden dentro de la causal todas las situaciones de incumplimiento del régimen de relación por parte del progenitor no custodio que se han tratado en la segunda parte de este Capítulo y no solo de aquellas que aparecen expresamente enunciadas en la sentencia en cuanto a tiempo, modo y lugar de ejercicio: pienso particularmente en las situaciones de incumplimiento imperfecto por exceso o abuso del derecho, en que se usa del derecho para fines diversos de los que le son propios y que no aparecen listados expresamente como deberes en la resolución judicial, pero que se subentienden a ella por ser inherentes al ejercicio de buena fe del derecho[1061]. Pero lo más relevante de esta causal es que no debe ser vista sólo como un elemento sancionador del progenitor, aunque pueda ser eficaz en dicho cometido: la limitación o suspensión del derecho como sanción por incumplimiento puede menoscabar el derecho mismo que se intenta proteger[1062], de ahí lo cuestionable del puro empeño sancionador.

En esta línea, la doctrina comenta que los tribunales insisten en que las limitaciones o suspensiones del derecho no deben atender a la represión de incumplimientos paternos, sino al interés del hijo[1063]. De ahí que, aun cuando los deberes grave o reiteradamente incumplidos se refieran exclusivamente al tiempo, modo y lugar de ejercicio del derecho según fue determinado en un régimen concreto, la limitación o suspensión, en su caso, no se aplicaría con carácter sancionador, sino con el fin de persuadir al incumplidor y reintegrar el ejercicio del derecho a sus cauces debidos, en beneficio de los hijos.

Se relaciona, con bastante coherencia, esta norma con el art. 776.3 Lec, sugiriéndose una interpretación conjunta de ambas disposiciones[1064]. Dispone

---

[1060] Castilla Barea, Margarita - Cabezuelo Arenas, Ana Laura, "Disposiciones...", p. 461; Calvo Cabello, José Luis, "Discrecionalidad...", p. 342.

[1061] En igual sentido Rivero Hernández, Francisco, en Lacruz Berdejo, José Luis (coord.), *Matrimonio...*, p. 1122 y Pérez Conesa, Carmen, *Las medidas...*, p. 62.

[1062] González García-Mier, Rocío, "La suspensión...", p. 241.

[1063] Cavanillas Múgica, Santiago, en Pasquau Liaño, Miguel (dir.), *Jurisprudencia...*, p. 492. Esta interpretación judicial resulta relevante, respecto de una norma cuyo tenor pareciera contemplar la medida como una especie de sanción al incumplidor a quien por dicha actitud se le restringe o suspende su derecho.

[1064] Castilla Barea, Margarita - Cabezuelo Arenas, Ana Laura, "Disposiciones...", p. 461; Montero Aroca, Juan (dir.), *Separación y...*, p. 168. Por el contrario, se ha señalado al éste último precepto sobre el cumplimiento forzoso de los pronunciamientos sobre medidas que *el incumplimiento reiterado de las obligaciones derivadas del régimen de visitas, tanto por parte del progenitor guardador como del no guardador, podrá dar lugar a la modificación por el Tribunal del régimen de guarda y visitas*, con lo cual se circunscriben las consecuencias de los incumplimientos del régimen de visitas sobre su ejercicio mismo cuando el incumplidor es el progenitor no custodio. Además, se amplía la visión sobre los incumplimientos posibles del régimen de relación posibilitando aplicar como sanción la alteración de la guarda y custodia o la ampliación del régimen de visita cuando el incumplidor es el custodio, supliendo con ello la carencia de la norma sustantiva civil.

En definitiva, no debe ser el solo hecho del incumplimiento el que origine la medida restrictiva, sino que previamente se debe valorar cómo afecta dicha conducta al interés del menor y cómo pueden repercutir las medidas a tomar sobre el mismo interés[1065]. Solo corresponde limitar el derecho de relación ante un incumplimiento grave o reiterado de los deberes impuestos por la sentencia cuando aquella sea la mejor solución para el interés del hijo, interés que como se ha dicho, comprende el derecho del hijo a mantener relaciones con ambos padres luego del divorcio[1066]. El incumplimiento que amerita la limitación (o suspensión del derecho) debe ser aquel que tenga consecuencias negativas para el menor y siempre que la limitación se manifieste necesaria para contrarrestarlas[1067].

c. Ejercicio del derecho en contra de la buena fe

Se alude a esta circunstancia como una situación distinta de los incumplimientos y se cita como ejemplo de la misma, la actuación del progenitor que intenta influir negativamente en los hijos para enfrentarlos personal o

---

comparar ambas normas que se trata de una superposición de regímenes jurídicos diversos para supuestos de obligaciones parcialmente coincidentes: GONZÁLEZ DEL POZO, JUAN PABLO, "La ejecución...", p. 124.

[1065] La respuesta del Ordenamiento no debe depender tanto de la calificación jurídica que merezca el comportamiento en cuestión, de su levedad o gravedad, como sí de las consecuencias fácticas que sobre el menor tengan o puedan tener tanto el incumplimiento como la medida posible: SERRANO CASTRO, FRANCISCO, *Relaciones...*, p. 147.

[1066] En este sentido: GARCÍA PASTOR, MILAGROS, *La situación...*, p. 243. La autora afirma que la limitación del derecho como consecuencia del incumplimiento de los deberes impuestos en la resolución judicial debe ser entendida siempre sin perjuicio del art. 92, conforme al cual, todas las medidas judiciales se adoptarán en beneficio de los menores.

[1067] GARCÍA PASTOR, MILAGROS, *La situación...*, p. 243. Como explica la autora, la propia limitación del derecho de visita supone en sí misma un perjuicio para el menor, pues le priva de la relación completa con uno de sus progenitores, por tanto, el perjuicio que se produce adoptando esta medida ha de estar justificado por el perjuicio (mayor, se supone) de no adoptarla.

afectivamente con el guardador[1068]. Desde mi punto de vista, y como ya se ha explicado más atrás, en estos casos estamos ante una modalidad de ejercicio abusivo del derecho y, por tanto, es también una forma de incumplimiento en sentido amplio del régimen de relación, en cuya actuación se exige siempre la ejecución de buena fe.

Finalizando éste acápite destinado a las causales de limitación del régimen de relación es posible aseverar que el interés del menor modaliza todas las causas, califica las conductas y permite discriminar entre las graves circunstancias y los incumplimientos de deberes que dan lugar a restricción del régimen de relación y los que deben ser afrontados de forma diversa al no suponer contravenciones a dicho interés.

B. Tipos de limitación

Entiende Rivero Hernández que, habida cuenta de la doble proyección de las relaciones personales padre-hijos y de la naturaleza funcional de las mismas, a la hora de pensar en las limitaciones o restricciones hay que atenerse a la *ratio legis* de las normas que las regulan y al interés preponderante que protegen[1069]. Para efectos de análisis voy a distinguir entre el conjunto de restricciones más tradicionales y la restricción consistente en el recurso a los puntos de encuentro familiar.

a. Limitaciones tradicionales

Las restricciones más habituales pueden consistir en limitaciones temporales (por ejemplo reduciendo el número de días u horas de relación); en el desarrollo del régimen en lugares especiales[1070]; en la presencia de una tercera persona[1071] o en no permitir la pernocta fuera del domicilio del guardador. Esta última medida, que suele emplearse *ab initio* conforme a las circunstancias entonces vigentes para restringir el régimen normalizado, se adoptará ahora a título de modificación del régimen vigente cuando la estancia con pernocta suponga un peligro palpable para la educación y formación del menor, como puede ocurrir en los casos en que el progenitor no custodio lleve una vida irregular o licenciosa; carezca de domicilio estable o sus condiciones de vivienda

[1068] Marín López, Manuel, en Bercovitz Rodríguez-Cano, Rodrigo (coord.), *Comentarios al...*, p. 218.
[1069] Rivero Hernández, Francisco, "Límites de...", p. 295.
[1070] Marín López, Manuel en Bercovitz Rodríguez-Cano, Rodrigo (coord.), *Comentarios al...*, p. 218.
[1071] Pérez Martín, Antonio, en Domínguez Luelmo, Andrés (coord.), *Comentarios...*, p. 202.

no sean en absoluto adecuadas[1072]. En estas situaciones, no se suprime la relación pero es necesario en interés del menor, rodearla de garantías, entre las que cabe la restricción de pernoctas; la misma restricción puede ser utilizada en caso de menores de muy corta edad[1073], aunque lo normal será que éste último factor haya sido considerado al tiempo de la determinación del régimen de relación.

La presencia de tercera persona es una restricción posible al ejercicio del derecho de relación. Por la perturbación que implica a la naturalidad y espontaneidad de la relación, se trata de una limitación que debe ejecutarse de la forma que genere la menor intromisión posible en la intimidad que supone la relación entre padre e hijo[1074]. En tal perspectiva, al igual que todas las limitaciones, solo se justifica la realización de las visitas con la presencia de un tercero, si existe prueba que acredite la existencia de una situación que aconseje la adopción de ésta cautela en interés del menor[1075]. Algunas de las situaciones que la pueden aconsejar son las de enfermedad psíquica del progenitor titular del derecho, malos tratos, alcoholismo, drogodependencia, que requieren precauciones que eliminen o minimicen toda clase de riesgos para el menor[1076]; también en casos de trastornos psíquicos, trauma psicológico y bloqueo afectivo del menor, entre otros[1077].

Mención algo mas extensa merece la limitación consistente en la determinación del lugar donde deben realizarse las visitas: aquí podemos encontrar situaciones ocasionales como las limitaciones consistentes en exigir que las visitas se desarrollen en el territorio nacional cuando el progenitor no custodio ha pasado a residir en el extranjero y, otras más habituales, como la fijación de lugares especiales para el ejercicio del derecho, hoy muy específicamente los puntos de encuentro familiar.

1072 Montero Aroca, Juan (coord.), *El derecho...*, p. 166 y ss. La AP de Salamanca limitó el régimen suprimiendo las pernoctas con el fin de proteger a la menor, luego de que ella presenció un incidente de violencia doméstica y maltrato del padre a la madre: AP de Salamanca, sección 1ª, sentencia 477/2012, de 20 septiembre, JUR\2012\321018, consultada en westlaw.es.

1073 Panizo y Romo de Arce, Alberto, *El proceso...*, p. 180; Pérez Conesa, Carmen, *Las medidas...*, p. 82.

1074 García Pastor, Milagros, *La situación...*, p. 260.

1075 Montero Aroca, Juan (coord.), *El derecho...*, p. 145. En STS, de 21 de noviembre de 2005, (RJ 2005/7734), se impuso las visitas con presencia de la abuela materna o persona de su confianza al padre con condena penal firme por malos tratos hacia el hijo.

1076 Pérez Conesa, Carmen, *Las medidas...*, p. 79. En otras ocasiones, como informa la autora, la enfermedad padecida por el progenitor titular del derecho no se estima motivo suficiente por sí sola para siquiera restringir el régimen de relación. Montero Aroca agrega como motivos de limitación la sustracción del menor y la agresión sexual no probada, y señala que normalmente la existencia del delito de abuso sexual cometido por el progenitor lleva a la suspensión del derecho: Montero Aroca, Juan (coord.), *El derecho...*, p. 147.

1077 Montero Aroca, Juan (coord.), *El derecho...*, p. 150.

b. Puntos de encuentro familiar

Una forma de limitación del ejercicio del derecho de relación, en cuanto compromete la espontaneidad y naturalidad de la relación padre-hijo, es localizarlas en un punto de encuentro familiar o en algún servicio social equivalente[1078]. Los puntos de encuentro familiar (PEF) se configuran como un espacio neutral que facilita la relación entre padre e hijos, garantizando la seguridad y bienestar del menor y del progenitor no custodio[1079]. Es una alternativa de intervención temporal[1080].

Son descritos genéricamente por La Comisión Interautonómica de Directores y Directoras Generales de Infancia y Familias, como: *«recurso social especializado para la intervención en aquellas situaciones de conflictividad familiar en las que la relación de los menores con algún progenitor o miembro de su familia se encuentra interrumpida o es de difícil desarrollo. Esta intervención es de carácter temporal, desarrollada por profesionales en un lugar neutral, y tiene como objetivo principal la normalización de la situación conflictiva, siguiendo en todo caso las indicaciones que establezca la autoridad judicial o administrativa competente y garantizando el interés y la seguridad de los menores y de los miembros de la familia en conflicto»*[1081].

[1078] CAVANILLAS MÚGICA, SANTIAGO, en PASQUAU LIAÑO, MIGUEL (dir.), *Jurisprudencia…*, p. 492.

[1079] DE LA OLIVA VÁZQUEZ, ANTONIO, "Derechos y…", p. 256, el autor se refiere al progenitor no custodio como el *progenitor más vulnerable*, expresión que no me parece del todo apropiada, por cuanto, en muchos casos, se trata de un padre violento o que por sus características, dependencias y conducta no puede ejercer el derecho en otro lugar por representar un peligro para su propio hijo.

[1080] La primera iniciativa española sobre Puntos de Encuentro surgió en 1994, en Valladolid, ofreciendo una alternativa de intervención en los conflictos familiares. Sus antecedentes fueron los PEF que estaban funcionando ya en otros países de la Unión Europea desde la década de los 80, principalmente en Francia. Al respecto se puede ver, entre otros: GONZÁLEZ DEL POZO, JUAN PABLO, "Algunas consideraciones sobre el régimen de visitas, los puntos de encuentro y la orden de alejamiento", *La Ley*, nº 6998, sección doctrina, 2008. Una ilustradora reseña del establecimiento de los PEF se ofrece en: MORTE BARRACHINA, ELENA – LILA MURILLO, MARISOL, "La alternativa al conflicto: Punto de Encuentro Familiar", *Intervención Psicosocial*, Colegio Oficial de Psicólogos de Madrid, vol. 16, Nº 3, 2007, p. 291 y ss. y en PÉREZ-SALAZAR RESANO, MARGARITA, "La guarda…", p. 277, quien además se refiere a las bases jurídicas del establecimiento de los PEF (p. 279). Sobre la evolución de los PEF en España se puede ver: SERRANO CASTRO, FRANCISCO, *Relaciones…*, p. 133 y ss. Es de hacer notar que en alguna oportunidad se ha situado en el año 1996 la aparición de los PEF en Valladolid: BLANCO CARRASCO, MARTA, "Los puntos de encuentro familiar y el derecho de los menores a mantener una relación con sus progenitores", *Cuadernos de Trabajo Social*, vol. 21, Universidad Complutense de Madrid, 2008, p. 28.

[1081] En Documento Marco de Mínimos para asegurar la calidad de los Puntos de Encuentro Familiar, aprobado por acuerdo de la Comisión el día 13 de noviembre de 2008 (consultado en la página del Ministerio de Sanidad, Servicios Sociales e Igualdad http://www.msc.es/buscador/iniciar.do, el 17 de enero de 2013). La Asociación de Protección del Menor (APROME) los define en términos más simples como: *…un espacio neutral idóneo para favorecer el derecho fundamental del niño/a a mantener las relaciones con sus familias, cuando en una situación de separación y/o*

Los autores los conceptualizan utilizando en general las mismas ideas matrices, así se consideran: *«un espacio neutral y adecuado donde, de forma temporal y a través de la intervención de profesionales, se pretenden normalizar las comunicaciones entre los hijos/as y sus progenitores o familias extensas, en aquellos supuestos en que éstas han devenido difíciles, se han interrumpido o son conflictivas. Todo ello, bajo la supervisión de la autoridad judicial o administrativa que, de forma excepcional, ha realizado la derivación»*[1082].

Los PEF tienen básicamente dos propósitos: garantizar el derecho de los hijos a relacionarse con ambos padres y con otros familiares[1083] y, preparar a los padres para que consigan autonomía y puedan mantener las relaciones con sus hijos sin depender de este servicio[1084]. Se los vincula con tres problemáticas principales que se pueden presentar en el ejercicio del derecho de relación: la alta conflictividad que presentan los progenitores en el momento de llevar a cabo el régimen; las circunstancias personales de los progenitores que hacen necesaria la protección del menor durante el desarrollo de las visitas y, las situaciones de violencia de género, donde se hace necesario garantizar la integridad física y moral, no solo del menor sino también de la víctima de dicha violencia[1085].

En cuanto a sus funciones, resumidamente son dos: 1) servir como mero lugar de entrega y recogida, sin que progenitor e hijo deban permanecer ahí[1086], lo que puede darse por ejemplo para evitar los encuentros entre los progenitores o para dejar constancia de los cumplimientos o incumplimientos del régimen por ambos progenitores; y 2) servir de lugar físico para el desarrollo de las visitas. Ésta última función se puede desplegar básicamente en tres supuestos:

---

divorcio o acogimiento familiar, o en otros supuestos de interrupción de la convivencia familiar, el derecho de visita se ve interrumpido o es de cumplimiento difícil o conflictivo.

1082 CAMPO IZQUIERDO, ÁNGEL LUIS, "Estudio comparativo de la normativa nacional y autonómica de los puntos de encuentro familiar", *Actualidad Civil*, editorial La Ley, nº 1, tomo 1, 2010. El autor, informa sobre seis Comunidades Autónomas que han regulado (a 2010) los Puntos de Encuentro Familiar: Asturias, La Rioja, País Vasco, Valencia (que a diferencia de las otras hizo la regulación por Ley y no por Decreto), Galicia y Castilla-La Mancha. La legislación específica se puede revisar en la página de la Confederación Española de Puntos de Encuentro Familiar: http://www.cepef.org/category/legislacion/.

1083 DE LA OLIVA VÁZQUEZ, ANTONIO, "Derechos y…", p. 256.

1084 APROME explica además una serie de objetivos específicos de los Puntos de Encuentro Familiar en: http://www.aprome.org. Éstos objetivos específicos son comentados en FERNÁNDEZ-GIL VIEGA, ISABEL, en DÍEZ-PICAZO GIMÉNEZ, GEMA (coord.), *Derecho de…*, p. 1387. También se señalan objetivos similares en: SERRANO CASTRO, FRANCISCO, "Reparto de la convivencia de los hijos menores con sus progenitores. Puntos de encuentro familiar", en AEAF, *Los hijos menores de edad en la situación de crisis familiar,* Dykinson, Madrid 2002, p. 73.

1085 BLANCO CARRASCO, MARTA, "Los puntos…", p. 29. También se hace uso de ellos en casos de menores acogidos para que se reinicie la comunicación con su familia biológica: MORTE BARRACHINA, ELENA – LILA MURILLO, MARISOL, "La alternativa…", p. 295.

1086 CAVANILLAS MÚGICA, SANTIAGO, en PASQUAU LIAÑO, MIGUEL (dir.), *Jurisprudencia…*, p. 492.

a) en situaciones de particular tensión, conflictividad y violencia entre los progenitores, o respecto de los hijos[1087], evitando o minimizando con ello los incumplimientos o los enfrentamientos; b) cuando sin existir violencia, las condiciones del progenitor visitador así lo exigen, como cuando sufre alguna adicción o requiere de supervisión o de ayuda en el ejercicio responsable de su paternidad tras la separación[1088], dando lugar a las visitas tuteladas por un equipo técnico[1089]; c) cuando el progenitor no custodio no dispone de un lugar adecuado donde ejercer el derecho, caso en el cual solo se trata de disponer de un lugar físico y las visitas se realizan sin supervisión.

Los supuestos más comunes en que resulta procedente la intervención en un PEF son: orden de alejamiento; malas relaciones entre los progenitores; malas relaciones entre el progenitor y el hijo; implementación de regímenes de visitas tuteladas; reanudación progresiva de relaciones entre el menor y el progenitor no custodio que habían estado largamente interrumpidas; existencia de enfermedad de tipo psiquiátrico, alcoholismo, toxicomanías o adicciones del progenitor no custodio que generen un riesgo razonable de peligro o daño, físico o psíquico para el menor con ocasión de las visitas; derivaciones como elemento de preconstitución de prueba en caso de incumplimiento reiterado de visitas por parte del progenitor no custodio; desarrollo de las visitas de los abuelos u otros parientes cuando el progenitor de su línea tiene suspendido o restringido el régimen y; riesgo de sustracción internacional del menor[1090].

Se accede al PEF normalmente por la resolución judicial del Juez de Familia que restringe el derecho, conforme al art. 94 Cc. y también puede ser por decisión del Juez de Instrucción que en aplicación de una Orden de Protección de las víctimas de violencia doméstica adopta –como medida civil– esta limitación al régimen de relación entre el hijo y el progenitor no custodio[1091]. En cuanto a las exigencias, se ha acordado que la derivación a un PEF debe estar presidida por los principios de excepcionalidad y temporalidad; en este sentido

---

[1087] De La Oliva Vázquez, Antonio, "Derechos y...", p. 257; Zarraluqui Sánchez-Eznarriaga, Luis, *Derecho de...*, p. 157-158. Los puntos de encuentro pueden ser lugares donde se trabaje contra la violencia familiar, mediante la intervención, detección, comprobación y evaluación; existiendo programas específicos de reeducación de los maltratadores.

[1088] De La Oliva Vázquez, Antonio, "Derechos y...", p. 256.

[1089] González Del Pozo, Juan Pablo, "Algunas consideraciones..."; Blanco Carrasco, Marta, "Los puntos...", p. 34, quien reseña además los principios y etapas de la intervención. También, Morte Barrachina, Elena – Lila Murillo, Marisol, "La alternativa...", p. 296, quienes además explican la metodología de trabajo de los profesionales del centro, en cada caso.

[1090] González Del Pozo, Juan Pablo, "Algunas consideraciones...".

[1091] Morte Barrachina, Elena – Lila Murillo, Marisol, "La alternativa...", p. 295. Se ha estimado que también tendría competencia para hacer la derivación al punto de encuentro la entidad pública a la que esté encomendada, en el respectivo territorio, la protección de los menores, dentro del procedimiento administrativo de formalización del acogimiento, conforme al art. 173 Cc: González Del Pozo, Juan Pablo, "Algunas consideraciones...".

las resoluciones debieran indicar el tipo de intervención que se solicita y su plazo de duración, sugiriéndose que no sea superior a un año[1092].

En síntesis, los PEF son un mecanismo de intervención en casos de conflictividad familiar que permite desarrollar los regímenes de relación. Su uso garantiza al menor su derecho de relacionarse con el progenitor no custodio y otros parientes en casos de ruptura matrimonial. Sin perjuicio de lo anterior, los PEF no han estado ajenos a la polémica: desde algunos sectores se los califica de adecuados[1093] señalando que constituyen un apoyo en el cumplimiento del régimen de visitas[1094], un elemento facilitador de la comunicación[1095]; que además proporciona seguridad en el caso de víctimas de maltrato familiar durante el cumplimiento del régimen de visitas y, en definitiva, contribuyen de modo efectivo al cumplimiento de las disposiciones judiciales y administrativas en estos casos. Desde otros ámbitos, son observados con desconfianza, estimándose, incluso que han sido instrumentalizados con la infiltración ideológica del denominado síndrome de alienación parental[1096]. Sobre estos asuntos no corresponde profundizar en esta obra por exceder su delimitación y objetivos.

3. Suspensión del régimen de relación

Suspender es detener o diferir por algún tiempo una acción; en lo que al derecho de relación concierne, consiste en la interrupción temporal del goce del derecho, es una detención del ejercicio del régimen previamente determinado. La interrupción del régimen de relación es total pero temporal[1097], afectando más a fondo al propio derecho y a la estructura general de su disfrute[1098]; dicho carácter, mas restrictivo y radical, la distingue de la limitación y exige administrarla con máxima prudencia[1099].

[1092] En el IV Encuentro de Magistrados y Jueces de Familia y Asociaciones de Abogados de Familia (Valencia, 2009).

[1093] Sepúlveda, Ángeles, "Los puntos de encuentro como respuesta inmediata y como proceso educativo", en III Simposium sobre Guarda y Custodia de los hijos, Tenerife, 6 y 7 de Noviembre, 2008.

[1094] Blanco Carrasco, Marta, "Los puntos...", p. 33.

[1095] Rodríguez Arredondo, Mª Paz, "Padres de primera y segunda categoría: los puntos de encuentro familiar", en García Gárnica, Mª Del Carmen (dir), *La protección del menor en las rupturas de pareja,* Thomson Reuters/Aranzadi, Cizur Menor 2009, p. 227.

[1096] Al respecto: Federación de asociaciones de mujeres separadas y divorciadas, "Invisibilización y Desprotección de las Víctimas de Violencia de Género en los Puntos de Encuentro Familiar: Desmontando el SAP", 2009, disponible en http://observatorioviolencia.org. Una breve reseña de las principales ventajas e inconvenientes de la utilización de los PEF se puede ver en: González Del Pozo, Juan Pablo, "Algunas consideraciones...".

[1097] Echarte Feliú, Ana María, *Patria...*, p. 126.

[1098] González García-Mier, Rocío, "La suspensión...", p. 236.

[1099] Castilla Barea, Margarita - Cabezuelo Arenas, Ana Laura, "Disposiciones...", p. 455; también se alude a la necesidad de especial cautela para no perjudicar al menor en: Caballero Gea, José-Alfredo, *Matrimonio...*, p. 240.

Conjuntamente con ello, como señala el art. 160.3 Cc. y comenta la doctrina[1100], para la efectividad de la suspensión el juez debe adoptar las medidas que permitan compatibilizar la suspensión que afecta al progenitor no custodio con el disfrute del derecho de relaciones por parte de los abuelos de la rama familiar a que pertenece el progenitor en cuestión: *especialmente deberá asegurar que las medidas que se puedan fijar para favorecer las relaciones entre abuelos y nietos, no faculten la infracción de las resoluciones judiciales que restrinjan o suspendan las relaciones de los menores con alguno de sus progenitores.*

A. Admisión y permanencia de la medida

De acuerdo al principio de proporcionalidad en atención al interés del menor, para su adopción es necesario ponderar si tal suspensión no le acarrea mayor perjuicio que el que se pretende evitar con la medida[1101]. El derecho de visita que se establece siempre en beneficio del menor, no puede ser suspendido si con la medida se le causa un perjuicio mayor; así las cosas, el juez teniendo presente dicho interés y beneficio, deberá evaluar la concurrencia de las causales legales y adoptar la medida de suspensión cuando en el caso concreto resulte aconsejable, al ser más perjudicial para el menor el ejercicio del derecho[1102].

En determinados casos la suspensión supone un castigo para los menores que se verán privados de la compañía de uno de sus padres, lo que justifica su aplicación restrictiva solo para cuando la admisión de la medida resulte beneficiosa para el menor; así, se afirma, como regla general, que el derecho solo cede ante peligro concreto[1103]. Además de los casos en que el mantenimiento del régimen pueda causar o propiciar daño al menor, también es razonable la suspensión cuando el ejercicio devenga imposible o de muy difícil realización[1104].

La aplicación restrictiva de la medida emana del propio art. 94 Cc. que no impone la suspensión como una consecuencia automática y necesaria a las situaciones que indica, sino que concede al juez la potestad para adoptarla: *podrá limitar o suspender*.

[1100] CASTILLA BAREA, MARGARITA - CABEZUELO ARENAS, ANA LAURA, "Disposiciones…", p. 456.

[1101] RIVERO HERNÁNDEZ, FRANCISCO, *El Derecho…*, p. 342.

[1102] ZANÓN MASDEU, LUIS, *Guarda y…*, p. 105, quien además cita y comenta diversas sentencias de AP que aplican con criterio restrictivo las medidas de limitación o suspensión del derecho y en interés del menor.

[1103] STS de 19 octubre de 1992, de 21 de julio de 1993 y de 21 de noviembre de 2005. También VÁZQUEZ IRUZUBIETA, CARLOS, *Matrimonio…*, p. 182.

[1104] ZARRALUQUI SÁNCHEZ-EZNARRIAGA, LUIS, *Derecho de…*, p. 159.

Se ha sostenido que solo debe acordarse cuando otras medidas, como una limitación o modificación, hayan sido ineficaces[1105]. Por razonable que parezca este razonamiento, no resulta admisible por cuanto introduce un requisito de procedencia de la medida de suspensión que el legislador no exige. Cosa distinta es que en ocasiones la suspensión venga precedida de la adopción de otra medida que modifique el régimen[1106].

Su carácter temporal exige que no se extienda más allá de lo que dure la causa que la originó[1107]; o hasta que desaparezcan las consecuencias que tal causa produjo en los hijos: por ello se ha dicho que tiene siempre un cierto carácter de provisionalidad[1108]. El tiempo durante el cual se suspende el ejercicio del derecho puede ser exactamente conocido o determinado (se suspende por cierto número de meses[1109] o hasta que el menor alcance tal edad); o estar condicionado a la realización de alguna acción (hasta que el progenitor supere tal condición o adicción) o al cambio de alguna circunstancia (mientras cumple condena; o se supere determinado obstáculo). En estos últimos casos, el periodo de la suspensión es de una extensión temporal desconocida, siendo por tanto de tiempo indefinido: la suspensión se acuerda para mientras se mantenga un determinado estado de cosas[1110]. La circunstancia de no determinarse con precisión el tiempo de duración al acordar la medida, no altera su carácter transitorio y por tanto, no afecta su naturaleza[1111].

Cuando han cesado las causas que originaron la adopción de la medida de suspensión, puede operar –en beneficio de los hijos– el restablecimiento del ejercicio del derecho. El restablecimiento requiere una nueva valoración y pronunciamiento judicial[1112] y normalmente se producirá de modo paulatino.

B. Causas de suspensión del régimen de relación

Como consecuencia del carácter restrictivo de la medida, el derecho de relación entre un hijo y su padre no custodio solo puede ser suspendido por

---

1105 SERRANO CASTRO, FRANCISCO, *Relaciones*..., p. 144.

1106 RIVERO HERNÁNDEZ, FRANCISCO, *El Derecho*..., p. 341.

1107 ROCA TRÍAS, ENCARNA, en PAZ-ARES, CÁNDIDO y otros, *Comentario*..., p. 395.

1108 MONTERO AROCA, JUAN (dir.), *Separación y*..., p. 167.

1109 La Audiencia Provincial de Cáceres con fecha 26 de julio de 2012 (Roj: SAP CC 676/2012), al confirmar la sentencia que condenaba al padre como autor de violencia doméstica sobre la hija estableció la medida de suspensión por el periodo preciso de un año y siete meses. Id Cendoj: 10037370022012100302.

1110 RIVERO HERNÁNDEZ, FRANCISCO, *El Derecho*..., p. 348. En algunos de estos casos la terminación de la suspensión operará con cierto automatismo, en otros exigirá la cumplida constatación de la superación del obstáculo, siendo precisa una decisión judicial.

1111 Martínez de Aguirre la define justamente como una cesación temporal o indefinida del ejercicio del derecho: MARTÍNEZ DE AGUIRRE, CARLOS, *Curso de*..., p. 182.

1112 ZARRALUQUI SÁNCHEZ-EZNARRIAGA, LUIS, *Derecho de*..., p. 165.

causas excepcionales[1113]. Estas no solo son las mencionadas en el 94 Cc. sino también la genérica variación sustancial de las circunstancias conforme a los arts. 90 y 91 Cc[1114]; y otras causas reguladas en diversas normas. En general, se trata de situaciones que pueden afectar tanto al progenitor no custodio como al hijo[1115] y que inciden negativamente en el bienestar de este último.

a. Causales del art. 94 del Cc. español

En cuanto a las causas del art. 94 Cc. resulta aplicable todo lo dicho al tratar la limitación del ejercicio del derecho, considerando eso sí, que al ser la suspensión una medida más radical, será la intensidad de la gravedad de las circunstancias o del incumplimiento de los deberes, lo que justificará su adopción[1116]. La mayor intensidad debe medirse en función de la afectación del menor y de la utilidad de la suspensión para la evitación de nuevos perjuicios. Probada la especial gravedad de las circunstancias y la afectación del menor, la discrecionalidad y prudencia del juez en estos casos, le permitirá limitar o suspender el ejercicio del derecho, según mejor se resguarde el interés de aquél. Igual conclusión se puede predicar respecto de la variación sustancial de las circunstancias ya vista, aplicable ahora a la suspensión del ejercicio.

Sin que puedan adelantarse reglas absolutas o generales dada la variedad de supuestos que presenta la realidad, la suspensión puede obedecer a motivos relativos al menor (ya sean circunstancias externas a él, ya sean aquellas que inciden directamente en su personalidad y derechos); o a motivos relativos al progenitor no custodio, ya sean ajenos a su voluntad o culpabilidad, ya sean motivos de que él resulte de alguna forma responsable[1117] como puede ocurrir cuando se trata de un padre adicto a las drogas o alcohol o de un padre violen-

---

[1113] García Pastor, Milagros, "El derecho…", p. 766.

[1114] Pérez Conesa, Carmen, *Las medidas…*, p. 57-58.

[1115] Roca Trías, Encarna, en Paz-Ares, Cándido y otros, *Comentario…*, p. 395.

[1116] Montero Aroca, Juan (coord.), *Los procesos…*, p. 509; Rivero Hernández, Francisco, en Lacruz Berdejo, José Luis (coord.), *Matrimonio…*, p. 1125; González García-Mier, Rocío, "La suspensión…", p. 237.

No es posible una relación taxativa de las causas estimadas suficientes y no suficientes por los tribunales para decretar la suspensión del ejercicio del derecho tanto por la diversidad de situaciones posibles, como porque conforme a la evolución de los criterios sociales y de la valoración de la relación del hijo con el progenitor no custodio y la centralidad del interés del primero, en algunos casos ha operado una variación en la apreciación de las mismas circunstancias. Sin perjuicio de ello, pueden ser revisadas las circunstancias de mayor incidencia en: Martínez De Aguirre, Carlos, "El derecho…", p. 164; Echarte Feliú, Ana María, *Patria…*, p. 126; Pons González, Manuel - Del Arco Torres, Miguel Ángel, *Separación…*, p. 433 y ss. y González García-Mier, Rocío, "La suspensión…", p. 238 y ss.

[1117] Rogel Vide, Carlos, en Bercovitz Rodríguez-Cano, Rodrigo (coord.), *Comentarios a las…*, p. 262.

to[1118]. En este último caso, la razón de la suspensión del derecho de relación debe ser únicamente el interés del hijo y no la represión de incumplimientos paternos[1119]: las medidas restrictivas no pueden ser empleadas como pura sanción, ello aún a costa de que un incumplimiento quede sin castigo[1120]. En ésta línea, los tribunales han tenido oportunidad de señalar que la suspensión del derecho de visita no debe ser vista como una sanción al derecho del progenitor no custodio sino como una cautela de intereses de los hijos menores[1121]. La prudencia del juzgador debe manifestarse en hacer prevalente el interés superior del menor por sobre el escarmiento al progenitor: si resulta relevante para el menor continuar la relación con su progenitor podrá mantenerse el ejercicio del derecho por ser beneficioso para el hijo aun cuando el padre no lo merezca. En estos casos puede resultar interesante emplear la medida como una exhortación a cumplir.

¿Qué obligaciones o deberes son aquellos cuyo incumplimiento amerita la suspensión del ejercicio del derecho de relación? En términos semejantes a lo explicado en el caso de limitación del ejercicio, para alguna doctrina, la suspensión por incumplimiento solo puede basarse en la inobservancia de obligaciones personales que afecten a los hijos, pues el mantenimiento del régimen de visita esta subordinado a su beneficio[1122]. Esto excluiría la suspensión por incumplimiento de prestaciones pecuniarias entre cónyuges y por incumplimiento de la obligación de alimentos a favor de los hijos[1123], resultando solo procedente la suspensión por incumplimiento de los deberes que resultan de la determinación judicial o convencional que se haya hecho del tiempo, modo y lugar de ejercicio efectivo del derecho de comunicación y compañía. La finalidad sería restablecer el ejercicio del derecho a los cauces determinados y que fueron extralimitados; por tanto, no tiene finalidad sancionadora[1124].

1118 La STS de 2 de febrero de 2010, concluye que *en interés del menor resulta oportuno el tratamiento terapéutico para reconducir las constantes manifestaciones de agresividad y violencia que mantiene el apelante, que inexorablemente ha de repercutir negativamente en la educación de la menor* y esto porque *la resolución apelada expone pormenorizadamente los incidentes y circunstancias que desembocan en la suspensión del régimen de visitas,* habiéndose producido múltiples incidentes de carácter violento, que hizo incluso que se requiriera al recurrente para comenzar un tratamiento para modificar sus comportamientos agresivos, en la sentencia de primera instancia, lo que forma parte de la base fáctica de la sentencia objeto de recurso: Id Cendoj 28079110012010200549.

1119 Ragel Sánchez, Luis, *Nulidad...*, p. 115; Cavanillas Múgica, Santiago, en Pasquau Liaño, Miguel (dir.), *Jurisprudencia...*, p. 492. En contra Rogel Vide, Carlos, en Bercovitz Rodríguez-Cano, Rodrigo (coord.), *Comentarios a las...*, p. 262, para quien cuando se trata de motivos de los que dicho progenitor sea de algún modo responsable o culpable, la suspensión del derecho de relación comporta una especie de sanción a su conducta inadecuada.

1120 García Pastor, Milagros, *La situación...*, p. 265.

1121 AP Barcelona, sentencia de 3 de junio de 1998.

1122 Villagómez Cebrián, Marcos, *Las medidas...*, p. 245.

1123 Marín López, Manuel en Bercovitz Rodríguez-Cano, Rodrigo (coord.), *Comentarios al...*, p. 218; Villagómez Cebrián, Marcos, *Las medidas...*, p. 246.

1124 Seminario sobre..., , p. 158.

Otro sector de la doctrina se ha manifestado a favor de la suspensión del derecho en caso de impago repetido de las contribuciones alimenticias fijadas[1125]. Los argumentos esgrimidos son semejantes a los vistos en relación con la limitación del derecho, por tanto a dicho apartado me remito. En algún tiempo llegó a considerarse que dada la unidad de los acuerdos o medidas de la sentencia de divorcio, la perdida o mera suspensión de la pensión de alimentos era un medio de coacción lícito para obligar al custodio a hacer la entrega del menor para el ejercicio del derecho de visita; y como contrapartida, la falta de pago de la pensión por el obligado a ello, podía suponer la suspensión del derecho de relación[1126].

La jurisprudencia se ha mostrado vacilante, entendiendo en ocasiones que el impago injustificado de la pensión alimenticia por parte del no custodio es causa de la suspensión del régimen; en algunas otras que no lo es, pues ambas obligaciones no son compensables ni obligaciones recíprocas[1127]; y, en otras, que únicamente cuando el incumplimiento es solo parcial e irregular se entiende que no puede traer aparejado tan grave sanción[1128].

Por la estrecha vinculación con el tema en comento –aunque el problema jurídico es diverso–, no puedo dejar de reseñar que también la doctrina se ha planteado si cabe condicionar en la sentencia como garantía del pago de la obligación alimenticia, el ejercicio del derecho de visita. La base de esta interrogante se encuentra en el propio Código civil que alude a la adopción de medidas de aseguramiento: el art. 90 prescribe que el juez podrá establecer las garantías reales o personales que requiera el cumplimiento del convenio; el art. 91, en defecto de acuerdo señala que el juez debe determinar las medidas respectivas y las cautelas o garantías que procedan. Ciertamente el ejercicio del derecho de visita no constituye garantía real ni personal de ningún acuerdo o medida; por ello alguna doctrina es de opinión de incluir la posibilidad de convenir o adoptar medidas atípicas de aseguramiento, dentro de las cuales estaría supeditar el ejercicio de las visitas al pago puntual de la pensión establecida[1129]. Sin embargo, es el art. 93 Cc. el que abre un campo más amplio de duda al referirse a *las medidas convenientes para asegurar la efectividad y acomodación de las prestaciones a las circunstancias económicas y necesidades de los hijos en cada momento.*

1125 García Varela, Román en Sierra Gil De La Cuesta, Ignacio (coord.), *Comentarios...*, p. 117 y 118 y Arza, Antonio, *Remedios...*, p. 116.

1126 Ruíz De La Cuesta, Rafael, "Praxis judicial...", p. 273.

1127 STS, de 26 de diciembre de 2002, ya citada.

1128 Véanse las sentencias citadas por: Pérez Conesa, Carmen, *Las medidas...*, p. 83 y Pons González, Manuel - Del Arco Torres, Miguel Ángel, *Separación...*, p. 439 y ss.

1129 Puede verse una cita de la mencionada doctrina en Palacios González, Mª Dolores, "Limitación...".

Desde mi perspectiva, en la valoración del asunto debe tenerse en cuenta la doble proyección del derecho de relación que implica que no es un derecho establecido en beneficio del progenitor no custodio, cuyo disfrute pueda ser utilizado como medida de presión, pues antes es un derecho del hijo establecido en su particular beneficio, para conservar los lazos paterno-filiales; la sentencia no puede condicionar su ejercicio al pago de los alimentos, no puede establecerse como garantía del pago de la obligación de alimentos ni de ninguna otra[1130]. Del mismo modo y con idéntico fundamento en el interés del menor, el progenitor no custodio deudor de los alimentos no podría pretender no pagar éstos como medida de presión frente a un custodio que obstruye su ejercicio[1131].

Finalmente, por su trascendencia es necesario señalar que aun cuando la suspensión venga impuesta por una causa grave y hechos nuevos que lo justifiquen, su aplicación no puede quedar definitivamente a la exclusiva decisión de uno de los progenitores, en quien se pueden mezclar intereses contrapuestos con los del otro, especialmente derivados de sus conflictos personales que pueden, por simple subjetivismo, llevar a una decisión injusta. La suspensión del régimen de relación en aplicación del art. 94 del Cc. es de exclusivo dominio judicial[1132].

b. Algunas causales especiales de suspensión

i. Suspensión como medida de protección en situaciones de violencia de género, doméstica o maltrato: uno de los supuestos admitidos para la suspensión de las visitas del padre no custodio se produce cuando existen episodios de violencia entre los progenitores o bien contra el propio hijo por parte de quien

---

[1130] Palacios González, Mª Dolores, "Limitación...": lo que sí puede hacer la resolución judicial, en opinión de la autora, con la finalidad de conseguir que el incumplimiento no llegue a producirse, es advertir al obligado de la posibilidad de ver limitado o suspendido el régimen de visitas establecido. Entiendo que la advertencia debe conllevar una amenaza creíble de suspensión o limitación (posible de adoptar en el caso concreto) para que produzca el efecto deseado.

[1131] Alguna doctrina sin embargo ha sugerido como medida de protección del ejercicio del derecho de visita, la suspensión por el progenitor que ve obstaculizado su ejercicio, del pago de la pensión alimenticia, para lo cual debe recurrir al juez, a quien corresponderá acordar la suspensión temporal del pago, salvo cuando el progenitor titular de la custodia carezca de recursos suficientes, por sí, para atender al cuidado y necesidades de los hijos o, por el contrario, disponga de un patrimonio muy amplio y esté dispuesto a no recibir la pensión: De La Cámara, Manuel, *El Sistema...*, p. 238-239.

[1132] Ragel Sánchez, Luis, *Estudio...*, p. 191; Palacios González, Mª Dolores, "Limitación..."; Caballero Gea, José-Alfredo, *Matrimonio...*, p. 246. Este último autor comenta una sentencia que facultaba expresamente al custodio para denegar al otro la entrega del hijo si no le entregaba, con estricta periodicidad bimensual, un informe elaborado por un psiquiatra en el que, en relación a su trastorno mayor bipolar, constara la evolución de la enfermedad, el grado de seguimiento de los tratamientos y un juicio sobre la conveniencia o riesgo de que el padre ejerza el derecho de visita.

pretende el derecho de visita[1133]. La medida de suspensión en estos supuestos es relevante, pues normalmente la situación de maltrato se prolonga a través del ejercicio del régimen de relación, ya sea porque los hijos son utilizados como instrumentos de control y maltrato a la mujer o como objeto sobre el cual se ejerce directamente el maltrato[1134].

La LO 1/2004 de 28 de diciembre, de Violencia sobre la mujer, establece la posibilidad de suspender el régimen de visita que obra a favor del progenitor maltratador. Si bien formalmente esta Ley se dirige solo a las mujeres implícitamente se pretende dotar de protección a aquellas personas especialmente vulnerables que convivan con la víctima, y es aquí donde entra la protección de los menores: *las situaciones de violencia sobre la mujer afectan también a los menores que se encuentran dentro de su entorno familiar, víctimas directas o indirectas de esta violencia. La Ley contempla también su protección no sólo para la tutela de los derechos de los menores, sino para garantizar de forma efectiva las medidas de protección adoptadas respecto de la mujer* (Exposición de Motivos)[1135].

1133 Tribunal Supremo, sentencia 505/2011, de 11 de febrero (Id Cendoj: 28079110012011100035). En el recurso de casación se impugna una sentencia de la Audiencia Provincial de Las Palmas de Gran Canaria, en la que se considera probada la conducta violenta del recurrente. Se acreditó que la madre se encontraba en unas circunstancias frente al padre que obligaron en su momento a redactar una orden de protección, que no constaba que hubiere sido revocada; se abrieron diligencias penales, aunque se sobreseyeron; el recurrente protagonizó unos episodios de violencia ante los propios tribunales que entendían en los trámites del juicio de guarda y custodia y de alimentos del hijo menor. Todo ello llevó al Tribunal a negar el régimen de visitas, en base a la protección del interés del menor por cuanto la conducta del padre llevada a cabo hasta el momento de presentar el recurso, no permitía apreciar que el interés del menor quedara protegido si se reconocía a dicho padre el derecho de visitas; ello, sin perjuicio, de la posibilidad de la modificación de medidas en el caso de que cambiasen las circunstancias. En sentido semejante, STS, de 21 de noviembre de 2005, (RJ 2005/7734): en los autos constaba una sentencia firme penal condenatoria que vincula a la Jurisdicción Civil en cuanto a los hechos declarados probados, consistentes en poner de manifiesto la conducta agresiva y violenta del padre hacia el hijo y con ello el peligro que para éste puede suponer mantener relaciones personales en los actuales momentos, al concurrir tanto graves circunstancias como justas causas para poder decretar la suspensión del derecho de visita, que no se establece con carácter definitivo para dejar abierta su modificación según las circunstancias futuras concurrentes. Comentada, entre otros, en Xiol Ríos, Juan, *Jurisprudencia civil (2005-2007). Análisis crítico,* CGPJ, Madrid 2008, p. 47-48.

1134 San Segundo Manuel, Teresa, "Maltrato...", p. 120 y 152. La historia da cuenta de casos en que el maltratador ha utilizado el ejercicio del régimen, sin control ni vigilancia para atacar a su hijo provocándole incluso la muerte; al respecto se puede ver: Botana García, Gema, "Muerte de una niña a manos de su padre durante el régimen de visitas", *Práctica de Derecho de Daños*, Nº 69, La Ley, Madrid 2009.

1135 La misma Exposición de Motivos reconoce encontrarse, desde el punto de vista judicial *ante un fenómeno complejo en el que es necesario intervenir desde distintas perspectivas jurídicas, que tienen que abarcar desde las normas procesales y sustantivas hasta las disposiciones relativas a la atención a las víctimas, intervención que sólo es posible a través de una legislación específica.* En dicho entendido se asume que *una Ley para la prevención y erradicación de la violencia sobre la mujer ha de ser una Ley que recoja medidas procesales que permitan procedimientos ágiles y*

En todos los procedimientos relacionados con la violencia de género, el Juez competente, de oficio o a instancia de las víctimas, de los hijos, de las personas que convivan con ellas o se hallen sujetas a su guarda o custodia, del Ministerio Fiscal o de la Administración de la que dependan los servicios de atención a las víctimas o su acogida, deberá pronunciarse en todo caso sobre la pertinencia de la adopción de las medidas cautelares y de aseguramiento contempladas en la Ley, determinando su plazo si procediera su adopción. Dentro de éstas medidas cautelares, se recoge en el art. 66 de la Ley, la suspensión del régimen de visitas, en los siguientes términos: *el Juez podrá ordenar la suspensión de visitas del inculpado por violencia de género a sus descendientes*[1136].

La decisión no se adopta como una pena, sino como una medida de protección y seguridad de las víctimas de violencia o de su familia; en este sentido, se la califica con un carácter marcadamente civil, que generalmente se adoptará al amparo de una orden de protección o en el ámbito de una orden de alejamiento del art. 544 bis Lecrim[1137], por el juez de instrucción o, en su caso, por el juez de violencia sobre la mujer[1138]. Destaca su carácter facultativo expreso, que impide una adopción automática y obliga a la ponderación de las circunstancias concurrentes en cada caso, estimándose que solo en los supuestos más graves y perjudiciales para los hijos menores podrá acordarse la medida de suspensión[1139]. Resulta relevante en estos casos, y con claro sentido cautelar, la facultad otorgada al juez para ordenar incluso de oficio la suspensión[1140].

Si bien algunas asociaciones han promovido la suspensión inmediata de todo régimen de visitas al progenitor violento, parece razonable tener presente en interés de los menores que el hecho de la concurrencia de un proceso penal por violencia de género no debe ser el único dato a considerar a los efectos de promover una limitación o suspensión del régimen de visitas al progenitor

---

sumarios, como el establecido en la Ley 27/2003, de 31 de julio, pero, además, que compagine, en los ámbitos civil y penal, medidas de protección a las mujeres y a sus hijos e hijas, y medidas cautelares para ser ejecutadas con carácter de urgencia.

[1136] En virtud de tal violencia se puede suspender también el ejercicio de la patria potestad o de la guarda y custodia (art. 65). Comentarios respecto de estas suspensiones se pueden ver, entre otros, en O'CALLAGHAN MUÑOZ, XAVIER, *Compendio...*, p. 82.

[1137] La norma considera, cuando resulte estrictamente necesario al fin de protección de la víctima, imponer cautelarmente al inculpado la prohibición de residir en un determinado lugar, barrio, municipio, provincia u otra entidad local, o Comunidad Autónoma y, en las mismas condiciones, la posibilidad de imponerle cautelarmente la prohibición de acudir a determinados lugares, barrios, municipios, provincias u otras entidades locales, o Comunidades Autónomas, o de aproximarse o comunicarse, con la graduación que sea precisa, a determinadas personas.

[1138] GUTIÉRREZ ROMERO, FRANCISCO MANUEL, "Incidencias de la violencia de género en el derecho de familia: especial tratamiento del régimen de visitas", *La Ley,* Nº 7480, versión electrónica consultada en www.laleydigital.es, el 20 de octubre 2010.

[1139] GUTIÉRREZ ROMERO, FRANCISCO MANUEL, "Incidencias...".

[1140] MARÍN LÓPEZ, MANUEL en BERCOVITZ RODRÍGUEZ-CANO, RODRIGO (coord.), *Comentarios al...*, p. 218.

no custodio: siempre deberán valorarse las necesidades y la conveniencia del menor y razonar en qué medida se evidencia un riesgo o perjuicio para él. Si se acredita que dicha violencia ha afectado o muy razonablemente puede afectar a los menores entonces procede la medida[1141].

La suspensión del régimen no debe adoptarse en estos casos de modo indiscriminado y automático, pues siempre conserva su carácter excepcional y de aplicación restrictiva, en función del interés del menor[1142]. A partir de ahí se ha estimado que solo debería reservarse la suspensión para los siguientes casos específicos:

- Supuestos en que la orden de alejamiento, o prohibición de aproximación, se hubiere acordado respecto de los propios menores[1143].
- Supuestos en que la especial gravedad o naturaleza de los hechos así lo aconsejen «para la protección de los menores que se dibujen como víctimas potenciales de la violencia del agresor»[1144].
- Supuestos en que se haya probado que el padre instrumentaliza a los hijos para seguir maltratando psicológicamente a la mujer[1145].
- Supuestos de condena penal del progenitor no custodio por delitos o faltas cometidos sobre los propios hijos menores[1146].

Sin perjuicio del sustento que a primera vista presenta la idea general de no adoptar la suspensión del derecho de relación con el padre violento de modo automático, sobre todo en los casos en que la violencia no es ejercida directamente sobre los menores, sino sobre la madre, se debe tener presente que los hijos en estos casos, no son nunca meros testigos de la violencia, sino que son víctimas directas de ella: presenciar la violencia hacia la madre es una forma de violencia emocional hacia el hijo que conlleva graves secuelas[1147]. En el IV Encuentro de Magistrados y Jueces de Familia y Asociaciones de Abogados de Familia, tantas

---

[1141] En Gutiérrez Romero, Francisco Manuel, "Incidencias...", se da cuenta de las opiniones de asociaciones expertas en violencia de género y se informa de resoluciones de Audiencias Provinciales que pese a la concurrencia de condenas penales por malos tratos no suspenden el régimen por entender que no se afectan los deberes como padre, o que no se han perpetrado conductas específicamente lesivas para el interés del hijo, estableciendo en muchos casos regímenes paulatinos de encuentro.

[1142] En el IV Encuentro de Magistrados y Jueces de Familia y Asociaciones de Abogados de Familia (Valencia, 2009) se aprobó de forma mayoritaria que en tales casos no está justificada, sin más, la no fijación de visitas a favor del presunto maltratador o del maltratador ya condenado o la supresión de las visitas de las que ya viniera disfrutando.

[1143] Circular 2/2004 de la Fiscalía General del Estado.

[1144] Instrucción 4/2004 de la Fiscalía General del Estado.

[1145] Circular 4/2005 de la Fiscalía General del Estado.

[1146] En González Del Pozo, Juan Pablo, "Algunas consideraciones...".

[1147] San Segundo Manuel, Teresa, "Maltrato...", p. 120-121.

veces aludido, existió acuerdo en considerar que en muchos casos de violencia de género, los hijos e hijas pueden haber sido víctimas directas o indirectas de tal violencia o haber estado expuestos a la misma. Ahora bien, considerando que no todos los casos de violencia alcanzan la misma gravedad, si los hijos se encuentran efectivamente en situación de peligro es preferible suspender las visitas hasta que las condiciones conductuales del progenitor den garantía de seguridad al menor: *la mejor forma de proteger a los menores de la violencia es alejándolos del foco que la produce*[1148].

No existe previsión legal sobre el límite temporal de la medida[1149], por tanto, puede mantenerse tras la sentencia definitiva y durante la tramitación de los recursos, sin necesidad de recurrir al proceso civil. Tampoco la LO 1/2004, establece cómo y cuándo se alza la suspensión del régimen de visitas, por lo que habrá que entender que dura por el tiempo que determine el auto[1150] y que se requerirá resolución especial expresa para su levantamiento[1151].

Lo anterior debe complementarse con la regulación que la Ley 27/2003, de 31 de julio, hace respecto de la Orden de Protección de las víctimas de violencia doméstica, que pretende, a través de un rápido y sencillo procedimiento judicial, seguido ante el Juzgado de Instrucción, que las víctimas de este tipo de violencia puedan obtener un estatuto integral de protección comprensivo de medidas civiles, penales, asistenciales y de protección social. Dentro de las medidas penales se encuentra la orden de alejamiento y la prohibición de comunicación; dentro de las medidas civiles está lo relativo al régimen de custodia, visitas, comunicación con los hijos y la medida de protección al menor para evitar un peligro ó perjuicio[1152].

Finalmente, habrá de tenerse presente que siendo el sistema español de omisión absoluta de la causa de separación o divorcio, la violencia en el seno de la familia puede permanecer oculta y no ser valorada por el juzgador a la hora de decidir sobre la modalización de los efectos de la ruptura[1153].

[1148] San Segundo Manuel, Teresa, "Maltrato…", p.153. La autora comenta sentencias de Audiencias que otorgan las visitas a pesar del maltrato demostrado.

[1149] Zarraluqui Sánchez-Eznarriaga, Luis, *Derecho de…*, p. 161.

[1150] Así aparece en la *Guía de Criterios de Actuación Judicial Frente a la Violencia de Género*, aprobada por el Grupo de Expertos de Violencia doméstica y de Género del CGPJ, en reunión celebrada el 27 de junio de 2013.

[1151] Se estima que se requerirá una resolución judicial expresa de levantamiento en los términos del art. 170 Cc: Zarraluqui Sánchez-Eznarriaga, Luis, *Derecho de…*, p. 161.

[1152] Mas información sobre esta Orden de Protección se puede revisar en el sitio del Observatorio contra la violencia doméstica y de género: http://www.poderjudicial.es/cgpj/es/Temas/Violencia_domestica_y_de_genero/El_Observatorio_contra_la_violencia_domestica_y_de_genero. Visitado el 12 de diciembre de 2013.

[1153] San Segundo Manuel, Teresa, "Maltrato…", p. 128. Algunos reflexiones sobre este tema se formularon en el Capítulo Cuarto, al revisar la violencia doméstica como uno de los factores influyentes en la determinación judicial del régimen de relación.

ii. Suspensión en situaciones de condena penal: no se trata como en el caso anterior de medidas de protección provisorias, sino de situaciones de condena penal firme. El CP contempla sanciones penales que llevan consigo la suspensión del régimen de visita: así tenemos, dentro de las penas privativas de derechos el art. 48.2 CP que establece *la prohibición de aproximarse a la víctima, o a aquellos de sus familiares u otras personas que determine el juez o tribunal, impide al penado acercarse a ellos, en cualquier lugar donde se encuentren, así como acercarse a su domicilio, a sus lugares de trabajo y a cualquier otro que sea frecuentado por ellos, quedando en suspenso, respecto de los hijos, el régimen de visitas, comunicación y estancia que, en su caso, se hubiere reconocido en sentencia civil hasta el total cumplimiento de esta pena.* El fundamento de la obligatoria suspensión del régimen de visita con los hijos del agresor (o del impedimento de su fijación, cuando la sentencia penal se encuentra vigente al tiempo del divorcio) estando firme una condena penal y vigente la prohibición de acercarse a la víctima, se encuentra en el hecho de que el ejercicio del régimen de relación implicaría el quebrantamiento de la condena[1154].

Por su parte, el art. 57.2 CP se refiere a diversos ilícitos penales que llevan consigo (*se acordará, en todo caso*) la suspensión del régimen de visita del progenitor visitador culpable[1155]. En todos ellos, lo relevante a tener en cuenta es que se trata de sentencias penales firmes que vinculan a la jurisdicción civil, cuando los hechos probados ponen de manifiesto el peligro que para los menores puede suponer mantener relaciones personales en los actuales momentos con aquel progenitor; por tanto, se revela también el carácter temporal de la medida, dejando abierta su modificación según las circunstancias futuras concurrentes[1156].

1154 Comentado en ZARRALUQUI SÁNCHEZ-EZNARRIAGA, LUIS, *Derecho de...*, p. 160. El autor además revisa la inhabilitación especial de los artículos 153, 171 y 172 CP que puede aplicar el Juez o Tribunal cuando lo estime *adecuado al interés del menor o incapaz, respecto del ejercicio de la patria potestad, tutela, curatela, guarda o acogimiento hasta cinco años.*

1155 Esto porque el art. 57.2 CP se remite a la sanción establecida en el art. 48.2 CP. La situación es comentada en MARÍN LÓPEZ, MANUEL en BERCOVITZ RODRÍGUEZ-CANO, RODRIGO (coord.), *Comentarios al...*, p. 218.

1156 STS 903/2005, de 21 de noviembre (RJ 7734/2005). El tribunal alude a la vinculación civil de la sentencia firme penal condenatoria y a los hechos probados: *aquí tenemos una sentencia firme penal condenatoria que vincula a la Jurisdicción civil en cuanto a los hechos probados (...) los mismos ponen bien de manifiesto la conducta agresiva y violenta del padre hacia el hijo y con ello el peligro que para éste puede suponer mantener relaciones personales en los actuales momentos, al concurrir tanto graves circunstancias como justas causas para poder decretar la suspensión del derecho de visita, respecto a lo cual los juzgadores gozan de amplias facultades discrecionales, que aquí no se establece con carácter definitivo para dejar abierta su modificación según las circunstancias futuras concurrentes.* El padre había sido condenado por un delito de malos tratos, cuatro delitos de lesiones y una falta de lesiones en contra de su hijo, motivos por los cuales el menor tuvo diversos ingresos y asistencias hospitalarias con secuelas físicas y psíquicas.

En interés del menor el Tribunal Supremo, aun reconociendo el principio de presunción de inocencia, ha optado por la suspensión del régimen incluso cuando se encuentran pendientes las diligencias penales, haciendo primar una vez más el interés superior del menor por encima del interés del progenitor no custodio y del principio de inocencia penal: *aun reconociendo el principio de presunción de inocencia, existen razones suficientes para justificar "hasta tanto no recaiga sentencia firme" en el procedimiento penal, la suspensión del régimen de visitas porque puede ocasionar un potencial peligro para la menor de imposible reparación. Y ello porque la razón que debe fundar dicho régimen es el interés del menor*[1157].

Cumplida la pena de alejamiento y aún cuando los menores no hayan sido víctimas directas de los actos violentos, se sugiere que la reanudación progresiva de la relación se realice de forma controlada, bajo la tutela y control de profesionales que den soporte a menores y a los progenitores[1158].

En los casos de prohibición de acercamiento u orden de alejamiento entre los progenitores –sea como pena o como medida cautelar–, que no se extiende a los hijos menores, el derecho de relación entre éstos y el progenitor no custodio agresor puede articularse de diversas maneras[1159]: que las recogidas y entregas de los menores se realicen en el domicilio materno, pero por persona, distinta del agresor o en el domicilio del padre agresor, pero por persona distinta de la víctima; que las recogidas y entregas de los menores se verifiquen en un lugar público, determinado por las partes, realizando la entrega y recogida familiares del padre y de la madre; que las recogidas y entregas de los menores se verifiquen por el agresor en un lugar público, determinado por las partes, situado respecto del domicilio de la víctima a distancia no inferior a la de la orden de alejamiento, efectuando la entrega y recogida familiares o personas de confianza de la madre; que las entregas y recogidas de los menores se lleven a efecto por familiares del padre y/o madre, en un lugar público; que las recogidas y entregas de los menores se lleven a cabo por el padre en el colegio al que asisten los menores, siempre que el centro escolar correspondiente esté ubicado a mayor distancia del domicilio de la víctima que la establecida en la prohibición de aproximación; que la recogida y entrega de los menores se lleve a cabo en la casa-cuartel de la guardia civil o en una comisaría de policía; que

La sentencia aparece comentada en: Macías Castillo, Agustín, "Régimen de visitas por un padre condenado por maltrato. Análisis de la STS de 21 de noviembre de 2005", *Actualidad Civil,* nº 5, 2006, versión electrónica consultada en www.laleydigital.es.

1157 TS, sentencia 2666/2011, de 25 de abril, Id Cendoj: 28079110012011100271. Reafirma el Tribunal que *la protección del interés del menor constituye una cuestión de orden público. En definitiva, se trata de procurar que los derechos fundamentales del niño resulten protegidos y que ello suceda de forma prioritaria y preferente a los de los demás implicados.*

1158 *Guía de Criterios de Actuación Judicial Frente a la Violencia de Género,* ya citada.

1159 González Del Pozo, Juan Pablo, "Algunas consideraciones...".

la recogida y entrega de los menores se lleve a cabo en un punto de encuentro familiar.

iii. Suspensión genérica en casos urgentes de peligro o perjuicio del menor: se trata de supuestos en los que concurren en el progenitor no custodio enfermedades o circunstancias que, al menos, potencialmente, puedan entrañar un riesgo para la integridad psíquica o física del menor. Si bien, en términos de contenido dichos supuestos pueden ser encuadrados en las *graves circunstancias* de que habla el art. 94 Cc. para suspender el derecho, se trata aquí de adoptar la medida con carácter inmediato, si la urgencia del caso lo requiere por el trámite procesal previsto en el art. 158 Cc.[1160], que faculta al juez para adoptar, de oficio o a instancia del propio hijo, de cualquier pariente o del Ministerio Fiscal, las medidas que considere oportunas a fin de apartar al menor de un peligro o evitarle perjuicios.

La medida puede ser adoptada dentro de cualquier proceso civil o penal o bien en un procedimiento de jurisdicción voluntaria. Así por ejemplo, se han presentado casos, en los cuales con carácter de urgente el juzgado de instrucción ha suspendido cautelarmente a un padre el derecho de relacionarse con su hijo por la grave negligencia en el cuidado del menor que ha puesto en peligro su integridad. La medida se adopta mientras el juez civil resuelva lo precedente en materia de relaciones paterno-filiales[1161].

Me parece que siempre queda a salvo este recurso, considerando eso sí, que solo cuando las circunstancias demuestren grave y evidente perjuicio para la educación del menor, su cuidado, desarrollo físico y mental o su estabilidad emocional, puede limitarse o suspenderse el derecho de visita: si los factores de riesgo no concurren o no se acreditan no procedería la limitación o suspensión por este cauce[1162].

iv. Suspensión en caso de acogimiento: No es abundante la doctrina que ha reparado que también puede haber causa de suspensión del régimen de visita del progenitor no custodio conforme al art. 161 Cc. en caso de acogimiento[1163]. Dispone la norma que *tratándose del menor acogido, el derecho que a sus padres, abuelos y demás parientes corresponde para visitarle y relacionarse con*

[1160] Serrano Castro, Francisco, "Reparto de…", p. 66-67.

[1161] Auto del Juzgado de Instrucción, Núm. 1 de Fuenlabrada, de 16 de julio de 2007. El niño tenía diez años y durante el ejercicio del derecho de visita el padre corrió con él uno de los encierros de San Fermín, en Pamplona, quedando registrado en un diario de tirada nacional una fotografía de padre e hijo mientras corrían agarrados de la mano, delante de cuatro cabestros de cola.

[1162] Caballero Gea, José-Alfredo, *Matrimonio…*, p. 223.

[1163] Entre los que han advertido la situación se encuentran: Rivero Hernández, Francisco, *El derecho…*, p. 336; Rogel Vide, Carlos, en Bercovitz Rodríguez-Cano, Rodrigo (coord.), *Comentarios a las…*, p. 271-272 y Ballesteros de los Ríos, María en Bercovitz Rodríguez-Cano, Rodrigo (coord.), *Comentarios al…*, p. 296.

él, podrá ser regulado o suspendido por el juez, atendidas las circunstancias y el interés del menor. Como se observa, el caso no coincide de modo simétrico con el supuesto de este trabajo, pues el derecho no vincula al progenitor custodio con el progenitor no custodio a consecuencia del divorcio, sino que liga a ambos padres, en calidad de no custodios, con los acogedores. Se trata por lo mismo de un caso atípico, que paso a revisar brevemente a fin de aportar una visión más global de la suspensión del derecho de relación del progenitor no custodio.

La disposición señala que el derecho podrá ser suspendido por el juez atendidas las circunstancias y el interés del menor. RIVERO HERNÁNDEZ colige de ella que las causas de suspensión son dos: las circunstancias y el interés del menor[1164]. En mi opinión la norma establece solo una causa de suspensión: *las circunstancias concurrentes*[1165]; y un criterio de valoración de su procedencia para acordar la medida: *el interés del menor*; en cuya virtud la suspensión procederá si, atendidas las nuevas circunstancias, con la medida se genera un beneficio al menor o se le evita un perjuicio[1166]. Se citan como circunstancias concurrentes que harían procedente la suspensión en atención al interés del menor, entre otras, las siguientes: cuando el desamparo del menor se haya basado en malos tratos de todo tipo; cuando el progenitor respectivo se muestre absolutamente incapaz para mantener una relación con su hijo, por ejemplo, por desequilibrio mental; cuando reiteradamente se ha incumplido por los padres el régimen de visitas fijado; cuando con ocasión de una visita anterior los padres hubieren sustraído al menor del centro y no lo hubieren devuelto; cuando los padres comparecen a las visitas con actitud violenta y agresiva provocando temor en el menor[1167].

Conforme al tenor de la norma, se ha entendido que la suspensión del derecho de relación respecto del menor acogido solo procede por resolución judicial y no administrativa[1168] y que estarían legitimados para instar el procedimiento de modificación la entidad pública respectiva, quienes tengan al

---

[1164] RIVERO HERNÁNDEZ, FRANCISCO, *El derecho...*, p. 337.

[1165] Que deberán ser circunstancias nuevas, graves, determinantes, respecto del régimen de relación vigente, etc., en los términos ya analizados para la alteración sustancial de las circunstancias de los arts. 90 y 91 del Cc. y las graves circunstancias del art. 94 del mismo texto.

[1166] En definitiva, no supone algo diferente respecto de otros supuestos pues, aquél interés debe estar siempre presente en la adopción de medidas relativas a los hijos: RIVERO HERNÁNDEZ, FRANCISCO, *El derecho...*, p. 337.

[1167] PÉREZ MARTÍN, ANTONIO, *Derecho de Familia. Adopción...*, p. 449.

[1168] De La Iglesia Monje comenta la sentencia 10/2012, del Tribunal Superior de Justicia de Galicia, de 22 de febrero de 2012, en recurso 34/2011, conforme a la cual el derecho de los padres a relacionarse subsiste en caso de acogimiento familiar y por tanto es inaceptable el proceder de la entidad pública que suspende cautelarmente el recíproco derecho de padres e hijos menores desamparados a relacionarse entre sí, sin la motivación en orden a la gravedad de la situación y a si el interés del menor aconseja adoptar tal medida: DE LA IGLESIA MONJE, Mª ISABEL, "Menores menor en acogimiento[1169] y el Ministerio Fiscal, pudiendo éste actuar de oficio o a petición del propio menor[1170].

Aludiendo a una interpretación sistemática de la Ley, la Fiscalía General del Estado, en circular 8/2011, de 16 de noviembre[1171], propone una tesis distinta mediante el reconocimiento de la competencia de la Entidad Pública de Protección para adoptar las medidas necesarias en beneficio e interés del menor en relación con el derecho de visitas, quedando a salvo el preceptivo control judicial de la resolución administrativa adoptada, cuando los interesados ejerciten sus acciones de oposición a aquélla, y sin perjuicio de la intervención supervisora del Ministerio Fiscal. En este sentido, señala la Fiscalía que si existe la posibilidad de que la regulación de las visitas y las relaciones del menor con la familia biológica se acuerde por la propia Entidad Pública, a fin de garantizar el éxito de la medida de protección adoptada, conforme al superior interés del menor, ello debe cohonestarse con las previsiones del art. 161 Cc. lo que deriva en que, junto a la competencia que tienen los juzgados y tribunales para fijar el régimen de visitas del menor declarado en desamparo con los parientes y allegados, concurre la habilitación genérica de la Entidad Pública para que fije el régimen o lo suspenda hasta tanto recaiga una resolución judicial en sentido contrario[1172]. En estas decisiones administrativas debe resguardarse igualmente el interés del menor[1173]. Habrán de ser los padres o los demás interesados que

---

desamparados: el derecho de sus padres a relacionarse con ellos", *Revista critica de derecho inmobiliario,* Nº 733, Madrid 2012, p. 2773 y ss.

1169 Ante el silencio legal, se estima que quienes tienen al menor en acogimiento están legitimados para instar la decisión judicial suspensiva o restrictiva del derecho de visita de los padres del menor acogido: SERRANO ALONSO, EDUARDO, en SIERRA GIL DE LA CUESTA, IGNACIO (coord.), *Comentarios del Código Civil. Arts. 90 a 347*, 2ª edición, Bosch, Barcelona 2006, p. 463.

1170 ROGEL VIDE, CARLOS, en BERCOVITZ RODRÍGUEZ-CANO, RODRIGO (coord.), *Comentarios a las...*, p. 273; PÉREZ MARTÍN, ANTONIO, *Derecho de Familia. Adopción...*, p. 448. Con opinión contraria: SERRANO CASTRO, FRANCISCO, *Relaciones...*, p. 146.

1171 Circular 8/2011 sobre criterios para la Unidad de actuación especializada del Ministerio Fiscal en materia de protección de menores.

1172 Dentro de los argumentos de la Fiscalía para reconocer la competencia a estos efectos de la Entidad Pública están: a) Que ésta tiene la obligación de velar por el menor y si está facultada para la más trascendental decisión jurídica en relación con la patria potestad (suspenderla y separar a los hijos de sus progenitores) con mayor razón deberá tener la posibilidad de determinar el régimen de visitas, limitarlo o incluso impedir las relaciones que resulten perjudiciales (argumento *a maiori ad minus);* b) carencia de sentido de judicializar la cuestión cuando no existe oposición por la familia o por el Ministerio Fiscal; c) el tenor literal del art. 161 Cc. que autoriza al Juez a regular o suspender el régimen de visitas pero no le atribuye tal habilitación con carácter exclusivo o en régimen de monopolio. Señala la Fiscalía que su interpretación *tendría además su apoyo en la regulación contenida en la LEC en materia de reclamaciones frente a resoluciones de las entidades públicas que surjan con motivo del ejercicio de sus funciones, en materia de tutela o guarda*, entiéndase art. 779 y 780 Lec.

1173 Desde luego, no es un criterio admisible la drástica restricción de las visitas de los progenitores a sus hijos en base a criterios estrictamente organizativos de los Centros, como en alguna se crean perjudicados por la decisión administrativa quienes, en su caso, la impugnen ante el juez civil.

El Tribunal Supremo, sin embargo, en sentencia de 4 de noviembre de 2013[1174], ha dejado sentado que conforme al *artículo 161 del Código Civil la competencia para suspender el derecho que a los padres corresponde de visitar y relacionarse con un menor acogido es exclusiva competencia de los órganos judiciales, sin que dicho precepto haya sido expresa o tácitamente derogado por ningún otro de igual o superior rango, y sin que prevea la suspensión de este derecho por decisión administrativa.* Continua el Tribunal señalando que *si conforme al artículo 160 del CC los progenitores tienen derecho a relacionase con sus hijos, incluso si han perdido la patria potestad, con mayor razón ostentarán tal derecho si esa patria potestad se encuentra suspendida, como es el caso del acogimiento del menor, del artículo 172,1 CC . La medida de impedir la relación de la niña con su madre biológica es una medida importante en cuanto le priva del derecho que tiene a relacionarse con su familia y solo se podrá acordar para limitarla o suspenderla en casos muy excepcionales y mediante una resolución judicial fundada, lo que no ocurre en este caso, en el que no existiendo norma autonómica de cobertura, se otorga esta competencia a la administración competente por extensión y sin fundamento, en vez de declarar su nulidad por no contar, para acordarla, con la debida autorización judicial*[1175].

---

ocasión han detectado las Fiscalías. Vid. Memoria de la Fiscalía General del Estado correspondiente al año 2009.

1174 Tribunal Supremo, sentencia nº 663/2013, de 4 de noviembre, en recurso 2646/2012, consultada en vlex: Id. vlex: VLEX-475261086.

1175 La Dirección General de Protección del Menor y de la Familia del Gobierno de Canarias, con fecha 23 de julio de 2009, dictó resolución acordando interrumpir, de forma cautelar, durante un periodo de seis meses, las visitas, estancias y comunicaciones de la menor con su madre y con el resto de su familia biológica. Esta resolución fue impugnada por la madre biológica de la menor la cual fue resuelta por el Juzgado de 1ª Instancia nº 5 de Las Palmas. El Juzgado desestimó la demanda y acordó suspender las visitas de la madre e hija, así como la atención psicológica de la menor para favorecer la desvinculación paterno-filial, si ello fuere necesario. La Audiencia Provincial desestimó los recursos de apelación formulados tanto por la madre como por el Ministerio Fiscal. Contra esta sentencia se alza el recurso de casación que permitió al Tribunal Supremo casar la sentencia únicamente en lo que se refiere a la resolución dictada por la Dirección General de Protección del Menor y de la Familia del Gobierno de Canarias, de fecha 23 de julio de 2009, que se dejó sin efecto.

Con todo, es de hacer notar que la competencia para suspender el derecho de relación del menor acogido no ha sido un tema pacífico; en su definición ha estado presente el reconocimiento de facultades a la Administración. Así se puede ver en las Conclusiones del Seminario sobre régimen de visitas, puntos de encuentro y casas de acogida, celebrado en Madrid en mayo de 2004, que consideraban que la Administración competente en materia de protección de menores puede en el ejercicio de sus funciones suspender (incluso de forma absoluta) las visitas de un progenitor con sus hijos previamente declarados en desamparo. Conclusiones consultadas en www.poderjudicial.es/.../conclusiones%20, el 10 de agosto de 2012.

De todo lo dicho en este acápite, se observa una evolución en la ponderación judicial de los hechos y circunstancias que hacen procedente una medida de limitación o de suspensión del régimen de relación, lo que reafirma el carácter restrictivo en la adopción de las mismas y de paso, la idea de que el interés del menor, en caso de divorcio se encuentra, por regla general, en el mantenimiento de las relaciones con ambos progenitores, cualquiera sea la modalidad de guarda acordada.

4. Supresión del régimen de relación

A. Distinción de la no concesión ab initio

Antes de entrar al análisis de la discutida admisibilidad de la supresión del régimen de relación, conviene distinguirla de la no concesión *ab initio* de un régimen de relación. En tal sentido, es posible que no se llegue a conceder, en la sentencia de divorcio, el derecho de relación al progenitor no custodio que de otro modo lo obtendría (art. 160.1 Cc). Esta posibilidad de denegación del derecho de relación es una atribución judicial, de donde resulta que las facultades judiciales en torno al derecho de relación son más amplias que las concedidas a los progenitores, quienes no pueden acordar sobre la materia, por ser para ellos indisponible[1176]. El derecho puede ser negado por resolución judicial[1177], debiendo entenderse que al ser un derecho del hijo, el fundamento de la negación será el interés del menor.

Puede ser negado también, por mediar justa causa para ello. Señala, con carácter general, el art. 160.2 Cc. que *no puede impedirse sin justa causa las relaciones personales del hijo…*, luego, con una justa causa que aparezca en el momento de la decisión judicial, no habrá lugar a tales relaciones, solución estimada válida para el derecho de visita de los padres aunque el precepto no los mencione expresamente en este apartado[1178]. Se trata por tanto de una denegación de regulación inicial de un régimen de relación.

Las justas causas pueden ser los mismos hechos graves que de producirse más adelante acarrearían la suspensión del ejercicio del derecho por generar

---

[1176] RIVERO HERNÁNDEZ, FRANCISCO, *El Derecho…*, p. 321. El autor es de opinión que no cabe la denegación inicial del derecho en la resolución judicial que apruebe un convenio regulador porque dicha resolución se limita a aprobar lo acordado por los cónyuges y éstos no pueden convenir la privación de las relaciones de uno de ellos con sus hijos.

[1177] RIVERO HERNÁNDEZ, FRANCISCO, *El Derecho…*, p. 321.

[1178] RIVERO HERNÁNDEZ, FRANCISCO, en LACRUZ BERDEJO, JOSÉ LUIS (coord.), *Matrimonio…*, p. 1118; DE LA CÁMARA, MANUEL, *El Sistema…*, p. 239.

daños o afectaciones negativas al hijo[1179]. A partir de ahí, denegación y supresión no se distinguirían por los motivos que las hacen procedentes sino por el momento procesal en que se decide sobre la medida en cuestión.

B. Problemática de la admisibilidad de la medida de supresión

Delimitado el contexto en que opera una eventual supresión del régimen de relación, corresponde referirse a la admisión de la medida, cuestión en la cual la doctrina no termina de ponerse de acuerdo. En toda la discusión, se revela, como se verá en pocas líneas más, la confusión que en dos ámbitos ha dominado a parte de los autores: el terminológico, respecto del concepto mismo de supresión y luego, en el plano práctico, en la determinación de aquello que se suprime. Una de las implicaciones del problema terminológico es si la supresión es reversible o irreversible, definitiva o no[1180]. En ocasiones se habla con igual equívoco de suspensión definitiva del derecho reconocido, en casos de verdadera gravedad[1181]. Se acusa también la falta de precisión terminológica de la jurisprudencia en el empleo de las expresiones suspender y suprimir[1182].

Resultando imprescindible al examen del asunto la delimitación conceptual, debe considerarse como punto de partida que por definición *suprimir* es hacer cesar, hacer desaparecer algo. Trasladado al ámbito que ahora interesa, la supresión supone la exclusión definitiva –y por tanto, irreversible– por resolución judicial de las relaciones personales entre el progenitor no custodio y el hijo, de modo tal que ya no podrá en el futuro restablecerse la relación[1183]: es la desaparición definitiva del derecho por resolución judicial[1184]; una privación definitiva, irreversible, inmutable, con lo cual, se distingue claramente de la suspensión del ejercicio, que tiene siempre carácter temporal y no perpetuo: suspender es detener o *diferir por algún tiempo* una acción. Así como la suspensión no puede

[1179] Se entiende que además de graves deben ser serias, legítimas y actuales, más que potenciales y deben ser cumplidamente probadas por quien las alegue, debiendo hacerse una interpretación restrictiva de la denegación. Pueden ser circunstancias de muy variada índole, pero en su base común se encuentra el grave perjuicio que pueden causar al menor: RIVERO HERNÁNDEZ, FRANCISCO, en LACRUZ BERDEJO, JOSÉ LUIS (coord.), *Matrimonio...*, p. 1118-1119. La entidad y gravedad de las causas justas debe ser mayor en el caso de los padres que en el de otros parientes y allegados, ya que las relaciones de un padre con sus hijos son mas naturales y necesarias: RIVERO HERNÁNDEZ, FRANCISCO, *El Derecho...*, p. 324.

[1180] PÉREZ CONESA, CARMEN, *Las medidas...*, p. 65.

[1181] SAN ROMÁN, JOSÉ RAMÓN, "Criterios...", p. 303.

[1182] MONTERO AROCA, JUAN, *El derecho...*, p. 217.

[1183] MONTERO AROCA, JUAN (dir.), *Separación y...*, p. 167; el mismo autor en, *El derecho...*, p. 217.

[1184] MARTÍNEZ DE AGUIRRE, CARLOS, *Curso de...*, p. 182.

ser definitiva[1185] porque se desnaturaliza y pasa a ser en realidad privación; la supresión no puede ser recuperable o temporal, porque sería en realidad mera suspensión. La supresión lleva envuelto el carácter definitivo[1186].

Pareciera entonces, que el juez nunca puede privar o suprimir definitivamente del derecho de relación, por cuanto no está facultado para afectar el derecho, sino solo su ejercicio; en consecuencia, lo que el juez sí puede hacer es suspender este ejercicio al presentarse poderosas razones que así lo justifiquen en beneficio del menor –y mientras éstas se mantengan– incluso de modo indefinido. Siempre será posible modificar posteriormente la decisión de interrumpir las relaciones personales entre un padre y su hijo y restablecer el ejercicio al modo anterior o a una nueva modalización, según sea pertinente a las circunstancias y el interés del menor.

A mayor abundamiento, puesta la mirada en la realidad en la cual se ejerce el derecho, realidad en evolución, resulta que la supresión pugna esencialmente con la razonable probabilidad de mejora en las relaciones entre padre e hijo; de progreso en las habilidades parentales del progenitor no custodio; de remoción de los obstáculos, de superación de las condiciones del progenitor o del hijo o de las contextuales que afectaban el ejercicio del derecho. Las notas caracterizadoras del derecho, por otra parte, entre las cuales se encuentra que se trata de un derecho capaz de acomodarse en su ejercicio a las circunstancias de cada momento, impiden que en uno de esos momentos pueda resolverse la supresión (por definición definitiva e irreversible) sin saber lo que pueda suceder en el futuro[1187]: el juez puede acordar la limitación o suspensión, pero no la privación.

La doctrina que niega la posibilidad de privación se apoya en diversos argumentos que solo presento sin valorar, pues atienden a las más diversas consideraciones: se postula una interpretación literal en el sentido de no existir circunstancias que justifiquen la privación *sine die* del derecho del progenitor no conviviente[1188], dados los simples términos en que está concebido el art. 94 Cc.

1185 Se refiere a "*suspensión definitiva*" García Varela, al señalar que el texto legal parece no permitirla: GARCÍA VARELA, ROMÁN en SIERRA GIL DE LA CUESTA, IGNACIO (coord.), *Comentarios...*, p. 118.

1186 Interesantes comentarios sobre estas distinciones se pueden ver en: PÉREZ CONESA, CARMEN, *Las medidas...*, p. 65.

1187 MONTERO AROCA, JUAN (coord.), *Los procesos...*, p. 511.

1188 GARCÍA VARELA, ROMÁN, *La Ley de...*, p. 88. También y con mayor desarrollo: GARCÍA PASTOR, MILAGROS, "El derecho...", p. 764. La autora reafirma su interpretación con base en el art. 170 Cc. en sede de patria potestad, que sí emplea la expresión "privación" respecto de la cual se prevén por el propio legislador las condiciones para dejar sin efecto tal medida al tener carácter indefinido, lo cual no ocurre en el art. 94 Cc. donde la suspensión por tener carácter temporal no requiere la regulación legal de su recuperación. A partir de ahí la única posibilidad que encuentra para suponer una privación del derecho de visita no lo es en relación con el art. 94 Cc. sino conforme el art. 170 Cc. al considerarla como una verdadera privación parcial de la patria potestad.

que solo alude a limitar o suspender[1189]; se alude a su carácter de derecho de la personalidad o que se trata de un derecho enraizado en la naturaleza de las cosas, lo que impediría su privación definitiva e irrevocable[1190]; se postula que no cabe la supresión del derecho ni de su ejercicio al tratarse de un derecho-función que tiene una finalidad beneficiosa para los hijos, por ende es un derecho insuprimible, respecto del cual y para escenarios determinados se regula la suspensión con carácter temporal, que quedará sin efecto cuando las circunstancias lo aconsejen[1191]; relacionado con ello se recurre a su carácter de derecho recíproco del progenitor y del hijo[1192]. Por otra parte, se señala que por tratarse de una limitación de un derecho no cabe una interpretación amplia del art. 94 Cc. y que de admitirse se violaría el carácter inalienable que posee el derecho de visita[1193].

En el extremo opuesto, se encuentran quienes estiman que a pesar del silencio del art. 94 Cc. puede privarse del derecho de visitas al progenitor visitador, como medida excepcional que solo procede cuando a juicio del juzgador el interés del hijo así lo requiera[1194]; se puede tratar, en opinión de este sector, de una supresión definitiva, incluso a título preventivo, en interés del menor y aún antes de que se haya producido el daño que se teme[1195]. El argumento que justificaría la supresión sería la inexistencia de derechos absolutos, y particularmente que el derecho de visita no es intangible ni sagrado[1196], por tanto, cuando la relación entre padre e hijo se quiebra como consecuencia de un mal uso por el progenitor y estándose a la posible gravedad de los hechos y al indicio de que tal situación sea irreversible cabría la supresión, recordando además, que todo régimen es provisional[1197].

En cuanto a las causas, la supresión solo procedería por motivos de una considerable entidad e irreversibles[1198], pues privar a un padre del derecho

---

[1189] Montero Aroca, Juan, *El derecho...*, p. 217; De La Cámara, Manuel, *El Sistema...*, p. 241; señala éste autor, que siempre será posible una nueva suspensión, cuando reintegrado el ejercicio luego de la primera suspensión, vuelven a repetirse las circunstancias que la determinaron o concurren otras igualmente graves.

[1190] García Cantero, Gabriel, "En torno...", p. 248.

[1191] Zanón Masdeu, Luis, *Guarda y...*, p. 116-117.

[1192] Palacios González, Mª Dolores, "Limitación...".

[1193] Echarte Feliú, Ana María, *Patria...*, p. 128.

[1194] Marín López, Manuel en Bercovitz Rodríguez-Cano, Rodrigo (coord.), *Comentarios al...*, p. 218.

[1195] Panizo y Romo de Arce, Alberto, *El proceso...*, p. 182.

[1196] Rivero Hernández, Francisco, en Lacruz Berdejo, José Luis (coord.), *Matrimonio...*, p. 1127.

[1197] Rivero Hernández, Francisco, *El derecho...*, p. 255; Rogel Vide, Carlos, en Bercovitz Rodríguez-Cano, Rodrigo (coord.), *Comentarios a las...*, p. 264.

[1198] En este sentido, una modificación profunda del régimen o una larga suspensión temporal deben haber resultado inútiles o insuficientes: Rivero Hernández, Francisco, en Lacruz Berdejo, José Luis (coord.), *Matrimonio...*, p. 1128. El autor señala que esencialmente no hay causas de relación con sus hijos, sin causa suficiente que lo justifique, equivaldría a privarle de un atributo esencial de las relaciones-filiales[1199]. La búsqueda de motivos de *considerable entidad* lleva la dificultad de ponderar racionalmente cuando concurren causas que por su gravedad o transcendencia justifiquen dicha medida y no una limitación o suspensión: no sería suficiente el desinterés y abandono demostrado por el padre a causa de crispadas relaciones con su cónyuge[1200], pero sí lo serían las mismas razones por las cuales el juez puede limitar el ejercicio, incluso, se estima procedente si no ha pagado la pensión de alimentos o retiene a los hijos mas tiempo de lo debido cuando los tiene en su compañía[1201] y, en general, aquellas que enlacen circunstancias que afecten negativamente el interés del menor[1202]. También se ha dicho que operaría la supresión cuando la resolución judicial que prive o excluya a uno de los progenitores del ejercicio de la patria potestad le prohíba la comunicación o relación con el hijo[1203]; al tiempo que no podría sustentarse en el juicio moral, espontáneo o inducido, que un menor haya establecido sobre su progenitor[1204].

Con matices se presentan algunas variantes de éste sector, al admitir la posibilidad de supresión de la relación entre padre e hijo pero dotando a aquella de un significado distinto, así:

- Se habla de supresión definitiva pero recuperable[1205] o de supresión definitiva en la forma en que estaba establecido en la sentencia el derecho:

especiales de supresión, sino que serán las mismas de una limitación o suspensión y que la supresión vendría precedida de una limitación o suspensión y como última alternativa.

1199 Botana García, Gema, "Notas sobre...", p. 120.

1200 Vázquez Iruzubieta, Carlos, *Matrimonio...*, p. 181.

1201 Arza, Antonio, *Remedios...*, p. 116.

1202 García Pastor, Milagros, "El derecho...", p. 764. Se afirma que la supresión es posible porque las decisiones deben adoptarse siempre en beneficio del menor, debiendo ser factible la supresión cuando se le perjudique: Roca Trías, Encarna, en Amoros Guardiola, Manuel (coord.), *Comentarios a...*, p. 598.

1203 Marín López, Manuel en Bercovitz Rodríguez-Cano, Rodrigo (coord.), *Comentarios al...*, p. 218. El autor señala que además el legislador priva del derecho (erróneamente habla de limitar, pero no es propiamente una limitación que implica que sigue un ejercicio más restringido) cuando el hijo ha sido adoptado por otro conforme art. 178 Cc, pero este es más un caso de extinción que de privación.

1204 De La Iglesia Monje, Mª Isabel, "Atribución al padre de la guarda y custodia de un menor tras el fracaso del reinicio de la relación con su hijo a través de un régimen de visitas", *Revista Critica de Derecho Inmobiliario*, Nº 714, Madrid 2009, p. 2180 y ss.

1205 Marín López, Manuel en Bercovitz Rodríguez-Cano, Rodrigo (coord.), *Comentarios al...*, p. 218. Curiosamente en este texto se plantea, comentando el art. 94 Cc. en sede de divorcio que, a pesar del silencio del legislador, puede privarse del ejercicio del derecho al progenitor visitador, como medida excepcional, que solo procederá cuando, a juicio del juzgador el interés del menor así lo requiera. Sin embargo, más adelante, comentando el art. 160, en sede general, se admite una supresión suavizada, que no es realidad supresión del derecho: "supresión –definitiva, pero recuperable-": Ballesteros de los Ríos, María en Bercovitz Rodríguez-Cano, Rodrigo (coord.), *Comentarios al...*, p. 295. Rivero Hernández también habla de supresión temporal y se suprime el derecho en sí, pero si desaparecen las circunstancias que motivaron la supresión puede volverse a considerar un nuevo acuerdo o nuevo pronunciamiento judicial. Así, se dice que la supresión del ejercicio del derecho sería definitiva y la modificación de las circunstancias que dieron lugar a ella puede hacer surgir un derecho nuevo, totalmente distinto del anterior[1206].

- También se ha sugerido que la supresión indefinida del derecho de visita del progenitor que no convive con su hijo *no es una modulación del derecho de las contempladas en el art. 94, sino que constituye una verdadera privación (aunque sea parcial) de la patria potestad*, puesto que se le priva de toda posibilidad de relacionarse con su hijo. Su tratamiento por tanto correspondería, según se indica, a la privación de la patria potestad y no al derecho de visita[1207].

Desde mi punto de vista la *supresión no definitiva* a que aluden algunos autores en realidad no es supresión, sino suspensión del ejercicio[1208], con lo cual, concordantes en lo esencial, el problema sobre la admisibilidad de la supresión se reduce más bien a una cuestión de tipo terminológico. La protección del menor –que es lo genuinamente relevante– en casos de verdadera gravedad a su persona e intereses está prevista por el legislador y se puede lograr adecuadamente con una suspensión del ejercicio del derecho, incluso indefinida, si es tal ejercicio la fuente del riesgo o peligro.

5. Valoración

Expuesto cuanto antecede, resulta oportuno subrayar, según se ha ido evidenciando a lo largo de este trabajo, que todas las decisiones relativas al régimen de relación y a su ejercicio se encuentran articuladas en torno al interés superior del menor; en ello coindice la normativa internacional de protección

---

supresión definitiva, con posibilidad de recuperación del derecho cuando desaparezcan las causas que dieron lugar a la supresión: Rivero Hernández, Francisco, *El Derecho…*, p. 352-353.

1206 Roca Trías, Encarna, en Amoros Guardiola, Manuel (coord.), *Comentarios a…*, p. 598. La autora distingue entre el derecho que no se afecta y el ejercicio que se suprime. Explica que en la supresión no definitiva superadas las circunstancias volvería a posibilitarse un nuevo ejercicio: *surgiendo un nuevo aspecto del ejercicio absolutamente distinto del anterior,* basando esta idea en la necesidad de un nuevo pacto o nueva sentencia; sería distinto de la suspensión que superada vuelve a surgir el ejercicio en las mismas características que tenía antes de la suspensión; posteriormente en otro texto (pienso por error de transcripción) aparece insuficientemente explicado, afirmando que se suprime el derecho y no solo el ejercicio: Roca Trías, Encarna, en Paz-Ares, Cándido y otros, *Comentario…*, p. 395.

1207 García Pastor, Milagros, *La situación…*, p. 242.

1208 Interesantes comentarios sobre estas distinciones se pueden ver en: Pérez Conesa, Carmen, *Las medidas…*, p. 65.

del derecho, la jurisprudencia y hasta las posiciones doctrinales en contraste. El mantenimiento de la relación con ambos progenitores luego del divorcio es, por regla general, la forma de manifestación de dicho interés en lo relativo a las relaciones personales paterno-filiales, lo que trae como consecuencia, entre otras cosas, que todas las medidas que puedan afectar tal relación son de interpretación restrictiva y se ponderan a la luz del beneficio del menor y no con carácter sancionador del progenitor. Resulta especialmente significativo que el interés del menor se cristaliza en el caso concreto conforme a las circunstancias concurrentes; éstas circunstancias no son estáticas, varían según la evolución del propio menor y de los demás involucrados por la relación. Ello explica la necesidad de adaptación del régimen y justifica que ninguna decisión sea definitiva, sino siempre modificable[1209].

IV. EXTINCIÓN DEL DERECHO Y DEL RÉGIMEN DE RELACIÓN

El derecho de relación entre un hijo y su padre no custodio es un derecho temporal, destinado a extinguirse normalmente a la llegada a la mayoría de edad del hijo, salvo cuando se trate de un incapaz. La extinción del derecho y del régimen de relación entre el padre no custodio y sus hijos, haya sido determinado por vía judicial o convencional, puede tener lugar por diversas causas[1210] que no aparecen mencionadas en la ley, muy posiblemente, como explica Rivero Hernández, porque la terminación de tales relaciones no comporta especiales consecuencias jurídicas[1211]. Como punto de partida se debe tener presente que no procede por la mera voluntad de alguno de los sujetos a que vincula (renuncia, allanamiento); ni por el mutuo consentimiento de los mismos (transacción) debido a su carácter indisponible; ni por el transcurso del tiempo sin ejercitarlo (no hay caducidad ni prescripción)[1212], según se ha explicado ya.

[1209] *...Las resoluciones dictadas en los procedimientos sobre guarda y custodia de menores siempre pueden ser modificadas cuando se produzca un cambio de circunstancias, por lo que estos procedimientos están siempre abiertos al cambio de las resoluciones adoptadas y en ellos no rige el principio de justicia rogada, teniendo el juez a su disposición una absoluta libertad de medios probatorios (...) las decisiones tomadas hasta el momento (...) pueden ser modificadas cuando se demuestre que resulta conveniente al interés de la niña un régimen u otro de visitas y guarda y custodia, puesto que en este punto la única utilidad a tener en cuenta es la del menor y no la de los padres*: TS, sentencia 2666/2011, de 25 de abril, Id Cendoj: 28079110012011100271.

[1210] No incluyo aquí las causas de suspensión del ejercicio del derecho por resolución judicial, por cuanto no implican la cesación del régimen de relación, sino una interrupción a su ejercicio, lo que ya fue tratado.

[1211] Rivero Hernández, Francisco, *El Derecho...*, p. 354.

[1212] Montero Aroca, Juan (dir.), *Separación y...*, p. 168; el mismo autor en: *El derecho...*, p. 220.

Algunas de las causas de extinción operan por el natural declive del derecho, que es un derecho de carácter temporal destinado a extinguirse. Las causas son[1213]:

- Fallecimiento de cualquiera de los titulares recíprocos, ya sea el progenitor no custodio o el hijo menor de edad. Esta causal se vincula con los caracteres de este derecho de familia, que es personalísimo respecto de los sujetos específicos a quienes relaciona, por tanto, intransmisible a los herederos de uno u otro.

- Llegada a la mayoría de edad del hijo u otra causa de emancipación, al tratarse de un derecho que opera solo respecto de hijos menores de edad. La única situación en que podría mantenerse el ejercicio del régimen de relación determinado aún llegada la mayoría de edad de los hijos sería cuando se trata de hijos incapacitados (art. 94 Cc).

- Cambios de guarda y custodia, pasando el progenitor no custodio a ejercerla individual o alternadamente con el otro progenitor. En estos casos, cesará el régimen de relación fijado y que tenía como condición el carácter de progenitor no custodio. Sin perjuicio de lo anterior, es posible, como he explicado, que conjuntamente con el cambio de guarda se determine una modalidad de contravisita.

- Nuevo matrimonio de los progenitores o la reanudación de la convivencia[1214]. Se trata de una circunstancia que hace desaparecer el supuesto fáctico sobre el cual se construye el derecho, esto es, la vida separada de los progenitores como consecuencia de la ruptura matrimonial. Reanudada la convivencia habitual entre ambos padres y sus hijos comunes, no se justifica la permanencia de un régimen de relación distinto al propio de aquella convivencia.

- Cuando el menor ha sido adoptado por otro, dada la extinción de los vínculos jurídicos que la adopción produce[1215].

1213 Sigo en algunas causales lo expuesto en Rivero Hernández, Francisco, *El Derecho...*, p. 355; San Román, José Ramón, "Criterios...", p. 303 y Echarte Feliú, Ana María, *Patria...*, p. 129.

Hay doctrina que clasifica las causas de extinción en aquellas que provienen de hechos naturales, como la muerte o llegada a la mayoría de edad del hijo; y aquellas que provienen de actos jurídicos, como los cambios de papeles entre progenitor beneficiario y progenitor custodio, al dictarse una resolución judicial que altera la guarda y custodia: Montero Aroca, Juan (dir.), *Separación y...*, p. 168.

1214 San Román, José Ramón, "Criterios...", p. 303, quien alude a la reconciliación de los esposos.

1215 Marín López, Manuel en Bercovitz Rodríguez-Cano, Rodrigo (coord.), *Comentarios al...*, p. 294.

Cierta doctrina ha mencionado también como causa de cesación del régimen la pérdida de la patria potestad sobre los hijos[1216], sin embargo, no se trata de una causa de extinción por la independencia que existe entre el ejercicio derecho de relación y la patria potestad: subsiste el derecho de relación pese a la privación de aquella, según expresamente señala el art. 160.1 Cc que ya he tenido oportunidad de examinar. Ahora bien, y según ha sido referido, como los mismos antecedentes que ameritan la privación de la patria potestad pueden implicar una suspensión del régimen de relación, es necesario advertir que ello procederá en todo caso, siempre por medio de una decisión judicial independiente, que tiene como presupuestos fáctico tales hechos y como fundamento jurídico el propio artículo 94 Cc. y no la privación misma de la patria potestad. Por ello se afirma que la resolución judicial que priva o excluya a uno de los progenitores del ejercicio de la patria potestad puede además, y como cuestión individualizada, prohibir la comunicación o relación con el hijo[1217].

Se ha señalado también, por último, que el régimen de relación termina por decisión judicial por vía de sanción y hasta por acuerdo, pactado particularmente por los propios cónyuges[1218]. No comparto ninguna de estas señaladas causales: en el primer caso porque el ejercicio del derecho no puede ser suprimido como sanción al progenitor no custodio dado su carácter de *derecho-deber* establecido en beneficio e interés de los hijos. En el segundo, porque se trata, como fuera visto en el Capítulo Cuarto, de un derecho no disponible por los progenitores, quienes no pueden desentenderse de sus deberes paterno-filiales, ni transar sobre ellos; únicamente pueden acordar la modalidad de ejercicio, atendiendo al interés superior de los hijos.

[1216] San Román, José Ramón, "Criterios...", p. 303.

[1217] Marín López, Manuel en Bercovitz Rodríguez-Cano, Rodrigo (coord.), *Comentarios al...*, p. 294.

[1218] En Ruíz De La Cuesta, Rafael, "Praxis judicial...", p 274,

CAPÍTULO SEXTO. PROTECCIÓN DEL DERECHO DE RELACIÓN

I. PLANTEAMIENTO Y DELIMITACIÓN

En el ámbito de la protección del derecho de relación de los hijos con el progenitor no custodio se entrecruzan diversas realidades vinculadas con un efectivo o un potencial incumplimiento de los regímenes de relación que han quedado determinados en la sentencia de divorcio o en su modificación posterior.

Inicialmente de lo que se trata es de asegurar el goce efectivo del derecho por medio del ejercicio cierto del régimen determinado; a ello contribuyen las medidas preventivas. Posteriormente, cuando el incumplimiento se ha producido, la protección del derecho cubre un área más amplia de situaciones: algunas se vinculan con el castigo al responsable de la vulneración del derecho, castigo en doble vertiente civil y penal; otras con la reparación de los daños ocasionados y otras con el restablecimiento del derecho o de su ejercicio. Es de hacer notar, además, que la protección del derecho de relación entre un hijo y su progenitor no custodio no se limita al orden interno, sino que se conecta con una dimensión jurídica internacional. A partir de ahí es posible afirmar el carácter heterogéneo del sistema de protección del derecho.

En este orden de ideas, es razonable entender que en primer término deben agotarse los medios jurídicos preventivos para lograr el efectivo cumplimiento del régimen de visitas; ante el fracaso o inviabilidad de los mismos habrá de recurrirse a medios directos e indirectos, incluso de coacción, en lo que sean pertinentes[1219]. Éstos últimos, además de sus fines y funciones propios, pueden contribuir a desincentivar los ánimos y actitudes renuentes al cumplimiento[1220].

[1219] La pertinencia implica que la medida de protección debe guardar correspondencia con la naturaleza y fines del derecho de relación, particularmente referidas al resguardo del interés del menor.

[1220] RIVERO HERNÁNDEZ, FRANCISCO, *El Derecho…*, p. 287.

Como refiere RIVERO HERNÁNDEZ, dos consideraciones son relevantes en la materia: una, marcada por la realidad del elevado número de conflictos asociados al desarrollo y disfrute del derecho de visita por los crecientes incumplimientos de quienes tienen que facilitarlo y la correspondiente frustración de quienes tienen el derecho a disfrutarlo; por otra parte, la estimación general de que si un derecho no tiene una eficaz protección que garantice a su titular el pacífico y legítimo goce, queda reducido a prácticamente nada, pues de nada sirve a su titular que tal derecho aparezca reconocido por la Ley[1221].

A mi juicio, el punto más controvertido en todo este análisis será el de la protección adecuada del derecho conforme al estándar del interés superior del menor, pues estando como está el derecho tan vinculado al beneficio del menor, su protección conlleva el resguardo de aquél interés; interés que en general se concreta en el mantenimiento de las relaciones personales tan amplias como sea posible, con ambos progenitores luego del divorcio. La preeminencia del interés del menor no invalida el legítimo interés del progenitor no custodio en el disfrute del derecho, que igualmente amerita protección, aún cuando, en caso de conflicto debe ser preferido el que se estima superior.

El análisis que sigue se centra en los distintos medios de protección civil del derecho de relación de los hijos con el progenitor no custodio, regulados en el Ordenamiento Jurídico interno español. Sin embargo, con la finalidad de proporcionar al lector una visión global del sistema, se aportan algunos breves comentarios al ámbito penal de protección y una concisa mención al ámbito internacional de resguardo del derecho; ambas materias, por su propia entidad, merecen estudios independientes en profundidad.

II. PROTECCIÓN CIVIL DEL DERECHO DE RELACIÓN

1. Protección Preventiva del derecho

El contenido del derecho de relación no es patrimonial, por lo que su lesión no se puede reparar mediante una suma de dinero: el tiempo no ejercido es un tiempo perdido que ya no volverá. Por otro lado, como se verá, los mecanismos normales de ejecución forzosa son generalmente ineficaces para restablecer la situación anterior una vez producida la lesión[1222]. Este panorama, sumado a la importancia del cumplimiento del régimen de relación en la formación integral del menor, permite comprender la relevancia de un sistema de protección preventiva que desaliente los incumplimientos y favorezca el ejercicio regular y continuado del derecho.

[1221] RIVERO HERNÁNDEZ, FRANCISCO, *El Derecho...*, p. 283-284.

[1222] VILLAGÓMEZ CEBRIÁN, MARCOS, *Las medidas...*, p. 240.

Los arts. 90.4 y 91 Cc. permiten al juez *establecer las garantías reales o personales que requiera el cumplimiento del convenio*, y *las cautelas o garantías* de las medidas que le corresponda determinar en defecto de acuerdo o en caso de no aprobación del mismo, respectivamente[1223]. A su vez, nada impide que los propios cónyuges pacten cualquier tipo de disposición de aseguramiento del ejercicio de los derechos regulados en el convenio o en los acuerdos a que arriben[1224]. No todas las medidas que se acuerden o fijen conforme a dichos preceptos tendrán una función efectivamente preventiva de los incumplimientos: algunas (como la cláusula penal) constituirán reacciones ante la vulneración del derecho, pero al ser adoptadas en forma previa a su ocurrencia se instauran en previsión de la vulneración, cuya virtualidad preventiva consistirá en la persuasión.

Situados en el régimen de visita, corresponde preguntarse qué garantías pueden ser lícitamente pactadas o establecidas por el juez y luego, cuáles de ellas serán adecuadas para garantizar la correcta ejecución de las obligaciones personalísimas que emanan del derecho de relación, a fin de asegurar, en definitiva, la efectividad de las relaciones personales.

Las disposiciones legales en comento abren la posibilidad de considerar todas las medidas de aseguramiento que se reconocen en Derecho[1225]: las tradicionales garantías personales y reales (fianza, prenda, hipoteca) [1226] y las medidas atípicas. Las primeras en principio no parecen apropiadas considerando la naturaleza del derecho[1227], sin embargo, nada impide su constitución. Respecto de las segundas, como se advirtió en el Capítulo anterior, no procede

---

[1223] Medidas que aunque no aparecen directamente recogidas para el derecho de visita, le son aplicables, pues cualquier efecto del divorcio puede ser objeto de aseguramiento: ROCA TRÍAS, ENCARNA, en AMOROS GUARDIOLA, MANUEL (coord.), *Comentarios a…*, p. 597.

[1224] MARÍN LÓPEZ, MANUEL en BERCOVITZ RODRÍGUEZ-CANO, RODRIGO (coord.), *Comentarios al…*, p. 208. Se ha explicado que el art. 90.4 Cc. no excluiría la posibilidad de que los cónyuges establezcan cualquier clase de garantía, sino que la norma estaría destinada a posibilitar que el juez, además de aprobar o denegar el convenio, pueda tomar la iniciativa y añadir, al convenio que apruebe, medidas que garanticen su cumplimiento: LACRUZ BERDEJO, JOSÉ LUIS - RAMS, JOAQUÍN, *Elementos de…*, p. 98.

[1225] AFONSO RODRÍGUEZ, Mª ELVIRA, en DE PABLO CONTRERAS, PEDRO - VALPUESTA FERNÁNDEZ, ROSARIO (coords.), *Código Civil…*, p. 494.

[1226] Explica Rivero Hernández que hasta la reforma de 1981 el Derecho de familia español no preveía directamente ninguna forma de protección jurídica civil del derecho de visita. La regulación que se hace a partir de tal reforma en los arts. 90 y 91 Cc. en opinión del autor, tiene como principal objeto de aseguramiento los aspectos patrimoniales tanto del convenio, como de las medidas judiciales, sin perjuicio de lo cuál por los amplios términos de su redacción puede deducirse que entre las cautelas y garantías podrían establecerse algunas que, a título preventivo, aseguren el cumplimiento del derecho de visita, que es una de las medida expresamente contempladas para el convenio y las medidas judiciales subsidiarias: RIVERO HERNÁNDEZ, FRANCISCO, *El Derecho…*, p. 290-291.

[1227] MONTERO AROCA, JUAN (coord.), *Los procesos…*, p. 512.

pactar como medida de aseguramiento del ejercicio del régimen, la privación de los alimentos al cónyuge custodio que no facilita las visitas[1228] o supeditar el ejercicio del derecho de relacionarse con los hijos al pago puntual de la pensión alimenticia que es de cargo del progenitor no custodio[1229], tampoco estaría permitida la estipulación de una cláusula penal regulada como "dinero de arrepentimiento" que permita a uno de los progenitores optar entre el cumplimiento o el pago de la pena, como se prevé en el art. 1153 Cc. pues no se puede comprar o vender por una cantidad de dinero el derecho de relación que es irrenunciable[1230].

Cabrían en cambio, el pacto o la imposición judicial de una cláusula penal sancionadora del incumplimiento, del cumplimiento imperfecto o como sustitutiva de la indemnización de daños y perjuicios[1231]; la medida de conminar o advertir en la sentencia o el convenio de la posible suspensión o restricción del régimen de visitas y la advertencia del cambio del régimen de guarda y visitas, según de quien provenga un eventual incumplimiento[1232]. Pienso que también se corresponden con estas medidas atípicas de aseguramiento de la efectividad del derecho –y aunque inicialmente pueda parecer que no es así–, algunas de las restricciones que se pueden prever al tiempo de la determinación del régimen de relación, como la de imponer que las entregas y recogidas se realicen en un punto de encuentro familiar cuando existe fundado temor o serio peligro de ejercicio gravemente conflictivo del derecho de relación; o que el ejercicio mismo se lleve a cabo en el centro, cuando se trata de visitas que requieren ser vigiladas[1233]. Lo propio ocurre con la restricción consistente en la presencia

---

[1228] Capítulo Quinto, al revisar las causas de suspensión del derecho que establece el art. 94 Cc.

[1229] La medida aparece sugerida como garantía atípica en: RIVERO HERNÁNDEZ, FRANCISCO, *El Derecho...*, p. 291, sin embargo, me parece que de admitirse –asunto que cuestiono–, sería más una medida de aseguramiento del pago de los alimentos que de aseguramiento del régimen de visitas, al compeler al progenitor no custodio a pagar bajo apercibimiento de perder su derecho a relacionarse con el hijo.

[1230] RIVERO HERNÁNDEZ, FRANCISCO, *El Derecho...*, p. 289.

[1231] ROCA TRÍAS, ENCARNA, en PAZ-ARES, CÁNDIDO y otros, *Comentario...*, p. 395; RIVERO HERNÁNDEZ, FRANCISCO, *El Derecho...*, p. 288. Reconociendo la función sancionadora pero en contra del carácter sustitutivo de la indemnización de daños y perjuicios: ROMERO COLOMA, AURELIA, *Incumplimiento...*, p. 106. Con una mirada mas restrictiva en cuanto a las funciones: MORENO VELASCO, VÍCTOR, "La indemnización de daños y perjuicios por daños patrimoniales y morales derivados del incumplimiento del régimen de visitas", *La Ley*, Nº 7163, 2009.

[1232] Así con énfasis intimidatorio: *se apercibe a ambos progenitores que el régimen de visitas y custodia debe ser obligatoriamente cumplido por ambos progenitores, y que su incumplimiento puede dar lugar a la modificación de los expresados regímenes en perjuicio del que los incumpla, sin perjuicio de las responsabilidades penales que puede contraer el que los incumpla*: AP Barcelona, sentencia 668/2012, de 13 de noviembre, Id Cendoj: 08019370182012100624.

[1233] Esta situación es considerada una cautela por autores como PÉREZ MARTÍN, ANTONIO, en DOMÍNGUEZ LUELMO, ANDRÉS (coord.), *Comentarios...*, p. 202 y ZARRALUQUI SÁNCHEZ-EZNARRIAGA, LUIS, *Derecho de...*, p. 158. Otros, la observan como un mecanismo de solución frente de una tercera persona durante el ejercicio del derecho[1234] o la imposición de tratamientos o terapias tanto para mejorar la relación padre-hijo, como para corregir problemas de orden conductual de uno u otro[1235].

Mención independiente merecen las medidas preventivas contempladas en los arts. 103 y 158 Cc[1236] para los casos en que exista riesgo de sustracción del menor por alguno de los cónyuges o por terceras personas. La sustracción de menores constituye una de las formas de abuso del derecho de relación cuando la realiza el progenitor no custodio, o de abuso de la guarda y custodia si la realiza el progenitor guardador[1237]. Para evitar que tal sustracción se verifique, la ley faculta al juez para adoptar las medidas necesarias y en particular:

- Prohibición de salida del territorio nacional, salvo autorización judicial previa.
- Prohibición de expedición del pasaporte al menor o retirada del mismo si ya se hubiere expedido.
- Sometimiento a autorización judicial previa de cualquier cambio de domicilio del menor.

El consentimiento de ambos padres para la salida al extranjero de los menores es aconsejado por la doctrina al ser una garantía supletoria derivada de la patria potestad[1238].

---

al incumplimiento que busca posibilitar un normal ejercicio del derecho en: TRINCHANT BLASCO, CARLOS (coord.), *Memento...*, p. 404.

1234 MONTERO AROCA, JUAN (coord.), *Los procesos...*, p. 512.

1235 Como se advirtió, alguna doctrina estima que estas medidas constituyen un claro exceso de la jurisdicción, por la intromisión que implican en la intimidad de la vida familiar: ZARRALUQUI SÁNCHEZ-EZNARRIAGA, LUIS, *Derecho de...*, p. 169.

1236 Se califican como un conjunto abierto de medidas susceptibles de ser adoptadas por el juez: MARTÍNEZ DE AGUIRRE, CARLOS, *Curso de...*, p. 169. Se destaca, asimismo, su carácter acumulativo al ser posible adoptar una o varias al mismo tiempo: MARÍN LÓPEZ, MANUEL en BERCOVITZ RODRÍGUEZ-CANO, RODRIGO (coord.), *Comentarios al...*, p. 232.

1237 La doctrina ha observado que las medidas del art. 158 Cc. en sede civil general se corresponden con una mas genérica protección, ante supuestos de desviación o abuso en el ejercicio de la patria potestad: LACRUZ BERDEJO, JOSÉ LUIS - RAMS, JOAQUÍN, *Elementos de...*, p. 400. Así se explica que, dentro del ámbito del control y vigilancia judicial a que está sometida la patria potestad con el fin de atender a la protección personal y patrimonial del hijo, se agrega el numeral 3° del art. 158 Cc. incorporado por la Ley Orgánica 9/2002, de 10 de diciembre, que introdujo en el Código Penal una nueva regulación de la sustracción de menores y, complementariamente estas medidas cautelares en el ámbito civil: MENÉNDEZ MATO, JUAN, en DOMÍNGUEZ LUELMO, ANDRÉS (coord.), *Comentarios...*, p. 279; PÉREZ ÁLVAREZ, MIGUEL ÁNGEL en MARTÍNEZ DE AGUIRRE, CARLOS (coord.), *Curso de...*, p. 355; DÍEZ-PICAZO, LUIS - GULLÓN, ANTONIO, *Sistema de...*, p. 277.

1238 DE LA IGLESIA MONJE, Mª ISABEL, "Relevancia del traslado al extranjero de la madre que tiene la guarda y custodia de los hijos", *Revista Critica de Derecho Inmobiliario*, N° 719, Madrid 2010, p. 1272. Algunas sentencias de instancia establecen expresamente la prohibición de salida del territorio nacional sin expreso y escrito consentimiento de ambos progenitores o autorización judicial. Así se aprecia de las consideraciones de la SAP Valladolid, sección 1ª, 461/2012, de 18

En cuanto a la oportunidad procesal, estas medidas se pueden adoptar una vez admitida la demanda de divorcio a tramitación, con audiencia de ambos cónyuges, a falta de acuerdo aprobado judicialmente (art. 103.1 Cc.); se pueden solicitar antes de interponer la demanda por el cónyuge que se proponga hacerlo, al amparo del art. 104 Cc. o finalmente, se pueden adoptar dentro de cualquier proceso civil o penal o bien en un procedimiento de jurisdicción voluntaria, de oficio o a instancia del propio hijo, de cualquier pariente o del Ministerio Fiscal. Esto último da cuenta de una legitimación muy amplia para su solicitud al amparo del art. 158 Cc[1239].

Esta última disposición además implica una amplia discrecionalidad judicial en la adopción de las medidas convenientes, disposiciones apropiadas o que se consideren oportunas, por lo cual no serían susceptibles de revisión casacional[1240]: el juez dictará *en general, las demás disposiciones que considere oportunas, a fin de apartar, al menor de un peligro o de evitarle perjuicios.*

El segundo problema, esto es, la efectividad de las medidas preventivas adoptadas para garantizar el ejercicio adecuado y oportuno de las relaciones personales, resulta más complejo al no ser posible dar una respuesta unitaria. La previsión en el convenio de una cláusula penal por incumplimiento del no custodio o la previsión eventual de una sanción civil en la sentencia, no aseguran el cumplimiento del régimen, pues en último caso se resolverán en el pago de una cantidad de dinero[1241]. La pena convencional o judicial estipulada sería una sanción por las relaciones personales no ejercidas de buena fe, impedidas o dificultadas, pero no permitiría la defensa efectiva del derecho en términos de

de diciembre (Id. vlex: VLEX-421436006), que terminó sin embargo, estimando el recurso de apelación en contra de la referida sentencia en lo relativo a la custodia de los menores.

1239 Pese a la similitud de las normas, se deben tener presente una serie de diferencias de relevancia, consecuencia de ser las medidas que se adopten al amparo del art. 158 Cc. de una naturaleza distinta de las medidas provisionales que se pueden adoptar en los procesos de separación, nulidad o divorcio. Conforme al art. 103 del Cc. y art. 773 Lec, las medidas provisionales deben ser pedidas por las partes; solo pueden adoptarse las que fija la norma y para los procesos que específicamente se señala. Las primeras, en cambio, pueden decretarse de oficio o a instancia del propio hijo, de cualquier pariente o del Ministerio Fiscal; son más amplias en tanto se pueden adoptar las que el juez estime apropiadas, convenientes o necesarias, y además, pueden tener lugar en cualquier proceso civil, penal o de jurisdicción voluntaria. La distinta naturaleza se concreta en que mientras las medidas del art. 103 Cc. son provisionales, las del art. 158 Cc. son definitivas y en consecuencia, no existe impedimento legal para recurrirlas de apelación. Así ha sido puesto de manifiesto, a propósito de una medida de oficio sobre régimen de visitas del padre, adoptada por el juez al amparo del art. 158 Cc. en: Atienza López, José Ignacio, "Medidas adoptadas de oficio al amparo del artículo 158 del Código civil: ¿son análogas a las medidas provisionales matrimoniales?", *CEFLegal, Revista Práctica de Derecho, comentarios y casos prácticos*, N° 60, Madrid 2006, p. 32 y ss.

1240 Yzquierdo Tolsada, Mariano, en De Pablo Contreras, Pedro - Valpuesta Fernández, Rosario (coords.), *Código Civil...*, p. 790.

1241 Montero Aroca, Juan (coord.), *Los procesos...*, p. 512.

impedir que tales conductas se lleven a cabo: así, puede considerarse en general, que no es una medida adecuada para la efectividad de las relaciones personales y en tal sentido no garantiza adecuadamente ni el interés del progenitor afectado ni mucho menos el superior interés del hijo[1242], salvo, cuando por su elevado monto resulte disuasoria del incumplimiento. Lo mismo ocurre cuando se trata de la conminación de suspensión del derecho de guarda o custodia o del mismo régimen de visitas de producirse incumplimiento: solo en la medida que el progenitor observe que efectivamente puede producirse tal consecuencia la medida habrá de tener el efecto preventivo deseado.

Traba añadida resulta ser la circunstancia de no considerar la Lec. regulación adecuada para que las prestaciones en que puede consistir la medida preventiva (cláusula penal) acaben ejecutándose de modo específico, con lo cual, nuevamente su eficiencia es puesta en duda[1243].

Las medidas que implican adoptar *ab initio* regímenes restringidos de relación o las que se adoptan al amparo del art. 103 o del art. 158 Cc. son eficientes para evitar el incumplimiento específico que se teme y, por tanto, satisfacen el rol preventivo, aunque claro está, un régimen restringido determina por regla, menos tiempo de relación (un fin de semana al mes y no dos, sin días intrasemanales, estancias sin pernocta, etc.) y ese aspecto debe ser tomado en consideración a la hora de adoptarlo.

2. Protección civil del derecho vulnerado

La necesidad de protección del derecho se manifiesta con mayor intensidad en todos aquellos casos en que se han incumplido los deberes inherentes a su ejercicio; no solo, porque como cualquier derecho debe ser protegido, sino sobre todo porque el efecto negativo del incumplimiento trasciende a las partes adultas involucradas –cuyos intereses efectivamente lesiona–, perturbando de forma notable al menor y lesionando sus derechos[1244].

Pieza clave en este análisis resulta ser el carácter de *derecho-deber* de que goza el de relación entre padre e hijo: si fuese para el progenitor no custodio un derecho subjetivo, la opcionalidad de su ejercicio no justificaría exigir su cumplimiento ni sancionar una inacción. Al tratarse de un *derecho-deber*, que mira a intereses ajenos antes que a los del propio padre titular formal, en atención a la especial finalidad que satisface respecto de un menor de edad, a cuyo desarrollo integral la relación contribuye, emerge la no exención del aspecto

---

1242 Florit Canals, Carlos, "El régimen...".

1243 Afonso Rodríguez, Mª Elvira, en De Pablo Contreras, Pedro - Valpuesta Fernández, Rosario (coords.), *Código Civil...*, p. 494.

1244 Rivero Hernández, Francisco, *El Derecho...*, p. 285-286.

de deber que excede el matiz de derecho que puede tener para aquél padre. El carácter de deber explica la necesidad de medidas apropiadas y oportunas que resguarden su adecuado cumplimiento; su especial finalidad, justifica un amplio marco protector[1245].

Los deberes derivados del régimen de visitas son para ambos progenitores obligaciones de hacer y no hacer –expresas o que se pueden inferir directamente de los términos en que quedó delimitado el régimen de ejercicio en el caso concreto–, según se precisó en los Capítulos Tercero y Quinto, a los que me remito; sin embargo, como indica RIVERO HERNÁNDEZ, los instrumentos habituales y consecuencias alternativas al cumplimiento específico de obligaciones de hacer, como es la indemnización de perjuicios, son desmedrados remedios que si bien pueden dar una satisfacción subsidiaria a uno de los perjudicados, dejan insatisfecho el interés primordial y el fin esencial a que mira el derecho y su cumplimiento[1246]. En todo ello influye también el perfil de obligaciones no pecuniarias de carácter personalísimo, que conforma el contenido del régimen de relación[1247].

A su turno, los pronunciamientos sobre medidas atinentes a los hijos son constitutivos y de condena, por lo que si no se cumplen voluntariamente por las partes podrá procederse a su ejecución forzosa tal como dispone el art. 776 Lec, con independencia de encontrarse firme o no la sentencia, pues la interposición de los recursos no suspende la eficacia de lo dispuesto en ellas (art. 774.5 Lec)[1248]. Se trata de pronunciamientos de cumplimiento imperativo, que aún cuando no contengan de manera expresa la condena al progenitor que ostenta la guarda y custodia de los hijos menores, a que los entregue al otro progenitor en los plazos y condiciones establecidas para la efectividad de la relación, trascienden de lo que puede considerarse una sentencia meramente

1245 Se ha concluido, sin embargo, que el conjunto de normas procesales civiles, se revelan en la práctica como insuficientes para dar respuesta a la peculiar problemática que presenta la ejecución de pronunciamientos de naturaleza no pecuniaria de carácter personalísimo: GONZÁLEZ DEL POZO, JUAN PABLO, "La ejecución…", p. 94.

1246 RIVERO HERNÁNDEZ, FRANCISCO, *El Derecho…*, p. 286.

1247 González Del Pozo señala que el legislador ha considerado comprendidas en esta clase de obligaciones a las derivadas del ejercicio de las funciones inherentes a la patria potestad, y las derivadas de la guarda, custodia y régimen de visitas de los hijos menores, obligaciones que no pueden ser otras que las de hacer personalísimo a que se refiere el propio art. 709 Lec, según resulta de las diversas clases de obligaciones no dinerarias reguladas a efecto de ejecución en los capítulos II y III del Título V del Libro III de la Lec: GONZÁLEZ DEL POZO, JUAN PABLO, "La ejecución…", p. 89.

1248 CAMACHO SERRANO, JULIA, "El proceso…", p. 189. El doble carácter de la sentencia de divorcio ha sido destacado desde el ámbito procesal, señalándose como regla general, que las sentencias dictadas en procesos matrimoniales tienen un pronunciamiento constitutivo que debe ser objeto de inscripción (v. gr. el divorcio); y unas medidas que de ordinario contienen pronunciamientos de condena, siendo susceptibles de ejecución forzosa: SOSPEDA NAVAS, FRANCISCO JOSÉ (dir.), *Los procesos de familia,* Thomson Civitas, Madrid 2006, p. 143.

declarativa, y conllevan como consecuencia inherente, la exigibilidad de su efectividad, sin necesidad de entablar nuevo proceso al efecto[1249].

Ahora bien, en materia de cumplimiento de la sentencia, la norma general del art. 18.2 de la LOPJ (conforme a la cual las sentencias han de ejecutarse en sus propios términos) que en principio conduciría a un cumplimiento automático formalista, pareciera no ser de aplicación estricta en la materia, con base en dos textos legales: por una parte, los arts. 2 y 11 de la Ley 1/1996 de Protección Jurídica del Menor que consagran el interés superior del menor como principio a regir siempre que deban adoptarse decisiones referidas a ellos[1250]; y por otra, el art. 158.4 del Cc. que faculta –e incluso obliga– al juez a adoptar las disposiciones que considere oportunas a fin de apartar al menor de un peligro o evitarle perjuicios. El interés del menor hace inexcusable al juzgador adoptar, en todo momento, las medidas urgentes de protección que estén en sus manos[1251].

1249 Así aparece en diversas sentencias de Audiencias Provinciales, que hacen aplicable a la especie lo dispuesto en el Libro III de la Lec, específicamente el art. 776. Al respecto se pueden ver las citadas en: CABALLERO GEA, JOSÉ-ALFREDO, *Matrimonio...*, p. 236 y ss. Así lo reconoce también la doctrina, aludiendo a que la sentencia contiene una verdadera condena de hacer y no hacer: MONTERO AROCA, JUAN (coord.), *Los procesos...*, p. 511. Con todo, no es uniforme esta postura: al respecto el Auto 369/2006 de la AP de Málaga, de 7 de diciembre de 2006, sostuvo que la resolución no puede tener la consideración de sentencia condenatoria, pues se trata de una sentencia meramente declarativa en cuanto consagra un derecho, el del padre e hijo a relacionarse; sin embargo, como se ha desarrollado en éste trabajo, en estricto rigor el derecho se encuentra consagrado en la ley; lo que hace la sentencia es constituir un régimen de relación concreto.

1250 Art. 2 de la Ley 1/1996: Principios generales: *En la aplicación de la presente Ley primará el interés superior de los menores sobre cualquier otro interés legítimo que pudiera concurrir. Asimismo, cuantas medidas se adopten al amparo de la presente Ley deberán tener un carácter educativo.*

Las limitaciones a la capacidad de obrar de los menores se interpretarán de forma restrictiva.

El art. 11 de la Ley 1/1996 relativo a los principios rectores de la acción administrativa, considera especialmente como principios rectores de la actuación de los poderes públicos, los siguientes:

a) La supremacía del interés del menor.

b) El mantenimiento del menor en el medio familiar de origen salvo que no sea conveniente para su interés.

c) Su integración familiar y social.

d) La prevención de todas aquellas situaciones que puedan perjudicar su desarrollo personal.

e) Sensibilizar a la población ante situaciones de indefensión del menor.

f) Promover la participación y la solidaridad social.

g) La objetividad, imparcialidad y seguridad jurídica en la actuación protectora garantizando el carácter colegiado e interdisciplinar en la adopción de medidas.

Algún comentario al respecto se puede ver en: CASO SEÑAL, MERCEDES, "Disyuntiva...", p. 94.

1251 CASO SEÑAL, MERCEDES, "Disyuntiva...", p. 94. Conforme a la Exposición de Motivos de la Ley 1/1996 *respecto a las medidas que los Jueces pueden adoptar para evitar situaciones perjudiciales para los hijos, que contempla actualmente el Código Civil en el artículo 158, se amplían a todos los menores, y a situaciones que exceden del ámbito de las relaciones paterno-filiales, haciéndose extensivas a las derivadas de la tutela y de la guarda, y se establece la posibilidad de que el Juez las adopte con carácter cautelar al inicio o en el curso de cualquier proceso civil o penal. En definitiva, se trata de consagrar un principio de agilidad e inmediatez en todos los*

Precisado todo lo anterior, corresponde examinar las diversas medidas de protección civil del derecho frente a un incumplimiento, ya se trate de incumplimiento del progenitor no custodio, titular formal del derecho a relacionarse, o de incumplimientos provenientes del custodio que tiene, a su vez, deberes específicos respecto del régimen acordado o determinado judicialmente. Para estos efectos utilizo la noción amplia de incumplimiento vista en el Capítulo anterior, aunque no debe perderse de vista, que normalmente muchos de los cumplimientos imperfectos no serán causa suficiente para limitar el derecho o adoptar medidas coactivas en contra del incumplidor[1252], principalmente en interés del menor.

Para efectos de mejor orden, voy a agrupar las diversas medidas a examinar en atención a su objetivo directo o dominante. Así revisaré: las medidas que persiguen el restablecimiento del derecho o de su ejercicio; las que se vinculan con el castigo al incumplidor; y finalmente, las que tienen por objeto la reparación de los daños ocasionados con los incumplimientos.

Sin perjuicio de todas las medidas que examinaré, ha de tenerse presente que siempre queda a salvo el recurso al art. 158 Cc. que permite, cuando el incumplimiento se ha producido, que el juez pueda adoptar las disposiciones que considere oportunas para apartar al menor de un peligro o evitarle perjuicios[1253]. La norma otorga una doble amplitud interpretativa al juez: por la vaguedad o inconcreción de las expresiones referidas a las medidas (las que "considere oportunas") y, por la generalidad del supuesto que las hacen procedentes ("peligro" o "evitarle perjuicios"); así, se ha entendido que perjudica notablemente al menor tanto la obstaculización o impedimento de las relaciones, como su efectiva no realización[1254]. En virtud de la disposición, cuando el incumplimiento se ha producido, se podría imponer una sanción pecuniaria por cada día en que

---

procedimientos tanto administrativos como judiciales que afectan a menores para evitar perjuicios innecesarios que puedan derivar de la rigidez de aquéllos.

1252 No se puede controlar todo lo que el progenitor le dice a su hijo, ni cuanto afecto le demuestra, no siendo posible siempre obligar a alguien a comportarse correctamente; además, teniendo en cuenta que algunas medidas vulnerarían, en casos que no revisten suficiente gravedad, el derecho del menor a mantener relación con ambos progenitores, alguna doctrina concluye, que en muchas de estas situaciones reprochables no queda más que resignarse a que las cosas sigan así, mientras los padres no estén dispuestos a cambiar de actitud: García Pastor, Milagros, *La situación...*, p. 269.

1253 El Tribunal Supremo ha declarado, resolviendo el derecho del menor a relacionarse con otras personas, que en aplicación del art. 160.2 Cc. el juez está autorizado para tomar cualquiera de las medidas que están enumeradas en el art. 158 Cc: STS 320/2011, de 12 de mayo, Id Cendoj: 28079110012011100281. El razonamiento parece aplicable a las situaciones que ahora analizo, pues bien puede entenderse que siempre que se impidan sin justa causa las relaciones personales del menor con su progenitor podrá el juez adoptar cualquiera de las medidas que señala el precepto.

1254 Rivero Hernández, Francisco, *El Derecho...*, p. 296.

se impidan (o no realicen) las visitas; modificar el régimen de guarda jurídica o someter a control el régimen de comunicación, entre otras medidas[1255].

A. *Protección civil cuyo objetivo es el restablecimiento del derecho*

El carácter de obligaciones de hacer y no hacer personalísimas y no dinerarias, de los deberes asumidos en el acuerdo o impuestos en la sentencia de divorcio a ambos progenitores, respecto del ejercicio del derecho de relación, constituye el parámetro delimitador de la protección que tiene por objeto –frente a un incumplimiento de cualquiera de los dos- obtener el restablecimiento del derecho y explica, al mismo tiempo, la dificultad propia en la consecución de este objetivo[1256].

Aunque se ha sugerido que en el caso del progenitor custodio se trata del incumplimiento de una obligación de no hacer de carácter personalísima[1257], lo cierto es que el custodio no solo debe abstenerse de ciertas conductas impeditivas, sino que antes debe facilitar y favorecer el contacto y la relación entre su hijo –por cuyo interés preponderante debe velar– y el progenitor no custodio, lo cual supone una conducta activa que conlleva unos deberes de hacer positivos[1258].

Quizá una de sus principales obligaciones sea la de hacer entrega de los menores al progenitor no custodio en el lugar, día y hora predeterminados, obligación que pone de manifiesto su actitud de colaboración, y que debe ejercerse de buena fe, como toca a todo deudor y más a todo padre[1259].

a. Cumplimiento forzado o ejecución forzosa

La sentencia de divorcio que determina el régimen de relación con el progenitor no custodio es, sin duda, un título ejecutivo de inexcusable cumplimiento

---

1255 Rodríguez Guitián, Alma María, *Responsabilidad...*, p. 274.

1256 Esta naturaleza no se desvirtúa cuando excepcionalmente por imposibilidad u otras causas, se permite que el progenitor en cuestión delegue su cumplimiento en un tercero. Algunas reflexiones sobre la naturaleza de estas obligaciones se pueden ver en: González Del Pozo, Juan Pablo, "La ejecución...", p. 90.

1257 Villagómez Cebrián, Marcos, *Las medidas...*, p. 239.

1258 Al respecto me remito a los apartados pertinentes de los Capítulos Tercero, al tratar la configuración del progenitor custodio, y Quinto, en cuanto se revisó el ejercicio del derecho y los incumplimientos. Conjuntamente se puede ver, entre otras: SAP de Ciudad Real 64/2009, de 16 de junio, sección 1ª, (La Ley 181115/2009).

1259 González Del Pozo, Juan Pablo, "La ejecución...", p. 91.

(art. 517 Lec) [1260], sin perjuicio de lo cual, no todas las medidas contenidas en ella logran su plena satisfacción. Dentro de aquellas medidas que se presentan reacias al cumplimiento forzado en los términos regulados por la Lec, se encuentra precisamente la referida al régimen de relación[1261]. Entre las circunstancias que hacen intrincada la ejecución forzosa se cita el carácter personalísimo de las obligaciones y derechos de que son titulares ambas partes y, la forma de cumplimiento continuada en el tiempo, por ser de tracto sucesivo[1262].

Así, no resulta siempre de aplicación eficaz lo dispuesto en el art. 548 Lec, pues si bien la ejecución para ser despachada precisa de la petición de parte, en forma de demanda (art. 549 Lec)[1263], el tiempo de espera que exige aquella norma asoma adverso para algunos regímenes o parte de ellos a la luz de lo que el derecho de relación pretende, que es la efectividad del trato y comunicación; por ejemplo, en el caso de visitas intrasemanales, de fines de semana o de vacaciones en periodos de invierno o verano, la espera del plazo de ejecución

---

[1260] Por mandato constitucional es obligado cumplir las sentencias y demás resoluciones firmes de los Jueces y Tribunales, así como prestar la colaboración requerida por éstos en el curso del proceso y en la ejecución de lo resuelto: art 118 CE. Así lo entiende la AP de Cádiz al señalar: *nos encontramos por tanto en este caso, ante el ejercicio de una acción ejecutiva fundada en un título de los comprendidos en el artículo 517 de la Ley de Enjuiciamiento Civil, que lleva aparejada ejecución, como lo es la sentencia firme de divorcio de referencia. El pronunciamiento cuya ejecución forzosa se pretende, es el cumplimiento del régimen de visitas fijado en dicha sentencia, dado que el progenitor custodio, según el ejecutante, impide con su comportamiento el ejercicio por el progenitor no guardador, del derecho a las visitas y comunicación con su hija que en esa sentencia le viene conferido*: AP Cádiz, sección 5ª, auto 78/2012, de 8 de junio, JUR\2012\301293, consultado en www.westlaw.es.

Una precisión es necesaria: la sentencia de divorcio en lo relativo al vínculo conyugal por su naturaleza no requiere de ejecución en sentido propio, sin perjuicio de que lo necesiten los pronunciamientos sobre medidas o efectos personales y patrimoniales relativos a los hijos o a los ex cónyuges derivados del divorcio: García Aburuza, Mª Paz, "Sobre el régimen de ejecución del artículo 776 de la Ley de Enjuiciamiento Civil", consultado en www.westlaw.es, BIB 2005/597, el 21 de noviembre de 2012.

[1261] También se ha señalado que de todas las medidas adoptadas judicialmente respecto de los hijos menores, ésta es la de más difícil solución práctica cuando uno de los progenitores, o incluso el propio hijo menor, se niega a acatar el régimen de estancias, visitas y relación en general con el progenitor no custodio: Sánchez López, Ana Dolores, "Régimen de visitas, estancias y comunicaciones entre el progenitor no custodio e hijos menores: problemas de ejecución", *Revista de Derecho de Familia: doctrina, jurisprudencia y legislación*, Nº 48, 2010, p. 36.

[1262] Soleto Muñoz, Helena, "La ejecución forzosa del régimen de visita", La Ley Nº 74, 2010, consultado en http://*www.laleydigital.laley.es*. La autora concluye que la mediación como método complementario a la jurisdicción puede ofrecer una vía interesante a los justiciables en fase de ejecución de sentencia, provocando, si no el acuerdo de las partes y la finalización de los procedimientos pendientes, al menos, una mejora en la comunicación y una reducción de la judicialización de su conflicto.

[1263] Es juez competente para conocer de la ejecución de las medidas contenidas en la sentencia de divorcio el que la dictó (arts. 6 y 545 Lec).

puede terminar haciendo ilusoria una fracción del disfrute del derecho[1264]. A partir de ahí se ha llegado a concluir que no es preciso esperar el término de 20 días hábiles, establecido con carácter general en el art. 548 Lec a contar de la notificación al ejecutado, pues es incompatible dicha espera con el superior interés del menor y con los principios rectores de la jurisdicción de familia[1265]. En mi opinión, la afectación al interés superior del menor o la profundidad del daño que la espera del plazo puede provocar no se ve tan claro cuando el plazo de 20 días se refiere en general a la medida de visitas contenida en la sentencia, considerando que se trata de una obligación que no se satisface con una prestación única sino con una actuación constante, de tracto sucesivo, que muy posiblemente debe ser repetida por un prolongado número de años; en cambio, sí puede haber afectación cuando se trata de una ejecución vinculada a cada particular incumplimiento y éstos son reiterados, pues la espera solo contribuirá a consolidar la no relación.

En lo que respecta al contenido de la ejecución, es de aplicación el art. 699 Lec, conforme al cual *cuando el título ejecutivo contuviere condena u obligación de hacer o no hacer o de entregar cosa distinta a una cantidad de dinero, en el auto por el que se despache ejecución se requerirá al ejecutado para que, dentro del plazo que el tribunal estime adecuado, cumpla en sus propios términos lo que establezca el título ejecutivo*. En el requerimiento, el tribunal podrá apercibir al ejecutado con el empleo de apremios personales o multas pecuniarias. En el caso del derecho de relación el apercibimiento consistiría en el requerimiento ordenando al custodio que facilite la relación, entregue al menor y cese, en su caso, en la actitud de impedir u obstaculizar el normal desarrollo del régimen; o en la orden al progenitor no custodio para que realice en forma oportuna y adecuada las actuaciones en que se concreta el régimen de relación o cese en la retención y devuelva al menor a su custodio. Para que este llamado produzca algún resultado en el incumplidor, normalmente deberá ir acompañado de una amenaza de afectación en su persona o en sus derechos.

[1264] ZARRALUQUI SÁNCHEZ-EZNARRIAGA, LUIS, *Derecho de...*, p. 158. Algunos procesalistas en cambio, no reparan en ello, y aplican los art. 548 y ss. Lec sin más análisis: SOLETO MUÑOZ, HELENA, "La ejecución...".

[1265] SÁNCHEZ LÓPEZ, ANA DOLORES, "Régimen de...", p. 42. Esta es una problemática real que preocupa a la justicia de familia, por ello, en el Encuentro de Jueces, Fiscales y Abogados de Familia organizado por el Consejo General del Poder Judicial celebrado en Madrid los días 24, 25 y 26 de octubre de 2012 se observó la necesidad de incluir un apartado en el art. 776 Lec en que se manifieste que pronunciamientos declarados en los procesos de familia son de eficacia inmediata y no resultan de aplicación los artículos 548 y 704 de la lec, pudiendo, en su caso, fijar el órgano judicial un plazo para el cumplimiento de las obligaciones establecidas en la resolución judicial, en la medida que no resulte perjudicial para el interés de la parte a la que se le ha reconocido el derecho: consultado en www.lexfamily.es, el 22 de enero de 2013.

En el orden procesal, la negativa del ejecutado a hacer lo que el título dispone, conlleva formular oposición al despacho de ejecución, manifestando al Tribunal los motivos de su negativa y alegando lo que tenga por conveniente sobre el carácter personalísimo o no personalísimo de la prestación debida (art. 709.1 Lec)[1266]. Tal como se articula la oposición a la ejecución, corresponde al ejecutado la alegación y prueba del cumplimiento del régimen de visitas a los efectos de dejar sin efecto el requerimiento inicial[1267]. Formulada oposición se sustanciará por los trámites establecidos en el art. 560 Lec y se dictará auto resolviendo la misma conforme al art. 561 Lec. En dicho auto procede que el juez valore los actos impeditivos u obstativos del custodio o los actos omisivos o abusivos del progenitor no custodio, para lo cual, debe tener en cuenta la prueba practicada de oficio o a petición de parte, en relación con las causas del incumplimiento alegadas. En opinión de GONZÁLEZ DEL POZO, será parámetro para determinar la existencia de incumplimiento, además del comportamiento realmente observado por el progenitor, el estándar de conducta que, según las circunstancias concurrentes, debería haber observado un buen padre de familia en el cumplimiento de sus deberes relativos al régimen de relación, con el objeto de poder apreciar si el deudor empleó la diligencia adecuada y

[1266] Sobre las particularidades procesales de la oposición se puede ver: ROBLES GARZÓN, JUAN ANTONIO, *Conceptos básicos de derecho procesal civil*, Tecnos, Madrid 2010, p. 655. Aunque se informa que no existen más causas de oposición a la ejecución forzosa que las establecidas con carácter general en el art. 556 Lec (pago, cumplimiento de lo ordenado en sentencia, caducidad de la acción ejecutiva y pactos y transacciones alcanzados en documento público); se reconoce que las mismas no son adecuadas para resolver el complejo entramado de las relaciones paterno-filiales tras la crisis de pareja de los progenitores. Dentro de las razones más recurrentes de oposición se cita: la alegación de perjuicio para el menor, el cambio de circunstancias y la negativa del hijo a relacionarse. Un buen desarrollo de éstas razones a la luz de jurisprudencia reciente se ofrece en: SÁNCHEZ LÓPEZ, ANA DOLORES, "Régimen de...", p. 45 y ss. Con todo, parece que el cambio de circunstancias más bien amerita iniciar el procedimiento de modificación de medidas. En cuanto a las diversas actitudes que puede adoptar el progenitor custodio cuyo cumplimiento es requerido y las alegaciones o excusas más comunes para su incumplimiento se puede ver: PÉREZ MARTÍN, ANTONIO, *Derecho de familia. La ejecución...*, p. 570 y ss. Respecto de la alegación de perjuicio para el menor y el incumplimiento del progenitor custodio en razón de decidir que es lo mejor para el hijo ha dicho la AP de Álava que *en los supuestos de conflictividad de carácter familiar, ningún ciudadano, en ejercicio de sus funciones de progenitor, goza de capacidad para decidir a su libre albedrío cuándo conviene al hijo menor que se cumpla la sentencia reguladora del régimen de comunicación y estancias. El particular entender del progenitor custodio sobre lo que más conviene al menor no prevalece sobre los pronunciamientos judiciales, y el incumplimiento de éstos supone una conducta de tan evidente antijuridicidad, que serán extraños los supuestos de error que excluyan la punibilidad*: AP Álava, sede Vitoria-Gasteiz, sección 2ª, sentencia 92/2006, de 20 de abril, Id Cendoj: 01059370022006100046. Con todo, se debe tener presente que mientras se promueve la oposición a la ejecución, en el orden práctico se seguirán produciendo los incumplimientos y afectando la relación.

[1267] AP Murcia, sección 5ª, auto 48/2012 de 3 de abril, JUR\2012\158916, consultado en www.westlaw.es.

exigible, en atención a las circunstancias existentes[1268]. El juez puede estimar total o parcialmente la oposición o desestimarla íntegramente, resolviendo lo procedente.

Es oportuno detenerse un momento en este punto a fin de reafirmar algunas ideas ya expuestas en los Capítulos Segundo y Tercero y que ahora cobran especial trascendencia. El derecho de relación entre un hijo y su padre no custodio, cuyo fundamento emana de la propia relación de filiación que les une, conecta también al otro progenitor no solo en un sentido pasivo, sino también otorgándole la facultad de exigir que el derecho de relación sea satisfecho. Además de sus fines y funciones propios, el ejercicio del derecho de visita favorece la realización de los deberes ligados a la propia relación de filiación. Su cumplimiento efectivo es exigible por cualquiera de los padres contra el otro según de quien provenga el incumplimiento, en tanto la sentencia ha establecido la distribución de los tiempos en que a cada uno toca el cuidado de los hijos y en que deben cumplirse muy particularmente aquellos deberes: el progenitor no custodio puede exigir judicialmente la ejecución forzosa del régimen de relación ante el impedimento u obstaculización del custodio, porque dicho incumplimiento tanto le afecta a él como al hijo; el custodio, a su vez, puede exigir la ejecución forzosa de las obligaciones del progenitor no custodio, pues el incumplimiento de éste, tanto le afecta a él (en cuanto la circunstancia de que el progenitor no custodio no esté con el niño todo el tiempo que está legalmente previsto altera la distribución de los tiempos de cuidado de los hijos que la sentencia o el convenio han distribuido, generando una mayor carga para el custodio) como al hijo común que verá insatisfechos sus derechos. El custodio puede exigir que el no custodio cumpla los deberes parentales, pues tales deberes son comunes y recíprocos entre los progenitores y los reúnen directamente, colocando a uno frente al otro, en una vinculación obligacional recíproca de idéntica naturaleza que es compartida; de modo que, cuando un progenitor no cumple, no solo perjudica al hijo, sino que también perturba al otro progenitor.

Respecto del menor el asunto es más controvertido. He afirmado en el Capítulo Tercero[1269] desde un punto de vista teórico, que hay normas civiles (específicamente el art. 160.3 Cc) que le habilitan para exigir el cumplimiento del derecho cuando la relación es impedida sin causa justificada, así como en general para concurrir al juez solicitando la protección de su persona y derechos

---

[1268] González Del Pozo, Juan Pablo, "La ejecución...", p. 105. El autor explica el curso procesal respecto del incumplimiento y oposición a la ejecución formulada solo por el progenitor custodio, todo lo cual, me parece igualmente aplicable a los incumplimientos y eventuales oposiciones del progenitor no custodio.

[1269] Confrontar con los acápites de dicho Capítulo relativos al menor como sujeto del derecho de relación, especialmente el literal referido a la reclamación del derecho de comunicación por parte del hijo.

(art. 158 Cc); sin embargo, desde el Derecho procesal, se plantea la negativa a dicha posibilidad sin mayor titubeo: no es dable iniciar ejecución a instancia del hijo menor perjudicado por el incumplimiento, del mismo modo que no es permitido despachar de oficio ejecución forzosa en esta materia[1270]. Aún negando la legitimación al menor para accionar, será preciso oírlo en el conflicto que ha motivado el proceso de ejecución, si cuenta con juicio suficiente.

En otro ámbito, parece que es justamente el especial carácter de los deberes de ambos progenitores en atención al ejercicio del derecho, lo que en definitiva dificulta la efectividad en la aplicación de medidas que persiguen su restablecimiento por la vía del cumplimiento forzoso ¿cómo puede el Derecho compeler eficientemente a un padre/madre para que se relacione con sus hijos cuando no quiere hacerlo o para que permita o facilite que esa relación se produzca cuando no desea favorecerla?, ¿qué sucede si el progenitor incumplidor no acata la resolución judicial que contiene el requerimiento? Frente a la laguna legal en orden a las actuaciones que deben seguirse para lograr la ejecución y sin perjuicio de imponer una multa coercitiva mensual al ejecutado, el juzgado debería acordar la práctica de todas las actuaciones de ejecución necesarias, fundado ello en el genérico art. 18.2 LOPJ; la medida específica dependerá principalmente de la actitud del incumplidor y del tipo de resistencia de que se trate[1271].

En un número considerable de incumplimientos, donde además, por el carácter personalísimo de los deberes no se permite la sustitución en la ejecución (art. 776.2 Lec)[1272], se ha sugerido que termina siendo preferible la modificación del régimen de relación que no es cumplido en los términos en que fue determinado, a fin de ajustarlo a la realidad[1273], lo que supone que el ejecutante no obtendrá el cumplimiento de la sentencia en sus propios términos. En estos casos, se entiende que el interés del menor reclama que se posibilite que de otro modo se lleve a cabo la relación [1274].

Corresponde reflexionar más a fondo sobre la procedencia de la ejecución forzosa cuando se trata del incumplimiento del régimen de relación por parte del progenitor no custodio. Aunque estimo que todo lo dicho es, en principio, aplicable a los incumplimientos de ambos progenitores, se debe matizar la situación de acuerdo al tipo de incumplimiento de que se trate. Frente a un incumplimiento parcial, cumplimiento imperfecto o ejercicio abusivo del régimen

---

[1270] SÁNCHEZ LÓPEZ, ANA DOLORES, "Régimen de...", p. 42; GARCÍA ABURUZA, Mª PAZ, "Sobre el régimen...".

[1271] Algunas medidas posibles y su argumentación cuando el incumplimiento reiterado o la retención es de parte del progenitor no custodio se ofrecen en: GONZÁLEZ DEL POZO, JUAN PABLO, "La ejecución...", p. 98.

[1272] SOLETO MUÑOZ, HELENA, "La ejecución...".

[1273] ZARRALUQUI SÁNCHEZ-EZNARRIAGA, LUIS, *Derecho de...*, p. 153.

[1274] SOLETO MUÑOZ, HELENA, "La ejecución...".

de relación (retiradas y entregas en horas distintas a las reguladas; descuido en la atención del menor; ejecución parcial por medio de otras personas, retención del menor, uso del derecho para fines distintos de los normales, etc.) [1275] procede la ejecución en virtud de demanda ejecutiva formulada por el progenitor custodio, con la finalidad de que se requiera al no custodio el cumplimiento efectivo de sus deberes.

Cuando se trata de incumplimiento total del régimen de relación, la situación puede ser distinta, pero todavía se debe distinguir según su causa: si el no ejercicio se encuentra justificado por motivos objetivos y suficientes, como una grave y contagiosa enfermedad o un largo viaje, bastará con esperar la superación del obstáculo, o en caso contrario, si han variado sustancialmente las circunstancias tenidas en cuenta al aprobar o acordar el régimen, de un modo que se aprecia permanente, procederá su modificación con arreglo al art. 775.1 Lec. El gran dilema que enfrentan las normas de ejecución es el de su procedencia en caso de incumplimiento total deliberado, que deja insatisfecho el derecho sin haber mediado circunstancias impeditivas que lo justifiquen: ¿procede despachar ejecución exigiendo al progenitor no custodio el cumplimiento del régimen de visitas y estancias establecido en la sentencia de divorcio? ¿es coercible el cumplimiento de su obligación?

La doctrina cita para dar respuesta negativa a estas interrogantes[1276], el Auto 369/2006 de la AP de Málaga, de 7 de diciembre de 2006, que revocó el auto del juzgado que había despachado ejecución, a instancia de la madre requiriendo al padre para que diera estricto cumplimiento al régimen de visitas, apercibiéndole con la imposición de multas coercitivas mensuales y, en su lugar, sentó el criterio de no ser susceptible de ejecución forzosa el derecho del padre e hijo a relacionarse. La Audiencia estimó el recurso del ejecutado en base, principalmente, a dos consideraciones: primero, que el título cuya ejecución se pide no contiene condena de hacer personalísima, sino que es una declaración de *derecho-deber*, de contenido ético-moral, que como tal, no es susceptible de ejecución forzosa y, por tanto, con cabe a su respecto, la aplicación de los arts. 699, 709 y 776.2 todos de la Lec; por otro lado, la consideración de que el principio *favor filii* desaconseja que se imponga a un menor permanecer con un progenitor cuando éste de ninguna manera quiere y tiene interés en estar con él, imposición que no redundaría en beneficio del menor, ni contribuiría a su equilibrio emocional.

[1275] Según se apuntó en el Capítulo anterior, el cumplimiento efectivo del derecho implica la realización correcta y puntual de las actuaciones que le corresponden al no custodio conforme a la modalidad específica de relación que se ha determinado, tanto materialmente como en forma congruente con la finalidad de la institución.

[1276] González Del Pozo, Juan Pablo, "La ejecución...", p. 111 a 113.

Desde mi punto de vista, tratándose de derecho-deberes, la sentencia que establece un régimen de relación no solo reconoce el derecho, sino que conjuntamente condena al cumplimiento de los deberes subyacentes a ambos progenitores, por tanto, sí son de aplicación las disposiciones de la Lec, que rigen la ejecución por incumplimiento de obligaciones no pecuniarias de carácter personalísimo. Desde otro ángulo, sería un contrasentido admitir la ejecución conforme a dichas normas respecto de la sentencia de divorcio que fija el régimen de relación, cuando se trata de un incumplimiento del progenitor custodio o de otros incumplimiento del no custodio (como los alimentos), y luego negar la ejecución en base a la ausencia de la naturaleza condenatoria de la sentencia cuando se trata del incumplimiento total del régimen por el progenitor no custodio: la sentencia tiene una sola naturaleza en lo que a las medidas se refiere. Cuestión distinta es que la puesta en práctica por vía ejecutiva en el caso del progenitor no custodio incumplidor total contumaz, además de complicada como se ha visto, resulte efectivamente contraproducente respecto del interés que se pretende resguardar. Para dichos eventos quedan a salvo las medidas civiles que tienen por objeto la sanción al incumplidor y la reparación de los daños del incumplimiento[1277]. En definitiva, resulta estéril la aplicación de las normas civiles de ejecución forzosa para obtener el restablecimiento del derecho cuando se trata de un incumplimiento total y deliberado del progenitor no custodio.

Retornando al proceso de ejecución, uno de los problemas que enfrenta el juez es el de la elección del medio ejecutivo más adecuado según la obligación incumplida; por ello la ejecución no puede ser ciega o automática[1278]. En algunos casos la opción podrá ser que se fije la entrega de los menores en sede judicial o en otro organismo, como los PEF[1279], so pena de desobediencia, constituyéndose en una manera de forzar la ejecución, aunque no sea en todos sus términos, por el carácter de tracto sucesivo que la define, y las situaciones implícitas de difícil control que conforman el régimen concreto total[1280]. En otras oportunidades, se adoptará la medida de ejercicio vigilado o supervisado; o la suspensión del ejercicio hasta que sean satisfechas ciertas condiciones.

El uso de la Fuerza Pública en la búsqueda del cumplimiento y protección del derecho no parecen en general aconsejables, por los efectos perjudiciales y traumáticos que puede producir en los menores reforzando incluso una postura

---

1277 Además es posible la privación de la patria potestad, conforme al art. 170 Cc. según comente en el Capítulo anterior.

1278 SOLETO MUÑOZ, HELENA, "La ejecución...".

1279 ZARRALUQUI SÁNCHEZ-EZNARRIAGA, LUIS, *Derecho de...*, p. 156.

1280 SOLETO MUÑOZ, HELENA, "La ejecución...".

de oposición a las visitas, con lo cual, el problema de fondo no se soluciona[1281]. Sin negar absolutamente esta posibilidad se recomienda calibrar caso a caso su procedencia[1282]. El Ordenamiento no considera la posibilidad de ejercicio *manu militari*[1283], y la doctrina en general se muestra contraria a su adopción por las razones aludidas. Como reflexiona Rivero Hernández, entre la protección a cualquier precio del derecho de visitas y la evitación de un sufrimiento al menor, debe preferirse la segunda solución; sin embargo, cuando no exista peligro para el menor, puede emplearse este medio para que se cumpla el régimen[1284].

Al amparo de lo prevenido en el art. 700.1 Lec, el juez puede adoptar, iniciado el proceso de ejecución, medidas de garantía de la efectividad de la condena *si el requerimiento para hacer, no hacer o entregar cosa distinta de una cantidad de dinero no pudiere tener inmediato cumplimiento, el Secretario judicial, a instancia del ejecutante, podrá acordar las medidas de garantía que resulten adecuadas para asegurar la efectividad de la condena*. Entre estas medidas se encuentra por ejemplo, al amparo del art. 158 Cc., la prohibición de salida del menor del territorio nacional, cuando existe riesgo de una posible sustracción[1285].

Por último, cuando el incumplimiento del régimen tenga su origen en la oposición de los hijos menores a las visitas y esta circunstancia sea alegada en la oposición a la ejecución para justificar el incumplimiento, se sugiere que, antes de resolver, se emita informe por el equipo pericial psicosocial adscrito al Juzgado, sin perjuicio de oír el Tribunal personalmente a los menores según su edad[1286]. La medida que el juez adopte en definitiva –y que supone haber valorado previamente la objetividad de la negativa o su carácter inducido–, debe tener presente siempre el interés superior del menor; interés que como se viene diciendo, comporta el beneficio que el mantenimiento de las relaciones con ambos progenitores le proporciona a su formación integral: por tanto, en general primará la no restricción o limitación del régimen de visitas entre el menor y el progenitor no custodio.

[1281] Villagómez Cebrián, Marcos, *Las medidas...*, p. 239; Romero Coloma, Aurelia, *Incumplimiento...*, p. 113-114.

[1282] Montero Aroca, Juan (coord.), *Los procesos...*, p. 513.

[1283] Comentado a propósito de otros Ordenamientos en: Rivero Hernández, Francisco, *El derecho...*, p. 294 y De La Cámara, Manuel, *El Sistema...*, p. 238.

[1284] Rivero Hernández, Francisco, *El Derecho...*, p. 295.

[1285] González Del Pozo, Juan Pablo, "La ejecución...", p. 97.

[1286] El informe pericial, después de explorar a los menores, y en su caso a los progenitores, debería dictaminar la forma y circunstancias en que se han desarrollado a la fecha las visitas, indicando si existe o no rechazo del menor a la figura del progenitor no custodio y si concurren o no hechos objetivos que justifiquen la negativa del menor a las visitas, dictaminando si el rechazo del menor es inducido por el progenitor custodio y, en su caso, el régimen de visitas que resulte procedente aplicar en lo sucesivo: González Del Pozo, Juan Pablo, "La ejecución...", p. 108.

Ante la dificultad real de imponer conductas personales a la fuerza, el Derecho ha debido regular medidas y sanciones indirectas, las que paso a revisar.

b. Multas coercitivas

Aún cuando alguna doctrina llegó a considerar contraria a la legalidad la imposición de una multa por el incumplimiento[1287] finalmente estas se establecieron en la Ley adjetiva. Tras la desatención del requerimiento judicial para que el progenitor cumpla con sus deberes, la Lec prevé medidas coercitivas encaminadas a lograr la conducta infungible *in natura* y su resultado[1288]. Se trata de medidas que tienen por finalidad forzar la voluntad del deudor de deberes de hacer personalísimos para que colabore en el cumplimiento de este tipo de condenas.

Es de general aplicación a las obligaciones de hacer personalísimas el art. 709.1 Lec que establece en forma de apremio una multa por cada mes que transcurra sin llevar a cabo la obligación desde la finalización del plazo que se le haya concedido al ejecutado para cumplir el requerimiento; se reiteran los requerimientos trimestralmente por el Secretario Judicial responsable de la ejecución, hasta que se cumpla un año desde el primero.

El carácter personalísimo y no dinerario de las obligaciones que emanan del régimen de relación, que por definición implica que la obligación en que consiste no tiene un precio o contraprestación, impide, conforme al art. 776.2 Lec, al ejecutante optar por pedir la sustitución de la obligación incumplida por su equivalente pecuniario, previsto en el apartado tercero del art. 709 Lec; en otros términos, no hay cumplimiento por equivalencia del derecho de relación. Se permite, sin embargo, que pueda solicitar y el Tribunal imponer, si así lo juzga conveniente, multas coercitivas mensuales, las cuales, a diferencia de la regla general del art. 709 Lec, pueden mantenerse por todo el tiempo que sea necesario más allá del plazo de un año establecido en dicho precepto[1289].

Prescribe el art. 776.2 Lec que *en caso de incumplimiento de obligaciones no pecuniarias de carácter personalísimo, no procederá la sustitución automática por el equivalente pecuniario prevista en el apartado tercero del artículo 709 y podrán, si así lo juzga conveniente el Tribunal, mantenerse las multas*

[1287] Al recordar que solo se autorizaban las multas en el supuesto de delitos, faltas o sanciones administrativas: ZANÓN MASDEU, LUIS, *Guarda y…*, p. 119.

[1288] DE LA OLIVA SANTOS, ANDRÉS (coord.), *Comentarios a la ley de enjuiciamiento civil*, Civitas, Madrid 2001, p. 1197.

[1289] CASTILLA BAREA, MARGARITA - CABEZUELO ARENAS, ANA LAURA, "Disposiciones…", p. 459. Citando su escasa habitualidad en la práctica forense se encuentra: TRINCHANT BLASCO, CARLOS (coord.), *Memento*…, p. 404.

coercitivas mensuales todo el tiempo que sea necesario más allá del plazo de un año establecido en dicho precepto. La imposición de estas multas es calificada como la primera consecuencia jurídica que puede derivarse del incumplimiento de la obligación de facilitar la relación del menor con su otro padre[1290].

El apercibimiento de la imposición de estas multas normalmente se hará en el mismo auto que despacha ejecución. La resolución que se estima más adecuada para imponerlas será el auto que resuelve la oposición a la ejecución, pues dicha decisión supone que se ha revelado en el proceso si se ha producido o no el incumplimiento y si el mismo está o no justificado[1291]. En todo caso, para la imposición de estas multas no exige la norma que el incumplimiento de las obligaciones del régimen de relación sea grave ni reiterado[1292].

En cuanto a su finalidad, constituye desde mi punto de vista una medida de objeto doble, pues tanto procura persuadir al cumplimiento *in natura*[1293], remover la resistencia pasiva del ejecutado[1294], doblegar la renuencia al cumplimiento del deudor recalcitrante[1295] –objetivo principal y preponderante–, como resulta en una sanción al incumplidor, en cuanto le impone una nueva obligación como consecuencia de su incumplimiento[1296]. Con un sentido semejante fue sugerido en algún momento el establecimiento de cláusulas penales que aumentaran progresivamente su cuantía por día de incumplimiento[1297], aunque a diferencia de éstas, su finalidad principal no es represiva, sino que busca el constreñimiento económico. No tienen tampoco, estas multas del 709 Lec, carácter resarcitorio de daños y perjuicios y por tanto no deben confundirse con una posible indem-

1290 Suárez Herranz, Olga, "El derecho del hijo...", p. 170.

1291 González Del Pozo, Juan Pablo, "La ejecución...", p. 118. Se ha planteado que la resolución que las impone es definitiva, pues no cabe oposición a la misma sino los correspondientes recursos: AP Cáceres, sección 1ª, auto 7/2006, 24 de enero, AC\2006\7, consultada en www.westlaw.es.

1292 No todas la Audiencias siguen igual criterio; así la AP de Valencia desestima la imposición de multa coercitiva habida cuenta de la falta de reiteración en el incumplimiento: AP Valencia, sección 10ª, auto 252/2012 de 10 de julio, JUR\2012\327372, consultado en www.westlaw.es.

1293 En ocasiones solo se ha reconocido esta circunstancia como su única finalidad; así lo hace Soleto Muñoz, Helena, "La ejecución...".

1294 Montero Aroca, Juan, *El derecho...*, p. 265.

1295 García Cantero, Gabriel, "*Nova Et Vetera* en materia de obligaciones", *Revista Jurídica del Notariado,* Nº 68, Madrid 2008, p. 19.

1296 Una doble finalidad, coercitiva, en cuanto dirigida a forzar la voluntad del sujeto condenado y compensatoria respecto del beneficiario a quien se le entrega lo obtenido con ella, es predicada respecto de las indemnizaciones coercitivas recogidas en la ley 17/2001, de 7 de diciembre, de Marcas y la Ley 20/2003, de 7 de julio, sobre Diseño industrial, en: Sánchez Rivera, Pedro, "Las indemnizaciones coercitivas", *La Ley*, Nº 7919, 2012 (consultada en www.diariolaley.es, cita 8236/2012). La semejanza de las figuras es notable, quizá por compartir la primera finalidad, sin embargo, el hecho de no beneficiar al cónyuge es la principal desventaja de las multas coercitivas respecto de éstas indemnizaciones.

1297 Florit Canals, Carlos, "El régimen...".

nización; ni pretenden compensar al afectado por el incumplimiento, pues las cantidades recaudadas ingresan al erario público[1298].

Para la determinación de la cuantía de la multa no resulta de aplicación al caso, lo dispuesto en el art. 711 Lec, por su especial naturaleza[1299]. Se ha sugerido que la cuantía mensual atienda, por un lado, a la gravedad del incumplimiento y su duración en el tiempo y, por otro, a la capacidad económica del ejecutado[1300], siendo normal el apercibimiento del embargo de bienes para asegurar el cobro total[1301].

Estas multas coercitivas presentan rasgos de similitud con las *astreintes* francesas[1302], en cuanto éstas son una medida coactiva indirecta y económica[1303], impuestas a un sujeto que no acata lo establecido por el Tribunal en la sentencia[1304] y que aumenta progresivamente por cada día de retraso en el cumplimiento efectivo y específico de deberes de hacer y no hacer[1305]. Se ca-

---

[1298] Aunque la Lec nada ha dicho expresamente sobre el destino de estas multas, la doctrina mayoritaria entiende que van al Erario Público, así y solo a título ejemplar: Moreno Velasco, Víctor, "La indemnización…"; Cordón Moreno, Faustino, *El proceso de Ejecución,* Aranzadi, Pamplona 2002, p. 437; Montero Aroca, Juan, *El derecho…*, p. 265. En contra, fundado en la ausencia de atribución legal de dueño y en la falta de interés del ejecutante en que se sancione al ejecutado y el Estado recaude a su costa y en su detrimento tales cantidades se ha manifestado: Ramos Méndez, Francisco, *Enjuiciamiento civil. Cómo gestionar los litigios civiles,* tomo I, Atelier, Barcelona 2008, p. 363.

[1299] La fijación de la cuantía de la multa coercitiva del art. 709 Lec acarrea en general dificultades al no regularse su importe en la Ley: Franco Arias, Just, "Ejecución no dineraria: disposiciones generales, ejecución por deberes de entregar cosas y por obligaciones de hacer y no hacer", en Alonso-Cuevillas Sayrol, Jaime, *Instituciones del nuevo proceso civil. Comentarios sistemáticos a la Ley 1/2000,* vol. III, Economist&Jurist, Barcelona 2000, p. 510-513. De La Oliva Santos considera de aplicación al caso, el procedimiento de los art. 712 y ss.: De La Oliva Santos, Andrés (coord.), *Comentarios...,* p. 1198.

[1300] González Del Pozo, Juan Pablo, "La ejecución…", p. 119. El autor, citando una sentencia menor, explica que también es posible imponer una multa coercitiva única.

[1301] Como aconteció en un caso, donde certificados reiterados incumplimientos de diversos periodos desde 2006 a 2008, se acordó imponer una multa coercitiva de 600 euros por fin de semana en que la madre no entregara a su hija para el cumplimiento del régimen de visitas y 200 euros por día en caso de vacaciones escolares. El Juzgado de Primera Instancia nº 22 de Madrid, con fecha 15 de enero de 2009, mediante auto condena a la madre, para que en el plazo de 10 días abone en la c/c del Juzgado la cantidad de 45.900 euros, por concepto de multa coercitiva, para su posterior ingreso en el Tesoro Público, bajo apercibimiento de embargo.

[1302] En algunos casos, y pese a considerar que el parecido aparece algo desdibujado, se alude a su idéntica finalidad: García Cantero, Gabriel, "*Nova ...* ", p. 19. Se destacan las virtudes de la medida para ser recogida en el medio español entre otros en: Villagómez Cebrián, Marcos, *Las medidas...*, p. 240-241.

[1303] Montero Aroca, Juan, *El derecho…*, p. 264.

[1304] Su fundamento es el derecho e interés legítimo de la parte de obtener el cumplimiento de lo ordenado, aun cuando dicho interés no sea apreciable en dinero, por lo que existe la posibilidad de que su duración sea ilimitada, pudiendo coexistir con la obligación de hacer o no hacer: Soleto Muñoz, Helena, "La ejecución…".

[1305] Rivero Hernández, Francisco, *El Derecho…*, p. 297.

racteriza la astricción por su discrecionalidad, conminatoriedad, accesoriedad y modificabilidad[1306]. La discrecionalidad se predica en doble sentido: en cuanto corresponde al Tribunal la decisión de imponerla, de oficio o a instancia de parte, y en cuanto a la cantidad a que puede ascender (según parámetros como la resistencia al cumplimiento, la capacidad económica para satisfacerla, etc.); el carácter conminatorio deriva de la amenaza de sufrir el astricto un quebranto económico que le provoque una presión psicológica que debería convencerle a cumplir. La accesoriedad resulta de la resolución judicial principal cuya eficacia se pretende y; finalmente, la modificabilidad implica que puede disminuir, aumentar o suprimirse según su efectividad respecto de la conducta del deudor (por ello son normalmente provisionales y revisables y pueden quedar reducidas a una simple amenaza si el sujeto a quien van dirigidas al final del plazo que el Tribunal le concede, cumple). Estos caracteres están en gran medida presentes en la multa coercitiva del art. 709 Lec; sin embargo, a diferencia de las *astreinstes*, el destino de las cantidades recaudadas a título de multa no ingresa al patrimonio del ejecutante, sino al Tesoro Público, como fue advertido líneas atrás.

La doctrina expone la aplicabilidad de la multa únicamente para el supuesto de incumplimiento u obstrucción del régimen de relación por parte del progenitor custodio. La neutralidad normativa, que se refiere indeterminadamente al incumplimiento de obligaciones no pecuniarias de carácter personalísimo, me conduce a sostener que es de aplicación igualmente a los incumplimientos del progenitor no custodio, pudiendo convertirse en un incentivo a romper la resistencia que tiene a cumplir.

c. Recuperación de los días no disfrutados

Ante un no ejercicio del derecho de relación corresponde preguntarse si existe un derecho del padre visitante a recuperar los días no ejercitados. Frente al silencio del legislador español, la doctrina se ha pronunciado mayormente por la admisión de la compensación, aunque con distintos matices. El fundamento recurrente parece ser el derecho a la tutela judicial efectiva, que incluye el derecho a que la sentencia se ejecute en sus propios términos, como

[1306] Los caracteres aparecen comentados brevemente en: SÁNCHEZ RIVERA, PEDRO, "Las indemnizaciones...". García Cantero aporta otras características singulares de la *astreintes*, a saber: es una medida lícita de intimidación dirigida a doblegar la voluntad del deudor recalcitrante para obtener el cumplimiento de una decisión judicial sin proceder a la ejecución forzosa; es independiente de la indemnización de daños y perjuicios, a los que eventualmente puede añadirse; es una pena privada concedida al acreedor; se fija libremente por el juez; es variable en su cuantía a tenor de las circunstancias y; consiste en un crédito sometido al régimen general: GARCÍA CANTERO, GABRIEL, "*Nova...*", p. 17.

establece el art. 18.2 LOPJ y que autoriza al juez, cuando la ejecución resultare imposible, a adoptar las medidas necesarias que aseguren la mayor efectividad de la ejecutoria. Para un sector, es admisible la medida con el único limite del interés y beneficio del menor que debe ser dominante frente al legítimo deseo del progenitor no custodio a la recuperación y disfrute de los días perdidos; se excluiría así, la aplicación automática del mecanismo compensatorio[1307]. Para otro sector, la respuesta sobre acceder o no a la recuperación de los días perdidos en el disfrute de la relación con los hijos, debe ser matizada en vista de las particularidades de cada caso concreto y de las razones que han generado la falta de cumplimiento[1308]: así no tendrá derecho a tal recuperación el padre no custodio que deliberadamente ha incumplido el régimen, y sí lo tendrá aquél que no ha podido disfrutar del derecho como consecuencia de circunstancias externas, ajenas a su voluntad, como un accidente o enfermedad, o que ha debido padecer la obstaculización del custodio, siempre que tal recuperación no afecte al menor. Lo que no se estima admisible en estos casos es una modificación del régimen[1309].

La jurisprudencia menor se inclina también por la aplicación de esta medida[1310]: así por ejemplo la AP de Madrid resuelve que *en lógica compensación a los 45 días de vacaciones escolares que correspondían al actor en el pasado año, y que no pudieron ser disfrutadas por el mismo en compañía de la común descendiente, procede agregar a las vacaciones de verano de los tres próximos años otros quince días, en modo tal que las mismas se extenderán a dos meses continuados (60 días)*[1311]. No faltan, sin embargo, decisiones negativas fundadas en el interés del menor: cito por más reciente también una resolución de la AP Madrid, que desestimó la petición de un padre en virtud del siguiente razona-

[1307] GONZÁLEZ DEL POZO, JUAN PABLO, "La ejecución...", p. 121. En su opinión el mecanismo compensatorio en días futuros debe aplicarse haciendo uso de un delicado equilibrio entre el interés y beneficio del menor, que habrá de apreciarse en cada caso, y el legítimo interés del progenitor no custodio en lograr una ejecución *in natura* ante los incumplimientos del régimen de visitas por el progenitor no custodio.

[1308] FERNÁNDEZ-GIL VIEGA, ISABEL, en DÍEZ-PICAZO GIMÉNEZ, GEMA (coord.), *Derecho de...*, p. 1387.

[1309] CAVANILLAS MÚGICA, SANTIAGO, en PASQUAU LIAÑO, MIGUEL (dir.), *Jurisprudencia...*, p. 492.

[1310] Alguna bastante reciente aparece citada en GONZÁLEZ DEL POZO, JUAN PABLO, "La ejecución...", p. 122 y en ROMERO COLOMA, AURELIA, *Incumplimiento...*, p. 134, esta autora, sin embargo, no adelanta nada sobre el fundamento y exigencias de la medida.

[1311] La sentencia cuya ejecución se intentó por el padre disponía que la menor había de permanecer con él un mes y medio de forma continuada. La madre incumplió la resolución pese a los requerimientos de entrega de la menor en orden a la efectividad del régimen de visitas, a los apercibimientos sobre imposición de multas coercitivas y a la deducción de testimonio ante la jurisdicción penal. Al incumplir, la madre dejó al padre sin poder ejercer su derecho durante todo el periodo vacacional del año 2009. Este periodo de 45 días es el que la AP compensa con fracciones de 15 días que agrega a los periodos vacacionales de los años 2010, 2011 y 2012: AP Madrid, sección 22, auto 193/2010, de 8 de junio (consultado en www.lexnova.es).

miento: *no ha lugar a la compensación del tiempo pasado, no susceptible de recuperación, en cuanto entra en colisión y obsta la continuación de la rutina y vida cotidiana a proseguir por el menor, no redunda en beneficio del niño, sino en un interés exclusivo del padre, en el que no se descarta una intención de revancha, ni es modulado ni razonable ahora privar a este niño de disfrutar de un completo periodo vacacional con su madre, ampliando de manera excesiva la estancia con el padre*[1312].

B. Protección civil cuyo objeto preferente es la sanción al incumplidor

a. Situación especial de la modificación del régimen de guarda y custodia y de visitas

Un claro tenor sancionador asoma en el art. 776.3 Lec que dispone: *el incumplimiento reiterado de las obligaciones derivadas del régimen de visitas, tanto por parte del progenitor guardador como del no guardador, podrá dar lugar a la modificación por el Tribunal del régimen de guarda y visitas*[1313]. La norma devela tres cuestiones desde un inicio destacables:

- En primer lugar, la estrecha vinculación entre la guarda y custodia y el derecho de relación o visitas, puesta de manifiesto al permitir el legislador adoptar al juez medidas cruzadas respecto de una u otra en caso de lesión del régimen de visita: al fin de cuentas, se trata de dos formas de relacionarse con el menor, una de modo habitual y constante, otra, según la periodicidad que se determine en el régimen específico. Ambas protegen un mismo interés, aun con distintas intensidades: el cuidado y desarrollo integral del menor por medio de la preservación de las relaciones personales con ambos progenitores.

[1312] SAP de Madrid, Sec. 22.ª, de 25 de mayo de 2012.

[1313] La medida venía siendo sugerida por la doctrina con anterioridad a la modificación de Lec: así, De La Cámara, Manuel, *El Sistema...*, p. 239, quien señalaba que la variación temporal de los términos de la relación logra indirectamente el acatamiento del ejercicio del derecho con el menor daño al hijo. También Montero Aroca, Juan (coord.), *Los procesos...*, p. 512 y Salanova Villanueva, Marta, "Aproximación...", p. 506. Por su parte, explicaba Rivero Hernández la necesidad de ésta medida, cuando otras hubieren fracasado. Proponía la revisión y reorganización de las relaciones entre los tres sujetos implicados en el derecho, salvo que razones graves desaconsejaran el cambio de guarda y custodia. El fundamento de una posible modificación de régimen de guarda y custodia y visitas (a la cual, según indicaba, los Tribunales se mostraban poco favorables) era simplemente la inexistencia de norma concreta que la prohibiera: Rivero Hernández, Francisco, *El Derecho...*, p. 302-303. Otros autores señalaban que a la misma solución se podía llegar por otras vías legales, ya que todos los deberes y facultades de los padres son susceptibles de ser controlados por la autoridad judicial, cuando tenga conocimiento de posibles perjuicios al menor, imponiéndose en dichos casos lo dispuesto en el art. 158 Cc: Ragel Sánchez, Luis, "La guarda...", p. 323.

- Por otro lado, se trata de una norma que proporciona un nuevo criterio en materia de relaciones personales, al valorar como circunstancia a considerar para decidir quién es el mejor progenitor para tener la custodia de los hijos, la comprobación de quién es el progenitor que mejor asegura el mantenimiento pacífico de las relaciones de los hijos con el otro padre, de modo que la conducta de uno de ellos para privar o dificultar la relación con el otro puede ser motivo bastante para modificar el régimen de guarda y custodia[1314]. Desde mi punto de vista, se trata de un criterio que puede ser importante a la hora de decidir, pero no es el único a valorar cuando hay que resolver sobre la convivencia permanente del menor: debe ser matizado o corregido por otros en perspectiva del beneficio que para el menor acarrea el cambio de custodio.
- Finalmente, la norma adopta una visión clara respecto de la posición de cada uno de los cónyuges en torno al derecho de visita, en concordancia con lo que la doctrina y la jurisprudencia venían sosteniendo ya desde hace tiempo: ambos progenitores resultan obligados; del régimen de visitas se derivan obligaciones para el progenitor custodio y para el no custodio, cuyo incumplimiento reiterado puede dar lugar a la modificación del régimen de guarda y visitas[1315].

El legislador deja abierto un amplio espacio al juez para la apreciación prudencial de las circunstancias concurrentes, así como en el establecimiento de las consecuencias posibles de los incumplimientos. Esto último se evidencia claramente con el empleo de la voz *modificación* del régimen de guarda y visitas, que no precisa un sentido único o necesario en que deba concretarse tal medida[1316].

Conviene aclarar, aunque parece obvio, que estamos dentro de un sistema de ejecución forzosa de los pronunciamientos sobre medidas: en consecuencia, si la pretensión de modificación del régimen de guarda y visitas se funda en el incumplimiento reiterado de obligaciones derivadas del régimen de visitas, será de aplicación este precepto; si, en cambio, la pretensión de modificación se

---

1314 TRINCHANT BLASCO, CARLOS (coord.), *Memento...*, p. 404.

1315 Es oportuno recordar que en este aspecto el art. 94 Cc. se considera un precepto incompleto que no regula las consecuencias del incumplimiento por parte del progenitor titular de la custodia ni su obligación de facilitar el derecho de visita del otro padre: CARRETERO SÁNCHEZ, ADOLFO, "El nuevo...".

1316 Algún autor ha sugerido que la norma implica una alteración de la guarda cuando el cónyuge guardador es el incumplidor del régimen de visita y una alteración de las visitas cuando el que incumple el régimen es el visitador: ASENCIO MELLADO, JOSÉ Mª, *Derecho Procesal Civil, Parte Segunda,* 2ª edición, Tirant lo Blanch, Valencia 2008, p. 210. Sin embargo, la norma no ofrece estas limitadas posibilidades, sino un juego más amplio de decisión judicial prudencial como se verá al comentar algunas sentencias.

funda en otras circunstancias que han variado sustancialmente, debe acudirse a la vía de la modificación de medidas definitivas[1317].

Procede, ciertamente, el cambio de la guarda y custodia en caso de incumplimiento reiterado de las obligaciones derivadas del régimen de visitas[1318], pero, pareciera que su aplicación no debe ser automática sino, por el contrario, el cambio de régimen deberá adoptarse cuando redunde en beneficio para el menor o, al menos, no le perjudique[1319], como debe acontecer con todas las medidas de variación del régimen analizadas en el Capítulo anterior. No basta un solo incumplimiento, sino que deben ser repetidos, pero ni aún con esta condición el cambio de régimen será mecánico e irreflexivo, pues se trata de una decisión de trascendencia en la vida del menor, que no debe adoptarse solo con sentido sancionador de incumplimientos[1320], sino en supuestos de obstinados incumplimientos que hacen ineficaz lo acordado y se muestran gravemente perjudiciales al menor[1321].

En tal perspectiva, se advierte que la jurisprudencia basándose en el interés del menor ante los incumplimientos de las obligaciones derivadas del régimen de visitas, en ocasiones ha modificado el régimen de custodia atribuyéndosela al no custodio; en otras, ha ampliado el régimen de relación y en otras oportunidades ha decidido no dar lugar a modificación alguna por los efectos negativos que en el caso concreto se podrían producir para el menor[1322].

Un contundente ejemplo de la primera opción es la decisión que llegó a examen del Tribunal Constitucional, el cual, en sentencia de 17 de enero de 2005[1323] declaró vulnerado el derecho del demandante de amparo, a la tutela

---

[1317] SOSPEDA NAVAS, FRANCISCO JOSÉ (dir.), *Los procesos...,* p. 146. Aun cuando se pudiera pensar que el incumplimiento reiterado de las visitas es un cambio de circunstancias y que por tanto, hay que acudir al art. 775 Lec, el art. 776.3 Lec es un precepto específico y de preferente aplicación: GARCÍA ABURUZA, Mª PAZ, "Sobre el régimen...".

[1318] MARÍN LÓPEZ, MANUEL, en BERCOVITZ RODRÍGUEZ-CANO, RODRIGO (coord.), *Comentarios al...,* p. 218.

[1319] ZARRALUQUI SÁNCHEZ-EZNARRIAGA, LUIS, *Derecho de...,* p. 158; MONTERO AROCA, JUAN, *El derecho...*, p. 268. Se ha apuntado también que la obstrucción al régimen de visitas puede llegar a motivar un cambio en el régimen de guarda de los hijos, solo si constituye una verdadera causa obstaculizadora de la relación paterno-filial con el padre o madre no conviviente: LATHROP GÓMEZ, FABIOLA, *Custodia compartida...*, p. 251. Esta postura presenta, en mi opinión dos inconvenientes interpretativos: determinar cuando una obstrucción es "verdadera causa obstaculizadora" y luego, vinculado con ello, cuál es la relación paterno-filial que se protege, pues en ocasiones, la obstaculización, como he apuntado, es solapada, pero tan dañina y destructiva como el impedimento absoluto.

[1320] Por lo mismo, cuando se trata de menores que tengan suficiente juicio deberán ser previamente oídos.

[1321] SÁNCHEZ LÓPEZ, ANA DOLORES, "Régimen de...", p 44.

[1322] Además de las resoluciones citadas en este trabajo, puede verse la jurisprudencia comentada en RUBIO RAMOS, Mª ROSA, "Los incumplimientos...".

[1323] TC, sentencia 8/2005 (RTC/2005/8).

judicial efectiva. El Auto del Juzgado de Primera Instancia núm. 1 de Santa Cruz de la Palma luego de hacer un amplio desarrollo de los hechos, pruebas rendidas e informes periciales, señaló que *las valoraciones anteriores ponen de manifiesto un grave incumplimiento por parte de la madre de sus obligaciones con relación a su hijo, especialmente en lo referente a su obligación de facilitar la relación del niño con su padre y, para ello, el correcto desenvolvimiento del régimen de visitas, que en este caso permite además al niño mantener la relación con sus hermanos. Y, de otra parte, que la madre, con su actitud, ha favorecido la culpabilización del niño: es inaceptable que se haga creer a un niño que si se pone enfermo su padre y sus hermanos no le van a dar medicinas; o que la subsistencia económica de su madre depende de que él permanezca con ella*. A lo anterior añadió, que resultaba acreditado que *el niño está bien y correctamente atendido en la casa de su padre. Todo ello, unido, como se ha recalcado por el Ministerio Fiscal en la vista celebrada, a la buena relación del niño con sus hermanos, determina que se estime procedente, en interés del menor, modificar la guarda del mismo (...).* En aplicación del art. 776.3 Lec en relación con los arts. 159, 92, 94 y 158.3 Cc. *y ello por cuanto aparece que no existe otra vía para poner fin a la situación creada por la madre, a pesar de los sucesivos requerimientos, realizados incluso personalmente por el Juez que firma esta resolución, e incluso imposición de una multa*. Se fijó conjuntamente un régimen de visitas para la madre.

Deducido recurso de apelación por la madre, la Sección Primera de la AP de Santa Cruz de Tenerife, acordó (Auto de 23 de septiembre de 2002) revocar íntegramente el Auto recurrido, razonando que *en el presente caso, no concurren razones que justifiquen una modificación del régimen de custodia en su momento acordado, ya que no han sobrevenido nuevas circunstancias que justifiquen la modificación de una medida de tanta trascendencia para la vida del menor, sino la adopción por el Juzgado a quo de cuantas medidas sean necesarias para garantizar su ejecución, de acuerdo con las previsiones establecidas en la Ley de Enjuiciamiento Civil*. El Tribunal Constitucional acogió parcialmente el amparo y a fin de restablecer en la integridad de su derecho al padre, anuló el Auto de la AP, retrotrayendo las actuaciones judiciales al momento inmediatamente anterior a su dictado para que por dicho órgano judicial se pronuncie nueva resolución respetuosa con el derecho fundamental invocado. Afirmó el Tribunal que *no resulta constitucionalmente admisible que, una vez que el Juez de Primera Instancia explicita ciertos hechos ya señalados con anterioridad (sucesivos incumplimientos del régimen de visitas, culpabilización del menor en cuanto a la subsistencia de su madre, buena relación con el padre y los hermanos negada por la madre, etc.), éstos sean simplemente ignorados por la Audiencia Provincial al afirmar lisa y llanamente que no han sobrevenido circunstancias que justifiquen la variación del régimen de custodia del menor, sin que ello venga precedido de una diferente apreciación de tales circunstancias o de la valoración jurídica que merezcan al Tribunal. La afirmación de que no se han producido circunstancias nuevas, o la de que, habiéndose producido, no revisten entidad justificativa de un cambio del régimen de custodia, no pueden constituirse en un juicio apodíctico, sino en la conclusión de un razonamiento que desmonte la argumentación del órgano judicial cuya motivada resolución se apelaba. Así lo exige el derecho a la tutela judicial efectiva del demandante de amparo, quien había obtenido ya una resolución judicial favorable a sus pretensiones que le es revocada sin que se expresen las razones que conducen a tal decisión*[1324].

Un caso más reciente lo proporciona el Juzgado de Primera Instancia de Valladolid[1325], que estimó la modificación de medidas solicitada por el padre respecto de la custodia ejercida por la madre, quién había incumplido de forma sistemática el derecho de visitas del padre con la menor, hasta el punto de llevar aquel más de dos años sin ver a su hija, ello por decisión unilateral de la madre y sin causa acreditada que lo justificase. Razonó el juez que cuando se otorgó a la madre la guarda y custodia en el año 2003, los elementos de juicio que entonces se valoraron para tomar la decisión no hacían prever que la guarda materna fuese a erigirse precisamente en un peligro para la efectividad del régimen de visitas que se estableció a favor del padre. Posteriormente al dictarse la sentencia de divorcio y sobre todo en los últimos años, la conducta de la madre consistió en impedir las visitas de la menor con el padre, por su propia voluntad sin causa justificada lo cual tuvo una influencia negativa en la menor. El incumplimiento de la madre se produjo de dos formas: no llevando a la niña al PEF cuando le correspondían las visitas al padre y en segundo lugar creando en la hija un rechazo hacia su padre. Por su parte, el informe del equipo psicosocial que valoró la situación familiar y la relación paterno y materno-filial determinó la idoneidad de un cambio de custodia atribuyéndose al padre, por ser más beneficioso para la menor. La madre, según el equipo psicosocial *siempre ha priorizado sus deseos e intereses por encima de los de su hija y ha asumido un papel de victima que no se corresponde con la realidad, privando a la menor de la relación con su padre como se ha venido poniendo de manifiesto*

[1324] El TC, además, señaló *que el déficit de motivación que acabamos de apreciar no resulta contradicho por una genérica referencia a la necesidad de agotar los medios de ejecución forzosa de los que puede servirse el Juez a tenor de lo dispuesto en la Ley de enjuiciamiento civil, pues la resolución apelada ya expresa la actividad desenvuelta para lograr el cumplimiento espontáneo (comparecencia y requerimiento a la madre), la utilización de uno de los medios establecidos en el art. 776.2 Lec. (multa coercitiva) y, finalmente, la adopción de una medida prevista expresamente en este texto legal (en concreto, en el art. 776.3 Lec) para el caso de incumplimiento reiterado (modificación del régimen de guarda y visitas). Frente a ello la Audiencia, ni concretó qué tipo de medidas resultarían más adecuadas, ni razonó por qué motivo la adoptada se revela como inadecuada para los intereses del menor.*

[1325] Sentencia 446/2011, de 5 de diciembre, (AC/2012/180), consultada en www.westlaw.es.

en los múltiples informes de seguimiento efectuados por el equipo psicosocial, lo que supone como bien dice el informe del equipo psicosocial un inadecuado ejercicio de la custodia. Estaba acreditado que el padre siempre había intentado tener contactos con la hija. A la vista de todo ello, se reveló más favorable a los intereses de la menor, siempre prioritarios, que se produjera un cambio en el ejercicio de la guarda y custodia de la menor atribuyéndose ésta al padre[1326].

Una muestra de la opción de ampliación del régimen de visitas frente a los reiterados incumplimientos del progenitor custodio aparece en la STS de 15 de abril de 2003, que confirma la de la AP de Cantabria que en interés del menor y considerando los reiterados incumplimientos del progenitor guardador, y con la finalidad de consolidar la relación del padre con la hija, modifica el régimen mediante su ampliación a visitas intrasemanales[1327].

La opción por no introducir modificación alguna pese a los incumplimientos probados, ha tenido su recepción más reciente en el Tribunal Supremo español[1328]. Aunque brevemente, la sentencia merece ser expuesta por cuanto aporta sentido específico a la norma en examen, en tres ámbitos: en primer lugar contextualizándola dentro del terreno de la protección de la familia y la infancia: *esta norma constituye un aspecto importante en la determinación de los derechos y deberes de las partes en orden a posibilitar el régimen de visitas y comunicaciones de los hijos con el progenitor no custodio y de garantizar, en suma, el principio constitucional de protección de la familia y de la infancia que se proclama en el artículo 39 de la Constitución*; en segundo lugar, distanciándola, pese a tu tenor literal, de un carácter puramente sancionador: *la consecuente posibilidad de modificar la medida acordada, no como sanción, sino como una más de las circunstancias que se deben ponderar para justificar el cambio del régimen de guarda y visitas pues, en definitiva, tampoco se presta a una aplicación automática, sino facultativa ante los incumplimientos tanto del guardador como del no guardador*; y finalmente en tercer lugar, precisando su criterio teleológico de corrección en el interés superior del menor: *lo que la norma defiende no es la autoridad de la resolución judicial que la acuerda, sino el interés de los menores en verse y comunicarse con el progenitor no custodio, evitando que la ruptura del contacto con el hijo, especialmente si este es de corta edad, pueda conducir a una alteración creciente de la relación con su padre. Sin duda el paso del tiempo puede tener como efecto convertir*

[1326] Se fijó un régimen de visitas a favor de la madre que se suspendió durante un plazo de dos meses, para permitir garantizar un correcto inicio de la convivencia entre la menor y el padre, debiendo el equipo psicosocial realizar un seguimiento al finalizar dicho plazo, para establecer cómo se desarrolló el cambio de guarda y custodia y señalar un régimen de visitas para la madre.

[1327] STS, 215/2003 de 15 de abril.

[1328] TS, sentencia 373/2013, de 31 de enero, Id Cendoj: 28079119912013100002. Alguna otra sentencia que mantiene el régimen aparece citada en: ZARRALUQUI SÁNCHEZ-EZNARRIAGA, LUIS, *Derecho de...*, p. 153.

en definitiva una situación de falta de comunicación, en la medida en que se le priva de estos contactos periódicos y se amenazan estos intereses y derechos que resultan de la relación con sus progenitores.

El Tribunal reconoce que son hechos probados que a la madre se había atribuido inicialmente la guarda y custodia de su hijo, permitiéndose además el cambio de residencia a los Estados Unidos de América; que ella dejó sin cumplir los compromisos asumidos en orden a facilitar las comunicaciones del hijo con el padre pese a las múltiples actuaciones judiciales que se llevaron con tal finalidad desde el año 2006 en que se evitó cualquier contacto con su padre; y que se la había requerido judicialmente apercibiéndola de la plena efectividad del art. 776.3 Lec. Sin embargo, indica que con independencia del reproche que se pudiese realizar del comportamiento de la progenitora custodia, lo que debe primar es el interés del menor: *es evidente, y especialmente relevante, que en ninguno de los hechos que refiere la demanda de modificación de medidas, se alude o justifica el beneficio que para el menor representa el cambio; por el contrario, se estima que medidas de esta clase con el padre* (con quien la relación, hasta ahora es prácticamente inexistente) *en Pontevedra y la madre y el hijo en Estados Unidos, donde están perfectamente integrados desde hace tiempo, no son aconsejables en estos momentos*. El Tribunal insiste en la relevancia de observar los datos concretos de cada menor al resolver y en este caso los consigna expresamente: *el menor se llama Miguel y tiene en la actualidad 10 años (nació en Pontevedra el ... de 2002), seis de los cuales permaneció con su madre en Estados Unidos, país en el que está integrado en todos los aspectos (alimentación, hábitos sociales y circulo de amigos), con fuerte vínculo afectivo hacia su madre*. A partir de las anteriores consideraciones falla el alto Tribunal revocando la sentencia dictada por el Juzgado de Primera Instancia nº 1 de Pontevedra de 26 de julio de 2010 y en su lugar, desestima la demanda de modificación de medidas interpuesta por el padre[1329].

En vista de todas las posibilidades de actuación revisadas, resulta que el cambio de la guarda y custodia del menor solo procedería cuando los reiterados incumplimientos sean de tal magnitud que atenten gravemente, de un modo que se aprecia irreversible, el derecho de relación que tiene el hijo con el progenitor no custodio, a condición de que con ello no se afecte en mayor medida el interés del menor y que, el progenitor no custodio esté en condiciones materiales y morales de asumir la guarda y custodia[1330], pues no siempre dicho progenitor puede y quiere asumirla. Se califica también como medida de *ultima ratio*, a

---

[1329] Breves comentarios a esta sentencia se ofrecen en: De La Iglesia Monje, Mª Isabel, "Evolución del contenido del derecho de visita desde el estudio jurisprudencial", *Revista Critica de Derecho Inmobiliario*, Nº 738, Madrid 2013, p. 2656 y ss.

[1330] Rivero Hernández, Francisco, *El Derecho...*, p. 303.

emplear una vez que hayan fracasado las demás medidas que pretenden restablecer el ejercicio del derecho[1331].

Las reflexiones que anteceden, llevan a concluir que hoy no es predicable que el objeto preferente de la medida contenida en el art. 776.3 Lec sea la sanción al incumplidor; por ello he preferido hablar de la *situación especial de la modificación del régimen de guarda y custodia y de visitas* al incluirla dentro del grupo de medidas civiles con dicho objetivo dominante.

En la practica no es habitual su empleo, según refiere la doctrina, por ser suficiente el apercibimiento del cambio de régimen para lograr buenos resultados en términos de modificar la actitud obstruccionista o incumplidora y restablecer el ejercicio adecuado[1332]. En este sentido además del propósito sancionador, la medida puede satisfacer también una finalidad de prevención general de incumplimientos (pienso por ejemplo, que se haga expresa referencia a su contenido en la sentencia que declara el divorcio, al fijar la forma en que los hijos se relacionarán con ambos progenitores), sobre todo respecto de los progenitores guardadores que tienen más poder sobre la situación de los hijos menores[1333].

[1331] Romero Coloma, Aurelia, *Incumplimiento...*, p. 109. Curiosamente la autora asegura que en el Ordenamiento Jurídico español no existe ninguna norma civil que prohíba la medida y tampoco ningún precepto que la prevea, sin atender a lo dispuesto en la Lec.

[1332] Trinchant Blasco, Carlos (coord.), *Memento...*, p. 404. Se acusa, sin embargo, que este apercibimiento en muchos casos no logra nada pues el progenitor custodio sabe que la amenaza no se va a cumplir: por un lado, porque el juez debió pronunciarse previamente sobre el *favor filii* al concederle la custodia y dicho criterio difícilmente cambiará por el incumplimiento de las visitas, y, además, porque el progenitor no custodio que ha visto dificultado u obstruido el ejercicio de su derecho, posiblemente no se interese en obtener la custodia, sino solo el disfrute de los días que tiene fijados por resolución judicial: Zarraluqui Sánchez-Eznarriaga, Luis, "El frecuente incumplimiento del régimen de estancias de los menores con el progenitor no custodio en periodos lectivos o vacacionales", *Actualidad Jurídica Aranzadi*, Nº 821/2011.

[1333] Soleto Muñoz, Helena, "La ejecución..." La autora se refiere también a los trámites procesales por los cuales debe llevarse a cabo la modificación del régimen de guarda y visitas, dando cuenta de la ausencia de claridad sobre la procedencia de los tramites de modificación de medidas o los de la ejecución de la sentencia. Estima con todo, más apropiados los primeros, y cuestiona la segunda posibilidad, básicamente por considerar que la facultad concedida al juez en el art. 158.2 Cc. para dictar las disposiciones apropiadas a fin de evitar a los hijos perturbaciones dañosas en los casos del cambio de titular de la potestad de guarda, no significa que aquél esté legitimado para cambiar la medida que otorga la guarda en sentencia de primera o segunda instancia sin respetar los tramites que expresamente determina la Ley. Los trámites de ejecución de la sentencia al amparo del art. 158 Cc. no son los más adecuados, en su opinión, sin perjuicio de establecerse, en virtud de ésta última disposición, una regulación provisional de lo que sea pertinente. González del Pozo, siguiendo a Asencio Mellado, se pronuncia igualmente por la aplicación del cauce procesal del art. 775 Lec al garantizar éste que una decisión de notable trascendencia quede sometida a los principios de audiencia, defensa y contradicción: González Del Pozo, Juan Pablo, "La ejecución...", p. 126.

b. Suspensión o restricción del régimen de relación

Son las únicas medidas civiles específicas que contempla el art. 94 Cc. para el caso de incumplimiento grave o reiterado por el progenitor no custodio de los deberes expresos e implícitos impuesto en la resolución judicial que aprueba o fija el régimen de relación. Al análisis de estas medidas he dedicado buena parte del Capítulo anterior, al cual me remito.

C. Protección civil cuyo objeto es la reparación de los daños

a. Indemnización de perjuicios

Se trata claramente de una medida que no pretende el restablecimiento del derecho, y por tanto, no protege el interés del menor, ni el del progenitor no custodio, en su caso, en el mantenimiento de la relación[1334]. Sus inconvenientes, en este sentido son evidentes: se puede pagar y seguir incumpliendo[1335]. La patrimonialización del incumplimiento, esto es, la indemnización en vez del cumplimiento *in natura* de las diversas obligaciones derivadas del régimen de relación (entregar al hijo, facilitar las visitas, cumplir el régimen, etc.) ha sido, en atención al razonamiento anterior, un instrumento tradicionalmente rechazado por la doctrina[1336].

[1334] El incumplimiento de las obligaciones de hacer y no hacer personalísimas en que consiste el régimen de relación no puede de suyo reconducirse a la indemnización de daños y perjuicios sin desnaturalizarse por completo: VILATA MENADAS, SALVADOR, "La ejecución forzosa de los pronunciamientos sobre medidas. Perspectiva en los ordenes civil y penal del impago de pensiones y el incumplimiento del régimen de visitas", *La Ley*, Nº 12, 2005. El hijo menor sufrirá la falta del progenitor, por su incumplimiento o el del custodio, pero ese sufrimiento no puede ser evaluable económicamente: SOLETO MUÑOZ, HELENA, "La ejecución...".

[1335] FLORIT CANALS, CARLOS, "El régimen...".

[1336] SOLETO MUÑOZ, HELENA, "La ejecución...". Ferrer Riba indica que algunas de las razones que han contribuido a la histórica inmunidad en materia de responsabilidad en las relaciones familiares son: la naturaleza de estas relaciones que suelen generar vínculos de solidaridad y altruismo contrarios a las reclamaciones jurídicas entre las partes afectadas; la regla de moralidad consecuencial que impide las demandas entre convivientes o parientes muy próximos; y las barreras institucionales como la brevedad de los plazos de prescripción de la acción aquiliana: FERRER RIBA, JOSEP, "Relaciones familiares y limites del derecho de daños", *Indret*, Barcelona 2001, consultado en www.indret.com, p. 3. En la misma línea, analizando las posibles razones de exclusión del derecho de daños del ámbito familiar, se agregan, a las señaladas por Ferrer Riba, las siguientes: el peligro de la proliferación de demandas triviales; el aumento de la conflictividad en el seno de la familia; el hecho de no cumplir la indemnización de los daños entre familiares las funciones propias de la responsabilidad civil; y la aplicación exclusiva y excluyente de las normas de Derecho de familia para la solución de los daños entre los miembros de la misma: RODRÍGUEZ GUITIÁN, ALMA MARÍA, *Responsabilidad...*, p. 33 y ss. Una breve reseña de los argumentos que se esgrimieron para rechazar la indemnización por incumplimiento del régimen de visitas se puede ver en: ROMERO COLOMA, AURELIA, *Reclamaciones...*, p. 142 y ss. La autora defiende la indemnización en estos

Para no juzgar injustamente el rol que desempeña la indemnización, en el análisis del asunto ha de tenerse presente su finalidad específica: que los daños que el referido incumplimiento ha generado a quien los padece, sean reparados. No se trata de sustituir el ejercicio del derecho de visita con una indemnización de perjuicios, lo que fue criticado como posibilidad por entender que supondría el incumplimiento de un derecho cogente o imperativo[1337]. Desde este punto de vista, no puede condenarse a la indemnización por no cumplir una función que no le es propia (la reparación *in natura*); al mismo tiempo, debe considerarse que la indemnización puede ser complementaria de las medidas que pretenden el restablecimiento del derecho y de las que buscan la sanción al incumplidor y no un sustituto de ellas; incluso puede reforzar la función disuasoria de los incumplimientos que satisfacen otras medidas[1338].

Desde una óptica más general, la doctrina hoy tiende a inclinarse por el abandono progresivo de los privilegios de inmunidad en los daños entre parientes, por entender que no hay en la actualidad ninguna prerrogativa familiar que permita que un miembro de la familia cause daño dolosa o culposamente a otro y se exima de responder en virtud del vínculo familiar; en este sentido, el *status familiae* no debe constituir una reducción o limitación de la responsabilidad sino más bien una agravación de las consecuencias a cargo del familiar responsable[1339]. Con todo, se sugiere que la extensión del Derecho de daños al Derecho de familia sea subsidiaria, es decir, que su aplicación se supedite a dos condiciones: la primera radica en que los remedios previstos por el Derecho de familia para la resolución del conflicto particular no otorgue una satisfacción completa o adecuada al interés dañado; y la segunda, consiste en que dicha aplicación no contradiga la finalidad perseguida por el Derecho de familia, cuando regula la institución; se cita como ejemplo la indemnización al progenitor no custodio a pagar por el custodio que obstaculiza la relación con el hijo, pues no es una medida que vulnere el principio general del interés superior del niño[1340].

---

casos estimándola como *una de las medidas mas correctas y justas que pueden establecerse en el ordenamiento jurídico civil en sede de incumplimiento de relaciones paterno-filiales*, en: ROMERO COLOMA, AURELIA, *Incumplimiento...*, p. 118.

1337 ZANÓN MASDEU, LUIS, *Guarda y...*, p. 120.

1338 Además, frente a la multa coercitiva que ingresa a las arcas públicas, la indemnización presenta la ventaja de repercutir en el patrimonio de aquél cuyo derecho ha sido vulnerado: DÍAZ MARTÍNEZ, ANA, "Resarcimiento...". Sin embargo, como advierte el mismo texto, el efecto disuasorio puede resultar escaso cuando la posición económica del incumplidor es holgada o cuando carece de patrimonio que pueda ser embargado.

1339 MARÍN GARCÍA DE LEONARDO, MARÍA TERESA, "Perspectivas...", p. 23; MAKIANICH DE BASSET, LIDIA, *Derecho de...*, p. 228.

1340 RODRÍGUEZ GUITIÁN, ALMA MARÍA, "Familia y responsabilidad civil", en *Escritos Jurídicos TFW*, 2/2013 The Family Watch, Madrid 2013, p. 3.

Aunque en general, cuando se adhiere a la posibilidad de indemnización por el incumplimiento del ejercicio del derecho de relación, no se adelanta nada sobre su explicación[1341], se ha propuesto por algún autor que la responsabilidad que genera el incumplimiento del derecho se fundamenta en su carácter de *derecho-deber*, conforme al cual, no solo es un derecho del progenitor, también es, a un tiempo, un deber, una obligación parental y si esa obligación se incumple sin causa, sin motivo justificado, se incurre en responsabilidad civil[1342]. Idéntico fundamento se puede proponer cuando el que incumple es el progenitor custodio, pues la sentencia que fija el régimen, conlleva para él deberes específicos, deberes parentales concordantes con las obligaciones que le imponen la Constitución y las Leyes respecto de sus hijos; impedir u obstaculizar el ejercicio del régimen es una forma de incumplir esos deberes y obligaciones, lo que acarrea igualmente responsabilidad.

Cabe advertir que lo que en adelante se diga respecto de la responsabilidad contractual o extracontratual y de la indemnización de perjuicios, solo tiene como propósito mostrar el panorama general de lo dicho por los autores y la jurisprudencia y de las posibilidades más genéricas que se ofrecen en el medio español, circunscrito únicamente al incumplimiento del régimen de visitas. No se abundará en el examen de dichas responsabilidades, sus presupuestos o requisitos, ni en la problemática de su recepción en general en las relaciones de familia, pues aquello excede del objeto central de este trabajo.

i. *El problema del fundamento jurídico*

El Derecho de familia español no ha proporcionado normas *ad hoc* sobre la responsabilidad y obligación de indemnizar en materia de relaciones personales paterno-filiales. Hoy se estima con bastante aceptación doctrinal y jurisprudencial, como se verá, que el fundamento jurídico, la base legal de la indemnización de los daños del incumplimiento del régimen de visitas, al tratarse de responsabilidad extracontractual, se encuentra en el art. 1902 Cc. conforme al cual, *el que por acción u omisión causa daño a otro, interviniendo culpa o negligencia, está obligado a reparar el daño causado*.

La doctrina sin embargo ha realizado otras propuestas que, por desviarse del tema central objeto de esta investigación, solo paso brevemente a presentar. Sin desconocer el recurso al art. 1902 Cc. Rivero Hernández, propone también fundamentos legales más generales, específicamente el art. 18.2 LOPJ, que

---

[1341] Un ejemplo de ello en: Roca Trías, Encarna, en Paz-Ares, Cándido y otros, *Comentario…*, p. 395.

[1342] Romero Coloma, Aurelia, "Daños en relación con el derecho de visita", *Actualidad Jurídica Aranzadi*, Nº 812/2011.

prevé: *las sentencias se ejecutarán en sus propios términos. Si la ejecución resultare imposible, el Juez o Tribunal adoptará las medidas necesarias que aseguren la mayor efectividad de la ejecutoria, y fijará en todo caso la indemnización que sea procedente en la parte en que aquélla no pueda ser objeto de cumplimiento pleno*[1343]. Para aquellos incumplimientos constitutivos de abuso de derecho, el fundamento de la obligación de indemnizar el daño, derivaría de la aplicación del genérico art. 7.2 Cc: *todo acto u omisión que por la intención del autor, por su objeto o por las circunstancias en que se realice sobrepase manifiestamente los límites normales del ejercicio de un derecho, con daño para terceros, dará lugar a la correspondiente indemnización y a la adopción de las medidas judiciales o administrativas que impidan la persistencia en el abuso*[1344]. Más aisladamente algún autor ha postulado que la indemnización de daños y perjuicios tendría cabida en la expresión del art. 709.3 Lec, al establecer que además de las multas coercitivas se podrá solicitar *la adopción de cualesquiera otras medidas que resulten idóneas para la satisfacción del ejecutante*[1345]. Para los supuestos en que alguno de los incumplimientos del derecho de relación por parte de los progenitores los hagan incurrir en conductas tipificadas en el Código penal (por ejemplo, las del art. 618.2 CP), podría pensarse en la exigencia de una responsabilidad civil, ya sea, por la vía del art. 109 CP: *la ejecución de un hecho descrito por la ley como delito o falta obliga a reparar, en los términos previstos en las leyes, los daños y perjuicios por él causados*, en cuyo caso, el perjudicado podría optar por exigir la responsabilidad civil ante la jurisdicción civil; ya sea por la vía del art. 116.1 CP: *toda persona criminalmente responsable de un delito o falta lo es también civilmente si del hecho se derivaren daños o perjuicios*[1346].

Sin profundizar en el tema, parece ser que en todos estos casos lo que en el fondo provocaría el empleo de las normas referidas es finalmente el daño que causa el incumplimiento del régimen. En razón de ello, bien podría estimarse que para los incumplimientos del derecho de visita la vía adecuada para demandar los perjuicios es el art. 1902 Cc. aun en el caso del abuso del derecho del art. 7.2 Cc, pues conforme entiende la doctrina más autorizada para la indemnización del daño resultante (que puede ser material o moral) se aplican las reglas del derecho de daños[1347].

1343 Rivero Hernández, Francisco, *El derecho...*, p. 300.

1344 Rivero Hernández, Francisco, *El derecho...*, p. 281.

1345 Moreno Velasco, Víctor, "La indemnización...".

1346 Marín García de Leonardo, María Teresa, "Perspectivas...", p. 31 y 43-44.

1347 Rivero Hernández, Francisco en Rams Albesa, Joaquín (coord.), *Comentarios al Código Civil,* tomo I, Titulo Preliminar, Bosch, Barcelona 2000, p, 234 a 239. También, y reconociendo que puede ser de aplicación el art. 1902 o el art. 1101 y ss. Cc, según el caso: Lacruz Berdejo, José Luis, *Nociones de derecho civil patrimonial e introducción al derecho,* 6ª edición revisada y puesta al día por Jesús Delgado Echevería y María Ángeles Parra Lucán, Dykinson, Madrid 2008,

El art. 1902 Cc. en síntesis exige: un comportamiento a título de acción u omisión, como mínimo culposo; la producción de daño; y la existencia de nexo causal entre el comportamiento y el daño.

Para dar lugar a la indemnización, el comportamiento incumplidor de los deberes propios del régimen de relación no debe encontrarse justificado, sino que debe ser consciente, deliberado, e incluso intencionado, a sabiendas de los perjuicios que se causan. La mayoría de los incumplimientos en el régimen de visitas se vinculan con una omisión: no recoge a los hijos, no los devuelve, no los entrega al no custodio para el desarrollo del régimen, no avisa los imprevistos, etc.[1348]. Se trata, normalmente, de abstenciones con la intención de dañar al otro progenitor, con las cuales, además se daña sin intención pero con culpa a los propios hijos. Puede tratarse de una conducta habitual o de un incumplimiento puntual, si éste es particularmente grave y genera daños[1349]. La acción u omisión debe producir un daño al otro progenitor, el que debe ser acreditado en el proceso y dicho daño debe ser la consecuencia directa o eficiente de la acción u omisión de uno de los progenitores sin que en dicha causalidad intervenga la actuación del propio perjudicado, un tercero o un hecho externo[1350]; no puede existir incertidumbre sobre el origen de los daños.

Ante la variedad de formas que puede revestir el incumplimiento del régimen de relación[1351], una vez mas no es posible establecer reglas absolutas sobre la procedencia de la indemnización: así particularmente tratándose de retrasos habrá que evaluar su entidad y frecuencia, de tal modo que podrá estimarse que un retraso puntual, justificado y comunicado temporáneamente no generará, en principio, daños indemnizables[1352].

Dicho cuando antecede, toca dilucidar qué daños pueden ser indemnizables, en el entendido general de ser ambos progenitores potenciales beneficiarios de la eventual indemnización por los perjuicios que el incumplimiento del otro les ha provocado.

---

p. 60. Hay que considerar en este análisis que, como bien apunta García Cantero, los términos en que ha sido redactado el art. 1902 han permitido ir incluyendo sucesivamente en su ámbito de aplicación nuevas realidades sociales anteriormente inexistentes o a sectores de la realidad social especialmente sensibles y ello sin reformar el texto codicial: García Cantero, Gabriel, "Relectura del art. 1902 del CC. Visto desde el siglo XXI", en *Actualidad civil,* nº 4, editorial La Ley, Madrid 2007, p. 357-365.

[1348] Moreno Velasco, Víctor, "La indemnización...".

[1349] Díaz Martínez, Ana, "Resarcimiento...".

[1350] Se excluirían por ejemplo los incumplimientos justificados por razones de salud del menor.

[1351] Al respecto se puede revisar el acápite II del Capítulo Quinto de este trabajo.

[1352] Díaz Martínez, Ana, "Resarcimiento...".

ii. Indemnización de daños materiales

En general existe hoy consenso en que son indemnizables los daños y perjuicios materiales efectivamente causados a un progenitor por el incumplimiento de las obligaciones derivadas del régimen de relación por el otro progenitor, tanto el daño emergente como el lucro cesante[1353]. Se pueden indemnizar entonces los gastos derivados del incumplimiento, como son, los gastos en que ha incurrido el custodio para seguir cuidando al hijo, personalmente o a través de dependientes como una canguro, en el periodo en que dicho deber correspondía al titular formal, llegando a incluir los gastos de manutención[1354]; igualmente, se pueden indemnizar los gastos en que ha incurrido el progenitor no custodio para cumplir el régimen que ha sido frustrado, como son sus gastos de desplazamiento y alojamiento, o los gastos de reserva que ha efectuado para realizar un viaje con el menor[1355]. Jurisprudencialmente se observa también una apertura hacia la admisibilidad de estas indemnizaciones[1356].

Aunque el supuesto mas recurrente es el de obstrucción al ejercicio, es evidente que no solo los incumplimientos del progenitor custodio pueden dar derecho a indemnización, también procede indemnización en caso de incumplimiento del progenitor no custodio, titular formal del derecho de relación. Así lo ha resuelto, por ejemplo, la AP de Barcelona en auto de 14 junio 2005[1357], al establecer una indemnización de perjuicios en contra del progenitor titular del derecho de relación en virtud de sentencia de divorcio y que fue incumplido injustificadamente durante el periodo de vacaciones. Se condenó al pago de los gastos ocasionados por la canguro que cuidó a los hijos, durante dicho periodo y el coste diario de manutención, dado que a él le es imputable la necesidad de tales gastos.

Además de estos gastos patrimoniales mas evidentes por ineludibles y necesarios, también se integran en este grupo tanto los daños derivados de la lesión a la integridad psíquica, como las consecuencias pecuniarias de los posibles incumplimientos laborales (falta o retraso en la asistencia al trabajo

---

[1353] GONZÁLEZ DEL POZO, JUAN PABLO, "La ejecución...", p. 127; DÍAZ MARTÍNEZ, ANA, "Resarcimiento...".

[1354] DÍAZ MARTÍNEZ, ANA, "Resarcimiento...".

[1355] SOLETO MUÑOZ, HELENA, "La ejecución...".

[1356] Citas de sentencias anteriores a 1999 que negaban la posibilidad de indemnizar en base a la imposibilidad de mercantilizar obligaciones y derechos que son personalísimos y sentencias que a partir de dicho año cambian de criterio, se pueden ver en: GONZÁLEZ DEL POZO, JUAN PABLO, "La ejecución...", p. 127 y en MORENO VELASCO, VÍCTOR, "La indemnización...".

[1357] El caso aparece comentado entre otros en: ZARRALUQUI SÁNCHEZ-EZNARRIAGA, LUIS, *Derecho de...*, p. 155 y en ROMERO COLOMA, AURELIA, *Reclamaciones...*, p. 140-141.

o perdida de oportunidades labores, entre otras) o de los tratamientos médicos necesarios[1358].

iii. Indemnización de daños morales

La indemnización del daño moral producto del incumplimiento del régimen de visitas, si bien no fue aceptada con igual generalidad que los daños materiales, es objeto de una reciente tendencia doctrinal y jurisprudencial que se inclina hacia su recepción definitiva en casos de incumplimiento de los deberes propios del régimen de visita tanto por el progenitor custodio como no custodio.

El carácter difuso del daño moral ha traído como consecuencia en el Derecho una consideración de extremos: desde su rechazo hasta su uso comodín[1359]. Sin afán de ahondar en el tema para cuyo efecto se puede recurrir a obras generales, hay que decir que el daño moral comporta un efecto psicológico negativo derivado de una agresión al patrimonio, a la integridad física o a la integridad moral del individuo y, hasta a la esfera sicofísica como consecuencia de la lesión de un derecho o bien de la personalidad[1360]. La situación básica que puede dar lugar al daño moral indemnizable consiste en el sufrimiento o padecimiento psíquico, siendo múltiples las situaciones que pueden originarlo[1361].

El daño moral producto del incumplimiento del régimen de relación existe, y puede ser grave, incluso irreparable. El daño se configuraría en estos casos, como la imposibilidad o dificultad extrema de un progenitor para relacionarse con su hijo, al impedirlo u obstaculizarlo gravemente el otro progenitor o quien tenga a su cargo al menor[1362]. Ante esta situación se trata de resarcir al progenitor por el pesar que la frustración del ejercicio del derecho le ocasiona, la

[1358] RODRÍGUEZ GUITIÁN, ALMA MARÍA, *Responsabilidad...*, p. 280.

[1359] DÍEZ-PICAZO, LUIS, *El escándalo del daño moral,* Thomson Civitas/Aranzadi, Cizur Menor 2008, p. 13 y 14.

[1360] MARÍN GARCÍA, IGNACIO - LÓPEZ RODRÍGUEZ, DANIEL, "Indemnización del daño moral por la privación indebida de la compañía de los hijos en el orden civil y en el contencioso administrativo", *Indret*, 2010, p. 6 y 7; y DÍEZ-PICAZO, LUIS, *El escándalo...*, p. 91-92. Se habla también de una afectación del acervo espiritual de la persona: RUÍZ JIMÉNEZ, JUANA - TEJEDOR MUÑOZ, LOURDES, "Indemnización de los daños morales sufridos por uno de los progenitores al ser privado por el otro de relacionarse con su hijo", *Revista Critica de Derecho Inmobiliario*, N° 718, 2010, p. 806. Dentro de las obras más generales sobre la responsabilidad derivada del art. 1902 y el daño moral, se pueden ver: ALBÁCAR LÓPEZ, JOSÉ LUIS (dir.), *Código Civil. Doctrina y Jurisprudencia,* tomo VI, vol. 2, art. 1822 a 1976, 4ª edición, Trivium, Madrid 1995, p. 1351 y ss. y SÁNCHEZ CALERO, FRANCISCO JAVIER (coord.), *Curso de derecho civil II, Derecho de obligaciones, contratos y responsabilidad por hechos ilícitos,* 5ª edición, Tirant Lo Blanch, Valencia 2008, p. 591 y ss.

[1361] Entre ellas: el impacto o sufrimiento espiritual, la impotencia, la zozobra, la ansiedad o angustia, la incertidumbre consecuente, el quebranto, etc., según desarrollo jurisprudencial en: ROMERO COLOMA, AURELIA, *Incumplimiento...*, p. 77.

[1362] ROMERO COLOMA, AURELIA, "Incumplimiento del régimen de visitas y daños morales", en *Revista Crítica de Derecho Inmobiliario*, N° 729, 2012, p. 427.

angustia al desconocer cuando volverá a estar en su compañía y el sufrimiento por el debilitamiento de su relación con los hijos cuando los incumplimientos son reiterados[1363].

Ciertamente los daños morales derivados de la obstrucción o privación de la compañía de un hijo no pueden ser reparados con una indemnización pecuniaria, pues la pérdida es normalmente irreparable, sin perjuicio de lo cual, la indemnización contribuye a mejorar la situación de quien los ha padecido, lo que no excluye la presencia habitual de un elemento punitivo o de reproche en su determinación[1364].

Aunque el fundamento de la obligación de indemnizar fue tratado líneas atrás respecto de la indemnización en general hay que retomar algunas ideas aquí al hilo de la discusión sobre la procedencia de la indemnización del daño moral. Quienes niegan la admisión de la indemnización de este tipo de daños por incumplimiento del derecho de visita, han planteado que el art. 1101 del Cc.[1365], resulta inaplicable porque el matrimonio no es un contrato y que, aunque se den los requisitos del art. 1902 del mismo texto, no podría aplicarse el daño moral a las relaciones familiares por ser ajeno al sentido común[1366], con lo cual se dijo que dicho daño era ajeno al ámbito familiar.

Como ya se apuntó, la referencia es hoy en general al art. 1902 Cc. como fundamento de la obligación de indemnizar el daño producto del incumplimiento del régimen de relación, incluido el daño moral[1367]. Sin embargo, no parece que el recurso al art. 1101 Cc. pueda ser definitivamente desestimado, pues aunque efectivamente el matrimonio no es un contrato en el sentido técnico, sí lo es el convenio regulador. A partir de ahí pienso que cuando el régimen incumplido deriva del pacto de los cónyuges contenido en el convenio regulador que no ha sufrido modificación alguna por el órgano judicial más allá de la preceptiva homologación, resulta indiscutible el carácter contractual de la fuente de la obligación y por ende, se puede acudir a la indemnización de perjuicios que deriva

---

[1363] DÍAZ MARTÍNEZ, ANA, "Resarcimiento...". La autora informa de resoluciones de AP que consideran infundada la reclamación de resarcimiento de daños morales ejercitada por el progenitor, por estimar que el régimen de visitas se articula en beneficio e interés del hijo.

[1364] MARÍN GARCÍA, IGNACIO - LÓPEZ RODRÍGUEZ, DANIEL, "Indemnización...", p. 8.

[1365] Art. 1101 Cc: *Quedan sujetos a la indemnización de los daños y perjuicios causados los que en el cumplimiento de sus obligaciones incurrieren en dolo, negligencia o morosidad, y los que de cualquier modo contravinieren al tenor de aquélla.*

[1366] SAP Valencia, 89/2006, de 20 de febrero (La Ley 87293/2006).

[1367] El recurso al art. 1902 Cc. para encuadrar el daño moral en las relaciones paterno-filiales dentro de las reglas generales de la responsabilidad civil extracontractual implica que se fija la culpa o negligencia como criterio de imputación subjetiva: MARÍN GARCÍA, IGNACIO - LÓPEZ RODRÍGUEZ, DANIEL, "Indemnización...", p. 31.

del incumplimiento de obligaciones de tal naturaleza, con el beneficio evidente del mayor plazo de prescripción de la acción[1368].

El recurso al art. 1902 Cc. ha sido empleado tanto para fundar una decisión contraria como una favorable a la indemnización de daños morales provenientes del incumplimiento del régimen de relación: así la AP de Madrid en 2001 desestimó la reclamación de daños morales fundada en dicho precepto, por la ausencia de uno de los elementos constitutivos de la responsabilidad: la falta de culpa o negligencia de la demandada en la producción de los daños[1369].

Destaca por hacer procedente la indemnización la SAP de Cádiz, de 8 de abril de 2002, citada por la doctrina[1370], que condena a la madre y su actual esposo a resarcir al padre por el daño moral infligido al haber impedido el normal desenvolvimiento del régimen de visitas con su hija. La sentencia concluyó que se había producido un daño patrimonial al actor debido a los gastos que había debido realizar para cumplir el régimen de visitas viajando a recogerla al lugar donde se encontraba, compareciendo de manera asidua en las fechas en que le correspondía, sin que la niña le fuera entregada[1371] y, además, un daño de orden moral al haber sido privado del contacto son su hija a consecuencia de la actuación antijurídica de los demandados que obstruían el ejercicio del progenitor y de su hija a comunicarse entre sí. La Audiencia declaró que era innegable que la situación producía en el actor un daño de orden espiritual, pues él no había dejado nunca de intentar tener ese acercamiento con su hija: *es, por lo tanto, lógica y atendible la existencia razonable de temor y de angustia del actor ante la conducta de los demandados, conducta que puede llegar a producir no sólo la privación de contactos entre el padre y la hija, sino además la perdida del afecto o imposibilidad de que éste nazca entre M. y su padre. Tal privación de contacto con la hija reúne los requisitos precisos para entender*

[1368] Dicho carácter contractual no se desvirtúa cuando se afirma que el acto del convenio regulador aprobado es de naturaleza mixta (contractual y judicial) pues con ello solo se dice que al carácter contractual que no pierde se le suma la eficacia judicial. Por otro lado, el recurso al art. 1101 Cc se ha fundado también, en el incumplimiento de deberes legales, como son los de los padres para con los hijos: MARTÍNEZ DE MORENTIN LLAMAS, Mª LOURDES, "Estudio...", p. 59.

[1369] La madre se había trasladado con los hijos de Barcelona a Madrid, estimando la Audiencia que el ejercicio del derecho constitucional a elegir libremente el lugar de residencia no genera responsabilidad alguna, sin perjuicio de que puede conllevar a una adaptación del régimen de visitas a la nueva situación: SAP Madrid, de 21 de junio de 2001 (JUR 252828).

[1370] ROMERO COLOMA, AURELIA, *Incumplimiento...*, p. 74; MARÍN GARCÍA, IGNACIO - LÓPEZ RODRÍGUEZ, DANIEL, "Indemnización...", p. 17 y ss.

[1371] La madre se había trasladado con su esposo y la hija de ella y el demandante de Cádiz a Madrid y habían iniciado los trámites de adopción de la niña por el marido con el objeto de integrarla plenamente en la nueva familia. El traslado significó que el padre debiera incurrir en costos de traslado de alojamiento para cumplir el régimen de visitas que en definitiva le era impedido ejercer.

existente el derecho al resarcimiento del daño moral. La ausencia de contacto se debió a la intención de los demandados, que no tuvo justificación; la privación de contacto fue importante para el actor que no logró comunicarse pese al tiempo que intentó ejercer el derecho que tenía conferido y se dio la situación de afectación en la esfera psíquica de tensión, incertidumbre, incomodidad, consecuencia directa de la inefectividad de su derecho, unida a la preocupación por la posible pérdida afectiva de la hija[1372].

El Tribunal Supremo español, incorporando jurisprudencia del Tribunal Europeo de Derechos Humanos como uno de los elementos principales de su razonamiento[1373], abre la puerta de recepción definitiva a la indemnización de daños morales por aplicación de las normas de la responsabilidad civil extracontractual en el ámbito de las relaciones paterno-filiales en España en el año 2009[1374]. La relevancia de la sentencia es innegable, pues *supone una fisura en el principio tradicional de inmunidad de daños entre familiares*[1375]. Tal singularidad me obliga a exponer brevemente el caso y la sentencia[1376].

En cuanto a los hechos, el recurrente y actor ejerció contra los demandados (la madre de su hijo menor, el Centro de Mejoramiento Personal A.C. y la Asociación Civil de Dianetica o Iglesia de la Cienciología) acción de responsabilidad extracontractual, pidiendo que se condenara a pagar solidariamente la indemnización solicitada por el daño moral producido al actor tras ser captada la madre por la Iglesia de la Cienciología, haberse trasladado

---

1372 Comentarios de decisiones de otras AP en la materia se pueden ver en: ROMERO COLOMA, AURELIA, *Incumplimiento...,* p. 82 y ss.

1373 Muy resumidamente el TEDH considera que *existe entre el niño y sus padres una relación constitutiva de una vida familiar* en los términos del art. 8º del Convenio Europeo de Derechos Humanos (sentencia Keegan contra Irlanda de 26 mayo 1994); para un padre y su hijo, estar juntos representa un elemento fundamental de la vida familiar, aunque la relación entre los padres se haya roto, y las medidas internas que lo impidan constituyen una injerencia en el derecho protegido por el *artículo 8 del Convenio* (entre otras: sentencias Johansen contra Noruega de 7 agosto 1996, y Bronda contra Italia de 9 junio 1998); de donde concluye el Tribunal que se produce daño moral que debe ser indemnizado (*el demandante ha sufrido un daño moral cierto, que no queda suficientemente indemnizado con la constatación de violación al Convenio*).

1374 El Tribunal hace presente en todo caso que la demandada ha infringido, al menos, una obligación legal impuesta a los progenitores titulares de la patria potestad en el artículo 160 Cc. que establece el derecho de los progenitores a relacionarse con el hijo.

1375 RODRÍGUEZ GUITIÁN, ALMA MARÍA, "Tipología...", p. 855. Advierte la autora que al referirse la sentencia a un caso muy concreto, no cabe deducir de ella la aplicación indiscriminada de la responsabilidad civil a todas y cada una de las hipótesis de daños entre familiares (p. 857).

1376 STS, 512/2009, de 30 de junio disponible en www.poderjudicial.es, Id Cendoj: 28079110012009100501. Comentarios a esta sentencia se pueden ver en: ROMERO COLOMA, AURELIA, *Incumplimiento...,* p. 69 y ss.; MARÍN GARCÍA, IGNACIO - LÓPEZ RODRÍGUEZ, DANIEL, "Indemnización...", p. 18 y ss.; RUÍZ JIMÉNEZ, JUANA – TEJEDOR MUÑOZ, LOURDES, "Indemnización de...", p. 805 y ss.; 73 y ss.; MARÍN GARCÍA DE LEONARDO, MARÍA TERESA, "Perspectivas...", p. 73; RODRÍGUEZ GUITIÁN, ALMA MARÍA, "Tipología...", p. 851 y ss., y MARTÍNEZ DE MORENTIN LLAMAS, Mª LOURDES, "Estudio...", p. 53 y ss., entre otros.

a Tampa, Florida, y no haber permitido en ningún momento después de dicho traslado que el padre tuviese contacto con su hijo, privándolo, en contra de su voluntad de la relación desde el día 23 de agosto de 1991, y a pesar de que se le había atribuido la guarda y custodia del menor. Tanto la sentencia de 1ª instancia del Juzgado nº 12 de Madrid, como la recurrida de la AP de Madrid, desestimaron la demanda formulada y el recurso de apelación, respectivamente, por prescripción de la acción. En virtud del recurso de casación en contra de la sentencia de apelación el Tribunal Supremo tuvo oportunidad de dejar sentado lo siguiente:

- En materia de prescripción de la acción para reclamar la responsabilidad civil extracontractual: que la privación de los contactos con el hijo ha ido manteniéndose a lo largo de su minoría de edad y, por lo tanto, el *dies a quo* para el ejercicio de la acción y para contar el plazo del año de acuerdo con el art 1968.2 Cc. es precisamente el día en que debe cesar la guarda y custodia del padre por haber cumplido el hijo la mayoría de edad, es decir, el 21 de agosto de 2002, porque en cualquier momento podría haber recuperado el padre la guarda y custodia. Por consiguiente, el daño solo se consolidó cuando el padre supo que definitivamente se le había privado de poder comunicarse con el menor y ejercer la guarda y custodia que se le había atribuido judicialmente y ello ocurrió en el momento en que se extinguió la patria potestad.

- En cuanto al primer requisito exigido para la procedencia de la responsabilidad consistente en la concurrencia de una acción u omisión en la que haya intervenido culpa o negligencia: se distingue entre la conducta de la madre y la de los otros dos demandados; la primera efectuó un acto contrario a derecho en un doble sentido, en primer lugar, impidiendo que el menor pudiese relacionarse con su padre, vulnerando así el art. 160 Cc. y en segundo lugar, oponiéndose a la ejecución de la sentencia que otorgaba la guarda y custodia del hijo a su padre, que conocía perfectamente, al haber ella misma recurrido contra las diversas sentencias. El TS estima que debe considerarse que hubo una acción deliberada dirigida a cometer un acto consistente en impedir las relaciones paterno-filiales. No ocurre lo mismo con los otros demandados: la influencia que pudieran haber ejercido en la madre no puede ser objeto de decisión en la causa por falta de prueba y para proteger el principio de libertad religiosa. Además, no puede serles atribuida ninguna acción u omisión dirigida a impedir las relaciones entre padre e hijo, básicamente, porque no concurre en ellos la necesaria imputación objetiva. En consecuencia, la acción de responsabilidad debe quedar limitada a la madre del menor.

- En cuanto al segundo elemento de la responsabilidad, esto es, la concurrencia o no de daño. El Tribunal reflexiona que el problema de las relaciones entre los progenitores separados en orden a la facilitación de los tratos de quien no convive con los hijos cuya guarda y custodia ha sido atribuida al otro progenitor presenta problemas complejos, hasta el punto de que en diversas reuniones internacionales se ha venido manteniendo el principio de sanción al progenitor incumplidor para proteger no solo el interés del menor, sino el de quien no convive con el hijo. Concluye el alto Tribunal, que el daño existe en este caso y no consiste únicamente en la imposibilidad de ejercicio de la patria potestad y del derecho de guarda y custodia, porque en este caso sólo podría ser reclamado por el menor afectado por el alejamiento impuesto por el progenitor que impide las relaciones con el otro, sino que consiste en la imposibilidad de un progenitor de tener relaciones con el hijo por impedirlo quien se encuentra de hecho a cargo del menor.

- Finalmente, en cuanto al tercer elemento para el nacimiento de la obligación de responder, esto es, la relación de causalidad. Explica el Tribunal Supremo que *debe ser entendida en este caso no tanto como causalidad física, sino en el sentido de causalidad jurídica, con la utilización de los criterios de imputación objetiva, que esta Sala ha venido utilizando*[1377]. En ese entendido señala que el daño debe imputarse jurídicamente a la madre, por impedir de manera efectiva las relaciones con el padre del menor, a pesar de haberse atribuido a éste la guarda y custodia. No existe, pues, ninguna incertidumbre sobre el origen del daño que sólo puede ser atribuido a la madre, por ser la persona que tenía la obligación legal de colaborar para que las facultades del padre como titular de la potestad y guarda y custodia del menor, pudieran ser ejercidas por éste de forma efectiva y al impedirlo, deviene responsable por el daño moral causado al padre[1378].

[1377] Al respecto indica que *se debe distinguir entre la causalidad material o física, primera secuencia causal para cuya estimación es suficiente la aplicación de la doctrina de la equivalencia de condiciones, para la que causa es el conjunto de condiciones empíricas antecedentes que proporcionan la explicación, conforme con las leyes de la experiencia científica, de que el resultado haya sucedido,* de *la causalidad jurídica, en cuya virtud cabe atribuir jurídicamente – imputar– a una persona un resultado dañoso como consecuencia de la conducta observada por la misma, sin perjuicio, en su caso, de la valoración de la culpabilidad –juicio de reproche subjetivo– para poder apreciar la responsabilidad civil, que en el caso pertenece al campo extracontractual.* Para *sentar la existencia de la causalidad jurídica, que visualizamos como segunda secuencia configuradora de la relación de causalidad, tiene carácter decisivo la ponderación del conjunto de circunstancias que integran el supuesto fáctico y que son de interés en dicha perspectiva del nexo causal.*

[1378] En este caso, no existía incertidumbre sobre el origen del daño, sin embargo el establecimiento de la relación de causalidad es calificado como extremadamente complejo cuando el daño que se invoca es moral, porque el debilitamiento de las relaciones paterno-filiales pudiera tener varios orígenes concurrentes: DÍAZ MARTÍNEZ, ANA, "Resarcimiento…".

Concluye el alto Tribunal, en el considerando quinto de la sentencia, que *el daño a indemnizar en este caso es exclusivamente el daño moral ocasionado por quien impide el ejercicio de la guarda y custodia atribuida al otro en una decisión judicial e impide las relaciones con el otro progenitor y ello con independencia de que se pueda, al mismo tiempo y de forma independiente, ejercitar las acciones penales por desobediencia*[1379].

Abierta ya la línea jurisprudencial que reconoce el daño moral en aquellos casos en que uno de los padres impide que el otro progenitor se relacione con su hijo menor[1380], la problemática en torno al daño moral se ha desplazado desde su existencia o admisibilidad en las relaciones familiares, a los criterios para su valoración[1381]. El Tribunal Supremo ha señalado que su cuantía debe ser objeto de una actividad de apreciación por parte del juzgador, habida cuenta de la inexistencia de parámetros que permitan con precisión traducir en términos económicos el sufrimiento en que el daño moral esencialmente consiste[1382]. La cuantificación debe ser la expresión de la gravedad del hecho y las circunstancias personales del ofendido[1383]. Lo anterior trae como consecuencia procesal que la evaluación del daño moral es una cuestión de hecho, no revisable en casación, a menos, que el tribunal de instancia haya infringido normas legales o criterios jurisprudenciales[1384]. La consecuencia práctica es que la indemnización termina siendo discrecional, a tanto alzado, con el único límite de la irrazonabilidad ostensible[1385].

[1379] El Tribunal condenó a la madre a indemnizar al padre la suma de 60.000 euros, considerando que el daño moral, en este caso resulta absolutamente indeterminado al carecer de parámetros objetivos; que el padre no reclamó los daños materiales que le puedan haber ocasionado los distintos procedimientos iniciados durante los años siguientes a la desaparición de su hijo y; que el daño es irreversible. La sentencia también reconoce que la reclamación de indemnizaciones entre progenitores por daños ocasionados entre ellos era una materia incipiente en el derecho español.

[1380] A la responsabilidad de la administración por el daño moral derivado de la privación de la compañía de los hijos a consecuencia de una declaración de desamparo improcedente, no me voy a referir, por exceder el objeto de este trabajo. Sobre el particular se puede revisar, entre otros: Marín García, Ignacio - López Rodríguez, Daniel, "Indemnización...", p. 25 y ss.

[1381] Entre los factores que dificultan la unificación de criterios en la valoración de un mismo daño, se mencionan: la ausencia de un mercado que suministre valoraciones objetivas mediante un sistema de precios, la sujeción de los tribunales a distintas reglas materiales y procesales, y finalmente, la competencia civil y del orden contencioso administrativo, según sea el causante del daño un particular o la administración pública (por ejemplo cuando la Administración pública dicta una resolución de desamparo improcedente, en virtud de la cual aparta a los hijos de sus padres o tutores): Marín García, Ignacio - López Rodríguez, Daniel, "Indemnización...", p. 7 y ss.

[1382] STS, de 4 de octubre de 2006, (RJ 6428).

[1383] STS, de 1 de julio de 2008 (RJ 4185) y de 29 de enero de 2005 (RJ 1832).

[1384] STS, de 9 de junio de 2009 (JUR 300745) y de 4 de junio de 2008 (RJ 3124).

[1385] Se alude a este único límite de la valoración discrecional del daño moral, una vez detectada la ausencia de criterios de valoración y la consiguiente falta de control por parte de las instancias superiores: Marín García, Ignacio - López Rodríguez, Daniel, "Indemnización...", p. 15.

Finalmente, siempre quedan algunas cuestiones poco claras y de difícil solución respecto del ejercicio de la acción de indemnización, así cuando el custodio o el no custodio piden indemnización por el incumplimiento imputable al otro progenitor ¿por quién la piden? ¿por qué daños la piden? ¿solo por los perjuicios que a título personal han sufrido o también por los perjuicios que directamente ha sufrido el hijo que no ha podido disfrutar de un derecho que le es propio? ¿puede el menor accionar en defensa del derecho de que es titular? Como ya he analizado en otra parte de este trabajo[1386], el menor no es un sujeto pasivo del derecho, sino, por el contrario, es un titular frente al cual se encontrarían dos obligados: el padre custodio que no debe entorpecer el ejercicio del derecho y el padre no custodio que debe relacionarse con el hijo: esto implica que el hijo que cuente con suficiente juicio para comparecer, puede reclamar el derecho de comunicación que le es propio cuando se hayan impedido sin justa causa tales relaciones, dirigiendo su acción en contra del obstaculizador, normalmente el padre custodio que impide las visitas del no custodio; también contra éste último cuando no desarrolla las visitas a que está obligado, por ser quien impide, con su actitud reticente, el ejercicio del derecho del hijo[1387].

Llevando ésta idea al plano que ahora interesa, resulta evidente que el hijo sufre un daño en cuanto efecto sicológico negativo por el déficit afectivo y emocional que la ausencia de relación le supondría; esto es, un perjuicio en su formación integral y en el desarrollo de su personalidad al no poder relacionarse con normalidad con su progenitor no custodio a consecuencia del incumplimiento del régimen de visitas por parte de éste o del progenitor custodio[1388]. Existe, en consecuencia, un derecho del hijo a reclamar el perjuicio que le haya producido la situación de incomunicación con el padre y el progresivo deterioro de la relación paterno-filial[1389]; así parece reconocerlo la sentencia del Tribunal Supremo de 30 de junio de 2009 recién analizada cuando señala: *el daño existe en este caso y no consiste únicamente en la imposibilidad de ejercicio de la patria potestad y del derecho de guarda y custodia, porque en este caso sólo podría ser reclamado por el menor afectado por el alejamiento,* de lo que se sigue determinar cómo se puede hacer efectivo tal derecho del hijo.

1386 Capítulo Tercero, epígrafe segundo relativo a El Menor.

1387 Capítulo Tercero, apartado: *Reclamación del derecho de comunicación por parte del hijo.*

1388 Se habla tanto de la afectación del derecho subjetivo del hijo a relacionarse con su padre, como de su integridad psíquica, ya que el contacto con ambos progenitores es indispensable para su formación como persona, para su equilibrio psíquico y afectivo. Incluso se pueden producir daños derivados de la lesión al derecho a la identidad del menor, por ejemplo cuando el custodio imposibilita desde el primer momento (nacimiento) que el padre y el hijo se conozcan: RODRÍGUEZ GUITIÁN, ALMA MARÍA, *Responsabilidad...*, p. 272-278. En semejante sentido: MARTÍNEZ DE MORENTIN LLAMAS, Mª LOURDES, "Estudio...", p. 50.

1389 MARÍN GARCÍA DE LEONARDO, MARÍA TERESA, "Perspectivas...", p. 48; RODRÍGUEZ GUITIÁN, ALMA MARÍA, "Tipología...", p. 848.

Al amparo del art. 158 Cc. y del propio art. 160.2 y 3 Cc. el menor puede dirigirse al juez cuando su derecho a relacionarse está siendo obstaculizado o impedido, y en consecuencia, en un plano teórico, cabría sostener que el hijo podría ir contra el progenitor que le ha impedido, u obstaculizado gravemente disfrutar de la compañía del otro progenitor, pero al no ostentar acción procesal debe ir representado por su guardador[1390]. Así, al igual que respecto de la reclamación personal del ejercicio del derecho, la conclusión es que el menor es el sujeto que menos posibilidades tiene de defensa personal de su derecho[1391]. En la práctica, solo queda que el progenitor afectado, conjuntamente con la reclamación de sus perjuicios propios, demande para el hijo la indemnización que corresponde a los daños que éste ha sufrido[1392], lo que podrá hacer el progenitor custodio que tiene la guarda del menor como su representante legal por el ejercicio de la patria potestad que tiene atribuida[1393]; o el progenitor no custodio que ha visto impedida la relación en contra del custodio, siempre que tenga el ejercicio de la patria potestad. Cuando se presente conflicto de interés entre el padre y el menor (por ejemplo cuando el reclamo de daños es contra el progenitor conviviente y el no custodio no tiene el ejercicio de la patria potestad) deberá actuar el defensor judicial por éste último (art. 163 Cc).

b. Cláusula Penal

Se trata de un modo de resarcimiento de los daños y perjuicios que podría venir contenida en una estipulación del convenio regulador, previendo de forma anticipada la valoración de daños y perjuicios derivados del incumplimiento de alguna de las partes[1394]. El estudio de esta medida para el ámbito del incumplimiento de los deberes del régimen de visitas no es muy amplio, más bien se limita a los comentarios de su admisibilidad como medida preventiva, según se tuvo oportunidad de ver páginas atrás en el párrafo relativo a la protección preventiva del derecho[1395]. Solo reitero, que la doctrina no es uniforme en cuanto al carácter indemnizatorio que pudiera tener, pero sí en su carácter sancionador.

[1390] ROMERO COLOMA, AURELIA, "Incumplimiento del régimen...", p. 425.

[1391] SALANOVA VILLANUEVA, MARTA, "Aproximación...", p. 508.

[1392] Pese a no resultar del todo claro, alguna doctrina reconoce la legitimación del propio hijo: MARÍN GARCÍA DE LEONARDO, MARÍA TERESA, "Perspectivas...", p. 48.

[1393] RODRÍGUEZ GUITIÁN, ALMA MARÍA, *Responsabilidad...*, p. 273.

[1394] En los casos en que la función de la cláusula penal es la anticipación de la cuantificación de los daños y perjuicios, siempre pueden presentarse problemas posteriores relativos, entre otros, a la reclamación de un mayor importe cuando el daño supera la previsión inicial, o a su extensión, esto es, si solo se refiere a daños materiales o incluye también los morales. Así es puesto de manifiesto en: DÍAZ MARTÍNEZ, ANA, "Resarcimiento...".

[1395] ROCA TRÍAS, ENCARNA, en PAZ-ARES, CÁNDIDO y otros, *Comentario...*, p. 395; RIVERO HERNÁNDEZ, FRANCISCO, *El Derecho...*, p. 288; ROMERO COLOMA, AURELIA, *Incumplimiento...*, p. 106; MORENO VELASCO, VÍCTOR, "La indemnización...". Este último autor propone la cláusula

3. Valoración

Analizadas las diversas medidas de protección civil del derecho de relación ante un incumplimiento del régimen de visitas, es posible concluir que el legislador español ofrece una amplia gama de posibilidades, con objetivos diversos y complementarios, sin perjuicio de lo cual, ante la pluralidad de formas de incumplimiento y de circunstancias concurrentes, especialmente relativas al beneficio del menor, ninguna de ellas parece ser suficiente y adecuada por sí sola en la evitación de los incumplimientos graves o en el restablecimiento del derecho, es decir, ninguna impacta positivamente de modo definitivo en la efectividad de las relaciones[1396].

En cuanto a su funcionalidad, el empleo simultáneo de varias medidas civiles puede generar resultados en algunos casos (multas coercitivas y recuperación de los días no ejercitados; cambio de régimen e indemnización; multa coercitivas e indemnización de perjuicios[1397], etc.); en otros, tendrá que recurrirse además a las medidas de protección penal, a fin de intentar detener la actitud obstruccionista o incumplidora. La no reacción jurídica puede acarrear como consecuencia que el paso del tiempo convierta en definitiva una situación de falta de comunicación, afectando los intereses y derechos que resultan de la relación entre los hijos y sus progenitores.

III. PROTECCIÓN DEL DERECHO DE RELACIÓN EN EL ÁMBITO PENAL

El análisis en extenso del ámbito de protección penal del derecho de relación de un menor con su progenitor no custodio excede la delimitación y objetivos de este trabajo; sin embargo se aprecia oportuna una presentación general de las figuras penales que lo integran a fin de dar cuenta del amplio contorno protector actual de las relaciones paterno-filiales.

La necesidad de protección penal del derecho de relación del hijo con el progenitor no custodio ante casos de incumplimiento es evidente cuando las

---

penal exclusivamente como una de las formas de indemnizar los daños causados por el incumplimiento del régimen de visitas y no como medida preventiva.

[1396] Se ha señalado que en ocasiones los remedios previstos por el legislador no son los más adecuados al otorgar una protección limitada, incluso en ciertos casos perjudicial para el miembro de la familia al que se trata de tutelar: RODRÍGUEZ GUITIÁN, ALMA MARÍA, "Tipología...", p. 851. En este contexto se viene sugiriendo desde algunos sectores, el recurso a la mediación intrajudicial, no ya solo en la fase declarativa del pleito de divorcio, sino también en la fase de ejecución: SÁNCHEZ LÓPEZ, ANA DOLORES "Régimen de...", p. 57.

[1397] Esta última posibilidad es comentada en ROMERO COLOMA, AURELIA, *Reclamaciones...*, p. 140.

medidas de índole civil tendientes al cumplimiento del régimen de visitas resultan ineficaces y de difícil articulación[1398]. El principio de intervención mínima del Derecho penal exige que las conductas reveladoras de incumplimientos parciales, mas aún en el ámbito familiar, si afectan a menores de edad, sean examinadas, valoradas y, en su caso, tratadas prioritariamente en el ámbito de un proceso civil[1399].

La protección penal se vincula con la sanción al culpable del incumplimiento –a título de delito o de falta, según la gravedad o levedad de los mismos– y no con el restablecimiento del derecho vulnerado. Entre las normas penales a revisar pueden distinguirse aquellos supuestos en los que existe sanción por incumplimientos relacionados con una negativa de actuar el derecho y dificultad de entrega del menor para su ejercicio o restitución, de los supuestos en que el progenitor custodio o no custodio traslada al menor a otro país imposibilitando las visitas o la guarda y custodia, según el caso[1400].

Paso a presentar muy brevemente, sin el rigor que su especialidad jurídica requiere, los tipos penales sancionatorios que, en el Ordenamiento Jurídico español, se podrían encuadrar dentro del ámbito de protección del derecho de relación del hijo con su progenitor no custodio, para cuyo efecto dividiré la exposición en aquellos que podrían ser constitutivos de delitos y aquellos supuestos de faltas.

1. Delitos vinculados con la protección del derecho de relación

A. Artículo 223 CP

Dentro del capítulo destinado a los delitos contra los derechos y deberes familiares, específicamente en la sección 1.ª *del quebrantamiento de los deberes de custodia y de la inducción de menores al abandono de domicilio*, se

---

1398 Panizo y Romo de Arce, Alberto, *El proceso...*, p. 182.

1399 Magro Servet, Vicente, "El incumplimiento del régimen de visitas en la reforma del Código Penal por la Ley 15/2003, de 25 de noviembre", *La Ley*, Nº 5956, 2004.

1400 A mediados de los años noventa la doctrina hizo presente, como una queja al sistema penal, la inexistencia de previsión específica de sanción a la obstrucción al derecho de visita, al contrario de lo que ocurría con el impago de las prestaciones económicas: Salanova Villanueva, Marta, "Aproximación...", p. 506. La única norma aplicable en aquél entonces era, según informa la autora, el delito o la falta de desobediencia a la autoridad, con la dificultad adicional de la exigencia de dolo específico que el Tribunal Supremo definió como la intención de ofensa a la autoridad o menosprecio a la persona que la representa, móvil que no es el que empuja a quien ostenta la guarda del menor a impedir la relación. Se sugería tipificar como delito autónomo el incumplimiento del derecho de visita, sin desconocer, sin embargo, que dicha solución no sería congruente con el principio de intervención mínima que preside el derecho penal moderno: Carretero Sánchez, Adolfo, "El nuevo...".

encuentra esta disposición, conforme a la cual *el que, teniendo a su cargo la custodia de un menor de edad o un incapaz, no lo presentare a sus padres o guardadores sin justificación para ello, cuando fuere requerido por ellos, será castigado con la pena de prisión de seis meses a dos años, sin perjuicio de que los hechos constituyan otro delito más grave*. Se trata de un delito de omisión, caracterizado por la presencia de una garantía plasmada en la exigencia típica de que el sujeto omitente sea el encargado de la custodia del menor: se protege la relación familiar, la patria potestad o la tutela[1401].

El delito sanciona la no presentación cuando haya obligación de hacerlo; presentación que no equivale a la entrega. Se sanciona en definitiva, la ocultación, por eso el delito solo podría cometerse respecto de aquellos menores o incapaces que no pueden decidir por sí mismos, de lo contrario habría delito de detención ilegal[1402]; asimismo, el consentimiento del menor o incapaz es irrelevante y no elimina la antijuridicidad de la conducta[1403].

A partir de ahí su ámbito de aplicación no es cuestión pacífica en la doctrina, por lo que es una figura de dudosa aplicación respecto de la afectación del derecho de relación. Como muestra de ello, para algunos autores el delito tiene lugar cuando terminado el tiempo de ejercicio del derecho de relación el menor no es entregado al custodio sin causa justificada, una vez que la devolución ha sido solicitada[1404], con lo cual, este tipo de incumplimientos del derecho de relación quedaría encuadrado en este tipo penal y habría sanción penal para el visitante conforme al art. 223 CP[1405]. Pero también se ha dicho, que el sujeto activo especializado sería quien de modo regular tiene a su cargo la custodia del menor[1406], lo cual excluiría los eventuales ocultamiento realizados por el progenitor no custodio.

Por otro lado, bajo el entendido general de que los supuestos obstruccionistas del ejercicio del derecho de visitas, no merecen el calificativo de delito, se interpreta que este tipo sería de aplicación en aquellos casos en que el menor

[1401] ESCRIHUELA CHUMILLA, JAVIER, "Delitos contra la relaciones familiares", *La Ley*, Madrid 2011, consultado en www.laleydigital.es.

[1402] MUÑOZ CONDE, FRANCISCO, *Derecho Penal, Parte Especial,* decimosexta edición, Tirant Lo Blanch, Valencia 2007, p. 325.

[1403] ESCRIHUELA CHUMILLA, JAVIER, "Delitos…".

[1404] RIVERO HERNÁNDEZ, FRANCISCO, *El Derecho…*, p. 313; BALLESTEROS DE LOS RÍOS, MARÍA en BERCOVITZ RODRÍGUEZ-CANO, RODRIGO (coord.), *Comentarios al…*, p. 295.

[1405] BALLESTEROS DE LOS RÍOS, MARÍA en BERCOVITZ RODRÍGUEZ-CANO, RODRIGO (coord.), *Comentarios al…*, p. 295.

[1406] VÁZQUEZ IRUZUBIETA, CARLOS, "Comentario al artículo 223 del Código Penal", consultado en http://vlex.com/vid/59167511, el 6 de noviembre de 2012; ESCRIHUELA CHUMILLA, JAVIER, "Delitos…".

se encuentra bajo la custodia de una tercera persona distinta de los padres: por ejemplo, en acogimiento[1407].

En opinión de doctrina penal autorizada quedan fuera del precepto los casos de ruptura matrimonial en los que el cónyuge que tiene la custodia del menor o incapaz no permite el ejercicio del derecho de visita al otro cónyuge, respecto del cual sí podrían darse otros supuestos penales[1408]. En un sentido semejante, como la conducta típica consiste en la no presentación injustificada del menor a sus padres o guardadores previo requerimiento, éstos no podrían ser, por tanto, sujetos activos del delito[1409]. Para Díez Ripollés, la delimitación del sujeto activo debe llevarse a cabo teniendo debidamente en cuenta la relación excluyente que contiene el tipo entre quien tiene a su cargo la custodia, aún ocasional, del menor o incapaz, y quien los reclama: entre quien tiene la guarda material del menor y los padres (o guardadores) que tienen la titularidad de su ejercicio; tal titularidad debe abarcar necesariamente los deberes de convivencia que conlleva a su vez el de vigilancia[1410]. En consecuencia serán sujetos activos los delegados paternos a quienes se les ha encomendado temporalmente el cuidado del menor, sin adquirir en ningún momento la titularidad de las funciones de guarda (por ejemplo la canguro, un maestro, etc.)[1411] o quienes han asumido la guarda material como consecuencia del apoderamiento ilícito del menor, de quienes se dice que al sacarle del área de convivencia adquieren respecto del

[1407] Sánchez Parra, Francisco Jesús, "La sanción penal de las actividades obstruccionistas del progenitor custodio en relación al cumplimiento de los regímenes de visitas", *Revista de Derecho de Familia*, Nº 28, Valladolid 2005, p. 316-317.

[1408] Muñoz Conde, Francisco, *Derecho Penal...*, p. 325. En igual sentido la mayoría de los pronunciamientos citados en Romero Sieira, Consuelo, "Comentarios al artículo 223 del Código Penal", consultado el 6 de noviembre de 2012 en http://vlex.com, enlazado como libros-revistas, nº089-69111065. A favor de la exclusión de los casos de ruptura matrimonial se ha sostenido que de lo contrario cometerían el delito todos los progenitores separados y sometidos a un régimen de guarda o de visitas cuando no cumplieren puntualmente con lo acordado en el convenio regulador o con lo ordenado en la sentencia de divorcio: Escrihuela Chumilla, Javier, "Delitos...".

[1409] Blanco Lozano, Carlos, "Delitos contra las relaciones familiares", consultado en http://vlex.com/vid/delitos-relaciones-familiares-247170, el 6 de noviembre de 2012. Categóricamente afirmando que nunca pueden ser los padres sujetos activos del tipo: Fernández Bautista, Silvia, en Corcoy Bidasolo, Mirentxu, *Derecho Penal Parte especial. Doctrina y jurisprudencia en casos solucionados,* tomo I, Tirant Lo Blanch, Valencia 2011, p. 321.

[1410] Díez Ripollés, José Luis, en Díez Ripollés, José Luis y Romeo Casabona, Carlos (coords.), *Comentarios al Código Penal. Parte especial II,* Tirant Lo Blanch, Valencia 2004, p. 1153 y ss. En su opinión no merecen la calificación de padres a efectos del art. 223 CP aquellos que respondiendo a tal concepto civil no posean con título propio la guarda material del menor, como los padres excluidos de la patria potestad, en cuyo caso, éstos podrían ser sujetos activos del delito.

[1411] Torres Rosell, Nuria, en Quintero Olivares, Gonzalo (dir.), *Comentarios a la parte especial del derecho penal*, 9ª edición, Thomson Reuters, Cizur Menor 2011, p. 583.

menor una guarda sobrevenida sin título propio. Conforme a esta postura, se excluye por tanto, al progenitor no custodio y custodio[1412].

B. Artículo 224 CP

Conforme a esta disposición *el que indujere a un menor de edad o a un incapaz a que abandone el domicilio familiar, o lugar donde resida con anuencia de sus padres, tutores o guardadores, será castigado con la pena de prisión de seis meses a dos años.*

En la misma pena incurrirá el progenitor que induzca a su hijo menor a infringir el régimen de custodia establecido por la autoridad judicial o administrativa.

El tipo protege el orden familiar establecido, en el que los padres son quienes tienen el derecho de fijar y decidir la residencia de los hijos menores[1413]. La inducción debe ser directa y eficaz, no siendo típico en el sentido de esta norma, el mero consejo o recomendación[1414]. La inducción puede ser a abandonar el domicilio familiar o el lugar donde resida con anuencia de los padres, aunque el abandono no se produzca, y en este supuesto se castiga a cualquier persona que lo haga[1415]; o puede ser a infringir el régimen de custodia, en cuyo caso el infractor debe ser un progenitor. El progenitor no custodio, en un ejercicio abusivo del derecho de relación, podría incurrir en las conductas descritas en el tipo. Para la doctrina penal autor de este delito puede ser cualquiera de los dos progenitores[1416]; así, se ha dicho que puede incurrir en el delito tanto el visitador que induce al menor a abandonar el domicilio del guardador jurídico, como éste, cuando induce al menor a suspender la estancia (en régimen de visitas) con el primero y logra que abandone el domicilio o residencia del visitador; la idea que está detrás es que la estancia o residencia del menor con el visitador unas veces será con la anuencia del guardador y otras lo será con la del juez y por mandato legal[1417].

También puede estimarse la situación del progenitor guardador que induce al menor a infringir la custodia del modo como está determinada por el juez[1418] o cuando, pese a su posición de garante, no impide pudiendo hacerlo, que el

[1412] DÍEZ RIPOLLÉS, JOSÉ LUIS, en DÍEZ RIPOLLÉS, JOSÉ LUIS y ROMEO CASABONA, CARLOS (coords.), *Comentarios...*, p. 1158.

[1413] ESCRIHUELA CHUMILLA, JAVIER, "Delitos…".

[1414] MUÑOZ CONDE, FRANCISCO, *Derecho Penal...*, p. 326; DÍEZ RIPOLLÉS, JOSÉ LUIS, en DÍEZ RIPOLLÉS, JOSÉ LUIS y ROMEO CASABONA, CARLOS (coords.), *Comentarios...*, p. 1171.

[1415] TORRES ROSELL, NURIA, en QUINTERO OLIVARES, GONZALO (dir.), *Comentarios...*, p. 585.

[1416] FERNÁNDEZ BAUTISTA, SILVIA, en CORCOY BIDASOLO, MIRENTXU, *Derecho Penal...*, p. 324.

[1417] RIVERO HERNÁNDEZ, FRANCISCO, *El Derecho…*, p. 314.

[1418] TORRES ROSELL, NURIA, en QUINTERO OLIVARES, GONZALO (dir.), *Comentarios...*, p. 586.

menor abandone el domicilio de sus padres[1419]. Con lo cual, se observa una dispersión interpretativa importante en cuanto a la comisión del ilícito. A su vez, aunque alguna doctrina autorizada sostiene que es un delito de resultado material y que por tanto la consumación solo se dará cuando por efecto de la inducción, se produce el efectivo abandono[1420], es discutido desde otros sectores, si para la consumación del delito es necesario el efectivo abandono por parte del menor[1421].

El art. 225 CP, contiene una atenuación de la pena que supone que los delitos del art. 224 CP ya se han consumado y posteriormente se produce un comportamiento que se valora positivamente, siempre que no se hayan cometido otros delitos o dado malos tratos al menor[1422].

C. Artículo 225 bis CP

Establece la disposición:

1. El progenitor que sin causa justificada para ello sustrajere a su hijo menor será castigado con la pena de prisión de dos a cuatro años e inhabilitación especial para el ejercicio del derecho de patria potestad por tiempo de cuatro a diez años.

2. A los efectos de este artículo, se considera sustracción:

1.º El traslado de un menor de su lugar de residencia sin consentimiento del progenitor con quien conviva habitualmente o de las personas o instituciones a las cuales estuviese confiada su guarda o custodia.

2.º La retención de un menor incumpliendo gravemente el deber establecido por resolución judicial o administrativa.

3. Cuando el menor sea trasladado fuera de España o fuese exigida alguna condición para su restitución la pena señalada en el apartado 1 se impondrá en su mitad superior.

4. Cuando el sustractor haya comunicado el lugar de estancia al otro progenitor o a quien corresponda legalmente su cuidado dentro de las veinticuatro horas siguientes a la sustracción con el compromiso de devolución inmediata que efectivamente lleve a cabo, o la ausencia no hubiere sido superior a dicho plazo de veinticuatro horas, quedará exento de pena.

[1419] Se trataría de la comisión por omisión: ESCRIHUELA CHUMILLA, JAVIER, "Delitos...".

[1420] DÍEZ RIPOLLÉS, JOSÉ LUIS, en DÍEZ RIPOLLÉS, JOSÉ LUIS y ROMEO CASABONA, CARLOS (coords.), *Comentarios...*, p. 1167 y 1181.

[1421] Al respecto se puede ver: ESCRIHUELA CHUMILLA, JAVIER, "Delitos...".

[1422] MUÑOZ CONDE, FRANCISCO, *Derecho Penal...*, p. 327.

Si la restitución la hiciere, sin la comunicación a que se refiere el párrafo anterior, dentro de los quince días siguientes a la sustracción, le será impuesta la pena de prisión de seis meses a dos años.

Estos plazos se computarán desde la fecha de la denuncia de la sustracción.

5. Las penas señaladas en este artículo se impondrán igualmente a los ascendientes del menor y a los parientes del progenitor hasta el segundo grado de consanguinidad o afinidad que incurran en las conductas anteriormente descritas.

Se trata de un tipo penal incorporado por la LO 9/2002, de 10 de diciembre, respecto de cuyo bien jurídico protegido no existe una única visión, destacando aquella que estima que es simplemente el interés de los menores el objeto de especial protección[1423], lo cual conlleva la necesidad de más precisiones, pues habrá que determinar qué interés de los menores es el protegido. Considerando la presencia en el CP de otros supuestos típicos que resguardan diversos interés (vida, salud, seguridad, etc.) y la vinculación de éste delito a la guarda y custodia, se ha estimado que lo que se protege es la seguridad personal del menor vinculada a un determinado parámetro espacial que es el área de convivencia[1424], o más aún el bienestar personal del menor[1425]. También se alude a la seguridad del menor en el sentido de libre desarrollo de su personalidad que incluye el derecho a poder relacionarse regularmente con ambos progenitores[1426].

Uno de los elementos importantes del tipo consiste en que el progenitor que sustrae al menor lo haga "sin causa justificada" y sin consentimiento. En la primera situación de sustracción (el traslado) no se exige necesariamente resolución judicial previa de atribución de custodia; en la segunda (la retención) en cambio, sí son relevantes los términos en que está redactada la correspondiente resolución, y se aplica al progenitor no custodio que en ejercicio de su derecho de relación, retiene al menor más allá del tiempo previsto.

[1423] Así lo informa la breve Exposición de Motivos de la LO 9/2002, de 10 de diciembre, y lo afirma doctrina autorizada, entre ellos: Díez Ripollés, José Luis, en Díez Ripollés, José Luis y Romeo Casabona, Carlos (coords.), *Comentarios...*, p. 1196. Otra de las visiones que ha tenido algún desarrollo es la que lo considera un delito de desobediencia a la decisión judicial respecto a la custodia y guarda de los hijos menores en casos de separación o divorcio de sus progenitores, particularmente frecuente en casos de ruptura de parejas de diferente nacionalidad o concepciones culturales opuestas; al respecto se puede ver: Muñoz Conde, Francisco, *Derecho Penal...*, p. 327.

[1424] Díez Ripollés, José Luis, en Díez Ripollés, José Luis y Romeo Casabona, Carlos (coords.), *Comentarios...*, p. 1197.

[1425] En este sentido: García Pérez, Octavio, "El delito de sustracción de menores y su configuración", *InDret*, 2010, p. 9. El autor hace una lúcida exposición crítica de los diferentes planteamientos que en doctrina y jurisprudencia se han presentado respecto del bien jurídico protegido en esta figura penal (p. 4 a 9).

[1426] Torres Rosell, Nuria, en Quintero Olivares, Gonzalo (dir.), *Comentarios...*, p. 589.

En cuanto al sujeto activo[1427] tampoco existe uniformidad doctrinal: conforme al tenor de la Exposición de Motivos y al propio texto de la disposición se estima que solo puede caber esta posición al progenitor que no tiene la custodia de los hijos[1428]. Sin embargo, con razonables argumentos, especialmente el de la igual afectación del bienestar personal del menor cuando el custodio lo retiene o traslada para que no se pueda ejercer por el otro padre el derecho de visita, se estima que también puede ser sujeto activo aquél progenitor[1429]. Una interesante distinción entre la modalidad de traslado y la de retención lleva a sostener que de esta segunda forma de sustracción podría ser responsable el custodio, incluso después de un inicial traslado realizado legalmente[1430].

La sanción al culpable supone que no se adoptaron las medidas preventivas del riesgo de sustracción que permiten, en el ámbito civil, los arts. 103 o 158 del Cc. o, que las mismas fueron burladas.

Se trata de uno de los tipos penales vinculado con las relaciones familiares de mayor entidad, respecto del cual no procede realizar aquí comentarios más específicos. La delimitación de los elementos del tipo y la casuística se pueden revisar tanto en obras generales como en diversos artículos especializados[1431].

D. Artículo 226 CP

Conforme a esta disposición *el que dejare de cumplir los deberes legales de asistencia inherentes a la patria potestad, tutela, guarda o acogimiento familiar o de prestar la asistencia necesaria legalmente establecida para el sustento de sus descendientes, ascendientes o cónyuge, que se hallen necesitados, será castigado con la pena de prisión de tres a seis meses o multa de seis a 12 meses.*

[1427] Expongo brevemente la situación de los progenitores como sujetos activos de este delito, que es lo que interesa a fines de esta investigación; ello, sin desconocer que la figura también tipifica las conductas de otros ascendientes del menor y parientes consanguíneos o afines, cuya referencia omito.

[1428] TORRES ROSELL, NURIA, en QUINTERO OLIVARES, GONZALO (dir.), *Comentarios...*, p. 589.

[1429] GARCÍA PÉREZ, OCTAVIO, “El delito...”.

[1430] TORRES ROSELL, NURIA, en QUINTERO OLIVARES, GONZALO (dir), *Comentarios...*, p. 590. La autora apunta que la jurisprudencia no admite tampoco en los supuestos de retención la responsabilidad del progenitor custodio, reconduciendo tales conductas a la falta del art. 618 CP.

[1431] Al respecto y solo en forma referencial, entre otros: DÍEZ RIPOLLÉS, JOSÉ LUIS, en DÍEZ RIPOLLÉS, JOSÉ LUIS y ROMEO CASABONA, CARLOS (coords.), *Comentarios...*, p. 1198 y ss.; GARCÍA PÉREZ, OCTAVIO, “El delito...”; LLORIA GARCÍA, PAZ, *Secuestro de Menores en el ámbito familiar. Un estudio interdisciplinar*, Iustel, Madrid 2008; AEAF, *Sustracción interparental de menores*, Dykinson, Madrid 2005; MONTÓN GARCÍA, Mª DEL MAR, *La sustracción de menores por su propios padres*, Tirant Lo Blanch, Valencia 2003; ESCRIHUELA CHUMILLA, JAVIER, “Delitos...”.

El Juez o Tribunal podrá imponer, motivadamente, al reo la pena de inhabilitación especial para el ejercicio del derecho de patria potestad, tutela, guarda o acogimiento familiar por tiempo de cuatro a diez años.

Se trata del delito de abandono de familia, que se puede atribuir a quien no cumple la obligación de compañía propia de la patria potestad, y aún respecto del progenitor que no convive habitualmente con los hijos[1432]. La disposición genéricamente castiga a quien deja de cumplir deberes legales de asistencia inherentes a la patria potestad[1433].

El delito de abandono de familia, como refiere la doctrina más autorizada, se construye técnicamente como una norma penal en blanco, cuyo supuesto de hecho debe buscarse en los preceptos civiles reguladores de los deberes que refiere[1434]. Se trata de un delito de omisión del cumplimiento de determinados deberes legales de asistencia, de carácter permanente[1435], inherentes a algunos de los títulos mencionados en la norma. El sujeto activo será quien ostente uno de esos títulos y por tanto, resulte obligado a tales deberes. A partir de ahí la pregunta que surge es si el deber de relacionarse con los hijos o el de permitir y facilitar tal relación son deberes de asistencia inherentes a la patria potestad. Una respuesta positiva haría incurrir al cónyuge que infringe tales deberes en este delito de abandono. Especial imprecisión se observa en el empleo del término "guarda", que puede dar lugar a sujetos activos distintos del progenitor guardador titular formal, incluso distintos de los padres (así un curador o defensor judicial, por ejemplo)[1436].

E. Artículo 556 CP

Los supuestos en que el progenitor custodio no facilita el ejercicio del derecho o impide su cumplimiento, pueden encuadrarse en el art. 556 del CP[1437],

---

[1432] Rubio San Román, José Ignacio en Rams Albesa, Joaquín (coord.), *Comentarios...*, p. 1482.

[1433] Yzquierdo Tolsada, Mariano, en De Pablo Contreras, Pedro - Valpuesta Fernández, Rosario (coords.), *Código Civil...*, p. 790.

[1434] Muñoz Conde, Francisco, *Derecho Penal...*, p. 312; Torres Rosell, Nuria, en Quintero Olivares Gonzalo (dir), *Comentarios...*, p. 594; Escrihuela Chumilla, Javier, "Delitos...".

[1435] Muñoz Conde, Francisco, *Derecho Penal...*, p. 312; Blanco Lozano, Carlos, "Delitos...".

[1436] Laurenzo Copello, Patricia, en Díez Ripollés, José Luis y Romeo Casabona, Carlos (coords.), *Comentarios al Código Penal. Parte especial II,* Tirant Lo Blanch, Valencia 2004, p. 1244; Torres Rosell, Nuria, en Quintero Olivares, Gonzalo (dir), *Comentarios...*, p. 594.

[1437] Respecto del antiguo art. 237 CP la desobediencia exigía: una orden o mandato expreso y una resolución judicial firme y ejecutable; el conocimiento del obligado, es decir que le haya sido notificada en forma legal; y una actitud rebelde al mandato no admitiéndose la posibilidad de comisión culposa. Algún breve comentario a este art. 237 CP en: De La Cámara, Manuel, *El Sistema...*, p. 239; y en Villagómez Cebrián, Marcos, *Las medidas...*, p. 247, quien aludía a la escasa aplicación práctica de este precepto dada su interpretación restrictiva por la jurisprudencia.

como delito de desobediencia grave a la autoridad. Así, *los que, sin estar comprendidos en el artículo 550, resistieren a la autoridad o sus agentes, o los desobedecieren gravemente, en el ejercicio de sus funciones, serán castigados con la pena de prisión de seis meses a un año*[1438]. La determinación del bien jurídico protegido por el tipo es una cuestión controvertida, presentándose una considerable aceptación por el principio de autoridad[1439]; la conducta típica significa un incumplimiento de una orden o mandato[1440]. El sujeto activo sería quien incumple la orden, contenida por ejemplo en una sentencia o resolución judicial y el sujeto pasivo, comprendería, conforme al art. 24 del CP, a los Jueces y Magistrados, entre otros.

El incumplimiento del régimen de visitas por cualquiera de los progenitores constituye una conducta contraria al mandato judicial contenido en la sentencia de divorcio que aprueba la modalidad acordada por los cónyuges o que fija el régimen en subsidio; en tal entendido puede constituir la infracción penal de desobediencia a la autoridad a que se refiere el art. 556 CP.

Con todo, el mero incumplimiento de una resolución judicial no es punible, pues el Ordenamiento Jurídico prevé, en dicho caso una respuesta civil: la ejecución forzosa[1441]. Para que se configure la conducta punible serían requisitos del tipo la existencia de una orden o requerimiento concreto, la constancia de su recepción por el destinatario, que viabiliza su conocimiento real y positivo[1442] (exigencias objetivas); y el no acatamiento voluntario de lo ordenado, esto es, la actitud rebelde al mandato (exigencia subjetiva)[1443]. Respecto del primer y último requisito se presenta una notable falta de uniformidad interpretativa jurisprudencial, influyendo tal circunstancia en la aplicación efectiva al caso de incumplimiento del régimen de visitas, como se verá inmediatamente.

[1438] El art. 556 CP tipifica dos figuras: la resistencia a la autoridad y la desobediencia a la autoridad; ésta última es la que se vincula con el incumplimiento del régimen de visitas, por lo cual, solo me remito a ella.

[1439] MAGRO SERVET, VICENTE, "El incumplimiento..."; TORRES FERNÁNDEZ, Mª ELENA, "Los delitos de atentado en el Código Penal de 1995", *Revista electrónica de ciencias penales y criminología*, nº 1, 1999; quien destaca también en específico para el art. 556 el buen funcionamiento de la Administración. Los Juzgados de lo Penal especifican que el bien jurídico protegido por la desobediencia grave del art. 556 CP es el principio de autoridad y el orden público, así por ejemplo: Juzgado de lo Penal nº16 de Madrid, sentencia 518/08 de 16 de diciembre. En resolución reciente se alude al *interés del Estado en el cumplimiento de las resoluciones judiciales y el respeto al principio de autoridad:* AP de Madrid, sección 17, sentencia 1600/2012 de 11 de diciembre, Id Cendoj: 28079370172012100968.

[1440] El incumplimiento de la orden o mandato debe ser con el ánimo de despreciar el principio de autoridad: Juzgado de lo Penal nº16 de Madrid, sentencia 518/08 de 16 de diciembre.

[1441] MAGRO SERVET, VICENTE, "El incumplimiento..."; ROMERO COLOMA, AURELIA, *Incumplimiento...*, p. 94.

[1442] Así entonces, deberá seguirse el procedimiento de ejecución previsto en la Lec para ejecución forzosa de obligaciones de hacer y no hacer: MONTERO AROCA, JUAN, *El derecho...*, p. 269.

[1443] RIVERO HERNÁNDEZ, FRANCISCO, *El Derecho...*, p. 311.

Respecto del primero, las sentencias de instancia y algunas AP exigen que ante el incumplimiento de la sentencia que fija el régimen de relación entre padre e hijo, se requiera al incumplidor, esto es, se inste la ejecución forzosa y con la desobediencia de las órdenes respectivas se entendería cometido el ilícito penal; se habla de la necesidad de un mandato expreso, directo y ejecutivo para que el acusado cumpla el concreto régimen de visitas[1444]; otras, en menor cantidad, se contentan con el mero incumplimiento de la resolución que acordó el régimen de relación siempre que fuera oportunamente notificada[1445].

Respecto del requisito subjetivo, si bien puede satisfacerse sin necesidad de un dolo específico[1446], ha sido más bien exigido un determinado ánimo de menosprecio o desconocimiento del principio de autoridad; principio representado por quien emite o transmite la orden o mandato[1447], con lo cual se dificulta aun más la configuración del delito y se da paso a una interpretación restrictiva de la norma[1448]: si el acusado da razones del incumplimiento, basadas por ejemplo en certificados médicos y la alegación de proteger al menor o incluso la de respetar sus decisiones de no querer estar con su padre, se estima que su actitud no es caprichosa[1449]. En la base de estos razonamientos se encuentra el principio de intervención mínima del Derecho Penal y la presunción de inocencia.

[1444] Incluso se señala que esta orden debería advertir oportunamente que su incumplimiento daría lugar a la posibilidad de incurrir en un delito de desobediencia grave a la autoridad: Juzgado de lo Penal, nº 16 de Madrid, sentencia de 16 de diciembre de 2008. Otras sentencias en este sentido aparecen citadas en: MONTERO AROCA, JUAN, *El derecho...*, p. 270.

[1445] Al respecto se puede ver: ROMERO COLOMA, AURELIA, *Incumplimiento...*, p. 95. Un mejor desarrollo y exposición de los argumentos utilizados en uno u otro sentido aparecen en: MAGRO SERVET, VICENTE, "El incumplimiento...". El autor estima necesario para acudir a la vía penal un previo requerimiento para que se cumpla lo estipulado en el convenio o en la sentencia, porque si no consta que éste se hiciera personalmente al denunciado, no se entiende cometido el delito. No se podría examinar si efectivamente ha incurrido en esta conducta delictiva una persona denunciada por este delito de forma independiente a la ejecución forzosa por el juzgado de familia.

[1446] RIVERO HERNÁNDEZ, FRANCISCO, *El Derecho...*, p. 311. Da cuenta también de ello BESIO HERNÁNDEZ, MARTÍN, en CORCOY BIDASOLO, MIRENTXU, *Derecho Penal Parte especial. Doctrina y jurisprudencia en casos solucionados,* tomo I, Tirant Lo Blanch, Valencia 2011, p. 826.

[1447] MAGRO SERVET, VICENTE, "El incumplimiento..."; ROMERO COLOMA, AURELIA, *Incumplimiento...*, p. 95.

[1448] En: MONTERO AROCA, JUAN (coord.), *Los procesos...*, p. 515, se advierte la escasa aplicación práctica del precepto, dada su interpretación restrictiva por la jurisprudencia, de un modo semejante al que se impuso con el derogado art. 237 CP.

[1449] Así lo estima el Juzgado de lo Penal nº16 de Madrid, en sentencia 518/2008 de 16 de diciembre, que absuelve a la acusada, al estimar en relación con el requisito subjetivo de actitud de abierta negativa al cumplimiento de lo que se le ordena por parte de quien debe cumplir la orden, que no aparece en la conducta de la acusada una actitud renuente de "abierta negativa" al cumplimiento del régimen de visitas: *siempre ha dado razones para no acudir a los encuentros, basada en los informes médicos y de especialistas que le impedían, con ánimo de proteger a su hija menor cumplir con las visitas a su padre sin que las mismas estuvieran tuteladas (...) No parece que las decisiones de la acusada sean caprichosas ni un artificio para desobedecer al mandato del Juez, su finalidad exclusiva es, no solo proteger a su hija sino incluso respetar sus decisiones de no querer estar con su padre*. Asimismo, se pueden ver comentarios jurisprudenciales en: DE PABLO

Evadiendo dichas dificultades, parte importante de la doctrina civil estima que impedir el cumplimiento o ejercicio del derecho de relación por parte del progenitor custodio obligado a facilitarlo, se encuadra en art. 556 CP, como delito de desobediencia grave a la autoridad[1450], pero debe tratarse de un incumplimiento reiterado[1451] y grave del régimen, de lo contrario, podría ser sancionado como mera falta[1452]. En esta línea la AP de Tarragona condenó a la madre custodia como autora responsable de un delito continuado de desobediencia grave previsto y penado en el art. 556 CP. La acusada incumplió reiteradamente y pese a repetidos requerimientos la obligación que le impuso la autoridad judicial en el procedimiento civil relativo a las medidas por las que se regulaba el ejercicio de la guarda y custodia de la menor y del régimen de visitas, obligación que la acusada conocía perfectamente. Asimismo era plenamente consciente de la antijuridicidad de su conducta pues fue requerida y advertida de que podía incurrir en delito de desobediencia y, a pesar de ello, decidió llevarla a término[1453].

2. Faltas vinculadas con la protección del derecho de relación

A. Artículo 618.2 CP

Corresponde a una disposición incorporada al CP por la Ley 15/2003, de 25 de noviembre, cuya Exposición de Motivos señala que se incorpora *una falta para el caso de las conductas de ínfima gravedad, en este último caso incluyendo cualquier incumplimiento de obligaciones no sólo aquellas que tengan contenido económico*[1454].

Murillo, Beatriz, "El incumplimiento del régimen de visitas en el ámbito penal" consultado en www.westlaw.es, BIB 2002/961.

[1450] Rivero Hernández, Francisco, *El Derecho...*, p. 311; Ballesteros de los Ríos, María en Bercovitz Rodríguez-Cano, Rodrigo (coord.), *Comentarios al...*, p. 294.

[1451] De Pablo Murillo, Beatriz, "El incumplimiento...".

[1452] Magro Servet, Vicente, "El incumplimiento...".

[1453] AP Tarragona, sección 2ª, sentencia 437/2007, de 6 de junio, consultada en www.westlaw.es. Citando jurisprudencia del TS la Audiencia recuerda que el delito de desobediencia grave a la autoridad previsto y penado en el art. 556 CP se configura: a) por una orden legítima de la autoridad competente que sea de obligado cumplimiento; b) el conocimiento de esta orden por el destinatario; y c) la conducta omisiva de éste que la desatiende y no la cumple (SSTS de 17 de febrero [RJ 1992, 1191] y de 14 de octubre de 1992 [RJ 1992, 8193]; de 16 de marzo de 1993 [RJ 1993, 2311]; y 21 de enero de 2003 [RJ 2003, 4496]). Se colma la tipicidad de la desobediencia cuando se adopta una reiterada y evidente pasividad a lo largo del tiempo y no se da cumplimiento al mandato (SSTS de 14 de junio de 2002 [RJ 2002, 8612] y de 1 de diciembre de 2003 [RJ 2003, 8826]).

[1454] Se ha estimado como una apuesta arriesgada la de incriminar, aun de forma leve, todo incumplimiento de obligación familiar, de la clase que fuere, establecida en convenio o resolución judicial en los casos que señala la norma. Se trataría de un precepto de recogida de una cláusula de subsidiariedad expresa, destinado a disciplinar los incumplimientos no constitutivos de delito

De acuerdo al art. 618.2 CP *el que incumpliere obligaciones familiares establecidas en convenio judicialmente aprobado o resolución judicial en los supuestos de separación legal, divorcio, declaración de nulidad del matrimonio, proceso de filiación o proceso de alimentos a favor de sus hijos, que no constituya delito, será castigado con la pena de multa de 10 días a dos meses o trabajos en beneficio de la comunidad de uno a 30 días.*

A partir de su amplio tenor, el tipo comprendería los incumplimientos del régimen de relación, pues el contenido de éste son precisamente obligaciones familiares que han quedado establecidas en el convenio regulador aprobado judicialmente o en la sentencia, de modo subsidiario. En cuanto al sujeto activo y aunque la cuestión no es pacífica[1455], se ha entendido que las conductas sancionadas pueden provenir del progenitor custodio (no entregar al menor para el ejercicio del régimen)[1456] o del progenitor no custodio (no acudir a recoger a los hijos para el ejercicio del derecho o no devolver al menor al término del ejercicio)[1457].

Sin embargo y pese a la supuesta claridad abarcante del precepto, algunas Audiencias Provinciales, como la de Córdoba (sección tercera), han declarado en repetidas ocasiones, que la conducta de incumplimiento del régimen de visitas por el progenitor no custodio es penalmente atípica respecto de lo dispuesto en el art. 618.2 CP. Es de interés citar el fundamento que emplea esta Audiencia para formular dicha declaración, pues con discutible criterio, viene a contrariar todo el entendimiento de la naturaleza del derecho de relación del progenitor no custodio desarrollado por la doctrina y jurisprudencia civil, e impuesto por los instrumentos internacionales; ello resulta, en mi opinión inaceptable con fundamento en la debida correspondencia y armonía que debería tener el Ordenamiento Jurídico y su sistema de fuentes.

---

o de la falta del art. 622 CP: GARCÍA ALBERÓ, RAMÓN, en QUINTERO OLIVARES, GONZALO (dir), *Comentarios a la parte especial del derecho penal*, 9ª edición, Thomson Reuters, Cizur Menor 2011, p. 2367.

[1455] Como queda demostrado de la exposición de: PÉREZ VALLEJO, ANA Mª, "Régimen de…", p. 359.

[1456] Esta es la situación más habitual en la práctica judicial y las AP suelen imponer la sanción sin mayores complicaciones probada la efectividad del incumplimiento. Así por ejemplo la AP de Oviedo, sección 2ª, sentencia 593/2012, de 17 de diciembre, Id Cendoj: 33044370022012100398. La alegación más corriente del progenitor custodio para justificar su conducta alude a la propia voluntad de los menores, así y por más recientes: AP de Albacete, resolución 230/2012, de 31 de julio, Id Cendoj: 02003370012012100412 y AP de Barcelona, resolución 501/2012, de 19 de julio, Id Cendoj: 08019370082012100474, entre otras.

[1457] ROMERO COLOMA, AURELIA, *Incumplimiento…*, p 93; MARÍN GARCÍA DE LEONARDO, MARÍA TERESA, "Perspectivas…", p. 31. Una interesante y razonada exposición a favor de la inclusión de los incumplimientos del progenitor no custodio en el tipo penal, centrada en el interés del menor y en la naturaleza de *derecho-deber* del derecho de relación, se puede ver en: RODRÍGUEZ LAINZ, JOSÉ LUIS, "Incumplimiento…", p. 25-54.

La AP de Córdoba se basa para sostener la carencia de sanción penal del incumplimiento del régimen de visitas por la falta de ejercicio del progenitor no custodio de acuerdo al art. 618.2 CP, en el estricto tenor literal del art. 94 Cc. y la diferencia conceptual entre obligación y facultad, a lo que suma, su visión de las exigencias del principio de legalidad. Así razona: *a tal efecto, es cierto, que el artículo 154 del Código Civil señala que uno de los deberes inherentes a la patria potestad es tener los hijos en compañía del propio progenitor; pero no es menos cierto, que dicho deber, consustancial al normal desarrollo afectivo y personal que merece el menor por vía del contacto con ambos progenitores, en situaciones de crisis matrimonial es contemplado por el artículo 94 del mismo Código Civil desde el punto de vista del progenitor que no tenga consigo a los hijos menores; y desde esta óptica unilateral, lo conceptúa como goce de los derechos de visita, comunicación y tenencia del hijo en la propia compañía. Precisamente por esta concepción del citado derecho-deber familiar que late en el indicado artículo 94, es por lo que esta modalidad de relación entre el padre y los hijos tiene carácter potestativo y no imperativo o prohibitivo. De modo tal que, si esa comunicación del padre con el hijo viene establecida formalmente como una facultad del progenitor, y finalmente acaece que la citada norma penal sólo sanciona el incumplimiento de obligaciones familiares establecidas en convenio o resolución judicial, forzoso será reconocer, en méritos del estricto principio de legalidad penal, que lo denunciado no es encuadrable en el concreto precepto indicado por la acusación, pues lo contrario supondría asimilar inadmisiblemente, en demérito del referido principio y en perjuicio del denunciado, elementos conceptuales tan diferentes como obligación y facultad*[1458]. No considera la Audiencia que incumplir o no ejercitar el derecho de relación por el progenitor no custodio supone incumplir el deber jurídico que de forma inseparable acompaña a su condición de derecho, como viene siendo reconocido por doctrina y jurisprudencia.

Siguiendo a Rodríguez Lainz y en forma coincidente con lo que se ha ido dejando de manifiesto en distintos Capítulos de este trabajo, es posible observar que el problema interpretativo en torno al art. 618.2 CP tiene doble vertiente, por un lado, la mirada restrictiva que se hace a la estricta literalidad del art. 94 Cc. que parece proclamar el derecho de relación del padre desde el punto de vista de la simple facultad de disfrute del progenitor, bajo su esfera de libertad y, por otro, la errática expresión que emplea el legislador penal al definir el verbo nuclear del tipo: *incumplir obligaciones familiares*. Respecto de lo primero, señala el autor que el precepto es en sí neutro y lo que hace es

[1458] AP de Córdoba, sentencia 59/2010, de 4 de marzo. Alguna doctrina afirma que este tipo aparece destinado a cubrir la laguna del incumplimiento del régimen de visitas por el progenitor que tiene atribuida la guarda y custodia de los menores, que no sería subsumible en el art. 622 CP: García Alberó, Ramón, en Quintero Olivares, Gonzalo (dir), *Comentarios...*, p. 2367.

trasladar conceptos jurídicos propios de la relación paterno-filial y de patria potestad a la nueva situación donde un progenitor no tiene la custodia de los hijos; en este traslado no puede predicarse una transmutación de lo que es un *derecho-deber* a un simple derecho del progenitor. El derecho de relación sigue siendo *derecho-deber*. En tal sentido afirma RODRÍGUEZ LAINZ que no puede verse en la imprecisa literalidad del art. 94 del Cc. una claudicación frente a un férreo régimen jurídico que vincula de forma inescindible derechos con deberes y que condiciona a aquellos con el cumplimiento de determinadas finalidades e intereses. En cuanto a la segunda cuestión, sostiene el autor que la voz *obligación familiar* en Derecho de familia es en puridad un concepto incorrecto, por la especial vinculación del derecho o deber con el fin superior del interés familiar que modaliza tanto las posiciones de poder como de deber y que lo aleja del concepto clásico civil de obligación, así resulta evidente que la expresión *obligación familiar* debe ser reconducida al concepto de *derecho-deber* que caracteriza al ámbito jurídico familiar[1459].

Mas acorde con la mirada integral de las relaciones familiares aparecen otras Audiencias como la de Asturias que ha desestimado el recurso de apelación formulado por un progenitor no custodio en contra de la sentencia recaída en el Juicio de Faltas 709/2011 del Juzgado de Instrucción de Villaviciosa, y confirmó dicha sentencia condenatoria en su integridad. La Audiencia afirmó que la conducta enjuiciada es subsumible en el tipo penal del art. 618.2 CP, pues conforme a lo dispuesto en el art. 154.1 Cc. y a lo acordado en sentencia judicial, el acusado tenía el deber para con su hijo de tenerlo en su compañía en la totalidad del periodo vacacional de Semana Santa en los años impares y un mes de vacaciones, obligación que incumplió de manera consciente y voluntaria[1460]. Por su parte, la AP La Rioja condenó al padre no custodio como autor de una falta de incumplimiento de obligaciones familiares prevista en el art. 618.2 CP. por haber viajado fuera de España con los niños sin autorización de la madre cuando en el convenio regulador expresamente se establecía que

[1459] RODRÍGUEZ LAINZ, JOSÉ LUIS, "Incumplimiento..." p. 48-52.

[1460] Para decidir como lo hace razona sobre la coordinación de dos principios esenciales del Derecho penal, el de legalidad y el de intervención mínima, y señala que mientras *el primero va dirigido a Jueces y Tribunales (sólo los comportamientos que son susceptibles de integrarse en un precepto penal concreto pueden considerarse infracción penal), el segundo va dirigido al legislador, el cual debe tener en cuenta a la hora de legislar que la sanción penal no debe actuar cuando existe la posibilidad de utilizar otros medios o instrumentos jurídicos no penales para restablecer el orden jurídico. Reducir la intervención del derecho penal al mínimo indispensable para el control social es razonable en política criminal, pero en la práctica judicial, aun pudiendo servir de orientación, choca con las exigencias del principio de legalidad por cuanto no es al Juez o Tribunal sino al legislador a quien corresponde decidir, mediante la fijación de los tipos y las penas, cuáles deben ser los límites de la intervención del derecho penal (entre otras muchas, STS núm. 670/2006, Sala de lo Penal, Sección 1a, de 21 de junio)*: AP Asturias, resolución 218/2012, de 17 de julio, Id Cendoj: 33024370082012100287.

cualquier viaje al extranjero con los menores requerirá el conocimiento y la autorización expresa del otro progenitor[1461].

A diferencia de lo que ocurre con el delito del art. 556 del CP, se entiende que esta falta no exige el previo requerimiento civil para condenar al incumplidor, bastando el directo incumplimiento de las referidas obligaciones[1462]. Ahora bien, lo que se castiga no es simplemente el incumplimiento objetivo de una sentencia, sino que debe apreciarse una conciencia y voluntad de querer incumplirla, que normalmente se estimará con el simple incumplimiento; sin embargo pueden eventualmente distinguirse situaciones o circunstancias en las que, a pesar de constatarse un incumplimiento, no se comete la falta criminal. Así, en la práctica judicial se valoran ciertas circunstancias como el estado de salud del niño, la posibilidad del padre o de la madre para cumplir la sentencia, etc[1463].

B. Artículo 622 CP

Esta norma fue modificada por la Ley Orgánica 9/2002, de 10 de diciembre, resultando del siguiente tenor: *los padres que sin llegar a incurrir en delito contra las relaciones familiares o, en su caso, de desobediencia infringiesen el régimen de custodia de sus hijos menores establecido por la autoridad judicial o administrativa serán castigados con la pena de multa de uno a dos meses*[1464]. Justamente esta redacción se presta a dudas interpretativas principalmente referidas al perjudicado por la falta, específicamente a la determinación de si pueden serlo ambos progenitores o solo el progenitor custodio. Algunas Audiencias estiman que la norma se aplica a los dos, pues en ambos casos se

---

1461 AP La Rioja, sentencia 32/2012, de 20 de marzo, sección 1ª, consultada en Vlex, Id. vlex: VLEX-365850698.

1462 Marín García de Leonardo, María Teresa, "Perspectivas...", p. 32. Para Magro Servet, la circunstancia descrita marca una diferencia notoria con la situación anterior al 1 de octubre de 2004 cuando era aplicable el art. 634 CP que regula la falta de desobediencia, conforme a la cual era el incumplimiento del requerimiento judicial efectuado por el juez civil lo que se sancionaba como falta: Magro Servet, Vicente, "El incumplimiento...".

1463 AP Álava, sección 1ª, sentencia 112/2006, de 1 septiembre, JUR\2007\103948.

1464 Norma comentada en Panizo y Romo de Arce, Alberto, *El proceso...*, p. 178 y Pérez Vallejo, Ana Mª, "Régimen de...", p. 359. Respecto de la redacción anterior a la modificación por la Ley Orgánica 9/2002, de 10 de diciembre, del art. 622 CP, que señalaba: *los padres, tutores o guardadores de un menor, que sin llegar a incurrir, en su caso, en el delito de desobediencia, quebrantaren la resolución adoptada por el Juez o Tribunal, apoderándose del menor, sacándolo de la guarda establecida en la resolución judicial o por decisión de la entidad pública que tenga encomendada la tutela, retirándolo del establecimiento, familia, persona o institución tutelar a quien se le hubiese encomendado, o no restituyéndolo cuando estuvieren obligados serán castigados con la pena de multa de uno a dos meses*, se decía que el legislador se había preocupado de tipificar las posibles conductas del progenitor no guardador, dejando en la oscuridad las conductas del progenitor guardador: Montero Aroca, Juan (coord.), *Los procesos...*, p. 515.

están protegiendo los derechos e intereses del menor; otras, en cambio, hacen notar su carácter de tipo residual para infracciones leves contra las reglas de la guarda y custodia fijada en resolución judicial o administrativa, esto es, siempre circunscrita a las medidas sobre custodia de los menores, en consecuencia solo podría ser víctima de ésta falta quien ostenta la custodia y no se referiría ni podría aplicarse al régimen de visitas, pues aquello supondría una interpretación extensiva o analógica de los tipos penales que no tiene cabida en el Derecho penal[1465]. Esto supone, a *contrario sensu*, que sólo sería sujeto activo el progenitor que no tiene atribuida la custodia[1466].

En esta dirección se orienta el Acuerdo Nº 5 de 26 de mayo de 2006, sobre *Unificación de Criterios del Orden Penal* de la AP de Madrid, conforme al cual, respecto del ámbito de aplicación y delimitación de los artículos del Código penal 618.2, de incumplimiento de las obligaciones familiares establecidas en convenio judicialmente aprobado o resolución judicial y 622, de infracción del régimen de custodia de los hijos establecido por la autoridad judicial o administrativa, se precisa que: *el art. 622 CP es aplicable al padre que no tiene la custodia e infringe el régimen de custodia del otro cónyuge y el art. 618 CP es aplicable al resto de las infracciones del derecho de visitas u otras obligaciones familiares*[1467]. En decisión reciente, la AP Madrid aplicando estos criterios absuelve a la madre guardadora por estimar que el sujeto activo de las conductas tipificadas sólo puede ser el progenitor apartado de la custodia y no quien ostenta ésta, para quien se podría aplicar sí el art 618.2 del CP[1468].

Para Magro Servet, el punto de análisis debe buscarse en la orientación de la reforma: la falta del art. 622 CP sanciona la modalidad de incumplimiento del régimen de visitas relacionada con la sustracción de menores, por ser ese el contenido propio de la reforma de la Ley Orgánica 9/2002, dejando los meros incumplimientos de dicho régimen encuadrados en el art. 618.2 CP[1469]. Aunque

---

[1465] Ambas posiciones aparecen bien expuestas con referencia a sentencias de Audiencias Provinciales en: Sánchez Parra, Francisco Jesús, "La sanción...", p. 317-318.

[1466] Con referencia a la falta de uniformidad en la materia y citas de sentencias en uno y otro sentido, se puede ver: Montero Aroca, Juan, *El derecho...*, p. 273 y ss. El autor señala brevemente, además, que en alguna oportunidad se intentó hacer aplicable al incumplimiento del progenitor no custodio, la falta de coacciones del art. 620.2 CP sin éxito.

[1467] Previamente y según se puede ver en los Acuerdos de Unificación de Criterios del Orden Penal de la AP de Madrid (actualizado a octubre de 2011), conforme a acuerdo Nº8 de 29 de mayo de 2004 se había sostenido que *en el caso de incumplimiento del régimen de visitas impuesto en resolución dictada en procedimiento judicial, si no se dieran los supuestos del delito o de la falta de desobediencia la conducta debe considerarse impune. Impunidad que no concurrirá a partir de la entrada en vigor la Ley Orgánica 15/2003, dado que en la misma se tipifica en el art. 618.2 una falta genérica de incumplimiento de las obligaciones familiares en los casos de crisis matrimoniales, supuesto en que cabría subsumir esta clase de conductas.*

[1468] AP de Madrid, resolución 215/2012, de 19 de julio, Id Cendoj: 28079370292012100474.

[1469] Magro Servet, Vicente, "El incumplimiento...".

la cuestión no es definitiva, desde mi punto de vista, resulta muy clarificador del ámbito de aplicación de cada supuesto, el recurso a los objetivos propios de la reforma que modificó el art. 622, por cuanto aquella gobierna el sentido general de sus normas.

Desde otra óptica se ha precisado, para delimitar su ámbito de aplicación, que el artículo 618.2 CP constituye una norma especial respecto del art. 622 CP y aquél, ante un conflicto de leyes o de normas, se impone a éste, por su especialidad, en los supuestos en que existe un convenio judicialmente aprobado o resolución judicial en los casos de separación legal o divorcio. El impedimento para que un padre no cumpla el régimen de visitas no puede constituir al mismo tiempo una infracción del art. 618.2 CP y del art. 622 CP, puesto que constituiría simple y llanamente un *bis in idem*. Conjuntamente con ello, y considerando que el régimen de custodia también implica llevar a cabo la actuación correspondiente para que el progenitor no custodio cumpla el régimen de visitas, resulta que la obstrucción a éstas provocada por el progenitor custodio constituiría infracción al régimen de custodia[1470].

C. Situación del artículo 634 CP

Dispone el precepto que *los que faltaren al respeto y consideración debida a la autoridad o sus agentes, o los desobedecieren levemente, cuando ejerzan sus funciones, serán castigados con la pena de multa de diez a sesenta días*. Se trata de una falta, que tuvo aplicación respecto del incumplimiento del derecho de visita hasta el primero de octubre de 2004, fecha en la cual, la situación quedó encuadrada en el art. 618.2 CP[1471].

3. Valoración

A título de corolario, hay que reconocer que pese a ofrecer hoy el Código penal español, una amplia variedad de tipos, incluso con carácter específico, que pueden ser aplicables como mecanismos de carácter admonitorio, de prevención general de los incumplimientos o de sanción a los mismos, la falta de uniformidad en la interpretación judicial relativa a su ámbito de aplicación y sujetos activos, se confabula en contra de su uso como mecanismo efectivo de protección del derecho de relación. En las Audiencias Provinciales –y en primera instancia–, se absuelve o se condena, en numerosas oportunidades, no solo en aplicación de los principios de legalidad, intervención mínima y

---

[1470] AP Álava, (sección 1ª), sentencia 112/2006 de 1 septiembre, JUR\2007\103948.

[1471] Algunos autores, sin embargo, aún aluden a su procedencia, así por ejemplo: Trinchant Blasco, Carlos (coord.), *Memento...*, p. 404.

presunción de inocencia, sino también, según la particular visión que se tenga sobre el contenido de las relaciones paterno-filiales y la naturaleza del derecho de relación. Sumado a ello, se ha sostenido, no sin razón, que la vía penal no es el recurso más apropiado en materias de familia, pues la condena a uno de los progenitores por desobediencia o secuestro, o por falta por incumplimiento del régimen de guarda o visitas, entorpecerá aún más la situación entre las partes, afectando a los menores y dejando sin resolver los problemas de fondo de las relaciones familiares[1472].

IV. BREVE REFERENCIA AL ÁMBITO INTERNACIONAL DE PROTECCIÓN DEL DERECHO DE RELACIÓN

Puede afirmarse, sin temor a errar, que la evitación de los excesos y fraudes que se producen con motivo del ejercicio del derecho de relación especialmente cuando los cónyuges divorciados tienen su domicilio en distintos países es una preocupación mundial[1473]. No obstante, la sola alegación de una específica nacionalidad o domicilio en el extranjero de uno de los progenitores no puede estimarse motivo suficiente para adoptar cualquier medida, especialmente si es restrictiva del régimen de relación que requiere el menor.

Interesa recordar al respecto que el art. 10.2 CDN, ha sentado como regla en la materia que *el niño cuyos padres residan en Estados diferentes tendrá derecho a mantener periódicamente, salvo en circunstancias excepcionales, relaciones personales y contactos directos con ambos padres.* Con tal fin, *los Estados Partes respetarán el derecho del niño y de sus padres a salir de cualquier país, incluido el propio, y de entrar en su propio país. El derecho de salir de cualquier país estará sujeto solamente a las restricciones estipuladas por ley y que sean necesarias para proteger la seguridad nacional, el orden público, la salud o la moral públicas o los derechos y libertades de otras personas y que estén en consonancia con los demás derechos reconocidos por la presente Convención*[1474].

España se ha incorporado en los últimos años a un número importante de convenios internacionales que interesan a la mejor protección de la familia y de los propios hijos menores afectados por un proceso matrimonial de ruptura. Ello ha traído, como consecuencia, la paulatina adaptación del Ordenamiento

[1472] SOLETO MUÑOZ, HELENA, "La ejecución…".

[1473] ALBÁCAR LÓPEZ, JOSÉ LUIS - MARTÍN-GRANIZO FERNÁNDEZ, MARIANO, *Código*..., p. 690.

[1474] Conforme al mismo art. 10.1 CDN, toda solicitud hecha por un niño o por sus padres para entrar en un Estado Parte o para salir de él a los efectos de la reunión de la familia será atendida por los Estados Partes de manera positiva, humanitaria y expeditiva. Los Estados Partes garantizarán, además, que la presentación de tal petición no traerá consecuencias desfavorables para los peticionarios ni para sus familiares.

interno a las nuevas directrices que imponen tales documentos[1475]. Como en todos los instrumentos internacionales, la eficacia de estos convenios se fundamenta en la cooperación de las autoridades administrativas y judiciales de los diversos Estados partes[1476].

En este contexto, la dimensión internacional del derecho viene determinada por un desplazamiento del menor al extranjero; cuando ese desplazamiento se realiza con el fin de vulnerar o abusar del derecho de custodia o de visita del otro progenitor, entonces se genera un problema y la protección del derecho de relación adquiere dimensiones internacionales[1477]. El traslado o desplazamiento del menor y no el domicilio o nacionalidad de los progenitores es el hecho determinante de la dimensión internacional del problema del incumplimiento del derecho de relación y de la consecuente necesidad de protección internacional.

Como regla la jurisprudencia ha estimado que la prohibición de salida del territorio nacional solo es posible para el caso de existir riesgo de sustracción del menor por alguno de sus progenitores o por terceras personas, lo que debe acreditarse[1478], no siendo suficiente el temor a un comportamiento del que no se ofrece ningún dato objetivo[1479]. Ello es así principalmente por el derecho constitucionalmente protegido de la libre elección del domicilio o residencia.

Las limitaciones o cuestionamientos que se pueden imponer a aquella libre elección surgen cuando el cambio geográfico se extiende a los hijos cuya custodia tiene concedida el progenitor que pretende el cambio. Esta variación repercute en el régimen de relación con el otro progenitor: o acarrea una modificación del régimen o puede conllevar el peligro de que aquél no llegue a ejecutarse. En estos casos y como criterio general de solución, tiene directa aplicación el interés prevalente del menor[1480].

[1475] SEIJAS QUINTANA, JOSÉ, "Consecuencias...", p. 650.

[1476] Un ejemplo de tal colaboración lo constituye el compromiso de los Ministros de Justicia de los distintos Estados Miembros de la Unión Europea conforme al cual el Tribunal del país de la UE al que ha sido llevado el niño por uno de sus padres, debe conceder o no la orden de retorno en un plazo máximo de seis semanas, salvo circunstancias excepcionales que lo hagan imposible. Se trata de una orden cautelar, que debe ser comunicada en el plazo máximo de un mes al juez del país de origen. Comentarios sobre este compromiso se pueden ver en: PANIZO Y ROMO DE ARCE, ALBERTO, *El proceso...*, p. 179 y ss.

[1477] VILLAGÓMEZ CEBRIÁN, MARCOS, *Las medidas...*, p. 248.

[1478] PÉREZ MARTÍN, ANTONIO, en DOMÍNGUEZ LUELMO, ANDRÉS (coord.), *Comentarios...*, p. 210-211; la revisión de resoluciones más antiguas pronunciadas en igual sentido se puede ver en: PONS GONZÁLEZ, MANUEL - DEL ARCO TORRES, MIGUEL ÁNGEL, *Separación...*, p. 427 y ss.

[1479] En sentencia citada en: MARTÍNEZ DE AGUIRRE, CARLOS, "El derecho...", p. 165.

[1480] Una buena muestra de decisiones de Audiencias Provinciales fundadas en el interés del menor, que han tenido que resolver conflictos derivados del cambio de domicilio del custodio, se ofrece en: MONFORTE, JOSÉ DOMINGO, "Regímenes de visitas transfronterizos. Responsabilidad parental", *Actualidad Jurídica Aranzadi*, nº 714/2006. No todas ellas tienen que ver con la dimensión internacional de la protección del derecho, pues en algunas el cambio de domicilio es entre

Advierte la doctrina que, en numerosas oportunidades, la prueba del peligro de sustracción resulta inoperante, ya que, en puridad, hasta que la sustracción se materialice no cabría hablar de prueba fehaciente del peligro en cuestión[1481]. Ello, sumado a que las limitaciones al ejercicio del derecho deben interpretarse de modo restrictivo, trae como consecuencia que la medida consistente en que las visitas se efectúen dentro del territorio nacional cuando el progenitor no custodio tiene su residencia en otro país queda mayormente reservada a situaciones donde circunstancias del menor así lo exigen, como su temprana edad o alguna condición física o enfermedad permanente que dificulta sus desplazamientos.

Diversos instrumentos internacionales se han ocupado del secuestro internacional de menores, estando hoy vigentes el Convenio Europeo de Luxemburgo de 20 de mayo de 1980 (ratificado por España por instrumento de 9 de mayo de 1984) relativo al reconocimiento y ejecución de decisiones en materia de custodia de menores y restablecimiento de dicha custodia; y el Convenio de la Haya de 25 de octubre de 1980 sobre Aspectos civiles de la sustracción de menores (ratificado por España por instrumento de 28 de mayo de 1987) que constituye a favor del titular de la guarda una acción posesoria para la restitución del hijo, sin que se discuta el fondo de la cuestión, ni la regularidad u oportunidad de la decisión judicial extranjera que la concedió[1482].

Otros se ocupan más genéricamente de la responsabilidad parental: así el Reglamento (CE) 2201/2003 del Consejo, de 27 de noviembre, relativo a la competencia, el reconocimiento y la ejecución de resoluciones judiciales en materia matrimonial y de responsabilidad parental[1483] y el Convenio de la Haya de 19 de octubre de 1996, ratificado por España el 6 de septiembre de 2010[1484] relativo a la competencia, la ley aplicable, el reconocimiento, la ejecución y la cooperación en materia de responsabilidad parental y de medidas de protección

---

distintas ciudades del mismo país; por otro lado, en varias, el problema se resuelve acudiendo a la genérica modificación sustancial de las circunstancias para modificar el régimen de guarda y custodia previamente atribuido a quien decide el cambio de su domicilio.

1481 Panizo y Romo de Arce, Alberto, *El proceso...*, p. 177.

1482 Al respecto se puede ver, entre otros muchos a: Seijas Quintana, José, "Consecuencias...", p. 650; Forner Delaygua, Joaquín, "El acceso de los hijos a sus progenitores: el derecho de visita", en Calvo Caravaca, Luis Alfonso -Iriarte, Ángel (editores), *Mundialización y Familia,* Colex, Madrid 2001, p. 23 y ss.; Villagómez Cebrián, Marcos, *Las medidas...*, p. 250 y ss.; algún comentario a ellos también en Salanova Villanueva, Marta, "Aproximación...", p. 509-510.

1483 Se ha desarrollado, sobre el particular, una abundante literatura especializada, como muestra cito: Quiñones Escámez, Anna, "Nuevas normas comunitarias en materia de responsabilidad parental (Reglamento (CE) nº 2201/2003 del Consejo, de 27.11.2003)", *InDret*, 2004; Sabido Rodríguez, Mercedes, "La sustracción de menores en derecho internacional privado español: algunas novedades que introduce el reglamento 2201/03", *Anuario de la Facultad de Derecho*, vol. XXII, Universidad de Extremadura 2004; Caamiña Domínguez, Celia, "Las resoluciones de restitución de menores en la Unión Europea: el caso Rinau", *Cuadernos de Derecho Transnacional*, vol. 2, nº 2, Universidad Carlos III, Madrid 2010; Forner Delaygua, Joaquín, "El acceso...", p. 23 y ss.

1484 BOE de 2 de diciembre de 2010.

de niños. La doctrina ha llegado a sostener que toda esta diversidad ha conseguido complicar sobre manera el marco normativo relativo a la protección del niño[1485].

Finalmente, en este breve recuento ha de tenerse en cuenta el art. 8° del Convenio Europeo de Protección de los Derechos Humanos y Libertades Fundamentales (CEDH), principalmente por que ha reiterado el Tribunal Europeo de Derechos Humanos (TEDH) que la relación personal entre un progenitor y su hijo constituye un elemento fundamental de la vida familiar aunque haya cesado la convivencia entre los progenitores, razón por la cual los Ordenamientos estatales no deben impedirla, pues la obstaculización de las relaciones paterno-filiales vulnera dicho precepto[1486]. Un ataque al derecho al respeto de la vida familiar reconocido en el artículo 8° del CEDH, ha de ser calificado de daño moral cierto y cuantificable en equidad, en opinión del TEDH[1487]. Aquí el supuesto es distinto del que constituye el objeto de esta obra: la cuestión se centra en la admisión de indemnizaciones, fundamentalmente en concepto de daño moral, cuando injustamente un Estado priva a los padres del derecho a relacionarse con su hijo, ya que el mutuo goce entre padres e hijos de la compañía del otro constituye un elemento fundamental de la vida de familia y las medidas que ponen trabas a dicho goce suponen una injerencia en el ejercicio de este derecho amparado en el art. 8°[1488].

[1485] Garua Sobrino, Federico, "Notas sobre la colisión de fuentes de derecho internacional privado español sobre responsabilidad parental y protección del niño", *Cuadernos de Derecho Transnacional*, vol. 3, n° 1, Madrid 2011.

[1486] STEDH, de 7 de agosto de 1996, en asunto *Johansen c. Noruega*; STEDH, de 11 de julio de 2000 en asunto *Ciliz c. Países Bajos* o, STEDH de 29 de abril de 2003, en asunto *Iglesias Gil c. España*, entre otras.

Prescribe el artículo 8° del Convenio:

1. *Toda persona tiene derecho al respeto de su vida privada y familiar, de su domicilio y de su correspondencia.*

2. *No podrá haber injerencia de la autoridad pública en el ejercicio de este derecho salvo cuando esta injerencia esté prevista por la ley y constituya una medida que, en una sociedad democrática, sea necesaria para la seguridad nacional, la seguridad pública, el bienestar económico del país, la defensa del orden y la prevención de las infracciones penales, la protección de la salud o de la moral, o la protección de los derechos y las libertades de terceros.*

[1487] Como ejemplos STEDH de 18 de febrero de 2003, en asunto *Schaal c. Luxemburgo* o, la más reciente STEDH de 24 de mayo de 2011, en asunto *Saleck Bardi c. España*.

[1488] Entre otros, se puede ver: Rivero Hernández, Francisco, "La protección del derecho de visita por el convenio europeo de derechos humanos. Dimensión constitucional", *Derecho Privado y Constitución*, N° 20, 2006, p. 331 y ss.; también, aludido en García Pastor, Milagros en Pasquau Liaño, Miguel (dir.), *Jurisprudencia...*, p. 642. La autora comenta la modificación tanto de la legislación civil como penal española luego de la STEDH de 29 de abril de 2003 que consideró violación del derecho a la vida privada la falta de actuación suficiente por parte de las autoridades españolas para asegurar la devolución a la madre guardadora de un menor sustraído por su padre y trasladado al extranjero.

CONCLUSIONES

El análisis y revisión de la normativa, la doctrina y la jurisprudencia española reciente, relativa a los principios y normas reguladoras del derecho de relación entre los hijos y el progenitor no custodio tras el divorcio, permiten identificar los rasgos relevantes y propios de este particular derecho y aportar las siguientes conclusiones:

Primera

El legislador considera que la relación personal que teóricamente debería proceder del vínculo filial es buena para los hijos: es bueno que un hijo se relacione con su padre y con su madre porque tal relación contribuye a su formación, a su desarrollo integral, a la afirmación de su identidad. El derecho de los hijos a relacionarse regularmente con ambos progenitores aparece como una concreción legal inicial de cuál es el interés del menor en los supuestos de ruptura de la convivencia entre sus padres –se trata del interés superior del menor en abstracto–; por tanto, otorgado el cuidado personal a uno de ellos, gravitará específicamente en el establecimiento de un amplio, fluido y flexible régimen de visita que permita paliar una de las consecuencias negativas que el divorcio acarrea al menor: la falta de convivencia habitual con ambos progenitores. Sea cual fuere el progenitor con el que conviva el menor, debe asegurarse que tanto la función paterna como la materna estén garantizadas, porque de ambas funciones precisa el niño para un correcto desarrollo emocional. En una convivencia que forzosamente deberá ser más compleja que la que se lleva a cabo cuando los progenitores conviven lo que se exige, dentro de unos límites razonables, no es solo que en beneficio de los menores los padres se relacionen positivamente con sus hijos, sino también una mayor implicación de aquellos en las funciones propias de la relación filial.

Segunda

En la dimensión objetiva el derecho de relación se presenta como una consecuencia legal ineludible de la atribución de la guarda y custodia exclusiva a un progenitor, concretándose en el derecho que asiste a padres e hijos que no conviven habitualmente para mantener una recíproca vinculación, trato, convivencia o comunicación en sentido amplio, de tantas formas como sea posible. Ese es su contenido esencial y a través de esas acciones humanas –que pueden ser reguladas y exigidas–, el derecho a relacionarse se presenta útil como medio para cumplir otros deberes paterno-filiales y para la transmisión de afectos recíprocos entre padre e hijos. El entendimiento moderno del contenido del derecho de relación no se agota solo en los encuentros más o menos periódicos, por medio de alguna de las modalidades de régimen de relación, sino que conlleva el derecho-deber del padre a participar en forma activa en la función de crianza y educación de los hijos.

Tercera

Este derecho, perteneciente al orden público familiar, se caracteriza por cierta relatividad en su contenido concreto en función de las personas a quienes relaciona y sus circunstancias, lo que comporta que sea un derecho que puede evolucionar y adaptarse a las variaciones vivenciales de sus protagonistas; por ello se afirma que es esencialmente modificable y no es incondicionado en su ejercicio, sino por el contrario, se encuentra subordinado al interés y beneficio del menor. Así se explica también, la imposibilidad de establecer reglas absolutas en torno a los regímenes de relación. Por otro lado, es un derecho de naturaleza temporal, de contenido estrictamente personal, imprescriptible irrenunciable e independiente de la responsabilidad del progenitor en la causación del divorcio.

Cuarta

Una de las notas más destacadas del derecho de relación es su carácter bifronte, como manifestación del vínculo filial que une a padres e hijos y su fin de contribuir al desarrollo de la personalidad de ambos. Por lo mismo, su naturaleza jurídica es particular y no puede observarse unitariamente: fundado en los deberes que le impone la calidad de progenitor, para el padre se trata de un *derecho-deber*, es decir, un complejo de recíproca interpenetración de derechos y deberes con carácter funcional al concederse los derechos o facultades para mejor cumplir los deberes. El carácter de derecho-deber que impregna el derecho de relación implica que su utilidad, finalidad e interés excede del padre no custodio a quien se ha concedido, vinculando y amparando al hijo menor en tanto es su interés jurídico el preferentemente protegido. No se trata de una simple facultad de disfrute del progenitor no custodio bajo su esfera de poder. Esto explica que el padre carezca de la libre disposición del derecho y al mismo tiempo, que pueda ser efectivamente compelido a cumplir con su ejercicio. Para el hijo se trata de un derecho propio y autónomo del cual es también titular, derecho que conforme a los textos internacionales y a lo afirmado por la jurisprudencia se mueve en el ámbito de los derechos de la personalidad, vinculado con el derecho a la identidad, el libre desarrollo de su personalidad y su formación integral, aspectos que se afirman y consolidan por medio de las relaciones humanas con quien le unen lazos filiativos; sin embargo, no se trataría de un derecho subjetivo pleno, en cuanto su ejercicio no se encuentra a su disposición, más bien, se trata de un derecho que en ocasiones se impone contra su voluntad o la voluntad de su representante. La relación de filiación se alza como fundamento necesario y suficiente del reconocimiento y protección del derecho.

Quinta

En su dimensión subjetiva, y vinculado con lo anterior, el derecho da cuenta de un vínculo triangular entre el progenitor custodio, el no custodio y el hijo. El padre no custodio y el hijo menor de edad no son sujeto activo y pasivo, respectivamente, sino que son titulares recíprocos del derecho: por ello se habla de un derecho de doble proyección o titularidad, que se afirma respecto del progenitor custodio. El menor no es nunca sujeto pasivo del derecho de relación. La doble titularidad responde a dos perspectivas distintas pero complementarias que coexisten legalmente en la configuración y regulación de este derecho: la perspectiva del hijo que tiene derecho a relacionarse regularmente con ambos progenitores antes y después del divorcio y la perspectiva de los padres, que tienen derechos y deberes comunes respecto de sus hijos, dentro de los cuales se encuentra el derecho-deber de relación. Ambos titulares tienen intereses protegibles, igual que los tiene el progenitor custodio en que no se vea afectado el ejercicio de su custodia.

Sexta

El carácter complejo en la dimensión subjetiva está dado porque se presenta un entramado de distintas situaciones de poder, de deber y de vinculación, que colocan a padres e hijos cara a cara tanto en una posición activa como pasiva: el hijo puede pedir al juez que se determine el derecho de relación con su progenitor no custodio y que no se impida su ejercicio por el otro progenitor, y además, debe en general cumplir él igualmente el régimen establecido; el progenitor no custodio puede exigir mantener relaciones habituales con sus hijos de cuyo cuidado ha sido privado y conjuntamente, tiene el deber –frente al hijo y frente al custodio- de cumplir con el régimen establecido; el progenitor custodio debe facilitar el ejercicio del derecho, pero a su vez, puede reclamar que el régimen sea satisfecho en cuanto a él no le corresponde extender sus deberes de cuidado y protección más allá de lo que legalmente tiene asignado en la sentencia. La relación no es puramente entre el progenitor no custodio y el hijo, pues a ambos vincula su derecho con el progenitor custodio; o entre el progenitor no custodio y el custodio, uno como sujeto activo y el otro como sujeto pasivo, pues ambos tienen deberes comunes frente a los hijos (art. 18 CDN). Estas ideas connotan que la sentencia de divorcio en el ámbito personal de las relaciones paterno-filiales lo que hace es distribuir los tiempos en que a cada progenitor corresponde hacerse cargo de los hijos. Ahora bien, las distintas y complejas relaciones jurídicas que se generan, teleológicamente están dominadas por una misma idea: es bueno para el hijo que mantenga relación con ambos padres.

Séptima

En la dimensión orgánica o sistémica la sentencia de divorcio, contiene la ordenación del régimen de vinculación entre padres e hijos. El legislador consagra el derecho de relación entre los hijos y el padre no custodio, pero no se ocupa, por la variedad de hechos y circunstancias de cada familia, de la determinación del régimen específico por medio del cual se concretará tal derecho, dejando aquello entregado al acuerdo de las partes o a la decisión judicial. La ausencia de norma legal en la materia obedece a la imposibilidad de generalizar los casos, pues *cada familia, cada pareja y cada hijo precisan ser contemplados con sus características personales* y con sus específicas necesidades e intereses. Desde este punto de vista, y considerando que no todo régimen de relación asegura la relación paterno-filial y que más importante que la modalidad es la calidad de la relación que se establezca, el mejor régimen de visita será aquél que más adecuadamente se acomode a las particulares circunstancias de cada situación familiar protegiendo, por un lado, los derechos e intereses del hijo por medio de un sistema amplio de vinculación y, por otro, los derechos del padre no custodio –con preeminencia del primero en caso de conflicto– y sin afectar, asimismo, al ejercicio de la custodia. La adopción de un concreto régimen de visita –más amplio o más restringido– debe tener necesariamente carácter individualizado, por los diversos factores concurrentes que influyen en las circunstancias de tiempo, lugar y modo, y debe considerar, cuando ello sea posible, el equilibrio entre un grado de concreción que favorezca su ejercicio y exigibilidad y la necesaria flexibilidad de adaptación circunstancial. Los cónyuges tienen en la materia un ámbito de autonomía que no es plena, al encontrarse condicionados sus acuerdos por el interés superior del menor y sometidos a un control judicial que no es meramente formal, en aras de la evitación de pactos dañosos para los hijos. En ausencia de acuerdo de los padres, corresponde al juez hacer la determinación, para cuyo efecto no se encuentra sujeto al principio dispositivo o a las estrictas exigencias de congruencia propias de un proceso civil, sino que más bien sus poderes se ensanchan al servicio de los intereses tutelados, ampliación que no puede conducir a la arbitrariedad pues el interés superior del menor se eleva como límite y fundamento de la decisión judicial.

Octava

En la dimensión funcional hay que decir que el carácter de derecho-deber excluye un ejercicio opcional por el progenitor no custodio, resultando el modo de actuar efectivamente el derecho altamente relevante. En primer término se exige –como en todo derecho– un ejercicio de buena fe, imperativo que, dado el carácter complejo del derecho, alcanza a ambos progenitores en una adecuada y recíproca colaboración que facilite la actuación del otro. Luego, el ejercicio debe hacerse siempre en beneficio de los hijos y conforme a los fines y funciones del derecho. La especial colaboración que exige el ejercicio impone a ambos padres deberes activos y pasivos a fin de que la comunicación tenga lugar; por lo mismo, los incumplimientos –consistentes en la inobservancia deliberada total o parcial de tales deberes– tanto pueden provenir del progenitor custodio como del no custodio, afectando cuantitativa o cualitativamente las relaciones y con ello a la formación integral de los hijos.

Novena

El carácter no absoluto del derecho, implica en esta dimensión funcional, la posibilidad de introducir cambios en el ejercicio del régimen, el que puede ampliarse, restringirse o suspenderse según la variación sustancial de las circunstancias y las exigencias del interés superior del menor. Este interés opera como criterio de decisión, que impide el automatismo, frente a circunstancias negativas (un incumplimiento grave y reiterado de las obligaciones derivadas del régimen tanto por el progenitor custodio como del no custodio; la no consecución de los fines del derecho; el ejercicio en contra de la buena fe; un genérico ejercicio manifiestamente perjudicial al bienestar del menor, etc.); neutras (las variaciones en la edad e intereses de los hijos) o positivas (una mejora en la relación paterno-filial o en las habilidades parentales del no custodio, entre otras). La supresión, por su parte, al suponer la exclusión definitiva –y por tanto, irreversible– de las relaciones personales entre el progenitor no custodio y el hijo, no se admite por ser contraria a los caracteres y fines del derecho; sí se admite, en cambio, una suspensión indefinida, pero revisable.

Décima

En la dimensión tuitiva destaca por una parte el carácter heterogéneo del sistema de protección del derecho y por otro, el peligro de adoptar medidas que afecten a los menores y dejen en definitiva sin resolver los problemas de fondo de las relaciones familiares. Desde este punto de vista, la reacción, frente a conductas que amenazan el adecuado ejercicio del régimen de relación, debe partir del análisis de la afectación que dicha conducta provoca al interés del menor y de cómo pueden repercutir las medidas a tomar sobre el mismo interés y el ejercicio del derecho. Inicialmente de lo que se trata en esta dimensión es de asegurar el goce efectivo del derecho, por medio del ejercicio cierto del régimen determinado. Cuando el incumplimiento se ha producido, la necesidad de protección se manifiesta con mayor intensidad, por cuanto los efectos negativos trascienden a las partes adultas involucradas –cuyos intereses efectivamente lesionan–, perturbando de forma notable al menor y lesionando sus derechos. El legislador civil ofrece una amplia gama de posibilidades tuitivas, con objetivos diversos y complementarios (algunas se vinculan con el castigo al responsable de la vulneración; otras con la reparación de los daños ocasionados y otras con el restablecimiento del derecho), sin perjuicio de lo cual, ante la pluralidad de formas de incumplimiento y de circunstancias concurrentes, especialmente relativas al beneficio del menor, ninguna de ellas parece ser suficiente y adecuada por sí sola en la evitación de los incumplimientos graves o en el restablecimiento del derecho, es decir, ninguna impacta positivamente de modo definitivo en la efectividad de las relaciones. Puede recurrirse además, a medidas de protección del ámbito penal; éste ofrece una variedad de tipos, incluso con carácter específico, que pueden ser aplicables como mecanismos de carácter admonitorio, de prevención general de los incumplimientos o de sanción a los mismos. Sin embargo, la ausencia de uniformidad en la interpretación penal relativa al ámbito de aplicación de ciertos delitos y faltas, a los sujetos activos de los tipos y al contenido de las relaciones paterno-filiales y naturaleza del derecho de relación, se confabulan en contra de su efectiva aplicación.

Decimoprimera

El mantenimiento de la relación personal, de comunicación, trato y convivencia con ambos progenitores luego del divorcio es, por regla general, la forma de manifestación del interés superior del menor en lo relativo a las relaciones personales paterno-filiales, lo que trae como consecuencia, entre otras cosas, que todas las medidas que puedan afectar tal relación son de interpretación restrictiva y se ponderan a la luz del beneficio del menor y no con carácter sancionador del progenitor –juega aquí el interés superior en concreto–. Resulta especialmente significativo que el interés del menor se cristaliza en el caso preciso conforme a las circunstancias concurrentes; éstas circunstancias no son estáticas, varían según la evolución del propio menor y de los demás involucrados por la relación. Ello explica la necesidad de adaptación del régimen de relación y de su ejercicio, y justifica que ninguna decisión sea definitiva, sino siempre modificable. Todos los acuerdos o decisiones relativos al régimen de relación y su ejercicio se encuentran articulados en torno al interés superior del menor y es precisamente dicho interés el que impone derivaciones concretas a los padres y al juez, al punto que el derecho se configura y explica preferentemente alrededor de tal interés. Dicho interés además se armoniza con la idea de *obligaciones comunes* que ambos padres tienen *en lo que respecta a la crianza y el desarrollo del niño* (art. 18 CDN) y con el principio de mantenimiento de los deberes parentales tras el divorcio (art. 92 Cc).

Decimosegunda

Es apreciable como el derecho de relación entre padres e hijos tras el divorcio evoluciona, se acrecienta y en definitiva se consolida como una figura relevante para mantener y reforzar las relaciones personales paterno-filiales. La evolución se manifiesta, principalmente, en un doble sentido: por un lado en la mayor implicación en la crianza y formación de los hijos que el ejercicio del derecho propicia respecto del progenitor no custodio; y por otro, en las mayores exigencias que ese mismo derecho presenta para el custodio en cuanto a los deberes activos y pasivos que para él comporta. La ampliación se produce respecto de su contenido, especialmente por la centralidad que ocupan los menores. Conjuntamente con ello, y de la mano del perfeccionamiento de los criterios sociales en la valoración de la relación padre-hijo, se afianza en la ley, la doctrina y la jurisprudencia la comprensión jurídica sobre el contenido, finalidad, fundamento, funciones y relevancia general de tales relaciones y el carácter fundamental que la convivencia, trato y comunicación lo más amplia, directa y regular posible entre padres e hijos tiene en el fortalecimiento de las relaciones de familia.

REFERENCIAS BIBLIOGRÁFICAS

ACUÑA SAN MARTÍN, MARCELA, *Efectos jurídicos del divorcio,* AbeledoPerrot Thomson Reuters, Santiago 2011.

ACUÑA SAN MARTÍN, MARCELA "El principio de corresponsabilidad parental" en *Revista de Derecho*, Universidad Católica del Norte, año 20, Nº 2, Coquimbo 2013.

AFONSO RODRÍGUEZ, Mª ELVIRA, en DE PABLO CONTRERAS, PEDRO - VALPUESTA FERNÁNDEZ, ROSARIO (coords.), *Código Civil Comentado*, vol. I, Thomson Reuter/ Civitas, Cizur Menor 2012.

AGUILERA RODERO, JUAN, "Análisis sobre el contenido personal de la patria potestad en el progenitor", *Actualidad Civil*, Nº 12, Madrid 2008.

ALBÁCAR LÓPEZ, JOSÉ LUIS - MARTÍN-GRANIZO FERNÁNDEZ, MARIANO, *Código Civil. Doctrina y Jurisprudencia,* tomo I, vol. 2, 4ª edición, Trivium, Madrid 1995.

ALBÁCAR LÓPEZ, JOSÉ LUIS (dir.), *Código Civil. Doctrina y Jurisprudencia,* tomo VI, vol. 2, arts. 1822 a 1976, 4ª edición, Trivium, Madrid 1995.

ALBALADEJO, MANUEL, *Compendio de Derecho Civil*, decimotercera edición, Edisofer, Madrid 2007.

ALONSO PÉREZ, MARIANO, "Separación consensual, acuerdo para divorciarse y convenio regulador en el derecho matrimonial español", en *La Ley*, tomo 4, Madrid 1983.

ARIAS DÍAZ, MARÍA, "Reflexiones acerca de la Ley 42/2003, sobre las relaciones familiares entre nietos y abuelos", *La Ley,* Nº 6184, Madrid 2005.

ARZA, ANTONIO, *Remedios jurídicos a los matrimonios rotos (nulidad, separación y divorcio),* Publicaciones de la Universidad de Deusto, 1982.

ASENCIO MELLADO, JOSÉ Mª, *Derecho Procesal Civil, Parte Segunda,* 2ª edición, Tirant lo Blanch, Valencia 2008.

ATIENZA LÓPEZ, JOSÉ IGNACIO, "Medidas adoptadas de oficio al amparo del artículo 158 del Código civil: ¿son análogas a las medidas provisionales matrimoniales?", *CEFLegal, Revista Práctica de Derecho, comentarios y casos prácticos*, Nº 60, Madrid 2006.

BALLESTEROS DE LOS RÍOS, MARÍA en BERCOVITZ RODRÍGUEZ-CANO, RODRIGO (coord.), *Comentarios al Código Civil*, 3ª edición, Thomson Aranzadi, Cizur Menor 2009.

BARBER CÁRCAMO, RONCESVALLES en DE PABLO CONTRERAS, PEDRO - VALPUESTA FERNÁNDEZ, ROSARIO (coords.), *Código Civil Comentado*, vol. I, Thomson Reuter/Civitas, Cizur Menor 2012.

BARDAJÍ GÁLVEZ, Mª DOLORES, "Transexualidad y derecho de visita", *Revista Jurídica de Catalunya*, Nº 1-2010.

BARRAL VIÑALS, INMACULADA, "La potestad del padre y de la madre", en MALUQUER DE MOTES, CARLOS (coord.), *Derecho de Familia. Análisis desde el Derecho Catalán*, 2ª edición, Bosch, Barcelona 2005.

BAYEBACH, MARK, "La repercusión sobre el menor de los procesos de ruptura matrimonial: aspectos emocionales y relacionales", en *Cuadernos de Derecho Judicial II-2009. Custodia compartida y protección de menores*, CGPJ, Madrid 2010.

BENEYTO BERENGUER, REMIGIO, "El régimen de visitas: restricción a causa de las creencias del padre", *Revista General de Derecho,* año LVII, nº 678-679, 2001.

BENGOECHEA GARÍN, PEDRO, "Un análisis exploratorio de los posibles efectos del divorcio en los hijos", *Psicothema*, vol. 4, Nº 2, Principado de Asturias 1992.

BENITO DE LOS MOZOS, ANA, "El derecho de los abuelos a mantener relaciones personales con sus nietos (la Ley 42/2003, de 21 de noviembre, ¿novedad u oportunidad?)", *La Ley digital*, identificador 2659/2009.

BESIO HERNÁNDEZ, MARTÍN, en CORCOY BIDASOLO, MIRENTXU, *Derecho Penal Parte especial. Doctrina y jurisprudencia en casos solucionados,* tomo I, Tirant Lo Blanch, Valencia 2011.

BLANCO CARRASCO, MARTA, "Los puntos de encuentro familiar y el derecho de los menores a mantener una relación con sus progenitores", *Cuadernos de Trabajo Social*, vol. 21, Universidad Complutense de Madrid, 2008.

BLANCO LOZANO, CARLOS, "Delitos contra las relaciones familiares", consultado en http://vlex.com/vid/delitos-relaciones-familiares-247170.

BONET NAVARRO, ÁNGEL, en LACRUZ BERDEJO, JOSÉ LUIS (coord.), *Matrimonio y divorcio. Comentarios al Título IV del Libro Primero del Código Civil*, 2ª edición, Civitas, Madrid 1994.

BOTANA GARCÍA, GEMA, "Derecho de visita de los abuelos", *Actualidad Civil,* Nº 5, Editorial La Ley, Madrid 2004.

BOTANA GARCÍA, GEMA, "Muerte de una niña a manos de su padre durante el régimen de visitas", *Práctica de Derecho de Daños*, Nº 69, La Ley, Madrid 2009.

BOTANA GARCÍA, GEMA, "Notas sobre el derecho de visita", *Revista Jurídica de Navarra*, Nº 10, 1990.

CAAMIÑA DOMÍNGUEZ, CELIA, "Las resoluciones de restitución de menores en la Unión Europea: el caso Rinau", *Cuadernos de Derecho Transnacional*, vol. 2, nº 2, Universidad Carlos III de Madrid, 2010.

CABALLERO GEA, JOSÉ-ALFREDO, *Matrimonio, unión de hecho, acogimiento, adopción, violencia de género, pensión impaga,* Dykinson, Madrid 2005.

CALVO CABELLO, JOSÉ LUIS, "Discrecionalidad y arbitrariedad en la fijación del derecho y régimen de visitas. Análisis de diversos casos prácticos", en VILADRICH, PEDRO-JUAN (coord.), *El derecho de visita de los menores en las crisis. Teoría y praxis,* Universidad de Navarra, 1982.

CALZADILLA MEDINA, Mª ARÁNZAZU, en DE PABLO CONTRERAS, PEDRO - VALPUESTA FERNÁNDEZ, ROSARIO (coords.), *Código Civil Comentado*, vol. I, Thomson Reuter/ Civitas, Cizur Menor 2012.

CAMACHO SERRANO, JULIA, "El proceso de divorcio español tras la ley 15/2005, de 8 de julio", en *Revista Jurídica Universidad Interamericana de Puerto Rico*, vol. XLI, San Juan 2006.

CAMPO IZQUIERDO, ÁNGEL LUIS, "Estudio comparativo de la normativa nacional y autonómica de los puntos de encuentro familiar", *Actualidad Civil*, editorial La Ley, nº 1, tomo 1, 2010.

CAMPUZANO TOMÉ, HERMINIA, "La custodia compartida. Doctrina jurisprudencial de las Audiencias Provinciales", en *Westlaw.es*, identificador: BIB 2005/563.

CANALS, SERGIO, "El Niño y el Divorcio", publicado en columnas de opinión del Centro de la Familia de la Pontificia Universidad Católica de Chile (www.centrodelafamilia.uc.cl).

CANTÓN DUARTE, JOSÉ, "Adaptación de los hijos de divorciados", en GARCÍA GÁRNICA, Mª DEL CARMEN (dir.), *La protección del menor en las rupturas de pareja,* Thomson Reuters, Aranzadi, Cizur Menor 2009.

CARBALLO FIDALGO, MARTA, "Las relaciones personales entre abuelos y nietos tras la Ley 42/2003, de 21 de noviembre, de modificación del Código Civil y de la Ley de Enjuiciamiento Civil. Derecho de visita y atribución de la guarda del menor", *Dereito*, vol. 14, Nº 2, Universidad de Santiago de Compostela 2005.

CARDENAL, RAFAEL, "La patria potestad", en LLEDÓ YAGÜE, FRANCISCO, *Los 25 temas más frecuentes en la vida práctica del derecho de familia,* vol. I, Dykinson, Madrid 2011.

CARRANCHO HERRERO, Mª TERESA (coord.), *Instituciones protectoras del menor. Especial referencia a la normativa de Castilla y León*, Universidad de Burgos 1999.

CARRETERO SÁNCHEZ, ADOLFO, "El nuevo planteamiento del derecho de visita", *Diario La Ley*, versión electrónica consultada en http//:laleydigital.laley.es; cita: 13053/2001.

CASO SEÑAL, MERCEDES, "Disyuntiva ante la modificación de circunstancias: proceso incidental o vía de ejecución", en AEAF, *Disyuntivas en los pleitos matrimoniales de separación y divorcio*, Dykinson, Madrid 2000.

CASTÁN PÉREZ-GÓMEZ, JOSÉ, "La patria potestad", en DELGADO DE MIGUEL, JUAN FRANCISCO (coord.), *Instituciones de Derecho Privado. Familia,* tomo IV, vol. 1, Civitas, Madrid 2001.

CASTÁN VÁZQUEZ, JOSÉ, en PAZ-ARES RODRÍGUEZ, CÁNDIDO y otros, *Comentario del Código Civil,* tomo I, Ministerio de Justicia, Madrid 1991.

CASTILLA BAREA, MARGARITA - CABEZUELO ARENAS, ANA LAURA, "Disposiciones comunes a la nulidad, separación y divorcio (II)", en YZQUIERDO TOLSADA, MARIANO y CUENA CASAS, MATILDE (dirs.), *Tratado de Derecho de Familia,* vol. VI, *Las crisis matrimoniales,* Thomson-Reuters/Aranzadi, Cizur Menor 2011.

CASTILLA BAREA, MARGARITA, "Notas sobre la guarda y custodia de los hijos a propósito de la aragonesa Ley de igualdad en las relaciones familiares ante la ruptura de convivencia de los padres", versión electrónica en www.westlaw.es, cita: BIB2010/1563.

CASTILLO MARTÍNEZ, CAROLINA, "Efectos de la privación de la patria potestad. Especial consideración del derecho del progenitor excluido o privado de la patria potestad a comunicarse con el menor, siempre en interés de éste", consultado en www.laleydigital.es.

Castillo Martínez, Carolina, en Llopis Giner, Juan Manuel (coord.), *El contenido del convenio regulador. Sus diferentes aspectos,* Fundación Registral, Madrid 2006.

Castillo Martínez, Carolina, *La privación de la patria potestad (criterios legales, doctrinales y jurisprudenciales)*, Editorial Práctica del Derecho, Valencia 2000.

Castillo Martínez, Carolina, *La privación de la Patria Potestad. Criterios legales, doctrinales y judiciales,* 2ª edición, La Ley, Madrid 2010.

Cavanillas Múgica, Santiago, en Pasquau Liaño, Miguel (dir.), *Jurisprudencia civil comentada,* tomo I, 2ª edición, Comares, Granada 2009.

Clemente Meoro, Mario, en Montes, Vicente - Roca, Encarna (coords.), *Derecho de Familia*, 2ª edición, Tirant Lo Blanch, Valencia 1995.

Colás Escandón, Ana Mª, *Relaciones familiares de los nietos con sus abuelos: derecho de visita, estancia, comunicación y atribución de la guarda y custodia (Ley 42/2003, de 21 de noviembre),* Thomson Aranzadi, Cizur Menor 2005.

Cordón Moreno, Faustino, *El proceso de Ejecución,* Aranzadi, Pamplona 2002.

Couso Salas, Jaime, "El niño como sujeto de derechos y la nueva Justicia de Familia. Interés Superior del Niño, Autonomía progresiva y derecho a ser oído", versión electrónica consultada en www.ichdp.cl/prueba/.

De La Cámara, Manuel, *El Sistema legal del matrimonio en el Código Civil*, Civitas, Madrid 2002.

De La Iglesia Monje, Mª Isabel, "Alteración del régimen de visitas de los progenitores", *Revista Critica de Derecho Inmobiliario,* Nº 712, Madrid 2009.

De La Iglesia Monje, Mª Isabel, "Atribución al padre de la guarda y custodia de un menor tras el fracaso del reinicio de la relación con su hijo a través de un régimen de visitas", *Revista Critica de Derecho Inmobiliario,* Nº 714, Madrid 2009.

De La Iglesia Monje, Mª Isabel, "Las funciones del progenitor custodio y el derecho de visitas del no custodio (I)", *Revista Critica de Derecho Inmobiliario,* Nº 710, Madrid 2008.

De La Iglesia Monje, Mª Isabel, "Transexualidad y restricción del régimen de visitas(1)", *Revista Critica de Derecho Inmobiliario,* Nº 713, Madrid 2009.

De La Iglesia Monje, Mª Isabel, "Relevancia del traslado al extranjero de la madre que tiene la guarda y custodia de los hijos", *Revista Critica de Derecho Inmobiliario,* Nº 719, Madrid 2010.

De La Iglesia Monje, Mª Isabel, "Menores desamparados: el derecho de sus padres a relacionarse con ellos", *Revista Critica de Derecho Inmobiliario,* Nº 733, Madrid 2012.

De La Iglesia Monje, Mª Isabel, "Evolución del contenido del derecho de visita desde el estudio jurisprudencial", *Revista Critica de Derecho Inmobiliario,* Nº 738, Madrid 2013.

De La Oliva Santos, Andrés (coord.), *Comentarios a la ley de enjuiciamiento civil,* Civitas, Madrid 2001.

De La Oliva Vázquez, Antonio, "Derechos y obligaciones del progenitor no custodio para con los hijos: problemas y alternativas", en García Gárnica, Mª Del Carmen (dir.), *La protección del menor en las rupturas de pareja,* Thomson Reuters/Aranzadi, Cizur Menor 2009.

De Los Mozos, José Luis y Herrero García, Mª José, en Lacruz Berdejo, José Luis (coord.), *Matrimonio y divorcio. Comentarios al Título IV del Libro Primero del Código Civil*, 2ª edición, Civitas, Madrid 1994.

Delgado Martín, Joaquín, "La patria potestad compartida en los procesos matrimoniales", en *Novedades Legislativas en materia matrimonial,* Consejo General del Poder Judicial (CGPJ), Nº 130, Madrid 2008.

Díaz Alabart, Silvia, "El derecho de relación personal entre el menor y sus parientes y allegados (art. 160.2 C.C.)", *Revista de Derecho Privado,* Nº 87, Madrid 2003.

Díaz Martínez, Ana, "Resarcimiento de daños por incumplimiento de las medidas personales de las sentencias de divorcio: de la reflexión teórica a los tribunales de justicia", consultada en www.westlaw.es, bib2012/510.

Díez Ripollés, José Luis, en Díez Ripollés, José Luis y Romeo Casabona, Carlos (coords.), *Comentarios al Código Penal. Parte especial II,* Tirant Lo Blanch, Valencia 2004.

Diez-Picazo, Luis - Gullón, Antonio, *Sistema de Derecho Civil. Derecho de familia*, vol. IV, tomo I, 11ª edición, Tecnos, Madrid 2012.

Díez-Picazo, Luis, "La figura del convenio regulador en el marco del negocio jurídico familiar y de los principios constitucionales del Derecho de Familia", en Viladrich, Pedro-Juan (dir.), *Convenios reguladores de las relaciones conyugales, paterno-filiales y patrimoniales en las crisis del matrimonio,* Ediciones Universidad de Navarra, Pamplona 1984.

Díez-Picazo, Luis, *El escándalo del daño moral,* Thomson Civitas/Aranzadi, Cizur Menor 2008.

Echarte Feliú, Ana María, *Patria potestad en situaciones de crisis matrimonial,* Comares, Granada 2000.

Egea Fernández, Joan, "Comentario a la STS de 28 de junio de 2004 (RJ 2004, 4321)", *Cuadernos Civitas de Jurisprudencia Civil,* nº 68, Madrid 2005.

Escrihuela Chumilla, Javier, "Delitos contra la relaciones familiares", *La Ley*, Madrid 2011, consultado en www.laleydigital.es.

Farré Alemán, Josep, *Código Civil comentado y concordado,* Bosch, Barcelona 2001.

Federación de asociaciones de mujeres separadas y divorciadas, "Invisibilización y Desprotección de las Víctimas de Violencia de Género en los Puntos de Encuentro Familiar: Desmontando el SAP", 2009, disponible en http://observatorioviolencia.org.

Fernández Bautista, Silvia, en Corcoy Bidasolo, Mirentxu, *Derecho Penal Parte especial. Doctrina y jurisprudencia en casos solucionados,* tomo I, Tirant Lo Blanch, Valencia 2011.

Fernández Ramallo, Paula, "Derecho de visitas de los abuelos versus derecho de visita de los padres: la incidencia en el menor de la concurrencia de ambos derechos", *Abogados de Familia,* Nº 52, Editorial La Ley, Madrid 2009.

Fernández-Gil Viega, Isabel, en Díez-Picazo Giménez, Gema (coord.), *Derecho de Familia*, Thomson Reuter/Civitas, Cizur Menor 2012.

Ferrer Riba, Josep, "Derechos del menor, relaciones familiares y potestades públicas para la protección de la infancia y la adolescencia en Cataluña", *Derecho Privado y Constitución*, Nº 7, Madrid 1995.

FERRER RIBA, JOSEP, "Relaciones familiares y limites del derecho de daños", *Indret*, Barcelona 2001, consultado en www.indret.com.

FLORIT CANALS, CARLOS, "El régimen de visitas en la práctica judicial española", en *La Ley digital*, cita 4529/2001.

FORCADA MIRANDA, FRANCISCO, "La nueva regulación de la custodia en la Ley 2/2010, de 26 de mayo, de igualdad de las relaciones familiares ante la ruptura de la convivencia de los padres: custodia compartida, autoridad familiar, responsabilidad parental, traslado y sustracción de menores", en *Actas del Vigésimo Encuentro del Foro de Derecho Aragones*, Zaragoza 2010.

FORNER DELAYGUA, JOAQUÍN, "El acceso de los hijos a sus progenitores: el derecho de visita", en CALVO CARAVACA, LUIS ALFONSO-IRIARTE, ÁNGEL (editores), *Mundialización y Familia,* Colex, 2001.

FRANCO ARIAS, JUST, "Ejecución no dineraria: disposiciones generales, ejecución por deberes de entregar cosas y por obligaciones de hacer y no hacer", en ALONSO-CUEVILLAS SAYROL, JAIME, *Instituciones del nuevo proceso civil. Comentarios sistemáticos a la Ley 1/2000,* vol. III, Economist&Jurist, Barcelona 2000.

FREIJANES BENITO, ANTONIA, "La protección de los derechos de los menores en casos de divorcio y separación", en RODRÍGUEZ TORRENTE, JESÚS (editor), *El menor y la familia: conflictos e implicaciones,* Universidad Pontificia de Comillas, Madrid 1998.

FUEYO LANERI, FERNANDO, *Derecho Civil. Derecho de Familia,* tomo 6, vol. III, Universo, Santiago 1959.

GAFFAL, MARGIT, *Cuadernos Civitas de Jurisprudencia Civil,* n° 84, 2010.

GARCÍA ABURUZA, Mª PAZ, "Sobre el régimen de ejecución del artículo 776 de la Ley de Enjuiciamiento Civil", consultado en www.westlaw.es, BIB 2005/597.

GARCÍA ALBERÓ, RAMÓN, en QUINTERO OLIVARES, GONZALO (dir), *Comentarios a la parte especial del derecho penal*, 9ª edición, Thomson Reuters, Cizur Menor 2011.

GARCÍA CANTERO, GABRIEL, "En torno al derecho de visita", en VILADRICH, PEDRO-JUAN (coord.), *El derecho de visita de los menores en las crisis. Teoría y praxis,* Universidad de Navarra, 1982.

GARCÍA CANTERO, GABRIEL, *Las relaciones familiares entre nietos y abuelos según la Ley de 21 de noviembre de 2003*, Thomson Civitas, Madrid 2004.

GARCÍA CANTERO, GABRIEL, "Relectura del art. 1902 del CC. Visto desde el siglo XXI", en *Actualidad civil,* n° 4, editorial La Ley, Madrid 2007.

GARCÍA CANTERO, GABRIEL, "*Nova Et Vetera* en materia de obligaciones", *Revista Jurídica del Notariado,* N° 68, Madrid 2008.

GARCÍA DE BLAS VALENTÍN-FERNÁNDEZ, MARÍA, "El matrimonio, realidad social e institución jurídica", en DELGADO DE MIGUEL, JUAN FRANCISCO (coord.), *Instituciones de Derecho Privado. Familia,* tomo IV, vol. 1, Civitas, Madrid 2001.

GARCÍA GÁRATE, ANTONIO, "La rescisión concursal del convenio regulador", en *Anuario de Derecho Concursal*, N° 17, Madrid 2009.

GARCÍA GIL, JAVIER, "La protección de los hijos menores o incapacitados en las situaciones de crisis matrimonial", *Diario La Ley*, tomo 3, 1989, consultado en wwwlaleydigital.es.

GARCÍA PASTOR, MILAGROS, "El derecho de visita en circunstancias excepcionales (SsTS de 22 de mayo y 21 de julio de 1993)", *Actualidad Civil,* N° 3779, editorial La Ley, Madrid 1985.

García Pastor, Milagros, *La situación jurídica de los hijos cuyos padres no conviven: aspectos personales,* McGraw Hill, Madrid 1997.

García Pastor, Milagros en Pasquau Liaño, Miguel (dir.), *Jurisprudencia civil comentada,* tomo I, 2ª edición, Comares, Granada 2009.

García Pérez, Octavio, "El delito de sustracción de menores y su configuración", *InDret*, 2010.

García Varela, Román, *La Ley de divorcio. Experiencia de su aplicación,* Colex, Madrid 1982.

García Varela, Román en Sierra Gil De La Cuesta, Ignacio (coord.), *Comentarios del Código Civil. Arts. 90 a 347*, 2ª edición, Bosch, Barcelona 2006.

García Varela, Román, "Efectos del convenio regulador no aprobado judicialmente", en *La ley*, tomo 6, Madrid 1997, versión electrónica en www.LaLey.es, cita: 21714/2001, consultado el 02 de febrero de 2010.

Garua Sobrino, Federico, "Notas sobre la colisión de fuentes de derecho internacional privado español sobre responsabilidad parental y protección del niño", *Cuadernos de Derecho Transnacional*, vol. 3, nº 1, Madrid 2011.

Gomá Salcedo, José, *Instituciones de derecho civil común y foral. Tomo II Familia y Sucesiones*, vol. I, Bosch, Barcelona 2007.

González Del Pozo, Juan Pablo, "La ejecución forzosa de obligaciones de hacer y entregar cosa determinada en los procesos de familia y menores", en Saravia González, Ana - García Criado, Juan José (dirs.), *La Jurisdicción de Familia: especialización, ejecución de resoluciones y custodia compartida,* CGPJ, Madrid 2007.

González Del Pozo, Juan Pablo, "Algunas consideraciones sobre el régimen de visitas, los puntos de encuentro y la orden de alejamiento", *La Ley*, nº 6998, sección doctrina, 2008.

González Del Pozo, Juan Pablo, "La facultad de decidir el lugar de residencia del menor bajo custodia exclusiva de uno de los progenitores", *La Ley*, Nº 6886, sección doctrina, 2008, versión digital en www.laleydigital.es, referencia: 1089/2008.

González García-Mier, Rocío, "La suspensión del derecho de visita en las resoluciones judiciales" en Cervilla Garzón, María (coord.), *La situación jurídica de la mujer en los supuestos de crisis matrimoniales,* Publicaciones de la Universidad de Cádiz, 1997.

Guilarte Martín-Calero, Cristina, en Guilarte Gutiérrez, Vicente (dir.), *Comentarios a la reforma de la separación y el divorcio. Ley 15/2005, de 8 de julio,* Lex Nova, Valladolid 2005.

Gutiérrez Romero, Francisco Manuel, "Incidencias de la violencia de género en el derecho de familia: especial tratamiento del régimen de visitas", *La Ley,* Nº 7480, versión electrónica consultada en www.laleydigital.es.

Hernández Ibáñez, Carmen, "La Ley 42/2003: relaciones de los hijos con sus padres, abuelos, parientes y allegados", *La Ley*, Nº 5990, Madrid 2004.

Herrera Campos, Ramón, en Sánchez Calero, Francisco Javier (coord.), *Curso de Derecho Civil IV. Derecho de familia y sucesiones,* 5ª edición, Tirant Lo Blanch, Valencia 2009.

IRACHETA IRIBARREN, MARINO, "Reflexiones a propósito de algunas sentencias relativas al régimen de visitas de los menores", en VILADRICH, PEDRO-JUAN (coord.), *El derecho de visita de los menores en las crisis. Teoría y praxis,* Universidad de Navarra, 1982.

LACRUZ BERDEJO, JOSÉ LUIS (coord.), *El nuevo régimen de la familia. El matrimonio y el divorcio,* Cuadernos Civitas, Madrid 1982.

LACRUZ BERDEJO, JOSÉ LUIS - RAMS, JOAQUÍN, *Elementos de Derecho Civil. Familia,* vol. IV, 3ª edición, Dykinson, Madrid 2008.

LACRUZ BERDEJO, JOSÉ LUIS, *Nociones de derecho civil patrimonial e introducción al derecho,* 6ª edición revisada y puesta al día por Jesús Delgado Echevería y María Ángeles Parra Lucán, Dykinson, Madrid 2008.

LASARTE ÁLVAREZ, CARLOS, *Principios de Derecho Civil. Derecho de Familia,* tomo VI, 7ª edición, Marcial Pons, Madrid 2008.

LATHROP GÓMEZ, FABIOLA, *Custodia compartida de los hijos,* La Ley, Madrid 2008.

LATHROP GÓMEZ, FABIOLA, "Aspectos generales de la guarda y custodia de los hijos", versión electrónica en www.LaLeydigital, cita 4070/2010.

LAURENZO COPELLO, PATRICIA, en DÍEZ RIPOLLÉS, JOSÉ LUIS y ROMEO CASABONA, CARLOS (coords.), *Comentarios al Código Penal. Parte especial II,* Tirant Lo Blanch, Valencia 2004.

LLEDÓ YAGUÉ, FRANCISCO y HERRERA CAMPOS, RAMÓN (dir.), *Sistema de Derecho Civil. Derecho de Familia,* Dykinson, Madrid 2002.

LLORENTE PINTO, ROBERTO, "El régimen de visitas: la corta edad como impedimento para la pernocta", *Revista de Derecho de Familia,* N° 33, Valladolid 2006.

LLORIA GARCÍA, PAZ, *Secuestro de Menores en el ámbito familiar. Un estudio interdisciplinar,* Iustel, Madrid 2008.

LÓPEZ ALARCÓN, MARIANO, "El acuerdo de los cónyuges en la separación y en el divorcio", en *La Ley,* tomo 4, Madrid 1981.

LÓPEZ ALARCÓN, MARIANO, "Efectos de la sentencia de nulidad, separación y divorcio: cuestiones generales", *La Ley: Revista jurídica española de doctrina, jurisprudencia y bibliografía,* n° 2, Madrid 1982.

LÓPEZ BURNIOL, JUAN JOSÉ, "Concepto, naturaleza y contenido del convenio regulador de las relaciones conyugales, paterno-filiales y patrimoniales", en VILADRICH, PEDRO-JUAN, (dir), *Convenios reguladores de las relaciones conyugales, paterno-filiales y patrimoniales en las crisis del matrimonio,* Ediciones Universidad de Navarra, Pamplona 1984.

LÓPEZ ORDIALES, JULIO JESÚS, "Custodia compartida. Cuestiones procesales", en SARAVIA GONZÁLEZ, ANA - GARCÍA CRIADO, JUAN JOSÉ (dir.), *La Jurisdicción de Familia: especialización, ejecución de resoluciones y custodia compartida.* CGPJ, Madrid 2007.

LÓPEZ Y LÓPEZ, ÁNGEL, en LACRUZ BERDEJO, JOSÉ LUIS (coord.), *Matrimonio y divorcio. Comentarios al Título IV del Libro Primero del Código Civil,* 2ª edición, Civitas, Madrid 1994.

LÓPEZ-MUÑIZ GOÑI, MIGUEL, *Código de la Familia,* Colex, Madrid 2001.

MACÍAS CASTILLO, AGUSTÍN, "Régimen de visitas por un padre condenado por maltrato. Análisis de la STS de 21 de noviembre de 2005", *Actualidad Civil,* n° 5, 2006, versión electrónica consultada en www.laleydigital.es.

MAGRO SERVET, VICENTE, "El incumplimiento del régimen de visitas en la reforma del Código Penal por la Ley 15/2003, de 25 de noviembre", *La Ley*, Nº 5956, 2004.

MAKIANICH DE BASSET, LIDIA, *Derecho de visita. Régimen jurídico del derecho y deber de adecuada comunicación entre padres e hijos*, reimpresión de la 1ª edición, editorial Hammurabi, Buenos Aires 1997.

MARÍN GARCÍA DE LEONARDO, MARÍA TERESA, "22 de abril de 1997. Convenio regulador no presentado ni aprobado judicialmente en el proceso de separación conyugal. Validez y eficacia como negocio jurídico de derecho de familia. Acuerdo del convenio relativo a la extinción y adjudicación de bienes, en el régimen económico matrimonial de separación de bienes", *Cuadernos Civitas de Jurisprudencia civil*, ISSN 0212-6206, Nº 45, Madrid 1997.

MARÍN GARCÍA DE LEONARDO, MARÍA TERESA, "El síndrome de alienación parental: la carreta delante de los bueyes", *Diario La Ley*, No 7567, Sección Tribuna, 2011.

MARÍN GARCÍA DE LEONARDO, MARÍA TERESA, "Perspectivas actuales del resarcimiento de daños en el ámbito de las relaciones paterno-filiales", *Revista de Derecho de Familia*, nº 52, Valladolid 2011.

MARÍN GARCÍA, IGNACIO - LÓPEZ RODRÍGUEZ, DANIEL, "Indemnización del daño moral por la privación indebida de la compañía de los hijos en el orden civil y en el contencioso administrativo", *Indret*, 2010.

MARÍN LÓPEZ, MANUEL, "La audiencia del menor en los procesos matrimoniales tras la Ley 15/2005, de 8 de julio, que modifica el régimen de la separación y el divorcio", *Revista de Derecho Privado y Constitución*, Nº 23, Madrid 2009.

MARÍN LÓPEZ, MANUEL, en BERCOVITZ RODRÍGUEZ-CANO, RODRIGO (coord.), *Comentarios al Código Civil*, 3ª edición, Thomson Aranzadi, Cizur Menor 2009.

MARTÍN-BALLESTERO HERNÁNDEZ, LUIS, *Apuntes y anotaciones para un curso de Derecho Civil (familia y sucesiones)*, Librería General SA, Zaragoza 2001.

MARTÍNEZ DE AGUIRRE, CARLOS, "El derecho de visita en la reciente praxis judicial", *Aranzadi Civil*, nº 1, Madrid 1994.

MARTÍNEZ DE AGUIRRE, CARLOS, "La regulación de la custodia compartida en la Ley de igualdad de las relaciones familiares ante la ruptura de la convivencia de los padres", *Actas del Vigésimo Encuentro del Foro de Derecho Aragonés*, Zaragoza 2010.

MARTÍNEZ DE AGUIRRE, CARLOS (coord.), *Curso de Derecho Civil (IV), Derecho de Familia*, 3ª edición, Colex, Madrid 2011.

MARTÍNEZ DE MORENTIN LLAMAS, Mª LOURDES, "Estudio sobre la obstaculización y privación del derecho de visita por el progenitor que ostenta la guarda y custodia del menor, al otro" en *Revista de Derecho Privado*, año 97, Nº 3, Madrid 2013.

MARTÍNEZ SAPIÑA, FERNANDO, "El régimen de visitas: criterios para su determinación en los diversos supuestos fácticos", en VILADRICH, PEDRO-JUAN (coord.), *El derecho de visita de los menores en las crisis. Teoría y praxis*, Universidad de Navarra, 1982.

MARTÍNEZ VÁZQUEZ DE CASTRO, LUIS, *El Concepto de Matrimonio en el Código Civil*, Thomson Civitas, Navarra 2008.

MATA VIDAL, DANIEL, "El interés de los menores y el de los progenitores en la determinación judicial del régimen de visitas" en VILADRICH, PEDRO-JUAN (coord.), *El derecho de visita de los menores en las crisis. Teoría y praxis*, Universidad de Navarra, 1982.

MATEO Y VILLA, IÑIGO, "Estatuto del cónyuge del progenitor. Legislación Europea", *Revista de Derecho de Familia,* N° 52, Valladolid 2011.

MENÉNDEZ MATO, JUAN, en DOMÍNGUEZ LUELMO, ANDRÉS (coord.), *Comentarios al Código Civil,* Lex Nova, Valladolid 2010.

MENÉNDEZ MATO, JUAN, "La progresiva desnaturalización de las relaciones paterno-filiales", *Revista critica de derecho inmobiliario,* N° 734, Madrid 2013.

MONFORTE, JOSÉ DOMINGO, "Regímenes de visitas transfronterizos. Responsabilidad parental", *Actualidad Jurídica Aranzadi*, n° 714, 2006.

MONFORTE, JOSÉ DOMINGO, "Custodia compartida disensual Rara avis", *Revista de Derecho de Familia*, N° 37, Valladolid 2007.

MONTERO AROCA, JUAN (coord.), *Los procesos matrimoniales (comentarios, jurisprudencia y formularios)*, Tirant Lo Blanch, Valencia 1997.

MONTERO AROCA, JUAN, *El derecho de visita en los procesos matrimoniales (La aplicación práctica del artículo 94 del Código Civil),* Tirant Lo Blanch, Valencia 2002.

MONTERO AROCA, JUAN, (dir.), *Separación y divorcio tras la ley 15/2005,* Tirant Lo Blanch, Valencia 2006.

MONTÓN GARCÍA, Mª DEL MAR, *La sustracción de menores por su propios padres,* Tirant Lo Blanch, Valencia 2003.

MORENO FLÓREZ, ROSA MARÍA, en RAMS ALBESA, JOAQUÍN (coord.), *Comentarios al Código Civil,* tomo II, vol. 2, Bosch, Barcelona 2000.

MORENO GIL, OSCAR, *Código Civil y jurisprudencia concordada,* BOE, Madrid 2000.

MORENO QUESADA, BERNARDO, en SÁNCHEZ CALERO, FRANCISCO JAVIER (coord.), *Curso de Derecho Civil IV. Derecho de familia y sucesiones,* 5ª edición, Tirant Lo Blanch, Valencia 2009.

MORENO VELASCO, VÍCTOR, "La indemnización de daños y perjuicios por daños patrimoniales y morales derivados del incumplimiento del régimen de visitas", *La Ley*, N° 7163, 2009.

MORENO VELASCO, VÍCTOR, "Incumplimiento del régimen de comunicación del progenitor no custodio por voluntad de los hijos", *La Ley*, n° 7565, 2011.

MORO BONILLO, ESTHER, "La voluntad del menor en el cambio de custodia", en *Revista de Derecho de Familia*, n° 57, Valladolid 2012.

MORTE BARRACHINA, ELENA – LILA MURILLO, MARISOL, "La alternativa al conflicto: Punto de Encuentro Familiar", *Intervención Psicosocial*, Colegio Oficial de Psicólogos de Madrid, vol. 16, N° 3, 2007.

MUÑOZ CONDE, FRANCISCO, *Derecho Penal, Parte Especial,* Decimosexta edición, Tirant Lo Blanch, Valencia 2007.

NAVARRO CASTRO, MIGUEL, "El régimen de visitas de los abuelos y otros parientes y allegados tras la Ley 42/2003 de 21 de noviembre", en GONZÁLEZ PORRAS y MÉNDEZ GONZÁLEZ (coords.), *Libro homenaje al profesor Manuel Albaladejo García,* II, Universidad de Murcia, Murcia 2004.

NAVARRO VALLS, RAFAEL, "Matrimonio y Derecho", en VVAA *El Matrimonio: ¿Contrato basura o bien social?,* Thomson Aranzadi, Cizur Menor 2008.

O'CALLAGHAN MUÑOZ, XAVIER, *Compendio de Derecho Civil. Tomo IV, Derecho de Familia*, 6ª edición, Edersa, Madrid 2006.

ORTUÑO MUÑOZ, PASCUAL, *El nuevo régimen jurídico de la crisis matrimonial,* Thomson Civitas, Madrid 2006.

Palacios González, Mª Dolores, "Limitación y suspensión del régimen de visitas por incumplimiento de las obligaciones alimenticias", *La Ley*, tomo 1, 1992, versión electrónica consultada en http://laleydigital.laley.es.

Panizo y Romo de Arce, Alberto, *El proceso matrimonial,* 2ª edición, Colex, Madrid 2003.

Paz-Ares, Ignacio, "Previsiones capitulares", versión electrónica Vlex, Id vlex: VLEX-53363316.

Peña Bernaldo de Quiroz, Manuel, en Amoros Guardiola, Manuel (coord.), *Comentarios a las reformas del Derecho de Familia,* vol. I, Tecnos, Madrid 1984.

Pérez Álvarez, Miguel Ángel, en Martínez de Aguirre, Carlos (coord.), *Curso de Derecho Civil (IV), Derecho de Familia,* 3ª edición, Colex, Madrid 2011.

Pérez Conesa, Carmen, *Las medidas judiciales definitivas tras las crisis matrimoniales y su modificación,* Dykinson, Madrid 2006.

Pérez Martín, Antonio, *Derecho de Familia. Adopción, acogimiento, tutela y otras instituciones de protección de menores,* Lex Nova, Valladolid 1995.

Pérez Martín, Antonio, *Derecho de familia. La ejecución de las resoluciones dictadas en procedimientos matrimoniales,* Lex Nova, Valladolid 1997.

Pérez Martín, Antonio, en Domínguez Luelmo, Andrés (coord.), *Comentarios al Código Civil,* LexNova, Valladolid 2010.

Pérez Vallejo, Ana Mª, "Régimen de visitas del progenitor no custodio. Su incidencia en la relación abuelos-nietos", en García Gárnica, Mª del Carmen (dir.), *La protección del menor en las rupturas de pareja,* Thomson Reuters/Aranzadi, Cizur Menor 2009.

Pérez Vega, Ángeles, "Las medidas previas, provisionales y definitivas en los procesos de nulidad, separación o divorcio matrimoniales en la nueva Ley de Enjuiciamiento Civil", en *Actualidad Civil,* nº 13, 2002, versión electrónica www.laleydigital.es.

Pérez-Salazar Resano, Margarita, "La guarda y custodia compartida y el régimen de visitas: los puntos de encuentro familiar", en *Cuadernos de Derecho Judicial II-2009 Custodia compartida y protección de menores*, CGPJ, Madrid 2010.

Pons González, Manuel - Del Arco Torres, Miguel Ángel, *Separación, divorcio y nulidad matrimonial: régimen jurídico (teoría, praxis judicial y formularios),* 4ª edición, Comares, Granada 1995.

Prats Albentosa, Lorenzo, en Montes, Vicente - Roca, Encarna (coord.), *Derecho de Familia*, 2ª edición, Tirant Lo Blanch, Valencia 1995.

Puig Brutau, José, *Compendio de Derecho Civil. Derecho de Familia. Derecho de Sucesiones,* vol. IV, Bosch, Barcelona 1991.

Pulido Quecedo, Manuel, "Transexualidad, interdicción de discriminación y derecho de visita de los hijos", *Revista Aranzadi Doctrinal*, Nº 2, 2009.

Quiñones Escámez, Anna, "Nuevas normas comunitarias en materia de responsabilidad parental (Reglamento (CE) nº 2201/2003 del Consejo, de 27.11.2003)", *InDret*, 2004.

Rabadán Sánchez-Lafuente, Fuensanta, *Ejercicio de la patria potestad cuando los padres no conviven,* Thomson Reuters/Aranzadi, Cizur Menor 2011.

Ragel Sánchez, Luis, *Estudio legislativo y jurisprudencial de derecho civil: familia,* Dykinson, Madrid 2001.

RAGEL SÁNCHEZ, LUIS, "La guarda y custodia de los hijos", *Derecho Privado y Constitución*, Nº 15, Madrid 2001.

RAGEL SÁNCHEZ, LUIS, *Nulidad, separación y divorcio en la jurisprudencia,* Reus, Madrid 2003.

RAMOS MÉNDEZ, FRANCISCO, *Enjuiciamiento civil. Cómo gestionar los litigios civiles,* tomo I, Atelier, Barcelona 2008.

REINA, VÍCTOR - MARTINELL, JOSEP, *Curso de Derecho Matrimonial,* Marcial Pons, Madrid 1995.

RIVERO HERNÁNDEZ, FRANCISCO, "Las relaciones paterno-filiales (titulo, ejercicio y contenido de la patria potestad, guarda y cuidados y régimen de visitas) como contenido del convenio regulador", en VILADRICH, PEDRO-JUAN (dir.), *Convenios reguladores de las relaciones conyugales, paterno-filiales y patrimoniales en las crisis del matrimonio,* Ediciones Universidad de Navarra, Pamplona 1984.

RIVERO HERNÁNDEZ, FRANCISCO en LACRUZ BERDEJO, JOSÉ LUIS (coord.), *Matrimonio y divorcio. Comentarios al Título IV del Libro Primero del Código Civil*, 2ª edición, Civitas, Madrid 1994.

RIVERO HERNÁNDEZ, FRANCISCO, "La guarda y custodia de los hijos y derecho de visita tras la crisis matrimonial", en CERVILLA GARZÓN, MARÍA (coord.), *La situación jurídica de la mujer en los supuestos de crisis matrimoniales,* Publicaciones de la Universidad de Cádiz, 1997.

RIVERO HERNÁNDEZ, FRANCISCO, *El derecho de visita*, Bosch, Barcelona 1997.

RIVERO HERNÁNDEZ, FRANCISCO en RAMS ALBESA, JOAQUÍN (coord.), *Comentarios al Código Civil,* tomo I, Titulo Preliminar, Bosch, Barcelona 2000.

RIVERO HERNÁNDEZ, FRANCISCO, en RAMS ALBESA, JOAQUÍN (coord.), *Comentarios al Código Civil,* tomo II, vol. 1, Bosch, Barcelona 2000.

RIVERO HERNÁNDEZ, FRANCISCO, en RAMS ALBESA, JOAQUÍN (coord.), *Comentarios al Código Civil,* tomo II, vol. 2, Bosch, Barcelona 2000.

RIVERO HERNÁNDEZ, FRANCISCO, "Límites de la libertad religiosa y las relaciones personales de un padre con sus hijos (comentario de la STC 141/2000, de 29 de mayo)", *Derecho Privado y Constitución*, Nº14, Madrid 2000.

RIVERO HERNÁNDEZ, FRANCISCO, "Efectos de la crisis matrimonial respecto de los hijos. Estudio judicial (juzgados de Catalunya)", *Revista Jurídica de Catalunya*, Nº 3, Cataluña 2003.

RIVERO HERNÁNDEZ, FRANCISCO, "La protección del derecho de visita por el convenio europeo de derechos humanos. Dimensión constitucional", *Derecho Privado y Constitución*, Nº 20, 2006.

RIVERO HERNÁNDEZ, FRANCISCO, *El interés del menor,* 2ª edición, Dykinson, Madrid 2007.

ROBLES GARZÓN, JUAN ANTONIO, *Conceptos básicos de derecho procesal civil*, Tecnos, Madrid 2010.

ROCA TRÍAS, ENCARNA, en AMOROS GUARDIOLA, MANUEL (coord.), *Comentarios a las reformas del Derecho de Familia,* vol. I, Tecnos, Madrid 1984.

ROCA TRÍAS, ENCARNA, en PAZ-ARES RODRÍGUEZ, CÁNDIDO y otros, *Comentario del Código Civil,* tomo I, Ministerio de Justicia, Madrid 1991.

ROCA TRÍAS, ENCARNA, *Familia y cambio social*, Cuadernos Civitas, Madrid 1999.

RODRÍGUEZ ARREDONDO, Mª PAZ, "Padres de primera y segunda categoría: los puntos de encuentro familiar", en GARCÍA GÁRNICA, Mª DEL CARMEN (dir), *La protección del menor en las rupturas de pareja,* Thomson Reuters/Aranzadi, Cizur Menor 2009.

RODRÍGUEZ CHACÓN, RAFAEL, *Matrimonio, separación y divorcio en España: nueva regulación. Estudio sistemático de las leyes 13/2005, de 1 de julio, y 15/2005, de 8 de julio*, Editorial Experiencia, Barcelona 2005.

RODRÍGUEZ GUITIÁN, ALMA MARÍA, *Responsabilidad civil en el derecho de familia: especial referencia al ámbito de las relaciones paterno-filiales,* Thomson Reuters/ Civitas, Cizur Menor 2009.

RODRÍGUEZ GUITIÁN, ALMA MARÍA, "Tipología de los daños en el ámbito de las relaciones paterno-filiales", en YZQUIERDO TOLSADA, MARIANO y CUENA CASAS, MATILDE (dirs.), *Tratado de Derecho de Familia,* vol. VI, *Las crisis matrimoniales,* Thomson-Reuters/Aranzadi, Cizur Menor 2011.

RODRÍGUEZ GUITIÁN, ALMA MARÍA, "Familia y responsabilidad civil", en *Escritos Jurídicos TFW,* 2/2013 The Family Watch, Madrid 2013.

RODRÍGUEZ LAINZ, JOSÉ LUIS, "Incumplimiento del régimen de visitas por el progenitor no custodio y artículo 618.2 del Código Penal", *Revista de derecho de familia,* nº 51, 2011.

RODRÍGUEZ PINTO, Mª SARA, "El derecho a mantener una relación directa y regular con el hijo (ex derecho de visitas)", Gaceta Jurídica, Nº 232, Santiago 1999.

ROGEL VIDE, CARLOS, en BERCOVITZ RODRÍGUEZ-CANO, RODRIGO (coord.), *Comentarios a las reformas del Código Civil,* Técnos, Madrid 1993.

ROMERO COLOMA, AURELIA, "La falta de relación del progenitor con el hijo (o hijos) menor de edad como causa de privación de la patria potestad", *Revista de Derecho de Familia,* Nº 36, 2007.

ROMERO COLOMA, AURELIA, *Reclamaciones e indemnizaciones entre familiares en el marco de la responsabilidad civil,* Bosch, Barcelona 2009.

ROMERO COLOMA, AURELIA, "Privación de la patria potestad por enfermedad mental", versión electrónica en www.westlaw.es, cita BIB 2010/2139.

ROMERO COLOMA, AURELIA, "Transexualidad del progenitor y derecho de visitas. Sentencia del Tribunal Constitucional de 22 de diciembre de 2008 y las limitaciones al derecho de visita", *La Ley,* Nº 7471, 2010.

ROMERO COLOMA, AURELIA, *Incumplimiento del derecho de visitas y consecuencias jurídicas en el marco familiar,* Colección Scientia Iuridica, Madrid 2010.

ROMERO COLOMA, AURELIA, "Daños en relación con el derecho de visita", *Actualidad Jurídica Aranzadi,* Nº 812, 2011.

ROMERO COLOMA, AURELIA, "El abuso del régimen de visitas", en *Actualidad Jurídica Aranzadi,* nº 844, 2012.

ROMERO COLOMA, AURELIA, "Incumplimiento del régimen de visitas y daños morales", en *Revista Crítica de Derecho Inmobiliario,* Nº 729, 2012.

ROMERO SIEIRA, CONSUELO, "Comentarios al artículo 223 del Código Penal", consultado en http://vlex.com, enlazado como libros-revistas, nº089-69111065.

RUBIO RAMOS, Mª ROSA, "Los incumplimientos de las sentencias en el derecho de familia, causas y consecuencias. Pasos a dar: ¿cambio de custodia? ¿cuándo? ¿cómo?", *III Simposium sobre Guarda y Custodia de los hijos*, Tenerife, 6 y 7 de noviembre, 2008.

Rubio San Román, José Ignacio en Rams Albesa, Joaquín (coord.), *Comentarios al Código Civil,* tomo II, vol. 2, Bosch, Barcelona 2000.

Rubio Torrano, Enrique (coord.), *Legislación matrimonial,* Aranzadi, Cizur Menor 2002.

Ruíz De La Cuesta, Rafael, "Praxis judicial sobre los sujetos y el contenido de la facultad y régimen de visitas", en Viladrich, Pedro-Juan (coord.), *El derecho de visita de los menores en las crisis. Teoría y praxis,* Universidad de Navarra, 1982.

Ruíz Jiménez, Juana - Tejedor Muñoz, Lourdes, "Indemnización de los daños morales sufridos por uno de los progenitores al ser privado por el otro de relacionarse con su hijo", *Revista Critica de Derecho Inmobiliario,* Nº 718, 2010.

Sabido Rodríguez, Mercedes, "La sustracción de menores en derecho internacional privado español: algunas novedades que introduce el reglamento 2201/03", *Anuario de la Facultad de Derecho,* vol. XXII, Universidad de Extremadura 2004.

Salanova Villanueva, Marta, "Aproximación al derecho de visita", *Actualidad Civil,* Nº 24, Madrid 1995.

Salanova Villanueva, Marta, "El derecho del menor a no ser separado de sus padres", *Derecho Privado y Constitución,* Nº 7, Madrid 1995.

San Román, José Ramón, "Criterios judiciales sobre la titularidad del derecho de visita en los diversos supuestos de conflicto matrimonial y familiar", en Viladrich, Pedro-Juan (coord.), *El derecho de visita de los menores en las crisis. Teoría y praxis,* Universidad de Navarra, 1982.

San Segundo Manuel, Teresa, "Maltrato y separación: repercusiones en los hijos", en Cuadernos de Derecho Judicial II-2009 *Custodia compartida y protección de menores,* CGPJ, Madrid 2010.

Sánchez Calero, Francisco Javier (coord.), *Curso de derecho civil II, Derecho de obligaciones, contratos y responsabilidad por hechos ilícitos,* 5ª edición, Tirant Lo Blanch, Valencia 2008.

Sánchez López, Ana Dolores, "Régimen de visitas, estancias y comunicaciones entre el progenitor no custodio e hijos menores: problemas de ejecución", *Revista de Derecho de Familia: doctrina, jurisprudencia y legislación,* Nº 48, 2010.

Sánchez Parra, Francisco Jesús, "La sanción penal de las actividades obstruccionistas del progenitor custodio en relación al cumplimiento de los regímenes de visitas", *Revista de Derecho de Familia,* Nº 28, Valladolid 2005.

Sánchez Rivera, Pedro, "Las indemnizaciones coercitivas", *La Ley,* Nº 7919, 2012, consultada en www.diariolaley.es, cita 8236/2012.

Sánchez Román, Felipe, *Estudios de Derecho Civil. Derecho de Familia,* vol. 2, Anelecta, Madrid reimpresión 2008 del texto de 1912.

Sánchez-Calero Arribas, Blanca, "El interés superior del menor y la interpretación restrictiva de las limitaciones a la capacidad de obrar de los menores en la Ley Orgánica 1/1996, de 15 de enero, de protección jurídica del menor", en Herrera Campos, Ramón - Barrientos Ruíz, Miguel Ángel (eds.), *Derecho y Familia en el Siglo XXI,* vol. II, Universidad de Almería 2011.

Seijas Quintana, José, "Consecuencias de la separación y el divorcio: el interés del menor, alimentos, guarda y custodia, régimen de visitas. Aspectos internacionales. La vía convencional como medio de solución de conflictos. Especial referencia a los convenios de la Haya, Luxemburgo y Bruselas", *Actualidad Civil*, Nº 29, Madrid 1997.

SEISDEDOS MUIÑO, ANA, "Las medidas relativas a los hijos en los procesos de divorcio y de separación matrimonial: primera aproximación al nuevo texto del Código Civil (Ley 15/2005)", versión electrónica en: www.westlaw.es, BIB 2005/2649.

SEMINARIO SOBRE LA REFORMA DEL DERECHO DE FAMILIA, vol. I, Universidad de Murcia, Murcia 1984.

SEPÚLVEDA, ÁNGELES, "Los puntos de encuentro como respuesta inmediata y como proceso educativo", en *III Simposium sobre Guarda y Custodia de los hijos*, Tenerife, 6 y 7 de Noviembre, 2008.

SERRANO ALONSO, EDUARDO, en SIERRA GIL DE LA CUESTA, IGNACIO (coord.), *Comentarios del Código Civil. Arts. 90 a 347*, 2ª edición, Bosch, Barcelona 2006.

SERRANO CASTRO, FRANCISCO, "Reparto de la convivencia de los hijos menores con sus progenitores. Puntos de encuentro familiar", en AEAF, *Los hijos menores de edad en la situación de crisis familiar*, Dykinson, Madrid 2002.

SERRANO CASTRO, FRANCISCO, *Relaciones paterno-filiales,* El Derecho, Madrid 2010.

SOLETO MUÑOZ, HELENA, "La ejecución forzosa del régimen de visita", La Ley Nº 74, 2010, consultado en http://*www.laleydigital.laley.es*.

SOSPEDA NAVAS, FRANCISCO JOSÉ (dir.), *Los procesos de familia,* Thomson Civitas, Madrid 2006.

SOTO KLOSS, EDUARDO, "La familia en la Constitución Política", *Revista Chilena de Derecho*, vol. 21, Santiago 1994.

SUÁREZ HERRANZ, OLGA, "El derecho del hijo a relacionarse con sus padres", en *Revista de Derecho de Extremadura*, Nº 2, Extremadura 2008.

TAMAYO HAYA, SILVIA, "El interés del menor como criterio de atribución de la custodia", *Revista Derecho de Familia*, Nº 41, Lex Nova, Valladolid 2008.

TAMAYO HAYA, SILVIA, *El estatuto jurídico de los padrastros. Nuevas perspectivas jurídicas*, Editorial Reus, Madrid 2009.

TORRELLES TORREA, ESTHER, "La filiación", en MALUQUER DE MOTES, CARLOS (coord.), *Derecho de Familia. Análisis desde el Derecho Catalán,* 2ª edición, Bosch, Barcelona 2005.

TORRERO MUÑOZ, MAGDALENA, "La modificación de los efectos de la separación y divorcio por alteración sustancial de las circunstancias" en BENEYTO BERENGUER, REMIGIO, *et alii, Retos del siglo XXI para la familia,* Editorial Práctica de Derecho, Valencia 2008.

TORRES FERNÁNDEZ, Mª ELENA, "Los delitos de atentado en el Código Penal de 1995", *Revista electrónica de ciencias penales y criminología*, nº 1, 1999.

TORRES ROSELL, NURIA, en QUINTERO OLIVARES, GONZALO (dir.), *Comentarios a la parte especial del derecho penal*, 9ª edición, Thomson Reuters, Cizur Menor 2011.

TRINCHANT BLASCO, CARLOS (coord.), *Memento práctico civil 2009. Familia y sucesiones,* Editorial Francis Lefebvre, Madrid 2009.

UTRERA GUTIÉRREZ, JOSÉ, "Problemática del régimen de estancias y comunicaciones con el progenitor no custodio", en PÉREZ MARTÍN, ANTONIO - TOVAR ESCUDERO, CARLOS (coords.), *II Jornada Científica: La convivencia con los hijos tras la crisis de pareja*, Edición ASEMIP, Murcia 2011.

Valles Amores, María, "A propósito de la reforma del Código Civil en materia de relaciones familiares de los nietos con los abuelos", *Actualidad Civil,* Nº 15, Madrid 2005.

Vázquez Iruzubieta, Carlos, "Comentario al artículo 223 del Código Penal", consultado en http://vlex.com/vid/59167511.

Vázquez Iruzubieta, Carlos, *Matrimonio y divorcio,* Dijusa, Madrid 2005.

Vázquez-Pastor Jiménez, Lucía, "Derecho de visita de los hijos en la STEDH de 30 de noviembre de 2010, un derecho sometido al interés y beneficio del menor", *La Toga,* Colegio de Abogados de Sevilla, Nº 183, Sevilla 2011.

Vázquez-Pastor Jiménez, Lucía en Díez-Picazo Giménez, Gema (coord.), *Derecho de Familia,* Thomson Reuter/Civitas, Cizur Menor 2012.

Vela Sánchez, Antonio, "Las relaciones de los nietos con los abuelos en los casos de ruptura de pareja", en García Gárnica, Mª Del Carmen (dir), *La protección del menor en las rupturas de pareja,* Thomson Reuters/Aranzadi, Cizur Menor 2009.

Vilata Menadas, Salvador, "La ejecución forzosa de los pronunciamientos sobre medidas. Perspectiva en los ordenes civil y penal del impago de pensiones y el incumplimiento del régimen de visitas", *La Ley,* Nº 12, 2005.

Villagómez Cebrián, Marcos, *Las medidas y los efectos en los procesos matrimoniales,* Comares, Granada 1995.

VVAA, AEAF, *Sustracción interparental de menores,* Dykinson, Madrid 2005.

Xiol Ríos, Juan, *Jurisprudencia civil (2005-2007). Análisis crítico,* CGPJ, Madrid 2008.

Ysàs Solanes, María, "La patria potestad", en Gete-Alonso y Calera, Mª del Carmen *et alii, Derecho de Familia,* 2ª edición, Cálamo, Barcelona 2005.

Yzquierdo Tolsada, Mariano, "La patria potestad" en Yzquierdo Tolsada, Mariano y Cuena Casas, Matilde (dirs.), *Tratado de Derecho de Familia,* vol. VI, *Las crisis matrimoniales,* Thomson-Reuters/Aranzadi, Cizur Menor 2011.

Yzquierdo Tolsada, Mariano, "La responsabilidad civil de padres, tutores y guardadores por daños a terceros", en Yzquierdo Tolsada, Mariano y Cuena Casas, Matilde (dirs.), *Tratado de Derecho de Familia,* vol. VI, *Las crisis matrimoniales,* Thomson-Reuters/Aranzadi, Cizur Menor 2011.

Yzquierdo Tolsada, Mariano, en De Pablo Contreras, Pedro - Valpuesta Fernández, Rosario (coords.), *Código Civil Comentado,* vol. I, Thomson Reuter/Civitas, Cizur Menor 2012.

Zanón Masdeu, Luis, *Guarda y custodia de los hijos,* Bosch, Barcelona 1996.

Zarraluqui Sánchez-Eznarriaga, Luis, "El menor en las crisis familiares", Jornadas sobre Derecho de Menores, Publicaciones Universidad Pontifica de Comillas 2003.

Zarraluqui Sánchez-Eznarriaga, Luis (dir.), *La conflictividad en los procesos familiares: vías jurídicas para su reducción,* Dykinson, Madrid 2004.

Zarraluqui Sánchez-Eznarriaga, Luis, "Disponibilidad del objeto en los procesos familiares. Especial consideración de la custodia de los hijos", AEAF, *Temas de Actualidad en Derecho de Familia,* Dykinson, Madrid 2006.

Zarraluqui Sánchez-Eznarriaga, Luis, *Derecho de familia y de la persona VI. Efectos y medidas de la ruptura conyugal,* Bosch, Barcelona 2007.

ZARRALUQUI SÁNCHEZ-EZNARRIAGA, LUIS, "El frecuente incumplimiento del régimen de estancias de los menores con el progenitor no custodio en periodos lectivos o vacacionales", *Actualidad Jurídica Aranzadi*, Nº 821/2011.

COLECCIÓN DE MONOGRAFÍAS DE DERECHO CIVIL

Dirección de D. Mariano Yzquierdo Tolsada

I. PERSONA Y FAMILIA

- I.1. El mantenimiento de la familia en las situaciones de crisis matrimonial (2002). Yolanda B. Bustos Moreno
- I.2. Mediación familiar. Prevención y alternativa al litigio en los conflictos familiares (2003). Lucía García García
- I.3. Aspectos civiles de la sustración internacional de menores. Problemas de aplicación del Convenio de la Haya de 25 de octubre 1980 (2003). Blanca Gómez Bengoechea
- I.4. Masas patrimoniales en la sociedad de gananciales. Transmisión de su titularidad y gestión entre los cónyuges (2004). Montserrat Pereña Vicente
- I.5. La adopción internacional en el derecho español (2004). María Aránzazu Calzadilla Medina
- I.6. Cohabitación y matrimonio (la experiencia escocesa) (2007). Luis Arechederra
- I.7. Derecho a la identidad y filiación: Búsqueda de orígenes en adopción internacional y en otros supuestos de filiación transfronteriza (2007). Blanca Gómez Bengoechea
- I.8. Autonomía, libertad y testamentos vitales (2009). Ana Isabel Berrocal Lanzarot y José Carlos Abellán Salort
- I.9. La protección de los derechos del menor de edad frente a los contenidos discriminatorios por razón de género en los medios de comunicación (2012). M.a Carmen Núñez Zorrilla
- I.10. La autorización al tratamiento de información personal en la contratación de bienes y servicios (2012). M.a Rosa Llácer Matacás
- I.11. Tratamiento legal de las filiaciones no biológicas en el ordenamiento jurídico español: adopción "versus" técnicas de reproducción humana asistida (2013). Daniela Jarufe Contreras
- I.12. La verdad biológica en la determinación de la filiación. Maricela Gonzáles Pérez de Castro
- I.13. Autorregulación de la crisis de pareja. (Una aproximación desde el Derecho civil catalán) (2013). Gemma Rubio Gimeno
- I.14. Los mecanismos de guarda legal de las personas con discapacidad tras la Convención de Naciones Unidas (2013). Sofía de Salas Murillo
- I.15. La asistencia. La medida de protección de la persona con discapacidad psíquica alternativa al procedimiento judicial de incapacitación (2014). Mª Carmen Núñez Zorrilla
- I.16. El régimen de participación en las ganancias desde una perspectiva europea (Atención especial a la reciente modificación del Derecho catalán) (2014) Susana Navas Navarro
- I.17. Derecho de relación entre los hijos y el progenitor no custodio tras el divorcio (2014). Marcela Acuña San Martín

II. OBLIGACIONES Y CONTRATOS

- II.1. La rendición de cuentas en el Código civil con especial examen en la tutela (2003). Eva M.a Martínez Gallego
- II.2. La opción de compra (2003). Camino Sanciñena Asurmendi
- II.3. Evicción parcial en la compraventa en el Código Civil Español (2004). María Martínez Martínez
- II.4. El contrato para persona a designar. Nuevas perspectivas (2004). Mónica Navarro Michel
- II.5. Relajación formal de la donación (2004). Margarita Isabel Poveda Bernal
- II.6. El nuevo regimen legal de saneamiento en la venta de bienes de consumo (2005). Margarita Castilla Barea
- II.7. La cláusula penal ante la armonización del derecho contractual europeo (2009). Germán de Castro Vítores
- II.8. La usura: evolución histórica y patológica de los intereses (2011). Francisco Javier Jiménez Muñoz
- II.9. El contrato para persona por designar y la cláusula de reserva de nombrar (2011). Agustín Luna Serrano
- II.10. La dación en pago en Derecho español y en Derecho comparado (2012). M.a Raquel Belinchón Romo.
- II.11. Cuestiones sobre la compraventa en el Código Civil. Principios europeos y Draft (2012). María del Carmen Gómez Laplaza.

- II.12. El contrato de transporte aéreo de pasajeros: sujetos, estatuto y responsabilidad. Un análisis de la jurisprudencia española (2013). Belén Ferrer Tapia
- II.13 La alteración sobrevenida de las circunstancias contractuales. Manuel García Caracuel (2014)
- II.14 La Cesión de Creditos (2014). Carlos Cuadro Pérez

III. RESPONSABILIDAD CIVIL

- III.1. Sistema de Responsabilidad Civil contractual y extracontractual (2001). Mariano Yzquierdo Tolsada
- III.2. Responsabilidad civil: Los «otros perjudicados» (2002). Miguel Gómez Perals
- III.3. El aseguramiento de la responsabilidad civil por daños al medio ambiente (2002). José Ignacio Hebrero Álvarez
- III.4. Daños corporales y Carta Magna. Repercusión de la doctrina constitucional sobre el funcionamiento del sistema valorativo (2003). Mariano Medina Crespo
- III.5. La culpa de la víctima en la producción del daño extracontractual (2003). María Medina Alcoz
- III.6. La asunción del riesgo por parte de la víctima. Riesgos taurinos y deportivos (2004). María Medina Alcoz
- III.7. Nuevas formas de gestión hospitalaria y responsabilidad patrimonial de la Administración (2004). Pedro Rodríguez López
- III.8. Responsabilidad del promotor por daños en la edificación (2004). Miguel Gómez Perals
- III.9. El riesgo de desarrollo: un supuesto paradójico de la responsabilidad por productos (2005). Ramiro José Prieto Molinero
- III.10. La reparación del daño en forma específica. El puesto que ocupa entre los medios de tutela del perjudicado (2013). Paloma Tapia Gutiérrez

IV. PROPIEDAD Y DERECHOS REALES

- IV.1. Vías pecuarias y propiedad privada (2002). M.a Ángeles Parra Lucán
- IV.2. La posesión mediata e inmediata (2002). Cristina Fuenteseca
- IV.3. La división de la cosa común en el Código Civil (3.a ed., 2006). José M.a Abella Rubio
- IV.4. La normativa posesoria de la liquidación y su generalización (2005). Miguel L. Lacruz Mantecón
- IV.5. Propiedad Horizontal: Sujetos obligados a la contribución de los gastos generales (2006). Carmen Muñoz García
- IV.6. El Derecho de propiedad privada en los bienes de interés cultural (2006). Luis A. Anguita Villanueva
- IV.7. La inmatriculación por título público (2006). Margarita Herrero Oviedo
- IV.8. Aspectos críticos en la estructura de la hipoteca inmobiliaria (2006). Rosa M.a Anguita Ríos
- IV.9. La ocupación imposible. Historia y régimen jurídico de los inmuebles mostrencos (2011). Miguel L. Lacruz Mantecón
- IV.10. Derechos de vuelo y subsuelo. Doctrina registral y jurisprudencial (2011). José Arturo Matheu Delgado
- IV.11. El embargo y la titularidad de los bienes embargados (2012). José Antonio García Vila
- IV.12. Régimen jurídico civil de los animales de compañía (2014). Cristina Gil Membrado

V. DERECHO DE SUCESIONES

- V.1. El legado alternativo (2003). Carlos Cuadrado Pérez
- V.2. El cónyuge supérstite en la sucesión intestada (2003). Marta Pérez Escolar
- V.3. La Cautela gualdense o Socini y el artículo 820.3.° del Código Civil (2004). Luis Felipe Ragel Sánchez
- V.4. Seguro de vida y derecho de sucesiones (2005). María del Pino Acosta Mérida
- V.5. Los derechos sucesorios del cónyuge viudo en la nulidad, la separación y el divorcio (2006). Mª Ángeles Fernández González-Regueral
- V.6. El principio *Nemo pro parte testatus pro parte intestatus decedere potest.* Evolución y significado (2006). Esteve Bosch Capdevila
- V.7. La Sucesión «Mortis Causa» de los Títulos Nobiliarios. Incluye jurisprudencia actualizada (1978-2006) (2007). Manuel de Peralta y Carrasco
- V.8. Ser Heredero. Una defensa del criterio subjetivo (2009). Jesús Ignacio Fernández Domingo

V.9. La sustitución fideocomisaria sobre la legítima estricta en presencia de incapacitados (2010). María Teresa Martín Meléndez
V.10. El derecho de acrecer entre coherededos (2011). Laura Zumaquero Gil
V.11. El legado de la legítma estricta en el derecho común español (2012). Juan C. Menéndez Mato
V.12. El largo camino hacia la libertad de testar (2012). Aurelio Barrio Gallardo
V.13 La sucesión nobiliaria (2013). Marcial Martelo de la Maza García
V.14. La compatibilidad jurídica entre el derecho del estado en la sucesión intestada y como titular de bienes vacantes (2013). Belén del Pozo Sierra
V.15. La preferencia de los acreedores del causante (2013). Carmen Piedad Pita Broncano
V.16. La partición realizada por contador partidor testamentario (2014). Manuel Espejo Ruiz

VI. TEORÍA GENERAL DE LA NORMA

VI.1. La irretroactividad: Problemática general (2006). Beatriz Verdera Izquierdo

Made in the USA
Coppell, TX
05 November 2026

11299173R00230